Ulrich Schmidt-Denter

Soziale Entwicklung

Ulrich Schmidt-Denter

Soziale Entwicklung

Ein Lehrbuch über soziale Beziehungen im Laufe des menschlichen Lebens

2. Auflage

BELTZ
PsychologieVerlagsUnion

Anschrift des Autors

Prof. Dr. Ulrich Schmidt-Denter
Psychologisches Institut II der Universität Köln
Richard-Wagner-Str. 39
Köln

Die Deutsche Bibliothek – CIP-Einheitsaufnahme

Schmidt-Denter, Ulrich:
Soziale Entwicklung : ein Lehrbuch über soziale Beziehungen im Laufe des menschlichen Lebens / Ulrich Schmidt-Denter. – 2. Aufl. – Weinheim : Beltz Psychologie-Verl.-Union, 1994
ISBN 3-621-27217-8

1. Aufl. 1988 Psychologie Verlags Union, München-Weinheim
2. Aufl. 1994 Psychologie Verlags Union, Weinheim

Umschlagentwurf: Dieter Vollendorf, München
Gesamtherstellung: Druckhaus Beltz, Hemsbach

ISBN 3-621-27217-8

Inhaltsverzeichnis

Vorwort

Geht man von der Zahl der Publikationen und empirischen Originalarbeiten aus, so gehört die soziale Entwicklung zu den beliebtesten Forschungsbereichen der Entwicklungspsychologie überhaupt. Wissenschaftler und Praktiker bringen ihr großes Interesse entgegen. Wenn dennoch bis jetzt eine umfassende deutschsprachige Darstellung fehlte, so lag dies sicherlich nicht zuletzt an der großen Stoffülle, die für ein solches Vorhaben zu bewältigen ist, an der Heterogenität dieses Themas und dem Problem der Gliederung und Systematisierung. Diese Schwierigkeiten bleiben bei der Lektüre des vorliegenden Buches spürbar; jedoch existiert nunmehr sowohl ein Überblick zu diesem breiten Forschungsfeld als auch die Möglichkeit, zu bestimmten Themen spezielle Untersuchungen und vertiefende Literaturhinweise zu finden.

Der Text gliedert sich in vier Teile. Im ersten Teil wird der Beitrag bestimmter Forschungsperioden und theoretischer Richtungen dargestellt und ein Vorverständnis für die unterschiedlichen Konzepte und Themen geweckt, die den Gegenstandsbereich der sozialen Entwicklung ausmachen. Im zweiten Teil folgt eine am chronologischen Lebensalter orientierte Darstellung der wichtigsten Forschungsbefunde. Das zentrale Anliegen besteht darin, soziale Entwicklung während der menschlichen Lebensspanne im Kontext von Beziehungssystemen zu sehen. Im dritten Teil stehen bestimmte soziale Verhaltens- und Kompetenzbereiche im Vordergrund, die bedeutsame Themen darstellen, aber in der alterschronologischen Abhandlung nicht systematisch berücksichtigt werden konnten. Einige integrative Gesichtspunkte über soziale Interaktionen, soziale Beziehungen und ihre Entwicklung schließen im vierten Teil das Buch ab. Den einzelnen Kapiteln ist jeweils eine kurze Inhaltsangabe vorangestellt, die auf die wichtigsten Themen verweist.

Der Text ist während meiner Tätigkeit an den Universitäten Düsseldorf, Bielefeld, Bochum und Köln entstanden. Demzufolge gibt es eine große Zahl von Personen, denen ich für Unterstützungen, Anregungen und Mitarbeit zu Dank verpflichtet bin. Ich bitte daher um Verständnis dafür, daß ich an dieser Stelle nicht alle Beteiligten namentlich erwähnen kann. Bei der Sammlung des Materials unterstützten mich vor allem Frau D. Stephan, Frau M. Jeske und Herr A. Gronerth. Frau M. Peters überarbeitete den Text redaktionell und gab mir wertvolle stilistische Hinweise. Das Sachregister betreute Herr L. Neumann, das Literaturverzeichnis Herr B. Ball, das Autorenregister Herr C. Reinholt und Herr Th. Schmidt. Den größten Teil der Schreibarbeiten bewältigten Frau I. Hustadt, Frau B. Trost-Yanez und Frau B. Apold.

Nicht zuletzt aber möchte ich den Mitarbeitern der Psychologie Verlags Union / Urban & Schwarzenberg meinen Dank für die ausgezeichnete Zusammenarbeit aussprechen, insbesondere Herrn Dr. Jürgen Kagelmann für sein Interesse und seine Unterstützung bei der Verwirklichung des Projekts.

Köln, im Oktober 1987 *Ulrich Schmidt-Denter*

Teil I
Was ist soziale Entwicklung?

1. Einleitung

Dieses Buch verfolgt die Absicht, die weitverzweigten Forschungen zum Thema „soziale Entwicklung“ darzustellen. Dieser Entwicklungsbereich bezieht sich im weitesten Sinne auf die *Veränderung der Beziehungen eines Individuums zu anderen Menschen oder Gruppen von Menschen im Laufe des Lebens.* Der folgende Text stellt sich die Aufgabe, den neuesten Wissensstand mitzuteilen und über die allgemeine Definition hinaus eine genauere Abgrenzung und eine innere Gliederung der Thematik vorzunehmen.

Zwar findet sich der Begriff „soziale Entwicklung“ in mehreren Lehrbüchern, jedoch werden darunter jeweils sehr unterschiedliche Einzelaspekte gefaßt. So gelten im zweiten Jahrbuch für Entwicklungspsychologie als die wichtigsten Themen der sozialen Entwicklung im Kindesalter die „Mutter-Kind-Interaktion“, die „Entwicklung kommunikativer Fähigkeiten“, die „Entwicklungspsychologie sozial-kognitiver Prozesse“ sowie die „Entwicklung prosozialen Verhaltens“ (Waller, 1980). Demgegenüber charakterisiert Nickel (1975) die soziale Entwicklung für dieselbe Altersspanne durch die Bereiche „Beziehungen zur Pflegeperson“, „Soziales Lernen – Aggressivität ...“ sowie „Die Entwicklung der Beziehungen zu Gleichaltrigen und das Verhalten in der Kindergruppe“. Der von McGurk (1978) herausgegebene Reader über „Childhood social development“ ordnet dem Gebiet u.a. folgende Forschungsthemen zu: „Frühes soziales Wissen“, „Kinder und ihre Freunde“ sowie „Soziales Verständnis“. White und Watts (1973) fassen die soziale Entwicklung als Aufbau bestimmter Fähigkeiten auf, Newman und Newman (1975) als die Auseinandersetzung mit Entwicklungsaufgaben und psycho-sozialen Krisen sowie Damon (1977/84) als Veränderung in der kognitiven Repräsentation sozialer Gegebenheiten. Cairns (1979, S. 5) nennt dagegen als die wichtigsten Fragestellungen, wie soziale Interaktionen und Beziehungen konstituiert und erhalten werden und wie sie sich im Laufe des Lebens verändern.

Die aufgeführten Beispiele mögen genügen, um zu verdeutlichen, daß eine zusammenfassende Darstellung durch die Heterogenität des Forschungsgegenstandes sehr erschwert wird. Das Buch zeigt, daß eine Ursache für die Vielfalt in den unterschiedlichen theoretischen Grundlagen liegt, auf denen die einzelnen Forschungsarbeiten basieren. Da keine einheitliche Theorie zur sozialen Entwicklung existiert, ist auch eine Integration der Forschungsergebnisse in einen umfassenden theoretischen Rahmen nicht möglich.

Daraus ergibt sich für die weitere Darstellung, daß zunächst ein kurzer wissenschaftshistorischer Überblick erfolgen soll, der am Beispiel einiger Schwerpunkte zeigt, wie soziale Entwicklung unter den jeweiligen historischen Bedingungen und unterschiedlichen theoretischen Annahmen konzipiert wird. Die nachfolgenden inhaltlichen Kapitel stellen die Verbindung zwischen den verschiedenen Konzepten und konkreten Problemstellungen her.

2. Einige Meilensteine in den Forschungen zur sozialen Entwicklung im wissenschaftshistorischen Kontext

Das folgende Kapitel soll am Beispiel einiger Schwerpunkte den Beitrag bestimmter Forschungsperioden und theoretischer Richtungen zum Thema soziale Entwicklung darstellen. Dabei wird deutlich, daß dieses Thema jeweils in bestimmten Epochen und von bestimmten psychologischen „Schulen" unterschiedlich angegangen worden ist. Die verwendeten Konzepte sind von den grundlegenden Prämissen der Theorien zur Entwicklung abgeleitet. Die Darstellung verweist vor allem auf diese Ableitungen und setzt Grundkenntnisse über die Theorien als solche voraus.

Das Kapitel hat den Charakter einer Vororientierung. Die angesprochenen Forschungsrichtungen werden in den inhaltlichen Kapiteln, auf die jeweils verwiesen wird, näher ausgeführt. Geweckt werden soll ein Vorverständnis für die verschiedenen theoretischen Grundlagen und Themen, die den Gegenstandsbereich der sozialen Entwicklung ausmachen.

2.1 Erste Studien zum Sozialverhalten von Kindern

Die Forschungen zur sozialen Entwicklung erlebten eine erste Blütezeit während der späten 20er und der 30er Jahre. Es erschien eine große Zahl von Beobachtungsstudien, die die soziale Interaktion zwischen Kindern in den ersten Lebensjahren zum Gegenstand hatten. Im deutschssprachigen Raum wurden Untersuchungen dieser Art am Wiener Psychologischen Institut durchgeführt. Charlotte Bühler (1927) setzte als erste die Methode der systematischen Beobachtung ein, um die sozialen Beziehungen zwischen Kindern unter zwei Jahren zu erfassen.

Ansonsten jedoch wurde fast die gesamte Forschungstätigkeit von amerikanischen Psychologen durchgeführt. Die Beobachtungen bezogen sich auf zahlreiche Aspekte des kindlichen Sozialverhaltens, so z. B. auf die Wahl von Spielkameraden (Challman, 1932; Hagman, 1933; Wellman, 1926), auf Konflikte zwischen Kindern (Dawe, 1934; Green, 1933), auf das Spielverhalten (Bott, 1928; Parten, 1932), auf Selbstbehauptung und Durchsetzungsfähigkeit (Anderson, 1939; Page 1936), auf Aggressionen (Fite, 1940; Jersild & Markey, 1935) und auf Altruismus zwischen Kindern (Murphy, 1937; Stern, 1914).

Der Forschungsboom läßt sich nach Renshaw (1981) auf bestimmte Bedingungen zurückführen. Eine erste wichtige Voraussetzung bildeten bemerkenswerte Fortschritte in der empirischen Methodik. Statt der freien wurden systematische Beobachtungen durchgeführt, und die Verfahren zur Datenerhebung und -verarbeitung wurden verbessert (z. B. time- und event-sampling, Varianzanalyse). Die von Moreno (1934) entwickelte Soziometrie eröffnete neue Möglichkeiten der Analyse von Gruppenstrukturen. Die Anwendung der neuen exakten Methoden brachte die Möglichkeit mit sich, größere Stichproben zu bilden. Ein wichtiger Gesichtspunkt bei der Versuchsplanung wurde damit die Verfügbarkeit von Probanden. Die Psychologen benötigten zunehmend Kindergärten und Schulen, um Versuchspersonen zu gewinnen.

Die zweite günstige Bedingung für die rege Forschungstätigkeit kam diesem Bedarf entgegen: Die Gründung der „Child Welfare" Institute in den USA. Sie waren den Universitäten angegliedert und ermöglichten standardisierte Beobachtungen von Kindern im Vorschulalter, während ansonsten Kindergärten noch Seltenheitswert besaßen.

Die dritte Voraussetzung bildete die theoretische Orientierung der amerikanischen Psychologen. Unter dem Einfluß des Behaviorismus konzentrierte man sich auf das beobachtbare Verhalten als Forschungsgegenstand. Man ging bewußt einen anderen Weg als die „introspektive" deutsche Psychologie, die sich eher mit dem Fühlen, Erleben und Denken beschäftigte. In Deutschland entstand zur gleichen Zeit eine enge Beziehung zwischen Kinderpsychologie und Pädagogik, so daß die geistige Entwicklung das bevorzugte Thema darstellte (Nickel, 1973). Die Entwicklung des Sozialverhaltens wurde – anders als in den USA – wenig beachtet. Ähnliche Unterschiede zeigten sich in der Psychologie des Jugendalters. Während Spranger (1924) sich für die Erlebnisse der Sinngebung und Wertfindung interessierte, beobachtete Trasher (1927) die soziale Interaktion in Chicagoer Straßenbanden.

Eine starke sozialpsychologische Interessenrichtung innerhalb der amerikanischen Entwicklungspsychologie löste also unter den genannten günstigen Bedingungen die erste Welle von empirischen Untersuchungen aus. Dabei zeigten sich im Laufe der 30er Jahre einige Schwerpunktverlagerungen (Schmidt-Denter, 1980). Standen zunächst Beobachtungen in naturalistischen Kontexten im Vordergrund, so wurden später experimentelle Designs bevorzugt. Gleichzeitig verringerte sich die Zahl der Untersuchungen, die das kindliche Sozialverhalten möglichst breit erfassen wollten. Statt dessen erfolgte zunehmend eine Einengung auf das sozial problematische Verhalten, insbesondere auf Aggressionen (vgl. Kap. 9). Schließlich war es nur noch ein kleiner Schritt, bis unter dem Einfluß sozialisationstheoretischer Vorstellungen das Interesse an der Interaktion zwischen Kindern völlig nachließ und die erzieherischen Bedingungen aggressiven Verhaltens – und damit die Erwachsenen-Kind-Interaktionen – zum bevorzugten Forschungsgegenstand wurden (vgl. Kap. 2.2).

Die Wiederentdeckung der Bedeutung von Gleichaltrigen-Beziehungen erfolgte erst in den 70er Jahren. Seither ist eine Fülle von Untersuchungen erschienen, denen wir das meiste inhaltliche Wissen zu diesem Thema verdanken (vgl. Kap. 5). Diese neueren Untersuchungen lassen sich nach Hartup (1983) durch folgende Trends kennzeichnen:

- Es wurden explorative Studien zur Ermittlung des sozialen Verhaltensrepertoires des Kindes vom 1. Lebensjahr an durchgeführt.
- Es wurde die entwicklungspsychologische Bedeutung bestimmter Beziehungssysteme erforscht (z. B. Freundschaften).
- Die Entwicklung von Gruppenstrukturen im Kindes- und Jugendalter wurde

wieder untersucht. In den Jahrzehnten zuvor war die Gruppendynamik fast ausschließlich als Teildisziplin der Sozialpsychologie mit Erwachsenen betrieben worden.

- Ein starkes Gewicht erhielten Ansätze, die nach der Bedeutung kognitiver Kompetenzen und affektiver Bedingungen fragten (vgl. Kap. 10 und 11).
- Es standen neue Techniken der Datenerhebung (z. B. Video-Aufnahmen) und neue Auswertungsverfahren (z. B. sequentielle Analysen, Clusteranalysen) zur Verfügung.

In den jüngeren Arbeiten zeigt sich der Einfluß der wichtigsten theoretischen Strömungen, die seit den 60er Jahren die entwicklungspsychologische Forschung gestalten (vgl. Kap. 2.3–2.6).

2.2 Einflüsse der Sozialisationsforschung und der Soziologie

In den 40er und 50er Jahren bestand eine enge Verbindung zwischen der Entwicklungspsychologie und der Sozialisationsforschung. Dies hatte vor allem theoretische Gründe. Die behavioristischen Lerntheorien festigten ihren Einfluß auf die Psychologie. Die Gesetze des Bekräftigungs- und Modellernens erschienen als die geeigneten Prinzipien, um auch Entwicklungsveränderungen zu erklären. Die Aufmerksamkeit wurde so auf die wichtigsten Bedingungen des sozialen Lernens gelenkt, zu denen das erzieherische Verhalten der Eltern gehört. Eine große Zahl von Untersuchungen beschäftigte sich dementsprechend mit erzieherischen Verstärkungskontingenzen und Modelleffekten in bezug auf das antisoziale Verhalten von Kindern und Jugendlichen (vgl. Kap. 9). Daß gerade das aggressive Verhalten im Vordergrund stand, erklärt Clausen (1968, S. 39ff.) unter anderem mit den beträchtlichen Anpassungs- und Akkulturationsproblemen, die sich in der ethnisch vielfältigen Einwanderungsgesellschaft der USA zeigten.

Eine zweite theoretische Strömung betonte ebenfalls die Bedeutung der Eltern-Kind-Beziehung. In Amerika wurden Teilaspekte der psychoanalytischen Theorie sehr populär, so z. B. Vorstellungen über die schädlichen Auswirkungen eines starken Triebverzichts auf die Entwicklung des Kindes. Früher als in anderen Ländern verbreitete sich darum eine Verunsicherung gegenüber dem traditionellen repressiven und autoritären Erzieherverhalten (Baumrind, 1968). Weiterhin trugen die unterschiedlichen Erziehungsstile der ethnischen Gruppen, die soziale Mobilität und ein schneller sozialer Wandel zur Relativierung von Erziehungskonzepten bei.

Eine richtungsweisende Bedeutung erhielten die Experimente von Lewin, Lippitt und White (1939), die die Überlegenheit des demokratischen Erziehungsstils gegenüber dem autoritären und dem Laissez-faire-Stil nachwiesen. Es konnte gezeigt werden, daß demokratisches erzieherisches Verhalten mit einer kooperativen und produktiven Atmosphäre in Kindergruppen einherging. Starke Beachtung fanden auch die familienorientierten Ansätze zur Entwicklung von Aggression und Abhängigkeit aus der Arbeitsgruppe um Sears (Sears, Whiting, Nowlis et al., 1953).

Weitere Impulse erhielt die psychologische Forschung aus der Soziologie.

Insbesondere die Thesen zur Generationskluft und zu den jugendlichen Subkulturen als gegen die Erwachsenenwelt gerichteten Sozialisationsinstanzen stimulierten bis in die Gegenwart zu zahlreichen Untersuchungen (vgl. Kap. 6).

2.3 Kognitive Wende: Entwicklung sozial-kognitiver Prozesse

Ein auslösendes Moment für die sogenannte „kognitive Wende" in der Entwicklungspsychologie war die stürmische Piaget-Rezeption, die Anfang der 60er Jahre in den USA einsetzte und zu einer Bevorzugung der kognitivistischen gegenüber den behavioristischen Theorieansätzen führte (Flavell, 1963). Die Werke der Genfer Schule errangen schnell eine ungeahnte Publizität. Dies ist um so erstaunlicher, als Piaget seine ersten Werke seit 1923 zeitgleich mit dem Behaviorismus, der deutschsprachigen Kinder- und Jugendpsychologie und der Psychoanalyse veröffentlichte, ohne zunächst große Resonanz zu finden (Steiner, 1978). Offensichtlich war es notwendig, daß sich der dominierende Behaviorismus erst selbst überlebte, bevor das Bedürfnis nach alternativen Modellen Fuß fassen konnte. Das Interesse an der Theorie Piagets erreichte mit einer Verzögerung von etwa zehn Jahren auch die deutsche Entwicklungspsychologie.

Aus der kognitiven Perspektive ergab sich ein eigenständiger Zugang zur Erforschung der sozialen Entwicklung. Die Untersuchungen bezogen sich auf die sozial-kognitiven Prozesse:

„Untersuchungsgegenstand der Entwicklungspsychologie sozial-kognitiver Prozesse ist im weitesten Sinne das Verständnis von Ereignissen in der sozialen Umwelt, das heißt das Verständnis von Personen und ihren Beziehungen zueinander, ihren Handlungen und den internalen Prozessen, die dem Handeln zugrunde liegen" (Keller, 1980, S. 91).

Es erschienen Forschungsarbeiten über das Moralische Urteil, den sozialen Egozentrismus, die soziale Perspektivenübernahme, das soziale Wissen sowie über das Verständnis von sozialer Gerechtigkeit und sozialen Regeln (vgl. Kap. 11). Diese Konzepte basieren auf Piagets Stufentheorie zur kognitiven Entwicklung sowie auf seinen früheren Arbeiten zum „Sprechen und Denken des Kindes" (1923) und zum „Moralischen Urteil" (1932).

Während die soziale und die kognitive Entwicklung traditionellerweise meist getrennt untersucht worden waren, verfolgt die sozial-kognitive Forschungsrichtung das Ziel, den Zusammenhang zwischen sozialem Verhalten und sozialen Kognitionen darzustellen (Shantz, 1983). Dem liegt die Annahme zugrunde, daß die Vorstellungen über andere Personen und über soziale Beziehungen die Interaktionen beeinflussen. Man muß z. B. bestimmte sozial-kognitive Voraussetzungen annehmen, ohne die hilfreiches Handeln als nicht möglich erscheint (u. a. das Verständnis für die Notsituation des anderen; vgl. Kap. 10). So ergab sich nicht zuletzt unter dem Einfluß der kognitiven Theorien seit Ende der 60er Jahre eine Akzentverschiebung vom aggressiven zum prosozialen Verhalten als Forschungsthema (Schmidt-Denter & Lück, 1983; Wispé, 1972).

2.4 Ethologische Betrachtungsperspektive: Sozialverhalten unter evolutionär-biologischen Gesichtspunkten

Ethologismus

Neben der sogenannten kognitiven Wende in der Entwicklungspsychologie sorgte vor allem ein verstärktes Interesse an den evolutionär-biologischen Theorien für Bewegung in den Forschungen zur sozialen Entwicklung. Jahrzehntelang hatte es nahezu als ein Sakrileg gegolten, ausgerechnet in bezug auf das Sozialverhalten eine biologisch orientierte Betrachtungsperspektive einzunehmen. Die Überzeugung von der herausragenden Bedeutung exogener Entwicklungsbedingungen, insbesondere sozialisatorischer und erzieherischer Faktoren, schien gerade auf diesen Verhaltensbereich in besonderem Maße zuzutreffen (vgl. Kap. 2.2). Es lag jedoch nicht nur an der Vormachtstellung des Behaviorismus, daß erst in den 60er und 70er Jahren ein Prozeß des Umdenkens einsetzte und eine breit angelegte Gegenbewegung zum extremen Umweltdeterminismus erfolgte. Nach Ambrose (1978) läßt sich ein Teil des hartnäckigen Widerstandes gegen die biologisch orientierten Theorien auch aus deren eigenen Unzulänglichkeiten erklären. So zogen einige Autoren nur unzulänglich begründete Schlußfolgerungen, deren soziale Konsequenzen dafür um so verhängnisvoller waren. Dies gilt für den von Spencer (1900) extrem formulierten Sozialdarwinismus, der sozialreformerische und liberale Bewegungen in den USA ernsthaft behinderte. Die Trieb- und Instinkttheorien von McDougall (1908), Freud (1955) und Lorenz (1963) beinhalten ein Menschenbild, das asoziales und aggressives Verhalten als unvermeidbar betrachtet. Die Einbettung des Verhaltens in einen soziokulturellen Kontext und die Möglichkeiten der Verhaltensbeeinflussung erhielten eine so geringe Beachtung, daß schon von daher andere Theorien als angemessener erschienen.

Schließlich muß man vielen ethologischen Autoren zur Last legen, daß sie vor spektakulären Extrapolationen vom tierischen auf das menschliche Verhalten nicht zurückschreckten und aufgrund einer schnellen Popularisierung weitere Widerstände bei den Wissenschaftlern hervorriefen (vgl. hierzu Reynolds, 1976). Tinbergen beklagt diese „unerwünschten Effekte", die der Ethologie Schaden zufügten: „Die Anwendung der Ethologie auf die Erforschung des menschlichen Verhaltens hat eine weltweite Publizität erhalten durch Konrad Lorenz', ‚Das sogenannte Böse' und Desmond Morris', ‚Der nackte Affe'. Wie ich schon an anderer Stelle dargelegt habe, erzielten diese Bücher – obwohl in verschiedener Hinsicht von großer Bedeutung – zwei unerwünschte Effekte. Zum einen führten sie zu einem unkritischen Akzeptieren ihrer kühnen, aber nicht ausreichend begründeten Extrapolationen auf den Menschen – eine Haltung, die Callan jüngst ‚Ethologismus' nannte. Zum anderen wurden die Thesen insgesamt verworfen und so das Kind mit dem Bade ausgeschüttet. Die Ethologie befindet sich somit in einer Zwickmühle: übermäßig bejubelt von den einen und zurückgewiesen von den anderen" (1972, S. 7).

Der so verstandene Ethologismus darf nach Cairns (1979) nur als eine von drei unterschiedlichen Richtungen in der ethologischen Forschung betrachtet werden; es gebe daneben zwei weitere Entwicklungslinien, deren wissenschaftlicher Ertrag nicht unterschätzt werden dürfe: nämlich die Attachment-Theorie als ethologisch-psychoanalytische Synthese und die ethologischen Untersuchungen zur Interaktion zwischen Kindern.

Die Attachment-Theorie

Als Pionier dieser einflußreichen Forschungsrichtung gilt John Bowlby (1958). In seinem Bericht an die Welt-Gesundheits-Organisation (WHO) in Genf wies Bowlby (1951) auf die Bedeutung der Bezugspersonen für die soziale Entwicklung des Kindes hin. Die herausragende Bezugsperson ist sowohl nach ethologischer als auch nach psychoanalytischer Auffassung die Mutter. Zwischen Mutter und Kind entwickelt sich ein spezifisches emotionales und kommunikatives Beziehungssystem, eine enge Bindung („attachment"), die die Voraussetzung für eine gesunde kindliche Entwicklung und Ausbildung von sozialen Kompetenzen darstellt (vgl. Kap. 4).

Neuere Forschungsarbeiten zum Bindungsverhalten betonen weniger die „biologische Einheit" von Mutter und Kind, sondern beachten stärker den interaktionistischen Aspekt der Theorie, indem sie mittels detaillierter Verhaltensdeskription die sozialen Wechselwirkungsprozesse analysieren, durch die ein Bindungssystem aufgebaut und erhalten wird. Die unvoreingenommene Beobachtung erhält sogar in einigen Studien Vorrang vor der theoretischen Einordnung: „Im Hinblick auf unsere Arbeit scheint es uns wichtiger, anstatt Beweise für eine bestimmte Theorie zu suchen, sich theoretisch möglichst offenzuhalten, und erst wenn wir aufgrund langer Beobachtungen genug wissen, die Ergebnisse theoretisch zu integrieren" (Papoušek & Papoušek, 1977, S. 98).

Sozialverhalten zwischen Kindern

Die Anwendung ethologischer Konzepte auf die Gleichaltrigen-Interaktion erfolgte erst in den 70er Jahren. Das Zentrum der Forschungsaktivitäten war Großbritannien. Von dort gingen Impulse aus nach Nordamerika und auf den europäischen Kontinent (Hutt & Hutt, 1970; Blurton & Jones, 1972; McGrew, 1972). Vorzugsweise wurden die Sozialkontakte zwischen Kindern im Vorschulalter untersucht. Die ethologische Betrachtungsperspektive läßt sich dabei durch folgende Prinzipien charakterisieren (Ambrose, 1978):

- Die Verhaltensmerkmale werden im Zusammenhang mit der Phylogenese des Menschen gesehen.
- Es wird danach gefragt, welche Funktionen ihnen zukommen (vor allem nach dem „Überlebenswert").
- Das Verhalten wird in der natürlichen Umwelt untersucht. Nur so lassen sich seine Bedeutung und sein adaptiver Wert bestimmen.
- Das Verhaltensrepertoire wird als genotypisch festgelegt und begrenzt angesehen; es ist nicht unbegrenzt formbar.
- Die Ontogenese des Verhaltens wird als der wechselseitige Einfluß von Genotyp und Umwelt verstanden.

Die bevorzugte Forschungsmethode ist somit die Beobachtung unter naturalistischen Bedingungen, wobei sowohl Merkmale des Verhaltens als auch des sozialen Systems erfaßt werden. Die zunächst weitgehend freie Beobachtung bot prinzipiell die Chance, die Breite des sozialen Verhaltensrepertoires neu zu entdecken. Diese Möglichkeit wurde nur in bescheidenem Maße genutzt, da insbesondere der Wunsch, das Sozialverhalten in seinem evolutionären Kontext zu sehen, das Interesse wiederum auf ganz bestimmte Merkmale lenkte. Bevorzugt wurden Verhaltensweisen, die sich bereits in Tierstudien als bedeutsam erwiesen hatten. Die ethologischen Forscher betrachteten die Kinder nach Cairns (1979) vielfach wie Primaten, indem sie großen Wert auf nonverbale Kommunikation und die Bewegung im Raum legten. Als weitere zentrale Themenstellungen lassen sich anführen: Aggression und Konflikt (vgl. Kap. 9), soziale Dominanz und Hierarchie sowie soziale Strukturierung und Organisation (vgl. Kap. 5.3).

Die stimulierende Wirkung der ethologischen Betrachtungsperspektive auf die psychologische Forschung zur sozialen Entwicklung läßt sich in folgenden zentralen Punkten zusammenfassen: Durch den evolutionistischen Gesichtspunkt rückte die Genese des Verhaltens in den Vordergrund. Die Ethologie hat somit einen stärkeren Bezug zur Entwicklungspsychologie als zu allen anderen psychologischen Teildisziplinen (Dunn, 1980). Ein besonderes Gewicht erhält dabei die soziale Entwicklung. Das Sozialverhalten steht in seiner Bedeutung nicht gleichrangig neben anderen Entwicklungsbereichen, sondern nimmt einen herausragenden Stellenwert ein.

Zum einen zeigen Kleinkinder den vollen Entwicklungsstand ihres Verhaltensrepertoires, das maximale Niveau ihrer Kompetenzen, nur im Kontext sozialer Interaktionen (Brazelton, Koslowski & Main, 1974; Trevarthen, 1974). Zum anderen entscheidet die Qualität der sozialen Beziehung zur Mutter nicht nur über die weitere Ausbildung der sozialen Kompetenzen, sondern über eine gesunde psychische Entwicklung allgemein (Grossmann, 1977).

2.5 Entwicklungspsychologie der Lebensspanne: Soziale Veränderungen im Laufe des menschlichen Lebens

Die Entwicklungspsychologie der Lebensspanne hat sich in den 60er und vor allem 70er Jahren dieses Jahrhunderts fest etabliert. Es handelt sich somit um ein sehr junges Konzept, dessen Wurzeln jedoch bis in das 18. Jahrhundert zurückreichen. Bedeutende entwicklungspsychologische Arbeiten, die sich ausdrücklich auf die gesamte Lebensspanne beziehen, stammen von Tetens (1777), Carus (1808) und Quetelet (1835/38). Diese Werke können selbst heute noch als richtungsweisend gelten, blieben jedoch lange Zeit unbeachtet.

Der Ansatz zu einer „life-span developmental psychology" wurde zunächst von der amerikanischen Gerontologie wiederentdeckt (Sanford, 1902; Hall, 1922). Bei der Erforschung des Alters wurde dieses als Produkt eines lebenslangen Entwicklungsprozesses verstanden (Birren, 1964). Eine erste Berücksichtigung aller Lebensstadien findet sich in den Werken von Hollingworth (1927), Bühler (1933) sowie Pressey, Janney und Kuhlen (1939). Den eigentlichen Durchbruch dieser Forschungsrichtung innerhalb der Entwicklungspsychologie signalisieren allerdings erst die Publikationen der „West Virginia Conferences“ über „life-span developmental psychology“ (Goulet & Baltes, 1970; Baltes & Schaie, 1973; Nesselroade & Reese, 1973; Datan & Ginsberg, 1975; Datan & Reese, 1977). Zu den Bemühungen um eine theoretische Grundlegung ist mittlerweile reichhaltiges empirisches Material hinzugekommen. Der Logik des Forschungsansatzes entsprechend handelt es sich hierbei vielfach um Längsschnittstudien, die ansonsten eher als Mangelware anzusehen sind. Die Untersuchungen von Block (1971), Elder (1974), Sears (1977) und Schaie (1979) decken längere Lebensabschnitte ab und beinhalten empirische Absicherungen der Grundthesen einer Entwicklungspsychologie der Lebensspanne. Das zentrale Interesse dieser Forschungsrichtung bezieht sich also auf Entwicklungsprozesse, die während des ganzen Lebens auftreten. Damit verbunden ist eine Methodologie, die man als „ökologisch“, „dialektisch“ oder „kontextualistisch“ bezeichnen kann (Baltes, 1979, S. 19). Entwicklung wird weder einseitig als Reifungsvorgang im Individuum noch als Produkt bestimmter Umwelteinflüsse aufgefaßt, sondern als Wechselwirkungsprozeß zwischen beiden Faktoren (vgl. Kap. 2.6).

Fragt man nun nach dem spezifischen Beitrag der „life-span developmental psychology“ in bezug auf die soziale Entwicklung, so steht die Bewältigung von sozial relevanten Lebensproblemen im Vordergrund. Soziale Rollenveränderungen, außergewöhnliche Streßbedingungen, kritische Lebensereignisse markieren Punkte für eine Neuorientierung des Individuums und fungieren als Motor der Entwicklung. Es wird versucht, die soziale Entwicklung als eine Anpassung an veränderte Bedingungen oder Aufgaben zu erklären.

Modellvorstellungen, die in diesem Sinne ein System von Veränderungen zwischen Geburt und Tod – also über die *gesamte* Lebensspanne – konzipieren, sind sehr selten. Von Erikson (1965, 1970) stammt ein psychoanalytisch fundiertes Modell der Aufeinanderfolge psycho-sozialer Krisen in bezug auf die gesamte Lebensspanne. Die gelungene Bewältigung der psychosozialen Krisen kennzeichnet eine gesunde Entwicklung (vgl. Kap. 7.2). Der theoretische Ansatz der Entwicklungsaufgaben (developmental tasks) von Havighurst (1963) ist zumindest teilweise empirisch fundiert. Zu bestimmten Zeiten im menschlichen Leben ergeben sich typische Lebensaufgaben, die das Individuum zu aktiven Auseinandersetzungen herausfordern. Werden diese Aufgaben erfolgreich gelöst, tragen sie zur Zufriedenheit des Individuums, zur gesellschaftlichen Anerkennung und zum erfolgreichen Lösen späterer Lebensaufgaben bei (vgl. Kap. 7.4).

Die meisten Forschungsmodelle beziehen sich jedoch nicht auf ein System von Veränderungen während des gesamten Lebenslaufs, sondern nur auf bestimmte Altersabschnitte. Schwerpunktthemen bilden beispielsweise die sozialen Übergänge bei der Familienwerdung, beim Auszug der erwachsenen Kinder aus dem Elternhaus oder beim Beginn des Ruhestands. Indem die Entwicklungspsychologie der Lebensspanne bislang hauptsächlich einzelne Themen zum Erwachsenenalter und Alter bearbeitete, wurde sie ihrer vollen Zielsetzung noch nicht gerecht (vgl. Kap. 7 u. 8).

2.6 Ökologische Orientierung: Wechselwirkungen in sozialen Systemen

Die ökologische Orientierung übt auf die Entwicklungspsychologie der Gegenwart einen starken Einfluß aus. In den USA findet dieser Ansatz schon seit Mitte der 60er Jahre große Beachtung (Stapf, 1976, S. 35). Das erste deutschsprachige Symposium zu dieser „neuen" Forschungsrichtung fand 1974 statt (Graumann, 1976, S. 22). In relativ schneller Folge erschien daraufhin eine Anzahl einschlägiger Publikationen (Kruse, 1974; Walter, 1975; Fend, 1976; Kaminski, 1976; Walter & Oerter, 1979; Walter, 1981). Trotz ihrer unbestreitbaren Modernität gilt auch für die ökologische Entwicklungspsychologie, daß sie schon in der Vergangenheit gedanklich vorbereitet und wissenschaftlich konzeptualisiert wurde, ohne daß dies jedoch zu einem Durchbruch geführt hätte.

Zu den Wegbereitern zählt Brunswik (1934, 1957). Er kritisierte das Laborexperiment, weil isolierte Variablen die natürliche Umwelt nicht angemessen repräsentieren könnten. Um das menschliche Verhalten richtig zu verstehen, müsse man es in der alltäglichen Umgebung studieren. In ähnlicher Weise faßte die Feldtheorie von Lewin (1935, 1951/63) das Verhalten als eine Funktion des Lebensraumes auf. Die Überlegungen von Brunswik und Lewin bildeten die Grundlage für die „behavior setting"-Theorie von Barker und Wright (1949). Beispiele für „settings" wären Kindergartengruppen oder Schulklassen. Sie beinhalten bestimmte Verhaltensmuster in einem abgrenzbaren räumlichen und personellen Milieu. Zwischen dem Verhalten der Individuen und den Bedingungen des Settings stellt sich eine wechselseitige Anpassung her, die Barker (1963) „synomorphy" nennt. Die „settings" sind den Mikrosystemen im Sinne Bronfenbrenners (1978) ähnlich. In solchen Systemen besteht die Möglichkeit der unmittelbaren Interaktion zwischen den Individuen. Sie sind jedoch ihrerseits in noch umfassendere soziale Systeme integriert, mit denen sie in Wechselwirkung stehen (vgl. Kap. 3.6).

Zu den Kriterien, durch die sich die ökologisch orientierte Forschung von anderen Richtungen abhebt, gehören vor allem die folgenden (Schmidt-Denter, 1982):

1. Ein erstes Merkmal ist die Berücksichtigung der alltäglichen Lebensumwelt. Das Interesse der Forschungstätigkeit richtet sich auf naturalistische Kontexte, während die bisherige Entwicklungspsychologie nach Bronfenbrenners Worten „zu einem großen Teil die Wissenschaft fremdartigen Verhaltens von Kindern in fremden Situationen mit fremden Erwachsenen in kürzestmöglichen Zeitabschnitten ist" (1978, S. 33).
2. Untersucht werden die Bewältigungsstrategien, die funktionalen Leistungen des Individuums in bezug auf die Umwelt sowie die Umwelteinwirkungen auf den Menschen.
3. Das Verhalten soll auf einer komplexen Ebene untersucht werden. Die Komplexität besteht in Beziehungssystemen, die Personen sowie deren soziale und physische Umwelt umfassen.
4. Der Untersuchungsgegenstand sind weder das Individuum noch die Umwelt als solche, sondern die Wechselwirkungsprozesse zwischen beiden. Mensch und

Umwelt werden als ein komplexes Wechselwirkungsgefüge gesehen. Ändert sich ein Teil dieses Ganzen, so hat dies auch Auswirkungen auf andere Teile (Willems, 1977).

5. Will man dieses Beziehungssystem analysieren und verstehen, so gibt Bronfenbrenner (1977) den Rat, es zu verändern. Während eines Veränderungsprozesses läßt sich beobachten, wie eine neue Balancierung entsteht und welche Prinzipien dabei eine Rolle spielen. Adaptationsprozesse dieser Art bilden das Kernstück der ökologischen Entwicklungspsychologie.

Die Anwendung des ökopsychologischen Modells auf die soziale Entwicklung führt zu einer Analyse von komplexen sozialen Beziehungssystemen (vgl. Kap. 3.3). Viele alte Thesen werden so auf einer neuen Grundlage bearbeitet. Beispielsweise erscheinen Kind-Kind- und Eltern-Kind-Beziehungen als Teilaspekte des sozialen Netzwerks, deren Stellenwert, entwicklungspsychologische Funktionen und Interdependenzen es zu erforschen gilt. Der Gedanke, soziale Beziehungen unter dem Systemansatz zu betrachten, findet sich bereits in den ethologischen Modellen. Insbesondere im Rahmen der Attachment-Theorie stand dabei jedoch die isolierte Mutter-Kind-Dyade im Vordergrund des Interesses: „Bisher haben wir die Entstehung und Veränderung der Mutter-Kind-Beziehung so dargestellt, als bestehe sie in einem ‚Vakuum'. Und in der Tat wurden viele Beobachtungsstudien der frühen Interaktion innerhalb des engen Rahmens der Mutter-Kind-Dyade so durchgeführt, als hätten beide keinerlei Beziehung zu ihrer weiteren Umwelt. Dieser Forschungsansatz ist natürlich zu eng und führt zu invaliden Ergebnissen. Wenn man den Verlauf der Entstehung und Entwicklung der kindlichen Beziehung zur Mutter verstehen will, muß man ganz entschieden auch die mannigfachen Einflüsse berücksichtigen, die auf beide einwirken – Einflüsse direkter und indirekter Art, von innerhalb und von außerhalb der Familie" (Dunn, 1980, S. 27; vgl. Kap. 4.1).

Der breiter angelegte ökopsychologische Ansatz erleichtert den Zugang zu neuen Forschungsthemen (wie z. B. der Vater-Kind-Beziehung, vgl. Kap. 4.2). Er entwirft eine Systematik der sozialen Kontexte (vgl. Kap. 3.6) und bestimmt die sozialen Funktionen und Beeinflussungsformen, ohne sich auf Ableitungen aus der Phylogenese des Menschen zu beschränken (vgl. Kap. 3.4, 3.5). Er versucht, ein möglichst umfassendes Bild der sozialen Beziehungen des Individuums zu seiner Umwelt zu entwerfen.

Teil II
Die soziale Entwicklung in den wichtigsten Lebensabschnitten

Im letzten Kapitel ist zunächst überblickartig deutlich geworden, daß die einzelnen Forschungsrichtungen unterschiedliche Aspekte des Themas „soziale Entwicklung" beleuchten, sie gehen diesen Gegenstandsbereich selektiv und perspektivisch an. Die wichtigsten Beiträge aus den verschiedenen wissenschaftlichen „Schulen" werden in den folgenden Kapiteln ausführlicher abgehandelt. Die Darstellung folgt zunächst dem chronologischen Lebensalter und beschreibt zentrale Forschungsbefunde in bezug auf verschiedene Altersabschnitte. Danach werden drei zentrale Bereiche des Sozialverhaltens und der sozialen Kompetenz unter themenzentrierter Perspektive dargestellt: Aggression, Kooperation und prosoziales Verhalten sowie sozial-kognitive Prozesse. Im abschließenden Kapitel wird eine integrative Perspektive versucht.

Trotz der Fülle der mitgeteilten Untersuchungsergebnisse will das Buch keine Enzyklopädie sein. So liegt bereits bei den vorgestellten „Meilensteinen" der Forschung eine bewußte Schwerpunktsetzung vor, und im folgenden soll nun die bevorzugte Betrachtungsperspektive noch stärker herausgestellt werden. Ein zentrales Anliegen besteht darin, soziale Entwicklung im Kontext von Beziehungssystemen zu sehen. Es soll – soweit dies der empirische Kenntnisstand zuläßt – auf strukturelle und qualitative Aspekte der Wechselwirkung des Individuums mit der sozialen Umwelt eingegangen werden.

Was kann man nun konkret unter diesem programmatischen Entwurf verstehen? Zur Erläuterung wird im nächsten Kapitel das Soziale Netzwerk-Modell beschrieben. Es stellt eine Möglichkeit dar, die ökopsychologische Sichtweise in eine konkrete, für die soziale Entwicklung relevante Modellvorstellung eingehen zu lassen. Das Modell wurde von Lewis und Feiring (1979a) speziell für das Kind im Kontext seines familiären Beziehungssystems entworfen. Es handelt sich somit um eine exemplarische Darstellung, die jedoch ein Verständnis für Prinzipien des Netzwerk-Denkens schafft, auf die in den nachfolgenden Kapiteln zurückgegriffen wird. Auf den Ansatz wird bei den späteren Lebensabschnitten erneut Bezug genommen, wenn entsprechende Forschungsergebnisse vorliegen oder wenn ältere Daten durch diese Betrachtungsperspektive in einem neuen Sinnzusammenhang erscheinen. Als erster Schritt soll jedoch im nächsten Abschnitt nachgewiesen werden, daß soziale Entwicklung spätestens mit der Geburt beginnt (wenn man nicht sogar den engen kommunikativen Austausch zwischen Mutter und Kind in der vorgeburtlichen Zeit dazurechnen will, der jedoch hier ausgespart werden soll). Schon bei seiner Geburt ist das Kind mit Kompetenzen ausgestattet, die es befähigen, als Interaktionspartner in sozialen Beziehungssystemen zu agieren.

3. Der Eintritt des Kindes in die soziale Welt

Im Gegensatz zu älteren Ansichten betrachtet die neuere entwicklungspsychologische Forschung das Kind von seiner Geburt an als ein soziales Wesen (Kap. 3.1). Zu seinen ersten Leistungen gehört die Unterscheidung zwischen sozialer und materieller Welt und das Erkennen unterschiedlicher Gesetzmäßigkeiten in beiden Bereichen (Kap. 3.2). Weitere Entwicklungsfortschritte zeigen sich in der zunehmenden Differenzierung der sozialen Umwelt (Kap. 3.3). Der Social-Network-Ansatz stellt ein komplexes Modell für das soziale Beziehungssystem des Kindes dar. Er beinhaltet eine bestimmte personale Struktur, eine spezifische Funktionsverteilung und Aussagen über soziale Beeinflussung in Form direkter und indirekter Effekte (Kap. 3.4–3.5). Das soziale Netzwerk kann wiederum als Teil eines noch umfassenderen Umweltsystems verstanden werden (Kap. 3.6).

3.1 Das Kind als soziales Wesen

Ältere sozialisationstheoretische Ansätze, die lerntheoretisch oder psychoanalytisch orientiert waren, betrachteten den Säugling vorwiegend als einen auf seine lebenserhaltenden Bedürfnisse zentrierten Organismus. Diese Theorien berücksichtigten in ihren Aussagen daher vor allem die Funktion der Nahrungsaufnahme und sahen soziale Bedürfnisse und Beziehungen lediglich als durch diese vermittelt an.

Nach den Prinzipien des klassischen Konditionierens wird die Mutter mit dem Saugen, das zu organischer Befriedigung führt, assoziiert. Die soziale Beziehung zu ihr ist daher das Ergebnis einer Konditionierung, die auf dem Saugreflex aufbaut (Pawlow, 1953/54). Zu ähnlichen Aussagen kommt die Theorie des instrumentellen oder operanten Konditionierens, derzufolge die Nahrungsaufnahme belohnend für den Kontakt zur Mutter wirkt (Skinner, 1938, 1978). Auch in der Psychoanalyse stellt die orale Befriedigung das zentrale Bedürfnis des Säuglings dar und ist damit gleichzeitig die Basis für die Bindung an die Mutter (Freud, 1961). Gemeinsame Grundannahme dieser Ansätze ist, daß das Kind – lediglich sekundär vermittelt – durch die Befriedigung des primären Nahrungsbedürfnisses zu einem sozialen Wesen wird. Hiermit war in der Regel die Vorstellung verknüpft, daß der zunächst asoziale, egoistisch auf seine Bedürfnisse zentrierte Säugling sozial „gemacht" würde. Dem Kind wird lediglich die Rolle des weitgehend passiven Rezipienten von Sozialisationseinflüssen zugeschrieben. Das Denkmodell der älteren Sozialisationsforschung postuliert eine unidirektionale Wirkungsrichtung des sozialen Einflusses von den Sozialisationsagenten auf den Sozialisanden (vgl. Kap. 2.2).

Im Unterschied zu dieser älteren Sichtweise wird das Kind in der gegenwärtigen entwicklungspsychologischen Forschung von seiner Geburt an als soziales Wesen betrachtet. Man geht davon aus, daß seine Verhaltensausstattung auf Sozialkontakt angelegt ist und daß es auch primäre soziale Bedürfnisse besitzt (vgl. Kap. 4.1).

Aufgrund dieser Annahme wird der Säugling in neueren Untersuchungen als sozial aktiv herausgestellt. Er wird nicht nur beeinflußt, sondern wirkt auch selbst als Interaktionspartner verändernd auf seine soziale Umwelt ein. Schließlich weicht die neuere Forschung noch in einem weiteren wesentlichen Punkt von älteren Konzepten ab. Sie beschränkt sich nicht auf die Beziehung zur hauptsächlichen Bezugsperson, sondern sieht die soziale Entwicklung des Kindes als Wechselwirkung in komplexen Systemen, wobei eine Vielfalt direkter und indirekter Effekte in sozialen Netzwerken berücksichtigt werden muß (vgl. Kap. 3.4).

3.2 Diskriminierung zwischen sozialer und materieller Welt

Um als sozialer Interaktionspartner agieren zu können, muß das Kind die Fähigkeit besitzen, zwischen Belebtem und Unbelebtem zu unterscheiden. Dieser Differenzierungsprozeß setzt bereits kurz nach der Geburt ein.

Ein Beweis hierfür ist die selektive Wahrnehmung des Neugeborenen. Soziale Stimuli erregen besonders seine Aufmerksamkeit (Schaffer, 1984). Es reagiert auf das menschliche Gesicht und auf die menschliche Stimme, während viele andere Umweltreize zunächst noch ausgeblendet bleiben. Der Säugling schützt sich so vor Reizüberflutung und wählt gleichzeitig die für sein Überleben bedeutsamen Aspekte aus. Sein Überleben wird vor allem durch seine Betreuungspersonen garantiert; daraus ergibt sich die Ausrichtung seiner Kompetenzen und sensorischen Präferenzen auf die soziale Umwelt.

Als Indikator für den Verlauf des Differenzierungsprozesses zwischen sozialer und nicht-sozialer Umwelt kann die Entwicklung des Lächelns gelten. In den ersten Lebenswochen ist das *Lächeln* endogen bedingt und wird wahrscheinlich durch Erregungszustände des Gehirns ohne Außenreizung hervorgerufen. Bis zum dritten Monat wird das Lächeln zunehmend exogen ausgelöst. Die Art der Stimuli, die ein Lächeln hervorrufen, kann als Anhaltspunkt dafür dienen, ob es eine soziale Funktion besitzt und ob spezifische soziale Reize diskriminiert werden. Bis zur sechsten Woche wirken äußerst unterschiedliche Stimulierungen als Auslöser, z. B. Streicheln, Geräusche, eine Stimme oder einfache visuelle Muster.

Mit etwa zehn Wochen dient bevorzugt das menschliche Gesicht, insbesondere die Augenpartie, als Auslöser. Die Reaktion erfolgt auf ein dargebotenes Schema ebenso wie auf ein wirkliches menschliches Gesicht. Die nächsten Entwicklungsfortschritte zeigen sich, wenn nur noch ein wirkliches menschliches Gesicht angelächelt wird. Ab der 20. Lebenswoche wird zunehmend zwischen fremden und vertrauten Gesichtern unterschieden, und ab etwa 30 Wochen reagiert das Kind differentiell auf den Gesichtsausdruck: ein freundliches Gesicht löst bevorzugt wiederum ein Lächeln aus. Die soziale Funktion des Lächelns ist nun in vollem Maße evident.

Die Phänomene des *Fremdelns* und der *Trennungsangst* markieren weitere Meilensteine der sozialen Entwicklung im ersten Lebensjahr. Als Fremdeln oder auch Acht-Monats-Angst bezeichnet man eine heftige emotionale Reaktion (Weinen, Verkrampfen) beim Anblick eines Fremden. Diese Erscheinung ist nicht an den achten Lebensmonat gebunden, sondern tritt individuell unterschiedlich in der zweiten Hälfte des ersten Lebensjahres auf. Ähnliche Reaktionen zeigt das Kind in dieser Zeit, wenn es in einer ihm nicht vertrauten Umgebung von seiner Bezugsperson zurückgelassen wird. In diesem Fall spricht man von Trennungsangst.

Insbesondere für das Fremdeln wurden zahlreiche Erklärungsansätze formuliert (Rauh, 1982). Unübersehbar ist, daß das Kind nun zwischen bekannten und fremden Personen unterscheiden kann. Neben dieser sozialen Differenzierungsfähigkeit scheint nach der kognitiven Diskrepanzhypothese von Kagan (1980) noch ein zweiter Faktor von Bedeutung zu sein. Das Kind entwirft in diesem Alter bereits Handlungspläne und erwägt Handlungsmöglichkeiten, wobei der Entwurf sicherer, d.h. zum Erfolg führender Handlungsstrategien nur bei vertrauten Personen möglich ist. Die Konfrontation mit einer fremden Person oder Umgebung wird daher als bedrohlich erlebt, da das Kind nicht weiß, wie es agieren soll.

Für Lewis und Brooks (1974) ist das Fremdeln Ausdruck einer kategorialen Einteilung der sozialen Welt (vgl. Kap. 3.3). Danach wirkt die Kombination der Kriterien „fremd" und „erwachsen" als bedrohlich und löst Reaktionen des Fremdelns aus. Die Kinder fürchten sich vor dem Unbekannten und Überlegenen. In ihren Untersuchungen stellten die Autoren fest, daß ein fremdes Kind, ein fremder Liliputaner oder unbekanntes Spielzeug nicht als bedrohlich beurteilt wurden. Diese Stimuli – die zwar auch Fremdheit, nicht aber Überlegenheit signalisieren – können Neugier oder sogar freudige Erregung auslösen (Brooks & Lewis, 1976).

Der Eintritt des Kindes in die soziale Welt, seine Entwicklung zum aktiven Interaktionspartner, läßt sich somit durch zwei wesentliche Prozesse kennzeichnen: die Differenzierung zwischen der sozialen und der materiellen Welt einerseits und die weitere Strukturierung der sozialen Umwelt andererseits.

Eine Unterscheidung zwischen Sozialem und Nicht-Sozialem vermag das Kind dadurch zu vollziehen, daß es Ähnlichkeiten zwischen sich und anderen belebten Objekten seiner Umgebung entdeckt. Alles Belebte (also das Kind selbst, andere Personen und auch Tiere) besitzt bestimmte gemeinsame Merkmale, durch die es sich von Unbelebtem abhebt.

Nach Lee (1975) führt die Begegnung mit der materiellen Umwelt zu einem relativ konsistenten Feedback, wodurch die Bildung invarianter Schemata (stabiler Vorstellungen) erleichtert wird. Im Kontakt mit anderen Personen erfährt das Kind dagegen, daß diese in ihrem Verhalten individuell sehr verschieden sind und daß auch eine einzelne Person stimmungs- und situationsabhängig reagiert. Eine bestimmte Kontaktaufnahme führt nicht immer zum gleichen Ergebnis, denn Personen verfügen über ein komplexes Antwortpotential. Ihr Verhalten muß auch nicht unbedingt wie bei Objekten von außen ausgelöst werden; sie reagieren nicht nur, sondern sind zu Eigeninitiative und Spontaneität fähig. Das Kind kann seinen Spielball durch einen Stoß mit großer Sicherheit zum Rollen bringen. Um einen erwünschten Effekt bei den Eltern, Großeltern, Geschwistern oder anderen Kindern in verschiedenen Situationen zu erreichen, muß es sich dagegen viel variabler verhalten. Sozial kompetentes Handeln ist somit person- und situationsspezifisch.

Dies bedeutet, daß soziale Schemata im Laufe eines Interaktionsprozesses immer wieder verändert werden müssen.

Man könnte daraus nun folgern, daß dem Kind der Umgang mit der materiellen Welt leichter fällt als mit der sozialen und daß es früher feste Vorstellungen von den Dingen, die es umgeben, entwickelt als von den Personen. Die Dinge sind manipulierbar, und die Erfahrungen, die man im Umgang mit ihnen gewinnt, erweisen sich als zuverlässig. Dennoch geht die soziale Schemabildung der nichtsozialen voraus (vgl. Kap. 11.3). Dieser Vorsprung ist dadurch erklärbar, daß die Ähnlichkeit von Fremd- und Selbsterleben eine einzigartige Verständnismöglichkeit schafft, die der Mensch gegenüber dem Unbelebten nicht gewinnen kann. Die innere Welt eines anderen kann empathisch nachvollzogen und sein Verhalten imitiert werden. Dadurch erhält die soziale Erfahrung eine Sonderstellung (vgl. Kap. 11.5.4).

3.3 Strukturierung der sozialen Umwelt

Der Säugling vollzieht eine Trennung zwischen Sozialem und Nicht-Sozialem, wie im letzten Abschnitt gezeigt wurde, schon in den ersten Lebensmonaten. Eine Grundlage dieser Diskriminierung ist, daß er zwischen sich und anderen belebten Objekten Ähnlichkeiten entdeckt. Auch die weitere kognitive Strukturierung der sozialen Umwelt erfolgt in engem Zusammenhang mit der Entwicklung des Selbstkonzepts. Nach Lewis und Feiring (1979a) sind für diesen Prozeß die Dimensionen Alter, Bekanntheit und Geschlecht von besonderer Bedeutung, da sie wichtige Attribute sowohl der eigenen Person als auch der sozialen Umgebung darstellen. Abbildung 1 gibt diese Gesichtspunkte in einem dreidimensionalen Schema wieder, in dem sich die verschiedenen Personen im Umfeld des Kindes lokalisieren lassen. Bedeutsam ist jede Person, die das Kind kennt und mit der es in Interaktion tritt. Diese drei Dimensionen können ein Mittel darstellen, anhand dessen das Kind die Bandbreite des ihn umgebenden Personenkreises ordnet und verarbeitet. Sie konstituieren ein soziales Umweltsystem, das Lewis und Feiring (1979) als das „soziale Netzwerk" des Kindes bezeichnen.

Ein soziales Netzwerk ist ein spezifisches Beziehungssystem, das durch einen Set von bestimmten Personen, Funktionen und Ereignissen definiert wird (Knoke & Kuklinski, 1982). Seine Rekonstruktion erfolgt aus der Sicht des Kindes, d.h. der Stellenwert der einzelnen Personen und deren Bedeutung ergeben sich aus ihrer Beziehung zum Kind. Es handelt sich dabei um kein statisches System, denn mit wachsenden kognitiven Fähigkeiten und mit zunehmenden Erfahrungen wird die Wahrnehmung des Kindes differenzierter. So stufen Kleinkinder alle Menschen ab ca. 13 Jahre als „erwachsen" ein, während ältere Kinder differenziertere Abstufungen vornehmen. Nach dem Grad der Bekanntheit kann in einem weiterentwickelten Stadium zwischen Fremden, Freunden und Mitgliedern der Verwandtschaft unterschieden werden. Sowohl die Dimension des Alters als auch der Grad der Bekanntheit sind kontinuierlich, wohingegen die Dimension des Geschlechts dichotom ist. Allerdings gilt dieses nur mit der Einschränkung, daß es aus

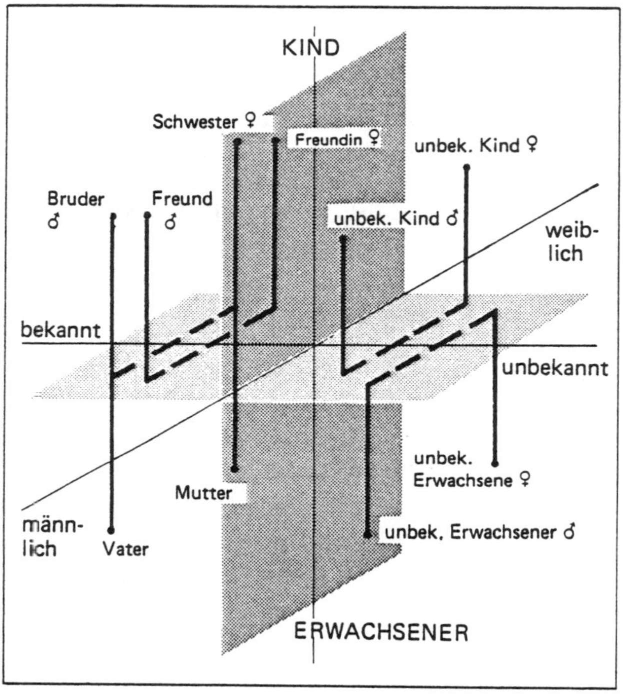

Abb. 1: Dimensionen der sozialen Welt des Kindes (nach Lewis & Feiring, 1979a; aus Schmidt-Denter, 1979, S. 20)

psychologischer Sicht grundsätzlich möglich ist, daß das kleine Kind die Dimension des Geschlechts mehr oder weniger kontinuierlich wahrnimmt. Vorstellbar ist demnach, daß die Mutter dem Kind eher als weiblich erscheint als seine kleine Schwester.

Bei den genannten drei Dimensionen (Alter, Grad der Bekanntheit und Geschlecht) handelt es sich um die ontogenetisch frühesten Kriterien zur Strukturierung der sozialen Umwelt, die auch im Laufe der weiteren Entwicklung von Bedeutung bleiben. Auch der Erwachsene beurteilt andere Personen nach diesen Aspekten, wobei die drei ursprünglichen Dimensionen sich jedoch weiter ausdifferenzieren.

3.4 Funktionen des sozialen Netzwerks

Das soziale Netzwerk des Kindes besteht nicht nur aus den Personen, die zu einer bestimmten Struktur angeordnet sind. Den zweiten konstituierenden Faktor bilden die sozialen Funktionen, die diese Personen für das Kind einnehmen. Soziale Funktionen sind solche Tätigkeiten innerhalb des sozialen Netzwerks, die das Kind einbeziehen und die eine spezifische Nützlichkeit für sein Überleben, sein Wohlbefinden und seine Entwicklung beinhalten. Diejenigen Funktionen, die bisher eingehender empirisch untersucht wurden, lassen sich wie folgt auflisten:

Schutz: Diese Funktion betrifft den Schutz vor potentiellen Gefahrenquellen, die sowohl unbelebter (das Herunterfallen von einem Baum) als auch belebter Natur (das Mitgehen mit einem Fremden) sein können.

Pflege: Hierbei handelt es sich um Aktivitäten, deren zentrales Anliegen in der Befriedigung biologischer Bedürfnisse liegt, wie zum Beispiel Sorge für Nahrung und Körperpflege.

Emotionale Zuwendung: Diese Funktion zeigt sich in Zuneigung und Liebe.

Spiel: Darunter werden Funktionen verstanden, die sich auf nicht zielgerichtete Aktivitäten beziehen und einen Selbstzweck besitzen. Selbst wenn das Spiel auf einen äußeren Zweck in Form eines Gewinns abzuzielen scheint, dient dieser doch letztlich nur dazu, die Spannung zu erhöhen und somit den Selbstzweckcharakter des Spiels zu verstärken.

Explorationsverhalten/Lernverhalten: Diese Funktion impliziert die Entdeckung der Umwelt durch Beobachtung, Fragen nach Informationen und Rezipieren von Anregungen.

Kontrolle: Kontrolltechniken sollten nicht grundsätzlich negativ verstanden werden, sondern als Methoden, die der Erwachsene einsetzt, um den Ablauf kindlicher Verhaltensweisen zu verändern.

Die Identität einer bestimmten Person (z. B. der Mutter) legt noch nicht unbedingt Typ und Bandbreite bestimmter Funktionen fest. Es sind vielfältige epochal-, schicht- und situationsspezifische Variationen denkbar. Selbst ein so „klassischer" mütterlicher Funktionsbereich wie die Pflege des Kindes wurde früher oft Ammen und Kindermädchen übertragen. Er kann unter bestimmten Bedingungen der Großmutter zufallen oder wird in jüngster Zeit zunehmend von Vätern wahrgenommen (vgl. Kap. 4.2). Andererseits ist die *Zuordnung von Funktionen zu Personen* auch nicht zufällig oder beliebig. In Abhängigkeit von der Struktur des jeweiligen sozialen Umweltsystems lassen sich typische Zusammenhänge nachweisen. Lewis und Feiring (1979a) wählten zur Darstellung des Verhältnisses von Personen und

Funktionen im Sozialisationsprozeß eine Matrix mit den Dimensionen „Person" und „Funktion". Auf der vertikalen Achse werden die Personen eingetragen, die mit dem Kind in Interaktion treten, auf der horizontalen Achse werden die Funktionen aufgeführt. Bei der Betrachtung der horizontalen Achse ergibt sich, welches funktionale Gewicht eine bestimmte Person im Rahmen des sozialen Netzwerks des Kindes innehat. Bei einem Blick auf die vertikale Achse erhält man Informationen über Bedeutung und Umfang spezifischer Funktionen im Rahmen des sozialen Netzwerks.

Mit einer Erweiterung dieses Ansatzes führte Schmidt-Denter (1984) eine umfangreiche Erhebung durch, um die sozialen Netzwerke von deutschen Kindern unter den gegenwärtigen Bedingungen zu beschreiben. Die Untersuchung bezog sich auf eine repräsentative Stichprobe von 1033 Kindern im Alter bis zu sechs Jahren. Neben den sechs Funktionsbereichen wurden weitere wesentliche Aspekte des sozialen Netzwerks erfaßt: die Betreuung des Kindes in kritischen Situationen, relevante Aspekte der materiellen Umwelt des Kindes (Wohnumwelt), soziale Anregungs- und Hemmungsbedingungen im familiären und außerfamiliären Bereich, der Interaktionsraum des Kindes in der Nachbarschaft, der Einfluß, den das Kind auf das Leben seiner Eltern ausübt (z. B. auf deren Außenkontakte) sowie Schwierigkeiten und Belastungen, aber auch positive Erfahrungen für die Eltern.

Das Verhältnis von Personen und Funktionen wird durch verschiedene Faktoren beeinflußt:

1. *Entwicklungsspezifische Faktoren:* Dieser Gesichtspunkt betrifft
   a) *die Erweiterung des sozialen Erfahrungsraumes.* Die Anzahl der Personen, mit denen das Kind in Interaktion tritt und die eine Bedeutung erlangen, nimmt mit dem Alter zu. Der Prozeß der Erweiterung wird durch drei Mechanismen gesteuert: Erstens erschließen die Eltern – und in geringerem Maße auch andere Personen – gemeinsam mit dem Kind die Umwelt und vermitteln ihm neue soziale Erfahrungen. Zweitens exploriert das Kind selbst seinen Lebensraum; es erkundet sukzessiv das familiäre und das nähere außerfamiliäre Umfeld. Drittens finden ökologische Übergänge statt. Das Kind muß sich an bislang unbekannte soziale Systeme anpassen (z. B. Kindergarten). Der Charakter der Umwelterweiterung ist dann eher der eines Einschnitts, eines kritischen Lebensereignisses, als der eines allmählichen Erfahrungszuwachses.
   b) Insbesondere der zuletzt genannte Aspekt läßt bereits deutlich werden, daß soziale Entwicklung in den ersten Lebensjahren auch *soziale Segregation* bedeutet. Die soziale Umwelt differenziert sich zunehmend in Subsysteme, die sich durch die Interaktionspartner und die sozialen Normen unterscheiden. Besonders deutlich wird dieser Unterschied beim Vergleich der Erwachsenen-Kind- mit der Gleichaltrigen-Interaktion. Die Kontakte mit relativ differenzierten Subsystemen bedeuten für das Kind einerseits eine soziale Bereicherung, die seinem Explorationsdrang entspricht, andererseits aber auch sozialen Druck, da es mit Erwartungen und Entwicklungsnormen in bezug auf seine soziale Kompetenz konfrontiert wird.

c) Über die Differenzierung hinaus erfolgt eine *Umgewichtung in den Sozialkontakten,* wobei sich der Stellenwert der Interaktionspartner in der Umgebung des Kindes verändert. Personale Umgewichtung kann mit einem Funktionswandel einhergehen, aber auch lediglich die Verlagerung identischer Funktionen auf eine andere Person bedeuten (z. B. Übertragung der Pflegefunktion von der Mutter auf die Großmutter).

d) Wichtiger noch als die quantitativen Veränderungen ist der qualitative *Funktionswandel in den sozialen Beziehungen,* der sich als Wechselwirkungsprodukt aus den entwicklungsspezifischen Bedürfnissen des Kindes und den Verhaltensmerkmalen des Interaktionspartners ergibt. So verlagert sich z. B. mit zunehmendem Alter des Kindes der Schwerpunkt der mütterlichen Funktion von Pflege und Schutz auf Spiel und Exploration der Umwelt.

2. *Familienstruktur:* Die Zahl der Familienmitglieder beeinflußt die Verteilung der Funktionen auf die Personen. Eine kleine Familie (drei Personen) kann z. B. von ihrer Struktur her eher ein größeres Gewicht auf Informationsaustausch legen, was die frühe kognitive Entwicklung des Kindes begünstigt, als etwa eine Familie, die aus fünf Mitgliedern besteht. Bei dieser Familie wird möglicherweise die Funktion des Spiels überwiegen, da neben den Geschwistern auch deren Freunde mit dem Kind in Interaktion treten. Die Geschwister können dabei Funktionen erfüllen, die bei einem Einzelkind von den Eltern übernommen werden.
3. *Situationsabhängige Faktoren:* Auch die Situation, in der die Interaktion stattfindet, bestimmt die Funktionsverteilung. Zum Beispiel kann bei der Erhebung von Daten während des Essens von bestimmten Voraussetzungen ausgegangen werden. Die Personenzahl wird sich in der Regel auf die Mitglieder der Kernfamilie beschränken. Die Pflegefunktion wird gegenüber der Funktion des Spiels überwiegen. Eine Erhebung sollte darum eine größere Zahl typischer Situationen berücksichtigen. Entsprechend konzipierte Schmidt-Denter (1984) eine Tageslaufanalyse, um Aufschluß über die Zuordnung von Funktionen und Personen unter alltäglichen Bedingungen zu erhalten.
4. *Kulturspezifische Faktoren:* Die grundlegende Bedeutung kultureller Bedingungen für die Funktionsverteilung im sozialen Netzwerk des Kindes läßt sich leicht illustrieren. Die Matrix eines drei Monate alten Kindes, das in einem israelischen Kibbuz aufwächst, unterscheidet sich von der eines Altersgenossen in einer Kleinfamilie. Der Personenkreis, mit dem das israelische Kind konfrontiert wird, ist größer, die Rolle der Eltern ist eine andere als bei einem europäischen oder amerikanischen Kind. In Industriestaaten mit schnellen epochalen Veränderungen nehmen Väter andere Funktionen ein als in stärker traditionsorientierten Gesellschaften (Lamb, 1982; Nordio, Piazza & Stefanini, 1983).

3.5 Formen sozialer Beeinflussung

Innerhalb des sozialen Netzwerks lassen sich zunächst direkte und indirekte soziale Effekte unterscheiden. Direkte Beeinflussungen vollziehen sich meist in Form unmittelbarer dyadischer Interaktionen, die indirekten Effekte zeigen sich dagegen in der Triade oder als komplexe Wechselwirkungen innerhalb des sozialen Beziehungssystems. Sie sind auch bei Abwesenheit der beeinflussenden Person bzw. Personen möglich (vgl. Tab. 1).

Tabelle 1: Direkte und indirekte Effekte in der Vater-Mutter-Kind-Beziehung (nach Parke, 1979, S. 556)

A. Dyade: Direkte Effekte

Vater ↔ Kind
Mutter ↔ Kind

B. Triade: Direkte Effekte und indirekte Effekte

1. Modifizierender Einfluß des Vaters auf das Verhalten der Mutter gegenüber dem Kind
   Vater → Mutter → Kind

2. Einfluß der Vater-Kind- auf die Mutter-Kind-Beziehung
   (Vater ↔ Kind) → (Mutter ↔ Kind)

3. Einfluß des vom Vater modifizierten Verhaltens des Kindes auf die Mutter-Kind-Interaktion
   Vater → Kind → (Mutter ↔ Kind)

4. Einfluß der Ehegattenbeziehung auf das Kind
   (Vater ↔ Mutter) → Kind
   bzw.: Kind → (Vater ↔ Mutter)

5. Einfluß der Vater-Kind-Beziehung auf die Beziehung der Ehegatten
   (Vater ↔ Kind) → (Vater ↔ Mutter)

Parke (1979, S. 555 ff) unterscheidet am Beispiel der Vater-Mutter-Kind-Triade fünf Formen direkter und indirekter Effekte.

1. Der Vater beeinflußt die Mutter in ihrem Verhalten gegenüber dem Kind durch unterschiedliche Formen der Unterstützung. Man unterscheidet in diesem Zusammenhang vor allem materielle und emotionale Unterstützung. Eine gute oder unzureichende materielle Basis beeinflußt auch die Art der Mutter-Kind-Beziehung. Emotionale Unterstützung äußert sich z. B. in Anerkennung und partnerschaftlicher Hilfe.
2. Die Qualität der Vater-Kind-Beziehung wirkt sich auch auf die Mutter-Kind-Beziehung aus. Das Interesse, das der Vater dem Kind entgegenbringt, kann das Interesse der Mutter am Kind verstärken (Parke & O'Leary, 1976). Es wäre aber auch vorstellbar, daß sie eifersüchtig reagiert. Falls der Vater das Kind emotional ablehnt, könnte die Mutter diese Einstellung übernehmen oder verstärkt versuchen, diese zu kompensieren.

3. Der Vater übt einen direkten Einfluß auf das Kind aus und kann dadurch indirekt auch eine Veränderung der Mutter-Kind-Interaktion bewirken. So könnte er bei ihm ein Verhalten verstärken, das die Mutter nicht akzeptieren kann.
4. Die Qualität der Beziehung zwischen den Eltern beeinflußt auch das Verhalten gegenüber dem Kind (Clarke-Stewart, 1978; Lamb, 1978a, b, c; Lewis, Feiring & Weinraub, 1981; Parke, 1978; Pedersen, Yarrow, Anderson et al., 1979). Ebenso verändert das Kind durch seine Geburt, bestimmte Eigenarten, Entwicklungsfortschritte oder -krisen die Partnerbeziehung, z. B. indem es einen zusätzlichen Bindungsfaktor und emotionalen Gewinn darstellt oder aber als Streßfaktor wirkt.
5. Die Qualität der Vater-Kind-Beziehung wirkt sich auf die Beziehung zwischen den Eltern aus. Wenn sich der Vater z. B. im Gegensatz zur Mutter dem Kind gegenüber ablehnend verhält, so könnte die Mutter als Reaktion darauf auch negative Gefühle gegenüber ihrem Ehemann entwickeln.

Die aufgezeigten Effekte sind natürlich nicht auf die Vater-Mutter-Kind-Triade beschränkt, sondern lassen sich auch auf die Beziehung zu anderen Interaktionspartnern übertragen.

3.6 Die soziale Umwelt als Mehrebenen-Modell

Die vorangegangenen Ausführungen haben gezeigt, daß das soziale Netzwerk des Kindes den Gesetzen ganzheitlicher Systeme unterliegt: Es ist nicht-additiv, d. h., es ist mehr als die Summe seiner Teile. Die Untersuchung dyadischer Subsysteme genügt nicht zur Erklärung des gesamten Netzwerks. Dyadische Interaktionen ändern sich, wenn sie z. B. in eine Triade eingebettet werden.

Des weiteren stellen die Beziehungen in einem sozialen Netzwerk wiederum nur ein Subsystem der gesamten Umwelt dar, in der sich die soziale Entwicklung vollzieht. Dies läßt sich durch das Modell Bronfenbrenners (1978) verdeutlichen, das die entwicklungspsychologisch relevante Umwelt als eine verschachtelte Anordnung von Strukturen auffaßt. Das Mehrebenen-Modell unterscheidet vier strukturelle Bereiche:

1. Den innersten Lebensbereich bilden die Mikrosysteme (z. B. Familie, Kindergarten, Schule). Das Mikrosystem repräsentiert unmittelbare zwischenmenschliche Interaktionen in einem Setting (vgl. Kap. 2.6).
2. Die Beziehungen zwischen diesen Settings bildet das Mesosystem. Es handelt sich um ein System von Mikrosystemen und betrifft z. B. die Wechselwirkungen zwischen Familie, Nachbarschaft und Gleichaltrigengruppe. Das Mesosystem verändert sich, wenn das Kind in einen neuen Lebensbereich eintritt. Man spricht in diesem Fall von einem „ökologischen Übergang" (z. B. Eintritt in den Kindergarten, die Schule, das Berufsleben oder den Ruhestand). Es ist sowohl Folge als auch Anlaß von Entwicklungserscheinungen.
3. Die Entwicklung wird jedoch auch durch Umweltsysteme beeinflußt, in denen das Individuum selbst nicht mehr enthalten ist, aber Ereignisse stattfinden, die

auf die unmittelbaren Lebensbereiche einwirken. Bronfenbrenner nennt sie Exosysteme und rechnet hierzu z. B. wichtige gesellschaftliche Institutionen wie Massenmedien, Behörden, Transportsysteme usw.

4. Die genannten Umweltsysteme sind eingebettet in einen sozio-kulturellen Kontext, das Makrosystem. Dieses unterscheidet sich von den anderen Systemebenen dadurch, daß es sich nicht auf spezifische Kontexte bezieht, sondern auf übergeordnete kulturelle Normen, die in einem bestimmten ökonomischen, sozialpolitischen, rechtlichen und politischen System zum Ausdruck kommen.

Dieses Umweltkonzept ist zu komplex, um es als Ganzes zum Gegenstand einer empirischen Untersuchung machen zu können. Dennoch ist es als Denkmodell notwendig, um auch spezifische Einzelergebnisse angemessen einordnen und interpretieren zu können. In den folgenden Kapiteln wird die Beziehung zwischen individueller Entwicklung und den verschiedenen Ebenen des sozialen Kontextes vor allem unter zwei Aspekten deutlich werden. Zum einen zeigen sich soziale Kompetenzen nicht isoliert, sondern sie realisieren sich in Form von Interaktionen in sozialen Systemen. Dadurch werden diese in bestimmter Weise gestaltet (wie z. B. schon das Neugeborene die familiäre Interaktion beeinflußt) und im Laufe der individuellen Entwicklung verändert (wie z. B. die Beziehung des Kindes zu seinen Eltern im Jugend- und erneut im Erwachsenenalter). Zum anderen beeinflußt der soziale Kontext die individuellen Kompetenzen; er wirkt als Entwicklungsbedingung. Dies zeigt sich am Beispiel der bereits erwähnten ökologischen Übergänge, die das .Individuum zu Anpassungsleistungen herausfordern. Wichtig ist in diesem Zusammenhang aber noch ein anderer Faktor, eine bestimmte Qualität des sozialen Funktionssystems, die als „soziale Unterstützung" bezeichnet wird. *Soziale Unterstützung* kann definiert werden als die Sicherung, Förderung und Hilfe, die ein Individuum durch soziale Bindungen an andere Personen, Gruppen oder umfassendere soziale Kontexte erhält. Diese Bindungen bilden das soziale Unterstützungssystem, das sowohl emotionale als auch instrumentelle Komponenten enthält. Soziale Unterstützung ist eine entscheidende Voraussetzung für die optimale Entwicklung individueller Kompetenzen sowie für die Möglichkeiten des Individuums, Belastungen zu bewältigen (coping), Anpassungen an veränderte Lebensbedingungen zu leisten und Streß zu ertragen.

4. Das Kind und seine familiären Bezugspersonen

In der von Bowlby begründeten Attachment-Theorie ist die durch ein spezifisches emotionales und kommunikatives Beziehungssystem gekennzeichnete Bindung zwischen Mutter und Kind die Voraussetzung für eine gesunde Entwicklung (Kap. 4.1.1). Zur Entstehung und Aufrechterhaltung dieser Bindung stimmen beide Interaktionspartner ihr Verhalten in wechselseitiger Synchronisation aufeinander ab (Kap. 4.1.2). Um die Sicherheit der Mutter-Kind-Bindung festzustellen, entwickelte Ainsworth den „Strange Situation Test“ (Kap. 4.1.3). Weiterführende Untersuchungen konnten zeigen, daß die Mutter-Kind-Beziehung auch durch eine Reihe außerhalb der Dyade liegender Faktoren beeinflußt wird (Kap. 4.1.4). Hieraus ergeben sich zu den bindungstheoretischen Forschungen vor allem drei Kritikpunkte bzw. Ergänzungen, die die individuumszentrierte Sichtweise der mütterlichen Kompetenzen, das dyadische Interaktionsmodell und das epigenetische Entwicklungsmodell betreffen (Kap. 4.1.5–4.1.7).

In den letzten drei Jahrzehnten ist zunehmend die Rolle des Vaters in der Entwicklung des Kindes in den Mittelpunkt des Forschungsinteresses gerückt (Kap. 4.2.1). In zahlreichen Untersuchungen wurden Häufigkeit und Dauer von Vater-Kind- und Mutter-Kind-Kontakten verglichen (Kap. 4.2.2) sowie nach den spezifischen Merkmalen der Vater-Kind-Beziehung gefragt (Kap. 4.2.3). Als Einflußfaktoren wurden bisher Alter und Geschlecht des Kindes sowie spezielle familiäre Bedingungen identifiziert (Kap. 4.2.4). Besondere Bedeutung für die soziale und kognitive Entwicklung des Kindes hat der Vater vor allem im Hinblick auf die Geschlechtsrollenidentifikation, die Entwicklung moralischer Werte und die Förderung der Leistungsmotivation (Kap. 4.2.5).

Auch die Großeltern als wichtige Bezugspersonen des Kindes in den ersten Lebensjahren üben eine Reihe direkter und indirekter sozialer Einflüsse auf die Sozialisation ihrer Enkel aus (Kap. 4.3.1, 4.3.2), wobei die Stärke und Art der Einflußnahme durch eine Reihe von Faktoren modifiziert wird (Kap. 4.3.3, 4.3.4).

Bezüglich der Geschwisterbeziehungen konzentrierte sich die Forschung lange Zeit auf den Einfluß der Geburtenfolge (Kap. 4.4.2). Wesentlicher ist es jedoch, Geschwisterbeziehungen als besonderes Subsystem des sozialen Netzwerks mit spezifischen Funktionen und Interaktionsmustern zu verstehen (Kap. 4.4.3–4.4.5). Dieses besondere Beziehungssystem beschränkt sich nicht auf die Kindheit, sondern bleibt während des gesamten Lebens von Bedeutung (Kap. 4.4.6).

4.1 Mutter-Kind-Interaktion

4.1.1 Das soziale Bindungssystem zwischen Mutter und Kind

Die Literatur zur sozialen Entwicklung in der frühesten Kindheit konzentriert sich vornehmlich auf die Attachment-Theorie. Nach Bowlby (1958, 1969, 1973) muß man die Bindung von den Bindungsverhaltensweisen terminologisch trennen. Bindung bezeichnet ein besonderes sozial-emotionales Beziehungssystem (vgl. Kap. 1.2.4). Als Bindungsverhalten werden solche Verhaltensweisen verstanden, die sowohl auf seiten des Kindes als auch auf seiten der Mutter das soziale Beziehungssystem konstituieren. Dieses ethologische Konzept eines Verhaltenssystems impliziert, daß es zum einen speziescharakteristisch ist und zum anderen für die Art Überlebenswert besitzt und besessen hat. Das Beziehungssystem zwischen Mutter und Kind wird also im Kontext der Phylogenese des Menschen gesehen. Der Säugling und das Kleinkind bedürfen aufgrund ihrer Verletzlichkeit und ihrer Abhängigkeit der intensiven Pflege und des Schutzes. Ein Verhaltenssystem, das diese Funktion sichert, erhöht den Überlebenswert der Art.

Der Säugling verfügt über eine Reihe von speziescharakteristischen Verhaltensweisen, die sich im Laufe der Phylogenese entwickelt haben. Sie dienen als Signale gegenüber der „Mutter-Figur" und haben die Funktion, Nähe, Kontakt und Bindung zu ihr herzustellen. Bowlbys Grundkonzept unterscheidet fünf solcher Verhaltensweisen: Saugen, Anklammern, Nachfolgen, Weinen/Schreien, Lächeln.

Wesentlich ist nun, daß die Mutter in kontingenter Weise auf diese Signale reagiert, so daß sich ein gemeinsames Interaktionssystem etabliert. Die Attachment-Theorie betont, daß schon den ersten Tagen nach der Geburt eine entscheidende Bedeutung bei der Festlegung reziproker Kommunikationsmuster zukommt, weil sich die Mutter zu dieser Zeit in einer sensiblen Phase befindet, die sie für das Signalsystem des Neugeborenen empfänglich macht.

Die Entwicklung der Mutter-Kind-Beziehung steht in engem Zusammenhang mit kognitiven Entwicklungsfortschritten. Das Kind bildet ein Konzept, in dem die Mutter kognitiv repräsentiert wird. Dabei ist es auf die Verfügbarkeit der Mutter angewiesen. Werden seine diesbezüglichen Erwartungen enttäuscht, aktiviert es sein Bindungsverhalten, um die Nähe der Mutter sicherzustellen. Festigt sich die innere Repräsentation der Mutter dagegen, so kann das Kind zunehmend längere Zeitspannen ohne ihre Anwesenheit auskommen, ohne Angst und Unsicherheit zu spüren. Eine sichere Bindung weist also als kognitives Korrelat eine konsolidierte symbolische Repräsentation der Mutter auf; beides ermöglicht dem Kind, mit zunehmendem Alter von der Anwesenheit und unmittelbaren Verfügbarkeit der Mutter unabhängiger zu werden.

Ainsworth (1972) unterscheidet in Anlehnung an Bowlby (1969) vier Phasen in der Entwicklung der Mutter-Kind-Bindung:

1. Die Prä-Attachment-Phase umfaßt die ersten Wochen nach der Geburt. In dieser Zeit richtet das Kind seine Aufmerksamkeit auf jede Person, die sich ihm nähert, und zeigt ihr gegenüber Verhaltensmerkmale, die die Funktion besitzen, aktiv Kontakt aufzunehmen. Am Ende dieser Phase beginnt das Kind zwischen verschiedenen Personen, speziell zwischen seiner Mutter und anderen Menschen, zu unterscheiden.
2. In der Phase der beginnenden Bindung differenziert das Kind nicht nur zwischen bekannten und unbekannten Personen, sondern auch zwischen seinen vertrauten

Bezugspersonen. Gleichzeitig erweitert sich das soziale Verhaltensrepertoire des Säuglings, das er je nach Kontaktperson unterschiedlich einsetzt.

3. Gegen Ende des ersten Lebensjahres wird das Kind noch aktiver in der Kontaktaufnahme mit den von ihm bevorzugten Personen. Dies wird ermöglicht durch Fortschritte in der motorischen und sprachlichen Entwicklung. Das Kind ist nun keineswegs mehr ausschließlich auf seine Bezugspersonen fixiert, sondern exploriert seine Umwelt und erlernt den Umgang mit Gegenständen.
4. Eine neue Phase der Interaktion zwischen Mutter und Kind ist erreicht, wenn das Kind seinen Egozentrismus überwindet, den Standpunkt seiner Mutter einnehmen kann und verstehen lernt, welche Gefühle und Motive ihr Handeln leiten (vgl. Kap. 11.3, 11.5.4). Mit diesen Fähigkeiten beginnt eine neue Beziehungsqualität, die Bowlby (1969) „Partnerschaft" nennt. Er bezeichnet sie zusätzlich als „zielkorrigiert" (goal-corrected), d. h., Mutter und Kind beeinflussen sich gegenseitig so, daß ein gemeinsames Kommunikations- und Handlungsziel erreicht wird.

4.1.2 Bindungsverhalten

Die Literatur zum Attachment-Konzept zeigt eine bemerkenswerte Akzentverschiebung. Zunächst wurde Bindungsverhalten mehr wie ein individuelles, phylogenetisch erworbenes Merkmal des Säuglings behandelt. Der Rolle der Sozialpartner und dem Aspekt der Interaktion galten nur geringe Aufmerksamkeit. Neuere Ansätze betonen dagegen stärker die Interaktionsqualitäten und die Charakteristika des Beziehungssystems (Schaffer, 1977; Schaffer & Crook, 1978). In den meisten jüngeren Beiträgen wird die Mutter-Kind-Beziehung als geschlossenes dyadisches System betrachtet, in dem beide Partner ihr Verhalten in wechselseitiger Synchronisation aufeinander abstimmen. Die Fragestellungen der meisten Untersuchungen betreffen die besonderen Merkmale dieser frühen dyadischen Systeme auf den verschiedenen Entwicklungsstufen und die entsprechenden Interaktionsbeiträge von Mutter und Kind. Zunächst sollen die wichtigsten Merkmale des Bindungsverhaltens beschrieben werden.

Saugen

Die Saugreaktion ist das erste Mittel, das ein Neugeborenes in Kontakt mit einem anderen Menschen bringt. Sie darf nicht ausschließlich als Befriedigung einer biologischen Bedürfnisspannung verstanden werden, sondern beinhaltet auch einen kommunikativen Akt. Das anscheinend simple Saugverhalten besteht aus einer zeitlichen Abfolge von Saugaktivität – Pause – Saugaktivität – Pause usw. Nach Kaye (1977) stellt dies die Grundlage eines interpersonalen Dialogs dar. Das Verhalten der Mutter paßt sich dem Rhythmus des Kindes an. Während des Trinkens verhalten sich die Mütter in der Regel ruhig und inaktiv; während der Pausen wiegen sie das Kind im Arm, streicheln es und sprechen mit ihm. Damit setzen sie ein Verhaltensmuster in Gang, bei dem jeweils ein Partner aktiv und der andere inaktiv ist. Die Mutter folgt dabei dem Verhalten des Säuglings, sie paßt sich seinem Rhythmus an.

Es handelt sich hierbei um den Prototyp einer frühen Interaktionssituation zwischen Mutter und Kind. Sie beruht auf zwei Hauptfaktoren: zum einen auf dem Verhalten des Kindes, das nach endogenen Mechanismen und Rhythmen organisiert ist und zum anderen auf der Sensitivität der Mutter, d. h. auf ihrer Bereitschaft, sich diesem Muster anzupassen. Beide Faktoren zusammen ergeben eine reziproke Wechselstruktur, die die Grundlage jeder Interaktion bildet.

Anklammern

Etwa in den ersten zwei Lebensmonaten ist ein Greifreflex beim Säugling nachweisbar. Er wird ausgelöst durch Berühren der Handinnenflächen. Er verschwindet mit der Myelinisierung (Markscheidenreifung) der willkürlichen Nervenbahnen und macht bewußt ausgeführten Greifbewegungen Platz.

Die aus der Phylogenese abgeleitete Bedeutung des Greifreflexes ist das Festhalten an der Mutter, speziell am Fell der Mutter, wie sich am Beispiel von nichtmenschlichen Primaten nachweisen läßt. Diese soziale Funktion wird unterstützt durch den Kriechreflex: Säuglinge stemmen sich reflektorisch mit den Füßen nach oben ab. Diese Bewegung ermöglichte es, am Körper der Mutter nach oben zu kommen, um ihre Brust zu erreichen. Beide Reflexe deuten darauf hin, daß die Verhaltensausstattung des Neugeborenen auf Sozialkontakt angelegt ist. Sie unterstreichen außerdem die primäre Bedeutung des Körper- und Hautkontakts für die Entwicklung von Bindungen.

Der Körperkontakt ist ein ursprünglicher und eigenständiger Teil des Bindungssystems. Er erhält seinen Stellenwert nicht erst dadurch, daß er mit der Nahrungsaufnahme in Zusammenhang steht (vgl. Kap. 3.1). Diese Auffassung wurde durch die Untersuchungen von Harlow (1958) eindrucksvoll demonstriert. Er zog Affenkinder mit zwei künstlichen Mutterfiguren auf. Die eine bestand aus einem Drahtgestell, an dem eine Trinkvorrichtung angebracht war; die andere spendete keine Milch, war aber mit einem weichen, pelzartigen Stoff überzogen, der als Ersatz für das Fell einer richtigen Affenmutter diente. Es zeigte sich, daß die Affenkinder die Drahtmutter nur zum Trinken aufsuchten und sie ansonsten nicht beachteten. Sie bevorzugten dagegen die Nähe der Stoffmutter. Insbesondere, wenn eine Gefahr im Käfig auftauchte (z. B. hervorgerufen durch ein furchterregendes Objekt), diente stets nur die Stoffmutter als Zufluchtstätte. Sie allein war auch Ausgangspunkt für Erkundungsstreifzüge, denn nur sie schien die dafür notwendige Sicherheit zu gewährleisten und das erforderliche Selbstvertrauen zu vermitteln (vgl. Kap. 4.1.3).

Die Untersuchungen Harlows dienten dazu, die Variablen Nahrungsaufnahme vs. Körperkontakt experimentell zu variieren. Selbstverständlich aber war keines der Muttersurrogate einer lebendigen Affenmutter ebenbürtig. Auch diejenigen jungen Äffchen, die eine Fellmutter als Ersatz zur Verfügung hatten, zeigten schwerwiegende Beeinträchtigungen in ihrer soziale Entwicklung. Sie blieben Einzelgänger und vor allem in der Paarungszeit kontaktgestört.

Nachfolgen

Das Phänomen, daß Jungtiere ihrer Mutter nachfolgen, besitzt eine lange phylogenetische Kontinuität und ist für das Überleben unerläßlich. Es zeigt sich am eindrucksvollsten bei der Prägung z. B. eines Entenkükens auf den ersten, bewegten Gegenstand, den es erblickt und der typischerweise die Mutter ist.

Im Humanbereich ist die aktive Kontaktsuche, sobald die Entwicklung der Motorik dies zuläßt, ein zentraler Bestandteil des kindlichen Bindungsverhaltens. Das Prägungsmodell ist im engeren Sinne nicht auf die menschliche Entwicklung übertragbar, obwohl das Konzept der sensiblen Phasen, in denen eine Mutter-Kind-Bindung erfolgen soll, analoge Überlegungen innerhalb der Attachment-Theorie erkennen läßt.

Schreien/Weinen

Die Attachment-Theorie sieht auch im Weinen des Kindes ein Kontaktsignal, das beantwortet werden muß. Das sensible Eingehen der Mutter auf den schreienden Säugling fördert die Entwicklung einer sicheren Bindung und reduziert das Schreien in der Zukunft. Wird das Weinen ignoriert, so führt dies dagegen zur Bindungsunsicherheit und zur Verstärkung ängstlicher Kontaktsignale.

Ainsworth (1972) konnte dieses in einer Längsschnittstudie mit Kindern im Alter zwischen 3 Wochen und 12 Monaten bestätigen. Ein Vergleich der Vierteljahresperioden ergab, daß das Ignorieren des Schreiens in den ersten drei Monaten häufigeres und andauernderes Weinen in den nächsten Monaten mit sich brachte. Dagegen führte nach Ainsworth, Bell und Stayton (1971) promptes Reagieren auf das kindliche Weinen zum Aufbau einer harmonischen Beziehung mit zufriedenen und selbstsicheren Kindern.

Diese Befunde widersprechen den Annahmen der sozialen Lerntheorie. Danach wirkt die Beachtung des Schreiens und die damit verbundene Aufmerksamkeitszuwendung als Belohnung. Nach dem Verstärkungsprinzip ist mit einer erhöhten Wahrscheinlichkeit des Schreiens in der Zukunft zu rechnen. Konsequentes Ignorieren müßte dagegen die entsprechenden Verhaltensweisen löschen, also das Weinen reduzieren.

Auch für den lerntheoretischen Ansatz gibt es empirische Bestätigungen. Nach Moss und Robson (1968) weinten Babys im Laufe der ersten fünf Lebensmonate um so häufiger, je prompter die Mutter auf ihr Schreien reagierte. Somit schien tatsächlich ein Lerneffekt stattgefunden zu haben.

Dunn (1975) führt die Widersprüche zwischen den empirischen Befunden auf Altersunterschiede zwischen den untersuchten Kindern zurück. So mag das Weinen insbesondere bei jüngeren Säuglingen ein soziales Signal darstellen und zum Bindungsverhalten gehören. Man kann jedoch davon ausgehen, daß es zunehmend noch andere Funktionen erfüllt. Es kann z. B. auch explorativen Charakter besitzen nach dem Motto: „Was nützt Schreien?“ Unter diesem Gesichtspunkt spielen dann Lernerfahrungen eine große Rolle. Eine bestimmte Verhaltensweise kann somit mehrere unterschiedliche Funktionen haben. Entsprechend betonen Ainsworth,

Blehar, Waters et al. (1978, S. 16f.), daß es kein Verhalten gebe, das nur unter einem einzigen funktionalen Aspekt betrachtet werden dürfe, sondern daß es jeweils verschiedene Bedeutungen aufweise.

Dunn (1980) bezeichnet zusätzlich die Erregbarkeit des Kindes als entscheidende Bedingung. Sie fand bei Säuglingen, die selten weinten, eine höhere mütterliche Bereitschaft, zu reagieren. Bei leicht erregbaren und somit häufig schreienden Kindern lagen die Zusammenhänge dagegen anders. Hier bedeutete mütterliche Passivität gegenüber dem Weinen eine spezifische Reaktion auf das übererregte Kind. Sie war nicht gleichbedeutend mit sonstiger mangelnder Responsivität. Somit zeigte sich auch ein starker Einfluß des Kindes auf die Mutter.

Lächeln/Lachen

Etwa von der fünften Lebenswoche an tritt das Lächeln als soziales Signal in Erscheinung. Es löst das endogen bedingte Lächeln der ersten Lebenswochen ab, das noch keine soziale Funktion besitzt und unspezifisch ausgelöst werden kann (vgl. Kap. 3.2). Der beste soziale Auslöser ist der Anblick des menschlichen Gesichts. Von der 20. Lebenswoche an differenziert das Kind zwischen bekannten und unbekannten Gesichtern und lächelt nur die ersteren an (Bower, 1977). Ab etwa 30 Wochen achtet das Kind zunehmend auch auf den Gesichtsausdruck und ist in der Lage, verschiedene Gesichter zu unterscheiden.

Das Anlächeln einer Person ist in der Regel mit direktem Blickkontakt verbunden. Mikroanalysen der Mutter-Kind-Interaktion haben gezeigt, daß der Blickkontakt (bei Menschen im Unterschied zu Primaten) eine zentrale Rolle spielt: „Beim Menschen dagegen fällt es auf, mit welcher Ausdauer sich die Mutter oder andere Bezugspersonen um einen Blickkontakt mit dem Säugling bemühen. Der Blickkontakt kann als Maß gegenseitigen Interesses angesehen werden. Beim Neugeborenen bringt die Mutter ihr Gesicht immer wieder in das Gesichtsfeld des Kindes und wählt, wie wir entdeckt haben, instinktiv die Entfernung, in der allein es scharf beobachten kann“ (Papoušek & Papoušek, 1977, S. 102).

Der Blickkontakt beinhaltet also einen wechselseitigen Austausch, bei dem sich die Mutter den Sehbedingungen des Kindes anpaßt. Aufgrund der unterschiedlichen Lichtbrechung der Linse ist der Abstand vom Auge, in dem eine Fokussierung gelingt, beim Neugeborenen anders als beim Erwachsenen. Ohne Kenntnis dieser Zusammenhänge und ohne daß es ihnen bewußt ist, wählen Mütter denjenigen Abstand, in dem Säuglinge (und nicht sie selbst) scharf beobachten können (ca. 25 cm).

Lautäußerungen

Der sprachliche Austausch ist durch alternierende Dialogmuster, also den Wechsel von Sprecher- und Zuhörerrolle, gekennzeichnet. Dieser sorgt z. B. in der Interaktion zwischen Erwachsenen in der Regel für einen reibungslosen Ablauf. Schaffer, Collis und Parsons (1977) zeigten, daß dieses formale Merkmal bereits auf den vorsprachlich-vokalen Austausch (Girren, Lallen) zutrifft. Während beim sprachlichen Dialog beide Partner Signale und Regeln beachten, trägt in der frühen

Mutter-Kind-Dyade die Mutter allein die Verantwortung für diesen Prozeß. Die Interaktion beginnt (wie beim Saugen) mit dem spontanen Verhalten des Säuglings, in diesem Fall mit Lautäußerungen. Die Äußerungen des Kindes erfolgen in Phasen. Die Mutter muß diese aufgreifen und in den Pausen fortführen. Sie gibt eine Antwort und behandelt die Laute so, als besäßen sie eine echte kommunikative Bedeutung (vgl. Kap. 5.2.6).

Visuelle Ko-Orientierung

Ein ähnliches Prinzip läßt sich bei der Art und Weise aufzeigen, wie Mütter und Kinder gegenseitig die Aufmerksamkeit auf Umweltereignisse richten (Collis & Schaffer, 1975). Bei der visuellen Ko-Orientierung richten beide Partner die Aufmerksamkeit zur gleichen Zeit auf das gleiche Objekt. Auch hier zeigt das Kind die Richtung der gemeinsamen Tätigkeit und die Mutter folgt ihm. Die visuelle Ko-Orientierung kann der erste Schritt für weitere gemeinsame Interaktionen sein, die das Objekt des Interesses einschließen. Auch an diesem Beispiel kann wieder ein Interaktionstyp demonstriert werden, bei dem die Initiative vom Säugling ausgeht und erst die Mutter diese zu einer dyadischen Erfahrung umgestaltet.

Die Interaktionsbeiträge des Kindes und der Mutter

Das Kind ist, wie die vorangegangenen Ausführungen zeigten, in seinem Verhalten auf soziale Interaktion ausgerichtet, wobei man zwischen strukturellen und funktionalen Aspekten unterscheiden kann. *Strukturelle Aspekte* betreffen die körperlichen Voraussetzungen, die sich auf primär menschliche Kontakte beziehen: Die Mundregion ist speziell auf die Brusternährung ausgerichtet. Der visuelle Bereich reagiert höchst empfindlich auf die Reize, die von menschlichen Gesichtern ausgehen. Die Ausstattung des Hörapparates ist speziell auf die menschliche Stimme eingestellt. Die *funktionalen Aspekte* betreffen die Art, wie die strukturellen Merkmale benutzt werden (Saugen, Lächeln, Weinen usw.) und insbesondere deren Organisation in zeitliche Sequenzen. Dieser regelmäßige Biorhythmus ermöglicht der Mutter, das Verhalten des Säuglings zu antizipieren. Eine grundlegende Abgestimmtheit zwischen Kind und Betreuer ist so gesichert. Mit fortgesetzten Interaktionen verändern sich die einfachen Zeitmuster des Kindes in komplexere und flexible Strukturen.

Es wurde deutlich, daß die Mutter die Hauptverantwortung für eine angemessene Strukturierung der sozialen Erfahrungen des Kindes trägt. Im Gegensatz zu den Befragungstechniken der älteren Sozialisationsforschung, die meist zur Konzeption globaler Erziehungsstile führten, betont die Humanethologie einen stärker auf Beobachtungsdaten basierenden Ansatz der Untersuchung der Mutter-Kind-Beziehung (Blurton Jones, 1972). Auf einer hochdetaillierten, mikroanalytischen Beschreibungsebene konnten so viele neue Phänomene der Wechselseitigkeit der Mutter-Kind-Beziehung entdeckt sowie Techniken, die eine Mutter in Interaktionen mit Kindern verschiedenen Alters einsetzt, präzisiert und spezifiziert werden

(Schaffer, 1984). Es gelang der Nachweis, daß Mütter sorgfältig und permanent die Art der Stimulation dem Verlauf der Interaktion mit ihrem Kind anpassen und ihr eigenes Verhalten empfindsam, jedoch unbewußt, am Verhalten und den wahrgenommenen Fähigkeiten des Kindes ausrichten. So variiert zum Beispiel die sprachliche Komplexität systematisch mit dem Alter des Kindes (Snow, 1972; Phillips, 1973). Das Sprachverhalten einer Mutter gegenüber einem drei Monate alten Baby läßt sich charakterisieren durch die häufigen Wiederholungen, durch stark übertriebene Mimik und durch die Verlangsamung ihrer Äußerungen (Stern, Beebe, Jaffe et al., 1977). Der Mutter scheint die begrenzte Kapazität der Informationsprozesse ihres Kindes bewußt zu sein. Sie paßt sich der Aufnahmefähigkeit des Kindes an, um dessen Interesse nicht zu verlieren. Die gleiche Empfänglichkeit der Mutter für die Signale des Kindes wurde bereits im Zusammenhang mit der visuellen Ko-Orientierung, dem Wechsel von Lautäußerungen und dem Füttern diskutiert. Diese Sensitivität ermöglicht die schnelle Reaktion auf kindliches Verhalten und dessen Antizipation in dyadischen Situationen. Sie umfaßt eine intensive Beachtung der kindlichen Aktionen, die Fähigkeiten, angemessen zu reagieren und die Rückwirkung auf das kindliche Verhalten zu überwachen, sowie die Bereitschaft, das eigene Verhalten angesichts dieser Effekte zu verändern (Nickel, Arora, Thilmann et al., 1981).

4.1.3 Die Versuchsanordnung der „fremden Situation"

Bei dem sogenannten „Strange Situation Test" handelt es sich um eine halbstandardisierte Versuchsanordnung mit dem Ziel, die Sicherheit und die Qualität der Mutter-Kind-Beziehung zu ermitteln (Ainsworth, Blehar, Waters et al., 1978). Der Text umfaßt acht Zeitintervalle mit einer Gesamtdauer von ungefähr 20 Minuten. Dabei sind zwei Trennungen und Wiedervereinigungen von Mutter und Kind vorgesehen (vgl. Tab. 2).

Die Abfolge der einzelnen Untersuchungsschritte konfrontiert das Kind mit zunehmendem Streß. Die wichtigsten Streßbedingungen bilden die unbekannte Umgebung, Interaktionen mit einem fremden Erwachsenen, die Trennung von der Mutter und das Alleingelassenwerden. Das Verhalten des Kindes wird als abhängig von der Bindungssicherheit an die Mutter interpretiert. Die Standardisierung betrifft nicht nur die Abfolge der Zeitabschnitte, sondern auch das räumliche Arrangement der „fremden Situation". Der Untersuchungsraum kann durch zwei Einwegspiegel eingesehen werden. An einer Wand steht der Stuhl des Kindes, umgeben von Spielmaterial (vgl. Abb. 2); auf der gegenüberliegenden Seite sitzen die Mutter (M) und/oder die fremde Person (S).

Das Bindungsverhalten wird durch zwei Methoden erfaßt: Die erste besteht in einem Rating bezüglich jeder einzelnen Episode. Die verwendeten Rating-Skalen richten sich auf folgende Verhaltensbereiche: Nähe- und Kontaktsuche, Aufrechterhalten des Kontakts, Vermeidung von Interaktionen, Widerstand gegen Interaktionen und Kontakt sowie Distanzverhalten. Die Ratings geben Verhaltensänderungen während der Abfolge der einzelnen Episoden wieder. Die zweite Methode intendiert

Tabelle 2: Zeitlicher Ablauf des Strange-Situation-Tests (nach Ainsworth, Blehar, Waters et al., 1978, S. 37).

Nummer der Untersuchungs-situation	Anwesende Personen	Dauer	Kurze Beschreibung der Handlungsabläufe
1	Mutter, Kind und Beobachter	30 Sek.	Beobachter führt Mutter und Kind in den Untersuchungsraum und verläßt ihn wieder.
2	Mutter und Kind	3 Min.	Mutter ist unbeteiligt, während das Kind den Raum erforscht. Falls notwendig, stimuliert sie das Kind nach zwei Minuten zum Spielen.
3	Fremde, Mutter und Kind	3 Min.	Fremde betritt den Raum. Erste Minute: die Fremde verhält sich ruhig. Zweite Minute: die Fremde unterhält sich mit der Mutter. Dritte Minute: die Fremde nähert sich dem Kind. Nach drei Minuten verläßt die Mutter den Raum unauffällig.
4	Fremde und Kind	3 Min. oder weniger[1]	Erste Trennungssituation. Die Fremde paßt ihr Verhalten dem des Kindes an.
5	Mutter und Kind	3 Min. oder mehr[2]	Erste Wiedervereinigung. Mutter begrüßt das Kind und/oder beruhigt es, dann versucht sie, es mit Spielen zu beschäftigen. Sie verabschiedet sich von dem Kind und verläßt den Raum.
6	Kind alleine	3 Min. oder weniger[1]	Zweite Trennungsphase.
7	Fremde und Kind	3 Min. oder weniger[1]	Fortsetzung der zweiten Trennungsphase. Die Fremde betritt den Raum und paßt ihr Verhalten dem des Kindes an.
8	Mutter und Kind	3 Min.	Zweite Wiedervereinigung. Die Mutter betritt den Raum, begrüßt das Kind und nimmt es auf den Arm, währenddessen die Fremde unauffällig den Raum verläßt.

[1] Situation wird verkürzt, wenn sie das Kind übermäßig belastet.
[2] Situation wird verlängert, wenn das Kind mehr Zeit braucht, um sich wieder mit dem Spielzeug zu beschäftigen.

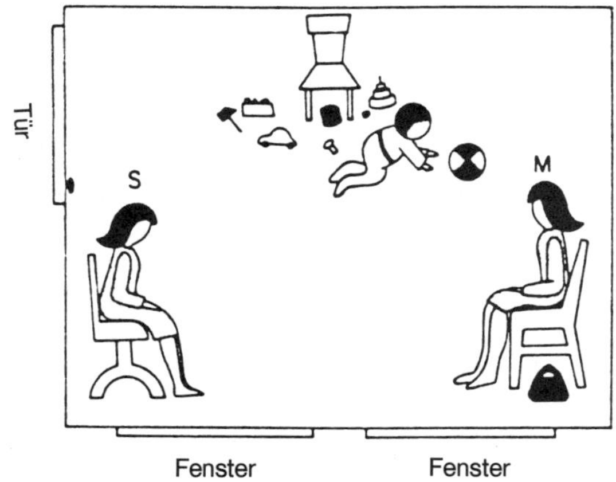

Abb. 2: Skizze des räumlichen Arrangements der fremden Situation (nach Bretherton & Ainsworth, 1974, S. 134)

eine übergreifende Klassifikation der Bindungssicherheit. Sie stützt sich vor allem auf das Verhalten des Kindes nach der Rückkehr der Mutter. Auch das Verhalten vor der Trennung wird berücksichtigt, jedoch vor allem im Hinblick auf das kindliche Spielverhalten bei Anwesenheit der Mutter.

Auf der Grundlage dieser Messungen unterschieden Ainsworth, Blehar, Waters et al. (1978) drei Typen kindlichen Verhaltens. Kinder mit sicherer Bindung (Gruppe B) zeigen folgendes Verhaltensmuster: Während des gesamten Versuchsablaufs lassen sie positives Verhalten gegenüber der Mutter erkennen, begrüßen sie bei der Wiederbegegnung und fühlen sich sicher bei ihrer Anwesenheit, so daß sie die Umgebung explorieren können. Variationen dieses Verhaltens werden in Untergruppen erfaßt. Die Subgruppen B 1 und B 2 zeigen interaktives Verhalten ohne körperliche Berührung bei der Begrüßung des Erwachsenen (z. B. Lächeln, Vokalisieren, Spielmaterial anbieten), während B 3 und B 4 mehr direkte Nähe und Kontakt nach der Wiederbegegnung suchen. Alle Kinder mit sicherer Bindung äußern jedoch Freude, wenn die Mutter zurückkehrt, und drücken in ihrem Verhalten die Sicherheit aus, daß die Mutter angemessen auf ihre Bedürfnisse und sozialen Signale eingehen wird.

Kinder mit unsicherer Bindung an die Mutter verhalten sich wesentlich anders. Die Gruppe A zeigt kontaktvermeidendes Verhalten gegenüber der Mutter während der gesamten Untersuchung und speziell während der Wiedervereinigungsphasen z. B. wegschauen, sich wegdrehen, Kontaktinitiativen ignorieren). Auch während der Spielphasen gibt es kaum Interaktionen.

Die Gruppe C dagegen äußert Widerstand. Die Kinder suchen die Nähe und den Kontakt nach der Wiederbegegnung, jedoch begleitet von wütendem Verhalten wie Stoßen, Schlagen oder Zurückweisen der mütterlichen Kontaktinitiativen. Sie suchen auch schon vor der Trennung den engen Kontakt. Sie kleben an der Mutter, so daß es nicht zu einer Exploration der Umgebung kommt. Auch die Gruppen A und C weisen noch einmal Unterteilungen auf, um Variationen im Verhalten zu kennzeichnen.

An relativ kleinen Stichproben konnte nachgewiesen werden, daß Ähnlichkeiten zwischen dem sozioemotionalen Verhalten im Strange Situation Test und in der häuslichen Umgebung bestehen (Ainsworth, Bell & Stayton, 1971; Ainsworth, Blehar, Waters et al., 1978; Stayton & Ainsworth, 1973). Des weiteren ließen sich Parallelen aufzeigen zwischen dem Muster der Mutter-Kind-Interaktion in der Wohnung zu Beginn und dem Strange Situation Test am Ende des ersten Lebensjahres (Blehar, Lieberman & Ainsworth, 1977).

Zwischen den interindividuellen Unterschieden im Bindungsverhalten der Kinder und mütterlichen Verhaltensmerkmalen konnten Zusammenhänge nachgewiesen werden. Kinder mit sicherer Bindung hatten häufiger Mütter, die sensitiv auf die Signale des Kindes reagierten, unterstützender in Problemlösungssituationen waren und sich emotional expressiver verhielten als Kinder mit unsicherer Bindung.

4.1.4 Stabilität und Variabilität des Bindungsverhaltens im sozialen Kontext

Einige Untersuchungsergebnisse lassen auf eine große Stabilität in der Qualität der Mutter-Kind-Beziehung schließen. Waters (1978) fand starke Übereinstimmungen im Strange Situation Test im Alter von 12 und 18 Monaten. Er sieht in seinen Befunden eine Bestätigung für die Stabilität des Bindungsmusters im zweiten Lebensjahr und darüber hinaus auch für die Annahme einer sensiblen Periode im Rahmen eines epigenetischen Entwicklungsmodells (vgl. Kap. 4.1.7): Ist erst einmal eine sichere Bindung hergestellt, so erweist sie sich als relativ resistent gegen Veränderungen. Man muß jedoch einschränkend hinzufügen, daß diese Ergebnisse mit einer Stichprobe zustande kamen, die relativ stabile Lebensumstände aufwies.

Im Gegensatz dazu bemühten sich Thompson, Lamb und Estes (1982, 1983), eine unausgelesene Stichprobe zusammenzustellen, um die Stabilität des Bindungsverhaltens im zweiten Lebensjahr zu untersuchen. Die Untersuchung mit dem Strange Situation Test erfolgte im Alter von 12 1/2 und 19 1/2 Monaten. Die Verteilung der Kinder auf die Gruppen in der Attachment-Klassifikation nach Ainsworth, Blehar, Waters et al. (1978) ergab, daß zwischen 65 Prozent und 70 Prozent der Kinder eine sichere Bindung aufwiesen. Allerdings betrug die Stabilität der Zuordnung zu den Gruppen zu beiden Meßzeitpunkten nur 53 Prozent und zu den Subgruppen 26 Prozent. Nur etwas mehr als die Hälfte der Kinder wurde zu beiden Zeitpunkten derselben Gruppe zugeordnet. Es gab somit eine große Variabilität im Bindungsverhalten.

In einer Studie von Vaughn, Egeland, Sroufe et al. (1979) konnte nachgewiesen werden, daß die Häufigkeit kritischer Lebensereignisse die Mutter-Kind-Beziehung beeinflußt. Vor allem drei Arten von Ereignissen schienen von Bedeutung zu sein: (a) kritische Erfahrungen, z. B. eine längere Trennung von der Mutter, (b) Umstände mit überdauernden oder wiederkehrenden Effekten, z. B. der Wiederaufnahme der Berufstätigkeit durch die Mutter, oder einem personellen Wechsel in der Betreuung des Kindes sowie (c) spezifische Veränderungen, die die Familie als Ganze betreffen, z. B. ein Umzug. Jede Art von Ereignis beeinflußte über direkte und indirekte Effekte die Bindungssicherheit in ungünstiger Weise.

Thompson, Lamb und Estes (1982, 1983) bestätigen auf der Grundlage ihrer Untersuchungsergebnisse, daß die Anzahl der Streßbedingungen die Mutter-Kind-Beziehung verändert. Diese Veränderungen sind jedoch bidirektional, d. h., sie können in Richtung geringerer, aber auch größerer Bindungssicherheit gehen. In der Untersuchung hatten vor allem die Wiederaufnahme der Berufstätigkeit durch die Mutter und die Betreuung des Kindes durch eine andere Person für mindestens 15 Stunden pro Woche (Vater, Verwandte, Babysitter) einen bedeutsamen Effekt auf die Mutter-Kind-Beziehung.

Thompson und Lamb (1984) gehen davon aus, daß die direkten Auswirkungen der Streßbedingungen in allen Familien vergleichbar sind, da sie Mütter und Kinder vor ähnliche Anforderungen stellen. Der entscheidende Unterschied liegt in den sozialen Netzwerken. Diese können ein Unterstützungssystem darstellen, das eine konstruktive Bewältigung der Veränderungen ermöglicht. Ist der Kontext dagegen so beschaffen, daß die Mutter ohne soziale Unterstützung auskommen muß, kann der Streß ihre Adaptationsmöglichkeiten überfordern und so über indirekte Effekte der Mutter-Kind-Beziehung schaden. Letzteres ist offensichtlich in der Unterschicht-Stichprobe von Vaughn, Egeland, Sroufe et al. (1979) die Regel gewesen; hier hatte die Bindungssicherheit der Kinder unter den Veränderungen gelitten. In der Mittelschicht-Stichprobe von Thompson, Lamb und Estes (1982) gab es dagegen auch erfolgreiche Bewältigungsstrategien, die zu einer Verbesserung der Mutter-Kind-Beziehung beitrugen. Die untersuchten Mütter aus der Mittelschicht verfügten häufiger über bessere finanzielle und emotionale Ressourcen in ihren sozialen Netzwerken. Dies ermöglichte ihnen, Streßsituationen konstruktiv zu bewältigen.

In beiden Untersuchungen jedoch bewirkte eine Veränderung im sozialen Netzwerk auch einen Wandel der Beziehungsqualität zwischen Mutter und Kind. Dies deutet auf die Wechselwirkungen innerhalb des sozialen Systems hin. Umgekehrt kann die Stabilität der Mutter-Kind-Bindung nicht nur im Sinne eines epigenetischen Entwicklungsmodells (vgl. Kap. 4.1.7) interpretiert werden, sondern sie geht vielmehr stets mit der Stabilität des sozialen Kontextes einher. Die Mutter-Kind-Beziehung ist nicht nur das Ergebnis einer Bindung, die während einer sensiblen Periode erfolgte, sondern sie spiegelt auch die Bedingungen des gegenwärtigen sozialen Netzwerks wider.

Aus der Sicht des Sozialen-Netzwerk-Ansatzes (vgl. Kap. 3.3) ergeben sich zu den bindungstheoretischen Forschungen vor allem drei Kritikpunkte bzw. Ergänzungen. Sie betreffen die individuumszentrierte Sichtweise der mütterlichen Kompetenzen, das dyadische Interaktionsmodell und das epigenetische Entwicklungsmodell. Diese drei Aspekte sollen im folgenden weiter ausgeführt werden.

4.1.5 Bedingungen der Interaktionskompetenz

Die Betrachtung der erzieherischen Kompetenz darf sich nicht nur auf die Mutter beschränken, sondern muß auch die anderen Bezugspersonen des Kindes, vor allem den Vater, berücksichtigen. Darüber hinaus ist die Interaktionskompetenz multipel determiniert und hängt nach Belsky, Robins und Gamble (1984) vor allem von folgenden Faktoren ab:

- Die Entwicklungsgeschichte der Eltern selbst entscheidet über ein personenspezifisches Sozialisationspotential.
- Die sozialen Unterstützungsfaktoren beeinflussen die elterliche Kompetenz in der Interaktion mit dem Kind (vgl. Kap. 3.6.).
- Verhaltensmerkmale des Kindes können die elterliche Kompetenz fördern oder schwächen.

Kinder, die die sozialen Signale der Eltern beantworten, geben den Eltern ihrerseits Rückmeldung über ihr Verhalten und vermitteln ihnen ein Gefühl für die soziale Wirkung ihrer Handlungen (Goldberg, 1977). Ein zu schwaches Feedback kann die Eltern entmutigen oder verunsichern.

Tabelle 3 zeigt die Wahrscheinlichkeiten für eine günstige Entwicklung des Kindes in bezug auf die genannten Bindungsfaktoren. Die höchste Wahrscheinlichkeit für die Entwicklung sozialer Kompetenzen ist natürlich gegeben, wenn alle drei Voraussetzungen günstig sind (+), die niedrigste, wenn alle ungünstig ausfallen (–). Wenn zwei Subsysteme unterstützend oder aber als Streßbedingung wirken, so vermuten die Autoren folgende relative Gewichtung: Am ungünstigsten wirkt sich ein Defizit in den persönlichen Kompetenzen der Eltern aus, gefolgt von einem Versagen der sozialen Unterstützungssysteme. Die Charakteristika des Kindes können am ehesten kompensiert werden. Ein schwieriges Kind könnte sich noch positiv entwickeln, wenn die beiden anderen Bedingungen intakt sind. Andererseits vermag auch ein sozial responsives Kind nicht, Defizite in den anderen Subsystemen zu verkraften.

Tabelle 3: Theoretisches Modell über den Zusammenhang zwischen kindlicher Entwicklung und Bedingungen des elterlichen Systems (nach Belsky, Robins & Gamble, 1984, S. 272)

Relative Wahrscheinlichkeit für eine positive kindliche Entwicklung	Bedingungen des elterlichen Subsystems[a]		
	Persönliche Fähigkeiten der Eltern	Unterstützungssysteme	Individuelle Charakteristiken des Kindes
Hoch	+	+	+
	+	+	–
	+	–	+
	–	+	+
	+	–	–
	–	+	–
	–	–	+
Niedrig	–	–	–

[a] (+) unterstützende Faktoren
(–) belastende Faktoren

4.1.5 Dyadische Interaktion vs. Soziales-Netzwerk-Modell

In der traditionellen entwicklungspsychologischen Forschung stimmten unterschiedliche theoretische Ansätze darin überein, daß die wichtigsten sozialen Einflüsse auf das Kind durch dyadische Interaktionen vermittelt werden. Dies gilt insbesondere für biologisch orientierte Modelle, die in der Mutter-Kind-Beziehung eine besondere symbiotische Einheit sehen. Das übrige soziale Beziehungsgeflecht wurde als von geringer Bedeutung gewertet. Auch der lerntheoretische Ansatz ist auf zwei Personen, den Lehrenden und den Lernenden, zentriert. Hier wird noch eine zweite Annahme deutlich, nämlich daß der soziale Einfluß in Form direkter Effekte stattfindet. Diese Effekte sind *unidirektional* gerichtet und werden nicht als Wechselwirkungen aufgefaßt. Das dyadische Interaktionsmodell vernachlässigt mehrere Fakten: Das Personenpaar, dem sein Hauptinteresse gilt, interagiert in Wirklichkeit selten allein. Meistens sind noch weitere Personen anwesend, von denen soziale Effekte zweiter Ordnung ausgehen (vgl. Kap. 3.5.). Außerdem ist ein großer Teil der sozialen Einflüsse weder direkter noch intentionaler Natur.

Feinman und Lewis (1984) nennen noch weitere Gründe für die Bevorzugung der *Dyade als Forschungsgegenstand:*

- Die dyadische Interaktion wird als Baustein und Fundament der Soziabilität angesehen, auf dem komplexere Konstellationen aufbauen.
- Sie läßt sich leichter beobachten, analysieren und interpretieren.
- Die kognitiven Fähigkeiten des Kleinkindes wurden als so begrenzt angesehen, daß komplexere Beziehungen als unmöglich galten (vgl. Kap. 5.1).
- Das Modell der dyadischen Beziehung wurde durch epochale Bedingungen nahegelegt. So hat es in den letzten Jahrzehnten tatsächlich eine soziale Isolierung von Müttern mit ihren Kleinkindern gegeben. Hieraus läßt sich jedoch keine Begründung für ein entwicklungspsychologisches Denkmodell ableiten.

Die Anwesenheit anderer Personen im sozialen Netzwerk des Kindes modifiziert die dyadische Interaktion und schafft Konstellationen, in denen komplexere Interaktionsstrukturen möglich werden (vgl. Kap. 3.5). Beispiele für Modifikationsmöglichkeiten demonstrieren die Untersuchungen über die *Machtverteilung* in Familiensystemen. So wird z. B. bei einem Konflikt zwischen den Eltern zuweilen ein Bündnis mit dem Kind gegen den anderen Elternteil geschlossen. Es ist jedoch auch möglich, daß die Eltern das Kind als Sündenbock behandeln, indem sie es für ihre Probleme verantwortlich machen (Vogel & Bell, 1960).

Ein weiteres Beispiel für extradyadische Einflüsse sind die Effekte der *Geburtenfolge* auf die Mutter-Kind-Interaktion (Jacobs & Moss, 1976; Lewis & Kreitzberg, 1979). Die Mütter interagieren mehr mit den erst- als mit den nachfolgend geborenen Kindern. Letztere erhalten weniger Aufmerksamkeit, weil sie Mitglieder einer größeren Familiengruppe sind. Entsprechend verringert sich auch die Zeit, die die Mutter mit ihrem Erstgeborenen verbringt, wenn ein zweites Geschwisterkind geboren wird (Feiring & Lewis, 1982; Kendrick & Dunn, 1980). Dieser Effekt tritt nicht auf, wenn zwischen beiden Kindern ein Abstand von mindestens sechs Jahren liegt (Lewis & Kreitzberg, 1979). Das ältere Kind besucht dann die Schule, so daß während dieser Zeit wieder eine dyadische Konstellation zwischen der Mutter und dem kleinen Geschwisterkind besteht.

Neuere Untersuchungen zeigen den differentiellen Effekt der *Anwesenheit eines oder beider Elternteile* (Clarke-Stewart, 1978; Lamb, 1981b, 1978; Lytton, 1979; Pedersen, Anderson & Cain, 1980). Kleinkinder interagieren häufiger mit einem Elternteil, wenn sie mit ihm alleine sind, als wenn noch der zweite Elternteil hinzukommt. Wenn ein dyadisches Subsystem innerhalb der Triade nicht interagiert, dann intensiviert sich die Interaktion in den anderen beiden Subsystemen. Dies bedeutet, daß das Kind häufiger mit den Eltern interagiert, wenn diese nicht untereinander kommunizieren. In ähnlicher Weise nähern sich Zweijährige ihren Müttern seltener, wenn noch ein älteres Geschwisterkind anwesend ist (Samuels, 1980). Zehn- bis vierzehn Monate alte Kinder richteten mehr Kontaktinitiative an Gleichaltrige und deren Mütter, wenn ihre eigenen Mütter abwesend waren (Field, 1979).

Leider machen viele Untersuchungen keine Aussagen über den wohl wichtigsten Effekt einer Triade oder größeren Gruppe, nämlich die Möglichkeit zu komplexeren Interaktionen. Ursache hierfür ist einerseits, daß viele Versuchsanordnungen und Methoden der Datenerfassung Interaktionsformen auf höherem Niveau ausblenden. Oft werden die Erwachsenen aufgefordert, nicht miteinander zu kommunizieren (Cohen & Campos, 1974; Lamb, 1978), oder die Mütter werden in der Gruppensituation mit mehreren Kindern gebeten, eigene Kontaktinitiativen zu vermeiden (Hay, Nash & Pederson, 1981; Pastor, 1981). Zum zweiten werden Kleinkindern selten Anreize für kollektive Tätigkeiten geboten. Erst im Vorschulalter gibt es viele Untersuchungen, die eine aufgabenorientierte Kooperation verlangen. Die meisten Studien der frühen Kindheit zielen also nicht darauf ab, die triadische Interaktion als solche zu erforschen, sondern den Einfluß einer dritten Person auf die dyadische Beziehung. Eine der wenigen Ausnahmen bildet die Untersuchung von Lewis und Feiring (1979b) über die familiäre Interaktion während der Mittagsmahlzeit. In dieser Situation waren alle Familienmitglieder versammelt, und es bestanden alle Kommunikationsmöglichkeiten. In Familien mit Säuglingen und Kleinkindern war der Anteil der Eltern an der Kommunikation am höchsten; die älteren Kinder initiierten mehr Kontakte als die jüngeren. Dieses Ungleichgewicht in der Interaktionshäufigkeit vergrößerte sich mit zunehmender Anzahl der Familienmitglieder.

4.1.7 Epigenetisches Entwicklungsmodell vs. Soziales-Netzwerk-Modell

Das epigenetische und das Soziale-Netzwerk-Modell der Entwicklung unterscheiden sich in einigen zentralen Aussagen. Das epigenetische Modell wurde bislang am häufigsten zur Erklärung der Entwicklung von sozialen Beziehungen herangezogen. Das Modell postuliert, daß im Laufe der Entwicklung verschiedene Formen von sozialen Beziehungen aufeinander aufbauen und in einer direkten Beziehung zueinander stehen. Zunächst entwickelt sich eine soziale Beziehung zur Mutter, die als Grundmuster für alle anderen sozialen Beziehungen dient. Das Modell kann durch drei Aspekte charakterisiert werden: (1) eine feststehende Sequenz, (2) weitgehenden Determinismus und (3) strukturelle Qualität.

Bowlby (1969) betrachtete zunächst nur die Mutter-Kind-Beziehung als Grundlage der sozialen Entwicklung. Das Modell wurde später dahingehend erweitert, daß im Laufe der weiteren Entwicklung Beziehungen zum Vater, zu den Geschwistern und dann zu anderen Personen (z. B. Freunden) aufgenommen werden.

Freud und Bowlby postulierten darüber hinaus, daß die späteren Beziehungen durch die frühen determiniert werden, insbesondere durch die frühe Mutter-Kind-Beziehung. Diese Sichtweise wurde von den Autoren übernommen, die die Mutter-Kind-Beziehung als Determinante der Peer-Beziehungen ansehen (Arend, Grove & Sroufe, 1979; Mata, Arend & Sroufe, 1978; vgl. Kap. 5.2.6).

Empirische Hinweise auf einen Determinismus ergaben sich vor allem aus den Forschungen zur Mutterentbehrung und ihren schädlichen Folgen (Bowlby, 1951). Viele Schäden ließen sich jedoch auch auf andere Bedingungen zurückführen, z. B. auf die soziale Isolation als solche.

Gegen die allgemeine Gültigkeit des epigenetischen Modells spricht auch, daß negative Konsequenzen der Mutterentbehrung z. B. durch Peer-Kontakte kompensiert werden können (Harlow, 1969). Dies weist auf die multiplen Bedingungen der sozialen Entwicklung hin. Lewis und Rosenblum (1975) vertreten dementsprechend die Ansicht, daß sich Peer-Beziehungen als paralleles System zu anderen Beziehungen entwickeln und nicht in linearer Weise determiniert sind. Dieses Modell eines multiplen affektiven Systems läßt sich auch durch die Ergebnisse von Harlow und Harlow (1965) stützen. Kind-Kind- und Erwachsenen-Kind-Beziehungen können als parallele, aber in Wechselwirkung stehende Entwicklungsstränge betrachtet werden.

Furman, Rahe und Hartup (1979) unterzogen 24 sozial zurückgezogene Kinder im Vorschulalter einer Therapie durch Kontakt mit Gleichaltrigen. Durch die Intervention stiegen die soziale Aktivität und die soziale Kompetenz. Die (wahrscheinlich inadäquate) Mutter-Kind-Beziehung brauchte in die Therapie nicht einbezogen zu werden. Diese Befunde sprechen also gegen eine deterministische Beziehung zwischen den Systemen, wie sie das epigenetische Modell postuliert. Lewis und Schaeffer (1981) untersuchten eine Gruppe mißhandelter und vernachlässigter Säuglinge. Sie fragten sich, ob diese trotz der gestörten Beziehung zur Mutter Kontakte zu Gleichaltrigen aufbauen könnten, wenn man ihnen vorher Peer-Erfahrungen vermitteln würde. Nach vier Monaten Aufenthalt in einer Kindertagesstätte ließen sich keine Unterschiede mehr zwischen den mißhandelten Kindern und der Kontrollgruppe beobachten. Eine gestörte Mutter-Kind-Beziehung muß somit nicht notwendigerweise auch gestörte Peer-Kontakte nach sich ziehen.

Aus epigenetischer Sicht befähigt die frühe Mutter-Kind-Bindung zu weiteren Kontakten. Es werden soziale Kompetenzen entwickelt, die auch in anderen Beziehungen zum Tragen kommen. Es entsteht ein System von Fähigkeiten, das dem Individuum eigen ist bzw. fehlt und das den Erfolg in allen sozialen Beziehungssystemen entscheidet (strukturelle Qualität). Mit diesem Ansatz ist außerdem die

Annahme verbunden, daß der Erwerb sozialer Kompetenzen während einer kritischen Periode stattfinden muß. Verstreicht diese Phase ungenutzt, so können nachfolgende günstige Bedingungen die entstandenen Defizite nicht mehr vollständig ausgleichen (Klaus & Kennell, 1976). Der Einfluß früher günstiger Bedingungen ist andererseits gegen nachfolgende schlechte Erfahrungen relativ resistent.

In anderen Forschungsarbeiten wird dagegen die Möglichkeit des Organismus, frühe soziale Deprivationen später zu kompensieren, als günstiger eingeschätzt (Lewis & Schaeffer, 1981). Plastizität und Regenerationsfähigkeit sprechen gegen eine strenge Auffassung von sogenannten kritischen Perioden.

Das epigenetische Modell kommt dem Bedürfnis nach einer originär entwicklungspsychologischen Erklärung der sozialen Entwicklung entgegen. Es postuliert eine feststehende Veränderungssequenz internaler Strukturen. Für das Social-Network-Modell ist soziale Entwicklung weniger innerhalb des Individuums lokalisiert, sondern mehr in der Wechselwirkung mit sozialen Systemen.

Kulturvergleichende Studien weisen darauf hin, daß das Verhalten im Strange Situation Test nicht nur mit Begriffen des dyadischen Mutter-Kind-Bindungssystems und auch nicht nur im Kontext des familiären Netzwerks des Kindes erklärt werden kann. Mütterliche Sensitivität und kindliche Bindungssicherheit zeigen sich nicht in „reiner" Form, sondern in einer kulturell beeinflußten Weise (Lamb, Thompson, Gardner et al., 1985). Bedingungen des Makrosystems wirken so bis in die „fremde Situation" hinein und bestimmen die Bedeutung des Verhaltens mit.

In den deutschen Untersuchungen von Grossmann, Grossmann, Huber et al. (1981) fiel beispielsweise auf, daß eine überraschend große Zahl der Kinder als „kontaktvermeidend" (Gruppe A) eingestuft werden mußte, wenn man die amerikanische Klassifikation zugrunde legte. Genauere Analysen zeigten, daß diese Gruppe A sehr heterogen war. Bindungsunsicherheit konnte nicht die einzige Bedeutung des Verhaltens sein, sondern offensichtlich spielte auch eine Rolle, daß die deutschen Mütter früher zu kindlicher Unabhängigkeit erzogen als die amerikanischen. Im Verhalten der Kinder spiegelte sich somit sehr früh eine kulturelle Norm wider. Diese wird durch die Mutter-Kind-Interaktion vermittelt. Zumindest in bezug auf die Bielefelder Stichprobe schien die Mutter-Kind-Beziehung distanzierter zu sein, als man dies aufgrund der amerikanischen Erfahrungen erwarten konnte.

Eine ganz andere Art kultureller Beeinflussung demonstrieren die Untersuchungen aus Japan und Israel. Die subjektive Bedeutung der „fremden Situation" war hier für die Kinder anders als in den westlichen Ländern. Japanische Kinder sind nur sehr selten (auch nachts nicht) von ihren Müttern getrennt. Die Prozedur des Alleingelassen-Werdens bedeutete für sie ungewöhnlichen Streß. Ähnliche Streßreaktionen zeigten israelische Kibbuz-Kinder. Bei diesen läßt sich vermuten, daß sie in kleinen, geschlossenen Gruppen leben und daß eine fremde Person für sie angsterregender ist als für Kinder, die unbekannte Menschen täglich beim Spazierengehen oder beim Einkaufen sehen.

4.2 Die Rolle des Vaters in der sozialen Entwicklung des Kindes

4.2.1 Die Vater-Kind-Beziehung als Forschungsgegenstand

Die Bedeutung, die dem Vater für die Entwicklung des Kindes beigemessen wurde, hat sich in den letzten drei Jahrzehnten stark verändert. Bis etwa 1970 schätzte man den direkten Einfluß des Vaters auf die Entwicklung des Kindes in den ersten Lebensjahren als sehr gering ein. Unter dem Einfluß psychoanalytischer Vorstellungen galt die ödipale Phase, also das spätere Vorschulalter, als Beginn einer Identifikation mit dem Vater und somit als der erste Lebensabschnitt, in dem ein nennenswerter direkter Effekt zu erwarten sei. Davor wurde dem Vater nur die Rolle einer Unterstützungsperson zugeschrieben, die durch die wirtschaftliche Absicherung der Familie die Mutter-Kind-Beziehung indirekt günstig beeinflußt (z. B. Bowlby, 1951). Die Gründe für diesen niedrig angesetzten Stellenwert lassen sich nach Pedersen, Anderson und Cain (1980) auf folgende Aspekte zurückführen: Zum einen weist die traditionelle familiäre Rollenverteilung dem Vater die Funktion des Ernährers und Beschützers der Familie zu, während die expressiven Funktionen im Sinne von Parson und Bales (1955), zu denen auch die Erziehung und Betreuung von Kindern gehören, weitgehend der Mutter vorbehalten bleiben. Zweitens haben sich einige einflußreiche Entwicklungstheorien auf die Mutter-Kind-Beziehung konzentriert. Dies gilt vor allem für die Psychoanalyse und die Attachment-Theorie (vgl. Kap. 4.1). Schließlich wurden bis in die jüngste Vergangenheit hinein auch die sozialen Kompetenzen des Kleinkindes, die über die Beziehung zur Mutter hinausgehen, unterschätzt (vgl. Kap. 5).

Nach dem zweiten Weltkrieg beschäftigten sich die ersten Untersuchungen zu diesem Thema mit der *Konsequenz der Vaterabwesenheit* für die Entwicklung des Kindes. Diese Forschungsrichtung erlebte in den 60er bis zum Beginn der 70er Jahre ihren Höhepunkt (Biller, 1974, 1981a; Lehr, 1974).

Während die ersten Untersuchungen von einer bloßen Dichotomie zwischen An- und Abwesenheit des Vaters ausgingen, erwiesen sich in den späteren Arbeiten zahlreiche Unterscheidungskriterien als bedeutsam (Fthenakis, Niesel & Kunze, 1982). So zeigte sich, daß die Trennung von Vater und Kind im allgemeinen um so gravierendere Auswirkungen für das Kind hatte, je länger sie andauerte. Die Trennungsursachen hatten spezifische Effekte. Die Trennung oder Scheidung der Eltern wirkte sich ungünstiger aus als etwa eine beruflich bedingte Abwesenheit des Vaters. Der Zeitpunkt der Vater-Kind-Trennung ist ebenfalls von Bedeutung. Die meisten Untersuchungsergebnisse weisen darauf hin, daß die Folgen um so nachteiliger sind, je jünger das Kind ist. Sie vermitteln somit einen ersten Anhaltspunkt für die Bedeutung der frühen Vater-Kind-Interaktion. Ebenso lassen auch die älteren Untersuchungen bereits ahnen, daß die Person des Vaters nicht isoliert gesehen werden darf, sondern als Bestandteil eines sozialen Netzwerks. Durch die Anwesenheit anderer männlicher Bezugspersonen (Bruder, Stiefvater), die väterliche Funktionen kompensieren konnten, ließen sich Defizite in der Entwicklung des Kindes vermindern.

Unter der Situationsbeschreibung „Vaterabwesenheit“ können sich somit sehr unterschiedliche familiäre Konstellationen verbergen. Viele ungünstige Effekte, die der Variablen „Vaterabwesenheit“ zugeschrieben werden, sind somit Effekte eines bestimmten sozialen Netzwerkes, das daneben noch durch andere ungünstige Bedingungen gekennzeichnet ist, wie z. B. geringes Einkommen oder Konflikte zwischen den Eltern, bevor eine Trennung stattfand.

Um die entwicklungspsychologischen Konsequenzen der Vaterabwesenheit zu bestimmen, wurde in den meisten Untersuchungen die moralische und die Geschlechtsrollenentwicklung in den Vordergrund gestellt. Dies geht auf die – teilweise psychoanalytisch begründete – Annahme zurück, daß die Identifikation mit dem Vater insbesondere für diese beiden Entwicklungsbereiche von entscheidender Bedeutung sei.

Einige Untersuchungen stützen die Vermutung, daß die Entwicklung des moralischen Verhaltens (Regelverletzungen in der Schule, Delinquenz) sowie der moralischen Urteilsfähigkeit (vgl. Kap. 11) durch die Vaterabwesenheit beeinträchtigt werden. Erwartungsgemäß zeigte sich auch, daß Jungen hiervon stärker als Mädchen betroffen sind (Hoffman, 1971; Santrock, 1974). Die Entwicklungsdefizite lassen sich somit dadurch erklären, daß der direkte Einfluß des Vaters fehlt, da er nicht als Identifikations- und Modellperson zur Verfügung steht. Eine weitere Möglichkeit wäre, diese Ergebnisse als indirekten Effekt des abwesenden Vaters auf die Mutter-Kind-Interaktion zu erklären. So weichen z. B. die Disziplinierungstechniken von Müttern aus vollständigen und unvollständigen Familien voneinander ab (Santrock, 1974). In vaterlosen Familien scheinen Jungen außerdem weniger Zuwendung zu erhalten als in vollständigen. Die Mutter-Kind-Interaktion verändert sich somit unter dem Einfluß der Vaterabwesenheit qualitativ.

In bezug auf die Geschlechtsrollenentwicklung wurde erwartet, daß wiederum vor allem die Jungen von der Vater-Abwesenheit betroffen sind, da ihnen dann die gleichgeschlechtliche Identifikationsperson fehlt. Einige Untersuchungen bestätigen diese Auffassung. Im Vergleich zu vollständigen Familien wiesen Jungen aus vaterlosen Haushalten eine geringer ausgeprägte maskuline Identität bzw. ein weniger männliches Selbstkonzept auf (Biller & Bahm, 1971; Lynn & Sawrey, 1959). Dies bedeutet jedoch nicht, daß die Vaterabwesenheit die Entwicklung der Geschlechtsrolle und des geschlechtsspezifischen Verhaltens verhindert. Auch Jungen aus unvollständigen Familien orientieren sich bevorzugt an männlichen Modellen und zeigen in einigen Studien sogar ganz betont Verhaltensweisen, die als „männlich“ eingeschätzt wurden, z. B. Aggressivität (Santrock, 1977). Einige Autoren folgern denn auch, daß diese Jungen in ihrer Geschlechtsrollenentwicklung verunsichert sind und daher teils weniger ausgeprägtes, teils überzogenes männliches Verhalten zeigen (Santrock, 1974). Auch diese Interpretation hat keine durchgängige Gültigkeit, da wesentliche Einflußfaktoren die Art des sozialen Beziehungsgeflechts und die Effekte auf die Entwicklung des Kindes bestimmen.

Die Forschungen zur Vaterabwesenheit konnten jedoch einen Befund von weitreichender Bedeutung sehr oft replizieren. Viele Untersuchungen zeigen, daß die *frühe* Vater-Kind-Trennung besonders beeinträchtigend wirkt (Biller, 1969; Hetherington, 1974). Entgegen der Annahme einer kritischen Periode zur Zeit der ödipalen Phase erwies sich bereits die Zeit zwischen dem 2. und 4. Lebensjahr als bedeutsam. Damit ergab sich erstmals ein Hinweis auf den entwicklungspsychologischen Stellenwert der Vater-Kind-Beziehung in den ersten Lebensjahren. Dieses Ergebnis ist ein Eckpfeiler der neueren Forschungen zur Vater-Kind-Beziehung, die sich mit dem Ausmaß und der Qualität der Interaktion sowie mit den direkten und indirekten Effekten auf die Entwicklung des Kindes befassen. Damit Untersuchungen dieser Art die Forschungen zur bloßen Vaterabwesenheit ersetzen konnten, waren jedoch noch weitere wissenschaftliche und epochale Veränderungen notwendig.

Hierzu gehören vor allem die neueren entwicklungspsychologischen Erkenntnisse zu den sozialen Kompetenzen jüngerer Kinder. Schon im ersten Lebensjahr vermögen sie etwa zum gleichen Zeitpunkt Bindungen zur Mutter und zum Vater aufzubauen (Lamb, 1981a). Sie differenzieren sehr früh zwischen verschiedenen Personen, die dementsprechend auch in Form einer direkten Beziehung und nicht nur über indirekte Effekte Einfluß gewinnen. Die diesen Erkenntnissen angemessene Modellvorstellung ist die eines „multiplen Attachments", eines vielschichtigen Bindungssystems. Die dyadische Betrachtungsweise wird abgelöst durch das Konzept des sozialen Netzwerks, in dem der Vater einen bedeutenden Stellenwert einnimmt. Die simple Defizit-Hypothese der Forschungen zur Vaterabwesenheit macht somit differenzierten Fragestellungen Platz; die Forschungsmethodologie wendet sich ab von globalen Effekten und hin zu einer detaillierten Analyse der Vater-Kind-Interaktion und ihrer entwicklungspsychologischen Konsequenzen.

Dieser wissenschaftsinterne Prozeß wurde ergänzt durch epochale Veränderungen, die das Interesse an der Vater-Kind-Beziehung verstärkten. So hat z. B. die Berufstätigkeit der Mütter zugenommen. In der Bundesrepublik Deutschland waren 1981 ca. 46 Prozent aller Mütter schulpflichtiger Kinder berufstätig. Je mehr diese Entwicklung fortschritt, desto dringlicher stellte sich die Frage, welche Auswirkungen die mütterliche Berufstätigkeit auf die Entwicklung der Kinder hat und in welchem Ausmaß mütterliche Aufgaben von anderen Personen – vornehmlich vom Vater – übernommen werden können, ohne daß dies negative Konsequenzen hat. Parallel zu diesem Trend gab es Anhaltspunkte dafür, daß sich auch das Rollenverständnis der Männer verändert hat.

In einer Umfrage des Instituts für Demoskopie in Allensbach (1981) ließen die deutschen Männer einen bemerkenswerten Einstellungswandel erkennen. Von den 2600 Befragten bejahten 27 Prozent vorbehaltlos die Frage: „Können Sie sich eigentlich vorstellen, nicht mehr in Ihrem Beruf zu arbeiten und dafür den Haushalt zu versorgen?" Bei den Männern bis zu 29 Jahren erwies sich die Bereitschaft, gegebenenfalls Hausmann zu werden, als besonders groß (45 Prozent); mit steigendem Lebensalter nahm sie dagegen ab. Ein deutlich positiver Zusammenhang bestand zur Schulbildung. Trotz besserer beruflicher Möglichkeiten sind Männer mit höherer Schulbildung eher zum Rollentausch bereit. Bei einer Befragung der Frauen konnte sich ein jeweils entsprechender Prozentsatz ihren Partner als Hausmann vorstellen und sich mit dem Gedanken anfreunden, selbst für den Unterhalt der Familie sorgen zu müssen.

Die Studie des Jugendwerks der Deutschen Shell (1981) berichtet, daß 44 Prozent der befragten Jungen und 22 Prozent der befragten Mädchen es ablehnen, später die Rolle als Hausfrau bzw. Hausmann zu übernehmen. Die Autoren bemerken dazu, somit sei „das klassische Rollenmuster: Mädchen wird Hausfrau, Junge verdient das Geld, (...) auf eine Differenz von 22 Prozent zusammengeschrumpft" (S. 699).

Als weitere Anzeichen für einen Einstellungswandel zu den tradierten Geschlechtsrollen nennt Pedersen (1980a):

- eine wachsende Anzahl alleinerziehender Väter
- eine Zunahme der Scheidungsfälle, in denen der Vater das Sorgerecht für die Kinder beantragt (vgl. Kap. 4.2.4).

Die Bereitschaft von Vätern, an geburtsvorbereitenden Kursen gemeinsam mit ihrer Frau teilzunehmen und auch bei der Geburt anwesend zu sein, ist in der Bundesrepublik Deutschland in nur wenigen Jahren sprunghaft angestiegen. Erkundungsstudien belegen, daß gegenwärtig ein großes Interesse bei werdenden Vätern besteht, der bevorstehenden Entbindung beizuwohnen (Bartoszyk, 1984). Es ließ sich nachweisen, daß die Anwesenheit des Vaters bei der Geburt eine emotionale Unterstützung für die Mutter darstellt und daß der frühe Kontakt zum Kind die Entwicklung einer engen Bindung fördert. Väter, die an vorbereitenden Säuglingspflegekursen teilnahmen, zeigten nach der Geburt des Kindes intensiveren Körperkontakt und mehr pflegerische Zuwendung (Nickel, Bartoszyk & Wenzel, 1985). Auf der Grundlage der veränderten wissenschaftlichen* und epochalen Voraussetzungen entstanden in den letzten zehn Jahren infolge des Nachholbedarfs zahlreiche Publikationen zur Vater-Kind-Beziehung. Die meisten Untersuchungen stammen aus dem anglo-amerikanischen Raum, aber auch in der Bundesrepublik Deutschland gibt es eine lebhafte Forschungstätigkeit, wie eine Umfrage von Köcher und Nickel (1985) nachweist.

4.2.2 Verfügbarkeit des Vaters und seine Beteiligung an der Betreuung des Kindes

In zahlreichen Untersuchungen wurden Häufigkeit und Dauer von Vater-Kind- mit Mutter-Kind-Kontakten verglichen. Die Angaben beziehen sich auf unterschiedliche Erhebungstechniken und Stichproben, so daß die Werte nicht unmittelbar vergleichbar sind. Dennoch ist als durchgängiger Befund erkennbar, daß Mütter in der Regel häufiger und länger mit dem Kind interagieren als Väter. Der Anteil der pflegerischen Tätigkeit an der gesamten Mutter-Kind-Interaktion ist größer,

* Empirische Arbeiten mit deutschen Vätern liegen z. B. vor von Gauda (1983), Grossmann, Großmann, Huber et al. (1981), Keller und Keller (1981), Keller und Werner-Bonus (1978), Zimmermann (1985) sowie als breit angelegte repräsentative Erhebung von Schmidt-Denter (1984). Das umfassendste deutschsprachige Werk zum Forschungsthema „Vater-Kind-Beziehung" stammt von Fthenakis (1985).

während die Vater-Kind-Kontakte einen relativ größeren Anteil der spielerischen Tätigkeiten aufweisen.

Die Unterschiede lassen sich in erster Linie als Auswirkung der zeitlich begrenzten Anwesenheit des Vaters verstehen. Die Berufstätigkeit engt die Interaktionsmöglichkeiten mit dem Kind stark auf bestimmte Zeitspannen ein, vor allem die Zeit zwischen Abendessen und Schlafengehen sowie auf die Freizeit (vgl. Abb. 3).

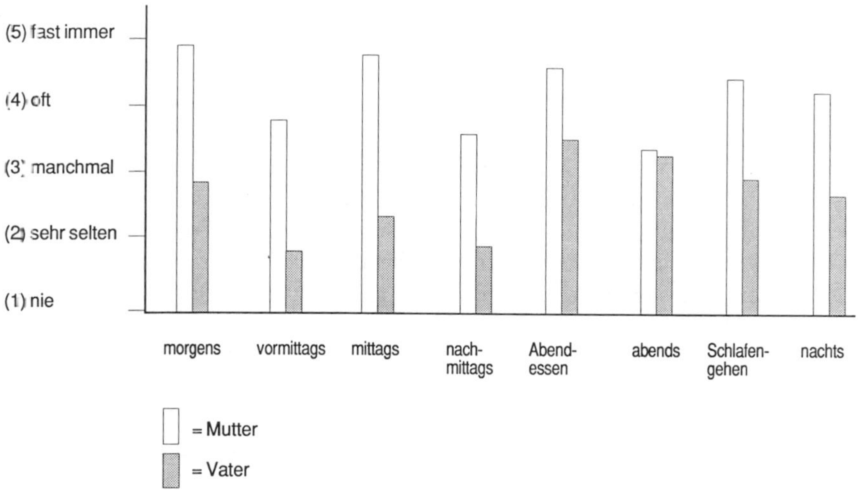

Abb. 3: Mittlere Häufigkeiten der Betreuungstätigkeiten im Ablauf eines normalen Wochentags (nach Schmidt-Denter, 1984, S. 95)

Nach Pedersen, Yarrow, Anderson et al. (1979) hat die quantitative und zeitliche Verteilung der Vater-Kind-Interaktion folgende Konsequenzen:

- Der Vater entwickelt Präferenzen für das Spiel, weil er nicht zu pflegen braucht.
- Weil er seltener zu Hause ist, birgt seine Anwesenheit einen Neuigkeitseffekt. Während seiner Abwesenheit beschäftigt sich das Kind gedanklich mit ihm und spricht mit der Mutter über ihn. Er ist somit kognitiv besser repräsentiert als die Mutter.
- Die Vater-Kind-Interaktion erfolgt häufiger in der Triade, die Mutter-Kind-Interaktion dagegen häufiger in der Dyade. Pedersen, Anderson und Cain (1980) wiesen nach, daß Vater-Kind-Interaktionen überwiegend bei Anwesenheit der Mütter stattfinden, Mutter-Kind-Interaktionen dagegen überwiegend bei Abwesenheit des Vaters. Vater-Kind-Kontakte üben somit typischerweise auch indirekte Effekte auf die Mutter-Kind-Interaktion aus.

Die zeitlich begrenzte Verfügbarkeit des Vaters hat in älteren Untersuchungen häufig zu Fehlinterpretationen geführt, indem sie mit mangelnder Kompetenz zur

Übernahme von Betreuungstätigkeiten bei Säuglingen und Kleinkindern gleichgesetzt wurde. Einige Studien gingen deshalb der Frage nach, ob sich noch Unterschiede zwischen Vätern und Müttern zeigen, wenn beide dieselben Möglichkeiten zur Betreuung des Kindes haben (Parke & O'Leary, 1976). In verschiedenen Situationen konnten die Autoren feststellen, daß sich Väter genauso intensiv den Neugeborenen widmeten wie die Mütter. Für mangelnde Kompetenzen ergaben sich keine Anhaltspunkte. Parke und Sawin (1977) konnten sogar nachweisen, daß Väter, die das Kind allein versorgen, weniger Zeit mit Füttern und Pflege verbringen und sich statt dessen mehr spielerisch-anregend mit dem Kind beschäftigen.

Will man Angaben über das Ausmaß der Vater-Kind-Interaktion unter den gegenwärtigen gesellschaftlichen Bedingungen machen, so ist es irreführend, von „den" Vätern als einer vermeintlich homogenen Gruppe zu sprechen. Von allen Betreuungspersonen im Netzwerk des Kindes weisen die Väter die stärkste interindividuelle Variabilität auf. Schmidt-Denter (1984) konnte empirisch drei Gruppen unterscheiden: Aktive Väter (ca. 41 Prozent), weniger aktive Väter (37 Prozent) und inaktive Väter (22 Prozent). Neben engen Vater-Kind-Beziehungen gibt es Familien, in denen die Väter weitgehend abseits stehen. Die große Gruppe der aktiven Väter spricht für einen epochalen Trend zur Intensivierung der Vater-Kind-Beziehung, der jedoch an bestimmte Bedingungen des sozialen Systems gebunden ist (vgl. Kap. 4.2.4). Epochale Veränderungen in der Beteiligung des Vaters an der Betreuung des Kindes werden auch durch eine in England durchgeführte Längsschnittstudie belegt (Lewis, Newson & Newson, 1982). Innerhalb von 20 Jahren hat sich der Anteil der Väter, die sich an verschiedenen Tätigkeiten beteiligen, stark erhöht (vgl. Tab. 4).

Die Interaktionshäufigkeit allein sagt allerdings noch nichts über die Art der Beziehung aus. Lewis, Feiring und Weinraub (1981) fanden, daß das geringere Ausmaß an Zeit, das Väter im Vergleich zu Müttern mit ihren Kindern verbringen, nicht bedeutet, daß ihr Einfluß auf die Entwicklung des Kindes geringer einzuschätzen ist, sofern ein gewisses Minimum nicht unterschritten wird. Die Zeitdauer der Anwesenheit im Haus ist nur ein schlechter Indikator für das Ausmaß der Interaktion. Selbst wenn das Kind sich im selben Raum befindet wie die Eltern, sind

Tabelle 4: Anteil der Väter, die sich an Betreuungstätigkeiten beteiligen (Lewis, Newson & Newson, 1982; nach Fthenakis, 1985, S. 174)

Art der Aktivität	1959	1979
Windelwechseln	57 %	89 %
Baden des Kindes	39 %	54 %
In der Nacht wegen des Kindes aufstehen	49 %	78 %
Mutter und Kind nach der Geburt versorgen	30 %	95 %

Interaktionen häufig sehr selten (Clarke-Stewart, 1973). Noch schlechter läßt sich die Qualität der Beziehung aus der gemeinsam verbrachten Zeit erschließen. Für die weitere soziale und kognitive Entwicklung des Kindes ist aber die Qualität der Interaktion das Entscheidende. Qualitative Merkmale bilden bessere Prädiktoren als Kontakthäufigkeiten. Responsivität und das Herstellen von Kongruenz und Wechselseitigkeit erwiesen sich als wichtigere Bedingungen für die spätere Entwicklung im Schulkindalter als die reine Häufigkeit von verbaler oder körperlicher Kontaktaufnahme (Coates & Lewis, 1980; Lewis & Coates, 1980).

4.2.3 Qualitative Aspekte und soziale Funktionen der Vater-Kind-Beziehung

In der Auseinandersetzung mit der von Bowlby (1969) postulierten Exklusivität der Mutter-Kind-Bindung (Monotropie-Annahme) untersuchte eine Reihe von Forschern, ob die Vater-Kind-Beziehung durch ähnliche Merkmale einer sozial-emotionalen Bindung gekennzeichnet ist.

Dabei erwies es sich als Problem, die *Qualität einer Beziehung* zu messen. Die Mutter-Kind-Beziehung ist durch Schwangerschaft und Geburt sowie durch das Stillen biologisch fundiert. Demgegenüber kommt der Zeugung als biologischem Aspekt der Vater-Kind-Beziehung eine relativ geringe Bedeutung zu. Man kann daher folgern, daß die Vater-Kind-Beziehung in erster Linie sozial, die Mutter-Kind-Beziehung dagegen sowohl biologisch als auch sozial bedingt ist. Hieraus wurde nun die Vermutung abgeleitet, daß die Vater-Kind-Beziehung eine weniger enge Bindung aufweist als die Mutter-Kind-Beziehung.

Der übliche Untersuchungsansatz, den *Grad der Bindung* zu bestimmen, besteht darin, das Verhalten des Kindes bei der Trennung vom Vater bzw. das Begrüßungsverhalten bei seiner Rückkehr zu analysieren. Pedersen und Robson (1969) berichten, daß drei Viertel der Kinder im Alter von acht bzw. neuneinhalb Monaten Anzeichen für eine Begrüßung des Vaters bei dessen Rückkehr zeigten. Kotelchuk (1981) betont in der Darstellung seiner Ergebnisse, daß Kinder im Alter von 12, 15, 18 und 21 Monaten gleichermaßen gegen die Trennung von ihren Müttern wie von ihren Vätern protestierten, während entsprechende Reaktionen gegenüber Fremden ausblieben. Ebenso begrüßten sie beide Elternteile freudig bei ihrer Rückkehr. 55 Prozent der Kinder zeigten eine tiefere Betroffenheit bei der Trennung von der Mutter, 25 Prozent bei der Trennung vom Vater, und 20 Prozent zeigten gegenüber beiden Elternteilen ein ähnliches Ausmaß an Betroffenheit. Lamb (1980) fand in einer naturalistischen Längsschnittstudie, daß sieben, acht, zwölf und 13 Monate alte Kinder keinen der beiden Elternteile vorzogen. Im Alter von zwei Jahren bevorzugten Jungen eher den Vater. Es muß aber beachtet werden, daß diese Beobachtungen nur für relativ entspannte Situationen gelten. Unter Streßbedingungen wurden eher die Mütter bevorzugt. Aus den Ergebnissen der verschiedenen Untersuchungen läßt sich die Schlußfolgerung ziehen, daß die Monotropie-Annahme durch ein Konzept der „multiplen Bindung" ersetzt werden muß.

Um die Bedeutung der Vater-Kind-Beziehung für die Entwicklung des Kindes abzuschätzen, reicht es aber nicht aus, nachzuweisen, daß emotionale Bindungen bestehen. Fraglich bleibt weiterhin, ob der Vater lediglich eine „Mutter in Reserve“ ist oder ob ihm eine spezifische Funktion für das Kind zukommt, die von der Mutter typischerweise nicht gleichermaßen wahrgenommen wird. Anzeichen für eine spezifische Bedeutung der Vater-Kind-Beziehung finden sich dort, wo sich die Vater-Kind-Interaktion qualitativ von der Mutter-Kind-Interaktion unterscheidet.

Die Art der Aktivitäten, die für die Vater-Kind-Interaktion charakteristisch sind, drückt eine besondere *Hierarchie väterlicher Funktionen* aus. Väter erfüllen schwerpunktmäßig andere soziale Funktionen für das Kind als Mütter. Beachtliche Unterschiede ergaben sich in den meisten Untersuchungen hinsichtlich der *Pflegetätigkeiten.* Kotelchuck (1981) berichtet, daß nur 25 Prozent der von ihm befragten Väter irgendeine regelmäßige Pflegetätigkeit übernahmen. In der jüngeren Studie von Lewis, Feiring und Weinraub (1981) zeigte sich, daß die Väter nur 15 Prozent ihrer verfügbaren Zeit mit dem Kind der Pflege widmeten, während der Anteil bei den Müttern 25 Prozent betrug. Vergleicht man die Mittelwerte, so ergibt sich für die Väter eine Zeit von 0,8 Stunden pro Tag, für die Mütter dagegen von 2,5. Innerhalb der Gruppe der Väter gibt es bedeutsame Differenzen in bezug auf die Übernahme bestimmter Pflegetätigkeiten. Manion (1977) berichtet, daß 6,7 Prozent der befragten Väter das Kind nie zärtlich in ihren Armen wiegen, 11 Prozent nie die Flasche geben, 35 Prozent das Kind nie schlafen legen, 35 Prozent es nie wickeln, 60 Prozent nie feste Nahrung füttern und 81 Prozent das Kind nie baden. Auch bei deutschen Vätern nehmen Pflegefunktionen im Durchschnitt nur einen relativ geringen Stellenwert ein (Schmidt-Denter, 1984). Jedoch gibt es auch bei diesen als typisch mütterlich geltenden Tätigkeiten epochale Veränderungen. Insbesondere jüngere Väter mit gehobener Bildung, die zudem häufiger in Großstädten leben, übernehmen vermehrt auch Pflegetätigkeiten.

Spielerische Interaktionen und *kognitive Anregungen* sind in der Vater-Kind-Interaktion relativ häufiger als bei Mutter-Kind-Kontakten. In den Untersuchungen von Clarke-Stewart (1978, 1980) und Lamb (1980) ergaben sich übereinstimmend auch Unterschiede in der Art und Weise, wie die Väter und Mütter mit ihren Kleinkindern spielten. Der Spielstil der Väter ist eher lebendiger, körperlicher, unvorhersehbarer und individueller („idiosyncratic“), während Mütter eher distanziert und verbalisierend spielen und Spielzeug als Medium benutzen. Der väterliche Spielstil erzeugt beim Kind signifikant positivere Reaktionen. Clarke-Stewart (1978) beobachtete, daß 15, 20 und 30 Monate alte Kinder in Spielsituationen ihren Vater bevorzugten, weil der Vater lebhafter mit ihnen spielte bzw. mit ihnen tobte. Mütter sind stärker auf die Sicherheit des Kindes bedacht und engen daher seinen Explorationsdrang ein, während Väter eher zu abweichendem, originellerem Spiel anregen und dem Kind so eine größere Erfahrungsbreite für dessen kognitive Entwicklung vermitteln. Mehrere Untersuchungen bestätigen, daß Väter allgemein aktiver in der Interaktion mit ihren Kindern sind als Mütter. Dies gilt nicht nur für die selektive Stichprobe derjenigen engagierten Väter, die bei der Entbindung anwesend sind, sondern läßt sich generalisieren (Parke & O’Leary, 1976). Einige Autoren schließen daraus, daß die Spiel- und Anregungsfunktion des Vaters einen besonders wertvollen Beitrag zur Entwicklungsstimulierung des Kindes darstellt (Lehr, 1974).

Aufgrund tradierter Vorstellungen könnte man annehmen, daß Väter in hohem Maße eine *Kontrollfunktion* ausüben. Das kulturelle Stereotyp, daß Väter mehr strafen als Mütter, läßt sich jedoch empirisch nicht bestätigen. Es zeigte sich im Gegenteil, daß der Interaktionsstil der Mutter restriktiver ist (Pedersen, 1980b, S. 151). In der Untersuchung von Schmidt-Denter (1984) kam zum Ausdruck, daß die Bedeutung des Vaters als Autoritätsperson mehr einer partnerschaftlichen Beziehung gewichen ist.

Dementsprechend erscheint die *emotionale Funktion* des Vaters nach neueren Daten als sehr gewichtig. In der deutschen Stichprobe von Schmidt-Denter (1984) nahm sie sogar den ersten Rangplatz unter allen väterlichen Funktionen ein. Der Befund weist auf eine weitgehend enge emotionale Beziehung zwischen der gegenwärtigen Generation der Klein- und Vorschulkinder und ihren Vätern hin.

Viele Forschungsrichtungen setzten sich mit der Frage auseinander, wann sich eine emotionale Bindung zwischen Vater und Kind entwickelt. In einer Längsschnittstudie zeigte Lamb (1980), daß eine Präferenz für beide Elternteile gegenüber fremden Personen schon eindeutig bei Kindern im Alter von sieben und acht Monaten zu beobachten war. Dieses Ergebnis wurde auch in nachfolgenden Untersuchungen bestätigt.

Weit verbreitet ist die aus den Untersuchungen Piagets abgeleitete Auffassung, daß Kinder bis zum Alter von sechs bis acht Monaten überhaupt keine Bindung entwickeln können, da sie erst dann die Stufe der sogenannten Objektpermanenz erreicht haben. Charakteristisch für diese Stufe ist die Fähigkeit des Kindes, Personen und Objekte auch dann für existent zu halten, wenn sie sich nicht im Wahrnehmungsfeld des Kindes befinden (vgl. Kap. 11.1.1). Nach Pedersen, Anderson und Cain (1980) ist jedoch bereits ein fünf Monate altes Kind in der Lage, Interaktionsprozesse in der Vater-Mutter-Kind-Triade zu erfassen und darauf differenziert zu reagieren. „Diese erstaunlich komplexe, wechselseitige Abstimmung zwischen den Interaktionen der Eltern untereinander und denen des Kleinkindes liefert eine weitere Evidenz für die Annahme, daß Bindungsverhalten vor Erreichen der Phase der ‚Objektpermanenz' entsteht" (Fthenakis, 1983, S. 20).

Somit kann es als gesichert gelten, daß Kinder schon während des ersten Lebensjahres Bindungen zum Vater genauso wie zur Mutter entwickeln. Da es an größeren Längsschnittstudien mangelt, existieren nur wenige Untersuchungsergebnisse über die Entwicklung der Vater-Kind-Beziehung im Verlauf der weiteren Lebensjahre.

Einige Untersuchungen ermittelten Wechselwirkungen zwischen dem Geschlecht des Kindes und dem Verhalten der Eltern. Die Literatur bietet diesbezüglich jedoch kein konsistentes Bild. Parke und Sawin (1980) weisen darauf hin, daß das Geschlecht des Kindes schon während der ersten drei Monate das Verhalten der Eltern modifiziert. Pedersen, Anderson und Cain (1980) sowie Lamb (1981a) gehen jedoch davon aus, daß bedeutende Effekte erst während des zweiten Lebensjahres zu beobachten sind. Insgesamt differenzieren Väter in ihrem Verhalten stärker zwischen Söhnen und Töchtern als Mütter. Rendina und Dickerscheid (1976) sowie Rebelsky und Hanks (1971) kamen zu dem Ergebnis, daß sich Väter mehr mit ihren Söhnen als mit ihren Töchtern beschäftigen. Lamb (1980) entdeckte bei Jungen deutliche Präferenzen für ihre Väter, wobei diese Bevorzugung im eindeutigen Zusammenhang mit dem Spielstil des Vaters stand.

Fthenakis, Niesel und Kunze (1982, S. 34) fassen ihre Literaturübersicht in dem Sinne zusammen, „daß die affektive Zuwendung von Vätern und Müttern mehr auf das Kind des anderen Geschlechts gerichtet ist, während Aufmerksamkeits- und stimulatives Verhalten beim gleichgeschlechtlichen Kind häufiger ist“.

4.2.4 Bedingungen des sozialen Netzwerks

Die meisten Untersuchungsergebnisse beziehen sich auf Familien, in denen weitgehend eine traditionelle Rollenteilung zwischen den Ehepartnern besteht. Abweichungen hiervon lassen sich nach Levine (1976) in vier Gruppen zusammenfassen: (1) Väter, die nach dem Tod der Ehegattin oder nach der Scheidung ihre Kinder allein erziehen; (2) alleinstehende Männer, die Kinder adoptieren; (3) Väter, die mit ihren Ehefrauen Rollenteilung in Familie und Beruf praktizieren; und (4) Väter, die mit ihren Ehefrauen einen Rollentausch vornehmen und als Hausmänner die primäre Betreuung ihrer Kinder leisten. Diese Klassifikation kann noch um Familien mit Stiefmüttern bzw. -vätern und um Wohngemeinschaften mit Kindern ergänzt werden.

Erst in den letzten Jahren wurde eine Reihe von Untersuchungen über die Vater-Kind-Interaktion in Familien durchgeführt, die entweder Rollenteilung oder Rollentausch praktizieren.

Die erste umfassende Beschreibung von *nicht-traditionellen Familien,* in denen Väter die Hauptverantwortung für die Betreuung ihrer Kinder übernahmen, findet sich wohl bei Levine (1976). Seine Schilderungen behandeln im wesentlichen die Umstände, die bei den jeweiligen Vätern zur Übernahme nicht-traditioneller Verhaltensweisen führten. Erste strengere Untersuchungen führten Field (1978) und Russel (1978) durch. Field (1978) bildete drei Gruppen von je zwölf vier Monate alten Säuglingen, die mit einem Elternteil interagierten. Sie verglich die Interaktion der ersten Gruppe (Väter, die die primäre Betreuung ihrer Kinder übernommen hatten) mit der zweiten Gruppe der sekundär betreuenden Väter und der dritten Gruppe der primär betreuenden Mütter. Die in der ersten Gruppe erfaßten Väter praktizierten also eine nicht-traditionelle familiäre Rollenaufteilung. Field erhielt folgende Ergebnisse:

- Väter (Gruppe 1 und 2) verhielten sich körpernäher, indem sie mehr den ganzen Körper des Kindes berührten (z. B. beim Hochheben oder Umhertragen) als nur einzelne Körperteile (z. B. Bäckchen oder Händchen streicheln); sie spielten und tobten häufiger mit dem Kind als die Mütter;
- primäre Betreuer (Gruppe 1 und 3) lächelten mehr als sekundäre Betreuer, zogen häufiger nachahmend Grimassen und imitierten häufiger die hohe Stimme des

Kindes; sie zeigten somit ein höheres Maß an Sensibilität und Wechselseitigkeit in der Kommunikation;
- Väter (Gruppe 1 und 2) von Söhnen spielten häufiger, aber imitierten die kindlichen Verhaltensweisen seltener als Väter von Töchtern; die Beziehung war somit eher kognitiv als affektiv bestimmt.

Der Wert solcher Untersuchungen besteht darin, daß sie Anhaltspunkte darüber liefern, ob die beobachteten Unterschiede zwischen der Vater-Kind- und der Mutter-Kind-Beziehung auf die unterschiedlichen Anteile an der Betreuung der Kinder zurückzuführen sind oder ob sie eher prinzipiell als geschlechtsspezifisch angesehen werden müssen.

Russel (1978) untersuchte den Zusammenhang zwischen der Geschlechtsrollenidentität und der Aufteilung der Betreuungsaufgaben bei 43 australischen Paaren. Beide Elternteile wurden mittels des „BEM Sex Role Inventory (BSRI)“ (Bem, 1974) wie folgt klassifiziert: als „androgyn“ (hohe Werte auf der Weiblichkeitsskala und hohe Werte auf der Männlichkeitsskala), „feminin“ (Weiblichkeitsskala: hohe Werte/Männlichkeitsskala: niedrige Werte), „maskulin“ (hohe Männlichkeitswerte und niedrige Weiblichkeitswerte) sowie „indifferent“ bei niedrigen Werten auf beiden Skalen. Er entdeckte folgende Beziehungen: Androgyne oder feminine Väter führten mehr Pflegetätigkeiten aus und interagierten häufiger mit ihren Kindern als maskuline Väter. Väter mit geringen Weiblichkeitswerten, die mit Frauen mit hohen Männlichkeitswerten verheiratet waren, beteiligten sich stärker an der Pflege der Kinder als solche, die mit weniger maskulinen Frauen verheiratet waren.

In den USA befragte De Frain (1979) 50 „androgyne“ Paare nach sozialen und psychologischen Charakteristika. Sein Begriff der Androgynität war, unabhängig von der Geschlechtsrollenidentität, als die annähernd gleiche Beteiligung beider Elternteile an der Betreuung der Kinder operationalisiert, d.h. kein Elternteil übernahm mehr als 60 Prozent der Betreuungsaufgaben. Die Stichprobe wies einen hohen Anteil an Akademikern auf. Jeweils beide Elternteile waren berufstätig. Zwei Drittel der Eltern gaben an, daß sie flexible Arbeitszeiten hatten. Allgemein stand die Forderung nach einer freieren Einteilung der Arbeitszeit auf Platz 1 einer Wunschliste für gesellschaftliche Veränderungen. Man kann davon ausgehen, daß die beruflichen Anforderungen ein wesentliches Hindernis für eine ausgeglichenere Aufteilung der Kinderbetreuung unter den Ehepartnern darstellen.

Auch unter den deutschen Vätern übernimmt vor allem die jüngste Gruppe (bis 25 Jahre) in nennenswertem Umfang Pflegefunktionen (Schmidt-Denter, 1984). Es handelt sich um junge Familien mit meist nur einem Kind, das in der Regel jünger als drei Jahre ist. Da des weiteren viele Paare eine akademische Ausbildung haben, kann man auch hier davon ausgehen, daß berufliche Anforderungen zeitlich flexibel gehandhabt werden können.

Haas (1980) untersuchte eine homogene Stichprobe von 31 Paaren, die eine tiefgreifende Rollenteilung praktizierten, d. h., beide Ehepartner partizipierten gleichermaßen zu 40–60 Prozent an der Erfüllung der unterschiedlichen Aufgaben: Geld verdienen, Haushalt versorgen, Hausmeisterarbeiten verrichten, Beziehungen zu Verwandten und Bekannten pflegen, Kinder betreuen sowie kleinere und größere

Tabelle 5: Aufteilung der Betreuung in traditionellen und nicht-traditionellen Familien (nach Russel, 1982)

	Nichttraditionell			Traditionell		
	Väter	Mütter	Summe	Väter	Mütter	Summe
Anwesenheit	54 h/W	49 h/W	103 h/W	33 h/W	76 h/W	109 h/W
Alleinige Verantwortung	26 h/W	15 h/W	41 h/W	2 h/W	40 h/W	42 h/W
Pflege	9 h/W	11 h/W	20 h/W	2 h/W	20 h/W	22 h/W
Spiel u.a. Aktivitäten	18 h/W	16 h/W	34 h/W	10 h/W	23 h/W	33 h/W
Typen der Spielaktivitäten:						
im Haus	45 %	57 %	100 %	36 %	66 %	100 %
im Freien	55 %	43 %		64 %	34 %	
kognitiv/kreativ	44 %	45 %	100 %	35 %	55 %	100 %
Spiel/Spaß/Sport	56 %	55 %		65 %	45 %	

Entscheidungen treffen. Als Motive für die Entscheidung zur Rollenteilung wurden am häufigsten genannt: Aufteilung der Last des Geldverdienens auf beide Partner und größere gegenseitige Unabhängigkeit. Probleme mit der Rollenverteilung entstanden im wesentlichen im Haushaltsbereich und in der Koordination von Beruf und Familie. So gaben viele der Befragten zu, überlastet zu sein und zu wenig Energie und Geduld zu haben, sich den Kindern nach Feierabend ausreichend zu widmen.

In einer weiteren Untersuchung befaßte sich Russel (1982) mit dem Lebensstil von 50 australischen Familien, in denen sich die Ehepartner die Verantwortung für die Betreuung der Kinder teilten oder der Vater die Hauptverantwortung trug. Er erhob die Anteile der Ehepartner an bestimmten Betreuungstätigkeiten und verglich sie mit den Daten von 250 Familien mit traditioneller Rollenteilung.

Die Unterschiede zwischen beiden Familientypen zeigen sich deutlich in der Aufteilung der Aufgaben unter den beiden Elternteilen, so wie sie in Tabelle 5 aufgeführt sind. In den nicht-traditionellen Familien übernimmt jeder Elternteil die Betreuungsaufgaben zu annähernd 50 Prozent, während in traditionellen Familien die Mutter eindeutig die primäre Betreuungsperson ist.

Die Väter erlebten die Anforderungen der Betreuerrolle sehr intensiv, sie wurden mit negativen Reaktionen vor allem aus ihrem männlichen Bekanntenkreis konfrontiert, und sie verbesserten besonders die Beziehungen zu ihren Kindern. Die Erfahrungen der Mütter zeigten sich in erhöhtem Streß, ausgelöst durch die Anforderungen in Familie und Beruf, geringerem Kontakt zu den Kindern, negativen Reaktionen von Verwandten und positiven Reaktionen von Freundinnen, in einer Verbesserung ihres persönlichen Wohlbefindens sowie auch in erhöhter Befriedigung durch ihre Berufstätigkeit. Eheprobleme entstanden vor allem in den ersten Monaten. Die Kinder zeigten sich am wenigsten von den Veränderungen berührt.

Nach zwei Jahren führte Russel eine Nachuntersuchung bei 18 Paaren durch. Davon waren neun Familien zum traditionellen Lebensstil zurückgekehrt; in vier Familien gingen alle Kinder zur Schule, so daß sich beide Eltern einer Vollzeitbeschäftigung widmen konnten (die Mütter übernahmen jedoch den Hauptteil der Betreuungsaufgaben), und eine Familie lebte in Trennung. Nur vier Familien behielten den nicht-traditionellen Lebensstil bei. Alle Familien, die wieder zum traditionellen Lebensstil zurückgekehrt waren, hatten in den ersten Interviews von Problemen mit der Rollenteilung berichtet. Für die erneute Veränderung gaben sie folgende Gründe an: ökonomische Gründe (die Väter fanden in drei Fällen einen Arbeitsplatz), Unzufriedenheit der Väter (drei Fälle) und in einem Fall Schwangerschaft. Besonders die Mütter zeigten sich weniger von den Vorteilen der nicht-traditionellen Rollenteilung überzeugt als vorher. Der traditionelle Lebensstil wurde als vorteilhaft für die Mütter angesehen, da er mit weniger Streß verbunden sei und eine Stärkung der Mutter-Kind-Beziehung bewirke. Väter sahen die Nachteile des nicht-traditionellen Lebensstils vor allem in den konstant lästigen Pflegeaufgaben und den fehlenden Kontakten zu anderen Erwachsenen.

Die Absicht einer von Radin (1982) durchgeführten Untersuchung war es, mögliche Voraussetzungen und Folgen der väterlichen Betreuung der Kinder

Mutti, Mutti, warum sind deine Hände so zart?

ausfindig zu machen. Die wichtigsten Ergebnisse zur Vater-Kind-Beziehung waren, daß die Geschlechtsrollenorientierung der Kinder keine Unterschiede zwischen den einzelnen Gruppen erkennen ließ. Das Maß für den internen „locus of control" stieg mit dem Ausmaß der Betreuung durch den Vater an, d. h., Kinder, die von ihren Vätern betreut wurden, verhielten sich in höherem Maße selbstbestimmt. Der häufigere Kontakt der Kinder mit einem maskulinen Vater förderte ihre Wahrnehmung des Vaters als strafend und der Mutter als nichtstrafend. In der Interaktion mit ihren Töchtern zeigten die Väter mit nicht-traditionellem Rollenverhalten mehr kognitive Stimulierungen und größeres Interesse an einer beruflichen Laufbahn ihrer Töchter als Väter mit traditionellem Rollenverhalten. In der Vater-Sohn-Interaktion förderten sowohl primär als auch sekundär betreuende Väter die Entwicklung einer Karriere. Die direkten Lehraktivitäten richteten sich in allen Gruppen eher auf die Söhne als auf die Töchter. Die verbalen Intelligenztestwerte von Söhnen und Töchtern korrelierten gleichermaßen positiv mit dem Ausmaß der Betreuung durch den Vater.

In Schweden führte Lamb mit seinen Kollegen* eine Längsschnittstudie durch, in der traditionelle Familien mit nicht-traditionellen Betreuungsformen verglichen wurden. Als nicht-traditionell wurden solche Familien definiert, in denen der Vater mindestens für einen Monat den in Schweden gewährten bezahlten Elternschaftsurlaub in Anspruch nahm. Die untersuchten 52 Paare lebten alle in Göteborg und erwarteten ihr erstes Kind, als sie über Geburtsvorbereitungsgruppen als Versuchspersonen für diese Untersuchungen gewonnen werden konnten. Letztlich nahmen jedoch nur 17 Väter länger als einen Monat und 34 Väter bis zu zwei Wochen Elternschaftsurlaub. Nach fünf Monaten blieben nur noch wenige Väter übrig, die das Kind hauptverantwortlich betreuten.

* Frodi, Lamb, Frodi et al., 1982; Lamb, Frodi, Hwang et al., 1982.

Hinsichtlich des Spielverhaltens zeigten sich signifikante Unterschiede zwischen den traditionellen und den nicht-traditionellen Familien. Nicht-traditionelle Eltern spielten häufiger mit ihren Kindern, wobei sich im Gegensatz zu anderen Studien keine Differenzen zwischen den beiden Elternteilen hinsichtlich des Stils zeigten.

Schließlich führten Lamb, Frodi, Hwang et al. (1983) noch eine Nachuntersuchung durch, als die Kinder 16 Monate alt waren. Zu diesem Zeitpunkt waren nur noch 15 traditionelle und 30 nicht-traditionelle Familien erreichbar. Die Ergebnisse widersprachen den Erwartungen in drei Punkten: 1. Die Kinder zeigten im Bindungsverhalten klare Präferenzen für die Mütter; 2. Väter aus nicht-traditionellen und aus traditionellen Familien hatten keinen unterschiedlichen Effekt auf das Bindungsverhalten ihrer Kinder; 3. Es zeigten sich keine geschlechtsspezifischen Präferenzen der Kinder in Zusammenhang mit dem Familientyp. Man hatte dagegen erwartet, daß in traditionellen Familien Jungen ihre Väter bevorzugen würden und in nicht-traditionellen Familien keine Geschlechtsunterschiede im Bindungsverhalten vorzufinden sein würden.

Weiter konnte festgestellt werden, daß die schwedischen traditionellen Väter in einem größeren Ausmaß an der Betreuung ihrer Kinder beteiligt waren als amerikanische Väter in einer ähnlichen Untersuchung (Lamb, 1980). Dennoch zeigten die amerikanischen Kinder mehr Bindungsverhalten gegenüber ihren Vätern als die schwedischen. In diesem Zusammenhang ist hervorzuheben, daß sich schwedische Väter in der Qualität und Quantität ihres Spielverhaltens nicht von ihren Ehegattinnen unterschieden, während dies in amerikanischen Untersuchungen festgestellt wurde (Clarke-Stewart, 1978, 1980; Lamb, 1980). Dieser Widerspruch könnte als ein Hinweis auf interkulturelle Unterschiede angesehen werden. Die gleiche Erklärung bietet sich auch dafür an, daß Lamb, Frodi, Hwang et al. (1982, 1983) im Gegensatz zu anderen Forschern kaum signifikante Unterschiede zwischen den einzelnen Familientypen aufdecken konnten, so wie es etwa Russell (1982) gelang.

Die Gruppe der *alleinerziehenden Väter* besteht im wesentlichen aus folgenden Untergruppen: geschiedene Väter, Witwer, ledige Männer, die Kinder adoptierten, und Väter, die nie verheiratet waren. In der von Orthner, Brown und Ferguson (1976) untersuchten Gruppe von 20 alleinerziehenden Vätern hatten 15 Väter nach der Scheidung das Sorgerecht für ihre Kinder erhalten, drei waren Witwer und zwei waren nie verheiratet gewesen. Es überrascht nicht, daß der soziale Status dieser Gruppe über dem Durchschnitt lag, denn mit dem sozialen Status steigt die Wahrscheinlichkeit, daß dem Vater nach der Scheidung das Sorgerecht für die Kinder übertragen wird. In den Interviews berichteten die alleinerziehenden Väter, daß sie sich in der Betreuung ihrer Kinder kompetent fühlten und enge und liebevolle Beziehungen zu den Kindern pflegten. So seien sie weniger disziplinorientiert geworden, beteiligten sich häufiger an der Pflege ihrer Kinder und interessierten sich stärker für Erziehungsfragen. Ihre größten Probleme lägen in der Koordination zwischen der Erwachsenenrolle (Beruf, Pflege von Freundschaften) und der Elternrolle.

Vor allem Väter von Kindern im Vorschulalter sind auf Betreuungsdienste während ihrer Arbeitszeit angewiesen. Die meisten Vorschulkinder besuchten eine Kindertagesstätte. In einem Fall betreute die Schwester des Vaters das Kind, in einem anderen Fall kam das Kind in eine Halbtagseinrichtung und wurde nachmittags von einem Kindermädchen betreut. Die nachmittägliche Betreuung der Schulkinder reichte von einer Vollzeit-Haushälterin über weibliche Verwandte und ältere Geschwister bis hin zu keiner Betreuung. Je älter die Kinder waren, desto mehr wurden sie zur Mitarbeit im Haushalt angehalten.

Eine zweite Untersuchung über alleinerziehende Väter stammt von Mendes (1976). Ihre Stichprobe setzte sich aus vier getrennt lebenden, sieben verwitweten und 21 geschiedenen Vätern zusammen. Die Autorin teilte die Stichprobe in zwei Gruppen ein: Die eine Gruppe wurde von 16 Vätern gebildet, die sich aktiv für die Übernahme des Sorgerechts eingesetzt hatten, während die Väter der anderen Gruppe durch die Umstände dazu gezwungen waren, das Sorgerecht zu übernehmen (hierzu zählten die Witwer). Während die Väter, die sich aus eigener Überzeugung aktiv um das Sorgerecht bemüht hatten, allgemein gute bis sehr gute Beziehungen zu ihren Kindern unterhielten, ergab sich bei den Vätern mit eher aufgezwungenem Sorgerecht ein differenziertes Bild. Ein Teil der Väter hatte seit eh und je positive Beziehungen zu den Kindern gehabt, so daß sie zur Betreuung der Kinder motiviert waren. Ein anderer Teil dieser Väter hatte vorher selten Kontakt zu den Kindern gehabt, baute aber nach der Scheidung eine positive Beziehung zu ihnen auf. In einer weiteren Gruppe befanden sich Väter, die von ihren Ehefrauen verlassen worden waren und die von problematischen Beziehungen zu ihren Kindern berichteten. Von allen Gruppen zeigten diese Väter den geringsten Anteil an „expressiven" Funktionen in ihrem Rollenverhalten. Sie interagierten mit ihren Kindern am wenigsten und hatten einen sehr begrenzten Bereich gemeinsamer Aktivitäten. Zudem machten sie sich die meisten Sorgen darüber, ob sie ihre Elternrolle angemessen ausfüllten.

Eine besondere Gruppe innerhalb der unfreiwillig alleinerziehenden Väter bildeten die Witwer. Bis auf einen hatten alle ihre Ehe als sehr befriedigend erlebt. Ebenso nahmen sie ihre Vaterrolle mit Freuden wahr. Dennoch fühlten sie sich als alleinerziehende Väter unzulänglich, da sie die Unterstützung der Mütter vermißten, besonders, wenn diese die Hauptverantwortung für die Betreuung der Kinder getragen hatten. Zu einem gewissen Grade aber waren sie durch ihre guten Beziehungen zu ihren Kindern motiviert, die Rolle des alleinerziehenden Vaters zu übernehmen.

Santrock, Warshak und Elliott (1982) verfolgten in ihrer Untersuchung das Ziel, die soziale Entwicklung von Kindern alleinerziehender, geschiedener Väter mit der sozialen Entwicklung von Kindern alleinerziehender, geschiedener Mütter und der Entwicklung von Kindern aus vollständigen Familien zu vergleichen. Ihre Untersuchungsergebnisse legen die Vermutung nahe, daß sich die Zuerkennung des Sorgerechts an das gleichgeschlechtliche Elternteil positiv auf das Sozialverhalten und die Unabhängigkeit des Kindes auswirkt. Während ein demokratischer Erziehungsstil bei allen drei Gruppen die soziale Kompetenz des Kindes positiv beeinflußte, hatte ein autoritärer Erziehungsstil insbesondere bei den Söhnen sorgeberechtigter Väter und ein Laissez-faire-Erziehungsstil insbesondere bei den Töchtern sorgeberechtigter Mütter negative Auswirkungen. Möglichkeiten der Unterstützung von außen wurden eher von alleinerziehenden Vätern als von alleinerziehenden Müttern beansprucht (24 Stunden pro Woche vs. elf Stunden pro Woche). Darüber hinaus hatten bei ihren Vätern lebende Kinder häufiger Kontakt zu ihren Müttern als bei ihren Müttern lebende Kinder zu ihren Vätern. Die aufmerksame Zuwendung alleinerziehender Väter korrelierte hoch mit eher traditionell männlichen Verhaltensweisen ihrer Töchter, während bei Töchtern mit autoritären alleinerziehenden Vätern eher weibliche Verhaltensweisen beobachtet wurden.

Die Ergebnisse der verschiedenen Untersuchungen zeigen, daß die Rolle des Vaters in der Entwicklung des Kindes keine feststehende Größe ist, sondern als Teilaspekt eines bestimmten sozialen Netzwerks angesehen werden muß. Der Anteil an der Betreuung des Kindes und die Funktionsverteilung hängen mit der Struktur des familiären Beziehungssystems zusammen, das wiederum von außerfamiliären Bedingungen beeinflußt wird. Allen Befunden gemeinsam ist jedoch, daß sie qualitative Besonderheiten der Vater-Kind-Beziehung belegen und früheren Annahmen über geringere Betreuungskompetenzen von Vätern widersprechen. Über deren Auswirkungen auf die Entwicklung des Kindes liegen nur begrenzte Erkenntnisse vor, die sich zudem auf wenige Entwicklungsdimensionen beschränken.

4.2.5 Bedeutung der väterlichen Betreuung für die Entwicklung des Kindes

Im rollentheoretischen Konzept von Parsons und Bales (1955) wird dem Vater eine große Bedeutung bei der Entwicklung der Geschlechtsrollenidentifikation, der moralischen und kognitiven Entwicklung der Kinder zugemessen. Die Untersuchungsergebnisse von Biller (1981b) deuten darauf hin, daß die männliche Geschlechtsrollenidentität des Vaters, das Ausmaß seiner Zuwendung und der Grad seiner Einflußnahme durch Ge- und Verbote die *Entwicklung der Geschlechtsrollenidentität* von Söhnen beeinflußt. Jungen mit drohenden, zurückweisenden oder passiven, ineffektiven Vätern zeigten ein weniger angemessenes Geschlechtsrollenverhalten als Jungen mit interessierten, fürsorglichen Vätern, die eine hervorgehobene und entschlossene Rolle in den familiären Interaktionen spielten.

Väter beeinflussen auch die Geschlechtsrollenidentität ihrer Töchter. Akzeptierung und Verstärkung einer als positiv angesehenen weiblichen Geschlechtsrollenidentität fördern die Entwicklung des Selbstkonzeptes, während eine negative oder zu rigide Einstellung gegenüber einer weiblichen Geschlechtsrollenidentität die Entwicklung der sozialen und geschlechtlichen Identität hemmen. Schließlich sammeln Töchter in den Interaktionen mit ihren Vätern Erfahrungen, die von grundlegender Bedeutung für ihre späteren Beziehungen zu anderen Männern sind. Frauen, die positive Beziehungen zu ihren Vätern pflegten, erlebten mit größerer Wahrscheinlichkeit befriedigende heterosexuelle Beziehungen.

Biller (1981b) hebt hervor, daß der Beitrag des Vaters zur Entwicklung der Geschlechtsrollenidentität nicht nur für individuelle Unterschiede im Geschlechtsrollenverhalten seiner Kinder relevant ist, sondern auch für deren kognitive, emotionale und soziale Entwicklung. Der Vater als Repräsentant der sozialen Realität sowie als Kamerad und Spielgefährte kann weitreichende Implikationen für die Persönlichkeitsentwicklung des Kindes haben.

Moralische Werte erwirbt ein Kind nach Ansicht der psychoanalytischen Theorie durch Identifikation mit seinem Vater. Hoffmann (1981) kommt in seinem Literaturüberblick jedoch zu dem Schluß, daß Väter als direkte „Vermittler sozialer Normen" weniger Einfluß haben als Mütter. Väter scheinen diesbezüglich jedoch eher einen Effekt auf die Söhne als auf die Töchter auszuüben. Des weiteren unterstützen sie indirekt die Glaubwürdigkeit der Mütter. Zur Einwirkung des Vaters auf die moralische Entwicklung seiner Kinder sind weitere Forschungsarbeiten erforderlich.

Ein anderer Aspekt väterlicher Funktionen ist die *Förderung der Leistungsmotivation* und der *intellektuellen Entwicklung.* Die Vater-Kind-Interaktion vermittelt Lernimpulse, die eine entwicklungsstimulierende Wirkung erwarten lassen. Das väterliche Anregungs- und Spielverhalten bedeutet ein besonderes Erfahrungspotential, das die kognitive Entwicklung und die Leistungsmotivation günstig beeinflußt (Lehr, 1978a). Einige Forschungsergebnisse sprechen dafür, daß väterliche Zuwendung die kognitive Kompetenz der Söhne stärker fördert als die der Töchter (Radin, 1981). Weitere Untersuchungen über längere Zeiträume erscheinen notwendig, um genauere Ergebnisse zu bekommen.

Schließlich berichtet Lamb (1981a), daß sichere emotionale Bindungen zwischen den Vätern und ihren Kindern zu einer positiven Entwicklung der *sozialen Kompetenz* und des *Selbstwertgefühls,* besonders bei Jungen, führen. Auf der anderen Seite scheinen gestörte Vater-Kind-Bindungen pathogen zu wirken. Lamb führt an, daß die Erwachsenen mit dem höchsten Ansehen diejenigen seien, die in ihrer Kindheit warmherzige Beziehungen zu „effektiven" Müttern und Vätern im Kontext einer glücklichen Ehebeziehung gehabt hätten.

Insgesamt gesehen weisen die Untersuchungen darauf hin, daß der väterliche Einfluß eine wichtige Entwicklungsbedingung für das Kind darstellt, daß es sich aber nicht um einen spezifischen, isolierten Effekt handelt, der sich durchgängig unter allen Bedingungen und in allen Stichproben nachweisen läßt, Er wird vielmehr durch zahlreiche Faktoren im familiären und außerfamiliären Netzwerk modifiziert. Hierzu gehören die Beziehungsdynamik innerhalb der Kleinfamilie (insbesondere die Ehegatten- und die Geschwisterbeziehung, vgl. Kap. 4.4), das Vorhandensein von sozialen Unterstützungssystemen (z. B. durch die Großeltern, vgl. Kap. 4.3) sowie sozio-ökonomische Bedingungen und auch gesellschaftliche Einstellungen gegenüber der Vater-Rolle.

4.3 Großeltern als Interaktionspartner und Unterstützungspersonen

4.3.1 Direkte Einflüsse

Die Großelterngeneration nimmt abhängig von der sozialen Schicht, der ethnischen Gruppenzugehörigkeit, dem Familienstatus und der Kohorte unterschiedlich häufig die Funktion von *Ersatzeltern* ein (Tinsley & Parke, 1984). In diesem Fall üben sie direkten Einfluß auf die Sozialisation ihrer Enkelkinder aus. In amerikanischen Mittelklassefamilien wird diese Funktion nach Daten von Neugarten und Weinstein (1964) nur noch von zehn Prozent der Großmütter übernommen. Deutsche Kinder haben in den ersten fünf Lebensjahren zu etwa 28 Prozent täglichen Kontakt mit ihrer Großmutter (Schmidt-Denter, 1984). 41 Prozent der Kinder sehen beide Großeltern oder einen Großelternteil (in diesem Fall häufiger die Großmutter) einmal bis mehrmals wöchentlich. Diese regen Kontakte in über zwei Drittel der untersuchten Familien bedeuten jedoch nicht unbedingt, daß die ältere Generation in gleichem Maße wie die Eltern alltägliche Betreuungsfunktionen für die Enkel übernimmt. So werden z. B. nur etwa zehn Prozent der Säuglinge und Kleinkinder vormittags von ihren Großmüttern „fast immer" oder „oft" betreut. Im Laufe des Vorschulalters sinkt diese Zahl dann auf ca. zwei Prozent ab, vor allem aufgrund des Besuchs einer vorschulischen Erziehungseinrichtung.

Häufiger ist die Beaufsichtigung durch die Großeltern in *kritischen Situationen.* Etwa die Hälfte übernimmt Babysitter-Funktionen, und bei längerer Abwesenheit der Eltern (z. B. Urlaubsreise) sind es zu 90 Prozent die Großeltern, die die Betreuung des Kindes übernehmen. Nach Befunden von Streib (1958) widmen sich Großmütter auch bei Krankheit oder Tod eines Familienmitglieds verstärkt ihrem Enkelkind.

Amerikanische Untersuchungen weisen darauf hin, daß zwei unterschiedliche Trends im generativen Verhalten einen unterschiedlichen Effekt auf das Engagement der Großmütter haben.

Zum einen gibt es in den USA eine Zunahme von Schwangerschaften in der Adoleszenz, wobei 35 Prozent dieser Geburten außerehelich sind (Gallas, 1980). Hier bedingen mehrere Faktoren eine verstärkte großelterliche Unterstützung für minderjährige Mütter. Die junge Familie bzw. die alleinstehende Mutter ist finanziell abhängig, auf die Elternrolle kaum vorbereitet und wohnt häufig bei den Großeltern. Hinzu kommt, daß die Großmütter noch relativ jung sind (35 bis 45 Jahre). Die Großväter sind in diesem Alter noch voll in das Berufsleben eingespannt, so daß sie so gut wie keine Sozialisationsfunktionen für das Enkelkind übernehmen.

Ein zweiter Trend betrifft die weitaus größere Gruppe der Frauen, deren Mutterschaft später beginnt als in früheren Zeiten (Daniels & Weingarten, 1982). In diesen Fällen sind die Funktionen der Großeltern deutlich eingeschränkter, und zuweilen bedürfen sie selbst schon der Unterstützung ihrer erwachsenen Tochter (Shanas, 1979). Schon in der klassischen Studie von Neugarten und Weinstein (1964), in der 70 Großelternpaare, die nicht mit ihren Kindern zusammenlebten, interviewt wurden, charakterisierten sich 20 Prozent der Großmütter und 17 Prozent der Großväter als „fun seekers". Sie suchten im Spiel das Vergnügen mit ihren Enkeln, ohne auf Autorität und Disziplin zu achten. Man kann davon ausgehen, daß sich dieser Trend noch verstärkt hat. Die starke Diskrepanz zwischen häufigen Kontakten und der seltenen Übernahme alltäglicher Betreuungsfunktionen in der deutschen Stichprobe von Schmidt-Denter (1984) läßt darauf schließen, daß eine Beziehung zu den Enkeln ohne die Belastung quasi-elterlicher Verantwortung bevorzugt wird.

Beobachtungsstudien über die Besonderheiten der Großeltern-Kind-Interaktion liegen nicht vor. Man kann jedoch aus Interviews und Befragungen folgern, daß diese Beziehungen einen *qualitativ eigenständigen Beitrag* zu den sozialen Erfahrungen des Kindes darstellen. Aus ihren Interviews mit 300 Kindern schließen Kornhaber und Woodward (1981), daß Gespräche mit den Großeltern den Enkeln ein Gefühl für Historizität, traditionelle Werte, kulturelles Erbe und Familientraditionen vermitteln. Indem die Großeltern ihre eigene Kindheit schildern, wecken sie ein Verständnis für geschichtliche Veränderungen; sie lassen den Enkeln die Beziehung zu den Eltern aber auch in einer neuen Perspektive erscheinen, was manchmal zum besseren Verständnis und zu einer Verbesserung der Eltern-Kind-Beziehung beiträgt. In schwierigen Fällen können die Großeltern auf diese Weise sogar als *Vermittler* oder Puffer zwischen Eltern und Kindern wirken und Konflikte lösen helfen. Allerdings können sie in dieser Rolle auch selbst wiederum Konflikte schaffen. Schließlich dienen die Großeltern als *Modelle* für das Verständnis des Kindes vom Alter. Da es eine große Zahl unangemessener Stereotype über das Alter gibt, kommt dieser Funktion eine große Bedeutung zu. Die erfolgreiche Bewältigung des Alters ist somit nicht nur für die Senioren selbst wichtig, durch den Modelleffekt hat es auch positive Konsequenzen für die Enkel.

4.3.2 Indirekte Einflüsse

In der Großeltern-Kind-Beziehung sind indirekte soziale Effekte wahrscheinlich wichtiger als in anderen Beziehungsformen. Der bedeutsamste Einfluß dieser Art besteht in der Beziehung zwischen den Großeltern und den Eltern der Enkel. Er läßt sich in ähnlicher Weise verstehen wie die Bedeutung des Verhältnisses zwischen den Ehepartnern für die Eltern-Kind-Interaktion (vgl. Kap. 3.5). Der indirekte Einfluß der Großeltern wird nicht nur über die Eltern vermittelt, sondern auch über andere Personen wie Verwandte und Freunde der Enkel. Den Daten von Kornhaber und Woodward (1981) zufolge kannten 65 Prozent der Großeltern die Spielkameraden ihrer Enkel. Ihre Einstellungen zu den Freundschaftswahlen können die Peer-Beziehungen in ähnlicher Weise beeinflussen wie die Reaktionen der Eltern (vgl. Kap. 5.2.6). Auch die Qualität der Beziehung zwischen den Großeltern väterlicher- und mütterlicherseits kann einen wichtigen Faktor im sozialen Netzwerk des Kindes darstellen.

Eine weitere Funktion, die erfahrungsgemäß mehr den Großmüttern als den Großvätern zukommt, ist die emotionale *Unterstützung der Eltern.* Die eigene

Erfahrung ermöglicht es, im glücklichen Falle Unsicherheiten bei der Behandlung von Säuglingen, Erziehungsprobleme oder auch Konflikte mit dem Ehepartner aufzufangen oder zu lindern. Die Großeltern geben Ratschläge, dienen den Eltern als Modellpersonen und vermitteln ein korrektives Feedback über die Eltern-Kind-Beziehung (Parke & Lewis, 1981; Parke & Tinsley, 1982).

Ein indirekter Effekt, der nach Albrecht (1954) vor allem die Großväter betrifft, erfolgt aus der finanziellen Unterstützung. Es gibt jedoch keine verläßlichen Daten über den Austausch finanzieller Ressourcen zwischen den Generationen.

Die Bedeutung eines *sozialen Unterstützungssystems* für eine optimale Mutter-Kind-Beziehung wird durch kulturvergleichende Studien besonders eindrucksvoll belegt. In vielen Kulturen bilden die Großeltern den Kern eines solchen Unterstützungssystems. Sie sind dort in die alltäglichen Betreuungstätigkeiten stärker eingebunden, als dies in deutschen und amerikanischen Untersuchungen erkennbar ist. Diese Entlastung beeinflußt im allgemeinen positiv die emotionale Stabilität der Mutter und intensiviert ihre affektive Beziehung zum Kind (Minturn & Lambert, 1964). In einer Analyse von 101 ethnischen Gruppen bestätigt Rohner (1975) den Befund, daß Mütter, die die alleinige Verantwortung für das Kind hatten, eher dazu neigten, es abzulehnen, als Frauen, die auf eine Unterstützung durch die Großeltern oder den Vater zurückgreifen konnten.

Diese Zusammenhänge sind nicht auf fremde Kulturen begrenzt. Abernathy (1973) konnte nachweisen, daß Frauen der amerikanischen Mittelschicht besser mütterliche Kompetenzen ausbilden konnten, wenn sie über ein soziales Unterstützungssystem verfügten. Als der beste einzelne Prädiktor erwies sich dabei die Hilfestellung der Großmutter. Sie erstreckte sich sowohl auf die emotionale Unterstützung als auch auf die Entlastung von der Kinderbetreuung.

4.3.3 Bedingungsfaktoren

Eine Reihe von Faktoren modifiziert die Stärke der Einflußnahme durch die Großeltern, wobei insbesondere den *Eltern* die Rolle von Mediatoren zukommt. Sie regulieren und kontrollieren den Kontakt zwischen den Großeltern und Enkeln (Robertson, 1977). Ihre Einstellungen zu den Großeltern selbst und zu deren Bedeutung für die Entwicklung des Kindes wirken als Filter. Die Eltern bestimmen somit teilweise die Funktionen, die Großeltern und Enkel füreinander einnehmen.

Die *Verfügbarkeit der Großeltern* stellt den zweiten wichtigen Einflußfaktor dar. Sie wird unter anderem bedingt durch die räumliche Entfernung zur Kernfamilie. In diesem Zusammenhang wird traditionellerweise die Bedeutung der sozialen Schichtzugehörigkeit hervorgehoben, während neuere Untersuchungen die regionale Struktur als den bedeutsameren Faktor herausstellen (Lee, 1980).

In der Erhebung von Schmidt-Denter (1984) hatten Mittelschichtkinder zwar etwas seltener Kontakt zu ihren Großeltern als Kinder aus den unteren Sozialschichten, die meisten Funktionswerte unterschieden sich jedoch nicht signifikant. Dagegen erwies sich die Größe des Wohnorts als entscheidende Bedingung für die Kontakt- und Funktionsstruktur zwischen den Generationen. Sämtliche Werte nahmen mit zunehmender Gemeindegröße deutlich ab. Auch die Unterstützung durch die Großeltern in kritischen Situationen läßt sich in kleineren Gemeinden häufiger beobachten als in den Großstädten.

Drittens gilt es, das *Alter der Großeltern* zu berücksichtigen. Diese stellen keine einheitliche Generation dar, sondern umfassen mehrere Kohorten (Troll, 1981). Der Stil der Interaktion mit den Enkeln weist altersspezifische Unterschiede auf. Jüngere Großeltern verhalten sich nach Neugarten und Weinstein (1964) weniger distanziert und formal gegenüber den Kindern als ältere und interagieren abwechslungsreicher.

Viertens beeinflußt natürlich auch das *Alter des Kindes* die Beziehung zu den Großeltern. Kahana und Kahana (1970) fanden folgende Entwicklung in der Wahrnehmung der Großeltern durch die Enkel: Vorschulkinder schätzten den Kontakt zu den Großeltern wegen deren Nachsichtigkeit, Acht- und Neunjährige mochten sie, „weil man viel Spaß mit ihnen hat", während schließlich Elf- bis Zwölfjährige eine größere Distanz zu den Großeltern bevorzugten. Die Autoren vermuten, daß sich die Heranwachsenden von den „kindlichen" Großeltern wegentwickeln. Auch aus der Perspektive der Großeltern verändert sich die Beziehung in Abhängigkeit vom Alter des Enkelkindes (Thomas & Datan, 1985). In den ersten Lebensjahren bilden beispielsweise das Beobachten des raschen Entwicklungsfortschritts und enger Körperkontakt Quellen der Freude. Später werden Gespräche und ein partnerschaftliches Verhältnis geschätzt. Im Jugendalter sind Hilfeleistungen für die Großeltern häufig. Andererseits gibt es auch altersspezifische Belastungen, wie sie sich etwa in Klagen über den „Ungehorsam" während der Pubertät äußern.

Fünftens ist auch das *Geschlecht des Kindes* von Bedeutung. Als durchgängig gültiger Befund gilt, daß Töchter engere Verwandtschaftskontakte pflegen als Söhne (Cohler & Grunebaum, 1981; Havighurst, 1973; Hill, Foote, Aldous et al., 1970; Lee, 1980). Dies trifft nicht nur auf verheiratete Frauen zu. Sogar bei jugendlichen Freundespaaren pflegen Mädchen oft einen engeren Kontakt zur Verwandtschaft des Jungen als dieser selbst (Troll & Turner, 1976). In einer Untersuchung von Jordan (1980) über die sozial-kognitive Entwicklung von Kindern (vgl. Kap. 11) stellte sich heraus, daß Mädchen früher ein Verständnis und ein Konzept für Verwandtschaftsbeziehungen erwerben als Jungen.

Über einen weiteren wesentlichen Einflußfaktor in der Beziehung zwischen Großeltern und Enkeln liegen nur wenige Erkenntnisse vor. Der *Lebensstil der Großeltern* beeinflußt ihre Fähigkeit, als soziales Unterstützungssystem zu fungieren. Bisher gibt es nur vage empirische Befunde zu der Frage, inwieweit bestimmte Lebensformen und -ziele im Alter die Beziehung zu den Enkeln beeinträchtigen bzw. die Übernahme und die Identifikation mit der Großelternrolle erschweren. Hierzu bedarf es nach Tinsley und Parke (1984) noch dringend weiterer Forschungen.

4.3.4 Der Einfluß der Großeltern auf die Entwicklung des Kindes

Am größten ist selbstverständlich der Einfluß derjenigen Großeltern, die als regelmäßige Erziehungspersonen bzw. „Ersatzeltern" fungieren. Die Entwicklung verläuft im allgemeinen günstiger, wenn die Großeltern einen abwesenden Elternteil (meistens den Vater) ersetzen, als wenn die Mutter die alleinige Erziehungsverantwortung übernehmen muß. Dies läßt sich sowohl auf direkte Einflüsse zurückführen als auch auf indirekte Effekte, indem durch die Unterstützung die Mutter-Kind-Beziehung verbessert wird.

Kellam, Ensminger und Turner (1977) fanden bei Erstkläßlern aus der sozialen Unterschicht keine Unterschiede im Verhalten zwischen Kindern aus vollständigen Familien und Familien, denen Mutter und Großmutter vorstanden. Ungünstigere Werte erzielten dagegen Kinder alleinerziehender Mütter hinsichtlich ihrer psychischen Gesundheit und Stabilität (gemessen z. B. mit den Skalen Angst, Depression, auffälliges Verhalten, emotionale Verarmung, Hyperkinese) sowie ihrer sozialen Anpassungsfähigkeit.

Auch ohne regelmäßig Betreuungsaufgaben zu übernehmen, können die Großeltern einen Teil des sozialen Unterstützungssystems für die Kernfamilie darstellen und so eine günstigere Voraussetzung für die Entwicklung der Enkel schaffen. In vielen Untersuchungen konnte nachgewiesen werden, daß die Kernfamilie durch soziale Isolierung oder durch eine gestörte Beziehung zu den Großeltern in ihren Erziehungsfunktionen entscheidend geschwächt wird (Crockenberg, 1981; Pascoe, Loda, Jeffries et al., 1981; Unger, 1979).

4.4 Die spezifische Bedeutung der Geschwisterbeziehungen

4.4.1 Empirischer Forschungsstand

Mit Geschwistern im Familienkontext aufzuwachsen ist eine Erfahrung, die für die Mehrzahl aller Kinder zutrifft, wenn auch in national und epochal unterschiedlichem Ausmaß. Zu Beginn der 70er Jahre wuchsen nur etwa 15 Prozent der Kinder in den USA ohne Geschwister auf (Taffel, 1978). In der Bundesrepublik Deutschland waren es im gleichen Zeitraum jedoch 24 Prozent (Bundesminister für Jugend, Familie und Gesundheit, 1975). Durch den Geburtenrückgang nimmt ihre Zahl ständig zu (vgl. Abb. 4). Schon 1978 waren 32,5 Prozent aller Kinder unter 15 Jahren allein, und 42 Prozent hatten nur einen Bruder oder eine Schwester. Der Landes-Kinderbericht von Nordrhein-Westfalen vermutet, daß diese Entwicklung die sozialen Erfahrungen der gegenwärtigen Kindergeneration in entscheidender Weise prägen wird:

„Das Heranwachsen einer Generation von Kindern, unter denen nach den erwähnten Voraussetzungen etwa ein Fünftel keinen Bruder oder keine Schwester haben, wird sich auf die psychischen Dispositionen, besonders auf die sozialen Fähigkeiten der Jugendlichen und jungen Erwachsenen der nächsten Jahre und Jahrzehnte auswirken ..." (Minister für Arbeit, Gesundheit und Soziales des Landes Nordrhein-Westfalen, 1980, S. 65).

Es besteht also die Ansicht, daß es sich bei den Geschwisterbeziehungen um eine fundamentale Erfahrung handelt, die die Persönlichkeitsentwicklung maßgeblich beeinflußt (Schvaneveldt & Ihinger, 1979). Die Unterschiede zwischen Geschwisterbeziehungen und nichtfamiliären Peer-Beziehungen betreffen Häufigkeit und

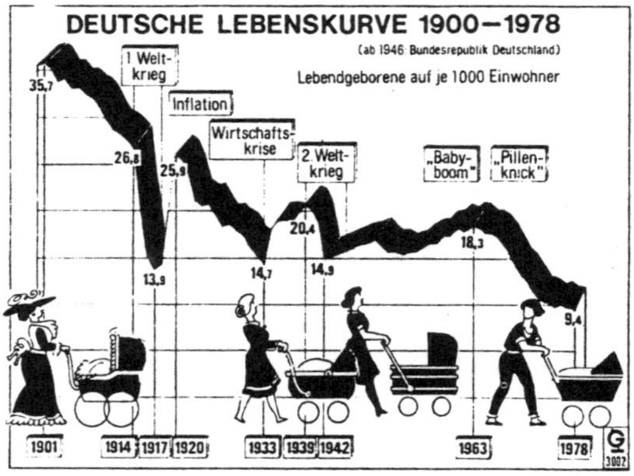

Abb. 4: Veränderung der Geburtenrate in Deutschland zwischen 1901 und 1978

Ausmaß der Interaktion, Dauer der Beziehung, Vorhandensein bestimmter Funktionen und zugewiesener Rollen, Erreichbarkeit sowie den Grad gemeinsamer Erfahrungen. Angesichts der Bedeutung dieses Themas ist es erstaunlich, daß relativ wenig empirische und theoretische Arbeit darauf verwandt wurde. In einem frühen Artikel betonte Irish (1964) den Mangel an Interesse und Forschung zu diesem Thema. Erst in jüngster Zeit belebt sich das Interesse an den Geschwisterbeziehungen, wobei die interaktiven Prozesse im Vordergrund stehen (Lamb & Sutton-Smith, 1982). Dies bedeutet eine Änderung gegenüber der früher bevorzugten Forschungsstrategie. In den letzten Jahrzehnten wurden nämlich häufiger Korrelationsanalysen über die Auswirkungen der Geburtenfolge durchgeführt (Sutton-Smith & Rosenberg, 1970; Schooler, 1972; Zajonc & Marcus, 1975). Gute Übersichtsartikel über die Forschungen zur Geburtenfolge erschienen von Kammeyer (1967) und Adams (1972).

4.4.2 *Einfluß der Geschwisterposition auf die Entwicklung*

Als Pionier auf dem Gebiet der psychologischen Bedeutung der Geschwisterfolge gilt Adler (1926). Sein Ansatz bezieht sich auf die „Entthronung", die das Erstgeborene durch die Geburt eines nachfolgenden Kindes erfährt. In diesem Trauma liegen aus tiefenpsychologischer Sicht die Ursachen für die Geschwisterrivalität (vgl. Kap. 4.4.5). Besonders für gleichgeschlechtliche Geschwister beginnt ab dem sechsten Lebensjahr ein Prozeß der „Deidentifikation". Jedes Kind betont nun seine Andersartigkeit, seine eigene Identität. Durch diesen Prozeß entstehen nach Adler (1933) Persönlichkeitsunterschiede zwischen den Geschwistern. Hinzu kommt, daß das Erstgeborene sich durch besonderen Leistungsehrgeiz auszeichnet, mit dem Ziel, seine „Entthronung" wieder rückgängig zu machen.

„Wir haben jetzt eine Menge Einzelkinder in unserem Kindergarten!"

Auch die empirische Forschung zur entwicklungspsychologischen Bedeutung der Geschwisterreihe konzentriert sich auf einen Vergleich der Erst- und Zweitgeborenen und fragt bevorzugt nach den Effekten auf die *intellektuelle Entwicklung*. Einzelkinder und Erstgeborene weisen oft vergleichsweise höhere Leistungen auf als andere Kinder. So ist der Anteil an Einzelkindern und Erstgeborenen bei Personen des öffentlichen Lebens mit herausragenden Leistungen (Politiker, Wissenschaftler etc.) besonders hoch (Toman & Toman, 1970). Ähnliches gilt auch für schulische Leistungen (Oberlander & Zenkins, 1967; Skouholt, Moore & Wellmann, 1973). Die Begünstigung der intellektuellen Entwicklung von Einzelkindern und Erstgeborenen wird am häufigsten dadurch erklärt, daß diese zumindest für eine begrenzte Zeit die ungeteilte Aufmerksamkeit und Förderung ihrer Eltern erfahren (Falbo, 1982). Die Vergrößerung der Familie verringere die intellektuelle Stimulierung (Zajonc & Marcus, 1975). Ein weiterer Gesichtspunkt ist jedoch, daß größere Familien gleichzeitig häufiger zu den sozio-kulturell benachteiligten gehören. Sie können nicht ohne weiteres mit der Mittelschicht verglichen werden, in der sich mehr Einzelkinder finden.

In bezug auf die *sozialen Fähigkeiten* wird häufig den nachfolgend Geborenen ein Vorteil gegenüber den Erstgeborenen und gegenüber Einzelkindern zugesprochen. Einzelkinder und Erstgeborene wurden z. B. in der Schule seltener als Spielkamerad oder Banknachbar gewählt als später geborene Kinder (Miller & Maruyama, 1976). Dieser Geburtsreiheneffekt galt unabhängig von Familiengröße und sozioökonomischem Status. Die Autoren führen die Unterschiede auf einen weniger kommunikativen Verhaltensstil der Einzelkinder und Erstgeborenen zurück, die keine Erfahrungen in Interaktionen mit älteren Geschwistern haben. Sie vermuten des weiteren, daß die jüngeren Kinder bessere soziale Fähigkeiten entwickeln, weil sie sich mit den mächtigeren Geschwistern arrangieren müssen. So erlernen sie früh Fähigkeiten wie Überzeugungskraft, Vermittlungsgeschick, Kompromißbereitschaft, Anpassungsfähigkeit und Toleranz.

Conners (1963) nimmt dagegen an, daß Elternvariablen die größte Rolle spielen. So waren Einzelkinder kontaktärmer und hatten wiederum Mütter, die sich vergleichsweise ungesellig verhielten und weniger Freundschaften unterhielten (Falbo, 1978a). Das mütterliche Modellverhalten kann somit zum Teil die geringere Popularität der Kinder erklären.

Auch Schachter (1959) leitet das distanziertere Sozialverhalten von Einzelkindern und Erstgeborenen aus der Struktur der Eltern-Kind-Beziehung ab. Er kam in seinen Untersuchungen zu dem Ergebnis, daß Einzelkinder und Erstgeborene unter Streß ein stärkeres Gesellungsverhalten zeigten als Spätgeborene, da Mütter beim ersten Kind mehr Ängstlichkeit empfinden und größere Zuwendung geben, wenn das Baby weint. Daraus folgerte Schachter (1959) für das Erwachsenenalter, daß andere Personen bei Belastungen als Trostspender fungieren. Dies wurde in Felduntersuchungen (Hoyt & Raven, 1973) und bei Rollenspielen (Greenberg, 1967) bestätigt. Wenn Streß als Bedingung wegfällt, scheinen Einzelkinder weniger bindungsfreudig zu sein als andere. Sie gehören allgemein seltener Organisationen an (Blake, 1981; Falbo, 1978a), haben weniger Freunde (Falbo, 1978b) und führen insgesamt ein weniger intensives soziales Leben (Claudy, Farrell & Dayton, 1979).

In bezug auf das Thema *„Eheglück"* sind zwei Forschungsrichtungen relevant: Die eine geht von der Geschwisterkonstellation aus, die andere von der Übertragung der ehelichen Instabilität der Eltern auf die Kinder. Beide Richtungen stimmen darin überein, daß Einzelkinder weniger erfolgreiche Ehen führen als andere. Toman (1959, 1974) vermutet, daß eine Ehe um so erfolgreicher und konfliktfreier ist, je mehr sie der früheren Geschwisterbeziehung entspricht. So sei die Verbindung eines Mannes, der eine jüngere Schwester hat, mit einer Frau, die einen älteren Bruder hat, deswegen erfolgreich, weil in der Geschwisterbeziehung ein Verhalten trainiert wurde, das sich in der Ehe wieder ergänzt. Erstgeborene sind dagegen in ihrer Partnerwahl nicht so stark festgelegt. Für sie gibt es verschiedene ideale Lebensgefährten. Einzelkinder haben überhaupt keine Geschwisterrolle gelernt und deshalb Schwierigkeiten, einen idealen Partner zu finden. Sie heiraten also entweder gar nicht oder führen eine instabile Ehe. Nach Toman verzichten Einzelkinder selbst bei funktionierender Ehe oft auf eigenen Nachwuchs, weil sie das unbestrittene Kind bleiben wollen. Für die Geschwister-Replikations-Hypothese gibt es einige empirische Belege in bezug auf Eheschließungen (Toman, 1976) und in bezug auf Verabredungen (Mendelsohn, Linden, Gruen et al., 1974).

Die andere Forschungsrichtung befaßt sich mit den (gescheiterten) Ehen von Einzelkindern, deren Eltern auch instabile Ehen führten (Bentler & Newcomb, 1978; Kulka & Weingarten, 1979; Pope & Mueller, 1976). Die allgemeine Aussage, daß Kinder aus zerrütteten Ehen auch in ihrer Partnerschaft scheitern, ist nicht hinreichend begründet. Ebenso spekulativ ist die Annahme, daß Einzelkinder eine höhere eheliche Instabilität zeigen als andere, weil sie häufiger aus zerrütteten Ehen stammen. Zwei voneinander unabhängige Untersuchungen widersprechen dieser

These. In einer Langzeituntersuchung von Claudy, Farrell und Dayton (1979) wurden High-School-Studenten untersucht. Die Stichprobe wurde in zwei gleiche Gruppen bezüglich Geschlecht und Familiengröße (ein oder zwei Kinder) aufgeteilt. Elf Jahre später wurden Informationen über die Ehen erhoben. Insgesamt gab es kaum Unterschiede zwischen beiden Familientypen. Einzelkinder heirateten ungefähr im gleichen Alter wie Probanden aus Zwei-Kind-Familien. Die Wahrscheinlichkeit, zu heiraten oder mehrmals zu heiraten, stand in keinem Zusammenhang mit der Familiengröße.

Die zweite Arbeit war eine landesweite amerikanische Studie 1973–1974 mit Frauen zwischen 15 und 44 Jahren (Groat, Wicks & Neal, 1980). Die Autoren verglichen Einzelkinder mit allen anderen. Insgesamt fielen die Ergebnisse zum Heiratsverhalten kaum anders aus als bei Claudy, Farrel und Dayton (1979). Männliche Einzelkinder heirateten durchschnittlich ein Jahr später. Doch fanden sich bei Groat, Wicks und Neal mehr Einzelkinder, die bereits eine Ehescheidung hinter sich hatten. Diese Unterschiede zwischen den Studien können am unterschiedlichen Durchschnittsalter der Stichproben liegen oder auch an der fehlenden Kontrolle der Familiengröße in der letzten Erhebung.

Die Untersuchungen zum Einfluß der Geschwisterposition sind in jüngerer Zeit mit Recht auf heftigen Widerstand gestoßen. Ein Teil der Kritik richtet sich darauf, daß viele Studien methodisch wenig sorgfältig angelegt waren. Sie sind meist ex-post-facto durchgeführt, unzusammenhängend, oberflächlich und kaum theoriegeleitet. Die üblichen unabhängigen Variablen waren: ordinale Position in der Geschwisterfolge, Geschlecht und Anzahl der Geschwister sowie Zeitabstand zwischen den Geburtsdaten. Als abhängige Variablen wurden unter anderem Erfolg in der Schule, berufliche Stellung, Leistungsmotivation, abweichendes Verhalten (einschließlich jugendlicher Delinquenz), Geisteskrankheiten, Alkoholismus, Ängstlichkeit, Abhängigkeit, Konformität, Geselligkeit, Persönlichkeitsmerkmale, Einstellungen gegenüber den Eltern, Wettbewerbsverhalten, Liebe, Rücksichtnahme, beschützendes Verhalten, Eifersucht, Dominanz und Führung untersucht. Die entsprechenden Studien sind in die verschiedensten Modelle eingebettet, es gibt jedoch keinen integrativen theoretischen Ansatz.

Die Verwendung einiger Variablen erklärt sich mehr dadurch, daß sie leicht zu erheben sind, als durch eine begründete Forschungsstrategie. Viele Ergebnisse sind ein Nebenprodukt von Projekten mit anderen Fragestellungen, weil es nahelag, nebenbei auch noch die Geburtenfolge zu erheben und mit den abhängigen Variablen zu korrelieren. Kritische Übersichtsartikel schwanken in ihren Schlußfolgerungen zwischen den Extremen, diesen Forschungszweig so schnell wie möglich zu begraben, und dem Ruf nach weiteren Studien zu bestimmten abhängigen Variablen. Eine in diesem Sinne mittlere Position nimmt Kammeyer (1967) ein, der für konzeptionelle Klarheit, adäquate Definitionen und theoriegeleitete Ansätze eintritt.

Es gibt keine empirisch abgesicherten Theorien, die nachweisen, daß die Geschwisterposition für sich betrachtet einen Erklärungswert besitzt.

Schooler (1972) meint, daß die Geschwisterfolge dann eine nützliche Variable sein kann, wenn sie als Indikator für die Familiendynamik gesehen wird. Sie schlagen vor, interaktive Prozesse im Mikrosystem Familie zu erfassen und Bedingungen des Exo- und Makrosystems dabei zu berücksichtigen. Das Einzelkinddasein beispielsweise ist stark von der Kohortenzugehörigkeit abhängig, von demografischen Gegebenheiten zu bestimmten Zeiten. Außerdem sind die Ergebnisse mit anderen epochalen Erscheinungen konfundiert. Das Aufwachsen von Einzelkindern während des II. Weltkriegs, als es viele Einzelkinder gab, ist ein anderes als während des Babybooms der Nachkriegszeit. Man sollte generell den Fehler vermeiden, aus Informationen über vorangehende Generationen Schlüsse auf heutige Einzelkinder zu ziehen. Die allgemeine These, alle Unterschiede zwischen Einzelkindern und anderen Kindern seien auf den Mangel an Geschwistern zurückzuführen, fand kaum Bestätigung. Natürlich haben Geschwister einen Einfluß auf die Entwicklung eines Kindes, aber dieser folgt sicher keiner einfachen, linearen Funktion. Vor allem muß der Kreis der weiteren Bezugspersonen des Kindes berücksichtigt und die Familie als Ganzes einbezogen werden. Die Bedeutung der Geschwisterbeziehungen kann man nur verstehen, wenn man diese als Subsystem innerhalb des sozialen Netzwerks des Kindes auffaßt.

4.4.3 Geschwisterbeziehungen als Teil des sozialen Netzwerks

Geht man davon aus, daß die familiären Beziehungen ein System bilden, so erscheint die Bedeutung von Geschwistern in einem neuen Licht. Die Familie stellt sich als in drei Subsysteme gegliedert dar: die Ehepartner-, die Eltern-Kind- und die Geschwister-Beziehung. Jede Untergruppe funktioniert als ein halboffenes System innerhalb des familiären Netzwerks. Daraus läßt sich ableiten, daß es einerseits wechselseitige Einflüsse gibt, daß aber andererseits die Geschwisterbeziehung durch besondere soziale Funktionen und Interaktionsqualitäten gekennzeichnet ist (vgl. Kap. 4.4.4 und 4.4.5). Geschwister sind aktiver und passiver Teil im Sozialisationsprozeß, indem sie aufeinander einwirken. Die Geschwisterbeziehung entwickelt sich während des gesamten Lebens; ihre Bedeutung beschränkt sich nicht auf frühe Altersabschnitte (vgl. Kap. 4.4.6).

Eine grundlegende Umstrukturierung des familiären Netzwerks erfolgt jedesmal, wenn ein weiteres Geschwisterkind geboren wird. Die Familie wandelt sich dann von der Triade zur Tetrade etc. und erfährt somit eine Veränderung ihres Interaktionssystems. Im Laufe eines längeren Prozesses werden neue Positionen, Rollen und Normen geschaffen. Im Rahmen einer Längsschnittstudie verfolgten Kreppner, Paulsen und Schütze (1981, 1982) die Integration des zweiten Kindes in die Familie. Die untersuchten Familien wurden dabei mit Anforderungen und Veränderungen konfrontiert, die sich in bezug auf die frühe Kindheit durch ein Dreiphasenmodell abbilden ließen. Die Schwerpunkte der familiären Interaktionen betragen in der 1. Phase (0–8 Monate) zunächst das Problem der gerechten Verteilung der Aufmerksamkeit auf beide Kinder, in der 2. Phase (9–16 Monate) etablierte sich die Geschwisterbeziehung, und in der 3. Phase (17–24 Monate) bildeten sich Differenzierungen zwischen den Generationen heraus. Die Ausweitung des sozialen

Netzwerks vervielfacht die möglichen Zweier- und Dreier-Beziehungskonstellationen. Diesem Trend zur Ausdifferenzierung entgegen wirkt die Notwendigkeit der Familie, eine veränderte Balance als Ganzes herzustellen.

Die Geburt von Geschwistern beeinflußt jedoch nicht nur das Mikrosystem „Familie", sondern auch dessen Wechselwirkungen zum sozialen Umfeld. Kinder stimulieren eine Öffnung des Familiensystems (Schvaneveldt & Ihinger, 1979). Sie verbinden die Eltern in Form eines Mesosystems mit z. B. Kindergarten, Schule, Jugendgruppen oder kommunalen Organisationen. Die Eltern müssen sich mit diesen Systemen auseinandersetzen, wenn sie die weitere Entwicklung ihrer Kinder verstehen und fördern wollen. Die Familie wird aus dieser Sicht mit zunehmender Kinderzahl ein immer offeneres System.

4.4.4 Funktionen der Geschwisterbeziehung

Die entwicklungspsychologische Bedeutung der Geschwisterbeziehung läßt sich durch eine Reihe von Funktionen kennzeichnen (vgl. Kap. 3.4). Zunächst eröffnet die Geburt eines jüngeren Geschwisterkindes vor allem für den bzw. die Älteren neue Möglichkeiten und Aufgaben. So leisten die Geschwister eine *Pionier-Funktion* füreinander. Diese ist zu definieren als „Prozeß, der von einem Geschwisterkind initiiert wird und dazu führt, daß das andere die Erlaubnis erhält, ihm zu folgen" (Bank & Kahn, 1975, S. 324). Hierzu gehört das Brechen von Regeln, die bislang in der Familie galten, wie z. B. abends länger aufbleiben, länger ausgehen, rauchen, abweichende moralische und politische Einstellungen übernehmen. Die Älteren markieren Pfade für die Jüngeren. Sie beeinflussen die nachfolgend Geborenen direkt und auch indirekt, da die Eltern durch die Erfahrungen mit den Erstgeborenen gelassener und permissiver reagieren.

Ältere Geschwister können auch als *Mediatoren* dienen, als Übersetzer zwischen Eltern und Kind. Sie können z. B. den Eltern helfen, die „Babysprache" des Jüngeren zu verstehen. Sie können auch Einflüsse aus der Außenwelt in die Familie hineinübersetzen. In dem Maße, in dem Geschwister als Brücke zwischen ihrer Welt und der der Erwachsenen dienen, wird ihre Beziehung solidarischer.

Eine weitere Funktion betrifft das *Verhandeln mit den Eltern* und die *Bildung von Koalitionen*. Die Geschwister können ein Gegengewicht aufbauen. Zusammen sind sie stärker als einzeln. Wenn die Eltern untereinander eine starke Koalition bilden, so ist ein starker Zusammenhalt der Geschwister untereinander zu erwarten (Caplow, 1968, S. 99).

Dominiert ein Elternteil, dann ist eine Koalition zwischen Kind(ern) und schwächerem Elternteil wahrscheinlich. Sind die Ehepartner gleich mächtig und bilden keine starke Koalition, so ist eine hohe Geschwisterrivalität zu erwarten, um die verschiedenen Koalitionsmöglichkeiten, die die Eltern bieten, zu nutzen.

Blood (1972) meint, daß ähnlich der Rollenverteilung zwischen den Eltern, das ältere Kind zum instrumentellen und das jüngere zum expressiven Führer des Geschwistersystems wird. Die jüngeren Kinder seien beliebter und am häufigsten der „sozial-emotionale Star". Dagegen mache das Trauma der „Entthronisierung" nach Adler das älteste Kind leistungsmotiviert. Es wünsche, den verlorenen Status zurückzugewinnen, den es einst mit niemandem teilen mußte (vgl. Kap. 4.4.2.)

Bank und Kahn (1975) sehen vor allem zwei Faktoren als den „Kitt" der Geschwisterbeziehungen an: *Identifikation* und *Differenzierung*. Die Prozesse sind in ihrer Wirkung entgegengesetzt. Bei der Identifikation sieht sich das Kind im anderen, macht stellvertretende Erfahrungen und erweitert seine Möglichkeiten durch die Erfahrungen des anderen. Bei der Differenzierung wird ein eigener Bereich abgegrenzt, der von dem des anderen getrennt ist.

Eine weitere Funktion ist die *wechselseitige Regulierung* in der Geschwisterinteraktion. Sie dient als Übungsfeld für Beziehungen zwischen relativ Gleichberechtigten. Man testet, welche Sanktionen zu erwarten sind, wie man Nutzen maximieren und Kosten reduzieren kann.

Ein großer Teil der Forschung bezieht sich auf die *Betreuungs- und Lehrfunktionen*, die Geschwister füreinander einnehmen. Das Hüten von Kindern durch ihre älteren Geschwister ist ein kulturübergreifendes Phänomen. Die Rolle des Elternersatzes hat in den Industriestaaten jedoch im Laufe der letzten Jahrzehnte an Bedeutung verloren (Weisner & Gallimore, 1977). Dennoch weisen systematische Untersuchungen auf einige Betreuungsaufgaben hin, die weiterhin von Geschwistern wahrgenommen werden, jedoch stark mit der Region und der Sozialschicht variieren. Hierzu gehört z. B. die Beaufsichtigung der Jüngeren, wenn die Eltern abends ausgehen. In der deutschen Stichprobe von Schmidt-Denter (1984, S. 143) wurden 15 Prozent der Ein- bis Fünfjährigen in solchen Fällen von ihren Brüdern und Schwestern gehütet, in der unteren Sozialschicht betrug der Anteil jedoch fast 30 Prozent.

Durchgängig ist offenbar das Phänomen der *Schulaufgabenhilfe*, die ca. 78 Prozent der Kinder in einer amerikanischen Stichprobe von ihren Geschwistern erhielten (Bryant, 1982). In der Schulkindzeit nehmen Jungen und Mädchen eine solche Lehrfunktion offensichtlich unterschiedlich wahr, abhängig von der Tatsache, ob sie Geschwistern oder anderen Kindern helfen. Mädchen realisierten bei Geschwistern eher den deduktiven Stil, Jungen lehrten ihre Geschwister eher mit induktivem Stil (Cicirelli, 1972). Mädchen gaben ihren jüngeren Geschwistern weniger Feedback, möglicherweise stand dies in Zusammenhang mit ihrer Lehrmethode. Eine höhere Rate an fehlerhaftem Feedback gaben Mädchen, wenn sie andere Kinder unterrichteten.

Die jüngeren Geschwister reagieren unterschiedlich auf die Art, in der sie von ihrer Schwester oder ihrem Bruder unterrichtet werden. Sie nehmen Hilfe wahrscheinlicher von Geschwistern an, die wesentlich älter sind, und lassen sich eher auf die Lehrerrolle einer älteren Schwester als eines älteren Bruders ein (Cicirelli, 1973). Kinder lernen aus zwei Gründen mehr von einer älteren Schwester (Cicirelli, 1975). Erstens wird sie in der Lehrerrolle eher akzeptiert, weil sie der Mutter und den Lehrerinnen ähnelt. Zweitens sind Jungen wahrscheinlich deswegen weniger effektiv, weil sie Wettbewerbselemente in die Situation einbringen (Freedman, 1979). Nach Bigner (1974a) fühlen sich Kinder stärker von älteren Brüdern gestört und beeinträchtigt als von älteren Schwestern.

Andererseits sollte man nicht vergessen, daß der durch den älteren Bruder initiierte Wettbewerb auch stimulierend auf die intellektuelle Entwicklung wirken kann (Cicirelli, 1975).

Nach Greenbaum (1965) können Geschwister eine Funktion als „Therapeuten" übernehmen. Ihre gegenseitigen Einschätzungen seien toleranter als die eines Erwachsenen. Ältere Geschwister seien für eine *therapeutische Rolle* besser geeignet als jüngere, weil sie mehr unterstützende Möglichkeiten bieten und bei Verbalisierungsschwierigkeiten ihrer Geschwister helfen können. Nach dem Eindruck von Greenbaum (1965) können sich aber auch Geschwister mit einem geringen Altersabstand therapeutische Hilfe bieten (vgl. Kap. 5.2.4).

Kinder realisieren einen *anderen Betreuungsstil* als ihre Eltern (Cicirelli, 1976; Weisner & Gallimore, 1977). Diese Stile können elterlichen Stilen entgegengesetzt sein oder (übertriebene) Imitationen darstellen. Im Vergleich zu älteren Geschwistern geben Mütter mehr Erklärungen und Rückmeldungen. Bryant und Crockenberg (1980) fanden große Unterschiede zwischen dem Verhalten der Mütter und dem Verhalten der älteren Töchter (4. oder 5. Schulklasse) bei der Ausübung von helfenden Funktionen gegenüber der jüngeren Schwester. Es bestand aber eine positive Korrelation zwischen unaufgeforderter Hilfe und Ermutigung durch die Mütter einerseits und unaufgeforderter Mißbilligung durch die Töchter andererseits. Die Autoren schließen aus ihren Daten, daß ältere Schwestern zwar ähnliche Absichten wie die Mütter haben, aber nicht über die notwendigen Betreuerfähigkeiten verfügen.

Kinder zeigten bei ihren Müttern stärker hilfesuchendes und akzeptierendes Verhalten und weniger Unabhängigkeitsstreben als bei ihren älteren Geschwistern (Cicirelli, 1976). Daraus folgt, daß auch die jüngeren Geschwister die Unterschiede in den Betreuungssituationen steuern. Bryant (1979) verglich, wie sieben- und zehnjährige Kinder ihre Eltern und Geschwister auf den sechs Skalen des Cornell Parent Behavior Questionnaire einschätzen (Deveraux, Bronfenbrenner & Rodgers, 1969) (vgl. Abb. 5). Die Kinder unterschieden dabei nicht zwischen den Geschlechtern, sondern zwischen Eltern und Geschwistern. Auf fünf Skalen erhielten Eltern höhere Aktivitätswerte, auf der Skala „körperliche Bestrafung" lagen dagegen die Geschwister höher als die Eltern. Dieses Ergebnis ist konsistent mit Hartups (1976) Annahme, daß aggressive Auseinandersetzungen vor allem in Kind-Kind-Beziehungen reguliert werden (vgl. Kap. 5.6 und 6.6). Geschwisterbeziehungen stellten diesbezüglich sogar eine besonders günstige Konstellation dar. Ihre Beziehung zerfällt im Gegensatz zu den übrigen Peer-Beziehungen trotz Konflikt und Aggression nicht. Dieser stabile Kontext ermöglicht wichtige Erfahrungen in der Bewältigung und Kontrolle aggressiver Motivationen.

In der Studie von Bryant (1979) wurden ältere Geschwister von Erst- und Viertkläßlern auf den Skalen „Pflege und Betreuung" und „Prinzipientreue, Strenge" gleich eingestuft. Auffällig sind die höheren Werte älterer Geschwister von Viertkläßlern (im Gegensatz zu den Erstkläßlern) auf den Skalen „kameradschaftliche Hilfe" und „körperliche Bestrafung". Hierin zeigt sich einerseits ein Trend, nach

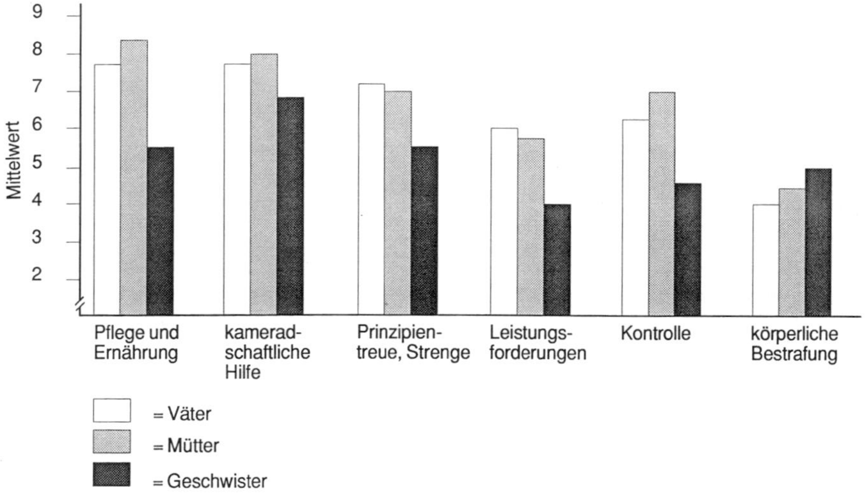

Abb. 5: Mittelwerte von Vätern, Müttern und Geschwistern auf sechs Betreuungsdimensionen (nach Bryant, 1982, S. 111)

dem Geschwister mit zunehmendem Alter immer mehr Hilfemöglichkeiten anbieten können. Andererseits verdeutlichen die hohen Werte bei „körperlicher Bestrafung", daß die älteren Geschwister nicht immer über angemessene Helferfähigkeiten verfügen.

Um Unterschiede in den Betreuungsstrategien (Mutter, Vater, älterer Bruder, ältere Schwester) zu ermitteln, führte Bryant (1982) eine Faktorenanalyse über alle 14 Skalen des Cornell Parent Behavior Questionnaire durch. Die Faktoren wurden wie folgt benannt: Geschwisterliche unterstützende Herausforderung; Geschwisterliche Anteilnahme und Kontrolle; Bestrafung. Der Faktor „Bestrafung" war bei allen vier Betreuergruppen ähnlich. Mütter und Väter wiesen einen gemeinsamen Unterstützungsfaktor auf, der sie von den Geschwistern unterschied. Der Faktor „Anteilnahme" bei Müttern und „Kontrolle" bei Vätern war kongruent mit dem Faktor „Geschwisterliche Anteilnahme und Kontrolle". Ein Spezialfaktor der Väter war „Nachsicht". Die beiden verschiedenen geschwisterlichen Betreuungsarten „pflegende Betreuung" und „Herausforderung" verweisen auf stärkere Konflikte in den Kind-Kind-Beziehungen als in den Erwachsenen-Kind-Beziehungen.

Geschwister fungieren des weiteren als *Betreuer zweiter Ordnung* („second-order-caretakers"). Wenn Mütter Forderungen ihrer Töchter nach Hilfe und Aufmerksamkeit ignorierten, setzte dies als indirekten Effekt eine prosoziale Interaktion zwischen den Geschwistern in Gang: Das Kind forderte und erhielt Hilfe von seiner Schwester (Bryant & Crockenberg, 1980). Das ignorierende Verhalten der Mütter wird von älteren Kindern häufig zum Anlaß genommen, den helfenden und pflegenden Kontakt mit ihren jüngeren Geschwistern zu intensivieren. Das gilt besonders, wenn das Ignorieren durch die Mutter aus Hilflosigkeit und nicht aus Wut geschieht. Die Übernahme von Verantwortung für die Geschwister kann somit die Entwicklung prosozialen Verhaltens begünstigen (Whiting & Whiting, 1975).

Das Verhalten der Mutter wird durch das Geschlecht des älteren Kindes beeinflußt. Mütter gaben den jüngeren Kindern mehr Erklärungen, Feedback und Verbalisationen, wenn das ältere Kind ein Junge war (Cicirelli, 1976). Daraus kann man indirekt schließen, daß Mütter Teilaspekte ihrer Betreuerrolle an ältere Töchter abtreten (Bryant & Crockenberg, 1980; Cicirelli, 1976). In einer anderen Studie konnte Bryant (1979) feststellen, daß Väter gegenüber Viertkläßlern, die eine ältere Schwester hatten, eine geringere Verhaltenskontrolle ausübten als die Mütter. Es ist ungeklärt, ob die Väter von ihrer Tochter Hilfe bei der Verhaltenskontrolle erwarteten, oder ob die Tochter dem Vater signalisierte, daß seine Kontrolle nicht notwendig sei. Zusammenfassend bleibt festzuhalten, daß Geschwistereffekte eine wichtige Basis in den Effekten zweiter Ordnung haben, oder anders formuliert, daß die Interaktion zweier Familienmitglieder beeinflußt wird vom Familiensystem und gleichzeitig einen eigenen Einfluß auf das Familiensystem ausübt.

4.4.5 Geschwister-Interaktion

Geschwisterbeziehungen gehören zu den intensivsten menschlichen Beziehungen überhaupt. Rivalität und Unterstützung, Liebe und Haß sind die spannungsreichen Pole, zwischen denen sie sich bewegen. Die Ursachen geschwisterlicher *Rivalität* liegen nach Pfouts (1976) einerseits im Wettstreit um elterliche Belohnungen und andererseits im Bestreben des Individuums, innerhalb der Geschwisterbeziehung einen bestimmten Status zu erreichen. In psychoanalytischen Begriffen formuliert, beginnt besonders für gleichgeschlechtliche Geschwister ab dem sechsten Lebensjahr ein Prozeß der „Deidentifikation", bei welchem das Individuum beginnt, seine Andersartigkeit, seine eigene Identität zu betonen. Dadurch wird gleichzeitig der Bereich der Gebiete, in denen die Geschwister im Wettstreit stehen, kleiner und somit die Möglichkeit des friedlichen Nebeneinanders größer (Schachter, Gilutz, Shore et al., 1978). Daten empirischer Untersuchungen geben jedoch Anlaß zu der Vermutung, daß die Rivalität während des Schulkindalters andauert.

Die sozialen Vergleichsmaßstäbe innerhalb der Geschwisterbeziehung lassen sich z. B. aus dem unterschiedlichen Verhalten der Eltern gegenüber ihren Kindern ableiten. Die Studien von Bryant und Crockenberg (1980) sowie Lasko (1954) stimmen darin überein, daß das zweitgeborene Kind im Verhältnis zum erstgeborenen mehr mütterliche Aufmerksamkeit erfährt. Das genaue Gegenteil ergab eine Studie von Rothbart (1971). Unterschiede im Untersuchungsdesign können diesen Gegensatz teilweise erklären, so daß man feststellen kann, daß zwar das erstgeborene Kind in der dyadischen Interaktion mit der Mutter ein höheres Maß an Zuwendung und Hilfe erfährt, daß aber in der Triade Mutter-zwei Geschwister generell das jüngere Kind bevorzugt wird. Damit besteht eine Basis für die Entstehung oder Fortdauer der Rivalität während des Schulkindalters. Die einzige Untersuchung zu dem Problem mütterlicher Bevorzugung bei (weiblichen) Geschwistern im Schulkindalter ergab, daß das Verhalten des Kindes sowohl von der Behandlung durch die Mutter als auch von der Behandlung der Schwester durch die Mutter abhängt. Bei wahrgenommener Unterschiedlichkeit, insbesondere bei unbeantwortet gebliebenen eigenen Bedürfnissen, zeigte das Kind stark negatives Verhalten gegenüber seiner Schwester (Bryant & Crockenberg, 1980). Eltern, Schule und das allgemeine soziale Umfeld können den sozialen Vergleich zwischen den Geschwistern verschärfen und damit auch die Rivalität während der Schulkindzeit erhöhen. In männlichen Mittelschicht-Geschwisterdyaden wurde nach Pfouts (1976) das Kind, das mit persönlichen und intellektuellen Vorzügen ausgestattet ist, von seinem Bruder, der sich in den Schatten gestellt fühlte, mit Ressentiment und Feindlichkeit behandelt. Das fähigere Kind dagegen war zwar nicht feindlich gestimmt, äußerte aber Gefühle der Beunruhigung und Ambivalenz.

Bigner (1974b) analysierte Beschreibungen älterer Kinder durch ihre jüngeren Geschwister. Nicht nur stieg mit zunehmendem Alter die Anzahl der benutzten beschreibenden Begriffe an, sondern auch die Art der Darstellung selbst veränderte sich von konkreten, nicht-egozentrischen Beschreibungsformen (4. und 6. Klasse) zu abstrakten Konstrukten (8. Klasse). Einerseits läßt dies auf eine zunehmend differenzierte Wahrnehmung der Geschwister schließen, andererseits wird hier auch das Fortschreiten der kognitiven Entwicklung verdeutlicht. Trotz dieses Fortschrittes konnte Bigner (1974b) feststellen, daß relativ unabhängig vom Alter positive Merkmale auf niedrigerem Abstraktionsniveau mit konkreten Begriffen beschrieben wurden. Negative Eigenschaften hingegen wurden mit zunehmendem Alter in allgemeineren Begriffen mit größerer psychologischer Distanz formuliert. In einer ergänzenden Untersuchung zeigte Bigner (1974a) auch, daß die Ambivalenz, d.h. das Auftreten sowohl positiver als auch negativer Interaktionen und Gefühle, dann besonders hoch ist, wenn die Geschwister beide weiblich sind und ihr Altersabstand gering ist.

Macht ist die Dimension, die die Ambivalenz der Geschwister-Beziehung verstärkt und besonders von Alter und Geschlecht beeinflußt wird. Der ältere Bruder wird von seiner Schwester dann mit Attributen großer Macht beschrieben, wenn der Altersabstand zwischen zwölf und zwanzig Monaten liegt und nicht darüber. Ältere Schwestern und jüngere Geschwister werden generell mit Attributen charakterisiert, die weniger Macht signalisieren (Bigner, 1974a; Sutton-Smith & Rosenberg, 1968).

Die Macht älterer Geschwister kann aber auch den Vorzug der *Unterstützung* bieten. Älteren Geschwistern wird häufig sowohl Macht als auch Unterstützung zugeschrieben. Die Wechselwirkung von Alter und Geschlecht ergab eine kurvilineare Beziehung: In den Beschreibungen älterer Brüder nimmt bis zum Alter von neun Jahren der Faktor Unterstützung zu, danach ab. Stärker als Jungen weisen Mädchen ihrer älteren Schwester eine unterstützende Rolle zu, die älteren Brüder werden eher als störend und kontrollierend beschrieben. Diese geschlechtsspezifische Rollenzuweisung gilt im Prinzip auch für die Jungen. Wenn jedoch der Altersabstand zur älteren Schwester gering ist, dann sind ihre Werte für einmischende Kontrolle hoch, während der Rolle des Bruders größere Unterstützung zugewiesen wird. Wieder zeigte sich, daß ein geringer Altersabstand Konfliktpotential enthält und daß Unterstützung durch die älteren Geschwister ambivalent mit Macht und Kontrolle assoziiert wird (Bigner, 1974a).

Es kommt also weniger auf die Geburtenfolge an als auf das relative Alter der Geschwister zueinander. Dadurch entsteht in Wechselwirkung mit anderen Variablen eine bestimmte Beziehungsdynamik. Einige Aspekte dieses Interaktionssystems lassen sich durch Begriffe wie Macht und Unterstützung kennzeichnen.

Eine weitere Dimension betrifft das *Abhängigkeitsverhältnis,* das vor allem die jüngeren zu den älteren Geschwistern aufbauen. Die älteren versuchen insbesondere ihre jüngeren Schwestern in ein solches Beziehungsverhältnis einzubinden (Bryant & Crockenberg, 1980; Cicirelli, 1976; Rosenberg & Sutton-Smith, 1964). Jüngere Mädchen sind ruhiger und gehorsamer gegenüber älteren Geschwistern und der Mutter, jüngere Jungen hingegen zeigen stärker selbstbehauptendes Verhalten gegenüber älteren Schwestern und der Mutter (Cicirelli, 1976). Ältere Schwestern fördern zum Teil mit Gewalt die auf Hilfeleistungen beruhende Abhängigkeit ihrer jüngeren Geschwister (Bryant & Crockenberg, 1980). Doch wird diese Abhängigkeit auch von jüngeren Schwestern nicht ohne weiteres akzeptiert. Da „Hilfe" als einzige prosoziale Verhaltensvariable positiv mit Konflikt und Wettbewerbs-Leistungsdimensionen korreliert, kann man davon ausgehen, daß „Hilfe" nicht unbedingt mit positiven Absichten ausgeübt wird, sondern dem Zweck der einflußnehmenden Kontrolle dient. Das Abhängigkeitsverhältnis wird auch vom Altersabstand und Geschlecht des Älteren bestimmt. Kinder fühlen sich in dem Abhängigkeitsverhältnis dann wohl, wenn sie eine ältere Schwester haben und wenn der Altersabstand vier Jahre und nicht wesentlich weniger beträgt (Cicirelli, 1973).

Den *Einfluß des Geschlechts* bzw. dessen Kombination in Peer-Dyaden auf die Qualität der Interaktion untersuchten Jacklin und Maccoby (1978) sowie Langlois, Gottfried und Seay (1973) an Kindern zwischen zweieinhalb und fünf Jahren. Die Interaktionen gleichgeschlechtlicher Peers waren positiver, möglicherweise aufgrund der höheren Wahrscheinlichkeit gegenseitiger Verstärkung. Ähnliche Ergebnisse zeigten Dunn und Kendrick (1979) für Geschwisterpaare auf. Fragebogendaten zu Einflußtechniken der Geschwister ergaben, daß erstgeborene Jungen sich oft mit körperlicher Gewalt durchsetzten, während erstgeborene Mädchen die Rolle der verständnisvollen Lehrerin gegenüber den jüngeren Geschwistern einnahmen (vgl. Cicirelli, 1975). Ältere Kinder gaben einem jüngeren Geschwisterkind dann mehr Rückmeldung, wenn es nicht dem gleichen Geschlecht angehörte. Zweitgeborene mit einem anderen Geschlecht als das Erstgeborene zeigten stärker unabhängiges Verhalten.

In gemischten Geschwisterdyaden ist es wahrscheinlich, daß besonders die jüngeren zusätzlich Aspekte der gegenteiligen Geschlechtsrolle lernen. Der jeweils ältere Teil eines Geschwisterpaares stellt für den jüngeren ein Modell mit einem breiten Verhaltensspektrum dar. So nimmt man an, daß ältere Brüder im Schulkindalter ihre jüngeren Geschwister zu mehr körperlicher Aktivität und Wagemut herausfordern. Das gilt jedoch nur, wenn der Altersabstand vier Jahre nicht überschreitet (Longstreth, Longstreth, Ramirez et al., 1975).

Es ist naheliegend, daß das *Alter* von Geschwistern die Qualität ihrer Interaktionen beeinflußt. Eckerman, Whatley und Kutz (1975) zeigten, daß im Laufe des zweiten Lebensjahres die Anzahl negativer und positiver Interaktionen zwischen Kindern steigt. Schlußfolgerungen auf Interaktionen in Geschwisterdyaden sind aber nicht ohne weiteres möglich. Informativer sind Laboruntersuchungen zum Verhalten älterer und jüngerer Geschwister (Lamb, 1978a). Auch wenn die Anzahl der Interaktionen niedrig war, ließen sich doch Altersunterschiede aufzeigen. Danach neigen jüngere Kinder dazu, ihre älteren Geschwister zu beobachten, mit deren abgelegtem Spielzeug zu spielen und sie zu imitieren. Nach Lamb spielen die älteren Kinder eine wichtige Rolle bei der Bewältigung der Objektumwelt ihrer jüngeren Geschwister.

Eine wichtige Rolle nicht zuletzt auch für das Verhalten der Mütter spielt der *Altersabstand* der Geschwister. Persönlichkeitsunterschiede bei erstgeborenen Erwachsenen bezogen Cornoldi und Fattori (1976) auf den Zeitpunkt der Geburt des Zweitgeborenen. Drei Jahre Abstand scheinen die kritische Grenze zu sein, bei deren Unterschreiten emotionaler Streß bei Erstgeborenen und eine Belastung der Beziehung zur Mutter wahrscheinlicher sind (vgl. White, 1975). In einer Laboruntersuchung konnte Cicirelli (1973) aufzeigen, daß helfendes Verhalten älterer Kinder bei größeren Altersabständen eher von jüngeren Geschwistern angenommen wurde. Zu anderen Ergebnissen kam Koch (1956). Lehrereinschätzungen ergaben dann weniger streßreiche Beziehungen bei Grundschülern, wenn das Alter der Geschwister weniger als zwei Jahre auseinander lag.

Die neuere Untersuchung von Abramovitch, Pepler und Corter (1982) ergab, daß Geschwister mit einem Altersabstand bis zu drei Jahren sich besonders intensiv miteinander beschäftigen und dabei ein breites Verhaltensspektrum realisieren. Neben Konflikten war ein hohes Ausmaß positiver Interaktionen festzustellen sowie ein starkes Imitationsverhalten der jüngeren Kinder. Man muß somit bedenken, daß in der Geschwisterbeziehung viele Elemente allgemein menschlicher Beziehungen vorkommen und nicht nur die häufig untersuchten Ausschnitte wie z. B. Eifersucht und Rivalität. Die verschiedenen qualitativen Aspekte – positive wie belastende – scheinen bei einem Altersabstand unter drei Jahren intensiver erlebt zu werden.

In diesem Sinne machten Bank und Kahn (1982) im Gegensatz zur üblichen Forschungspraxis die *Loyalität* zwischen Geschwistern zum Gegenstand ihrer Untersuchungen. Loyale Beziehungen zeichneten sich dadurch aus, daß die Geschwister ihre Identität wechselseitig während des ganzen Lebens beeinflußten, daß sie sich miteinander identifizierten sowie zu Opfern und Verpflichtungen bereit waren. Die Interaktionen wiesen ähnliche Qualitäten auf wie die Kennzeichen der Freundschaft (vgl. Kap. 5.4): 1) aktives Suchen nach Zusammensein; 2) Kooperation, Sympathie und gegenseitige Hilfsbereitschaft; 3) spezielle Sprache; 4) gegenseitige Verteidigung gegen Außenstehende; 5) Qualität der Konfliktlösung und Rituale des Verzeihens.

Die geschwisterliche Loyalität entwickelte sich besonders ausgeprägt unter Bedingungen, in denen die Eltern hinsichtlich ihrer Sozialisationsfunktionen geschwächt waren, z. B. in größeren Familien, in denen das einzelne Kind relativ wenig elterliche Aufmerksamkeit erhalten kann, bei Tod oder längerer Abwesenheit eines Elternteils, aber auch bei tiefgreifenden Beziehungsproblemen zwischen den Eltern. Eine enge Geschwisterbindung ergab sich in diesen Fällen jedoch nicht zwangsläufig, sondern in Zusammenhang mit förderlichen Faktoren:

1. In allen Fällen hatten die Kinder in den ersten Lebensjahren zumindest einen sorgenden Elternteil gehabt, der ihnen frühe positive Erfahrungen vermittelt hatte.
2. In keinem Falle waren die Geschwister von ihren Eltern gegeneinander ausgespielt worden. Die Betreuung in der frühen Kindheit war auch ausreichend gewesen, um relativ harmonische und gleichberechtigte Interaktionen zu ermöglichen.
3. Es mußte eine gewisse Vergleichbarkeit bzw. Übereinstimmung hinsichtlich der Erfahrungen und des Verhaltens gegeben sein, was auch eine gewisse altersmäßige Nähe einschloß. Enge Beziehungen lassen sich nur entwickeln, wenn man Probleme des täglichen Lebens teilt, die Bedürfnisse des anderen kennenlernt und sich mit ihm identifiziert.

Unter den genannten Voraussetzungen können Geschwister Defizite in der elterlichen Betreuungs- und Bindungsqualität ausgleichen und zur zentralen sozialen Unterstützung im Leben werden.

4.4.6 Geschwisterbeziehungen im Laufe der menschlichen Lebensspanne

4.4.6.1 Das Fortbestehen der Geschwisterbeziehungen

Die Beziehung zwischen den Geschwistern endet nicht mit dem Kindes- oder Jugendalter; vielmehr gehört sie zu den seltenen Beziehungsformen, die von der Geburt bis zum Tode eines Partners bestehen bleiben (Cicirelli, 1982). Nach amerikanischen Erhebungen von Adams (1968) haben noch ca. 88 Prozent der 33jährigen Erwachsenen wenigstens einen Bruder oder eine Schwester. Die Prozentwerte für Menschen im höheren Lebensalter, die noch wenigstens ein Geschwisterteil besitzen, liegen in Abhängigkeit von Stichprobenmerkmalen und Kohorteneffekten zwischen 78 Prozent (Cicirelli, 1979) und 93 Prozent (Clark & Anderson, 1967).

Die Frage nach der Lebensfähigkeit der Geschwisterbeziehung bei einer räumlichen Trennung ist schon oft gestellt worden, aber ein Vergleich der verschiedenen Studien ist aufgrund der unterschiedlichen Kriterien schwierig. Adams (1968) fragte in seiner Studie nach den altersmäßig nächsten Geschwistern. Davon wohnten 29 Prozent in der gleichen Stadt, 68 Prozent innerhalb eines 100-Meilen-Radius. Rosenberg und Anspach (1973) fragten ihre Probanden aus der Arbeiterschicht nach allen Geschwistern, die in ihrem Stadtgebiet wohnten. Die meisten von ihnen hatten wenigstens ein Geschwisterteil in der näheren Umgebung. Cicirelli (1980b) befragte 29- bis 71jährige Erwachsene (Altersdurchschnitt 46,4) nach der räumlichen Distanz zu ihren Geschwistern. 36 Prozent dieser Geschwister lebten in der gleichen Stadt, 56 Prozent innerhalb eines 100-Meilen-Bereichs. Die Korrelation zwischen Alter und geographischer Nähe war nicht signifikant. Zusammenfassend kann man feststellen, daß selbst die meisten älteren Erwachsenen ein Geschwisterteil haben, mit dem sie auch Kontakte pflegen, sofern die geographische Entfernung dies zuläßt.

Als typische *Maße für die Kontakthäufigkeit* wurden die Anzahl der Besuche, der Telefongespräche und Briefe herangezogen. Bei einem Wohnsitz in der gleichen Stadt sahen sich 69 Prozent der Geschwister wenigstens einmal pro Woche, 93 % einmal im Monat. Wenn sie bis 100-Meilen voneinander entfernt wohnten, trafen sich 12 Prozent wenigstens einmal in der Woche, 65 % einmal im Monat. Von den älteren Erwachsenen bei Cicirelli (1980b) sahen 19 Prozent ihre Geschwister wöchentlich einmal oder öfter, 41 Prozent einmal im Monat. Einige Male im Jahr trafen sich 36 Prozent der Geschwister (Rosenberg & Anspach, 1973). Mit zunehmendem Alter läßt die Besuchshäufigkeit offenbar nach. Die Studie von Shanas, Townsend, Wedderburn et al. (1968) ergab eine wöchentliche oder häufigere Begegnung bei 34 Prozent der älteren Männer und 43 % der älteren Frauen in den USA, Dänemark und Großbritannien. 39 Prozent der Männer und 44 Prozent der Frauen trafen ihre Geschwister wenigstens einmal im Monat. Bei Bild und Havighurst (1976) gaben 17–30 Prozent der befragten älteren Personen an, ihre Geschwister wenigstens einmal pro Woche zu sehen. Bei Cicirelli (1979) gaben dies 17 Prozent für das Geschwisterteil an, mit welchem sie den meisten Kontakt hatten, 33 Prozent sahen diesen Bruder oder diese Schwester wenigstens einmal im Monat.

Über die Häufigkeit des Telefonierens liegen nur wenige Daten vor. Bild und Havighurst (1976) fanden für das Telefonieren etwas höhere Werte als für Besuchskontakte: 31–43 Prozent telefonierten mindestens einmal pro Woche. Bei Cicirelli (1979) hatten 30 Prozent mindestens einmal pro Woche mit den Geschwistern fernmündlichen Kontakt, 52 Prozent telefonierten wenigstens einmal im Monat. Bei Cicirelli (1980b) gaben nur 16 Prozent der Erwachsenen mittleren Alters an, einmal pro Woche mit ihren Geschwistern zu telefonieren, 40 Prozent mindestens einmal pro Monat. Telefonieren scheint kein Ersatz für Besuch, sondern eine Ergänzung zu sein. Die Geschwister, die nah beieinander wohnen, sehen sich häufiger (r = .72) und diejenigen, die sich häufig sehen, telefonieren auch öfter miteinander (r = .61, Cicirelli, 1980b); das gilt auch für das höhere Erwachsenenalter. Die Häufigkeit des Briefkontakts zwischen Geschwistern war gering: 51 Prozent schrieben gar nicht, 13 Prozent wenigstens einmal im Monat und 5 Prozent wöchentlich (Cicirelli, 1979).

4.4.6.2 Die Art der Geschwisterbeziehung

Die Häufigkeit des Kontakts zwischen Geschwistern sagt noch nichts über die Art ihrer Beziehung aus. Diese kann sich im Erwachsenenalter sehr variantenreich entwickeln: zu gegenseitiger Gleichgültigkeit (abgesehen von gewohnheitsmäßigen Familienfeiern), außergewöhnlicher Verbundenheit oder dauerhafter Rivalität. Der Verlauf der Beziehung kann sich als stetige Kontaktabnahme mit dem Alter oder als Wiederbelebung der Kontakte im späteren Leben darstellen.

In der Untersuchung von Cicirelli (1980a) sollten 100 College-Studentinnen auf einer 7-Punkte-Skala die Stärke ihrer Zuneigung für die Geschwister und die Eltern angeben. Der Autor erwartete aufgrund des Eintritts in das College (d.h. durch die Phase der Ablösung vom Elternhaus) besondere *gefühlsmäßige Bindungen* an die Geschwister. Bei allen Items wurden positive Gefühle stärker für den Geschwisterteil als für den Vater ausgedrückt. Für die Mutter galt dies zwar tendenziell, aber statistisch nicht signifikant. Im Durchschnitt fühlten sich die Befragten ihrem bevorzugten Geschwisterteil gegenüber sehr nahe, fühlten sich verstanden und in ihren Ansichten sehr ähnlich. Dies galt jedoch nicht unterschiedslos für alle Versuchspersonen. Ein hohes Ausmaß positiver Gefühle für ihre Geschwister empfanden besonders die Spätergeborenen, speziell bei geringem Altersabstand. Keinen Einfluß auf die Gefühlsäußerungen hatte das Geschlecht der Geschwister.

Adams (1968) fragte in seiner Studie (Erwachsene von durchschnittlich 33 Jahren) nach der gefühlsmäßigen Bindung an den Geschwisterteil, der altersbezogen der nächste war. 48 Prozent gaben auf einer 5-Punkte-Skala einen hohen Grad der Verbundenheit an. Im Unterschied zu Cicirelli fand er, daß die Geschlechtskombination der Geschwisterdyaden von Bedeutung war. Männliche Geschwisterpaare hatten am seltensten hohe Verbundenheitswerte (39 Prozent), gefolgt von den gemischtgeschlechtlichen Paaren (46 Prozent). Schwestern hatten die höchsten Werte (60 Prozent) und empfanden diese Nähe als Erwachsene sogar noch stärker als in ihrer Kindheit. Adams (1968) führte dies auf die Ähnlichkeit ihrer Erwachsenenrolle zurück (Ehefrau, Mutter). Hinsichtlich der gemeinsamen Einstellungen gaben die Probanden in Adams' Stichprobe zu 45 Prozent eine hohe Übereinstimmung an.

Cicirelli (1980b) maß die Verbundenheit auf einer 4-Punkte-Skala (Alter seiner Stichprobe 29–71). 68 Prozent fühlten sich verbunden oder sehr verbunden, 5 Prozent empfanden keine Verbundenheit. Ein signifikanter, positiver Zusammenhang zeigte sich zwischen der Höhe des Alters und dem Grad der gefühlsmäßigen Nähe. Dies galt besonders für Ältere, die unverheiratet, geschieden, verwitwet oder kinderlos waren. Wenn die eigenen Kinder aus dem Haus sind, werden die Beziehungen zu den Geschwistern wieder enger, sowie überhaupt kritische Lebensereignisse oft eine Intensivierung der Geschwisterbeziehung zur Folge haben (Ross, Dalton & Milgram, 1980).

Auch im Alter gilt die geschlechtsspezifische Rangfolge für die Stärke der Beziehung: Schwester-Schwester, Schwester-Bruder, Bruder-Bruder (Cumming & Schneider, 1961). Die höchsten Werte erhielt Cicirelli (1979) mit seiner Stichprobe der über 60jährigen. Hier gaben 83 Prozent Verbundenheit mit dem Geschwisterteil an, zu dem sie den intensivsten Kontakt hatten. Die altersspezifischen Trends sollte man aber mit Vorsicht betrachten, da keine Langzeitstudien vorliegen. Methodische Unterschiede und Kohorteneffekte könnten für die Abweichungen verantwortlich sein. Die betagten Probanden der Stichprobe von Cicirelli (1979) fühlten sich ebenfalls eher mit einer Schwester als mit einem Bruder verbunden.

Männliche Geschwisterdyaden mit geringem Altersabstand scheinen für eine *rivalisierende Beziehung* besonders empfänglich zu sein (Sutton-Smith & Rosenberg, 1970). Zwischen Schwestern ist die Rivalität geringer, am niedrigsten ist sie aber bei gemischten Dyaden. Die Fortdauer dieser Gefühle bis ins Erwachsenenalter ist allerdings noch kaum untersucht worden. Zwischen Brüdern erwiesen sich auch im Erwachsenenalter Wettbewerbsstreben, Ambivalenz und Eifersucht als relativ hoch. Zwischen Brüdern unterschiedlicher Berufsgruppen bestanden im allgemeinen die lockersten Kontakte. Bei Schwestern hingegen nahm die Verbundenheit mit dem Alter zu. Erwachsene benutzen ihre Geschwister als Maßstab eigenen Erfolgs oder Mißerfolgs (Troll, 1975). So fühlten sich Arbeiter dann besonders befriedigt, wenn sie bessergestellt waren als ihre Brüder, bzw. am wenigsten zufrieden, wenn die Brüder eine bessere Berufsposition besaßen (Form & Geschwender, 1962).

Cicirelli (1981) fragte Erwachsene mittleren Alters, in welchem Ausmaß sie Rivalität im Verhältnis zu ihren Geschwistern erlebten. Die Items waren „Wettbewerbsgefühle" (2 Prozent häufig oder öfter; 93 Prozent kaum oder nie), „Auseinandersetzungen" (3 Prozent häufig oder öfter; 88 Prozent kaum oder nie), „herrisches oder diktatorisches Handeln" (3 Prozent häufig; 89 Prozent selten oder nie). Selbst diese geringen, offen eingestandenen Rivalitätsgefühle nahmen mit dem Alter ab. Nach Allan (1977) löst sich das Problem der Rivalität mit dem Alter. Es sei an das familiäre Zusammenleben gebunden und trete bei getrennten Lebenswegen in den Hintergrund. Es könne aber bei erneutem Zusammenleben wieder auftreten. Auch andere äußere Ereignisse – wie z. B. die Pflege der Eltern – können die Rivalität wiederbeleben (Berezin, 1977).

Ross und Milgram (1980) fragten in Kleingruppeninterviews mit 25- bis 93jährigen ebenfalls nach Rivalitätsgefühlen gegenüber Geschwistern. 71 Prozent gaben Rivalitätsgefühle besonders in der Kindheit und der Adoleszenz an. 45 Prozent hielten diese Rivalität für noch bestehend. In diesen Fällen schien die Rivalität von familiären Interaktionsmustern aus der Kindheit genährt zu werden. Die benutzte Methode (klinische Interviews) erlaubte eher als traditionelle Befragungen, diese oft als „unreif" und „schlecht" bezeichneten Gefühle der Rivalität zuzugeben. Insgesamt verminderte sich aber auch bei Ross und Milgram (1980) die Rivalität mit zunehmendem Alter.

Unter *geschwisterlicher Hilfe* in der Kindheit versteht man z.B. Hilfe bei Problemen, Unterstützung gegenüber Eltern oder Personen außerhalb der Familie, Verleihen oder Schenken von Kleidung, Spielzeug usw. (Bossard & Boll, 1960; Irish, 1964). Gegenseitige Hilfe bei erwachsenen Geschwistern ist relativ selten und beschränkt sich zumeist auf die gleichgeschlechtlichen Dyaden (Adams, 1968). In mittleren Lebensjahren können Geschwister sich in einem kameradschaftlichen Verhältnis Hilfe bei Lebenskrisen, der Kinderbetreuung und ähnlichem geben (Troll, 1975). Beim Tod der Mutter oder einer Ehefrau können in späteren Lebensjahren insbesondere die Schwestern für die Brüder eine große Hilfe darstellen (Townsend, 1957). Obwohl dies umgekehrt für die Brüder nicht im gleichen Ausmaß zutrifft, weist dies doch auf die zunehmende Verbundenheit gemischter Geschwisterdyaden hin.

Die mit dem Alter steigende Wichtigkeit von Geschwistern und Verwandten konnte auch Cicirelli (1979) nachweisen. Er fragte seine Versuchspersonen nach 16 verschiedenen Problembereichen, in denen Hilfe geleistet werden konnte. Wie erwartet, erhielten die meisten diese Hilfeleistungen von ihren Kindern, doch nannten ca. 7 Prozent ihre Geschwister als primäre Hilfsquelle bei psychischen Problemen. Das wichtigste Ergebnis in diesem Zusammenhang ist wohl, daß Geschwister sichere Helfer in der Not sind, obgleich diese Hilfe nicht oft in Anspruch genommen wird.

Insbesondere Schwestern spielen bis ins hohe Alter eine bedeutende Rolle beim Aufrechterhalten familiärer Beziehungen und bei der emotionalen Unterstützung der Geschwister. In der Kindheit und der Adoleszenz können Geschwister als Verhaltensmodelle und Vergleichsmaßstäbe dienen. Diese Funktionen bleiben häufig im Laufe des weiteren Leben erhalten. Die außergewöhnliche Beständigkeit von Geschwisterbeziehungen, unbeschadet von Zeit und/oder räumlicher Trennung, kann möglicherweise als eine mit der Mutter-Kind-Beziehung vergleichbare Bindung erklärt werden (vgl. Kap. 4.1). Die Bindung endet nicht bei Verlassen des Elternhauses am Ende der Adoleszenz, sondern bleibt das ganze Leben lang bestehen (Antonucci, 1976; Bowlby, 1980; Kalish & Knudtson, 1976; Troll & Smith, 1976).

5. Gleichaltrigen-Beziehungen im Kindesalter

Eines der Hauptanliegen der gegenwärtigen Forschungstätigkeit besteht darin, die entwicklungspsychologische Bedeutung von Gleichaltrigen-Beziehungen schon für die ersten beiden Lebensjahre nachzuweisen (Kap. 5.1). Die sozialen Kompetenzen des Säuglings und Kleinkinds äußern sich auf verschiedenen Ebenen, die durch eine Zunahme von Komplexität und Komplementarität gekennzeichnet sind (Kap. 5.2.1-5.2.3). Interaktionen zwischen gleichaltrigen und nicht-gleichaltrigen Kindern unterscheiden sich in Form und Funktion (Kap. 5.2.4). Objekte können eine kontaktstiftende und die Interaktion stützende Wirkung haben (Kap. 5.2.5). Erwachsenen-Kind- und Peer-Dyaden bilden unterschiedliche Interaktionssysteme, über deren Zusammenhang verschiedene Aussagen existieren (Kap. 5.2.6). In vorschulischen Einrichtungen trifft das Kind in der Regel erstmals auf eine institutionalisierte Gruppe Gleichaltriger. Es muß Prozesse der sozialen Adaptation und der sozialen Strukturierung bewältigen (Kap. 5.3). Die Entwicklung von Freundschaften stellt ein wichtiges Teilgebiet innerhalb der Peer-Beziehungen dar. Die beiden wichtigsten methodischen Zugänge beziehen sich auf die spezifischen Interaktionsmuster zwischen Freunden und auf die kognitiven Freundschaftskonzepte (Kap. 5.4.). In den Beziehungsstrukturen zeigen sich geschlechtsspezifische Unterschiede (Kap. 5.5). Freundschaftsgruppen wurden besonders während der Präadoleszenz und des Jugendalters erforscht. Durch die Lebenssituation und die Entwicklungsprobleme dieser Altersgruppen bedingt ergeben sich bestimmte Organisationsformen, die spezifische Funktionen erfüllen (Kap. 5.6 sowie Kap. 6.6).

5.1 Die frühen Peer-Beziehungen als Forschungsgegenstand

Das englische Wort „peer“, das zu einem wissenschaftlichen Terminus geworden ist, bedeutet ursprünglich soviel wie Ebenbürtiger oder Standesgleicher. In den psychologischen Forschungsarbeiten erhielt es die Bedeutung von Altersgleichheit (Hartup, 1983). Da aber dasselbe chronologische Alter nicht unbedingt die Gleichheit psychologischer Attribute impliziert (z. B. intellektueller und sozialer Fähigkeiten), schlagen Lewis und Rosenblum (1975) vor, dann von Peer-Interaktion zu sprechen, wenn die Partner über ein ähnliches Niveau in der Komplexität des Verhaltens verfügen. Es kommt also auf die Vergleichbarkeit des Entwicklungsstandes an.

Schon in den späteren 20er und in den 30er Jahren wurden Beobachtungsstudien durchgeführt, die grobe Informationen über die soziale Entwicklung und die Spannweite sozialer Beziehungen zwischen Kindern in den ersten Lebensjahren vermittelten (vgl. Kap. 2.1). Eine Anknüpfung an diese Forschungsansätze erfolgte erst wieder in den 70er Jahren. Eckerman, Whatley und Kutz (1975) sowie Ross und Goldman (1977) übernahmen z. B. die Idee von Charlotte Bühler (1972), einander fremde Kinder in einer unbekannten Umgebung zusammen zu beobachten. Vincze (1971) knüpfte an Bridges (1933) an und beobachtete Kinder in ihrer vertrauten Umgebung in einem institutionellen oder familiären Kontext. In ähnlicher Weise erfaßten Mueller und Rich (1976) sowie Vandell und Mueller (1977) das Verhalten einander vertrauter Kinder beim gemeinsamen Spiel, ohne daß jemand von außen eingriff. DeStefano (1976) variierte in Analogie zu Maudry und Nekula (1939) Spielmaterialien, die den Kindern zur Verfügung standen.

Zwischen den beiden Forschungsperioden zur Peer-Interaktion dominierten Untersuchungen zur Erwachsenen-Kind-Beziehung. Sie erfolgten im Rahmen sozialisationstheoretisch beeinflußter Ansätze und der Attachment-Theorie (vgl. Kap. 2.2 und 2.4). Die kognitive Wende wirkte zunächst eher lähmend auf die Erforschung der Peer-Kontakte, weil das Egozentrismus-Theorem von Piaget fälschlicherweise dahingehend interpretiert wurde, daß jüngere Kinder nicht über die notwendigen Kompetenzen zum sozialen Austausch verfügen (Reyer, 1978; vgl. Kap. 2.3 und 11.3).

Die Auffassung von einer mangelnden sozialen Interaktionsfähigkeit im Kleinkindalter stützte sich jedoch nicht nur auf theoretische Vorannahmen, sondern auch auf empirische Untersuchungsergebnisse. So beobachtete man – häufig in Laborsituationen – relativ wenige kommunikative Kontakte zwischen Gleichaltrigen und vorwiegend isoliertes Spiel (Parten & Newhall, 1943). Waren die Mütter anwesend, so wurden diese vielfach als Interaktionspartner vorgezogen. Bevor man diese Ergebnisse jedoch voreilig interpretiert, sollten verschiedene relativierende Gesichtspunkte berücksichtigt werden:

- Die Beobachtungen wurden vielfach unter situativen Bedingungen, die für das Kind fremd waren, und/oder mit fremden Gleichaltrigen durchgeführt. Dadurch wurde eine gewisse Befangenheit und der Wunsch nach Annäherung an eine erwachsene Bezugsperson hervorgerufen.
- Die Häufigkeit von Besitzkonflikten kann aufgrund mehrerer Untersuchungsergebnisse als abhängig von der Anzahl des vorhandenen attraktiven Spielmaterials und von anderen Bedingungen des Versuchsarrangements gesehen werden (Kruse, 1975).
- Die ausgewählten Beobachtungskriterien waren für diese Altersgruppe unangemessen. Es standen die sprachliche Interaktion und Kennzeichen von Gruppenstrukturen im Vordergrund. Damit wurden Beschreibungsebenen gewählt, die möglicherweise angemessen die sozialen Beziehungen älterer Kinder und Erwachsener, nicht jedoch die von Ein- bis Dreijährigen charakterisieren.

Die sprachlichen Fähigkeiten sind in der Tat, insbesondere bei Kindern bis zu zwei Jahren, wenig entwickelt. Kinder dieses Alters sind daher nicht in der Lage, längeren und intensiven kommunikativen Kontakt zu unterhalten oder Leistungen zu vollbringen, die nur aufgrund sprachlicher Verständigung möglich sind, wie z. B. koordinierte Spieltätigkeiten. Daraus sollte jedoch nicht geschlossen werden, daß keine sozialen Beziehungen bestehen und Gleichaltrige keinen Einfluß auf die soziale Entwicklung ausüben. Anzeichen einer wechselseitigen sozialen Beeinflussung zwischen Peers finden sich spätestens in der zweiten Hälfte des ersten Lebensjahres. Die Anwesenheit eines anderen Kindes bleibt auch dann nicht wirkungslos, wenn es zunächst ignoriert oder scheinbar gar nicht wahrgenommen wird. Sehr oft erfolgt z. B. eine Imitation erst später; oder man erkennt das vorhandene Interesse, wenn das zweite Kind plötzlich aus dem Raum genommen wird: Offensichtlich hatte es einen Effekt ausgeübt, den Bühler (1927) als „Präsenzwirkung" bezeichnete.

Daß sich schließlich schon zwischen Kleinkindern enge Bindungen entwickeln können, zeigt der häufig zitierte Fallbericht von Anna Freud und Sophie Dann (1951) über sechs jüdische Kinder, die jeweils im Alter zwischen sechs und zwölf Monaten in ein Konzentrationslager kamen. Sie blieben über zweieinhalb Jahre ständig zusammen und wurden nach Kriegsende auch zusammen nach England überführt. Die Kinder zeigten ein starkes Bedürfnis, ständig zusammen zu sein. Eine Trennung war für sie unerträglich. Sie versorgten einander und halfen sich in Notlagen. Die Kinder hatten im Lager zwar Kontakte zu Erwachsenen, konnten jedoch keine Bindungen an sie entwickeln. Enge soziale Beziehungen vermochten sie nur gegenüber Gleichaltrigen aufzubauen. Überraschend ist, daß dies ausreichte, um sie vor seelischen Schäden zu bewahren.

5.2 Peer-Interaktion in den ersten beiden Lebensjahren

5.2.1 Soziale Kompetenz im Säuglings- und Kleinkindalter

Sozial kompetentes Verhalten umfaßt in seiner ursprünglichen und allgemeinsten Bedeutung nach White (1959) die Fähigkeit, sich wirkungsvoll mit seiner sozialen Umwelt auseinanderzusetzen (soziale Effizienz). Es kommt jedoch noch ein zweites Kriterium hinzu: die soziale Akzeptanz (Schmidt-Denter, 1978). Die Wirkungen müssen in sozial akzeptierter Weise erreicht werden.

Eine Definition für soziale Geschicklichkeit oder Kompetenz bei Kleinkindern könnte also lauten: die Fähigkeit, eine große Anzahl sozialer Effekte oder Erfolge zu erzielen durch Verhaltensweisen, die von den verschiedenen Sozialisationsinstanzen wie Familie oder Spielgruppe akzeptiert werden.

Befragt man psychologische Experten, so werden folgende Verhaltensmerkmale als Aspekte der sozialen Kompetenz genannt (Eckerman & Stein, 1982):
- Kontakte initiieren und aufrechterhalten können,
- die Aufmerksamkeit anderer gewinnen können,
- von anderen Zuneigung, emotionale Zuwendung, Lob, Information und Hilfe erlangen können,
- dasselbe anderen geben können,
- mit anderen kooperieren können (bei bestimmten Aufgaben),
- sich am gemeinsamen Spiel beteiligen können,
- Gespräche unterhalten und fortführen können,

- Lösungen bei Auseinandersetzungen finden können,
- Freundschaften gründen und unterhalten können.

Um exakte Verhaltensbeobachtungen durchzuführen, sind diese Kategorien noch zu global. Sie bedürfen einer genaueren Operationalisierung. Solche spezifisch bestimmten Merkmale, die Bestandteile sozial-kompetenten Verhaltens sind, nennen Vandell und Wilson (1982) „social skills". Soziale Fähigkeiten manifestieren sich in den ersten zwei Lebensjahren auf verschiedenen Ebenen, in denen auch eine Entwicklungssequenz zum Ausdruck kommt: soziale Verhaltensmerkmale, soziale Interaktionen, soziales und kooperatives Spiel, Freundschaftsbeziehungen.

5.2.2 Soziale Verhaltensmerkmale und soziale Interaktion

Als „sozial" werden solche Verhaltensweisen bezeichnet, denen die Intention einer Kontaktaufnahme zugrunde liegt und die die Wahrscheinlichkeit einer sozialen Reaktion erhöhen.

Die Untersuchung des Sozialverhaltens in den ersten zwei Lebensjahren birgt spezielle Schwierigkeiten. Es ist nicht immer eindeutig zu bestimmen, ob den erfaßten Merkmalen eine soziale Intention zugrunde liegt. Schließlich kann man ein Kind im präverbalen Alter nicht nach seinen Handlungsintentionen befragen. In vielen Untersuchungen wurde die *visuelle Aufmerksamkeit* als Kriterium herangezogen. Wenn ein bestimmtes Verhalten gegenüber einem Gleichaltrigen mit direktem Blickkontakt verbunden war, ging man von einer sozialen Intention aus und sprach von Sozialverhalten (Becker, 1977; Bronson, 1975; Mueller & Brenner, 1977). Nach diesem Kriterium konnte man in fast allen Untersuchungen unter verschiedenen Bedingungen schon ein sehr frühes Auftreten von sozialem Verhalten feststellen. Sowohl die Art der gezeigten Verhaltensmerkmale als auch ihre quantitative Rangordnung erwies sich als sehr ähnlich.

Blickkontakt mit anderen Kindern nehmen bereits Säuglinge im Alter von zwei Monaten auf (Bridges, 1933; Lichtenberger, 1965; Vincze, 1971). Vandell und Wilson (1982) fanden in ihren Beobachtungen von sechs bis zwölf Monate alten Kindern, daß in 85 Prozent der sozialen Interaktionen wechselseitiger Blickkontakt eingeschlossen war. Andererseits jedoch führte der wechselseitige Blickkontakt nicht notwendigerweise auch zur Interaktion. In einem Drittel der 10-Sekunden-Beobachtungseinheiten registrierten die Autoren wechselseitigen Blickkontakt, darauf folgende soziale Interaktionen jedoch nur in 12 Prozent der Einheiten. Auf der Basis von Blickkontakten entwickeln sich weitere soziale Verhaltensweisen. Soziale Berührungen wurden zwischen drei und vier Monaten registriert, Lächeln und Lautäußerungen gegenüber Peers mit sechs Monaten. Kinder im Krabbelalter bewegen sich aufeinander zu und folgen einander (Durfee & Lee, 1973). Einjährige bieten sich Spielmaterial an, lachen einander an und imitieren sich.

Allerdings bleiben viele der sozialen Initiativen zwischen Kindern im ersten Lebensjahr ohne Resonanz. Nach Lee (1973) beträgt der Anteil dieser einseitigen Kontaktversuche zwischen sechs und zehn Monaten etwa 60 Prozent. Man kann diese isolierten Verhaltensweisen darum nur als genetisch frühe Bausteine für das spätere interaktive Verhalten verstehen. Mueller und Lucas (1975) prägten für solche Analyse-Einheiten den Begriff *„sozial gerichtete Verhaltensweisen“* (socially directed behavior = SDB). SDBs sind definiert als diskrete Handlungen, die auf eine andere Person gerichtet sind und die üblicherweise von Blickkontakt begleitet werden. Eine *soziale Interaktion* liegt dann vor, wenn die Kontaktaufnahme von dem zweiten Kind beantwortet wird. Dies setzt nach Eckerman und Stein (1982) das systematische Herstellen von Kongruenz zwischen dem eigenen Verhalten und dem des Interaktionspartners voraus.

Eine wesentliche Erfolgsbedingung hierbei ist das richtige „timing“, die Wahl des *geeigneten Zeitpunktes* für eine soziale Kontaktaufnahme. Diese muß genau dann erfolgen, wenn die Aufmerksamkeit des Partners erregt werden kann. Das zweite Kind muß dann wiederum innerhalb der Aufmerksamkeitsspanne des ersten gerichtet reagieren. In einigen Beobachtungsstudien mit zehn Monate alten Kindern zeigte sich, daß ihre soziale Ineffizienz teilweise durch ein „mistiming“ zu erklären war. Die sozialen Kontaktaufnahmen erfolgten häufig zu Zeitpunkten, zu denen der Sozialpartner abgelenkt war und die Annäherung nicht bemerkte. Vandell (1977) fand, daß eine soziale Reaktion im zweiten Lebensjahr gewöhnlich etwa innerhalb von 1,8 Sekunden nach der Kontaktaufnahme erfolgt. Bei jüngeren Kindern lag die charakteristische Reaktionszeit bei 2,6 Sekunden. Selbst bei älteren Kindern (dreieinhalb Jahre) sinkt die Wahrscheinlichkeit, daß es überhaupt noch zu einer Interaktion kommt, beträchtlich, wenn keine Reaktion innerhalb von 1,5 Sekunden erfolgt (Lieberman & Garvey, 1977).

Eine zweite Erfolgsbedingung besteht in *Form und Inhalt* der Kontaktaufnahme. Es muß eine Beziehung zu den gegenwärtigen Interessen des Interaktionspartners hergestellt werden. Eine solche Übereinstimmung zu erzielen, bedeutet für Kinder im 2. Lebensjahr noch eine große Schwierigkeit. Zwar zeigen fremde Kinder in diesem Alter großes Interesse füreinander, ob jedoch eine Interaktion zustande kommt, hängt wesentlich von der Fähigkeit ab, Form und Inhalt der Handlungen zu koordinieren, so daß sich ein Wechsel von Agieren und Reagieren ergibt. Diese „formale Alteration“ ist darum Gegenstand vieler Untersuchungen. So beobachtete Becker (1977) die Entwicklung von Interaktionssequenzen zwischen neun Monate alten Kindern über einen Zeitraum von drei Wochen. Sequenzen mit einer Länge von mindestens drei Aktions-Reaktions-Einheiten machten nur 18 Prozent des sozialen Verhaltens gegenüber Peers aus.

Der größte Teil der Kontakte auf dieser frühen Altersstufe wird als affektiv neutral beschrieben. Dies gilt nach Mueller und Brenner (1977) für 70 Prozent der Interaktionen. Der Anteil *positiver Affekte* nimmt im Laufe des zweiten Lebensjahres deutlich zu. Er kennzeichnet nach Ross und Goldman (1976) bereits die Mehrheit der Interaktionen zwischen Zweijährigen. Die Autoren sprechen dem positiven Affekt eine wichtige Funktion zu. Lächeln und Lachen signalisieren, daß die Interaktion spielerisch gemeint ist. Das soziale Spiel baut somit die Interaktion spielerisch auf. Es kann sich erst entwickeln, wenn das ernste Problem, wie man eine soziale Interaktion bewerkstelligt, gelöst ist und die Beziehung vom Zwang, dies zu lernen, weitgehend befreit ist.

5.2.3 Soziales und kooperatives Spiel

Es gibt keinen Konsens darüber, was in den ersten beiden Lebensjahren als soziales Spiel zu bezeichnen ist. Unterschiedliche Aktivitäten wurden zur Kennzeichnung herangezogen (Bruner, Jolli & Sylva, 1977; Garvey, 1977; Millar, 1968). Nach Millar (1968) wird das Spiel durch die *Freude an der Handlung* charakterisiert. Als Spiel könnte somit jede Aktivität gelten, die das Kind ohne Ernst und Anspannung durchführt. Eine ähnliche Haltung nimmt Piaget (1962) ein. Er beobachtete Spielaktivitäten bei Kindern auf der Stufe der sensomotorischen Intelligenz erst, nachdem sie eine bestimmte Handlung oder Aufgabe beherrschten. Erst danach waren sie frei, diese als Selbstzweck und mit Freude durchzuführen. Wiederholungen und positiver Affekt erwiesen sich aus diesem Grunde als wichtige Kennzeichen des Spiels. Garvey (1977) führt noch vier zusätzliche *Kriterien* an:
- Das Spiel hat nur intrinsische und keine extrinsischen Ziele.
- Es ist spontan, freiwillig und ungezwungen.
- Spiel bedeutet Aktivität, es ist mit Passivität unvereinbar.
- Es hat wichtige Funktionen für die kognitive und soziale Entwicklung.

Diese Kriterien gelten für alle Altersstufen. Eine eingehende Analyse des sozialen Spiels im Kleinkindalter stammt von Goldman und Ross (1978). Sie beobachteten die sozialen Interaktionen in einem als Spielraum gestalteten Labor. Die Analyse der Videoaufnahmen erfolgte nach vier Kriterien. Registriert wurden alle Aktivitäten, an denen sich erstens zwei Kinder beteiligten und die zweitens in einem alternierenden Wechsel aufeinander bezogen waren. Diese beiden Kriterien charakterisieren allgemein eine soziale Interaktion. Spezielle Kennzeichen des Spiels waren die beiden folgenden: Wiederholung und Lockerheit/Zwanglosigkeit. Die Fröhlichkeit bildete ein differentielles Kriterium gegenüber anderen Interaktionsformen. Freudige Mienen und Lachen beispielsweise ermöglichten es, zwischen Herumbalgen und aggressiven Interaktionen zu unterscheiden. Die häufige Wiederholung der Handlung zeigte schließlich deutlich, daß sie zum Selbstzweck durchgeführt wurde.

Ausgehend von diesen Kriterien fanden Goldman und Ross (1978) drei *Typen des Spiels* im Kleinkindalter. Die einzelnen Spiele dauerten zwischen acht und 280 Sekunden und enthielten zwischen vier und 31 alternierende Handlungen.
1. Der erste und einfachste Spieltyp war imitativ. Hierzu gehörten wechselseitiges Berühren, Lachen sowie imitative Lautäußerungen.
2. Der zweite Typ war komplexer und enthielt eine komplementäre Rollenverteilung. Beispielsweise vokalisierte ein Kind, und das andere lachte daraufhin.
3. In der höchsten Spielform nahmen die Kinder reziproke Rollen ein, etwa wenn ein Kind ein Objekt anbot und das andere es annahm oder eines den Jäger und das andere den Gejagten spielte.

Man kann sagen, daß das Spiel eine optimale Möglichkeit darstellt, die sozialen Fähigkeiten des Kleinkindes abzuschätzen. Viele das Verhaltensrepertoire begrenzende Bedingungen, wie die Befangenheit gegenüber fremden Gleichaltrigen, fallen fort. Das Spiel vermittelt so einen guten Eindruck von der Breite der sozialen Kompetenzen im Kleinkindalter.

Spielformen, die ein hohes Strukturniveau aufweisen, etwa dem Typ 3 entsprechend, lassen sich als *kooperatives Spiel* bezeichnen. Das kooperative Spiel zwischen Kindern entwickelt sich vom 2. Lebensjahr an (Eckerman & Whatley, 1977; Ross & Kay, 1980; Ross, 1982). Man muß präziser sagen, daß es auf dieser Altersstufe prinzipiell möglich und beobachtbar ist. Dies bedeutet jedoch nicht, daß es besonders häufig auftritt oder unter allen Bedingungen registriert werden kann. In manchen Untersuchungen kooperierten einige Dyaden kein einziges Mal. Das kooperative Spiel beinhaltet nach Eckerman und Stein (1982, S. 52 ff.) zumindest sechs *soziale Anforderungen:*

1. Einigung über den Gegenstand (z. B. Spielzeug) oder das Thema des Spiels.
2. Einigung über den Umgang mit dem Gegenstand, vor allem durch die Verteilung von sinnvoll miteinander verbundenen Rollen (z. B. beim Bauklötze-Türmen).
3. Bewältigung der zeitlichen Struktur des kooperativen Spiels. Es muß ein gewisser wechselseitiger Rhythmus in den Handlungsweisen gefunden werden. Das Spiel wird zerstört, wenn beide Kinder genau dasselbe tun wollen oder wenn beide sich nicht gleichzeitig engagieren. Aktivität und Rückzug müssen relativ präzise aufeinander abgestimmt werden.
4. Bewältigung von Spielunterbrechungen. Die Unterbrechungen können in Unzulänglichkeiten des Partners begründet liegen (ein Kind läßt ständig den Ball fallen, statt ihn zu werfen) oder aber in Interventionen von außen (die Mutter kommt, um einem Kind die Nase zu putzen). Zu den Minimalfähigkeiten, um mit solchen Unterbrechungen umzugehen, gehört, längere Zeit warten zu können, bis der Partner wieder zur Verfügung steht, sowie den Partner durch Gesten oder Worte zu einem Neuanfang ermuntern zu können.
5. Kommunikation über den erreichten Stand der gemeinsamen Bemühungen. Hierzu gehören non-verbaler und verbaler Austausch. Durch den gegenseitigen Blickkontakt versichern sich die Kinder, ob der Partner noch voll bei der Sache ist. Gelächter und Lächeln signalisieren, daß die gemeinsame Tätigkeit noch Freude bereitet. Auch einfache verbale Äußerungen („Wir bauen ein Haus") haben nach Newman (1978) vielfache Funktionen. Sie dienen der Fortführung des Kontakts und demonstrieren nach außen, daß man sich als soziale Einheit betrachtet.
6. Thema- oder Gegenstandswechsel. Natürlich muß das Interesse an einem Gegenstand eine Weile aufrechterhalten werden. Irgendwann aber entsteht das Problem, daß zu einer neuen Beschäftigung übergewechselt werden muß. In solchen Situationen die Beziehung aufrechtzuerhalten, ist ein recht schwieriges Unterfangen, das bereits ein gewisses Maß an sozialen Fähigkeiten voraussetzt.

Das kooperative Spiel besitzt aus entwicklungspsychologischer Sicht zahlreiche *Funktionen:*

- Es vermittelt Erfahrungen, wie man andere einbezieht und beeinflußt, und lehrt, daß die soziale Interaktion allgemein durch Regeln gesteuert wird (Ross & Kay, 1980).
- Es dient als Medium für den Spracherwerb (Bruner, 1977; Ratner & Bruner, 1978).

- Es ermöglicht die Einübung von Rollen, die von den Eltern vermittelt werden (Crawley, Rogers, Friedman et al., 1978).
- Es erleichtert das Lernen prosozialen Verhaltens (Hay, 1979).
- Es ist wichtig für die Konstruktion sozialer Schemata beim Kind (Lee, 1975).

In Beobachtungsstudien ließ sich feststellen, daß das soziale und kooperative Spiel am häufigsten zwischen Freundschaftspaaren auftritt. Die Freundschaftsbeziehung stellt offensichtlich einen günstigen Kontext für komplexe Interaktionsformen dar und erhält auf diese Weise eine große Bedeutung für die Entwicklung der sozialen Kompetenz (Howes, 1983; vgl. Kap. 5.4).

5.2.4 *Interaktionen zwischen gleichaltrigen und nicht-gleichaltrigen Kindern*

Die Beziehungen zwischen altersgleichen Kindern lassen sich als symmetrisch, die zwischen nicht-gleichaltrigen als asymmetrisch kennzeichnen. Die Asymmetrie drückt sich in verschiedenen Aspekten aus. Ältere Kinder verfügen zum einen über mehr Kompetenzen und Kenntnisse als jüngere. Zum anderen bedingt ihr fortgeschrittener Entwicklungsstand aber auch eine ungleiche Machtverteilung und eine größere Kontrollmöglichkeit über den Interaktionspartner. Symmetrie vs. Asymmetrie begründen sich also primär in der Gleichheit vs. Unterschiedlichkeit des Entwicklungsstandes, der wiederum in einer gewissen Beziehung zum Lebensalter steht.

Nach Daten von Ross und Goldman (1976) wird die Interaktion erleichtert, wenn eines der Kinder älter ist. Die Kontaktstrukturen gewinnen an Komplexität, auch wenn der Altersabstand nur wenige Monate beträgt (18 Monate gegenüber zwei Jahren). Die älteren mit ihren fortgeschrittenen sozialen und kommunikativen Kompetenzen werden von den jüngeren imitiert. Die Modellwirkung gelingt dann besonders gut, wenn das Verhalten etwa der nächsthöheren Entwicklungsstufe des jüngeren Kindes entspricht.

Soziale Erfahrungen mit älteren Kindern können somit häufig leichter auf die Peer-Interaktion übertragen werden als Lernerfahrungen mit Erwachsenen. Auch wenn eine gewisse Altersdiskrepanz besteht, ähneln sich Kinder untereinander stärker, so daß eine Assimilierung und Generalisierung erleichtert wird. Schon Shirley (1933) fand, daß Kinder mit älteren Geschwistern leichter Kontakte zu gleichaltrigen fremden Kindern aufnehmen konnten als Einzelkinder und auch sozial responsiver waren. Kelly (1976) erhielt bei der Beobachtung von 40 Dreijährigen im Kindergarten ähnliche Ergebnisse. Kinder mit älteren Geschwistern zeigten mehr Peer-Interaktionen, Einzelkinder richteten häufiger Kontakte an die Erzieherin und spielten öfter alleine. DiBona (1974) konnte diesen Geschwister-Effekt schon im Alter von zwölf Monaten nachweisen.

Es gibt aber nicht nur Anpassungsprozesse von seiten der Jüngeren, sondern auch die Älteren richten sich in ihrem kommunikativen Verhalten nach dem Entwicklungsstand des Partners. Shatz und Gelman (1973) fanden, daß Vierjährige ihre Sprechweise vereinfachten, wenn sie sich an einen Zweijährigen wendeten. Die empirischen Belege stützen somit das Modell einer partnergemäßen Anpassung in gemischtaltrigen Interaktionen (Mangione, 1982; van der Geest & Heckhausen, 1981). Diese wechselseitige Einflußnahme fördert das Lernverhalten und die Entwicklung der Kinder.

Andererseits bedeuten die Untersuchungsbefunde jedoch nicht, daß die gemischtaltrige der gleichaltrigen Interaktion prinzipiell vorzuziehen wäre. Beide haben vielmehr unterschiedliche Funktionen in der sozialen Entwicklung. In der gemischtaltrigen Interaktion üben ältere Kinder zweifellos eine Lehrfunktion aus; darüber hinaus aber auch eine Hilfs- und Unterstützungsfunktion, wie Whiting und Whiting (1975) bei Beobachtungen in sechs Kulturen feststellen konnten. Diese Funktionen entsprechen auch den Erwartungen der Jüngeren, die sich bei sachlichen und emotionalen Problemen bevorzugt an Ältere wenden. Ihre Ansprüche haben für die Älteren die Bedeutung von Rollenerwartungen, die einen Entwicklungsimpuls darstellen. Soumi und Harlow (1972) konnten in Tierexperimenten sogar eine „therapeutische" Funktion jüngerer Rhesusäffchen gegenüber älteren nachweisen. Die älteren Versuchstiere, die man vorher durch soziale Isolation geschädigt hatte, erholten sich durch die Interaktion mit den kleineren. Der Befund ließ sich in Untersuchungen mit Kinder rezipieren (Hartup, 1977). Sozial passive, unangepaßte und zurückgezogene Kinder erwarben in der Interaktion mit jüngeren leichter soziale Kompetenzen als mit genau gleichaltrigen. Die Beziehung zu den Kleineren scheint sich somit durch besondere Qualitäten auszuzeichnen, diese verfügen offensichtlich über eine besondere Anpassungsfähigkeit an die Bedürfnisse sozial fehlentwickelter Kinder. Ein Schwerpunkt der Gleichaltrigen-Interaktion liegt dagegen auf der Spielfunktion. Peers sind sich gegenseitig die liebsten Spielkameraden (Edwards & Lewis, 1979). Darüber hinaus bietet die symmetrische Interaktion die notwendigen Erfahrungen, um Konzepte von Gleichheit und Gerechtigkeit zu entwickeln und „social skills" im Umgang mit Statusgleichen zu erwerben.

5.2.5 Bedeutung von Objekten zur Vermittlung von sozialen Interaktionen

Nicht nur soziale Erfahrungen erleichtern Gleichaltrigen-Kontakte, auch Objekte können eine wichtige Bedingung für die Peer-Interaktion darstellen.

Nach Eckerman und Stein (1982) ist diese Art der Kontaktvermittlung bei Kleinkindern sehr häufig. Sie trat in 50 Prozent der 20-Minuten-Einheiten bei Zweijährigen und in 25 Prozent der Beobachtungs-Einheiten bei 18 Monate alten Kindern auf. Mueller und Brenner (1977) berichteten, daß ganze 83 Prozent der beobachteten Interaktionen zwischen Jungen im Kleinkindalter in die Beschäftigung mit Objekten eingebettet waren. Die Vermittlung von Sozialkontakten über die gemeinsame Beschäftigung mit Objekten scheint dagegen im ersten Lebensjahr von geringerer Bedeutung zu sein. Die Autoren beobachteten, daß sechs bis zwölf Monate alte Kinder in 50 Prozent der 10-Sekunden-Einheiten sich ohne jeden Sozialkontakt mit Spielzeug beschäftigten, aber mit demselben Material gemeinsam in weniger als acht Prozent der Einheiten spielten. Sozialkontakte bei der Beschäftigung mit demselben Spielmaterial ergaben sich nur in etwa einem Prozent der Einheiten.

Die Bedeutung der Objekte nimmt jedoch gegen Ende des ersten Lebensjahres zu. 91 Prozent des sozialen Gebrauchs von Objekten im ersten Lebensjahr erwuchsen aus dem gemeinsamen nicht-sozialen Objektgebrauch. Hierbei trat auch regelmäßig Blickkontakt auf. Im Alter von sechs Monaten war dies in 78 Prozent der 10-Sekunden-Einheiten der Fall, im Alter von neun Monaten in 81 Prozent und im Alter von zwölf Monaten in 82 Prozent. Lächeln, Berühren, Lautäußerungen sowie sozialer Objektgebrauch nahmen ebenfalls linear zu: Sie traten im Alter von sechs Monaten in 27 Prozent der Beobachtungseinheiten auf, mit neun Monaten in 47 Prozent und mit zwölf Monaten in 62 Prozent. Obwohl also gemeinsame Objektmanipulationen relativ unübliche Ereignisse im ersten Lebensjahr sind, scheinen sie doch das Potential zu besitzen, Sozialkontakte auszulösen.

Nach Brenner und Mueller (1982) benötigen insbesondere längere Interaktionen einen gemeinsamen Gegenstand. Die Autoren fanden zwölf Themen des sozialen Austauschs, die geeignet sind, Kinder eine Zeitlang zusammenzuführen. Ein gemeinsamer Bedeutungsgehalt lag 75 Prozent der Interaktionen zugrunde, die mehr als drei Beobachtungseinheiten von jeweils 30 Sekunden umfaßten, aber nur 22 Prozent der kürzeren Interaktionen. Mueller und DeStefano (1973) sind der Ansicht, daß Objekte vor allem zwei soziale Funktionen besitzen: Sie „erfordern" soziale Interaktionen und „laden dazu ein". Der erste Aspekt beinhaltet, daß ein Kind mit einem attraktiven Spielmaterial dieses entweder für sich behalten und es gegenüber anderen verteidigen muß oder aber die Gegenwart und das Interesse der übrigen beim Spiel zu berücksichtigen hat. Zum anderen kann ein Objekt auf subtilere Weise zu sozialen Interaktionen „einladen". Aktivitäten um ein bestimmtes Objekt herum legen es nahe, Handlungskontingenzen zu entdecken. Diesen Prozeß illustrieren Mueller und DeStefano (1973, S. 19) wie folgt:

„Loren und Robert sind von derselben Spielzeugeisenbahn fasziniert: Loren läßt die Dampfpfeife der Lokomotive ertönen und Robert kommt zu dem Spielzeug herüber. Loren zieht den Zug hinter sich her und Robert folgt ihr. Loren bemerkt dies und ändert die Richtung mehrere Male. Robert imitiert ihren Zick-Zack-Kurs durch das Zimmer. Dann imitiert Loren die Bewegungen von Robert. Zu diesem Zeitpunkt haben die Kinder bereits Blickkontakt und machen aufregende Geräusche."

Der objektzentrierte Kontakt erlaubte es den Kindern, die Möglichkeiten wechselseitiger Handlungsbeeinflussung und -kontrolle zu entdecken und zu erproben.

5.2.6 Vergleich der Interaktion in Erwachsenen-Kind- und Peer-Dyaden

Zwar zeigen fremde Kinder schon in den ersten Lebensjahren großes Interesse füreinander, ihre Interaktionssequenzen sind jedoch schwer vorhersagbar. Sie weichen in diesem Punkt von der Eltern-Kind-Interaktion und auch von der späteren Peer-Interaktion ab. Die frühe Erwachsenen-Kind-Interaktion ist deswegen vorhersagbarer und effektiver, weil der Säugling in bereits bestehende Interaktionsmuster integriert wird, die der Erwachsene beherrscht und repräsentiert (vgl. Kap.

4.1). Diese Effektivität hängt natürlich auch von der Interaktionskompetenz des Erwachsenen ab. Er muß bestimmte stabile, auch für das Kind durchschaubare Grundmuster der Interaktion schaffen. Die ersten Bausteine solcher Grundmuster sind „koordinierte Aktionen" und „Dialoge". In der *koordinierten Aktion* paßt der Erwachsene sein eigenes Verhalten dem des Kindes an, und zwar in bezug auf Zeitpunkt, Intensität und Form. Wichtige Verhaltensmerkmale hierbei sind wechselseitiger Blickkontakt, Lautäußerungen sowie zeitlich abgestimmter Wechsel von Annäherung und Abkehr, um Erregung und emotionale Beteiligung aufzubauen. Der *Dialog* beinhaltet eine wechselseitige Anpassung zwischen den Partnern.

In den Beobachtungseinheiten zur Mutter-Kind-Interaktion zeigte sich zum einen sehr häufig, daß die Mutter sich sozial verhielt, das Kind jedoch nicht. So versuchte die Mutter oft, über ein Spielzeug Kontakt aufzunehmen, woraufhin sich das Kind dann rein objektzentriert verhielt. Viele Verhaltensketten standen dabei unter der vollständigen Kontrolle der Mutter (Vandell & Wilson, 1982).

Ein zweiter Typ von Verhaltenssequenzen war ebenfalls recht üblich. Er wurde dadurch ausgelöst, daß die Kinder etwas taten, das die Mütter dann *wie* eine soziale Handlung auffaßten. Beispielsweise ergriffen die Kinder Spielmaterial, woraufhin die Mütter diese Handlungen kommentierten. Die Mütter schufen somit wiederum ein Verhaltensmuster, das oberflächlich wie eine dyadische Interaktion aussah, dies aber in Wirklichkeit nicht war. Mütter neigen mehr als Gleichaltrige dazu, nichtsoziale Aktivitäten der Kinder so zu behandeln, als wären sie sozial, und solche sozialen Verhaltensweisen an das Kind zu richten, die nicht-sozial beantwortet werden.

Noch häufiger waren gemischte Sequenzen, in denen nicht-soziale Verhaltensweisen, ausgelöste Reaktionen und soziale Verhaltensweisen in einer Kette miteinander kombiniert waren. Beispielsweise löste das nicht-soziale Verhalten des Kindes eine soziale Reaktion der Mutter aus, die dann wiederum eine nicht-soziale Reaktion des Kindes zur Folge hatte. Es war ein völlig unerwarteter Befund von Vandell und Wilson (1982), daß soziale Interaktionen im engeren Sinne – solche Austauschbeziehungen, die soziale Beteiligung von beiden Partnern erfordern – häufiger zwischen Peers als zwischen dem Kind und der Mutter vorkommen.

In bezug auf andere Variablen ähnelten sich die Beziehungen des Kindes zur Mutter und zu einem Gleichaltrigen. Das zahlenmäßige Verhältnis von Interaktionen zu einfachen SDBs (vgl. S. 90) war in beiden Beziehungsformen gleich. Dies stützt die These von Mueller und Vandell (1979), daß die Fähigkeit zu koordinierten sozialen Verhaltensweisen auf grundlegende kognitive und soziale Determinanten zurückgeführt werden kann.

Die empirischen Forschungsergebnisse legen die Frage nach dem Zusammenhang zwischen dem Mutter-Kind- und dem Peer-Interaktionssystem nahe. Nach Rauh (1982, 1984) lassen sich die konträren Aussagen über diesen Zusammenhang in drei Theorien-Gruppen einteilen:

Die erste Gruppe geht von der *Unabhängigkeit beider Beziehungssysteme* aus. Die soziale Kompetenz im Umgang mit Gleichaltrigen wird in keinem psychologischen Bezug zur Mutter-Kind-Interaktion gesehen. Konner (1975) vertritt aus evolutionstheoretischer Sicht die Auffassung, daß das „natürliche“ soziale Umfeld des Kindes ohnehin die altersgemischte Gruppe sei. Dies sei fast während der gesamten Menschheitsgeschichte der soziale Rahmen gewesen, an den sich das Kind habe anpassen müssen. Beziehungen zwischen Gleichaltrigen erscheinen aus dieser Perspektive als ein Produkt der Erziehungssysteme in modernen Industriestaaten. Das in der Phylogenese gewachsene Beziehungssystem zwischen altersgemischten Kindern und Jugendlichen ist als eigenständig gegenüber dem Mutter-Kind-Bindungssystem zu verstehen. Es besitzt eigene Merkmale und eine andere Bedeutung. Ein eigenständiges strukturelles Merkmal wäre z. B. die für Kinder- und Jugendgruppen typische Dominanzhierarchie. Seine Funktion (z. B. Auslese des Stärkeren) weicht von den Funktionen des Eltern-Kind-Bindungssystems (z. B. Beschützen) ab.

Die zweite Auffassung sieht die Mutter-Kind-Interaktion als *Grundlage und Voraussetzung* für Gleichaltrigen-Beziehungen. So verschiedene Ansätze wie die Psychoanalyse und die Lern- und Sozialisationstheorie gehen davon aus, daß für den zunächst „a-sozialen“ Säugling die Interaktion mit der Mutter eine notwendige Vorstufe bzw. Vorübung für weitere soziale Kontakte darstellt (vgl. Kap. 3.1). Es werden sowohl Beziehungsformen als auch konkrete Verhaltensweisen gelernt und später auf andere Interaktionspartner übertragen.

Die Attachment-Theorie versteht die Mutter-Kind-Bindung ebenfalls als eine wichtige Voraussetzung für die soziale Entwicklung. Andererseits sieht sie den Säugling als von vornherein auf Sozialkontakte ausgerichtet und dafür ausgestattet an, wobei die Sicherheit der Bindung die Exploration der sozialen und materiellen Umwelt ermöglicht (vgl. Kap. 4.1.3). Empirische Untersuchungen bestätigen die Beziehung zwischen sicherer Bindung an die Mutter und sozialen Kompetenzen gegenüber Peers (Easterbrooks & Lamb, 1979; Pastor, 1981).

Die dritte theoretische Position geht von einer Eigenständigkeit der Erwachsenen-Kind- und Gleichaltrigen-Beziehungen aus, wobei gleichzeitig *wechselseitige Beeinflussungen* zwischen beiden Systemen stattfinden. Das Interesse an Gleichaltrigen setzt später ein als die Eltern-Kind-Beziehung, die Beziehungsebene ist symmetrisch im Gegensatz zur asymmetrischen Macht- und Kompetenzverteilung zwischen Eltern und Kindern, und die Interaktionsmerkmale unterscheiden sich. Es läßt sich jedoch auch zeigen, daß Neuerwerbungen und Entwicklungsfortschritte auf einer Beziehungsebene Auswirkungen auf die zweite haben (Mueller, 1979; Vandell, 1979). Diese dritte Sichtweise von zwei interdependenten Subsystemen innerhalb des sozialen Netzwerks wird auch durch Untersuchungen in institutionellen Gruppen weitgehend gestützt (vgl. Kap. 5.3).

Peer-Beziehungen bilden einen Teil des sozialen Netzwerks des Kindes. Es handelt sich um keine unabhängigen sozialen Konstellationen, sondern um Subsysteme, die mit ihrem Umfeld in Wechselwirkung stehen. In der bisherigen Forschung wurden Eltern-Kind- und Peer-Beziehungen fast ausschließlich jeweils nur in ihrer Eigenständigkeit untersucht. Viele Autoren haben sich auf den einen oder anderen Aspekt spezialisiert. Hartup (1979, S. 944) beklagt dementsprechend, daß in der Literatur zur sozialen Entwicklung vor allem Informationen über die wechselseitige Abhängigkeit der Erfahrungen in unterschiedlichen sozialen Bereichen fehlen.

Rubin und Sloman (1984) unterscheiden fünf verschiedene Arten, in denen sich der elterliche Einfluß auf die Entwicklung von Peer-Beziehungen im Kindesalter manifestiert.

1. Die Entscheidungen der Eltern bestimmen das Umfeld, in dem die Familie lebt. Die Nachbarschaft, die Art der Betreuungseinrichtung oder Schule und der Bekanntenkreis bestimmen den Kreis möglicher Spielkameraden, aus dem sich Freundschaften ergeben können. Zu diesem Punkt gibt es eine Untersuchung von Berg und Medrich (1980) über den Einfluß der Nachbarschaft auf die sozialen Beziehungen von Zwölfjährigen. Darüber hinaus existieren relativ viele Studien über den Zusammenhang zwischen Schulsettings und Sozialkontakten zwischen Kindern.
2. Die Eltern arrangieren Sozialkontakte für die Kinder. Sie initiieren und kontrollieren wechselseitige Besuche von Spielkameraden, suchen Organisationen und Vereine aus und chauffieren die Kinder von einem sozialen Setting zum anderen. Hinsichtlich dieser Aktivitäten zeigten sich bei O'Donnel und Stueve (1983) starke Unterschiede zwischen den sozialen Schichten.
3. Die Eltern unterweisen und beraten ihre Kinder, wer als Freund geeignet wäre und wie man soziale Interaktionen und Beziehungen gestaltet. So konnte Sloman (1981) illustrieren, wie das Eingreifen oder Nicht-Eingreifen der Mütter das Spiel zwischen Kleinkindern beeinflußt.
4. Die Eltern dienen als Modelle. Ihre Interaktionsmuster und Freundschaftswahlen werden von den Kindern imitiert. So fanden Berg und Medrich (1980) Parallelen in den Beziehungsstrukturen von Schülern und ihren Eltern.
5. Die Eltern-Kind-Beziehungen dienen als Basis für Peer-Kontakte. Sie geben die notwendige Sicherheit zur Exploration der sozialen Umwelt. Liebermann (1977) ermittelte Zusammenhänge zwischen der sicheren Bindung von Vorschulkindern an ihre Mütter und ihrer sozialen Kompetenz im Umgang mit Gleichaltrigen.

Die Art der Beeinflussung und das Gewicht der einzelnen Faktoren ändern sich mit dem Alter des Kindes. Die sozialen Welten der Eltern und der Kinder bleiben jedoch lebenslang in einer Wechselwirkung. Hierzu bedarf es noch weiterer empirischer Forschungsergebnisse.

5.3 Prozesse der sozialen Strukturierung in vorschulischen Gruppen

5.3.1 Soziale Adaptation und Integration

Vorschulische Erziehungseinrichtungen sind zu einem festen Bestandteil der sozialen Welt des Kindes geworden. In der Bundesrepublik Deutschland besuchen ca. 94 Prozent der Kinder mindestens ein Jahr lang einen Kindergarten oder eine vergleichbare Einrichtung (Schmidt-Denter, 1984). Der größte Teil der Kinder tritt in diesen neuen sozialen Erfahrungsraum mit etwa drei Jahren ein. Die ersten Kontakte mit einer institutionell geführten Gruppe Gleichaltriger markieren einen wichtigen Meilenstein in der sozialen Entwicklung. Sie bringen neue soziale Anforderungen mit sich, die durchaus den Stellenwert eines kritischen Lebensereignisses annehmen. Das Kind sieht sich in ein unbekanntes soziales Mikrosystem versetzt, in dem eigene Regeln herrschen und in dem es erstmals vor die Aufgabe gestellt wird, sich in eine Gruppe Gleichaltriger zu integrieren und Beziehungen zu fremden Erwachsenen zu entwickeln.

Trotz ihrer offenkundigen Bedeutung für die soziale Entwicklung wurden die Prozesse der Anpassung an die neue Umwelt „Kindergarten" bislang selten erforscht. Längsschnittuntersuchungen über den Verlauf der Adaptation und über die Bewältigungsstrategien, die die Kinder einsetzen, veröffentlichten McGrew (1972), Schmidt-Denter (1985b) sowie Haefele und Wolf-Filsinger (1986). Allen drei Studien zufolge lassen sich typische *Phasen des Integrationsprozesses* unterscheiden.

In den ersten Wochen wahren die Neulinge eine soziale Distanz, sind zurückhaltend und am Spiel der anderen oft nur als Zuschauer beteiligt. Auf den ersten Blick scheinen sie eine Regression in ihrem Verhaltensrepertoire durchzumachen und im Entwicklungsstand ihrer sozialen Kompetenz zurückgeworfen zu sein. Nähere Analysen zeigten jedoch, daß diese Verhaltensweisen mit der Anforderungsstruktur des Kontextes korrespondierten und durchaus eine kompetente Strategie darstellen, um die erste Stufe des Adaptationsprozesses zu meistern. Diese erfordert erstens die Bewältigung der eigenen Gefühlsproblematik. Die Trennung von den bisherigen Bezugspersonen und die massive Konfrontation mit dem Unbekannten rufen Angst und Verwirrtheit hervor. Solange das Kind noch auf seine eigene emotionale Situation zentriert ist, kann es sich nicht seiner sozialen Umwelt öffnen. Es handelt sich um zwei Problemlösungsschritte, die aufeinander aufbauen. Zweitens ist die angebliche Regression des Verhaltens durch die Vielfalt von Lernprozessen bedingt, die der Ansturm des Neuen mit sich bringt. Eine passiv-rezeptive Haltung ist dafür zunächst die erfolgreichste Strategie. Zusätzliche eigene Initiativen würden eine Belastungskumulation mit sich bringen. Drittens schließlich bedeutet das Verhaltenssystem des Neulings einen sozialen Schonraum innerhalb der Gruppe. Die älteren Kinder verhalten sich ihnen gegenüber freundlich bis neutral, selten aggressiv. Sie inspizieren die Neulinge, geben ihnen Erklärungen und laden sie ihrerseits ein, sich an Spielaktivitäten zu beteiligen.

Beim Status des Neulings reicht bloßes Zuschauen häufig aus, um auf dem Wege der Einladung Kontakt zur Gruppe zu bekommen. Nach einer gewissen Zeit müssen die jüngeren Kinder jedoch ihr Verhalten umstellen, um ihre soziale Integration voranzubringen. Von ihnen werden mehr eigene soziale Initiativen erwartet. Mit der Zunahme eigener Integrationsbemühungen geben die etablierten Kinder in der Gruppe ihre „Schonhaltung" auf, so daß eine neue Phase sozialer Anforderungen entsteht. Es bildet sich eine soziale Struktur und Hierarchie heraus, die durch eine Vielzahl sozialer Interaktionen konstituiert wird. Nach dieser Phase sind die sozialen Positionen und Ränge festgelegt und bleiben vorerst stabil (Strätz & Schmidt, 1982). Das hierarchische System wird möglicherweise wieder aus dem

Gleichgewicht gebracht, wenn erneut Kinder in die Gruppe eintreten oder sonstige gewichtige soziale Veränderungen geschehen.

Der Prozeß der sozialen Strukturierung bedeutet für die Kinder eine Streßkumulation. Bei den Neulingen zeigt sich etwa nach einem Monat in der Einrichtung psycho-physische Erschöpfung. Ob die Eingliederung erfolgreich bewältigt wird, hängt nicht nur von den Interaktionen in der Peergroup ab, sondern auch von der sozialen Unterstützung, auf die das Kind zurückgreifen kann. Eine solche Funktion können manchmal Geschwister übernehmen, die sich bereits in der Gruppe befinden, aber in der Regel kommt der Erzieherin und den Eltern die größte Bedeutung zu. Die Entwicklung einer emotionalen Bindung an die Erzieherin bildet einen unverzichtbaren Teilaspekt der gelungenen Adaptation an den Kindergarten (Nickel, Schenk & Ungelenk, 1980; Nickel, Schmidt-Denter & Ungelenk, 1980; Schmidt-Denter 1985b). Auf den Stellenwert der elterlichen Unterstützung verweisen Haefele und Wolf-Filsinger (1986). Elternhaus und Kindergarten stehen somit im Sinne eines Mesosystems nach Bronfenbrenner (1978) in wechselseitiger Beziehung zueinander (vgl. Kap. 3.6).

5.3.2 Soziale Hierarchisierung

Kenntnisse über die soziale Hierarchisierung in Gruppen stammen vor allem aus der Sozialpsychologie und der ethologisch orientierten Forschung. Die sozialpsychologischen Studien konzentrierten sich jedoch stark auf den Aspekt des Gruppenführers und seines Einflusses auf die Gefolgschaft, und sie wurden – von seltenen Ausnahmen abgesehen (z. B. Merei, 1949) – mit Erwachsenen durchgeführt. Die Untersuchungen in Vorschulgruppen gehen meistens von ethologischen Modellen aus. Dabei sind zwei Konzepte zu unterscheiden: die Dominanz- und die Aufmerksamkeitshierarchie.

Die *Dominanzbeziehung* als soziales Strukturkriterium leitet sich aus Tierbeobachtungen ab (Crook, 1970; Hinde, 1974; Jolly, 1972; Kummer, 1971). Der biologische Sinn liegt in einer Auslese zugunsten der kräftigeren und instinktsichereren Tiere, wodurch die Überlebenschancen der Art erhöht werden. Die Hierarchisierung hat aber auch eine soziale Funktion für die Gruppe. Sie führt zu einer festen Verteilung von Rangplätzen und damit zu einer Verringerung von weiteren Konflikten.

McGrew (1972) wies in seinen Untersuchungen mit Vorschulkindern nach, daß die Strukturierung der Gleichaltrigen-Gruppe in einem engen Zusammenhang mit dem Konfliktgeschehen steht. Insbesondere das Verhältnis von Siegen und Niederlagen in konflikthaften Interaktionen konstituierte eine Dominanzrangfolge. Diejenigen Kinder, die sich in Konflikten durchsetzten, errangen einen hohen Status. Die ranghöchsten Kinder ließen sich wie folgt beschreiben: Sie waren eher männlichen als weiblichen Geschlechts, eher älter, eher schwerer und eher länger in der Einrichtung, nicht jedoch größer und intelligenter. Des weiteren handelte es sich um die sozial aktiveren Kinder; auf das oberste Viertel in der Rangreihe kamen 56 Prozent aller beobachteten Interaktionen in der Gruppe. Ähnliche Ergebnisse erhielt

Schmidt-Denter (1977, 1980) in vergleichenden Untersuchungen zwischen Eltern-Initiativ-Gruppen (Kinderläden) und traditionellen Kindergärten. Entgegen den erzieherischen Sollvorstellungen wurden Konflikte in beiden Einrichtungsformen nach dem Prinzip von Sieg oder Niederlage ausgetragen. Die pädagogisch angestrebten Kompromißlösungen blieben äußerst selten. War die Bildung einer Dominanzhierarchie vorerst abgeschlossen, so ließ sich auch ihre konfliktreduzierende Wirkung nachweisen. Nickel und Schmidt-Denter (1980) konfrontierten in einer quasi-experimentellen Situation Kinder, die schon länger einer Gruppe angehörten, mit einem attraktiven Spielzeug, das als Konfliktinduktion gedacht war. Es handelte sich um ein batteriebetriebenes Dreirad, mit dem jeweils nur ein Kind fahren konnte. Die Kinder mußten entscheiden, in welcher Reihenfolge sie das begehrte Spielzeug benutzen wollten. Entgegen den Erwartungen gab es hierüber keine Auseinandersetzungen, denn für die Kinder stand die Reihenfolge von vornherein fest. Am deutlichsten zeigte sich eine Alters- und eine Geschlechtsdominanz.

Strayer und Strayer (1976) ermittelten aufgrund ihrer Analysen von konflikthaften Interaktionen stabile und lineare Dominanzbeziehungen zwischen Kindern im Vorschul- und Grundschulalter. Stabilität oder Rigidität bedeutet, daß sich die Dominanzstruktur bei wiederholten Konflikten bestätigt. Linearität liegt dann vor, wenn bei einer Dominanz des Individuums A über B und B über C auch A über C dominiert. Bei Interaktionen, die zu Nachgeben oder Unterwerfen eines Partners führten, war die Hierarchie zu 92 Prozent linear und zu 86 Prozent rigide.

Das Problem des Dominanzkonzepts ist, daß die soziale Strukturbildung eindimensional gesehen wird. Der aggressiven Durchsetzungsfähigkeit wird eine wichtige soziale Funktion zugebilligt. Diese kann jedoch auch a-sozial wirken, etwa dadurch, daß ein stark aggressives Kind abgelehnt und isoliert wird.

Die *Aufmerksamkeitsstruktur* stellt ein komplexeres Konstrukt dar (Chance, 1967). Die Untersuchung der sozialen Hierarchie erfolgt nach dem Kriterium, wie oft das Kind im Mittelpunkt der Aufmerksamkeit steht, d. h. von drei oder mehr Peers gleichzeitig angesehen wird. Kinder, die somit im wahrsten Sinne des Wortes ein hohes Ansehen haben, unterscheiden sich in charakteristischer Weise von denen auf niedrigeren Rangplätzen (Hold, 1977; Hold-Cavell, Borsatzky & Schneider, 1983).

Kinder mit einem hohen Rang initiieren Spiele, organisieren, verteilen Rollen während des Spiels, erlauben und verbieten. Andere Kinder richten Fragen an sie und bitten sie um Hilfe; daraufhin gewähren ihnen diese Unterstützung und Schutz. Unter den ranghöheren Kindern befinden sich zwar auch viele, die aggressiver als der Durchschnitt sind, jedoch gehören sie nicht zu den aggressivsten in der Gruppe.

Als eine weitere Verhaltenskategorie, die auf einen hohen Rang hinweist, ermittelte Hold (1977) die körperliche Berührung, wie z. B. Arm über die Schulter oder die Hand auf den Arm legen, an die Hand nehmen, umarmen oder liebkosen. 72 Prozent dieser Initiativen gingen von Kindern mit hohem Rang aus.

Die durch das Aufmerksamkeitskriterium ermittelte Rangordnung der Kinder korrelierte in einer Untersuchung von Vaughn und Waters (1981) hoch mit dem soziometrisch gemessenen Status, stimmte dagegen wenig mit der Dominanzhierarchie überein. Die Aufmerksamkeitsstruktur war stabiler als die Dominanzhierarchie und gründete sich eher auf soziale Kompetenz als auf Durchsetzungsfähigkeit. Man kann davon ausgehen, daß Kompetenzen mit zunehmendem Alter ein immer größerer Erklärungswert für die Entstehung von Rangfolgen zukommt, auch wenn der Aspekt der Dominanz vielleicht nie ganz bedeutungslos wird.

Die Kriterien, die zur Gruppenstrukturierung beitragen, variieren alters- und kontextabhängig. In den Untersuchungen von Hold (1977) zeigten sich unter den statushohen Kindern zwei Führungsstile, die man nach Gibb (1969) als „leadership“ und „domination“ bezeichnen kann. Der erste Typ ist mehr Initiator und nicht besonders aggressiv, der zweite mehr Organisator und aggressiver. Es gibt somit unterschiedliche Verhaltenssysteme, die zu einem hohen Status führen. Bei den jüngeren Vorschulkindern waren die Ranghohen mehr dominant, bei den älteren mehr integrativ. Die Kriterien variierten jedoch auch von Gruppe zu Gruppe. Das jeweils ranghöchste Kind wies nicht immer die gleichen Verhaltensmerkmale auf. Es verhielt sich in einer Gruppe eher initiierend, in einer zweiten eher erlaubend und verbietend und in einer dritten eher beschützend. Nie stand jedoch ein besonders aggressives Kind an erster Stelle der Hierarchie.

5.3.3 Strukturen sozialer Kontakte

Ein dritter Ansatz, die Gruppenstruktur zu rekonstruieren, besteht darin, die gesamte Breite des Kontaktverhaltens zu beobachten. Schmidt-Denter (1985a) entwickelte ein Beobachtungsverfahren, das die verschiedensten Kontaktinitiativen, die das soziale Verhaltensrepertoire des Vorschulkindes kennzeichnen, sowie ihre sozialen Konsequenzen erfaßt. Es ergaben sich auf diese Weise Erkenntnisse über die Interaktionsmuster in Vorschulgruppen und über die Funktionen der verschiedenen sozialen Subsysteme. Der Ansatz geht somit über den Aspekt der bloßen Hierarchisierung hinaus.

Beispielsweise suchen die Dreijährigen im Kindergarten den stärksten Kontakt zu den Fünfjährigen, obwohl dies die Altersgruppe ist, gegenüber der ihre Initiativen am erfolglosesten bleiben. Rangunterschiede und ein großer Abstand im Entwicklungsniveau schaffen eine gewisse Interaktionsbarriere. Dennoch ist die Orientierung an den „Großen“ nicht funktionslos. Es handelt sich um ein Lernen auf Distanz, um eine Imitation des „Idols“, soweit dies den eigenen Verhaltensmöglichkeiten entspricht. Wenn auch direkte dyadische Beziehungen zwischen den altersmäßigen Extremen nicht tragfähig sind, so gibt es doch Interaktionen im Kontext der altersgemischten Gruppe. Hier trägt die Beteiligung der Fünfjährigen in einer Weise zur Dauerhaftigkeit und Konstruktivität des Spiels bei, wie sie die Kleineren untereinander nicht erreichen können.

Zwischen den Drei- und Vierjährigen besteht ein andersartiges Beziehungssystem. Es gibt viele wechselseitige, erfolgreiche Kontakte. Die dyadischen Interaktionen zwischen beiden Altersgruppen sind häufiger als innerhalb jeder Altersgruppe. Die Dreijährigen können ihre Orientierung an den Älteren in direkten Kontakten realisieren; die Vierjährigen können eine Lehrfunktion ausüben und durch ihre Kompetenzen die Interaktionen reichhaltiger gestalten.

Das soziale Subsystem der Fünfjährigen läßt sich am treffendsten als „Selbstsegregation“ bezeichnen (Dollase, 1979; Schmidt-Denter, 1985a; Strätz & Schmidt, 1982). Insbesondere die ältesten Jungen interagieren am liebsten untereinander und grenzen sich von den Jüngeren und auch von den Mädchen ab. Strätz und Schmidt (1982, S. 270) glauben sogar, von einem „ausgeprägten männlichen Chauvinismus“ sprechen zu können. Gewisse elitäre Vorstellungen mögen durchaus eine Rolle spielen, daneben gibt es aber auch anspruchsvolle Beschäftigungsformen, denen man sich am befriedigendsten mit seinesgleichen widmen kann. Die Abgrenzung der Fünfjährigen ist deutlich, aber natürlich nicht total, und sie bedeutet vor allem nicht, daß die Ältesten keine sozialen Funktionen mehr für die jüngeren Kinder haben. Diese werden nicht durch hohe Interaktionsraten, sondern mehr über Beobachtung und Imitation vermittelt.

5.4 Entwicklung von Freundschaften

Freundschaft zwischen Kindern gehört zu denjenigen Forschungsthemen, zu denen Beiträge von verschiedenen theoretischen Richtungen vorliegen, zu denen unterschiedliche Forschungstechniken eingesetzt wurden und von denen ein Teil der Untersuchungen als eklektisch anzusehen ist (Foot, Chapman & Smith, 1980a). Es handelt sich um eine spezielle Fragestellung innerhalb des weiten Themenbereichs der Peer-Beziehungen.

Die Erforschung der Freundschaft ist schon seit langem ein entwicklungspsychologisches Thema. Feldstudien zur *Interaktion* zwischen Freunden wurden z. B. von Green (1933) sowie McCandless und Marshall (1957) durchgeführt (Kap. 5.4.2). Erst später, im Zuge der sozial-kognitiven Forschungsära, wurde das *Verständnis* des Kindes von Freundschaften untersucht (Kap. 5.4.3). Heute gibt es ein starkes Interesse an beiden Aspekten der Freundschaft, die jedoch unabhängig voneinander untersucht werden. Die Sichtweisen beider Ansätze sind sehr verschieden.

5.4.1 Das Wesen der Freundschaft

Freundschaften sind Beziehungen mit spezifischen Merkmalen: Zunächst basiert die Freundschaft grundsätzlich auf Freiwilligkeit. Dies macht sie verletzlich und störanfällig. Im Gegensatz zur Eltern-Kind-Beziehung oder zur Gattenbeziehung gibt es keine rechtlichen Absicherungen gegen Auflösung. Zweitens gibt es keine Sanktionen gegen das Ausnutzen oder den Mißbrauch der Freundschaft. Es lassen sich auch keine formalen Rechte, Ansprüche oder Verpflichtungen ableiten. Freundschaft erfordert kontinuierliche Stützung und Bejahung, ein Prozeß, zu dem beide Parteien beitragen müssen.

Nach Hartup (1975, 1978) läßt sich Freundschaft durch drei grundlegende Verhaltensqualitäten charakterisieren:

- Die Interaktionen zwischen Freunden sind vorrangig gekennzeichnet durch Unterhaltungen, Lachen und Teilen.
- Freunde reagieren auf Trennung in bestimmter Weise. Ihre Stimmung verändert sich und drückt den Wunsch aus, wieder zusammen zu sein.
- Kinder verwenden bestimmte Konzepte und sprachliche Kategorien, um Freundschaften auszudrücken.

Cabral, Volpe, Youniss et al. (1977) ermittelten die Reaktionen von 7- bis 17-jährigen Kindern auf Geschichten, in denen ein Kind den Eltern, einem Freund oder einem Bekannten etwas Vertrauliches mitteilte und dann feststellen mußte, daß dieses weitergesagt worden war. Gefragt nach der Konsequenz, die das gebrochene Vertrauen auf die jeweilige Beziehung haben würde, gaben die Kinder folgende Einschätzung: Den Eltern wurde das Privileg zugestanden, ihr Wissen jemand anderem mitzuteilen; man könne davon ausgehen, daß dies nur getan werde, weil es zum Besten des Kindes sei. Bei Freunden dagegen wurde die gegenseitige Übereinkunft, das Vertrauen zu wahren, als unverzichtbar empfunden. Ein Mißbrauch würde die Freundschaft zerstören. Bekanntschaften würden dagegen einen Vertrauensbruch überstehen, sich jedoch nicht mehr zu einer Freundschaft weiterentwickeln können.

Man kann aus dem Ergebnis schließen, daß Vertrauen und Reziprozität weitere wesentliche Bestandteile von Freundschaftsbeziehungen darstellen.

5.4.2 Interaktionen zwischen Freunden und Nicht-Freunden

Auch außerhalb atypischer Umstände, wie sie die Fallstudie von Freud und Dann (1951; vgl. Kap. 5.1) beschreibt, kann es Freundschaften in sehr frühem Alter geben. Wenn man davon ausgeht, daß Freunde eine spezifische Beziehung unterhalten, die sich in bestimmten Interaktionen ausdrückt, dann lassen sich entsprechende Indikatoren schon bei Ein- und Zweijährigen feststellen. Man kann Freunde dadurch kennzeichnen, daß sie eine besondere Qualität im Umgang miteinander entwickelt haben. Sie bevorzugen sich als Spielpartner, gemeinsame Tätigkeiten bereiten ihnen sichtlich Freude, sie teilen und versuchen, einander nahe zu sein. Durch diese Verhaltensmerkmale lassen sich Freundschaften schon im ersten und zweiten Lebensjahr operationalisieren (Vandell & Mueller, 1980).

Die am häufigsten verwendeten Verfahren zur Identifizierung von Freundschaften wie der soziometrische Test oder das Interview sind auf dieser Altersstufe nicht angemessen. Eine Modifikation der soziometrischen Technik setzten Lewis, Young, Brooks et al. (1975) ein. Sie baten die Mütter um Angaben über Peer-Kontakte und Freundschaftsbeziehungen ihrer Kinder. Die Autoren charakterisierten die Unterschiede in der Interaktion zwischen befreundeten und zwischen fremden Kindern durch spezifische Verhaltensmerkmale. Freunde zeigten signifikant häufiger körperlich nahe (proximale) Kontakte, positiven Affekt und gegenseitige Imitation. Keine Unterschiede zu den einander fremden Kindern zeigten sich bei den entfernten (distalen) Kontakten wie Anblicken und Vokalisieren. Die Autoren schließen aus, daß Freundschaftsbeziehungen im zweiten Lebensjahr möglich sind.

In einer ähnlich angelegten Untersuchung ließen Rubenstein und Howes (1976) Mütter angeben, welche Freunde bzw. dauerhaften Spielkameraden ihr Kind habe. Als Kriterium galten zwei bis drei wöchentliche Spielkontakte über einen Zeitraum von mindestens vier Monaten. Die Kinder wurden dann zweimal in der häuslichen Umgebung beobachtet, einmal nur zusammen mit ihrer Mutter und einmal zusammen mit dem Freund, der Mutter des Freundes und der eigenen Mutter.

Die Anwesenheit des Gleichaltrigen hatte einen signifikanten Einfluß auf das Verhalten des Kindes. Das Interesse an der Mutter ließ nach. In über 60 Prozent der 10-Sekunden-Beobachtungseinheiten interagierten die Kinder miteinander. In 20 Prozent der Zeiteinheiten konnte man von einem gemeinsamen Spiel sprechen.

In Krabbelstuben oder Spielgruppen besteht die Möglichkeit, Freundschaftspaare durch direkte Beobachtung zu identifizieren. Vandell (1978) untersuchte eine Gruppe von sechs kleinen Jungen, die sich seit über sechs Monaten täglich für drei Stunden trafen. Die Kinder waren alle gleichermaßen miteinander vertraut. Nach dem Kriterium der bevorzugten Interaktion zeigte sich, daß viele Kontaktwünsche einseitig waren. Gegenseitige Bevorzugungen beobachtete man erst im Alter von 22 Monaten bei einem Paar. Auch das Kriterium des positiven Affekts traf in konsistenter Weise nur auf dieses eine Paar zu. Dasselbe galt für die Kriterien des sozialen Spiels nach Goldman und Ross (1978, vgl. Kap. 5.2.3).

Es scheint, daß Freundschaftsbildungen in diesem frühen Alter zwar einerseits möglich sind und die sozialen Kompetenzen des Kleinkindes unterstreichen, aber andererseits kein durchgängiges Strukturmerkmal der Peergroup darstellen.

Im Vorschulalter ist die Beziehung zu einem „besten Freund" dagegen schon ein übliches Phänomen und läßt sich über einen Beobachtungszeitraum von mehreren Wochen als relativ stabil nachweisen (Marshall & McCandless, 1957). Dennoch ist die Fluktuation der Freundschaftswahlen weiterhin altersabhängig. Sie nimmt insbesondere im Jugendalter zugunsten stabiler Freundschaftsbeziehungen ab (Horrocks & Thompson, 1946; Thompson & Horrocks, 1947). Auf allen Altersstufen zeigen die Mädchen eine geringere Fluktuation als die Jungen (Hartup, 1970).

Foot, Chapman und Smith (1980a, S. 2 ff.) kritisieren, daß diese Fragestellung häufig zu einer künstlichen Polarisierung der Peer-Gruppe in Freunde und Nicht-Freunde geführt habe. Beziehungen gibt es in verschiedenen Intensitäten. Ab wann von Freundschaft gesprochen wird, ist in hohem Maße methodenabhängig. Das

Kriterium ändert sich z. B. mit der Art des eingesetzten soziometrischen Tests. Es werden meistens Freundschaften zwischen annähernd Gleichaltrigen untersucht. Obwohl die Interaktion zwischen unterschiedlichen Altersgruppen und ihr Einfluß auf die Entwicklung des Kindes immer größere Aufmerksamkeit genießt (vgl. Kap. 5.2.4), fehlen Untersuchungen zu Freundschaften zwischen Kindern mit größerer Altersdiskrepanz.

Kinder, die sich gegenseitig als Freunde benennen, interagieren nicht notwendigerweise häufiger miteinander als eine Zufallsauswahl von Kindern. Dabei gibt es viele Autoren, die gerade die Interaktionshäufigkeit als beste Operationalisierung für die Stärke einer Freundschaftsbeziehung betrachten (z. B. Challman, 1932; McCandless, Bilous & Bennett, 1961). Sieht man jedoch von der Häufigkeit ab, so zeigen sich stabile *qualitative* Besonderheiten in der Interaktion zwischen Freunden. Die Stabilität bestimmter Verhaltenscharakteristika, die Freundschaft kennzeichnen, betrifft vor allem Kinder über fünf oder sechs Jahre. Die Messungen bei jüngeren Kindern sind weniger reliabel.

Die Untersuchungen stimmen darin überein, daß Freunde sich häufiger in sozial positiver bzw. erwünschter Weise zueinander verhalten, ihre gemeinsamen Aktivitäten sind gekennzeichnet durch mehr Großzügigkeit, Kooperation, Integration und häufigeres Teilen (Anderson, 1937; Galejs, 1974), durch mehr demokratisches Verhalten und verbalen Austausch (Lippitt, 1941; Potashin, 1946), durch mehr Humor und Scherzhaftigkeit (Foot, Smith & Chapman, 1977), durch mehr Soziabilität, Gefühlsnähe, Fröhlichkeit und gegenseitige Toleranz (Charlesworth & Hartup, 1967) sowie durch größere Lautstärke und Erregtheit (Phillip, 1940).

Eine differentielle Responsivität wurde z. B. in der Pilotstudie von Serafica und DeStefano (1978) nachgewiesen. Die Freundschaftsdyaden im Alter von sieben Jahren engagierten sich häufiger als Nicht-Freunde in Spielaktivitäten mit einem gemeinsamen Ziel. Die Kommunikationshäufigkeit war in beiden Gruppen gleich, jedoch richteten Freunde häufiger direkte Äußerungen aneinander.

Andere Untersuchungen wiesen nach, daß Freundschaftsbeziehungen affektive Reaktionen erleichtern. Foot, Smith und Chapman (1977) erfaßten mittels Video-Aufnahmen die Reaktionen von sieben- und achtjährigen Kindern beim Betrachten eines lustigen Films. Die Beziehung zwischen Freunden hatte einen erleichternden Effekt auf Verhaltensweisen wie Schauen, Lachen, Lächeln, Sprechen und Berühren.

Newcomb, Brady und Hartup (1979) konstruierten eine Versuchsanordnung, die klare soziale Anforderungen beinhaltete. Kinder der ersten und dritten Klasse wurden einer Wettbewerbs- und einer Kooperationssituation ausgesetzt. Leistungsmäßig und in der Häufigkeit der Kommunikation gab es zwischen Freunden und Nicht-Freunden keine Unterschiede. Freunde bemühten sich jedoch häufiger, Gleichheit herzustellen, und drückten Affekte häufiger aus. Anweisungen zwischen Freunden waren mehr an der Gegenseitigkeit ausgerichtet, zwischen Nicht-Freunden waren sie individualistischer. Nicht-Freunde kamen seltener Anweisungen nach oder machten Gegenvorschläge.

In einer Untersuchung von Brady-Smith, Newcomb und Hartup (1978) unterschieden sich Freunde und Nicht-Freunde nicht in den Strategien, mit denen sie eine gemeinsame Aufgabe bewältigten; in den Interaktionen drückte sich jedoch eine andere Beziehungsqualität aus. Freunde achteten mehr auf Gleichberechtigung, auf die Verwirklichung gemeinsamer Intentionen und drückten mehr Gefühle aus. Eine freundschaftliche Beziehung wirkt sich somit auf die Expressivität und Reziprozität im sozialen Austausch aus, ungeachtet der übergeordneten Aufgabenstruktur. Dementsprechend erwiesen sich Messungen zur sozialen Responsivität als guter Indikator für Freundschaftsbeziehungen. Freunde tauschen vergleichsweise häufiger Blickkontakt, Anlächeln und Lachen aus (Schwartz, 1972). Sie bevorzugen körperliche Nähe, sie sitzen oder stehen gern dicht beieinander (Aiello & Jones, 1971; Jones, 1971; Jones & Aiello, 1973) und berühren sich häufig (Langlois, Gottfried & Seay, 1973; Lewis, Young, Brooks et al., 1975).

Läßt man demgegenüber Nicht-Freunde eine Aufgabe lösen, so verhalten sie sich viel indifferenter, sind schweigsamer, zurückhaltender und wirken gelangweilter. Es kann jedoch auch ein anderer Effekt auftreten, nämlich Wetteifer. Die Kinder versuchen, sich gegenseitig zu beeindrucken, indem sie viel reden, prahlen, sich übereinander lustig machen, sich in Verlegenheit bringen und eine Wettbewerbssituation schaffen. Ihr nonverbales Verhalten beinhaltet mehr neugieriges und wachsames Einander-Mustern, wobei beidseitiger Blickkontakt vermieden wird.

Es läßt sich nicht genau angeben, unter welchen Bedingungen welches der alternativen Verhaltensmuster auftritt. Der soziale Kontext scheint eine entscheidende Rolle zu spielen. Die Wettbewerbsreaktion tritt wahrscheinlicher auf, wenn noch weitere Kinder anwesend sind und insbesondere, wenn zu diesen Bekanntschaften und Freundschaften bestehen. Sind die beiden Kinder allein, tritt eher das schweigsame Verhaltenssyndrom auf.

Prosoziales Verhalten ist jedoch kein durchgängiges Merkmal von Freundschaften. Interaktion zwischen Freunden kann auch durch antisoziales Verhalten gekennzeichnet sein. Man braucht nur auf die Aggression in Cliquen zu verweisen. Konflikte müssen sogar als integrierter Bestandteil von Freundschaftsbeziehungen angesehen werden.

In soziometrischen Untersuchungen werden Freundschafts- und Beliebtheitsstrukturen nicht immer genügend differenziert. Es handelt sich aber um unterschiedliche Dimensionen in den sozialen Beziehungen. Einige Untersuchungen stellten sich die Frage, welche Kinder am häufigsten als Freunde gewählt wurden, und operationalisierten dies durch den höchsten soziometrischen Status. Einfache soziometrische Wahlen können jedoch die Wechselseitigkeit einer Beziehung nicht angemessen erfassen; diese muß mit berücksichtigt werden, sonst erhält man nur einen Meßwert für Popularität oder Sympathie. Hartup (1970) konstatierte in seinem Übersichtsartikel positive Korrelationen zwischen hohem Gruppenstatus und folgenden Merkmalen: Soziabilität, Kooperation, Freundlichkeit, Selbstwertgefühl, Sozioempathie, geringe Ängstlichkeit, Intelligenz, Schulerfolg und sogar der Popularität des Namens. So hatten attraktive und freundliche Kinder ein weiteres Netzwerk an freundschaftlichen Beziehungen als unattraktive und unfreundliche. Kinder erringen somit einen hohen Status in der Peergroup, wenn sie sozial akzeptierte und erwünschte Merkmale aufweisen. Dies sagt aber nichts über reziproke intime Beziehungen zu anderen Kindern aus sowie über die Fähigkeit, Freundschaften zu schließen und zu erhalten. In einigen Untersuchungen erwiesen sich beide Konzepte sogar empirisch als unabhängig voneinander (Hartup, 1975; Mannarino, 1975).

5.4.3 Entwicklungstrends bei Freundschaftskonzepten

Es gibt keine umfassende Theorie der Freundschaft, darum hing auch ein großer Teil der Forschung von der persönlichen Zugangsperspektive des Forschers ab. Der kognitivistische Zugang ist die Untersuchung von Freundschaftskonzepten. Freundschaften unterliegen spezifischen Regeln, die von denen anderer Beziehungen abweichen. Nicht nur Erwachsene, sondern auch Kinder differenzieren zwischen den Regeln, die für verschiedene Beziehungsebenen gelten (Cabral, Volpe, Youniss et al., 1977).

Kinder und Jugendliche beschreiben Freunde und Nicht-Freunde in jeweils anderer Weise. Bei Freunden werden mehr Eigenschaften genannt (Peevers & Secord, 1973). Jugendliche differenzieren in dieser Hinsicht mehr als Schulkinder. Zur Charakterisierung von beliebten Kindern werden mehr Persönlichkeitseigenschaften, intellektuelle Fähigkeiten, Leistungen, Vorlieben, Abneigungen, Interessen und die soziale Rolle herangezogen, bei unbeliebten dagegen mehr das äußere Erscheinungsbild, Ungereimtheiten im Verhalten, Selbsteinschätzungen, Beziehungen zu anderen und deren Bewertung (Livesley & Bromley, 1973). Der Unterschied gilt für Schulkinder und Jugendliche.

Serafica (1982a) unterscheidet zwischen strukturellen und inhaltsorientierten Ansätzen. Der häufigste methodische Zugang in beiden Ansätzen ist die auf der Dilemma-Geschichte aufbauende klinische Methode oder das halbstrukturierte Interview nach Piaget (vgl. Kap. 11.1.2). Die Anwendungsmöglichkeit dieser Technik beschränkt sich auf Schulkinder und Jugendliche, da auf jüngeren Altersstufen kein reliables verbales Material zu erhalten ist. Die Untersuchungen zeigen, daß sich Freundschaftskonzepte und Erwartungen an Freunde, die in den Beschreibungen zum Ausdruck kommen, mit dem Alter in systematischer Weise verändern.

5.4.3.1 Strukturelle Ansätze

Die Entwicklung der Freundschaftskonzepte wird hier im Zusammenhang mit der Entwicklung kognitiver Strukturen im Sinne von Piaget gesehen (vgl. Kap. 11.1). Beispielhaft sind Selmans (1976) Arbeiten zur Freundschaft. Sie sind Bestandteil eines breiter angelegten Forschungsprogramms zur Entwicklung des sozialen Denkens.

Die Entwicklung der Freundschaft kann gekennzeichnet werden durch strukturelle Veränderungen im Denken des Individuums über sechs kritische Aspekte: Formation, Nähe und Intimität, Vertrauen und Reziprozität, Eifersucht und Exklusion, Konfliktlösung und Freundschaftsbeendigung.

Basierend auf Dilemmainterviews mit 93 männlichen und weiblichen Versuchspersonen im Alter zwischen drei und vierzehn Jahren erstellte Selman (1981) die folgende Beschreibung der Entwicklungsstufen von Freundschaft:

Auf der Stufe 0 wird Freundschaft als *augenblicksbezogene Interaktion* gesehen. Der Schwerpunkt liegt auf äußeren Merkmalen wie z. B. Ähnlichkeit oder Nähe. Auf dieser Stufe ist die Freundschaft noch sehr instabil und geht kaum über die aktuelle Interaktion hinaus; enge Freunde sind die, mit denen das Kind gerade spielt. Eifersucht oder Konflikte in einer Spielsituation werden als Wettkämpfe über spezifische Spielsachen oder Spielraum aufgefaßt und nicht als ein Kampf verstanden, der persönliche Gefühle einbezieht.

Auf der Stufe 1 wird Freundschaft als *einseitige Hilfeleistung* verstanden. Ein Freund ist jemand, der die eigenen Ziele fördert oder der sich dem eigenen Standard anpaßt. Er ist aber nicht mehr nur eine Person, mit der man interagiert (Stufe 0), sondern mehr jemand, dessen Vorlieben und Abneigungen man kennt.

Stufe 2 bezeichnet Selman als *„Schönwetterkooperation“*. Freundschaft wird nun verstanden als eine reziproke Beziehung, die Koordination und Annäherung durch wechselseitige Anpassung einbezieht. Wünsche und Abneigungen beider Parteien werden berücksichtigt, anstatt daß nur eine einseitige Anpassung erwartet wird. Es ist jedoch eine Schönwetterbeziehung in dem Sinne, daß sie noch leicht zerbrechen kann.

Auf der Stufe 3 wird Freundschaft definiert als eine *intime und gegenseitig gestützte Beziehung*, die charakterisiert ist durch überdauernde affektive Bindungen zwischen beiden Parteien. Freundschaft wird als Kontext gesehen, in dem wechselseitige Intimität und Unterstützung auftreten kann und der geringfügige Konflikte überdauert. Es gibt hier aber noch ein gewisses Besitzdenken, eine Überbetonung der Zwei-Personen-Clique, die aus der Erkenntnis entsteht, daß enge Beziehungen schwer zu bilden sind und daß es ständige Anstrengungen erfordert, sie zu unterhalten.

Stufe 4 bezeichnet Selman mit dem Begriff *„autonome Interdependenz“*. Enge Freunde benötigen sich gegenseitig zur sozialen Unterstützung, sie ziehen Kraft aus der Beziehung und erweitern ihre eigene Identität durch die Identifikation mit dem anderen. Es gibt aber auch Anerkennen und Akzeptieren der Tatsache, daß jeder Partner Eigenheiten und manchmal den eigenen Wünschen entgegengesetzte Bedürfnisse hat, die zur Befriedigung andere Beziehungen erfordern.

Ebenfalls von einer strukturalistischen Position aus haben Youniss und Volpe (1978) die Freundschaftsdefinitionen von Kindern untersucht. Sie fanden, daß sich Freunde zwischen sechs und sieben Jahren an bestimmte Regeln im gegenseitigen Umgang halten. Nett zueinander zu sein, ist der Kern dieser Regeln, die zunächst nur einen minimalen Bezug zu persönlichen Charakteristika oder Zuständen der Freunde haben. Im Alter von neun bis zehn Jahren gelten noch ähnliche Regeln, aber sie basieren nun auf bestimmten Charakteristiken, Zuständen oder Bedürfnissen der beteiligten Personen (z. B. Teilen ist dann ein Zeichen von Freundschaft, wenn ein Kind dem anderen etwas gibt, das dieses benötigt).

Zur selben Zeit werden Freundschaften charakterisiert durch Gleichheit und

Reziprozität. In der frühen Adoleszenz gelten noch dieselben Regeln. Es wurden wenig Veränderungen bei 12- und 13jährigen beobachtet.

Die Autoren untersuchten auch die Bedingungen, die Freundschaftsbeziehungen beenden. Im Alter von sechs bis sieben Jahren werden Freundschaften durch regelwidrige Handlungen beeinträchtigt, z. B. schlagen oder ein Spielzeug wegnehmen. Im Gegensatz dazu verstehen 12- oder 13jährige Verletzungen mehr im Zusammenhang mit Prinzipien, z. B. ein Versprechen brechen oder ein Geheimnis verraten, zehn- bis elfjährige Kinder nannten beide Typen von Freundschaftsverletzungen etwa im gleichen Maße.

5.4.3.2 Inhaltsorientierte Ansätze

Diese Ansätze basieren zum Teil auf der Forschungstradition der Personenwahrnehmung. Es wurden die altersspezifischen Veränderungen von Freundschaftskonzepten dadurch untersucht, daß man die *Erwartungen der Kinder an ihre Freunde* erfaßte. Eine Pionieruntersuchung auf diesem Gebiet wurde durchgeführt von Bigelow und La Gaipa (1975). Sie ließen 480 kanadische Schüler der 1. bis 8. Klassen Aufsätze schreiben zu dem Thema, was sie von ihrem besten Freund erwarteten, und zwar im Unterschied zu anderen Bekanntschaften. Diese Erwartungen wurden zu 21 Dimensionen gruppiert, wovon 16 signifikante Veränderungen mit dem Alter zeigten (vgl. Tab. 6).

Tabelle 6: Klassenstufen, in denen die altersabhängigen Erwartungen an die Freundschaft einsetzen (nach Bigelow & La Gaipa, 1975)

Dimension	Klassenstufe
Der Freund als Helfer*	2
Gemeinsame Aktivitäten*	2
Nähe*	3
Stimulations-Wert	3
Organisiertes Spiel	3
Demographische Ähnlichkeit	3
Bewertung*	3
Akzeptanz*	4
Bewunderung*	4
Vermehrung der bisherigen Interaktion*	4
Loyalität und Verpflichtung*	5
Echtheit*	6
Der Freund als Hilfe-Empfänger	6
Intimitäts-Potential*	7
Gemeinsame Interessen*	7
Ähnlichkeit in Einstellung und Werten	7

* erwiesen sich auch in einer Kreuzvalidierungs-Studie als altersabhängig (Bigelow, 1977).

Über alle Altersklassen stabil blieben die Erwartungen an die Reziprozität der Zuneigung, der Wunsch nach Ich-Stärkung und die Hoffnung, daß der Freund als „Gebender" auftritt, wenn es ums Teilen geht.

Bigelow (1977) kreuzvalidierte seine früheren Ergebnisse mit einer Stichprobe von 480 schottischen Kindern. Elf der 21 Freundschaftsdimensionen veränderten sich mit dem Alter, neun von diesen waren inhaltlich relativ übereinstimmend und legten eine Sequenz mit folgenden Stufen nahe:

1. Eine *situationale Stufe* (Klassen 2 bis 3). Die Kosten-Nutzen-Beziehung ist der herausspringende Gesichtspunkt. Gemeinsame Aktivitäten und Ähnlichkeiten sind wichtige Grundlagen der Freundschaft.
2. Eine *vertragsbezogene Stufe* (Klassen 4 bis 5). Das gemeinsame Anerkennen von Normen, Werten, Regeln und Sanktionen wird betont. Die Bewunderung der Persönlichkeit des anderen ist weitgehend die Grundlage der Freundschaft.
3. Eine *internal-psychologische Stufe* (Klassen 6 bis 7). Freundschaft beinhaltet Empathie, Verstehen und die Möglichkeit der Selbstentdeckung sowie der Erfahrung von Intimität. Auf dieser letzten Stufe spielen dispositionelle Persönlichkeitsfaktoren eine entscheidende Rolle bei der Freundschaftswahl.

Garner (1977) fragte sich, ob Bigelows Ergebnisse nicht methodenspezifisch seien. Man könne vermuten, daß die Aufsatzform als Methode die Kinder dahingehend beeinflusse, nur diejenigen Verhaltensweisen aufzuschreiben, die sie am leichtesten ausdrücken konnten. Die prosozialen Erwartungen jüngerer Kinder könnten somit unterschätzt werden. Sie entwickelte ein dreiteiliges Interview, um die Kriterien der Kinder für Freundschaft und prosoziale Erwartungen zu ermitteln (z. B. Unterstützung, Loyalität, Vertrauen, Selbstlosigkeit und Reziprozität). Das Interview enthielt fünf offene Fragen über Freundschaft, zehn Geschichten, um die Anwesenheit oder Abwesenheit prosozialer Qualitäten zu illustrieren, und acht Statements über Freunde. Die Ergebnisse zeigten, daß schon Kinder mit sechs und sieben Jahren prosoziale Erwartungen an ihre Freunde stellen, d. h. z. B. daß sie nicht zanken oder Geheimnisse für sich behalten sollten. Mit neun und zehn Jahren erwarten die Kinder, daß ein Freund ihnen in Gefahren beisteht und zuverlässig und unterstützend ist. Mit 12 oder 13 Jahren ist die hervorstechende Erwartung, daß ein Freund für die Sache der Freundschaft auf etwas verzichten können sollte, daß man ihm Vertrauliches und Intimes mitteilen kann und daß er positiv interagiert. Die beiden älteren Gruppen erwarteten von einem Freund, daß er Gefühle versteht. Prosoziale Erwartungen bestehen also schon mit sechs Jahren und werden dann weiter entwickelt.

Die Untersuchungen dieser Forschungsrichtung haben erstaunlich ähnliche Resultate erzielt. Sie haben eindeutig nachgewiesen, daß das Freundschaftskonzept eine entwicklungspsychologische Variable darstellt (im Sinne von Wohlwill, 1973). Der inhaltsorientierte und der strukturelle Ansatz scheinen zwei verschiedene Aspekte zu erfassen. Inhaltstheoretisch geht es offenbar um die individuelle Repräsentation eines Freundes als soziales Objekt, um die definitorischen Attribute, letztlich also um den Erwerb des Wissens über die *Eigenschaften sozialer Objekte*. Der strukturelle Ansatz befaßt sich mit den *Beziehungen zwischen sozialen Objekten* (vgl. hierzu Kap. 11.4).

5.4.3.3 Organisierende Prinzipien

Was ist für den Entwicklungstrend bei Freundschaftskonzepten verantwortlich? Nach Selman (1976, 1981) ist es die Perspektivenübernahme bzw. die Koordination der Perspektiven (vgl. hierzu Kap. 11.3).

Veränderungen von Freundschaftskonzepten beruhen auf Entwicklungsveränderungen in der Fähigkeit des Kindes, soziale Perspektiven kognitiv zu koordinieren. Die Stufe 0 der Freundschaftsbeziehung spiegelt somit die Unfähigkeit des Kindes wider, seine eigene Perspektive von der eines anderen zu trennen. Danach erkennt das Kind, daß die subjektiven Gedanken und Gefühle anderer Personen von den eigenen verschieden sind (Stufe 1), daß die eigenen subjektiven Haltungen von jemand anders verstanden werden können (Stufe 2), daß beide Partner die jeweiligen Standpunkte wechselseitig und simultan betrachten können (Stufe 3) und schließlich, daß es eine allgemeine Perspektive gibt, die das Verstehen zwischen verschiedenen Menschen ermöglicht.

Serafica (1982a) fügt hinzu, daß die Fähigkeit zur Abstraktion ein weiteres organisierendes Prinzip bei der Repräsentation eines Freundes darstellt. Altersspezifische Veränderungen der Beschreibungen eines Freundes seien nur eine oberflächliche Manifestation der zunehmenden Fähigkeit des Kindes, zu generalisieren und zu abstrahieren. In einer neueren Untersuchung testete Serafica (1982b) die Hypothese, daß es eine Entwicklung von globalen oder vagen Beschreibungen hin zu konkreten und dann zu abstrakten Kategorien gebe. Die Stichprobe bestand aus 15 Mädchen und 15 Jungen zwischen fünf und 13 Jahren. Die Ergebnisse zeigten, daß der Anteil konkreter Beschreibungen mit dem Alter abnahm und andererseits der Anteil abstrakter Beschreibungen zunahm. Dieser Entwicklungstrend war besonders deutlich für Verhaltensgewohnheiten und für dispositionale Charakteristika des Freundes. Die Abstraktionsfähigkeit beeinflußt also die kognitive Repräsentation eines Freundes.

Übereinstimmung besteht in der Literatur über folgende Entwicklungstrends bei der Beschreibung eines Freundes: Es gibt eine Zunahme bei der Verwendung von interpersonalen Konstrukten, bei der Flexibilität und Präzision, mit der die Begriffe eingesetzt werden, bei der Komplexität und Organisationshöhe in der Verarbeitung von Informationen und Gedanken über den Freund und bei dem Niveau der Analyse, das in der Interpretation des Verhaltens sichtbar wird.

5.4.3.4 Intensitätsstufen der Freundschaft

Die Idee, daß es Freundschaften unterschiedlicher Intensität gibt, läßt sich bis zu Aristoteles zurückverfolgen. Er nahm drei Stufen der Freundschaft an: Nützlichkeit, Freude und Idealismus. Auf der untersten Stufe beruht Freundschaft auf materieller Hilfe, eine höhere Stufe ist gekennzeichnet durch die freundliche soziale Interaktion, und die höchste Stufe ist begründet auf der Liebe zum anderen. Reisman und Shorr (1978) fanden eine gewisse empirische Bestätigung für Aristoteles' Hypothesen.

Bei Campbell, Gluck, Lamparski et al. (1979) zeigte sich eine zunehmende Fähigkeit, zwischen verschiedenen Freundschaften zu unterscheiden. Die Versuchspersonen betrachteten einen „besten Freund" als vertrauenswürdiger, als jemanden, auf den sie sich verlassen und mit dem sie sich leicht unterhalten können. Obwohl die Unterscheidung zwischen einem „besten Freund" und anderen Freunden am schärfsten bei den Oberschülern gezogen wurde, verstanden alle Versuchspersonen den Begriff eines besten Freundes. Die Entwicklung der Vorstellung, was ein „bester Freund" sei, sehen die Autoren als parallel mit der Definition von Freundschaft als solcher an.

Rose und Serafica (1979a, b) unterschieden drei Intensitätsstufen der Freundschaft: bester Freund, enger Freund und gelegentlicher Freund. Die Attribute „ehrlich", „akzeptierend", „abhängig" und „ähnlich" wurden häufiger besten und engen Freunden zugeschrieben. Im Gegensatz dazu wurden gelegentliche Freunde als stimulierender beschrieben, d. h., sie zeigten mehr Eigenschaften oder Verhaltensweisen, die neu, interessant oder vergnüglich waren. Die Funktionen der Freundschaft variierten ebenfalls signifikant mit den Stufen. Beste und enge Freunde wurden als ähnlich hinsichtlich ihrer Funktionen beschrieben: sie vermittelten soziale Unterstützung, trugen zur Identitätsbildung bei und dienten als ein Kontext, in dem Intimität erfahren werden konnte. Enge und gelegentliche Freunde wurden im Gegensatz zum besten Freund häufiger wahrgenommen als intellektuell stimulierend und als Begleitung, die das Leben bereichert. Die beste Freundschaft wurde vor allem im Austausch positiver Gefühle gesehen. Von besten und engen Freunden wurde kontinuierliche Interaktion und Teilen erwartet. Gelegentliche Freundschaften wurden gebildet durch Begegnungen auf Parties oder durch die Nähe des Zusammenlebens (z. B. im selben Appartmenthaus) oder durch bestimmte Umstände (z. B. durch Klassenprojekte). Gelegentliche Freunde konnten leichter durch andere ersetzt werden, die Beziehung wurde nicht als so überdauernd erlebt. Bei den anderen Niveaustufen war Dauerhaftigkeit ein wesentliches Attribut. Nur die besten Freundschaften wurden jedoch als sich selbsterhaltend bezeichnet, d. h., man muß nichts Besonderes tun, um die Beziehung aufrechtzuerhalten. Die beste Freundschaft wurde durch sehr spezifische Bedingungen beendet, meistens durch hetero-sexuelle Beziehungen oder durch Heirat. Gelegentliche Freundschaften endeten dadurch, daß die räumliche Entfernung zwischen den Partnern zunahm.

Ansonsten weiß man wenig über den Zusammenhang zwischen Freundschaftskonzepten und Interaktionen bzw. darüber, ob die Interaktion zwischen Freunden den Aussagen über Freundschaftsbeziehungen entsprechen. Es gibt wenig Kenntnisse über die Verhaltensweisen, die den verschiedenen Niveaustufen des Freundschaftskonzeptes entsprechen. Die meisten sozial-kognitiven Untersuchungen wurden nicht durch Beobachtungen validiert.

5.5 Geschlechtsunterschiede bei der Freundschaftsbildung

Die Bevorzugung gleichgeschlechtlicher Freunde läßt sich während der gesamten Kindheit und bis in die Adoleszenz hinein nachweisen. Ihr Anteil an allen Freundschaften liegt verschiedenen Untersuchungsbefunden zufolge zwischen 62 und 81 Prozent. Serbin, Tonick und Sternglanz (1977) berichten, daß in allen Kulturen konsistent häufiger gleichgeschlechtliche Spielgruppen gefunden wurden, so daß man von einem universalen Merkmal menschlichen Sozialverhaltens sprechen kann.

Die *Interaktionsqualität* unterscheidet sich zwischen Jungen- und Mädchenfreundschaften sowie zwischen gleich- und getrenntgeschlechtlichen Beziehungen. Galejs (1974) registrierte im Kindergarten zwischen gleichgeschlechtlichen Freunden mehr angeregte Interaktionen als zwischen getrenntgeschlechtlichen; erstere kicherten mehr, erschienen fröhlicher, machten häufiger auf sich aufmerksam und berührten sich häufiger. In getrenntgeschlechtlichen Dyaden zeigte sich dagegen mehr Dominanz und Führung, mehr erklärendes und assistierendes Verhalten. Mädchen verhielten sich untereinander toleranter und prosozialer. Unfreundliches und unkonstruktives Verhalten war jedoch in Jungen- und Mädchenfreundschaften gleich häufig.

Im Gegensatz dazu fand Green (1933) die meisten Streitigkeiten in Jungenfreundschaften, gefolgt von Jungen-Mädchen- und zum Schluß von Mädchen-Mädchen-Beziehungen. Die Unterschiede zwischen beiden Untersuchungen könnten durch Sozialisationsunterschiede oder durch nicht vergleichbare Gruppenstrukturen hervorgerufen sein.

Geschlechtsspezifische Unterschiede zeigten sich auch auf der Dimension *„Intensität vs. Extensität"* der Freundschaftsbeziehungen. Diese Begriffe wurden von Waldrop und Halverson (1975) eingeführt. Eine „intensive" Freundschaft ist eine Beziehung, die relativ ausschließlich ist („bester Freund"), zu der es also nur wenige Parallelbeziehungen gibt. Als „extensiv" werden breiter angelegte Beziehungssysteme bezeichnet. Intensive Beziehungen scheinen typischer für Mädchen zu sein, extensive dagegen mehr für Jungen. Mädchen mit einem sozial intensiven Verhalten erwiesen sich auch als sozial kompetenter als Mädchen mit einem weniger intensiven Verhalten; bei den Jungen waren die extensiven kompetenter als die weniger extensiven.

Man kann zwischen intensiven und extensiven Freundschaftsbeziehungen ab dem Vorschulalter unterscheiden. Einige Kinder spielen vorwiegend mit einem besten Freund, während andere mit einer Gruppe von Kindern interagieren. Bell, Weller und Waldrop (1971) beobachteten Vorschulkinder in unterschiedlichen Settings. Ihr Ratingverfahren bestand aus drei Dimensionen, die hoch miteinander korrelierten:

- „Involvement with peers", Beachtung anderer Kinder, häufige Interaktionen mit ihnen, seltenes Solospiel;
- „Friendliness", freundliche Gefühle zeigen, lächeln, Hilfsbedürftigkeit erkennen, positive Responsivität;
- „Active coping when blocked by peers", schnelle Gegenwehr, schnelle Konfliktlösung.

Die Ergebnisse zeigen, daß peer-orientierte Kinder beiderlei Geschlechts eher aktiv, kräftig, durchsetzungsfähig, ausdrucksfähig, aggressiv und weniger ängstlich oder zurückgezogen sind. Bei den Jungen ergab sich eine starke Extensität, bei den Mädchen eher eine Bevorzugung der Intensität bei Peer-Beziehungen.

Bei Studien mit Schülern der Elementary School findet sich das Muster kleine Mädchengruppen vs. große Jungengruppen ebenfalls konsistent. Jungen der 5. Klasse nennen mehr Schulfreunde als Mädchen (Tuma & Hallinan, 1979). Lever (1976) setzte Geschlechtsunterschiede bei den Spielaktivitäten der Kinder in Beziehung zur Gruppengröße. Bei Schülern der 5. Klasse stellte sie fest, daß Jungen häufiger draußen spielten und daß ihre Spiele, z. B. Baseball, mehr Mitspieler erforderten als die Spiele der Mädchen, wie z. B. „Himmel und Hölle" oder „Seilspringen". Dweck (1981) beobachtete bei Mädchen im Grundschulalter eine Vorliebe für Kleingruppenspiele, die wenig Platz erfordern und die es ihnen erlauben, soziale Regeln und Rollen direkt zu praktizieren und zu verfeinern. Jungen konzentrierten sich auf Wettstreitspiele mit erweiterten und extern determinierten Regeln. Aufgrund dieser unterschiedlichen Spiele lernen Mädchen Sozialverhalten, das funktional für Kleingruppen und vertraute, persönliche Beziehungen ist, Jungen hingegen erlernen soziale Fähigkeiten, die dem erfolgreichen Streben nach extern vermittelten Zielen in großen Gruppen angemessen sind.

Diese verschiedenen Aktivitätsstrukturen bei gleichzeitiger Betonung unterschiedlicher Fähigkeiten fördern Geschlechtsunterschiede bei Freundschaftsbildungen. So können Mädchen interpersonale Fähigkeiten am besten in Zweierbeziehungen praktizieren, Jungen hingegen können Autonomie und Unabhängigkeit am besten in größeren Gruppen ausleben (Savin-Williams, 1980).

Auch für das Jugendalter gilt, daß Mädchen mehr zu exklusiven dyadischen Beziehungen neigen als Jungen (Eder & Hallinan, 1978). Bei den Jungen lassen sich häufiger nicht-exklusive freundschaftliche Beziehungen in Triaden beobachten.

Die Begriffe „intensiv" und „extensiv" beziehen sich nur auf die Gruppenstruktur, nicht aber auf die *Tiefe und Qualität* der Freundschaft. Maccoby und Jacklin (1975, S. 210) gehen jedoch davon aus, daß die Beziehungen zwischen Mädchen im älteren Schulkind- und im Jugendalter schon deswegen intimer und tiefer sind, weil sie exklusiver sind. Diese Schlußfolgerung ergibt sich nicht zwingend. Nimmt man als Maßstab für die Stärke der Freundschaftsbande ihre Resistenz gegen Auflösung, so widersprechen die Befunde von Shapiro (1967) dieser Vermutung. Intensive Freundschaftsbeziehungen zwischen weiblichen Teenagern lösten sich leichter auf als extensive Beziehungen.

In bezug auf die Tiefe der Freundschaft sind somit die Forschungsergebnisse nicht eindeutig. Dasselbe gilt für geschlechtsspezifische Unterschiede in der sozialen Sensitivität. Maccoby und Jacklin (1975) fanden keine konsistenten Differenzen und bezweifeln auch die traditionelle Sicht, daß Jungen mehr an Dingen, Mädchen dagegen mehr an Personen interessiert seien und eine größere Fähigkeit besäßen, Sozialkontakte aufzubauen und zu unterhalten (vgl. Garai & Scheinfeld, 1968). Allerdings stützen sich Maccoby und Jacklin (1975) vor allem auf Ergebnisse von Versuchsanordnungen, die keine direkte soziale Interaktion beinhalten. Häufig handelt es sich um vorgegebene Geschichten oder die Beurteilung der Gesichtsmimik auf bildlichem Material.

Entsprechende Beobachtungsstudien über die Interaktion zwischen Freunden sind selten. Benton (1971) erfaßte die Aufteilung von Spielmaterial und fand, daß die befreundeten neun- bis zwölfjährigen Mädchen häufiger eine paritätische Aufteilung vornahmen als die Jungen. Gleichzeitig diskriminierten sie stärker zwischen Freunden und Nicht-Freunden. Auch außerhalb von Freundschaftsbeziehungen scheinen Mädchen stärker auf Gleichbehandlung in Aufteilungssituationen zu achten. Dies könnte auf größere Sensitivität für die Bedürfnisse und Gefühle des Freundes oder des Interaktionspartners allgemein hindeuten.

Einige Autoren beziehen sich auf diejenigen Merkmale, die Freunde von Nicht-Freunden differenzieren (Chapman, Smith & Foot, 1980b). Dabei ergab sich eine Reihe von geschlechtsspezifischen Unterschieden. Fast alle Untersuchungen, die die *körperliche Nähe* zwischen den Interaktionspartnern registrierten, bestätigen, daß Mädchen und Frauen enger zusammenstehen oder -sitzen, sich häufiger direkt anblicken und berühren (Jones, 1971; Langlois, Gottfried & Seay, 1973). Während dieser Befund unabhängig vom sozialen Setting ist, scheinen andere Ergebnisse situationsabhängig zu sein. Foot, Smith und Chapman (1977) fanden, daß Lächeln und Lachen bei sieben- bis achtjährigen Paaren in Abhängigkeit von der Intimität der Situation variierten. Die Jungen lachten signifikant häufiger, wenn die Intimität hoch und die Mädchen häufiger, wenn sie niedrig war. Zum Lächeln ergab sich das gegenteilige Bild: Die Mädchen lächelten mehr bei hoher, die Jungen mehr bei niedriger Intimität. Die Autoren leiten aus den Befunden zwei wichtige Folgerungen ab.

Die erste betrifft den bevorzugten Grad an Intimität bei Jungen und Mädchen. In weiblichen Dyaden werden engere Kontakte gewünscht und toleriert als in männlichen, die Selbstöffnung ist größer (Rivenbark, 1971). Mädchen suchen dementsprechend häufiger als Jungen den engen Kontakt und fühlen sich dabei wohler. Jungen bevorzugen dagegen Situationen mit geringerer Intimität und empfinden diese als angenehmer.

Die zweite Folgerung beleuchtet die unterschiedlichen sozialen Funktionen von Lächeln und Lachen. Das Lächeln signalisiert eine als angenehm empfundene soziale Situation; entsprechend lächeln Mädchen häufiger bei hohem Intimitätsgrad. Das Gelächter kennzeichnet dagegen mehr den weniger angenehm empfundenen Intimitätsgrad (niedrig bei Mädchen, hoch bei Jungen). Es dient der Spannungsreduktion und tritt entsprechend in sozialen Situationen auf, die durch erhöhte Spannung gekennzeichnet sind.

5.6 Strukturmerkmale und Funktionen von Freundschaftsgruppen in der Präadoleszenz

Die Konzepte zur Bedeutung der Peer-Beziehungen im Altersbereich zwischen ungefähr zehn bis 14 Jahren gehen von zwei entgegengesetzten Orientierungen aus. Einige Autoren sehen in diesem Entwicklungsabschnitt die Zeit der engen Bindung an einen gleichgeschlechtlichen, festen Freund, andere erklären die Gruppenbildung als das Charakteristische („gang age").

Sullivan (1953) glaubt, daß nur in der engen Zweierbeziehung spezifische Entwicklungsprobleme dieser Periode gelöst werden können. Diese Sichtweise findet Bestätigung in der kulturvergleichenden Forschung. Berichte aus sehr unterschiedlichen Kulturen weisen darauf hin, daß üblicherweise während der Vorpubertät und Pubertät ein Gleichaltriger als besonderer Vertrauter gewählt wird. Es werden langfristige Beziehungen eingegangen, die häufig bis in das Erwachsenenalter erhalten bleiben. Fine (1980) folgert, daß es sich bei dieser sozialen Konstellation nicht um ein Artefakt der europäischen oder amerikanischen Zivilisation handeln kann, sondern daß hierin grundlegende soziale Bedürfnisse in dieser Altersspanne zum Ausdruck kommen.

Allerdings gibt es für die präadoleszente Freundschaftsgruppe ebenso Hinweise auf eine universelle Verbreitung wie für die enge dyadische Freundschaftsbildung. Nicht selten sind auch solche Gruppierungen dauerhaft bis in das Erwachsenenalter hinein (Barnett, 1970). In den westlichen Industriegesellschaften lassen sich beide Modelle zur sozialen Struktur während der Präadoleszenz bestätigen. Beide Gesellungsformen besitzen ihre eigene Bedeutung.

Die Freundschaftsgruppen in der Vorpubertät sind nach Fine (1980) relativ überdauernd und zeichnen sich durch häufige und intensive Interaktion aus. Ihre ontogenetischen Vorläufer sind die spontanen Spielgruppen in der Kindheit. Die Art der Gruppenbildung läßt sich noch genauer kennzeichnen durch Begriffe wie Clique, Club oder Bande. Unter einer „Clique" versteht man eine relativ dauerhafte, eng zusammenhängende, selektive Gruppe von Individuen, die gleiche Ziele, Interessen und Wertvorstellungen verfolgt. Als „Club" gilt demgegenüber ein größerer sozialer Zusammenschluß mit unpersönlicheren Kontaktformen. Die Mitglieder eines Clubs sind hinsichtlich ihrer Herkunft, Ziele, Interessen und Ideale aber ebenfalls weitgehend homogen. Die „Bande" ähnelt in diesen Punkten dem Club, legt jedoch größeren Wert auf spezifische Gruppenziele, fordert von ihren Mitgliedern mehr Solidarität und entwickelt zum Teil eine eigene Haltung gegenüber der Erwachsenengesellschaft.

Die Präadoleszenz wurde bereits von Furfey (1929) als „Bandenalter" beschrieben. Auch mehrere nachfolgende Untersuchungen belegen die starke Verbreitung dieser Gesellungsform. In einer retrospektiven Studie von Crane (1942) wurden australische Studenten nach ihrer früheren Zugehörigkeit zu einer „gang" befragt. 80 Prozent der männlichen und zwei Drittel der weiblichen Probanden bestätigten dies.

Nach Fine (1980) zentrieren sich Gleichaltrigen-Beziehungen in diesem Alter insbesondere um drei funktionale Bereiche, und zwar sowohl im dyadischen als auch im Gruppenkontext:

- Gemeinsame Tätigkeiten gewinnen an Bedeutung. Es haben sich Fähigkeiten zu selbstbestimmten Aktivitäten entwickelt, die im Kindesalter noch fehlten. Andererseits bleiben die Präadoleszenten noch von vielen Erwachsenentätigkeiten ausgeschlossen, so daß nur den Gleichaltrigen die Funktion des Partners zufällt.

- Die körperliche Reifung macht die Sexualität zu einem Problembereich, über den gesprochen werden muß. Die eigenen Empfindungen, Ängste und spezifischen Bewältigungsformen (z. B. in sexuellem Slang) können nur gegenüber Gleichaltrigen unkontrolliert geäußert werden.
- Aggressive Äußerungen und Handlungen werden ausgelebt, getestet und unter Kontrolle gebracht. Auch hierbei scheint es sich um eine soziale Funktion zu handeln, die kulturübergreifend anzutreffen ist.

Whiting und Whiting (1975) beobachteten in sechs Kulturen, daß aggressive Auseinandersetzungen etwa 24 Prozent aller Peer-Kontakte ausmachten. In Abhängigkeit von ihrer Intention werden solche Äußerungen und Handlungen von dem oder den Adressaten gleichmütig hingenommen oder mit einem Gegenangriff beantwortet. Die Präadoleszenten können die Intention sehr genau zum Ausdruck bringen durch Variationen der Stimmlage, durch paralinguistische Signale und die situative Einbettung. Die Peers können somit differenzieren, ob es sich um den üblichen rüden Umgangston oder eine intendierte Verletzung handelt, und entsprechend reagieren.

Die präadoleszente Aggression spielt sich nicht nur innerhalb der Gruppe ab, sondern richtet sich auch in koordinierten Aktionen gegen Außenstehende. Die Zielscheibe dieser Angriffe bilden vor allem zwei Personengruppen: zum einen gleichaltrige Jungen und Mädchen, die man kennt, wobei vor allem als weich oder „weibisch" angesehene Jungen ein beliebtes Haßobjekt bilden; zum anderen fremde Erwachsene, während bekannte Erwachsene selten direkt attackiert werden. Aggressionen gegenüber Nachbarn beispielsweise äußern sich in der Regel höchstens in Form von Streichen. Solche Streiche werden nie einzeln, sondern immer nur durch die Gruppe verübt.

In einer Untersuchung von Fine (1980) gaben Zwölfjährige an, daß sie vor allem mit Freunden zusammen jemandem einen Streich spielen. Die beliebtesten Handlungen waren (a) „Klingelmäuschen"; man schellt an der Haustür und rennt dann schnell weg. 56 Prozent der Zwölfjährigen gaben zu, diesen Streich schon einmal verübt zu haben. (b) Jemanden durch einen Telefonanruf ärgern (von 52 Prozent mindestens einmal praktiziert). (c) Eier gegen ein Haus werfen (40 Prozent). (d) Der sogenannte „Polnische Seiltrick". Man hält bei Dämmerung oder Nebel ein imaginäres Seil quer über die Straße. An jeder Straßenseite steht ein Junge und täuscht vor, ein gespanntes Seil zu halten, in der Hoffnung, daß nahende Autofahrer daraufhin eine Vollbremsung machen. 19 Prozent bestätigten, diesen Trick schon praktiziert zu haben. Für Scherze dieser Art und andere Verletzungen von Regeln der Erwachsenengesellschaft bietet die Freundschaftsgruppe den notwendigen Rückhalt.

Befreundete Gruppenmitglieder bilden häufig eine *private „Idiokultur"* aus (Fine 1979, S. 6). Diese läßt sich definieren als ein System von Kenntnissen, Überzeugungen und Gebräuchen innerhalb einer interagierenden Gruppe, auf die sich die Mitglieder beziehen können und die als Basis für weitere Interaktionen dient. Zu einem solchen Kult gehören häufig eigene Regeln und manchmal sogar eine eigene Geheimsprache sowie eigene Symbole. Gerade Banden in der Vorpubertät umgeben sich gern mit der Aura einer Geheimgesellschaft. Welche Prozesse führen nun zur Entwicklung einer solchen Idiokultur? Nach Fine (1980, S. 304) sind vor allem fünf Determinanten von Bedeutung.

1. Zunächst müssen die idiokulturellen Elemente bekannt gemacht und assimiliert werden. Die Mitglieder bringen bestimmte Kenntnisse oder Wissenselemente in die Gruppe ein. Sie tragen damit zur Sozialisation ihrer Freunde bei. Als interessant empfundene Informationen werden ständig in der Gruppe ausgetauscht und meistens gierig von den anderen übernommen. So lernte ein Junge den anatomischen Begriff „Skrotum" von einem älteren Bekannten und beeilte sich, seine Freunde zu informieren. Diese übernahmen ihn sofort. Sie veränderten die inflationär gebrauchte Redewendung innerhalb ihres Gruppenslangs „suck my balls" in „suck my scrotum" und streuten den Begriff auch sonst häufig in ihre Konversation ein. Er wurde ein Stück spezialisierten Wissens. In ähnlicher Weise werden nicht nur Begriffe aus der Erwachsenensprache, sondern auch reine Modewörter an die Gruppe assimiliert.
2. Die zweite Determinante der Gruppenkultur ist, daß die Begriffe und Inhalte in der Gruppeninteraktion anwendbar sein müssen. Sie dürfen nicht tabuiert oder unangemessen sein. Eine besondere Funktion präadoleszenter Banden besteht darin, daß der nicht-tabuierte Bereich größer ist als sonst. Am Beispiel aggressiver und sexueller Themen wird dies besonders deutlich. Die Grenzziehung ist jedoch stark situationsabhängig. Die Präadoleszenten können auch übertrieben restriktiv und prüde sein, z. B. wenn ein Erwachsener anwesend ist. Unangemessenes Verhalten von einem Gruppenmitglied wird dann nicht akzeptiert.
3. Der dritte Faktor ist das Bedürfnis der Gruppenmitglieder nach einer Beziehung. Es müssen emotionale Bande geschaffen werden.
4. Die vierte Bedingung ist die strukturelle Angemessenheit. Es werden nur solche Elemente in die Gruppenkultur integriert, die die soziale Struktur und die Statushierarchie stützen. So entscheidet die Meinung des Gruppenführers häufig über die Assimilation neuer Inhalte, und er akzeptiert nur solche, die seine Stellung nicht gefährden (Sherif & Sherif, 1953). Es sind auch die Jungen mit hohem Status, die darüber entscheiden, welche Ausdrücke Mode werden und welche nicht.
5. Das letzte Kriterium ist situationsspezifisch. Bestimmte Ereignisse müssen als Auslöser wirken. Sie müssen eine Reaktion durch die Gruppe provozieren, die dann fester Bestandteil des Verhaltensrepertoires und der Gruppenkultur wird, falls die übrigen zuvor genannten Kriterien erfüllt sind. Ein einfaches Beispiel für ein auslösendes Ereignis könnte der neue Haarschnitt, eine auffällige Kleidung oder ein bestimmtes Mißgeschick eines Mitgliedes sein, das daraufhin einen bestimmten dauerhaften Spitznamen erhält.

Einige der strukturellen und funktionalen Züge, die sich in der präadoleszenten Gruppe nachweisen lassen, differenzieren sich im Jugendalter und treten prägnanter hervor (vgl. Kap. 6.6).

6. Die soziale Welt des Jugendlichen

In den Forschungen zur sozialen Entwicklung im Jugendalter dominieren die Auseinandersetzungen um zwei provokante Thesen: die These von der Generationskluft und die These von der jugendlichen Subkultur (Kap. 6.1 und 6.4). Die empirischen Befunde zwingen in beiden Fällen zu Korrekturen, Differenzierungen und zu veränderten Modellvorstellungen. In bezug auf die Generationskluft ist zwischen familiären Beziehungs- und Kohorteneffekten zu unterscheiden (Kap. 6.2–6.3). Prozesse im Mikrosystem Familie und in den Exo- und Makrosystemen bilden verschiedene Einflußgrößen, die jedoch in Wechselwirkung zueinander stehen. Angemessener als das Konzept der Generationskluft erscheint ein Modell, das die Interdependenzen zwischen den Generationen und deren Auseinandersetzung mit dem sozialen Wandel berücksichtigt und so nicht nur Veränderungen bei den Jugendlichen, sondern auch bei den Erwachsenen erklärt. In ähnlicher Weise verdeckt der Begriff der jugendlichen Subkultur eher die Notwendigkeit, die verschiedenen Funktionen zu erforschen, die Gleichaltrige im Kontext unterschiedlicher sozialer Netzwerke übernehmen. Die empirischen Befunde stellen Differenzierungen innerhalb der gegenwärtigen Jugendgeneration heraus (Kap. 6.5) und belegen für die Zukunft die Notwendigkeit einer detaillierten Analyse der sozialen Beziehungssysteme (Kap. 6.6). Am Beispiel der Postadoleszenz wird der Einfluß epochaler Veränderungen auf diese Systeme deutlich (Kap. 6.7).

6.1 Die These von der Generationskluft

Zu den ersten theoretischen Arbeiten, die eine Klärung des Generationsbegriffs leisteten, gehört das 1928 von Karl Mannheim veröffentlichte Werk „Das Problem der Generationen". Grundlage seiner Überlegungen zum Generationsproblem war die gleiche „Erlebnisschichtung" der Individuen innerhalb einer Generation. Mannheim (1928, S. 536) ging dabei von der Annahme aus, daß im Jugendalter aufgenommene Erfahrungen und Eindrücke die tiefste Bewußtseinsschicht bilden und bis ins hohe Alter hinein nahezu unverändert haften bleiben. Zusätzlich hielt er durch eigene Erfahrung erworbenes Wissen für wesentlich stärker und wertvoller als überliefertes Wissen, so daß bei den Individuen einer Generation ähnliche Bewußtseinsschichtungen entstehen. Da sich die Erfahrungen der Generationen voneinander unterscheiden, kann es zu Verständigungsproblemen und somit zu Konflikten kommen. Dieser Tendenz entgegen wirken nach Mannheim der wechselseitige Austausch zwischen den Generationen und eine vermittelnde Funktion sogenannter Zwischengenerationen. Er sah also zunächst keine radikale Gegenüberstellung zweier Generationen, einer älteren und einer jüngeren, sondern ein Aufheben dieser Konturen durch existierende Zwischengenerationen und durch die Tatsache, daß Jüngere und Ältere voneinander lernen. Mannheim vermutete jedoch ein größeres Konfliktpotential, „wenn gesellschaftlich-geistige Umwälzungen ein Tempo einschlagen, das den Wandel der Einstellungen dermaßen beschleunigt, daß das latente kontinuierliche Abwandeln der hergebrachten Erlebnis-, Denk- und Gestaltungsform nicht mehr möglich wird (...)" (1928, S. 550).

Margaret Mead (1970, 1971) bearbeitete den Generationskonflikt unter historischer Perspektive. Sie unterschied drei verschiedene Kulturformen: die postfigurative, in der die Kinder von den Vorfahren lernen, die konfigurative, in der Kinder und Erwachsene jeweils von ihresgleichen lernen, und die präfigurative Form, in der Erwachsene auch von ihren Kindern lernen müssen. Bis zu Beginn der Zivilisation waren für menschliche Gesellschaften postfigurative Kulturen charakteristisch. In ihnen vollzieht sich gesellschaftlicher Wandel so langsam und unmerklich, daß sich die Großeltern für ihre Enkel keine andere Zukunft vorstellen können als ihre eigene Vergangenheit. Kinder bzw. Jugendliche lernen von ihren Eltern und Großeltern. Sie erleben ihre Zukunft als verhältnismäßig sicher, weil sie wissen, daß ihr Leben etwa so verlaufen wird wie das ihrer Vorfahren. Auch in bezug auf das Verhalten, das von ihnen erwartet wird, gibt es kaum Unsicherheiten. Die Jugendlichen kennen die an sie gestellten Anforderungen, und wenn sie diese auch nicht immer erfüllen, so respektieren sie die Erwachsenen doch stets als Autoritätspersonen. Für postfigurative Kulturen charakteristisch ist die Vorstellung von dauerhafter, bedingungsloser Identität sowie von der universellen Richtigkeit aller bekannten Lebensaspekte. In diesen Kulturen tritt keine Generationskluft auf.

Das Zukunftsbild, das die konfigurative Kultur den Jugendlichen vermittelt, ist weniger klar. Das Leben in einer sich wandelnden Kernfamilie und der Eintritt in neue Gruppen vermitteln den Jugendlichen den Eindruck, in einer anderen Welt als ihre Eltern zu leben. Sie wissen, daß ihre Zukunft auf keinen Fall so aussehen wird wie die Vergangenheit ihrer Vorfahren. Das Verhalten der einzelnen Generationen unterscheidet sich daher voneinander. Obwohl Eltern und Großeltern keine Vorbilder mehr sein können, bestimmen diese den Freiraum, innerhalb dessen die Jugendlichen sich bewegen können. In dieser Kultur ist die soziale Mobilität verhältnismäßig groß. Es wird außerdem erwartet, daß die Jugendlichen sich, wenn sie erwachsen sind, aus der unmittelbaren Umgebung der Eltern entfernen, so daß das Leben in der Familie als Vorbereitung auf ein Leben in anderen Gruppen betrachtet wird. Generationskonflikte entstehen, wenn die Elterngeneration die von ihr als gültig angesehenen Grundwerte in Frage gestellt sieht.

Die fundamentalen Veränderungen seit dem zweiten Weltkrieg bedingen nach Mead die Entwicklung einer präfigurativen Kultur. Diese ist gekennzeichnet durch Pluralismus anstelle von Übereinstimmung bei den Grundwerten. Der gesellschaftliche Wandel unterscheidet sich nicht nur in seinem Tempo, sondern auch in seinen Dimensionen erheblich von jedem früheren Wandel und erfolgt innerhalb der Lebensspanne einer Generation. Die junge Generation ist in diese Zeit hineingeboren und in ihr zu Hause, während viele Erwachsene sich in ihr nicht zurechtfinden. So kommt es, daß die Älteren von den Jüngeren lernen müssen, denn obwohl sie die meiste gesellschaftliche Macht besitzen, reichen ihre Kenntnisse und Fähigkeiten nicht aus, die heutigen Problemen zu bewältigen. Die Mißachtung vieler Grundwerte durch die Jugendlichen führt zu einer Distanz zwischen den Generationen, die nach Ansicht von Mead nur überbrückt werden kann, indem der Generationskonflikt als Tatsache akzeptiert wird. Als Konsequenz daraus müssen die Eltern ihren Kindern ermöglichen, die eigenen Erfahrungen auszuwerten und einen gemeinsamen Zukunftsentwurf mit ihnen zu gestalten.

Slater (1970) erhärtete die These von der Generationskluft durch eine kritische Auseinandersetzung mit der amerikanischen Gesellschaft gegen Ende der 60er Jahre. Grundsätzlich ging Slater von der Existenz eines scharfen Generationskonflikts aus. Diesen brachte er unter anderem auf die Formen „social form vs. human need". Während für die ältere Generation noch Rituale und soziale Regeln Gültigkeit hätten, stelle die junge Generation ihre eigenen Bedürfnisse vor die sozialen Formen. Slater (1970, S. 55) untersuchte mögliche Ursachen dieses Wandels und verwies dabei auf die zunehmend an den Bedürfnissen des Kindes orientierte Erziehung. Die Erfahrung der Kinder, daß ihre Wünsche ausnahmslos erfüllt werden, führt seiner Meinung nach dazu, daß die Jugendlichen die gesellschaftlichen Bedingungen und sogar jene Grundsätze, auf die die Erwachsenen ihr Leben aufgebaut haben, nicht mehr akzeptieren. Im Gegensatz zu den Jüngeren seien die Älteren durch eine Ideologie des Mangels geprägt, durch eine Welt, die nicht genug für alle biete und in der somit jeder um seinen Anteil kämpfen müsse. Gefühle spielten dabei kaum eine Rolle, und Slater bezeichnet die ältere Generation sogar als unfähig, ihre Gefühle auszudrücken. Ihre Haltung sei „Lieber still sterben, als eine Szene zu veranstalten", während die Jüngeren laute Protestbewegungen nicht scheuten. Aber nicht nur die Erziehung, sondern auch gesellschaftliche Faktoren bedingten den Generationskonflikt. So glaubte Slater (1970, S. 100), daß der Konflikt zwischen einer technologischen Kultur und der entstandenen Gegenkultur in den USA teilweise identisch sei mit einem Konflikt zwischen den Generationen. Die nach Slater mangelorientierte Kultur der älteren Generation setze Besitzrechte vor persönliche Rechte, Gewalt vor Sexualität, Konzentration der Macht vor Verteilung, den Produzenten vor den Konsumenten, die Mittel vor den Zweck, Geheimhaltung vor Offenheit, soziale Normen vor persönlichen Ausdruck. Werte wie Ehrlichkeit, Offenheit etc. würden zwar den Kindern vermittelt, hätten in der Erwachsenenwelt selbst aber keine Gültigkeit mehr. Die jüngere Generation versuche mit einer Gegenhaltung diese Diskrepanz zu überbrücken, indem sie kindliche Werte als Gegenpol zur Erwachsenenwelt postuliere.

6.2 Empirische Ergebnisse zur Eltern-Kind-Beziehung

Die Arbeiten von Mannheim (1928), Mead (1970, 1971) und Slater (1970) gehen von der Existenz eines Generationskonflikts aus. Diese These wurde von einer Reihe empirischer Untersuchungen aufgegriffen und erheblich relativiert. Dabei gilt es, zwischen familiären Beziehungen und wechselseitigen Aussagen der Generationen übereinander als Gruppen zu unterscheiden. Troll, Neugarten und Kraines (1969) stellten sich im Hinblick auf die Generationskonflikt-Hypothese folgende Fragen:

Wo liegen Ähnlichkeiten in den Werten und Persönlichkeitseigenschaften innerhalb einer Familie? Zwischen welchen Familienmitgliedern sind die Ähnlichkeiten am größten? Welche Charakteristika der Familienstruktur und welches familiäre Klima tragen zu diesen Ähnlichkeiten bei? An der Untersuchung nahmen hundert Familien einer gehobenen Einkommens- und Bildungsschicht teil. In dem den Studenten sowie deren Müttern und Vätern vorgelegten Fragebogen wurden folgende Bereiche erfaßt: Wertesystem (z. B. Selbstverwirklichung, Konventionalität), Persönlichkeitsmerkmale (z. B. kognitive Komplexität, Spontaneität) sowie soziale, emotionale und strukturelle Familiencharakteristika (z. B. Familiengröße, Machtverteilung, intrafamiliärer Konflikt). Die Studenten ließen sich mit einem Anteil von jeweils 50 Prozent den Kategorien „politische Aktivität" bzw. „keine politische Aktivität" zuordnen. Bei der Auswertung der Daten zeigten sich folgende Ergebnisse: Die Ähnlichkeiten im Wertesystem der einzelnen Familienmitglieder waren generell größer als Ähnlichkeiten in den Persönlichkeitsmerkmalen. Dieser Befund stützt die Konzeption, derzufolge Werte im familiären Interaktionsprozeß erworben werden. Außerdem fanden die Autoren eine größere Ähnlichkeit zwischen den Eltern als zwischen Eltern und Kindern. Das besagt jedoch nicht, daß sich die beiden Generationen bezüglich ihres Wertesystems stark unterscheiden. Es zeigte sich vielmehr, daß die zentralen Wertvorstellungen der Studenten denen ihrer Eltern entsprachen. Die politische Aktivität der Studenten nahm hierauf entgegen den Erwartungen der Autoren keinen Einfluß. Daraus könnte man die Hypothese ableiten, daß die politische Betätigung wohl eher die elterliche Einstellung widerspiegelt als ein Indikator jugendlicher Rebellion ist. Es scheint die Annahme berechtigt zu sein, daß die Familie als soziales System die Übereinstimmung zwischen den Werten der einzelnen Familienmitglieder beeinflußt.

Die meisten Untersuchungen haben sich mit der Eltern-Kind- im Gegensatz zur Gleichaltrigen-Beziehung beschäftigt. Diese Studien liefern Einsichten in die verschiedenen sozialen Beziehungssysteme Jugendlicher, beschreiben deren soziale Welt aber nur unvollständig. So werden z. B. die Beziehungen zu anderen Erwachsenen außerhalb der Familie, zu Geschwistern sowie zu Erwachsenen der weiteren Verwandtschaft vernachlässigt. Um den Mangel an Informationen über die soziale Welt Jugendlicher auszugleichen, gingen Blyth, Hill und Smith Thiel (1982) in einer Untersuchung an nahezu 3000 Zwölf- bis 17jährigen folgenden Fragen nach: (1) Sind die wichtigsten Bezugspersonen der Jugendlichen Erwachsene oder Peers und gehören sie zur Familie? (2) Variiert die Art der Bezugspersonen mit dem Alter und dem Geschlecht der Befragten? (3) Unterscheiden sich die verschiedenen Typen von Bezugspersonen in Häufigkeit und Art der Interaktion, der Nähe des Wohnortes und bei den Peers in der Schulbildung und dem Alter voneinander? Auf der Basis bisheriger Erkenntnisse stellten die Autoren die Hypothese auf, daß mit zunehmendem Alter mehr Peers als Erwachsene als wichtigste Bezugspersonen genannt werden, daß dies jedoch nicht auf Kosten der Eltern geschieht. Des weiteren nahmen sie an, daß mit zunehmendem Alter vor allem von den Mädchen, deren sexuelle Entwicklung früher beginnt, mehr Gleichaltrige des anderen Geschlechts als

Bezugspersonen genannt werden. Die Autoren erhoben die Daten anhand eines Fragebogens, in dem die Jugendlichen eine unbegrenzte Anzahl von für sie wichtigen Personen eintragen konnten.

Die Ergebnisse der Untersuchung zeigten, daß die *größte Anzahl* der Bezugspersonen aus der Gruppe der nichtverwandten gleichgeschlechtlichen Peers stammte. Es bestätigte sich ebenfalls die Hypothese, daß die Eltern auch mit zunehmendem Alter zu den *wichtigsten* Personen im Leben der Jugendlichen zählen. 90 bis 93 Prozent der Befragten nannten die Eltern als Bezugspersonen, wobei sich diese Werte mit zunehmendem Alter nicht signifikant veränderten. Außerdem bezeichneten 77 Prozent ihre Geschwister und über drei Viertel der Jugendlichen Mitglieder der weiteren Verwandtschaft als wichtige Personen in ihrem Leben. Darüber hinaus zählten 60 Prozent der Jungen und 75 Prozent der Mädchen mindestens einen nichtverwandten Erwachsenen zu ihren Bezugspersonen. Diese Ergebnisse sprechen gegen eine strenge Alterssegregation. Auch die zweite Hypothese der Autoren, daß mit zunehmendem Alter vor allem die Mädchen mehr andersgeschlechtliche Personen als Bezugspersonen auflisten, bestätigte sich. In bezug auf die Häufigkeit der Kontakte zeigte sich, daß 60 Prozent der Jugendlichen die von ihnen genannten Peers täglich sahen, die gleiche Schule sowie die gleiche Klasse besuchten und in der gleichen Gegend wohnten. Mitglieder der weiteren Verwandtschaft wurden dagegen trotz räumlicher Distanz und nur sporadischer Kontakte als wichtige Bezugspersonen genannt.

Greenberg, Siegel und Leitch (1983) wiesen in ihrer Untersuchung an Zwölf- bis 19jährigen nach, daß die Qualität der Beziehung zu den Eltern einen bedeutsameren Prädikator für das Selbstkonzept und die Lebenszufriedenheit darstellt als die Peer-Beziehung. Ein weiteres Ergebnis der Untersuchung war, daß ältere Jugendliche sich in ihrer Bindung an Eltern und Peers nicht von den jüngeren unterschieden. Dieses widerspricht der Annahme, daß mit zunehmendem Alter eine enger werdene Bindung an Peers auf Kosten der Eltern geht (Coleman, 1961; Emmerich, 1978). Die Daten zeigten außerdem, daß die negativen Auswirkungen kritischer Lebensereignisse durch eine als positiv wahrgenommene Beziehung zu den Eltern ausgeglichen werden konnten, während dies für die Peer-Beziehung nicht galt. Dieses Ergebnis spricht für die Bedeutung der Eltern-Kind-Beziehung als sozial-emotionales Unterstützungssystem auch im Jugendalter.

Eine der größten Untersuchungen zur Frage der Generationskluft stammt von Kandel und Lesser (1972). Es handelt sich um eine transkulturelle Befragung von amerikanischen und dänischen Jugendlichen sowie deren Eltern, Freunden und Lehrern. Eine Entfremdung zwischen den Generationen und eine Ablehnung von Normen der Erwachsenenwelt konnten nicht nachgewiesen werden. Im Bereich der Wertvorstellungen zeigten sich zwar einige gravierende Unterschiede zwischen Amerikanern und Dänen, nicht aber zwischen Eltern und ihren Kindern innerhalb einer Gesellschaft. In der US-Stichprobe fand sich der amerikanische Traum vom sozialen Aufstieg durch hartes Arbeiten, das Bestreben zur optimalen Nutzung der persönlichen Talente sowohl bei den Eltern als auch bei den Adoleszenten noch weitgehend unangetastet wieder. In beiden Generationen stellte es einen anerkannten Wert dar, durch Leistung und durch öffentliches Auftreten die Aufmerksamkeit anderer zu erregen.

Die dänischen Erwachsenen und Jugendlichen erachteten es demgegenüber als weniger wichtig, Erfolg und öffentliche Aufmerksamkeit zu erringen. Dafür schätzten sie das persönliche Glück höher ein und sahen es als relevant an, Qualitäten einer substantiellen Persönlichkeit zu entwickeln. Achtung gegenüber den Eltern wurde weniger gefordert als in den USA, dafür aber eher freiwillig erbracht. Das autoritäre Muster einer Eltern-Kind-Interaktion ließ sich häufiger in den USA als in Dänemark feststellen, wo eher gemeinsame demokratische Entscheidungsfindungen anzutreffen waren. Die dänischen Jugendlichen hatten einen stärkeren Sinn für die Unabhängigkeit vom elterlichen Einfluß. Dies führte dazu, daß sie sich am ehesten dann in dem von den Eltern gewünschten Sinne verhielten, wenn keine expliziten Regeln aufgestellt waren, während die amerikanischen Jugendlichen dies gerade dann taten, wenn spezielle Anweisungen existierten.

Die Adoleszenten in beiden Staaten berichteten aber überwiegend von einer engen und harmonischen Beziehung zu ihren Eltern. Eine generelle Informations- oder Kommunikationsbarriere zwischen beiden Generationen bestand nicht.

Die Interaktionsformen schienen mehr familien- als generationsspezifisch zu sein, d. h., die Eltern-Kind-Beziehung spiegelte die Art wider, wie überhaupt die Mitglieder in einer Familie miteinander umgingen. War diese Interaktion gestört, wirkte sich dies natürlich auch auf die Eltern-Kind-Beziehung aus, ohne daß dies einen spezifischen Generationskonflikt ausdrückte. So konnten Kandel und Lesser (1972) sowohl in den USA als auch in Dänemark nachweisen, daß die Umgangsweise zwischen Mann und Frau sich auch in der Interaktion mit den Kindern wiederfand.

Die These von der Generationskluft bezeichneten Kandel und Lesser (1972) aufgrund ihrer Ergebnisse als unzutreffend. Die Konflikte, die mit diesem Etikett bezeichnet würden, könnten durchaus in der Gesellschaft existent sein. Sie seien jedoch nicht notwendigerweise generationsspezifisch, sondern würden als Generationskonflikt interpretiert. Die Autoren vermuten, daß es für die amerikanische Gesellschaft leichter sei, soziale Konflikte auf Generationsunterschiede zu projizieren, als zu ertragen, daß es sich um Differenzen zwischen Rassen, Klassen oder zwischen Interessengruppen innerhalb der Erwachsenengesellschaft handele. Die Jugendlichen drückten die Gegensätze, die innerhalb der Gesellschaft ohnehin existierten, ehrlicher und klarer aus und erleichterten es somit, die Probleme auf sie zu übertragen.

Nach Conger (1977) ist die Übereinstimmung zwischen Eltern und Kindern besonders groß bei grundlegenden Überzeugungen und Wertvorstellungen wie Selbstvertrauen, harte Arbeit und Pflichterfüllung. Differenzen ergaben sich eher bei tagespolitischen Fragen, Sex und Drogen sowie dem persönlichen Geschmack bezüglich Kleidung, Musik, Kunst und Umgangsformen. Die Art, wie die junge Generation ihre Meinung kundtut, erregte den stärksten Widerspruch. Hinsichtlich dieses Aspekts bestand in den unruhigen 60er und frühen 70er Jahren noch am ehesten eine Generationskluft.

Ansonsten waren die Konflikte zwischen den Generationen geringer als zwischen den verschiedenen Gruppen innerhalb der Erwachsenengesellschaft. Die Generationskluft dient auch nach Congers (1977) Auffassung häufig als Interpretationsschema und Projektionsfläche für diese Konflikte. Dies wird durch die Reibung an altersspezifischen (nicht unbedingt generationsspezifischen) Ausdrucksformen erleichtert sowie durch die Popularisierung von Extremgruppen und subkulturellen Stilen durch die Massenmedien. Conger (1977) weist darauf hin, daß viele Jugendliche mit Repräsentanten der Erwachsenengesellschaft in Konflikt geraten, gerade *wenn* sie die Wertvorstellungen ihrer Eltern vertreten oder die an sich gültigen Normen der Gesellschaft, die in vielen Einzelfällen aber von dieser selbst mißachtet werden. Hierin lediglich einen Generationskonflikt zu sehen, mutet eher als Verdrängung der Problematik an. Ein altersspezifischer Effekt scheint es zu sein, daß Jugendliche besonders das radikal vertreten, was ihnen die Gesellschaft an verbindlichen Werten selbst beigebracht hat.

In einer Untersuchung von Oswald (1980) mit deutschen Gymnasiasten im Alter von 16 bis 18 Jahren standen vor allem der elterliche Einfluß auf politische Einstellungen und Interessen sowie das Beziehungsverhältnis zu den Eltern und Gleichaltrigen im Vordergrund. Der Einfluß der Eltern wurde aus Meinungsübereinstimmungen erschlossen.

Die politischen Einstellungen von Jugendlichen und ihren Eltern korrelierten signifikant miteinander, jedoch waren die Werte meistens nicht sehr hoch. Wenn beide Eltern dieselben Ansichten vertraten, war der Einfluß stärker. Die Nichtübereinstimmungen gingen jedoch meistens nicht auf einen subkulturellen Einfluß der Peergroup zurück, sondern auf eine Orientierung des Jugendlichen an anderen anerkannten Gruppen innerhalb der Erwachsenengesellschaft (z. B. eine andere demokratische Partei). Innerhalb der Familie konnte sich dies allerdings in Streitigkeiten über politische Fragen äußern. 22 Prozent der Schüler gaben an, daß solche Streitigkeiten vorkamen und daß die kontroversen Themen vor allem das Dritte Reich, Rassenprobleme sowie Schüler- und Studentenproteste betrafen. Die Teilnahme an Demonstrationen erfolgte meistens gegen den Willen der Eltern. Hier wurde am ehesten ein Einfluß von Gleichaltrigen sichtbar. Sieht man aber von dieser umstrittenen Ausdrucksform ab, so waren auch die Demonstranten ihren Eltern in den politischen Einstellungen häufig ähnlich.

Hinsichtlich der emotionalen Beziehung wiederholte sich der Befund ausländischer Untersuchungen, daß das Verhältnis zu den Eltern erstaunlich gut ist. Von einem eher gespannten Verhältnis berichteten 18 Prozent der Probanden. Die auftretenden Konflikte ließen sich wiederum kaum darauf zurückführen, daß prinzipiell eine Generationskluft besteht, sondern darauf, daß die Jugendlichen in andere gesellschaftliche Bereiche aufsteigen und sich somit anders orientieren als die Eltern. Differenzierungen oder auch Brüche innerhalb der Gesellschaft erscheinen auf diese Weise in der Familie so, als drückten sie eine Generationskluft auf.

Die einzige deutsche Untersuchung zu den epochalen Veränderungen in den Eltern-Kind-Beziehungen legten Allerbeck und Hoag (1985) vor. Sie stellten im Jahre 1983 16- bis 18jährigen Jugendlichen noch einmal dieselben Fragen, die von

Friedeburg und Becker in ihrer Jugenduntersuchung 1962 eingesetzt worden waren (Friedeburg, 1965). Die Veränderungen, die in diesen 20 Jahren stattfanden, betrafen nur wenige Aspekte und gingen zudem nicht immer in die Richtung verbreiteter Stereotype. So lebte 1983 ein größerer Anteil der Jugendlichen mit beiden Eltern zusammen als 1962. Allerdings hat sich die Ursache dafür gewandelt. 1962 handelte es sich noch vorwiegend um „Kriegswaisen", 1983 dagegen meistens um „Scheidungswaisen". Die Zahl der Jugendlichen mit geschiedenen Eltern nahm von 2,5 auf 8,2 Prozent zu. Aus den Daten läßt sich nicht der weit verbreitete Eindruck belegen, daß die Jugendlichen unter zunehmend zerrütteten familiären Verhältnissen aufwachsen.

Die Fragen nach der Beziehung zu den Eltern wurden von beiden Jugendgenerationen etwas unterschiedlich beantwortet. Das Verhältnis wurde tendenziell als konfliktreicher beschrieben, wenn auch „häufige Meinungsverschiedenheiten" und „ständige Schwierigkeiten" die Ausnahme blieben. Starke Differenzen ergaben sich beim Item „Wir haben uns lieb und bedeuten uns alles". Allerbeck und Hoag (1985) vermuten, daß diese Formulierung in den Ohren der Jugendlichen heute zu „lyrisch" klingt und schon aus diesem Grunde nicht mehr im selben Maße akzeptiert werden kann wie 1962. Es mag hinzukommen, daß Meinungsverschiedenheiten tatsächlich häufiger offen ausgetragen werden. Dies bedingt schon der veränderte Erziehungsstil. In dieser Hinsicht hat sich tatsächlich ein bemerkenswerter epochaler Wandel vollzogen. Der Einfluß auf Entscheidungen, die sie selbst betreffen, hat nach Angaben der Jugendlichen stark zugenommen. Des weiteren gab ein größerer Teil an, „nicht besonders streng" oder „gar nicht streng" erzogen worden zu sein (vgl. Tab. 7).

Zu beiden Untersuchungszeitpunkten wurde im Durchschnitt die Beziehung zur Mutter als besser charakterisiert als die zum Vater. Dennoch haben sich auch hier Veränderungen ergeben in dem Sinne, daß das Verhältnis zu beiden Elternteilen zunehmend differenzierter gesehen wird. Die Zahl derjenigen, die zu beiden Eltern ein gleich positives Verhältnis haben, ist geringer geworden. Von diesem Trend profitiert vor allem die Vater-Kind-Beziehung. Was 1962 nahezu ausgeschlossen war, galt 1983 für zehn Prozent der Jugendlichen: daß die Beziehung zum Vater als positiver eingeschätzt wird als die zur Mutter (vgl. Abb. 6). Die Vermutung, daß die Berufstätigkeit der Mutter hierauf Einfluß hat, bestätigte sich nicht. Ein epochaler Wandel in der Vater-Kind-Beziehung, der von Schmidt-Denter (1984) für das Kleinkind- und Vorschulalter nachgewiesen werden konnte, scheint sich auch auf die Beziehung zwischen Jugendlichen und ihren Vätern ausgewirkt zu haben.

Die günstige Beziehungsqualität ist um so erstaunlicher, als sich der soziale Wandel in den letzten Jahrzehnten tatsächlich stark beschleunigt hat und sich die Jugendlichen dementsprechend anderen Lebensbedingungen anpassen müssen, als ihre Eltern sie vor dem Eintritt ins Erwachsenenalter vorfanden. Ein Potential für Konflikte und für Entfremdungen bestünde demnach durchaus.

Wahrscheinlich unterschätzt diese klassische Sichtweise von der Entstehung der Generationskluft den Veränderungsdruck, den der soziale Wandel auch *auf die Erwachsenen* ausübt. Jugendliche und ihre Eltern werden häufig gleichermaßen zu

Tabelle 7: Zeitvergleich: Jugend 1962–1983

Fragetext: Was würden Sie sagen:
Sind Sie
- sehr streng erzogen worden,
- streng,
- nicht besonders streng, oder
- gar nicht streng?

Strenge Erziehung	Gesamt	Geschlecht		Tätigkeit			Alter		
		männl.	weibl.	Schüler	Lehrling Azubi	Berufs-tätig	16 Jahre	17 Jahre	18 Jahre
1983									
N	1530	819	711	904	495	71	538	529	463
Prozent									
Gesamt = 100 %	100.0	100.0	100.0	100.0	100.0	100.0	100.0	100.0	100.0
sehr streng	0.9	0.9	1.0	0.8	0.6	2.8	0.7	0.6	1.5
streng	17.8	19.9	15.3	16.7	19.8	21.1	16.5	18.9	17.9
nicht bes. streng	68.0	66.2	70.2	69.6	67.3	60.6	69.3	67.5	67.2
gar nicht streng	13.3	13.1	13.5	12.9	12.3	15.5	13.4	13.0	13.4
1962									
N	871	456	415	173	337	346	218	269	384
Prozent									
Gesamt = 100 %	100.0	100.0	100.0	100.0	100.0	100.0	100.0	100.0	100.0
sehr streng	4.8	5.3	4.3	3.5	3.6	6.6	3.2	4.8	5.7
streng	40.1	40.1	40.0	39.9	40.1	39.3	34.9	43.5	40.6
nicht bes. streng	49.5	48.9	50.1	48.0	51.0	49.7	55.0	45.7	49.0
gar nicht streng	5.6	5.7	5.5	8.7	5.3	4.3	6.9	5.9	4.7

(nach Allerbeck & Hoag, o.J., S. 4)

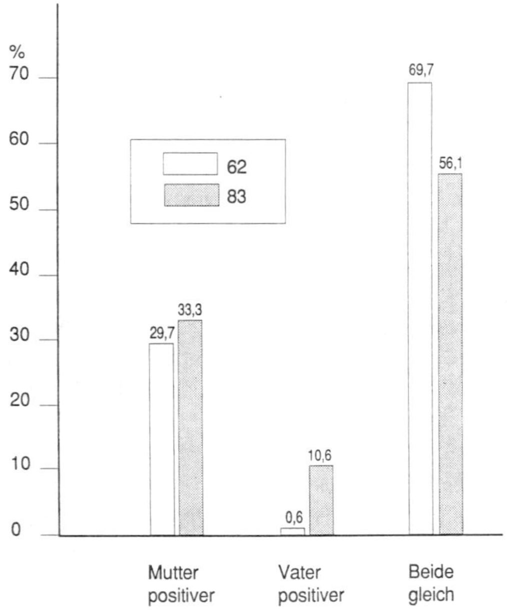

Abb. 6: Zeitvergleich: Jugend 1962 – 1983: Verhältnis zu Mutter/Vater (aus: Allerbeck & Hoag, 1985, S. 62)

ständigem Lernen und zur Anpassung an veränderte Bedingungen gezwungen. Die Elterngeneration kann es sich kaum leisten, Einstellungen und Werte aus „ihrer" Jugendzeit zu konservieren. Das Bild von einer vorherrschenden Stabilität oder Stagnation im Erwachsenenalter entbehrt ebenfalls jeder empirischen Fundierung (vgl. Kap. 7). Die meisten Veränderungen in den Lebensbedingungen betreffen die verschiedenen Generationen gleichermaßen, wie z.B. technische Revolutionen, Arbeitslosigkeit oder entscheidende politische Weichenstellungen. Die Shell-Studie von 1984 (Jugendwerk der Deutschen Shell, 1985) belegt, daß Themen, die zunächst Jugendliche aufwerfen, schnell auch in der Erwachsenenwelt diskutiert werden. Die angesprochenen Ängste und Hoffnungen, Werte und Wünsche bewegen beide Generationen. Dabei übernehmen die Erwachsenen sogar häufig Definitionen und Meinungen von Jugendlichen. Die Jugendlichen wirken als Interpreten der Gegenwart und als Meinungsmacher. Es ist unübersehbar, daß ein *wechselseitiger Einfluß* zwischen den Generationen stattfindet und daß die klassische Richtung des Sozialisationseinflusses von den Eltern auf die Kinder nur *einen* Aspekt der Beziehung darstellt. Umgekehrt hat der Sozialisationsbeitrag der Jugendlichen bei der Anpassung der Eltern an eine veränderte Welt ein beachtliches Ausmaß angenommen. Die Shell-Studie '84 geht davon aus, daß sich 51 Prozent der Eltern unter dem Einfluß ihrer Kinder verändert haben. Sie gelangen durch diese zu ähnlichen Einstellungen gegenüber bestimmen Zeitfragen, lernen mit Problemen und Konflikten umzugehen und lassen sich sogar in Kleidungsfragen beraten. Einige Jugendliche beklagen im Gegensatz zu früher nicht den autoritären Erziehungsstil ihrer Eltern, sondern daß diese zu „schwammig" seien und daß sie keine scharf konturierten Gegner mehr hätten, mit denen sie sich auseinandersetzen könnten.

Die Wechselwirkung zwischen beiden Generationen betrifft nicht nur die Beeinflussung von Meinungen und Einstellungen, sondern auch die emotionale Funktion. Bei der Bewältigung außerfamiliärer Herausforderungen stellen nicht nur die Eltern ein Unterstützungssystem für ihre Kinder dar, sondern die Jugendlichen sind auch umgekehrt von starker emotionaler Bedeutung für die Erwachsenen. Zunehmend – so meinen die Autoren der Shell-Studie – seien es die Eltern, die um die Liebe ihrer Kinder kämpften, die diese als Partner benötigten und denen eine Trennung schwerfiele.

Während eine enge funktionale Verflechtung zwischen den Erwachsenen und ihren eigenen Kindern besteht, zeigen sich bei den Gruppen-Urteilen der Generationen übereinander reichlich Stereotypien und Desorientierungen. Bei kaum einer Frage zeigten sich die Jugendlichen so einig, wie bei der Meinung, daß *die* Erwachsenen eine negative Haltung gegenüber *den* Jugendlichen hätten. In ähnlicher Weise dachten die Erwachsenen über die heutige Jugendgeneration (Allerbeck & Hoag, 1985).

6.3 Das Verhältnis zwischen Jugendlichen und Erwachsenen als Generations-Gruppen (Kohorten)

Es erhebt sich die Frage, warum Erwachsene und Jugendliche sich gegenseitig als negative Projektionsfläche verwenden, während die Eltern-Kind-Beziehung in allen empirischen Untersuchungen als vorwiegend positiv geschildert wird. Ein Erklärungsansatz ergibt sich daraus, daß sich die Generationen als Gruppen nicht über eigene Erfahrungen kennenlernen können, sondern daß die Erfahrungsbildung über die Medien vermittelt werden muß. Eine Eigengesetzlichkeit der Medien besteht nun darin, daß gerade das Seltenste am ehesten zur Nachricht wird und in ungeheurer Vervielfältigung eindrucksbildend wirkt (Allerbeck & Hoag 1985, S. 46). Das Abweichende erscheint somit in der Wahrnehmung als das Normale. Verliert man aus dem Auge, daß eine Reportage gerade von dem Ungewöhnlichen und dem Seltenheitswert des Dargestellten lebt, so ergeben sich absurde Konsequenzen. Die 0,3 Prozent der Befragten, die sich zu den Punkern zählen, prägen das Bild von der Jugend viel stärker als z. B. die viel größere Gruppe der Rettungsschwimmer.

Erwachsene und Jugendliche als Gruppe erwarten jedenfalls, daß sie in vielen Fragen voneinander abweichen. Die Fremd-Stereotype sind viel weiter voneinander entfernt als die tatsächlichen Einstellungen und Verhaltensweisen.

Ahammer und Baltes (1972) gingen in ihrer Untersuchung der Frage nach, in welchem Ausmaß Unterschiede zwischen den Generationen ein Wahrnehmungsproblem sind, d. h. mehr auf wahrgenommenen als auf tatsächlichen Differenzen zwischen verschiedenen Altersgruppen beruhen. Sie verglichen Selbst- und Fremdeinschätzungen von Jugendlichen (15–18 Jahre), Erwachsenen (34–40 Jahre) und älteren Leuten (64–74 Jahre). Die Daten zeigen, daß Unterschiede häufig nur in der Fremdwahrnehmung bestehen oder durch diese vergrößert werden. Die größten Fehleinschätzungen unterliefen in dieser Untersuchung den Erwachsenen. Ahammer und Baltes (1972, S. 50) führten dies auf deren Funktion als Sozialisationsagenten zurück. In dieser Eigenschaft definierten sie sowohl für die Jugendlichen als auch für ältere Leute bestimmte Sozialisationsziele, die mit der Selbsteinschätzung dieser Altersstufe nicht übereinstimmen.

Befunde dieser Art bedeuten nun natürlich nicht, daß es keinerlei reale Kohortendifferenzen gibt. Vielmehr kommt es darauf an, genauer ihre Größe, Ursache und Funktion zu bestimmen.

Allerbeck (1979) wendet sich dagegen, daß solche Unterschiede als Resultat familialer Prozesse erklärt werden, als quasi fehlgeschlagene Sozialisationsleistung der Eltern, durch die eine Generationskluft hervorgerufen wird.

Zunächst gilt es, zwischen Lebenszyklus- und Generationseffekten zu unterscheiden. In bezug auf die politische Partizipation zeigt sich beispielsweise, daß die Elterngeneration mehr konventionelle politische Aktivitäten zeigt als die Jugendgeneration, wie z. B. Lesen des politischen Teils der Zeitung, Diskussionen über Politik, Besuch politischer Versammlungen und Mitarbeit in einer Partei. Dieser Befund konnte für Deutschland, Österreich, die Niederlande, Großbritannien und die USA gesichert werden. Dennoch handelt es sich nicht um einen Generationseffekt, sondern um einen spezifischen Alterseffekt, da sich die Elterngeneration in ihrer Jugend genauso verhalten hat und man davon ausgehen kann, daß sich die heutigen Jugendlichen in Zukunft dem Verhalten der Erwachsenen annähern werden.

Des weiteren dürfen Gruppenvergleiche nicht auf die Mikroebene der Familie übertragen und als Eltern-Kind-Beziehung interpretiert werden. Dafür ist die interindividuelle Variation innerhalb jeder Generation viel zu groß. Vergleicht man die Generationen als ganze miteinander, so ergibt sich z. B. zu politischen Einstellungen häufig tatsächlich ein unterschiedliches Bild. Vergleicht man jedoch die Antworten von Eltern und ihren Kindern, so sind trotzdem die Korrelationen in den unterschiedlichsten Studien stets positiv. In der Eltern-Kind-Beziehung macht sich somit ein Sozialisationseinfluß bemerkbar, und es gibt keine Anhaltspunkte dafür, daß die Familie als negativer Referent wirkt in dem Sinne, daß die Jugendlichen in Form einer „ödipalen Rebellion" entgegengesetzte Positionen zu den Eltern entwickeln.

Andererseits bedeutet eine positive Korrelation natürlich keine perfekte Übereinstimmung. Sie bedeutet lediglich, daß die Eltern relativ zu ihrer eigenen Generation Einstellungen und Verhalten ihrer Kinder relativ zu deren Generation bedingen. Die im Verhältnis zu deren Generation konservativen Eltern haben häufiger Kinder, die im Verhältnis zu ihrer Generation konservativ sind. Im Generationsvergleich sind die Positionen aber dennoch gegeneinander verschoben. Es kommt somit beides zum

Ausdruck, sowohl die Wirksamkeit der Eltern als Sozialisationsinstanz als auch ein epochaler Wandel. Dieser Wandel ist jedoch weniger die Folge eines Eltern-Kind-Konfliktes, sondern mehr der Effekt veränderter außerfamiliärer Bedingungen. Die Befunde lassen sich somit durch die Formel „Integration im sozialen Wandel" kennzeichnen.

Baltes (1979) weist darauf hin, daß generations- bzw. altersspezifische Kohorteneffekte zur entwicklungspsychologischen Forschungsperspektive gehören. In ihnen kommen epochale Veränderungen zum Ausdruck, und es wird deutlich, daß die soziale Entwicklung nicht nur von Mikrosystemen wie der Familie oder der Peergroup abhängig ist, sondern daß auch historische und gesellschaftliche Bedingungen einwirken. Eine dialektische Sichtweise des Generationsproblems schlägt Brent (1978a, b) vor. Die beiden Ausgangspunkte seiner Überlegung sind das dialektische Modell von Hegel (1949) und das orthogenetische Entwicklungsprinzip von Werner (1948, 1957). Hegels Ansatz besagt, daß jedes Entwicklungsstadium den Keim seiner eigenen Zerstörung bereits in sich trägt. Die Entwicklung von einem Stadium zum nächsten schreitet durch einen dialektischen Prozeß voran: Der These folgt die Antithese, das Ergebnis beider schließlich ist die Synthese. Die Spannung zwischen These und Antithese ist somit das sichtbare Zeichen dafür, daß überhaupt Entwicklung stattfindet. Werner definiert Entwicklung als einen Prozeß, in dessen Verlauf sich homogene Ganzheiten zusehends differenzieren und hochspezialisierte Teileinheiten bilden. Diese wiederum werden hierarchisch in übergeordnete Systeme integriert, in denen sie eine bestimmte Aufgabe oder Funktion für die Ganzheit erfüllen.

Wichtig für den reibungslosen Ablauf des Entwicklungsprozesses ist, daß ein Gleichgewicht zwischen Spezialisierung und Integration herrscht. Eine „Gleichgewichtsstörung" würde die Entwicklungstendenz umpolen und in eine Regression verwandeln. Aufbauend auf diesen beiden Entwicklungsmodellen prägte Brent den Begriff des *organismischen Kollektivs.* Je mehr sich der einzelne im Kollektiv spezialisiert, desto eher ist das Kollektiv in der Lage, sich der stets verändernden Umwelt anzupassen. Wenn ein organismisches Kollektiv überleben will, muß es gleichzeitig drei wesentliche Funktionen erfüllen: erstens muß es jene Kräfte maximieren, die für die Lebenserhaltung unter den verschiedenen Umweltbedingungen verantwortlich sind; zweitens muß es in der Lage sein, angesichts der sich ständig ändernden Umweltbedingungen seine eigene Stabilität zu erhalten, und drittens muß es gleichzeitig seine Flexibilität bewahren, um – falls dies einmal nötig sein sollte – neue *ökologische Nischen* ausfüllen zu können.

Für die Bewältigung dieser Herausforderungen ist es von entscheidender Bedeutung, daß jedes Kollektiv aus jüngeren und älteren Generationen (Kohorten) besteht, die gemeinsam dafür sorgen, daß alle lebensnotwendigen Funktionen erfüllt werden. Während die jüngeren Kohorten dafür sorgen, die Flexibilität des Kollektivs zu erhalten (notwendig für die Anpassung an Umweltveränderungen und auch für die Expansion in neue Bereiche der Umwelt), besteht die Aufgabe der Älteren darin, das Kollektiv abzusichern und die Umweltbereiche zu erhalten, an die sich das Kollektiv bereits angepaßt hat. Diese Funktionsverteilung ist weniger stark abgegrenzt in Zeiten hoher Stabilität der Umweltbedingungen. Wenn nichts Neues geschieht, sind auch die Aufgabenbereiche Flexibilität und Expansion – quasi die „Spezialitäten" der jüngeren Generation – nicht von lebenswichtiger Bedeutung. Jüngere und ältere Generation unterscheiden sich dann nicht besonders stark.

In Zeiten einer sich schnell ändernden Umwelt jedoch lernt die jüngere Generation sehr rasch, flexibel zu reagieren, und auch die Fähigkeit zur Expansion wird lebensnotwendig. Die jüngeren Gruppen des Kollektivs passen sich verstärkt den neuen Situationen an, während den Älteren die Aufgabenbereiche Absicherung und Erhalten zufallen. Es entsteht eine dialektische Beziehung zwischen den Generationen, der Ursprung für den sogenannten *Generationskonflikt*. Aus diesem Konflikt heraus müssen *Adaptationsstrategien* an veränderte Bedingungen gefunden werden, die zur Entwicklung aller *Kohorten* beitragen. Würde man die Generationen voneinander isolieren, sowohl in soziologischer als auch in psychologischer Hinsicht, so würde dies für die Gesamtheit katastrophale Folgen haben: Die Lebensenergie der Älteren würde schwinden, und das Altern würde zu einem Prozeß zunehmender Starre werden. Die Anpassungsfähigkeit der Jüngeren würde umschlagen in ziellose Aktivität. Die Isolierung beider Gruppen voneinander wäre gleichbedeutend mit einer *Differenzierung ohne Integration*. Sie würde die Überlebenschancen einer Gesellschaft verringern.

Jüdische Legende zum *Problem der Generationen*
Ein Weiser ging einmal über Land und sah einen Mann, der einen Johannisbrotbaum pflanzte. Er blieb bei ihm stehen, sah ihm zu und fragte: „Wann wird das Bäumchen wohl Früchte tragen?" Der Mann erwiderte: „In siebzig Jahren."

Da sprach der Weise: „Du Tor! Denkst du, in siebzig Jahren noch zu leben und die Früchte deiner Arbeit zu genießen? Pflanze lieber einen Baum, der eher Früchte trägt, daß du dich ihrer erfreust in deinem Leben."

Der Mann aber hatte sein Werk vollendet und sah freudig darauf, und er antwortete: „Herr, als ich zur Welt kam, da fand ich Johannisbrotbäume und aß von ihnen, ohne daß ich sie gepflanzt hatte, denn das hatten meine Väter getan. Habe ich nun genossen, wo ich nicht gearbeitet habe, so will ich einen Baum pflanzen für meine Kinder und Enkel, daß sie davon genießen. Wir Menschen mögen nur bestehen, wenn einer dem anderen die Hand reicht. Siehe, ich bin ein einfacher Mann, aber wir haben ein Sprichwort: Gefährten oder Tod." Damit wandte er sich ab und ging hinweg.
(Aus: ‚Misereor'-Kalender, 1982).

6.4 Die These von der jugendlichen Subkultur

Die Kontroverse um die Existenz einer eigenständigen *Teilkultur der Jugend* beherrscht seit Jahrzehnten insbesondere die soziologisch orientierte Forschung. Der Begriff *Subkultur* kennzeichnet eine bestimmte Gruppierung innerhalb der Gesellschaft, die sich in verschiedener Hinsicht anders als die Mehrheit verhält, jedoch im Wirkungsfeld der Gesamtkultur verbleibt. Sie läßt sich durch folgende *Charakteristika* näher beschreiben:

- gemeinsame Normen und Wertvorstellungen der Mitglieder,
- einen spezifischen Sprachgebrauch,
- eine bestimmte Art des Auftretens und bestimmte Umgangsformen,
- kollektive Erwartung bezüglich des Aussehens der Mitglieder,
- die Vorstellung des „Dazugehörens", ein Wir-Gefühl,
- eine Rangfolge sozialer Positionen und Statusunterschiede,
- Möglichkeiten zur Befriedigung spezifischer Bedürfnisse.

Bezeichnet man die Jugend als Subkultur, so impliziert dies weiterhin, daß sich die Wertvorstellungen, Organisationsformen usw. gegen die Erwachsenenwelt und ihren Sozialisationseinfluß richten (Parsons, 1942).

Die These stützt sich zum einen auf Untersuchungen über delinquente Jugendbanden. Die Delinquenz wurde als Produkt der subkulturellen Normen und gruppendynamischer Prozesse verstanden (Campbell, 1980). In diesem Sinne beschrieben die beiden epochemachenden Studien von Thrasher (1927) und White (1943) die Interaktionsstruktur in kriminellen Jugendbanden. Danach gibt es nur wenige Gruppen, die ein ähnliches Maß an Differenzierung der Beziehungen, Stabilität der Rollen und der Statushierarchie sowie der Gruppensolidarität erreichen. Jugendliche einer Bande zeigten enges Zugehörigkeitsgefühl und ein kompliziertes System anerkannter Verpflichtungen und Loyalitäten.

Für den Bandenführer galten in etwa die gleichen Kriterien wie für Führer anderer Gruppen. Die Führerschaft in Banden hing jedoch stärker von Faktoren wie Körperkraft, Tapferkeit, Zähigkeit, Erfindungsgabe und Schlauheit ab. Der Bandenchef hatte eine zentrale Stellung in der Gruppe: In seiner Abwesenheit wurden keine wichtigen Entscheidungen getroffen, und er war verantwortlich für die Ausführung von Gruppenunternehmungen. Der Führer bezog seine Macht von der Gruppe, und er wagte nicht, diese zu mißbrauchen. Die Ergebnisse dieser umfangreichen Untersuchungen konnten aber in nachfolgenden Studien nicht bestätigt werden. Yablonsky (1962) sowie Short und Strodtbeck (1965) konnten keine Bandenstruktur mit Rollen, Normen und Anführer nachweisen. Eher spontan versammelten sich ca. 25 Mitglieder bei gewalttätigen Aktionen um einen harten Kern von ca. fünf Personen. Wahrscheinlich sind auch kulturspezifische Faktoren bei der Bandenforschung von Bedeutung, wie britische Studien zeigen.

Die Mitgliederzahl Londoner Banden reichte in einer Untersuchung von Spinley (1953) von Dreier-Cliquen bis zu Gruppen mit 20 Mitgliedern. Scott (1956) unterschied drei Gruppentypen: die harmlose Straßengruppe, die organisierte Bande und die schwach strukturierte, weitläufige Gruppe. 86 Prozent seiner Stichprobe gehörten letzterem Gruppentyp an. Auch Downes (1966) konnte die Existenz der klassischen Gang mit den Merkmalen Rollenzuweisung, Wertsystem, Hierarchie, uniforme Kleidung nicht nachweisen.

Zwischen 1963 und 1966 untersuchte Cohen (1972) die Unruhen zwischen „Mods" und „Rockers" an der englischen Südküste. Zwar gab es innerhalb der losen

Gemeinschaften strukturierte Zentren, doch waren nach Cohens Ansicht erst die Medien und ihre Berichterstattung Auslöser für ein subkulturelles Gruppenbewußtsein und ein entsprechendes Verhalten. White (1971) untersuchte Banden in Birmingham. Nur eine Bande wies die klassischen Merkmale auf, insgesamt waren die Banden sehr unterschiedlich in ihrer Struktur und in ihren Aktivitäten. Daniel und McGuire (1972) zeichneten Gespräche mit Londoner East End Skinheads auf. Bestimmte Plätze entwickelten sich zu Treffpunkten der Skinheads, die ihre Zusammengehörigkeit durch ihr Äußeres demonstrierten und jede Art von Anführer strikt ablehnten. Die Gewalt, die nur um der Aktion willen ausgeübt wurde, richtete sich auch gegen andere Gruppen (Hippies, Pakistanis). Ritualisierte Bandenkämpfe nach dem Muster amerikanischer Straßenbanden gab es aber nicht (Miller, 1975).

Durch die Fixierung auf das delinquente Handeln wurde häufig der Gesichtspunkt vernachlässigt, daß die subkulturelle Bandenbildung auch den Versuch Jugendlicher darstellt, ein Bindungssystem zu schaffen. Über die Struktur affektiver Beziehungen ist wenig bekannt. Hinweise auf die Komplexität der Bindungen geben die Arbeiten von Parker (1974) aus Liverpool und Daniel und McGuire (1972) aus London. Auch scheint die Freizeitbeschäftigung der Jugendlichen wie „rumhängen und nichts tun" komplexer zu sein, als auf den ersten Blick angenommen (Corrigan, 1975). Der Treffpunkt der Londoner lag außerhalb ihrer Wohngebiete, so daß sie bei Aktionen nicht ohne weiteres erkannt werden konnten. Die Liverpooler steuerten täglich bestimmte Treffpunkte an, um jedem Mitglied Gelegenheit zu geben, die anderen zu sehen. Die alltäglichen Beschäftigungen wie Jugendclubbesuche, Trinken oder mit Pfeilen (Darts) auf eine Zielscheibe zu werfen, wurden überlagert von den Ereignissen der wöchentlichen Arbeitslosenunterstützung, des Fußballspiels am Samstag und ähnlichem. In beiden Gruppen sah man die Mitgliedschaft in der Clique als langfristige Perspektive. Für die jüngeren waren die älteren Jugendlichen Vorbild. Ihre Anstrengungen und Aktivitäten betrachteten die älteren mit geradezu väterlichem Vergnügen, kleinere Angriffe und Drohungen wurden geduldig hingenommen. Ein Indikator für die Verbundenheit der Jugendlichen mit der Gruppe war ihre Loyalität, die sich z. B. gegenüber der Polizei oder bei Auswärtsspielen ihres Fußballvereins zeigte. Ausschreitungen galten als beliebte und gern wiederholte Gesprächsthemen, die das Gruppengefühl verstärkten. Im Falle der Festnahme eines Mitglieds versuchten die anderen zunächst, für ihn zu bürgen oder ihn auf Kaution frei zu bekommen. Mißlang dies, so wurde erwartet, daß er die Sache allein durchstand und niemand anderen aus der Gruppe verpfiff.

Mädchen waren die einzig akzeptierte Entschuldigung, wenn ein Mitglied einer Aktion fernbleiben wollte. Die feste Freundin, von der Treue erwartet wurde, beendete häufig die Mitgliedschaft des Jugendlichen in der Bande. Eine andere Kategorie Mädchen, das „dirty ticket", das jedem Mitglied für sexuelle Abenteuer zur Verfügung stand, hatte keinen Einfluß auf die Gruppenkohäsion.

Seit Cohen und Short (1958) wird der Informationsmangel über *Mädchenbanden* beklagt, ihre Existenz aber wiederholt bestätigt. Aus den soziometrischen Daten von Jugendgruppen lassen sich normalerweise leicht die Führer und deren Anhänger sowie eine gewisse Arbeitsteilung und hierarchische Ordnung erkennen (Hartup,

1970). Mädchengruppen sind aber häufig nicht so streng organisiert (Horrocks, 1976). Zumindest sind die Ergebnisse zur Gruppenführung bei weiblichen Jugendlichen uneinheitlich. So erscheint bei Hollingshead (1949) die Gruppenführung als flexibel, freiwillig und informell. Hingegen lassen persönliche Stellungnahmen von Gruppenmitgliedern bei Jennings (1950) und Gordon (1957) darauf schließen, daß klare Vorstellungen darüber bestanden, wer Führerin und Geführte war und wer als isoliert galt.

Hanson (1984) beschrieb die Struktur einer New Yorker Mädchenbande. Die Bande hatte eine Anführerin, einen Kriegsrat, eine innere Struktur und Rangordnung, die auf körperlicher Tapferkeit beruhte. Es bestanden Kontakte zu Jungenbanden, die im Kampf unterstützt wurden und zu deren Mitgliedern sexuelle Beziehungen existierten. Die weitere Beschreibung unterschied sich nicht von der männlicher Banden. Die meisten Stichproben britischer und amerikanischer Untersuchungen bildeten Mädchen aus Erziehungsheimen, die teilweise wegen Verstößen gegen das Jugendschutzgesetz straffällig geworden waren, meistens wegen Promiskuität.

Gesellschaftliche Veränderungen spiegeln sich in den Ergebnissen einer neueren Untersuchung von Collins (1977) wider. Mindestens die Hälfte aller New Yorker Stadtbanden hatte weibliche Mitglieder, ungefähr im Verhältnis 13 : 1. Allerdings nahmen diese keine Autoritätspositionen ein und beteiligten sich nicht an Dominanzkämpfen. Die Jungen gewährten ihnen Schutz, die Mädchen trugen als Gegenleistung Waffen, da sie in der Regel von der Polizei bei Leibesvisitationen unbehelligt blieben. Millers (1975) Daten bestätigten die Ergebnisse von Collins. Miller unterschied drei Arten der Beteiligung von Mädchen an Banden: a) als Anhängsel einer männlichen Bande, b) als Mitglied in einer gemischten Bande und c) den seltenen Fall eines Mitglieds in einer Frauenbande. Nach Beobachtungen von Smith (1978) gehörten 90 Prozent der delinquenten Mädchen einer gemischten Bande an, in der sie nicht nur teilnahmen, sondern auch aktiv zu delinquenten Handlungen anstifteten.

Die Schilderung der Untersuchungsergebnisse verdeutlicht, daß *delinquente Subkulturen* nur auf dem Hintergrund bestimmter ökologischer Bedingungen verstanden werden können. Die amerikanischen Untersuchungen beziehen sich auf städtische Elendsviertel, chaotische familiäre Verhältnisse sowie sozio-ökonomisch und rassisch benachteiligte Bevölkerungsgruppen. Bei den britischen Untersuchungen kommt die extreme Jugendarbeitslosigkeit als Einflußfaktor hinzu. Die Bandenbildung erscheint als ein Versuch der Jugendlichen, sich ein Bindungs- und soziales Unterstützungssystem zu schaffen. Angesichts zerstörter sozialer Beziehungssysteme, materieller Not und mangelnder Einbindung in die Gesellschaft werden diese Gruppenbildungen verständlich und erfüllen für den einzelnen wichtige soziale Funktionen. Die Erscheinungen rechtfertigen es nicht, von einer Subkultur der Jugend zu sprechen. Selbst delinquente Banden, die ohnehin ein Randphänomen darstellen, erfüllen keinesfalls durchgängig die Merkmale für eine subkulturelle Gruppe.

Die These von der jugendlichen Subkultur erhielt einen zweiten wichtigen Impuls durch die Untersuchung von James S. Coleman (1961). Der Beweis für die Existenz einer eigenständigen Jugendkultur schien diesmal besonders stichhaltig erbracht zu sein, weil es sich um über 1000 Schüler aus der sozialen Mittelschicht, also aus „geordneten Verhältnissen", handelte. Coleman (1961) kam zu der Auffassung, daß in sich rapide verändernden, hoch rationalisierten Gesellschaften Jugendliche eine von der übrigen Gesellschaft *abgrenzbare Kultur* bilden, in der die Wertvorstellungen der Erwachsenen durch ein *eigenes Normsystem* ersetzt werden. Er zog aus seinen Daten den Schluß, daß es die Erwachsenengesellschaft nicht mehr mit einzelnen jugendlichen Individuen zu tun habe, sondern mit einem *homogenen sozialen System*, das eine „vereinigte Front" bilde. Diese richte sich gegen die Schulziele und gegen die Sozialisationsziele der Erwachsenengesellschaft allgemein. Der Haupteinfluß in dieser Subkultur gehe von einer Führungsgruppe, der sogenannten *„leading crowd"*, aus.

Diese extreme Position war in der folgenden Zeit Anlaß für eine Reihe weiterer Untersuchungen, die die Befunde Colemans (1961) zum Teil beträchtlich relativierten. So folgerte Epperson (1964) aus einer Neubewertung der Daten, daß (1) einige der Befunde nur durch die Fragestellung hervorgerufene Artefakte seien und (2) die Ergebnisse auch ganz andere Interpretationen zuließen. Beispielsweise wurden die Jugendlichen gefragt, ob sie mehr durch die Mißbilligung ihrer Eltern oder den Bruch mit einem Freund betroffen wären. Epperson (1964) kritisierte in seiner Re-Analyse die Gleichstellung der beiden Begriffe „Mißbilligung" und „Bruch", da diese eine unterschiedliche emotionale Bedeutung hätten. Während Jugendliche die Mißbilligung ihrer Eltern relativ häufig erfahren, dürfte der Bruch mit dem engsten Freund ein eher seltenes Ereignis sein, mit dem ernste emotionale Konsequenzen verbunden sind. Die Tatsache, daß die meisten der von Coleman befragten Jugendlichen den Bruch mit einem Freund als schwerwiegender einschätzen als die Mißbilligung der Eltern, ist daher möglicherweise ein Effekt dieser Fragestellung. Epperson (1964) veränderte die Fragen in einer Replikation der Colemanschen Untersuchung, indem er die Jugendlichen fragte, worüber sie am meisten unglücklich wären: wenn die Eltern, der beste Freund oder der Lieblingslehrer nicht schätzten, was sie täten. Über 80 Prozent der Befragten antworteten, daß es sie am unglücklichsten mache, wenn sie den Eltern mißfielen. Da sich die Bindung des Kindes an die Eltern mit zunehmendem Alter lockert, könnte man die Hypothese aufstellen, daß ältere Schüler dem Mißfallen ihrer Eltern gleichgültiger gegenüberstehen als jüngere. Epperson (1964) verglich daher die Antworten jüngerer mit denen älterer Schüler und stellte fest, daß die älteren mehr Wert auf die Reaktion ihrer Eltern legten, während jüngere Schüler sich eher an der Reaktion ihres Lieblingslehrers orientierten.

Die Thesen Colemans (1961) wurden auch in bezug auf den Einfluß der „leading crowd" an den Schulen relativiert (Cohen 1976). Coleman (1961) ging davon aus, daß Verhaltens- und Einstellungsänderungen dadurch auftreten, daß Schüler den Vorstellungen der „leading crowd" nacheifern in der Hoffnung, selbst Mitglied dieser Gruppe zu werden. Cohen (1976) kam in der Sekundäranalyse der Daten Colmans zu dem Schluß, daß Einstellungs- und Verhaltensänderungen innerhalb einer Schülerpopulation, die auf den Einfluß der „leading crowd" zurückzuführen waren, sich gegenseitig aufhoben, sobald diese Gruppe selber gespalten war. Cohen (1976) wies nach, daß Coleman, indem er die Uniformität der Schülerkultur überbetonte, auch die Homogenität der „leading crowd“ überschätzte. Coleman versuchte zu zeigen, daß diese führende Gruppe der beste Repräsentant für die Normen und Werte der Schülerkultur sei und deren Homogenität verursache. War z. B. der Autokult für die Schüler von großer Bedeutung, so hatte er für die Mitglieder der „leading crowd“ einen noch höheren Stellenwert. Cohen stellte im Gegensatz dazu fest, daß in den meisten Fällen die untersuchte Einstellung in der führenden Gruppe zwar überrepräsentiert war, in der gesamten Schule jedoch nur von einer Minderheit der Jugendlichen hoch bewertet wurde. So teilten in Schulen, in denen die Mitglieder einer „leading crowd“ die Bedeutung eines eigenen Autos besonders hoch einschätzten, nur 40 Prozent aller übrigen Jungen diese Ansicht. Die Sekundäranalyse von Cohen (1976) bewies daher, daß die Ansicht Colemans, die „leading crowd“ repräsentiere die jugendliche Subkultur, nicht der Wirklichkeit entspricht. Darüber hinaus deuteten Unterschiede innerhalb der führenden Gruppe darauf hin, daß eine einheitliche Jugendkultur als eine Art „Gegengesellschaft“, die auf jeden Jugendlichen in gleichem Maße wirkt, nicht existiert. Sowohl innerhalb der „leading crowd“ als auch zwischen den einzelnen Jugendgruppen gab es starke Unterschiede. Diese reproduzierten zum Teil die Unterschiede zwischen Gruppen in der Erwachsenengesellschaft. In der Untersuchung von Hollingshead (1949) spiegelte sich z.B. die Schichtzugehörigkeit im Sozialverhalten und in den Gesellschaftsformen der Jugendlichen wider. Innerhalb der sogenannten jugendlichen Subkultur finden also Selektionsprozesse statt, die zu relativ homogenen Freundschaftsgruppen oder Cliquen führen. Die Differenzierung zwischen diesen Gruppen kann durchaus schärfer sein als die Abgrenzung zur Erwachsenengesellschaft.

Dem Mechanismus der Selektionsprozesse ging Cohen (1977) in einer zweiten Sekundäranalyse der Daten Colemans (1961) nach. Er überprüfte den Effekt folgender Faktoren auf die Cliquenhomogenität: (1) Gruppendruck in Richtung Homogenität, (2) selektiver Ausschluß von abweichenden Mitgliedern sowie (3) die gleichartige Auswahl, d. h. die Tendenz, als neue Gruppenmitglieder solche zu wählen, die der bestehenden Clique in Interessen, Einstellungen und Verhaltensweisen ähnlich sind.

Die Ergebnisse zeigen, daß die Entwicklung von Gruppenhomogenität ein Prozeß ist, in dem sowohl der Gruppendruck als auch die Auswahl Gleicher eine Rolle spielen. Der zweite Faktor ist jedoch der gewichtigste. Die anfängliche Selektion Gleichgesinnter erklärt die Cliquenhomogenität am besten. Der Gruppendruck in Richtung Konformität erwies sich in seinem Ausmaß und in seiner Effektivität als begrenzt. Der Ausschluß abweichender Mitglieder war ein unbedeutender Mechanismus. Der Selektionsprozeß bezieht sich auch auf die Bedeutung, die die Clique den Schulleistungen beimißt. Coleman (1961) hatte aus seinen Daten noch den Schluß gezogen, daß die jugendliche Subkultur schulische Leistungen prinzipiell gering achtet und daher bei Jugendlichen das Streben danach untergräbt. Braham (1965) meinte sogar, daß eine Geringschätzung des Schulerfolgs das beste Mittel sei, um einen hohen Status in der Peergroup zu erlangen. Damico (1975) ging daher in ihrer Untersuchung mit Schülern der 9. Klassen gezielt der Frage nach, wie Cliquen die Schulleistungen ihrer Mitglieder beeinflussen. Sie ermittelte die Cliquenstrukturen und setzte eine Reihe von Begabungs- und Leistungstests ein. Die Ergebnisse zeigten, daß schulische Fähigkeiten keinen Einfluß auf den Status innerhalb der Peergroup hatten und kein Kriterium für die Cliquenbildung darstellten. Der Einfluß der Gruppen auf die Schulleistungen ihrer Mitglieder war sehr unterschiedlich. Er konnte förderlich oder hemmend sein, je nachdem, welche Einstellungen und Interessen den Gruppenstil kennzeichneten.

Kandel und Lesser (1972) wählten als Untersuchungsansätze einen interkulturellen Vergleich zwischen amerikanischen und dänischen Adoleszenten, weil sie Aussagen darüber machen wollten, was an den Werten und Verhaltensweisen der Jugendlichen jeweils spezifisch amerikanisch bzw. dänisch ist. Es zeigte sich, daß die nationalen Unterschiede größer ausfielen als die generationsbedingten (vgl. Kap. 6.1). Die Adoleszenten vertraten also die Werte ihrer Gesellschaft und nicht die einer „Internationale der Jugend".

Die von Coleman (1961) vermutete Isolierung der Generationen voneinander konnte nicht nachgewiesen werden. Es bestand auch keine Wechselwirkung in dem Sinne, daß eine Zurückweisung von Erwachsenenwerten eine größere Akzeptanz von Peernormen bedeutete oder daß eine stärkere Bindung an die Erwachsenenwelt ein um so geringeres Bedürfnis nach Gleichaltrigenkontakten implizierte. Auch wurde ein Interaktionsdefizit in der Eltern-Kind-Beziehung nicht generell ausgeglichen durch verstärkte Peer-Kontakte. Von den Eltern entfremdete Jugendliche waren vielmehr auch unter den Peers häufig isoliert. Man muß somit eher von generalisierten Interaktionsmustern zwischen Erwachsenen und Gleichaltrigen ausgehen. Ein bestimmtes Ausmaß und eine bestimmte Art der Soziabilität äußerten sich gegenüber beiden Gruppen. Mit ihrem Erklärungsansatz von der generalisierten sozialen Interaktion grenzen sich Kandel und Lesser (1972) von anderen Modellvorstellungen ab. Sie wenden sich sowohl gegen die Colemansche Theorie der Segregation und Isolation der Generationen als auch gegen die Antithese, daß der Peer-Einfluß überhaupt keine Rolle spiele. Auch die dritte Sichtweise von sich ausschließenden Interaktionsstrukturen lehnen sie ab, indem sie bestreiten, daß eine starke Ablehnung der Erwachsenenwelt eine starke Akzeptanz der Peergroup bedinge und umgekehrt.

Sowohl in den USA als auch in Dänemark ergab sich der Befund, daß Jugendliche, die eine rebellische Haltung gegenüber ihren Eltern zeigten, nicht unbedingt Unterstützung bei ihren Freunden fanden. Der Peer-Einfluß gestaltete sich in beiden Ländern eher in Form einer wechselseitig unterstützenden Beziehung zum Elterneinfluß. Er spezifizierte den Elterneinfluß vor allem in den Bereichen, die nicht von den Eltern ausgestaltet und dominiert wurden (z. B. Modefragen). Dabei entsprach der Einfluß aber in der Regel den Grundwerten der jeweiligen Gesellschaft.

Auch eine deutsche Untersuchung von Naudascher (1978) bestätigte nicht die Hypothese von der jugendlichen Subkultur und vom herausragenden Einfluß der Gleichaltrigen. Die Autorin befragte 304 Hauptschüler und Gymnasiasten zwischen

12 und 16 Jahren unter anderem zu den Bereichen Freizeitverhalten, Beziehungen zum anderen Geschlecht, Bedeutung der Peergroup und Familienstruktur. Aufgrund ihrer Daten konnte selbst im Freizeitverhalten keine überwiegend an der Peergroup ausgerichtete Orientierung festgestellt werden. Von vorrangiger Bedeutung für die Beziehung zum anderen Geschlecht waren folgende Werte: gegenseitige Verantwortung, kein Sex ohne Liebe, Vertrauen zueinander und das Bedürfnis, einander zu helfen. In keiner einzigen Frage wurde die Bedeutung der Gleichaltrigen höher eingeschätzt als die der Mutter, wenn man davon absieht, daß Jugendliche, wenn sie verliebt sind, sich darüber am liebsten mit ihren Freunden unterhalten. Der Vater erhielt zwar insgesamt weniger Nennungen, bei der Sorge um den zukünftigen Beruf gewann er aber als Gesprächspartner fast den gleichen Rang wie die Mutter. Erst mit Abstand folgten hier Freunde bzw. Lehrer. Die Autorin hält dieses Ergebnis für um so überraschender, als man gerade die Orientierungshilfe durch die Familie bei der Berufswahl in einer Zeit des raschen Wandels häufig als unbedeutend einschätzte. Von Gleichaltrigen anerkannt zu werden, ist zwar in diesem Alter besonders wichtig, aber die große Mehrheit bezeichnete die Eltern als Vertrauenspersonen. Am geringsten wurde der Einfluß der Peergroup bei der Frage gewertet: „Von wem hast Du am meisten für Dein jetziges Leben gelernt?" Wenn nur sieben Prozent hier die Peergroup nannten, so bedeutet dies nach Ansicht von Naudascher, daß die Jugendlichen deren Bedeutung als Hilfe zum Erwachsenwerden sehr gering einschätzten (1978, S. 59).

Das Verhältnis der Jugendlichen zu ihren Eltern war in der großen Mehrheit nicht so belastet, daß es als konflikthaft bezeichnet werden könnte. 10 bis 20 Prozent der Jugendlichen fanden, je nach Problembereich, keinen Zugang zu ihren Eltern. Daneben zeigte sich eine große Bereitschaft, Konflikte und Probleme mit den Eltern, vorzugsweise mit der Mutter, zu besprechen. Selbst bei Meinungsverschiedenheiten mit den Eltern wurden diese als überwiegend verständnisvoll beschrieben. Die Jugendlichen gaben an, daß ihre Eltern genügend Zeit für sie hatten und daß man sich mit seinen Sorgen an sie wenden konnte.

Andererseits interagieren die deutschen Jugendlichen heute häufiger innerhalb ihrer Altersgruppe als früher. Vor allem die Mitgliedschaft in informellen Gruppen (Cliquen) hat beträchtlich zugenommen (Allerbeck & Hoag, 1985). Der Anteil der 16- bis 18jährigen, die Mitglieder in einer Clique sind, stieg zwischen 1962 und 1983 von 16,2 Prozent auf 56,9 Prozent. Während vor 20 Jahren Mädchen seltener Cliquen angehörten als Jungen, bestehen diesbezüglich heute keine Geschlechtsunterschiede mehr. Auch andersgeschlechtliche Freundschaften sind häufiger als früher bzw. beginnen eher. Die Cliquen sind vor allem für die Gestaltung der Freizeit wichtig. Die Funktion dieser Gruppen für die Jugendlichen besteht nach Allerbeck und Hoag (1985) darin, daß sie in ihrer Freizeit nicht allein sind, aber sich auch nicht unter Aufsicht fühlen müssen. Die Art der Freizeitaktivitäten und der Treffpunkte ist, insgesamt gesehen, sehr vielfältig. Die Art der Betätigungen läßt keine bestimmte Jugendsubkultur erkennen, sondern die unterschiedlichsten Interessen, denen z. B. in Jugendheimen, Schwimmbädern, Diskotheken oder auf Sportplätzen nachgegangen wird.

In bezug auf die einzelnen Cliquen sind die bevorzugten Freizeitaktivitäten und vor allem die Zusammensetzung der Mitglieder hochselektiv. Die Jugendlichen differenzieren im Gegensatz zu den Annahmen der Subkultur-Theoretiker sehr scharf innerhalb ihrer Altersgruppe. Sie verlangen nicht nur von den anderen Mitgliedern der Clique, sondern auch von den übrigen Jugendlichen, die sie an ihrem Treffpunkt vorfinden, daß sie „zu einem selbst passen". Diesbezüglich gibt es eine sehr sensible Wahrnehmung. Die Selektion führt dazu, daß die Cliquen hinsichtlich ihrer sozialen Schichtzugehörigkeit recht homogen sind. Die Freizeitgruppen reproduzieren somit weitgehend die soziale Schichtung der Erwachsenengesellschaft. Dies gilt auch für die Mitgliedschaft in Vereinen. Diese hat seit 1962 ebenfalls zugenommen, und zwar um zwölf Prozent. Der Trend wurde vor allem durch die Mädchen hervorgerufen, die heute häufiger als früher organisierten Gruppen angehören. Die Art der Vereine spiegelt ebenfalls vielfältige Interessen wider. Den größten Anteil machen jedoch die Sportvereine aus, denen etwa die Hälfte der organisierten Jugendlichen angehört.

6.5 Gruppenstile bei deutschen Jugendlichen

Wenn die Jugend auch nicht als Subkultur innerhalb der Erwachsenengesellschaft bezeichnet werden kann, so ist es dennoch unübersehbar, daß es öffentliche Gruppenstile gibt, die als jugendspezifisch erscheinen. In der Shell-Studie „Jugend '81" (Jugendwerk der Deutschen Shell, 1982) wurde das breite Spektrum dieser Stile unter deutschen Jugendlichen erfaßt. Es ergaben sich drei ungleich große Zusammenhangsmuster (vgl. Tab. 8):

1. Die als politisch angesehenen öffentlichen Gruppenstile ließen sich nochmals unterteilen in
   a) engagierte Protestbewegungen, wie sie durch Umweltschützer und alternative Gruppen repräsentiert werden, sowie
   b) konservative Gruppen wie Fußball-, Disco- und Bundeswehrfans sowie NPD-nahe Gruppierungen.
2. Zu den Gruppenstilen mit politisch-aggressivem Habitus zählten Punker, Rocker und terroristische Vereinigungen (RAF).

Jeweils eigenständige Szenen bildeten die

3. Musikgruppen- und Motorrad-Fans
4. Jugendreligionen und
5. Popper.

Zwischen den verschiedenen jugendlichen Gruppenstilen gibt es also deutliche Polarisierungen und auch Frontstellungen. Viele dieser Gruppen werden von einem beachtlichen Teil der Jugendlichen bekämpft. In diesen Stilen kommt somit keine harmonische Jugend-Einheit zum Ausdruck, die sich der Erwachsenenwelt gegenüberstellt. Mit Hilfe stilistischer Abgrenzungen drücken die Grup-

Tabelle 8: Stellungnahme zu öffentlichen Gruppenstilen (aus: Jugendwerk der Deutschen Shell, Bd. 1, 1981, S. 488)

Frage: Manche Gruppen von Jugendlichen sind bekannt geworden, weil sie einen besonderen Stil pflegen – Ich habe hier eine Liste von solchen Gruppen, die in letzter Zeit von sich reden gemacht haben.
Wie stehst du zu den einzelnen Gruppen?

(Antwortmöglichkeiten vorgegeben)

			ich rechne mich selbst dazu / ich lebe so ähnlich	gehöre nicht dazu, finde solche Leute aber ganz gut	die Gruppe ist mir ziemlich egal / kann ich tolerieren	die Gruppe kann ich nicht so gut leiden	das sind Gegner / Feinde von mir, ich bekämpfe sie	noch nie gehört / kann mir nichts darunter vorstellen
			1	2	3	4	5	
		$\overline{X}$ (1–5)	%	%	%	%	%	%
	(1) Als politisch angesehene öffentliche Gruppenstile							
engagierte Protestgruppen	Umweltschützer	1,9	31	50	15	3	1	0
	Gruppen mit alternativer Lebensweise	2,4	6	56	27	6	1	3
	Kernkraftgegner	2,5	20	33	25	16	5	1
	Hausbesetzer / Instandbesetzer	2,8	2	45	27	19	6	1
	Rock-gegen-Rechts-Gruppen	3,1	4	22	18	25	6	25

konservative Gruppenstile	Fußball-Fans	2,7	18	17	40	21	3	1
	Disco-Fans	2,8	16	18	36	24	5	1
	Bundeswehr-Fans	3,5	3	11	32	35	14	4
	national eingestellte Gruppen	4,1	1	3	16	41	33	6
	(2) Gruppenstile mit politisch-aggressivem Habitus							
	Punker	3,2	2	15	41	34	4	3
	Rocker	3,8	2	6	21	52	17	2
	Gruppen, die versuchen, ihre Ideen mit Gewalt durchzusetzen (RAF)	4.3	1	2	8	47	39	3
	(3) Jugendkulturelle Fan-Gruppen							
	Fans v. Musikgruppen	2,0	36	30	29	3	1	0
	Motorrad-Fans	2,3	23	33	33	9	1	1
	(4) Neue Jugendreligionen	3,7	1	6	29	44	15	6
	(5) Popper	3,5	2	9	37	39	10	3
	Durchschnittliche Stellungnahme zu allen Gruppen		10 %	22 %	27 %	26 %	10 %	4 %

[1] Die Mittelwerte ($\overline{X}$) sind nicht ganz „legitim", da die Mittelwertberechnung streng genommen gleichgroße Intervalle zwischen den fünf Antwortmöglichkeiten voraussetzt. Wir nehmen den Mittelwert hier als groben Indikator für den Grad der Zustimmung, den ein Stil erfährt (je kleiner der Mittelwert, um so größer die Zustimmung).

penmitglieder politische und soziale Spannungen, die in der Erwachsenengesellschaft bestehen, besonders kraß aus. Bestehende Konflikte werden aufgegriffen, reformuliert und mit jugendspezifischen Inhalten und Problemstellungen verschmolzen.

Die Zustimmung der Jugendlichen zu den Stilen ist sehr verschieden. Am meisten werden Umweltschützer, Fans von (Pop-)Musikgruppen und Motorrad-Fans akzeptiert, am wenigsten Terroristen, Neonazis und Jugendreligionen (vgl. Tab. 9).

Tabelle 9: Zustimmung zu verschiedenen öffentlichen Gruppenstilen nach Alter (Rangreihe) (aus: Jugendwerk der Deutschen Shell, Bd. 1, 1982, S. 495)

	15–17 Jahre		18–20 Jahre		21–24 Jahre	
Gruppenstil	Rang	(%)	Rang	(%)	Rang	(%)
Umweltschützer	1	(77)	1	(82)	1	(83)
Fans von Musikgruppen	2	(73)	3	(63)	3	(63)
Motorrad-Fans	3	(65)	5	(54)	5	(51)
Alternative Gruppen	4	(57)	2	(66)	2	(64)
Kernkraftgegner	5	(48)	4	(55)	4	(54)
Fußball-Fans	6	(43)	9	(28)	7	(33)
Disco-Fans	7–8	(42)	7	(36)	9	(25)
Hausbesetzer	7–8	(42)	6	(48)	6	(50)
Punker	9	(24)	10	(17)	10	(12)
Rock-gegen-Rechts-Gruppen	10	(20)	8	(31)	8	(29)
Bundeswehr-Fans	11	(19)	11	(12)	11	(10)
Popper	12	(17)	12	(12)	12–13	(5)
Rocker	13	(13)	14	(6)	14	(4)
Neue Jugendreligionen	14	(8)	13	(8)	12–13	(5)
Nationale Jugendgruppen	15	(6)	15	(4)	16	(2)
Gewalt-Gruppen (RAF)	16	(4)	16	(3)	15	(3)
Durchschnittliche Zustimmung (alle Gruppen)	35 %		33 %		31 %	

Kriterium: rechne mich dazu bzw. finde ich ganz gut

Die Grundstruktur der Zustimmung ist kaum altersabhängig. Einige Verschiebungen gibt es bei den engagierten Protestgruppen. Hausbesetzer, Kernkraftgegner und Rock-gegen-Rechts-Gruppen finden eher bei Älteren Zustimmung, bei denen dafür das Interesse an Fan-Clubs rückläufig ist. Dagegen zeigen sich deutlichere geschlechtsspezifische Unterschiede. Mädchen stehen den modischen Gruppenstilen (Popper, Disco) näher als Jungen. Einige Mädchen zeigen stärkeres Interesse an Jugendreligionen und neigen etwas mehr als Jungen zu ökologisch orientierten Proteststilen. Überraschend viele Mädchen fühlen sich zu einem Bundeswehr- oder Motorrad-Kult hingezogen. Jungen bevorzugen die traditionell männlich geprägten Stile: Fußball, Militär und Motorrad (vgl. Tab. 10).

Tabelle 10: Öffentliche Gruppenstile und Geschlecht (aus: Jugendwerk der Deutschen Shell, Bd. 1, 1982, S. 496)

	Jungen	Mädchen
Gruppen, die Mädchen eher näher stehen		
Popper	8 %	15 %
Disco-Fans	31 %	37 %
Kernkraftgegner	48 %	57 %
Umweltschützer	78 %	84 %
Alternative	59 %	65 %
Jugendreligion	5 %	8 %
Gruppen, die Jungen eher näher stehen		
Fußball-Fans	44 %	24 %
Bundeswehr-Fans	16 %	13 %
Motorrad-Fans	64 %	49 %

Kriterium: ich rechne mich dazu / lebe so ähnlich bzw. finde ich ganz gut
Keine nennenswerten Geschlechtsunterschiede bei Punker, Hausbesetzer, Musik, Neonationale, Rocker, Terroristische Gewalt (RAF), Rock-gegen-Rechts.

Das Bildungsniveau und die soziale Schicht beeinflussen die Identifikation mit den Stilen. Jugendliche der sozialen Unterschicht neigen im allgemeinen mehr zum Fan-Kult (Motorrad, Musik, Disco, Fußball, Militär). Im Gegensatz dazu bevorzugen Jugendliche aus der Mittelschicht häufiger politische Proteststile. Diese Unterscheidung bezieht sich aber nicht nur auf die Herkunftsfamilie, sondern auch auf das angestrebte oder bereits erreichte Bildungsniveau. Jugendliche mit Hauptschulabschluß präferieren mehr die Fan-Stile, Gymnasiasten mehr die politischen Proteststile. Die Autoren der Studie formulieren die Annahme, daß „der gegenwärtige soziale Altersstatus des Jugendlichen das ausschlaggebende Moment bei der Verortung innerhalb der Altersstruktur darstellt. Jugendliche mit ausgedehnter und privilegierter Adoleszenz entwickeln die Tendenz, sich anspruchsvollen, engagierten Proteststilen gegen die Industriezivilisation anzuschließen. Jugendliche mit kurzer Adoleszenz ... favorisieren Fan-Kulte, konservative politische Enthaltung" (Jugendwerk der Deutschen Shell, 1982, S. 498). Dieser Befund weist auf die Bedeutung der sogenannten Postadoleszenz hin (vgl. Kap. 6.7).

Für fast alle jugendlichen Gruppenstile gilt, daß sie eine enge Wechselwirkung zu Gruppen innerhalb der Erwachsenengesellschaft einschließen. Diese kann unterschiedliche Formen annehmen. Sie kann z. B. in einer Zusammenarbeit bestehen, wie sie zwischen Umweltschützern und Bürgerinitiativen existiert. Teilweise werden die subkulturellen Stile auch industriell erzeugt, wie z. B. die Popmusik-Kultur. Sie wird in denselben internationalen Metropolen geschaffen wie die Erwachsenenmoden und ebenfalls vorwiegend durch die englische Sprache vermittelt. Die Einflußrichtung kann jedoch auch umgekehrt verlaufen, so daß die Medien und die Modeindustrie Elemente aus der Jugendszene aufsaugen, reintegrieren und als stilistische Neuerungen und Innovationen vereinnahmen. Dadurch wird bestimmten Stilen der kritische Impuls genommen und sie verflachen zum Modegag, wie z. B. Elemente des Punker-Looks, die auch auf den Laufstegen der Haute Couture zu finden sind. Schließlich werden Stile einer angeblichen Jugendkultur auch von Erwachsenen imitiert. So zeigte der Prozeß gegen die „Hell's Angels" in Hamburg im Jahre 1984, daß diese Gruppe aus 14 „älteren Herren" im Alter zwischen 28 und 36 Jahren bestand.

Es gibt nicht nur starke Unterschiede und Konfrontationen zwischen den verschiedenen öffentlichen Gruppenstilen, sondern auch innerhalb einer Szene gibt es viel Trennendes und viel Isolation. Nach der Studie „Jugend '81" finden sich gerade hier viele Einzelgänger. Zur Isolierung von der Erwachsenenwelt kommt häufig die Isolierung von den Altersgenossen hinzu. Die Vertreter von bestimmten jugendlichen Stilen sind somit in das soziale Netz des Peer-Systems keinesfalls stärker eingebunden als andere Jugendliche.

Gerade die Gruppen, die am stärksten Aufsehen erregen und ein Negativbild der Jugend prägen, verfügen nur über eine relativ kleine Mitgliederschar. Der Bekanntheitsgrad der Stile ist dagegen sehr hoch. Bis auf „Rock-gegen-Rechts" sind alle Gruppen bei weit über 90 Prozent der Jugendlichen bekannt. Die Verbreitung dieser Stile durch die Medien gelingt somit nahezu perfekt. Darüber hinaus kennen viele Jugendliche aber auch jemanden persönlich, der zu einer der diversen Szenen gehört. So fanden sich in der Untersuchung von Allerbeck und Hoag (1985) 0,3 Prozent Punker und 0,4 Prozent Rocker, jedoch 44 Prozent der Befragten kannten einen Punker und 37,1 Prozent einen Rocker. Der Kontakt mit subkulturell anmutenden Stilen gehört somit durchaus zum Alltag vieler Jugendlicher, ohne daß es sich jedoch um deren Bezugsgruppe handelt.

6.6 Das Beziehungsgeflecht des Jugendlichen und seine sozialen Funktionen

Die referierten Untersuchungsergebnisse haben deutlich werden lassen, daß es darauf ankommt, den Einfluß von Eltern und Gleichaltrigen innerhalb des sozialen Netzwerks zu differenzieren und richtig zu bestimmen. Man kann nicht von einem Verhaltensbereich, in dem z. B. die Peers den Ton angeben, auf einen anderen schließen. Die meisten Autoren ziehen aus den vorliegenden Untersuchungsbefunden den Schluß, daß Eltern und Gleichaltrige in unterschiedlichen Bereichen einen Einfluß auf das Verhalten des Jugendlichen ausüben. Während vor allem der Freizeitbereich als Domäne der Peergroup angesehen wird, dominiert der Elterneinfluß in den für die Lebensorientierung des Jugendlichen zentralen Fragen. In diesem Zusammenhang unterscheidet Hartup (1977) zwischen einer *Oberflächen-* und einer

Tiefenstruktur des Peer-Einflusses. Die Oberflächenstruktur bezieht sich z. B. auf bestimmte Kleidungsgewohnheiten, spezifische Umgangsformen usw. und ändert sich großenteils von Kohorte zu Kohorte. Gerade an diesen Ausdrucksformen entzünden sich die meisten Eltern-Kind-Konflikte. Ihnen wird nach Hartup (1977) zu viel Aufmerksamkeit geschenkt. Der soziale Wandel geht schnell über sie hinweg. Sie bleiben die altersspezifische Erscheinung einer bestimmten Generation, auch wenn die Jugendlichen selbst hierin einen geschichtlichen Meilenstein zu erblicken meinen, wie z. B. beim Aufblühen der Hippie-Kultur.

Die tiefer liegende Bedeutung des Peer-Einflusses ist dagegen universal und für die menschliche Entwicklung nahezu unentbehrlich. Die vielfältigen Funktionen, die Peer-Kontakte von der frühesten Kindheit bis zum Jugendalter erfüllen, lassen sich zu zwei großen Bereichen zusammenfassen. Zum einen handelt es sich um *Kompetenzfunktionen*. Die symmetrische Beziehungsebene bei Gleichaltrigen bietet ein eigenes Erfahrungspotential zur Vermittlung und Übung zahlreicher sozialer und nicht-sozialer Fähigkeiten. So wurde die förderliche Wirkung des Peer-Einflusses auf die soziale Kontakt- und Kooperationsfähigkeit, auf das Verständnis sozialer Regeln, auf die Moralentwicklung, auf die Kontrolle der Aggression, auf die Vermittlung sexuellen Wissens und die Sprachentwicklung nachgewiesen. Zum anderen können Gleichaltrige *Bindungs- und Unterstützungsfunktionen* übernehmen. Ähnlich wie die Beziehung zu einer erwachsenen Bezugsperson kann eine Freundschaft die sichere Ausgangsbasis für explorative Lernerfahrungen und die Bewältigung von Belastungssituationen darstellen.

Die besondere entwicklungspsychologische Bedeutung der Peergroup im Jugendalter ergibt sich vor allem aus der Marginalposition des Jugendlichen im Sinne von Lewin (1963) und aus seinen besonderen Entwicklungsaufgaben. Der Jugendliche hat den Status des Kindes verlassen und den des Erwachsenen noch nicht erreicht. Da die Erwachsenenwelt dem Jugendlichen die Mitgliedschaft versagt, muß dieser sich eine eigene, statusverleihende Ersatzinstitution schaffen. Der Jugendliche wendet sich immer mehr der Gemeinschaft Gleichaltriger zu und strebt hier nach Status und Anerkennung.

Eine weitere Bedeutung erhält die Peergroup für die Emanzipation vom Elternhaus, bei der sich die Jugendlichen gegenseitig Rückhalt gewähren. Der Umgang mit Gleichaltrigen ermöglicht das Erlernen sozialer Fähigkeiten, die für das Erwachsenenalter von Bedeutung sind. Dies betrifft vor allem Kontakte mit dem anderen Geschlecht und die Regulation von aggressiven Auseinandersetzungen. Für beide Erfahrungsbereiche bietet die Clique einen größeren Freiraum als andere Beziehungssysteme (Familie, Schule, Arbeitsstelle).

Die Funktion, die beiden Geschlechter zusammenzuführen, wird nach Dunphy (1963) durch einen Entwicklungsprozeß erreicht, der fünf Stadien durchläuft. Er bezeichnete Cliquen als kleinere Gruppen, in denen ein enger Kontakt möglich ist; Banden setzen sich dagegen aus mehreren Cliquen zusammen, die gemeinsame Aktionen unternehmen (z. B. Wochenendausflüge) oder Partys organisieren (vgl. Abb. 7).

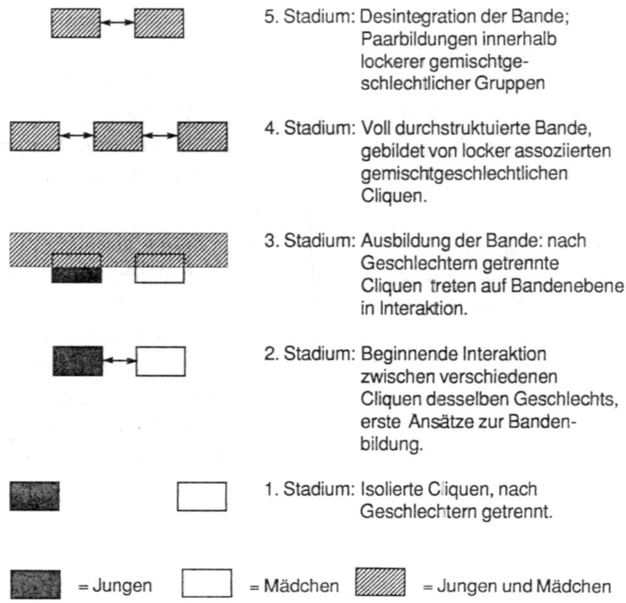

Abb. 7: Stadien der Geschlechterzusammenführung durch Banden und Cliquen (nach Dunphy, 1963, S. 236)

Auch die Erfahrung, daß andere sich mit ähnlichen Belastungen auseinandersetzen müssen, hat eine erleichternde Wirkung. Emotionen können frei und unkontrollierter zum Ausdruck gebracht werden. Gemeinsame Gespräche und gegenseitige Imitation gelungener Lösungen ermöglichen es, neue Orientierungen aufzubauen und die Verhaltensunsicherheit zu überwinden. Die Bewältigung von Entwicklungsaufgaben im Jugendalter betreffen nach Havighurst (1972) folgende Bereiche:

- die Auseinandersetzung mit den körperlichen Veränderungen in der Pubertät, Akzeptieren des eigenen Äußeren;
- neue und reife Beziehungen zu Gleichaltrigen beiderlei Geschlechts aufbauen;
- männliche und weibliche Geschlechtsrollen übernehmen;
- emotional von den Eltern und anderen Erwachsenen unabhängig werden;
- sich auf Heirat und Familienleben vorbereiten;
- Berufs- und Ausbildungswahl;
- ein Wertesystem und ethische Überzeugungen entwickeln;
- sozial verantwortliches Verhalten erstreben und erreichen.

Den Gleichaltrigen-Beziehungen kommt auf diesem Hintergrund eine weitgehend positive Anpassungsfunktion zu. Die Clique vollbringt eine Sozialisationsleistung.

Ihr Einfluß auf das Verhalten und die soziale Entwicklung des Jugendlichen kann somit nicht bestritten werden. Dies rechtfertigt es jedoch nicht, Peer-Beziehungen zum Mythos einer eigenständigen Gleichaltrigenwelt hochzustilisieren, die zur entscheidenden Basis der Handlungsorientierung wird. Gleichaltrigen-Beziehungen bilden Teilaspekte des umfassenden sozialen Systems, in dem der Jugendliche lebt. Sie erfüllen ganz bestimmte Bedürfnisse und „stellen einen Ausschnitt der zu respektierenden und zu schützenden Vielfalt des gesellschaftlichen Lebens dar" (Krappmann & Oswald, 1983, S. 447).

Die Diskussion um die Generationskluft und die Jugendsubkultur birgt die Gefahr in sich, daß sie die Realitäten des sozialen Netzwerks verfälscht (Cain, 1975). Selbst in bezug auf die familiären Beziehungen impliziert sie eine Zwei-Generationen-Theorie in einer Drei-Generationen-Welt. Nimmt man die außerfamiliären Kontakte hinzu, so stehen Individuen in Interaktion, die sich auf einem Alterskontinuum befinden. So sieht sich ein Auszubildender im ersten Lehrjahr z. B. älteren Azubis, noch etwas älteren Gesellen, dem Meister im mittleren Lebensalter und Mitarbeitern gegenüber, die kurz vor der Pensionierung stehen. Diese verschiedenen Altersstufen zu Generationseinheiten mit jeweils 30 Jahren Abstand (so die üblichste Einteilung) zusammenzupressen, bedeutet eine Über-Abstrahierung (Stiksrud, 1984). So werden nicht nur die Kontaktstrukturen künstlich vereinfacht, sondern auch die entwicklungspsychologischen Funktionen der verschiedenen Beziehungen polarisiert und in Konkurrenz zueinander gesetzt. Schlecty (1976) erinnert daran, daß auch die sogenannte Peergroup nicht als eine bestimmte Gruppe verstanden werden darf. Lippitt (1968) vermutet, daß Schüler im Laufe eines Tages mehr als zehn verschiedenen Gruppen Gleichaltriger angehören. Die Peer-Kontakte unterscheiden sich auch an Wochentagen und am Wochenende (Dunphy, 1963). Der Jugendliche befindet sich in einem Beziehungsgeflecht von Freunden, Gleichaltrigen aus der Nachbarschaft, Geschwistern und Cousins, Clubmitgliedern und Schulkameraden. Das Konzept der Peergroup müßte also verändert werden zu einem Konzept multipler Peer-Gruppen, die verschiedene simultane Einflußgrößen darstellen. Die multiplen Peer-Beziehungen bilden zweifellos ein wichtiges Thema für die zukünftige Forschung (Epstein, 1983). Blyth (1982) und Garbarino (1979) fordern dementsprechend, die sozialen Umwelten von Jugendlichen detailliert zu rekonstruieren. Erst wenn man die Zusammensetzung der Netzwerke kennt, läßt sich die soziale Situation des Jugendlichen richtig verstehen. Es ergeben sich wichtige Hinweise auf die Ressourcen, über die er verfügt, und auf die sozialen Anforderungen, denen er sich gegenübersieht. Beispielsweise wird das Verhalten von Jugendlichen stark durch die soziale Struktur der Schule geprägt. Große Schulen fördern universalistische (unpersönliche) Einflüsse im Gegensatz zu kleinen Schulen mit partikularistischen (persönlichen) Bedingungen (Barker & Gump, 1964). Kleine Schulen mit ca. 400 bis 800 Schülern fördern aktive Beteiligung und Verantwortungsgefühl, große Schulen bedingen stärkere Passivität. Ein bedeutsamer Effekt großer Schulen ist auch die Depersonalisierung der Lehrer und die Unpersönlichkeit der sozialen Kontrolle (Wynne, 1975). Faktoren dieser Art fördern die Segregation der Schüler in subkulturell anmutende Gruppen und stärken den Einfluß einer

„leading crowd". Viele heftig diskutierte Forschungsergebnisse, die vorschnell verallgemeinert wurden, mögen so im Kontext ganz spezifischer ökologischer Settings entstanden sein.

Larson (1972) weist noch auf einen weiteren wesentlichen Aspekt hin. Die soziale Entwicklung des Jugendlichen läßt sich nicht quasi als Resultante von äußeren Einflußgrößen verstehen. Dies würde bedeuten, den Eigenanteil an der Entwicklung zu vernachlässigen. Die Jugendlichen sind auch Produzenten ihrer eigenen Entwicklung (Lerner, 1984; Olbrich, 1984). So weisen viele Entscheidungen durchaus eine Unabhängigkeit von Eltern und Altersgenossen auf. Sie sind das Ergebnis einer selbständigen Auseinandersetzung mit dem sozialen Beziehungssystem, eines Bemühens um die Entwicklung neuer Verhaltensformen für die Zukunft.

6.7 Die Post-Adoleszenz und ihr Einfluß auf das soziale Netzwerk

Wir erleben gegenwärtig, daß sich das System der Altersgliederung verändert. Zwischen Jugend und Erwachsensein tritt eine neue Altersstufe. Immer mehr Menschen wechseln nach der Jugendzeit nicht ins Erwachsenenalter über, sondern in eine Nach-Phase des Jungseins. Sie verselbständigen sich zwar in soziokultureller Hinsicht, d. h. im sozialen, moralischen, intellektuellen, politischen, erotisch-sexuellen Bereich, jedoch sind sie wirtschaftlich nicht unabhängig. Das Leben als Nach-Jugendlicher bestimmt zunehmend das dritte Jahrzehnt. Schon vor einiger Zeit hat man in den USA für diese spätere Phase des Jungseins den Begriff Post-Adoleszenz geprägt (vgl. Keniston, 1968). In der Bundesrepublik Deutschland zeigte sich dieses Phänomen hingegen deutlich erst im letzten Jahrzehnt.

Die wichtigste Ursache stellt die Erhöhung des Bildungsniveaus dar, also die Veränderung der Schulzeit und der steigende Anteil der Studierenden an einem Jahrgang. So waren 1962 bei den 16- bis 18jährigen die Schüler mit 19,8 Prozent noch eine Minderheit, im Jahr 1983 bildeten sie die stärkste Gruppe (vgl. Abb. 8). Die Zahl der Studierenden an Hoch- und Fachhochschulen erhöhte sich von 291.000 im Jahre 1960 auf 1.044.200 im Jahre 1980. Bei den Frauen war der Zuwachs proportional größer, so daß sich die Bildungsbeteiligung der Geschlechter anglich.

Als weitere Ursachen für den Status der Post-Adoleszenz nennt die Shell-Studie (Jugend '81) die Arbeitslosigkeit und die Mitgliedschaft in der „Alternativszene".

Die Lebensphase des Erwachsenseins beginnt individuell später, aber auch die klassische Jugendphase wird durch die Post-Adoleszenz früher beendet (vgl. Abb. 9).

Soziokulturelle Mündigkeit und wirtschaftliche Selbständigkeit laufen scherenförmig auseinander: Während sich der Eintritt in die Erwerbsposition durchschnittlich auf spätere Lebensjahre verschiebt, verlagern sich Handlungsmöglichkeiten des

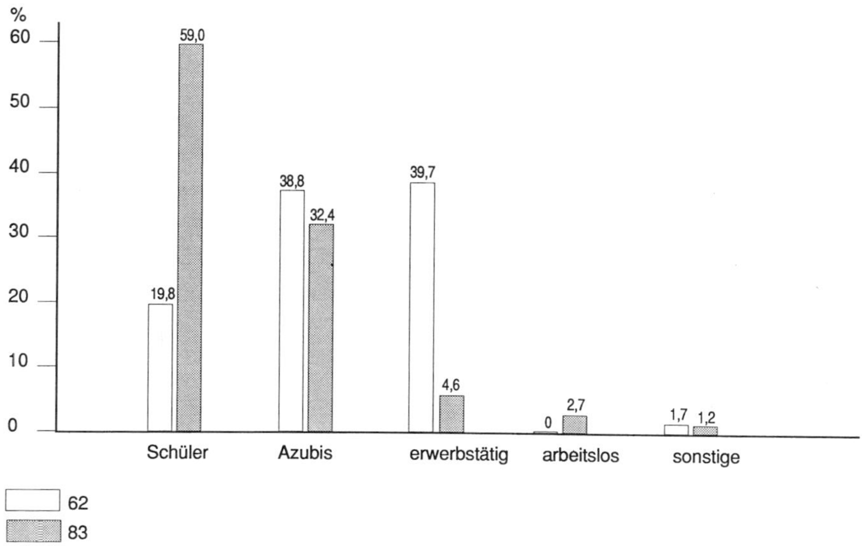

Abb. 8: Längere Schulzeit verändert das Jugendalter (aus: Allerbeck & Hoag, 1985, S. 21)

Erwachsenseins schon auf jüngere Altersgruppen. Beides wird durch die nachindustrielle Zivilisation begünstigt.

Im Zusammenhang mit dem Phänomen der Post-Adoleszenz hat sich das soziale Beziehungssystem der entsprechenden Jahrgangsgruppen gewandelt. Ihr soziales Netzwerk unterliegt einem deutlichen epochalen Trend. Dies kommt beispielsweise darin zum Ausdruck, daß sich in den letzten drei Jahrzehnten die *Wohnsituation* der 15- bis 24jährigen erheblich verändert hat (Jugend' 81):

- Das Leben in der Herkunftsfamilie hat sich um zehn Prozent verringert; demgegenüber hat die Form des Selbständigwohnens zugenommen.
- Während 1975 nur ein Prozent der Jugendlichen in einer Wohngemeinschaft lebte, waren es 1981 bereits fünf Prozent. Bei den älteren Jahrgangsgruppen (21- bis 24jährige) stellt sich dieser Anteil noch höher dar (7 Prozent der Jungen, 11 Prozent der Mädchen, 13 Prozent der Studenten).
- Von Erwachsenen sozial kontrollierte Wohnformen sind wenig beliebt (vgl. BMB, 1980): 50 Prozent der befragten Studenten möchten eine eigene Wohnung, knapp ein Drittel wünscht sich, in einer Wohngemeinschaft zu leben.
- Vor allem die Wohnsituation der 21- bis 24jährigen hat sich in den letzten 20 Jahren verändert: Fast ein Drittel lebt heute selbständig (1964: 15 %), weniger als die Hälfte lebt bei den Eltern (1964: 80 %). Heute wohnen mehr 18- bis 24-jährige selbständig (17 %) als 1964 21- bis 24jährige.

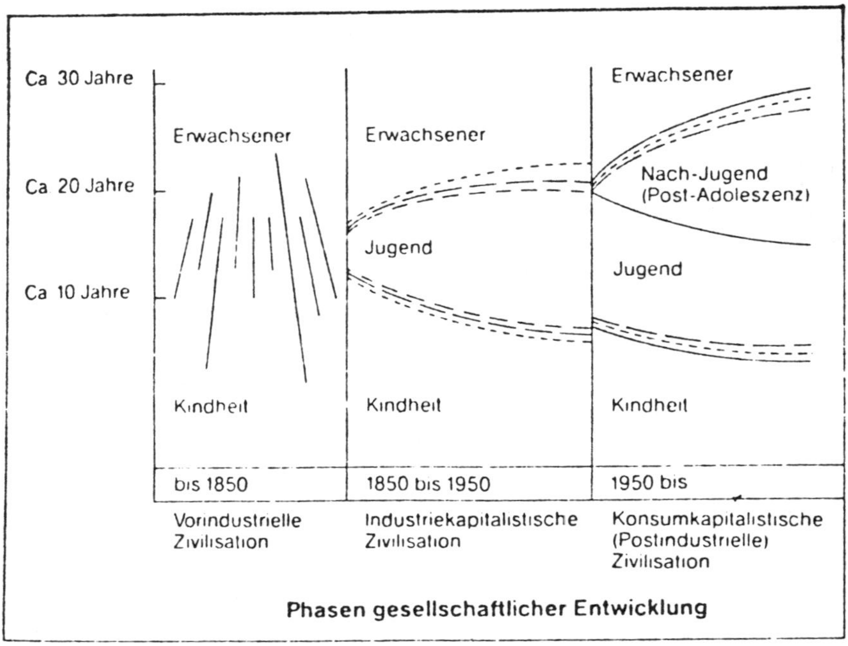

Abb. 9: Historische Ausdifferenzierung der Altersrollen (aus: Jugendwerk der Deutschen Shell, 1982, S. 103)

Generell läßt sich sagen, daß der Auszug aus dem Elternhaus heute früher beginnt und nicht sofort in eine neue Familiengründung einmündet wie vor 20 Jahren. Statt dessen werden häufiger eheähnliche Beziehungen „auf Probe“ eingegangen, bei denen man keine rechtlichen, finanziellen und sozialen Folgeprobleme erwartet. Dementsprechend zeigt sich bei der Veränderung des Heiratsalters folgendes Bild:

- Das durchschnittliche Heiratsalter (Männer 27–28 Jahre, Frauen 25–26 Jahre) sank nach dem Zweiten Weltkrieg um fast drei Jahre. Der Tiefpunkt war 1975 erreicht, danach stieg das Heiratsalter wieder an.
- Während „Frühehen“ vor dem Zweiten Weltkrieg noch praktisch unbekannt waren, gewannen sie in den 60er Jahren an Bedeutung. 1980 erfolgte eine Trendwende, und die Anzahl der Frühehen ging auf den Stand von 1950 zurück.
- Für die Jahrgangsgruppen der unter 30jährigen zeigt sich generell ein Rückgang des Anteils Verheirateter.

Die Shell-Studie „Jugend '81“ führt die sinkenden Heiratsziffern und die Veränderung der Beziehungsformen vor allem auf die verlängerte Schulzeit bzw. den späteren Eintritt in die Arbeitswelt sowie auf die krisenhafte wirtschaftliche Entwicklung der letzten Zeit zurück. Beide Faktoren schwächten die persönliche Lebensplanung und begünstigten die Tendenz des Ausprobierens. Damit ist der Ursachenkatalog sicherlich noch nicht vollständig erfaßt. Schließlich gelten die angesprochenen Trends auch für Berufstätige und gut Verdienende. Die Attraktivität der post-adoleszenten Lebensformen, die offensichtlich auch von anderen Gruppen vielfach imitiert werden, mag darin liegen, daß einige angenehme Seiten sowohl des Jugend- als auch des Erwachsenenalters kombiniert werden (z. B. Ungebundenheit und Intimität), daß aber der Verpflichtungscharakter der Erwachsenenlebenssysteme und die damit verbundenen Entwicklungsaufgaben vermieden oder hinausgezögert werden können (vgl. Kap. 7.3). Des weiteren spielen die Zukunftsplanung, bestimmte Einstellungen und die Verfügbarkeit über andere Unterstützungssysteme als die Ehe eine Rolle.

Unter den Gegnern der Heirat sind etwas mehr Mädchen als Jungen, ein größerer Anteil Jugendlicher der mittleren Altersgruppe (18 bis 20 Jahre) und weniger Jugendliche aus der Unterschicht. Die Zukunftsplanung der Jugendlichen, die die Heirat ablehnen, ist kurzfristig (bis ein Jahr). Für 77 Prozent der Gegner der Heirat erscheint die Zukunft eher düster. In der Vergleichsgruppe der Jugendlichen, die die Ehe akzeptiert, sind es 55 Prozent.

Als weitere Merkmale von Gegnern der Heirat nennt die Shell-Studie: Sie stehen Hausbesetzern positiv gegenüber, unter ihnen sind mehr Anhänger der Grünen als in der Vergleichsgruppe, und sie sind stärker in die „Spruchkultur" der neueren Protestbewegung einbezogen. Außerdem erfahren sie im materiellen und psychischen Bereich mehr Unterstützung durch die Eltern. Diese Jugendlichen haben die Freiheit, von einer lebenslangen Bindung erst einmal abzusehen, *weil* sie durch die Eltern unterstützt werden.

Auch für die Post-Adoleszenten bilden die Eltern noch ein wichtiges soziales Unterstützungssystem. Nach den Daten der Studie „Jugend '81" werden

- 74 Prozent der 15- bis 19jährigen stark, 24 Prozent gering unterstützt,
- 33 Prozent der 20- bis 24jährigen stark, 67 Prozent gering unterstützt.

Der Grad der Unterstützung durch die Eltern hängt mit dem Wohnstatus und dem generellen Charakter der Lebensführung des Jugendlichen zusammen. Größere Unterstützung erhalten im allgemeinen diejenigen, die noch zu Hause wohnen. Unter den stark Unterstützten sind mehr lernende, unter den gering Unterstützten mehr arbeitende Jugendliche. Ferner sind unter den gering Unterstützten mehr Jugendliche aus der Unterschicht und mit Hauptschulniveau. Umgekehrt stammen die stark Unterstützten häufiger aus der oberen Mittelschicht und haben Gymnasialniveau. Von den stark unterstützten Jugendlichen der Altersgruppe von 15 bis 19 Jahren halten sich 28 Prozent für erwachsen, bei den gering Unterstützten sind es dagegen 42 Prozent. Das Ausmaß der elterlichen materiellen Hilfe hängt also (bei gleichem Alter) mit dem Grad der Verselbständigung zusammen.

7. Wendepunkte und Entwicklungschancen im Erwachsenenalter

Entwicklungsveränderungen sind nicht auf Kindheit und Jugend beschränkt, sondern kennzeichnen auch das Erwachsenenalter (Kap. 7.1). Die ältesten Erklärungsansätze basieren auf Krisenkonzepten, von denen die „midlife crisis" das populärste ist (Kap. 7.2). Die soziale Entwicklung im Erwachsenenalter wird wesentlich durch die Übernahme sozialer Rollen (Familien- und Karrierezyklus) sowie durch Entwicklungsaufgaben und soziale Übergänge strukturiert (Kap. 7.3 und 7.4). Bei diesen Konzepten stehen normative Anforderungen im Vordergrund. Die von den Individuen erlebten Wendepunkte in ihrem Lebenslauf weisen demgegenüber eine größere Vielfalt auf (Kap. 7.5). Das Konzept der kritischen Lebensereignisse berücksichtigt nicht nur die thematische Breite entwicklungsstimulierender Ereignisse, sondern stellt deren Bewältigung (Coping) als den eigentlichen Entwicklungsfaktor dar (Kap. 7.6). Die Kompetenzen und die Lebenssituation des Erwachsenen ermöglichen in der Regel ein hohes Maß an Selbstkontrolle und Eigenproduktivität, diese erfahren jedoch eine Einschränkung durch die Verbundenheit der Generationen untereinander und durch die Einbindung in die individuelle Vergangenheit und Zukunftsperspektive. Die Dialektik dieser Beziehungen erklärt viele Entwicklungsimpulse und auch -probleme der mittleren Lebensjahre (Kap. 7.7).

7.1 Variabilität vs. Stabilität in den mittleren Lebensjahren

Für den Beginn und für eine zeitliche Gliederung des Erwachsenenalters lassen sich kaum entwicklungspsychologisch begründbare Kriterien anführen. Wenn man teilweise den Beginn bereits mit 18 Jahren ansetzt, so geht das hauptsächlich auf die Volljährigkeit im juristischen Sinne zurück (vgl. jedoch Kap. 6.7 zur Post-Adoleszenz), und das Ende im Alter von 65 Jahren entspricht der traditionellen Pensionierungsgrenze. Obwohl es unterschiedliche Datierungen gibt, hat sich im allgemeinen folgende Einteilung durchgesetzt (Newman & Newman, 1975):

Jüngeres Erwachsenenalter:	23–30 Jahre
Mittleres Erwachsenenalter:	31–50 Jahre
Höheres Erwachsenenalter:	51–65 Jahre
Alter:	ab 66 Jahre

In den ersten fünf Jahrzehnten dieses Jahrhunderts fehlte das Erwachsenenalter als Thema der entwicklungspsychologischen Forschung bis auf vereinzelte frühe Ansätze, z.B. von Bühler (1933), fast völlig, und auch in der Zeit danach dominierte bis zur Gegenwart das Kindesalter, gefolgt vom Jugendalter und dem Alter. Die auf deutschsprachige Arbeiten bezogenen Übersichten von Groffmann (1978), Schmitz

(1979), Nickel (1980) sowie von Silbereisen und Schuhler (1982) belegen das Forschungsdefizit sehr eindrucksvoll. Allerdings zeigt sich nach Silbereisen und Schuhler (1982, S. 275) insofern ein Aufwärtstrend, als im Jahre 1981 zehn laufende Untersuchungen gezählt wurden, während in den Jahren 1977 bis 1981 insgesamt nur drei entwicklungspsychologische Publikationen über das Erwachsenenalter erschienen waren.

In bezug auf die anglo-amerikanische Entwicklungspsychologie gelten ähnlich proportionale Verhältnisse. Jedoch setzten hier nach Baltes (1979) erste Ansätze eines sich belebenden Interesses am Erwachsenenalter früher ein und wurden somit international richtungsweisend.

Zu den Gründen, die dafür ausschlaggebend gewesen sein mögen, daß die Entwicklungspsychologie bis in die allerjüngste Vergangenheit hinein das mittlere Erwachsenenalter weitgehend ausgespart hat, zählt Lehr (1978d, S. 147) als ersten gewichtigen Faktor das Vorherrschen von Theorien mit einem biologisch orientierten Entwicklungsbegriff. Diese lassen sich nach Nickel (1975) dadurch kennzeichnen, daß sie in endogen präformierten Wachstumsprozessen die wesentlichste Bedingung des Entwicklungsvorgangs sehen. Da Reifungsprozesse nun im Jugendalter bzw. spätestens im jüngeren Erwachsenenalter zum Stillstand kommen, entfällt quasi die Grundlage für einen so verstandenen Entwicklungsvorgang. Erst im höheren Alter werden aus dieser Sicht wieder nennenswerte Veränderungen erwartet, die dann aber angeblich den Charakter eines Abbaus, einer Rückbildung haben.

Zum zweiten haben aber auch lerntheoretisch orientierte Entwicklungspsychologen dem mittleren Erwachsenenalter wenig Aufmerksamkeit geschenkt. Entwicklung wird aus dieser Sicht als primär durch exogene Einflüsse gesteuert angesehen. Auch die Untersuchung von Lernprozessen wurde lange Zeit auf das Kindes- und Jugendalter beschränkt. Demgegenüber wurde in jüngerer Zeit die Notwendigkeit eines lebenslangen Lernens hervorgehoben. Ein schneller sozialer Wandel, zum Beispiel im modernen Berufsleben, erfordert vielfältige neue Anpassungsleistungen.

Interessanterweise hat aber auch das Konzept des „life-long learning“ die Entwicklungspsychologen in erster Linie zur Beschäftigung mit dem älteren Menschen stimuliert – z. B. indem sie der Fragestellung nachgegangen sind, inwieweit auch der ältere Arbeitnehmer den Anforderungen des Berufslebens gerecht werden kann.

An dieser Stelle wird nun drittens deutlich, daß sich die entwicklungspsychologische Forschung gerne auf problematische Altersabschnitte bezieht. Als problematisch gilt vor allem die Zeit, in der der junge Mensch heranwächst und erzogen werden muß. Eltern und Erzieher verlangen Hilfen von der Psychologie. Als schwierig erscheint auch die Lage älterer Menschen. Das mittlere Erwachsenenalter galt dagegen bis vor kurzem als im allgemeinen ruhig und problemlos, als stabile, wenig veränderungsintensive Phase, die als Gegenstand entwicklungspsychologischer Forschung wenig ergiebig sei. Demgegenüber wies Thomae (1978) nach, daß Veränderungen nicht auf bestimmte Altersabschnitte beschränkt sind, sondern die gesamte Lebensspanne kennzeichnen.

Für den Forschungsbereich „soziale Entwicklung" war es besonders schwer, das Entwicklungsdenken auf das Erwachsenenalter zu übertragen. Handelt es sich doch um einen Bereich, in dem frühere Autoren am allerwenigsten Variabilität vermutet hätten. Als wichtige Kennzeichen des Erwachsenseins galten eine gefestigte Persönlichkeit und eine sichere Ich-Identität. So charakterisieren Kuhlen und Johnson (1952) das mittlere Erwachsenenalter durch das Bestreben, den erreichten Stand zu konsolidieren. Brim (1978) weist darauf hin, daß die Gesellschaft den Erwachsenen gerne als angepaßt und in sich gefestigt sehen möchte und diejenigen ablehnt, die nicht in dieses Schema passen.

7.2 Krisenkonzept

Es verwundert somit nicht, daß soziale Veränderungen im Erwachsenenalter zunächst vor allem als Krisen verstanden wurden und daß sich traditionellerweise Therapeuten und Kliniker damit beschäftigten, von denen viele wiederum psychoanalytisch orientiert waren wie Jung (1936), Erikson (1966) und Levinson, Darrow, Klein et al. (1979). Lebenskrisen des Erwachsenenalters sind zu definieren als Ereignisse oder Prozesse, die das Individuum nicht gänzlich verstehen und unter Kontrolle haben kann, die jedoch sein ganzes Leben beeinflussen (Albrecht & Gift, 1975, S. 242).

Das Krisenkonzept ist eng mit den Stufen- und Phasentheorien der Entwicklung verbunden. Es kennzeichnet den abrupten Übergang zwischen zwei Lebensabschnitten, in denen selbst wieder Stabilität vorherrscht. Eine Phasentheorie, die sich nicht auf das Kindes- und Jugendalter beschränkt, sondern die gesamte Lebensspanne umfaßt, entwarf erstmals Charlotte Bühler (1933/59). Ihre These war, daß jeder individuelle Lebenslauf sich einem bestimmten Grundmuster zuordnen läßt. Der Mensch durchläuft mehrere Entwicklungsphasen, die zu einem Lebenshöhepunkt führen. Danach erfolgt ein Abfall. So gesehen ähnelt der Lebenslauf der Form des klassischen Dramas, weswegen die Theorie auch als *dramaturgisches Modell* bezeichnet wird. Kindheit, Jugend und jüngeres Erwachsenenalter sind die Zeit der Expansion. Es folgt die Zeit der Konsolidierung und Erhaltung sowie im höheren Alter der Regression und Restriktion. Der gesamte Lebenslauf gliedert sich in fünf Phasen, zwischen denen jeweils krisenhafte Übergänge liegen:

1. Eine Periode fortschreitenden Wachstums ohne Fortpflanzungsfähigkeit (0–15 Jahre);
2. eine Periode fortschreitenden Wachstums, in der die Fortpflanzungsfähigkeit einsetzt (15–25 Jahre);
3. eine Periode stationären Wachstums mit Fortpflanzungsfähigkeit (25–45/50 Jahre);
4. eine Periode beginnenden Abbaus und des Verlusts der Fortpflanzungsfähigkeit beim weiblichen Geschlecht (45/50–65/70 Jahre);
5. eine Periode fortschreitenden Abbaus, die dem Verlust der Fortpflanzungsfähigkeit bei einem bzw. beiden Geschlechtern folgt (65/70 Jahre).

Als Kennzeichen der Krise in der Lebensmitte führt Bühler (1933/59) an:
- Abnahme bzw. Ende der Reproduktionsfähigkeit,
- Abnahme der regenerativen Kräfte,
- kritische Rückschau auf die eigene Lebensleistung,
- Abschätzen der noch zu erwartenden Lebenszeit und Schaffensfreude.

Auf ähnliche Aspekte beziehen sich auch andere Autoren. Nach C.G. Jung (1930) kommt in der Lebensmitte häufig Unterschwelliges oder Vergessenes zutage. Er weist darauf hin, daß zur vollen *Individuation* des Menschen die Aktualisierung latenter Seiten der Persönlichkeit – beim Mann vornehmlich seine weibliche Seite, bei der Frau vornehmlich ihre männliche Seite – unabdingbar notwendig ist. Die erste Hälfte des Lebens ist nach Jung geprägt von den Ansprüchen der Nützlichkeit, des Erfolgs und der Betreuung der Kinder und macht so eine Entwicklung bestimmter Persönlichkeitsanteile auf Kosten anderer notwendig.

In der zweiten Lebenshälfte kehrt sich das Individuum nach innen und wird so seiner bisher unterdrückten Seiten gewahr. Diese Sichtweise läßt sich über ein weites Spektrum von Kulturen hinweg empirisch belegen. So fand Gutmann (1985), daß in vorindustriellen Gesellschaften die Frauen im Alter machtorientierter werden, während die Männer an Machtorientiertheit verlieren. Er vertritt die Auffassung, daß diese Wandlungen als Entwicklungsgesetzlichkeiten aufzufassen sind, da sie sich bei verschiedenen Kulturen in vorhersagbarer Reihenfolge beobachten lassen. Auch in westlichen Gesellschaften lassen sich derartige Trends empirisch nachweisen: So verglichen Lowenthal, Thurner und Chiriboga (1975) männliche und weibliche Erwachsene in vier Übergangsphasen der Lebensspanne. Während im jungen Erwachsenenalter das Selbstbild der Männer stärker von Aktivität und Energie geprägt war als das der Frauen, kontrastierte im Alter von 60 Jahren die

Selbstsicherheit der Frauen mit der Expressivität der Männer. Sowohl die Männer als auch die Frauen dieser Stichprobe bestätigten, daß im Alter die Rolle des „boss" seltener von Männern und häufiger von Frauen eingenommen wird.

Diese Befunde basieren auf Querschnittsuntersuchungen und lassen daher die Frage offen, ob die beobachteten Entwicklungstrends nicht vielleicht Artefakte von Kohorten-Effekten sind. Um dies auszuschließen, führte Livson (1983) zwei Untersuchungen durch, die auf den Daten der Berkeley-Längsschnittstudie beruhen. Je mehr sich die Probanden dem Alter von 50 Jahren näherten, desto ähnlicher wurden sich Männer und Frauen in ihren Eigenschaften. Dies traf vor allem auf die Gruppe zu, die mit 50 Jahren für psychisch gesünder befunden wurde. Psychisch gesündere Frauen wurden analytischer und selbstsicherer, psychisch gesündere Männer gebender und expressiver. Gleichzeitig behielten diese Menschen ihre früher entwickelten, rollenspezifischen Eigenschaften bei. Es fand also kein Rollentausch statt, sondern eine Erweiterung des Selbstkonzepts in Form erhöhter Androgynität.

Gutmann (1975) postuliert, daß die Verschiebung zugunsten psychischer Androgynität in den mittleren Lebensjahren eine Antwort des Individuums auf das Ende der Elternschaft sei (vgl. Kap. 7.3). Livson (1983) beschränkt den kontextualen Zusammenhang nicht auf die Elternschaft. Ihr zufolge ist es die Gesamtheit der Rollenerwartungen einer bestimmten Altersstufe, die auf die Geschlechtsrollenidentität einwirkt. Im jungen Erwachsenenalter gesellen sich zu den Anforderungen der Elternschaft noch die der Partnerwahl, die des beruflichen Erfolgs und die der Festigung der eigenen Identität. Alle diese Anforderungen erzwingen die beobachtete starke Polarisierung von männlichen und weiblichen Rollenbildern. Die Lebensumstände des alternden Menschen ermöglichen dagegen eher eine gesteigerte Androgynität (vgl. Kap. 8.5).

Eine weitere Version des dramaturgischen Denkens, verbunden mit dem Krisenkonzept, bietet das *Phasenmodell von Erikson* (1950/76). Die Übergänge zwischen den acht Phasen des menschlichen Lebens sind durch tiefgreifende normative Konflikte gekennzeichnet. Das Individuum muß jeweils eine Auseinandersetzung zwischen psycho-sexueller Strebung und sozialer Einordnung bewältigen. Die jeweils gelungene vs. mißlungene Lösung dieses Bewältigungsprozesses definiert Erikson (1950/76) durch folgende gegensätzliche Begriffspaare (vgl. Tab. 11):

- Urvertrauen vs. Urmißtrauen,
- Autonomie vs. Scham und Zweifel,
- Initiative vs. Schuldgefühl,
- Fleiß vs. Minderwertigkeit,
- Identität vs. Rollendiffusion,
- Intimität vs. Isolation,
- Generativität vs. Stagnation,
- Ich-Integrität vs. Verzweiflung.

Die ersten fünf Phasen entsprechen den Stufen der psycho-sexuellen Entwicklung nach Freud (1961), die letzten drei Phasen kennzeichnen die Entwicklung im Erwachsenenalter.

Tabelle 11: Entwicklungsstadien und psychosoziale Konflikte nach Erikson und ein Vergleich mit den Phasen Freuds (aus: Olbrich, 1982, S. 104)

Entwicklungsstadium (Erikson)	Psychosozialer Konflikt (Erikson)	Phasen (Freud)	Alter
Oral-sensorisch	Urvertrauen vs. Urmißtrauen	oral	0 bis 1
Muskulär-anal	Autonomie vs. Scham/Zweifel	anal	2 bis 3
Lokomotorisch-genital	Initiative vs. Schuldgefühl	phallisch	4 bis 5
Latenz	Fleiß vs. Minderwertigkeit	Latenz	6 bis 12
Pubertät und Adoleszenz	Identität vs. Rollendiffusion	genital	13 bis 18
Frühes Erwachsenenalter	Intimität vs. Isolierung		19 bis 25
Erwachsenenalter	Generativität vs. Stagnation		26 bis 40
Reife	Ich-Integrität vs. Verzweiflung		41

„Intimität vs. Isolation" beschreibt die Problematik der Phase, in der partnerschaftliche Beziehungen eingegangen werden. Nur der junge Erwachsene, der die Identitätsbildung erreicht hat, ist fähig, enge sozial-emotionale Bindungen einzugehen. Diese erfordern eine Synthese der eigenen Identität mit der Identität einer zweiten Person. Ohne eine sichere Identität gefunden zu haben, kann der junge Erwachsene diese Aufgabe nicht bewältigen. Er schreckt vor der Intimität, die ihn überfordern würde, zurück und gerät in die Gefahr der Isolation. Diese Aussagen konnten durch empirische Befunde zur Partnerwahl bestätigt werden (vgl. Olbrich & Brüderl, 1986). Auf einer intimen Partnerbeziehung aufbauend, strebt das Individuum im mittleren Erwachsenenalter nach einer Ausweitung seiner Persönlichkeit. Als Generativität bezeichnet Erikson (1950/76) den Wunsch oder die Tendenz des Erwachsenen, eigene Kinder aufzuziehen, aber auch allgemein, Sorge und Verantwortung für die nachfolgende Generation und die Gesellschaft zu tragen. Er möchte seine Fähigkeiten und Kenntnisse in diesem Sinne nutzbar machen und weitergeben. Mißlingt diese Erweiterung, stagniert die persönliche Entwicklung. Die Person bleibt in der Sorge um das eigene Selbst und z. B. in narzißtischen Befriedigungen gefangen.

Nach der Zeit der Expansion und dem so verstandenen Lebenshöhepunkt rückt der körperliche und soziale Abbau nahe. Es drohen der soziale Rollenverlust und eine Vielzahl von Defiziten. Die Gewißheit des eigenen Todes wird unausweichlich.

Verzweiflung und Angst lassen sich nach Erikson (1950/76) nur durch Ich-Integrität verhindern. Der alternde Mensch muß zu seiner bisherigen Entwicklung stehen, seine gegenwärtige Lebenssituation akzeptieren und mit seinen zukünftigen Möglichkeiten integrieren.

Zum Verständnis der psycho-sozialen Krisen muß vor einigen Fehlinterpretationen gewarnt werden. Es handelt sich um Problemkonstellationen, die sich dem Individuum stellen und die in gewissem Sinne Kriterien zur Gliederung des Lebenslaufs darstellen. Damit ist jedoch nicht gesagt, daß auf einer bestimmten Altersstufe ausschließlich die jeweilige Krisensituation zu bewältigen ist. Zwar liegt die Lösung einer bestimmten Krise im Mittelpunkt der Aufmerksamkeit, jedoch spielen gleichzeitig Prozesse der Erneuerung und Vorausschau eine Rolle (Kivnick, 1985). Die Lösungen früherer psycho-sozialer Krisen werden neu definiert, und die Erwartung kommender Abschnitte des Lebens beeinflußt die aktuellen Bewältigungsformen. Beispielsweise impliziert die Entwicklung von Intimität zwischen zwei Partnern auch immer ein den neuen Erfahrungen angepaßtes Konzept von der eigenen Identität. Es kommt somit zu einer teilweisen Revision der im Jugendalter gefundenen Lösung zur Identitätsproblematik. Gleichzeitig strukturiert die bevorstehende Generativitätskrise die Partnerbeziehung. Diese wird eingebunden in die das mittlere Erwachsenenalter bestimmende „direkte Verantwortung für die Erhaltung der Welt" (Erikson, 1980). Auch die Intimitätsproblematik ist damit nicht endgültig gelöst, sondern stellt sich erneut am Ende der Generativitätsphase. Es wird eine Rebalancierung der Partnerbeziehung erforderlich. Die Großelternrolle kann dann später wiederum eine gewisse Aktualisierung von generativen Aspekten mit sich bringen (vgl. Kap. 4.3). Der Lebenslauf läßt sich nicht in feste Kästchen einordnen. Er strukturiert sich jedoch um eine thematische Abfolge zentraler psycho-sozialer Krisen.

Die neuere Diskussion um das *Konzept der „midlife crisis"* ist bei uns vor allem durch Journalisten wie Hermann Schreiber (1976), Gail Sheehy (1976) und Marion Schreiber (1984) sowie durch Psychoanalytiker wie Alexander Mitscherlich (1976) oder Jürg Willi (1975) angefacht worden. In Amerika haben vor allem Vaillant (1977), Levinson, Darrow, Klein et al. (1978) und Gould (1978) die Krise in der Lebensmitte populär gemacht.

Unter der Berücksichtigung der vorhandenen Forschungsansätze aus Medizin, Biologie, Soziologie und Tiefenpsychologie betrachtet Brim (1978) die Ursachen für die Krise unter sieben Aspekten:

1. Veränderungen im Hormonhaushalt (nachlassende Produktion von Geschlechtshormonen, Menopause) und andere Anzeichen für einen beginnenden Alterungsprozeß, z. B. Erschlaffen von Haut und Muskulatur.
2. Diskrepanz zwischen Erreichtem und Erwünschtem, insbesondere in bezug auf die berufliche Laufbahn. Ist kein weiterer Aufstieg zu erwarten, muß der Mann in den mittleren Jahren mit dem zufrieden sein, was er erreichen konnte. Dies erfordert eine Anpassung des Selbstbildes an die Realität.
3. Wiederaufleben von Wunschträumen aus der Jugend. In den jüngeren Jahren werden viele Träume über Beziehungen, Familie und Berufstätigkeit zurückge-

stellt. Diese tauchen nun wieder auf und fordern zu einer erneuten Auseinandersetzung heraus.
4. Gefühl der Stagnation. Alles wird als Wiederholung erlebt; es gibt nichts Neues mehr. Brim (1978) schlägt in Anlehnung an Erikson (1950/76) vor, Lebensinteresse und Anteilnahme der jüngeren Generation zuzuwenden und darin seine eigene Entwicklung zu sehen.
5. Das Leben wird als begrenzt erfahren. Vorahnungen auf den eigenen Tod müssen verarbeitet werden.
6. Es entstehen Veränderungen in der Familiensituation. Die Elternrolle endet, die eigenen Eltern sterben. Die Beziehung zum Ehepartner muß auf eine neue Grundlage gestellt werden.
7. Veränderungen in der Umwelt beeinflussen die Persönlichkeitsentwicklung. Veränderungen in Gesellschaft, Geschichte und Wirtschaft erleben und bewältigen ältere Menschen oft schwerer als jüngere.

Für Barocas, Reichman und Schwebel (1983) beginnt das mittlere Lebensalter mit der Bewußtwerdung des körperlichen Altersprozesses. Indikatoren dafür sind unter anderem die ersten grauen Haare oder gar verstärkter Haarausfall, Falten und Gewichtszunahme, nachlassende Leistungsfähigkeit und die viel diskutierten Wechseljahre. Diese physiologischen Phänomene als solche machen aber keineswegs die Krise aus. Eher scheinen diese Anzeichen etwas in der Psyche des Menschen zu bewirken: Die Person nimmt an sich selbst das Altern wahr.

Die Wahrnehmung des eigenen Alterns ist in erster Linie mit einer Sinnkrise verknüpft; es stellen sich bohrende Fragen nach der Bedeutung des persönlichen Lebens überhaupt und nach der Gestaltung der verbleibenden Lebenszeit. In Zusammenhang hiermit steht ein Phänomen, auf das auch Neugarten (1968, S. 97) aufmerksam gemacht hat. Menschen der mittleren Altersgruppe wechseln die Zeitperspektive:

„Das Leben wird umstrukturiert von der Perspektive ‚Zeit seit der Geburt' zur Perspektive ‚verbleibende Zeit bis zum Tode'. Nicht nur dieser Perspektivenwechsel, sondern auch das deutliche Bewußtsein, daß die Lebenszeit endlich ist, gehört zu den herausragenden Merkmalen der mittleren Jahre."

Von jetzt an wird die verbleibende Lebenszeit als Annäherung an den Tod gesehen; der Tod als Tatsache – auch des eigenen Lebens – wird erkannt.

Die Krise in der Mitte des Lebens scheint demnach vor allem eine existentielle zu sein, eine Sinnkrise. Levinson (1978) formuliert zwei vom Individuum zu lösende Aufgaben, die zugleich den Anfangs- und den Endpunkt der „midlife crisis" darstellen:
1. Die Bilanzierung des vergangenen Lebens und seine Bewertung.
2. Die Entscheidung über den weiteren Lebensweg.

Neben der Bilanzierung der beruflichen Karriere und der Partnerbeziehung tragen Veränderungen im Familienleben zu den sozialen Problemen in den mittleren Lebensjahren bei, vor allem der Auszug der Kinder aus dem elterlichen Haushalt sowie das Altern bzw. der Tod der eigenen Eltern.

Der Auszug der Kinder stellt die Erwachsenen in den mittleren Lebensjahren vor das „leere Nest" (empty nest). Das Erleben dieser Situation kann sowohl positiv als auch negativ sein: positiv dann, wenn die antizipierten Folgen dem oder den betroffenen Individuen neue Möglichkeiten eröffnen – mehr Zeit für sich selbst, für eigene Interessen, für den Ehepartner; negativ, wenn z. B. die Frau ihr Selbstbild über die Kinder definiert hat. Der Wegfall ihrer Rolle als Mutter ruft in ihr Gefühle der Einsamkeit, der Wertlosigkeit und der Resignation wach. Marion Schreiber (1984) sieht hierin die schwerste Identitätskrise im Lebenslauf einer Frau.

Insgesamt wird das „empty nest" kontrovers diskutiert. Es scheint, daß der Auszug der Kinder für einige Frauen ein negatives Ereignis ist. Der größere Teil der Mütter erlebt ihn aber eher positiv. Sie sehen darin den Übergang in einen Lebensabschnitt, in dem sie andere Bereiche ihrer Persönlichkeit als bisher entwickeln können (Lowenthal, Thurner & Chiriboga, 1975).

Stärker einschneidend in das eigene Leben wird das Altern der eigenen Eltern erfahren. Sie verlangen vermehrt Unterstützung, Hilfe und Pflege. Man wird verantwortlich für deren Leben. Betroffene Personen stehen vor der Entscheidung, was mit den Eltern geschehen soll: Aufnahme in den eigenen Haushalt oder in ein Altersheim? Die Konfrontation mit dem eigenen Alter bzw. Tod nimmt hier sehr konkrete Formen an.

Neben dem stimulierenden Effekt für die entwicklungspsychologische Forschung gibt es jedoch auch einige Auswirkungen der Diskussion um die „midlife crisis", die eher als bedenklich gewertet werden müssen. Ein Vorwurf, der sowohl die psychoanalytisch orientierten Autoren als auch die journalistischen Publikationen betrifft, besteht darin, daß spektakuläre Einzelfälle unzulässig generalisiert wurden (Lehr, 1978d). Die These der Allgemeingültigkeit der Krise läßt sich bisher empirisch nicht belegen. Diese These beruht nur auf Fallbeschreibungen, auf kleinen oder selektierten Stichproben. Levinson, Darrow, Klein et al. (1978) beispielsweise beruft sich auf eine Untersuchung von 40 Männern. Neugarten (1968) interviewte „100 well-placed men and women". Wenn überhaupt, dann wurde die „midlife crisis" immer nur bei Personen der Mittelschicht und Intellektuellen, und da vorrangig bei Männern, beobachtet.

Auch die neueren Ausführungen über die Krise in der Lebensmitte tragen noch eindeutig den Stempel des traditionellen Krisenkonzepts, wie es bereits in dem Phasenmodell von Ch. Bühler (1933) zum Ausdruck kam. Die theoretischen Grundgedanken und damit die Nachteile und Begrenzungen sind dieselben:

- Es werden universelle Entwicklungsphasen angenommen. Der Entwicklungsverlauf und damit die Krisen gelten für alle Individuen gleichermaßen. Die interindividuelle Variabilität wird vernachlässigt.
- Das chronologische Alter dient als Gliederungsraster.
- In der Idee des Lebenshöhepunktes drückt sich ein biologisch-quantitatives Grundmodell aus. Anstieg, Gipfel und Abfall bilden eine Wachstumskurve, statt daß von einem qualitativen Wandel ausgegangen wird. Diese Ansatzlogik wird auch dadurch nicht aufgehoben, daß statt körperlicher Veränderungen (Klimakterium) die Sinnfrage als Krisenfaktor in den Vordergrund rückt.

- Nur die Zäsuren zwischen den Phasen haben Krisencharakter, ansonsten wird vorherrschende Stabilität angenommen.

Das Krisenkonzept geht also von einem gesetzmäßigen Vorgang aus, der in seiner Determiniertheit einer biologischen Reifung ähnelt, und legt die Sichtweise nahe, der einzige Motor der sozialen Entwicklung im Erwachsenenalter seien tiefgreifende Krisen in bestimmten Übergangsphasen. Dies entspricht jedoch nicht der Vielfalt von Veränderung und Kontinuität im Laufe des menschlichen Lebens. Für die entwicklungspsychologische Forschung wäre es somit günstig, das Fazit von Lerner und Hultsch (1983, S. 568) aufzugreifen:

„Die zutreffendste Aussage, die man gegenwärtig über die mittlere Lebensspanne machen kann, ist, daß es auch hier Veränderungen gibt. Für einige Individuen erfolgen diese in Form einer Krise, für andere dagegen nicht. Vielleicht ist die Frage: ‚Gibt es eine ‚midlife crisis' oder nicht?' die falsche Frage. Vielleicht sollte man darauf achten, wie verschiedene Bedingungen, die typischerweise in den mittleren Lebensjahren auftreten, das Individuum verändern."

7.3 Übernahme sozialer Rollen im Lebenszyklus

Aus der Soziologie stammt der Ansatz, soziale Entwicklung im Erwachsenenalter als Rollenlernen zu erklären. Die Rolle bezeichnet die zusammengefaßten Verhaltenserwartungen, die mit verpflichtendem Charakter an eine bestimmte soziale Funktion geknüpft sind, sowie umgekehrt die Verhaltenserwartungen, die der Träger der Rolle an seine soziale Umgebung stellen kann. Jede Rolle ist mit bestimmten Rechten und Pflichten verbunden.

Das Konzept der *Rollen-Sozialisation* im Erwachsenenalter von Brim (1966) geht davon aus, daß das Verhalten im Laufe der menschlichen Lebensspanne nicht allein als Effekt der Sozialisation im Kindes- und Jugendalter erklärt werden kann. Im Erwachsenenalter stellen sich viele soziale Rollenerwartungen, die für das Kind noch bedeutungslos waren und auf die es nur unzulänglich vorbereitet werden konnte. Beispielsweise ändern sich die familiären Rollen stark. Die Rolle eines Elternteils statt eines Kindes, eines Ehepartners statt eines Geschwisters auszufüllen, erfordert jeweils andere Fähigkeiten und Verhaltensweisen. Hinzu kommt, daß in komplexen Industriegesellschaften die hohe soziale und geographische Mobilität sowie ein rascher sozialer Wandel vieles in der Kindheit Erlernte überflüssig machen und dafür neue Anforderungen stellen. Die Konfrontation mit den Erwachsenenrollen erfordert also neues Lernen und auch Umlernen. Diese Lernprozesse stehen mit den Effekten der früheren Sozialisation in einer Wechselwirkung. Es kann eine erleichternde oder hemmende Wirkung eintreten, je nachdem, wie im einzelnen die Beziehung zwischen Früherem und Späterem gestaltet ist.

Rollenlernen und Beziehungssysteme müssen in einem engen Zusammenhang gesehen werden; denn „das meiste, was der Mensch während des Sozialisationsprozesses in der Kindheit und im späteren Leben lernt, stellt eine Reihe komplexer interpersonaler Beziehungen dar" (Brim, 1966, S. 8). Die Gesellschaft existiert also nicht als anonyme Masse, sondern besteht aus einer Reihe von Zweierbeziehungen, in denen Rollensozialisation durch soziale Interaktionen stattfindet. Je komplexer die Sozialstruktur einer Gesellschaft nun ist, desto schwieriger wird es für das Individuum, die gegensätzlichen Rollenforderungen erfüllen zu können. Die Anforderungen und Erwartungen, die an den Erwachsenen gestellt werden, sind sehr viel komplexer als in der Kindheit. Diese Komplexität entsteht einerseits dadurch, daß der Erwachsene mehr Rollen innehat und somit schneller Rollenkonflikte ausgelöst werden können. Außerdem ist sein sozialer Bezugsrahmen größer, was dazu führt, daß mehr Personen als in der Kindheit gegensätzliche Rollenforderungen stellen. Die Komplexität sozialer Rollen ist nicht per se als negativ anzusehen; sie kann vielmehr zur Komplexität der Persönlichkeit beitragen und als Grundlage eines erfüllten Lebens empfunden werden (Coser, 1975). Erst wenn sich die Anforderungen widersprechen, entstehen Konflikte, die gelöst werden müssen.

Es läßt sich zwischen Konflikten folgender Art unterscheiden:

Intra-Rollenkonflikte beziehen sich auf die Widersprüche, die innerhalb einer Rolle bestehen.

a) Zwei oder mehrere Personen haben verschiedene Erwartungen bezüglich eines Aspektes einer Rolle. Als Beispiel könnte man die unterschiedliche Meinung der Ehefrau und des Arbeitgebers über das pflichtgemäße Verhalten des Mannes am Arbeitsplatz nennen.
b) Ebenso kann ein einziges Individuum verschiedene Vorstellungen über mehrere Aspekte einer Rolle haben. Z. B. kann der Abteilungsleiter von einem Verkäufer erwarten, daß er sowohl freundlich mit dem Kunden umgeht als auch streng darauf achtet, daß Kunden ihren Ausweis vorlegen, wenn sie einen Scheck ausstellen.

Inter-Rollenkonflikte beziehen sich auf die konfligierenden Forderungen mehrerer Rollen eines Individuums.

a) Zwei oder mehrere Personen haben unterschiedliche Erwartungen an verschiedene Rollen einer Person. So kann die Ehefrau an den Mann die Forderung stellen, seine familiären Pflichten auszuüben und möglichst viel zu Hause zu sein. Dagegen hat der Arbeitgeber Interesse an Leistung und Einsatzbereitschaft des Arbeitnehmers im Beruf, auch wenn dies auf Kosten der Familie ginge.
b) Eine Person hat unterschiedliche Erwartungen bezüglich mehrerer Rollen eines Individuums.
   Dies wäre der Fall bei sich widersprechenden Erwartungen der Ehefrau an das Verhalten des Mannes zu Hause und im Beruf (z. B. zu Hause unterwürfig, aber im Beruf durchsetzungsfähig).

Das Individuum hat nun mehrere Möglichkeiten, sich diesen Konflikten zu stellen: Es kann versuchen, die Konfliktsituation zu vermeiden, sich auf annehmbare Weise zurückzuziehen, Kompromisse zu finden oder konfligierende Forderungen in eine zeitliche Reihenfolge zu bringen.

Das Problem der Widersprüche zwischen Rollenerwartungen im Erwachsenenalter stellt sich im allgemeinen für Frauen in noch schärferem Maße als für Männer. Insbesondere die Spannung zwischen familiären und beruflichen Verpflichtungen wird häufig als ein zentraler Konflikt herausgestellt. Eine der größten empirischen Untersuchungen zu diesem Problem führten Lopata und Barnewolt (1984) an einer repräsentativen Stichprobe von über 1800 Frauen in Großraum Chicago durch. Die Autorinnen befragten die 24- bis 54jährigen danach, welche sozialen Rollen für sie von Bedeutung sind, wie sie mit der Komplexität der Anforderungen umgehen und welche Veränderungen sich im Laufe des Lebens ergeben.

Zunächst beschrieben die Amerikanerinnen ihre gegenwärtige Lebenssituation durch folgende Rollen bzw. Rollenkombinationen: (1) nur Berufstätige, N = 168 (2) Berufstätige und Ehefrau, N = 119 (3) Berufstätige und Mutter, N = 174 (4) Berufstätige, Ehefrau und Mutter, N = 174 (5) Ehefrau und Mutter, N = 617 (6) nur Mutter, N = 104. Als eine wichtige Strategie, um mit dem multiplen Rollenangebot fertig zu werden, erwies sich die *Hierarchisierung*, d. h., die Frauen maßen den einzelnen Rollen eine unterschiedliche Bedeutung für ihr Leben bei.

Darum richtete sich die nächste Fragestellung der Untersuchung auf die Rollenpräferenzen. Die Probandinnen wurden gebeten, die Rollen nach ihrer subjektiven Gewichtung in eine Rangfolge zu bringen. Dabei ergab sich folgende Präferenzliste:

1. Mutter, 45%
2. Ehefrau, 27%
3. Berufstätige, 14%
4. Hausfrau, 7%
5. Mitglied der Gesellschaft (aktives Engagement in Verbänden, Vereinen, politischen und religiösen Gruppierungen usw.), 5%
6. Mitglied der Verwandtschaft (Rolle als Tochter, Schwiegertochter usw.), 2%

Die Stichprobe ließ sich also unterteilen in Frauen mit unterschiedlicher primärer Rollenorientierung. Die wichtigsten Untergruppen können im einzelnen wie folgt charakterisiert werden:

1. Die kindorientierte Frau

Die Rolle der Mutter stand auf der Präferenzliste unangefochten auf dem ersten Platz. Von den meisten Frauen wird ein hohes Maß an Kindorientierung jedoch nur für eine begrenzte Zeitspanne innerhalb ihres Lebenszyklus gewünscht. Dementsprechend erwies sich als bester einzelner Prädikator das Alter des jüngsten Kindes. Bei der Gruppe mit Kindern unter drei Jahren stand die Mutterrolle zu 75 Prozent auf dem ersten Rangplatz. Unter den kindorientierten Frauen gab es jedoch auch zwei kleinere Untergruppen, die die Dominanz der Mutterrolle weniger auf einen bestimmten Altersabschnitt begrenzten, sondern sie während des gesamten Erwachsenenalters beibehielten. Hierzu gehörten die (für amerikanische Verhältnisse) relativ alten Erstgebärenden (27 Jahre oder älter). Diese Frauen waren die Mutterschaft offensichtlich sehr bewußt eingegangen und gaben ihr für ihr weiteres Leben ein entsprechendes Gewicht. Häufig handelte es sich hierbei um Alleinerziehende oder Frauen, die mit jemand anderem als einem Ehemann zusammenlebten. Eine zweite Untergruppe mit langfristiger Kindorientierung bildeten Frauen aus sozio-ökonomisch ungünstigen Verhältnissen mit mehr als fünf Kindern. Bei dieser

Lebenskonstellation kann man davon ausgehen, daß gar keine anderen Rollen in Erwägung gezogen werden, so daß kein Rollenkonflikt entsteht.

2. Die ehemannorientierte Frau
Die besten Prädiktoren für diese Rollenpräferenz bildeten die beruflichen Merkmale des Ehemannes. Es handelte sich um Männer mit überdurchschnittlichem Karriere-Erfolg, meist mit Hochschulstudium und hohem Einkommen. Die Frauen sahen ihre Rolle im wesentlichen darin, die Karriere ihres Mannes durch soziale Unterstützung abzusichern und damit zusammenhängende repräsentative Pflichten zu übernehmen.

3. Die berufsorientierte Frau
Die Berufstätigkeit wird vor allem von denjenigen Frauen stark gewichtet, für die sich keine Konkurrenz mit anderen Rollen stellt. Sie sind also zum Großteil relativ jung, unverheiratet und kinderlos. Nach der Eheschließung blieb überraschenderweise die Berufsorientierung für die Arbeiterinnen bedeutsamer als für die Frauen in typischen Mittelschicht-Berufen. Ansonsten war das Alter der Kinder die entscheidende Variable. Die Berufsorientierung wurde wieder stärker gewichtet, wenn das jüngste Kind sechs Jahre oder älter geworden war. Das Alter der Kinder strukturierte diesbezüglich den Lebenslauf der Frauen stärker als das eigene Alter.

Die von den Befragten vorgenommene Hierarchisierung erlaubte es, ein Rollenprofil für verschiedene Altersstufen zu entwerfen. Dabei entsteht das Problem, inwieweit die Werte als Kohorten- oder Alterseffekte interpretiert werden müssen. Schließlich lagen zwischen den Geburtsdaten der jüngsten und ältesten Probandinnen 30 Jahre mit raschem epochalem Wandel. Um die Kohortenwerte mit quasi Längsschnittdaten vergleichen zu können, wurden die jüngeren Probandinnen gefragt, welche Rollenpräferenzen sie für ihr weiteres Leben erwarten, und die älteren, wie sich rückblickend ihre Rollenorientierung verändert hatte. Dabei erwiesen sich die Kohorteneffekte als überraschend gering, insbesondere, wenn man bedenkt, mit welchem Aufwand dieses Thema während der Sozialisation der jüngeren Frauen diskutiert worden ist. Die Unterschiede zwischen den altersmäßigen Extremgruppen machten nur wenige Prozentpunkte aus. Dagegen standen die Rollenpräferenzen in einem systematischen Zusammenhang mit dem Lebensalter. Frauen aller Altersstufen *organisierten das Rollenmuster sequentiell* in bezug auf den Lebenszyklus.

Jüngere Frauen, die die Berufsrolle am stärksten gewichteten, erwarteten für die weiteren Jahre eine Umorientierung zugunsten der Mutterrolle. Für das höhere Erwachsenenalter erwarteten sie ein berufliches Re-Engagement sowie eine stärkere Mitgliedschaft in gesellschaftlichen Gruppierungen. Diese Erwartungen stimmten weitgehend mit den tatsächlichen Rollenorientierungen der jeweiligen Altersgruppen überein.

Die Angaben der Befragten überraschten die Autorinnen. Sie hatten erwartet, daß ein höherer Anteil an der Gesamtstichprobe als nur 14 Prozent die Berufsrolle präferieren würde und daß diese auch während der reproduktiven Phase gegenüber der Rolle als Mutter und Ehefrau stärker gewichtet würde. Dies jedoch zeigte sich nicht einmal bei den Frauen, die de facto durchgängig berufstätig waren. Lopata und Barnewolt (1984, S. 105) schließen aus ihren Ergebnissen, daß die „neue Amerikanerin", deren Image von den Massenmedien seit langem verbreitet werde, in der Realität kaum zu finden sei. Die Lösung der Inter-Rollen-Konflikte erfolge durch hierarchische Gewichtung und sequentielle Organisation im Laufe des Lebens entsprechend den traditionellen Werten der amerikanischen Gesellschaft.

Die Untersuchungsergebnisse mögen zwar auf den ersten Blick überraschen, die Schlußfolgerung „traditionell" ist jedoch mißverständlich. So gibt es heute im Gegensatz zu früheren Jahrzehnten nur noch selten die lebenslange Fixierung auf eine Rolle, z. B. die Mutterrolle. Diese wird vielmehr als Phase innerhalb der eigenen Entwicklung gesehen. Hierin kommt eine Anpassung an veränderte Bedingungen zum Ausdruck, wie z. B. die verlängerte Lebenserwartung, durch die die aktive Mutterschaft einen relativ kürzeren Lebensabschnitt umfaßt, wie das veränderte Bild vom Altern, das nicht mehr zu Leistungsfähigkeit und Lebensfreude im Widerspruch steht, sowie auch eine veränderte Einstellung zur vorreproduktiven Zeit, die nicht mehr nur im Warten auf Eheschließung und Mutterschaft besteht, weil etwas anderes (vor allem eine Berufsausbildung) „sich doch nicht lohnt". Des weiteren bedeutet die vorgenommene Rollengewichtung innerhalb des Lebenszyklus keinen „faulen" Kompromiß, sondern eine Optimierung sowohl der eigenen als auch der kindlichen Entwicklung. Troll und Turner (1978) fanden bei dieser Lebensstrukturierung weniger Probleme in den mittleren Lebensjahren als bei der Fixierung auf nur eine Rolle.

Ähnliche Zusammenhänge zwischen Rollengewichtung und Lebenszyklus ergab eine vergleichende Untersuchung in fünf europäischen Ländern (Erler, Jaeckel & Sass, 1983). Die befragten Frauen aus Schweden, Finnland, Österreich, Ungarn und der Bundesrepublik Deutschland ließen in zentralen Punkten Gemeinsamkeiten, aber auch einige nationale Unterschiede erkennen. Die überwältigende Mehrheit in allen Ländern wünschte sich, die ersten Jahre in engem Kontakt mit ihrem Kind zu leben, dessen Entwicklung zu verfolgen und die Beziehung zu genießen. Ein längerer Mutterschaftsurlaub/Elternurlaub wurde dementsprechend für wünschenswert gehalten. Gleichzeitig wurde jedoch der prinzipielle Anspruch auf Berufstätigkeit, auf finanziellen Ausgleich für die Familienarbeit und auf eine Arbeitsplatzgarantie betont. Auf der Basis dieses allgemeinen Konsens gab es in allen Ländern unterschiedliche Schwerpunkte in der Rollenidentität. Der Anteil der eher familienorientierten Frauen schwankte zwischen den Nationen zwischen 20 Prozent und 35 Prozent, eher berufsorientiert waren 15 Prozent bis 30 Prozent. Die große Zwischengruppe machte ihre Entscheidungen von den gegebenen Bedingungen abhängig (z. B. der finanziellen Situation der Familie, der Attraktivität familienpolitischer Maßnahmen oder dem Stellenangebot).

Die Art, wie die verschiedenen Rollenidentitäten gelebt und die Partnerbeziehung gestaltet wird, weist starke *nationale Eigenarten* auf. Eine starke Identifizierung mit der Mutter- und Hausfrauenrolle fand sich in Österreich, Finnland und Ungarn. Die Frauen in diesen Ländern werden von ihren Männern relativ wenig bei der

Kindererziehung und der Hausarbeit unterstützt. Die Österreicherinnen wiesen eine selbstbewußte Hausfrauen- und Mutteridentität im traditionellen Sinne auf. Waren Kinder zu betreuen, so sahen sie hierin mit großer Selbstverständlichkeit ihre primäre Aufgabe und waren in dieser Zeit nur dann berufstätig, wenn finanzielle Gründe sie dazu zwangen.

Für die Frauen in Finnland und Ungarn ist dagegen die Berufstätigkeit selbstverständlich und wird nur durch den Mutterschaftsurlaub unterbrochen. Trotz der sicheren Berufsidentität sehen sie jedoch die Kinderbetreuung und Hausarbeit als ihren Zuständigkeitsbereich an, so daß sich eine Doppelbelastung ergibt.

Ansätze zu partnerschaftlichen Arbeitsteilungen im Haushalt zeigten sich in nennenswertem Umfang nur in Schweden und Deutschland. Obwohl die deutschen Männer sogar einen kleinen Vorsprung aufweisen, gibt es in Schweden mehr innerfamiliäre Harmonie und in Deutschland mehr Konflikte sowie eine stärkere aggressive Unzufriedenheit von seiten der Frauen.

In Schweden gibt es die Möglichkeit des Elternurlaubs, d. h., der Vater oder die Mutter können bei einem Gehaltsausgleich von 90 Prozent zur Kinderbetreuung zu Hause bleiben. Im Gegensatz zu den Erwartungen hat sich die Beteiligung der Väter an diesem Programm jedoch nur auf einem sehr niedrigen Niveau eingependelt (sechs bis sieben Prozent). Die Untersuchungsergebnisse deuten darauf hin, daß dies nicht nur an den Männern liegt, sondern auch an der starken Familienidentität der Schwedinnen. Diese wünschen Unterstützung von den Männern, sie wünschen auch eine enge Vater-Kind-Beziehung, aber sie wehren sich gegen ihre eigene Ersetzung durch den Mann. Auf der Basis dieses Selbstverständnisses wird in Schweden relativ viel Partnerschaftlichkeit gelebt, wobei die Schwedinnen in Kauf nehmen, daß ihre berufliche Entwicklung sich fast ausschließlich in Form von Teilzeitarbeit vollzieht. Die Autoren der Studie folgern: „Das schwedische Modell heißt in der Realität nicht Gleichheit der Geschlechter in der Kinderbetreuung und im Beruf, sondern Schwedens ‚Lösung' besteht vielmehr aus einem breit gefächerten, sozialversicherungsmäßig gut abgesicherten Teilzeitangebot für Frauen (...) Schweden ist also weniger das Land, in dem die Gleichheit der Geschlechter untersucht werden kann, als vielmehr ein Land, in dem Teilzeitlösungen studiert werden können" (Erler, Jaeckel & Sass, 1983, S. 28).

Die Bundesrepublik Deutschland nimmt unter den untersuchten Staaten eine Sonderstellung ein aufgrund der Polarisierung der Frauenidentitäten, des hohen Konfliktniveaus, der Aggressivität der Auseinandersetzung sowie des mangelnden gesellschaftlichen Konsenses. So gibt es hier einerseits eine relativ große Gruppe von „Nur-Hausfrauen", andererseits eine relativ große Gruppe, die der Berufstätigkeit eine größere Bedeutung beimißt als ihre europäischen Geschlechtsgenossinnen. Diese zweite Gruppe besteht nicht nur auf ganztägiger Berufstätigkeit, sondern sieht in der Berufsrolle den zentralen Teil ihrer Identität. Unter den deutschen Frauen wird auch am stärksten der Anspruch auf „echte", d. h. gleichmäßige Verteilung der Hausarbeit erhoben bzw. der Anspruch auf einen Rollentausch. So würden es 30 Prozent der deutschen Frauen begrüßen, wenn ihr Mann die volle Verantwortung für das Kind übernähme, während dies nur fünf Prozent der Frauen in Schweden oder Österreich akzeptieren könnten. Nur in Deutschland gibt es eine relevante Gruppe, die Kinder als Teil der weiblichen Identität ganz ablehnt.

Die deutsche Problematik besteht nun aber weniger darin, daß die Frauen mit entgegengesetzten Identitäten glücklich werden, sondern daß beide Gruppen unglücklich sind. Beide Gruppen werten ihre eigene Rolle herab und schätzen die jeweils andere höher ein. Die Nur-Hausfrauen weisen in Deutschland ein geringeres Selbstbewußtsein auf als in anderen Ländern. Die berufstätigen Frauen plagt die Vorstellung, sie könnten „Rabenmütter" sein. Ein schlechtes Gewissen dieser Art ist woanders kaum verbreitet. Hinzu kommt, daß die Berufstätigkeit eigentlich wenig genossen wird. Wie in den übrigen untersuchten Staaten freut sich nur eine Minderheit der Frauen nach dem Mutterschaftsurlaub auf den Wiedereintritt in den Beruf (ca. 20 Prozent). Die Unzufriedenheit mit dem bisherigen Berufsleben liegt in Deutschland sogar noch höher als im übrigen Europa, obwohl dies den objektiven Arbeitsbedingungen nicht entspricht. Die Berufsidentität basiert häufig mehr auf einem „Bekenntnis" zu dieser Rolle als auf deren Genuß.

Es stellt sich nun die Frage, wieso es in der Bundesrepublik Deutschland zu einer ideologischen Polarisierung von Rollen gekommen ist, die nach empirischen Untersuchungen in westlichen und östlichen Industriestaaten eher als Identitätsaspekte innerhalb einer Person betrachtet werden müssen. Zum einen gibt es eine Scheu, den eigenen Lebensstil nach individuellen Bedürfnissen und nach Gesichtspunkten der individuellen Lebenssituation zu gestalten. Statt dessen besteht ein gewisser Zwang, dies ständig zu „hinterfragen", als gäbe es quasi objektiv richtige Lösungen, denen man sich anzupassen habe. Des weiteren besteht kein gesellschaftlicher Konsens, daß es sich bei beiden Identitäten um „positive" Rollenbilder handelt und daß es legitim ist, beide vereinigen zu wollen. Vielmehr gibt es gesellschaftliche Gruppen, die jeweils gegen eines der beiden Rollenbilder polemisieren, und es unterbleiben Maßnahmen, die die Rollenflexibilität erhöhen. So bestand in den untersuchten europäischen Ländern über das gesamte politische Spektrum hinweg Einigkeit darin, daß ein längerer Mutterschaftsurlaub mit finanzieller Absicherung und Arbeitsplatzgarantie eine günstige Basis für die Entscheidungsfreiheit der Frauen darstellt. In der Bundesrepublik gibt es dagegen eine Antikoalition gegen dieses Modell. Während der linke Flügel hierin eine berufliche Diskriminierung sieht, wünscht man im rechten Lager, daß die Frauen gleich ganz zu Hause bleiben. Beiden gemeinsam ist die Mißachtung der Betroffenen selbst, die in empirischen Untersuchungen ihren Anspruch auf differenzierte Rollenidentitäten zum Ausdruck bringen. Dabei wird auch in europäischen Ländern die Familienorientierung nach wie vor stark gewichtet.

Den empirischen Untersuchungen zufolge gehört die Elternschaft zu denjenigen Rollen, die die soziale Entwicklung im Erwachsenenalter am stärksten strukturieren. Die Strukturierung ergibt sich aus den vitalen kindlichen Bedürfnissen, die von den Eltern eine Reihe von Betreuungsfunktionen erfordern. Die lange Abhängigkeit des Kindes von seinen Eltern und die damit verbundenen Verpflichtungen bezeichnet Gutmann (1985) als den Preis, den unsere Spezies für ihren hohen Entwicklungsstand in der Evolution zu zahlen hat. Der *„elterliche Imperativ"* gehört sowohl unter phylogenetischer als auch unter kulturvergleichender Betrachtungsperspektive zu den wenigen Universalien, die aufs engste mit dem Erwachsenenalter verbunden sind. Erwachsenenstatus und Elternschaft bilden in den meisten Kulturen eine Einheit. Sie definieren sich gegenseitig. Von daher wäre es interessant, die Trennung dieser Einheit, wie sie in den Industrienationen mit unterschiedlicher Häufigkeit vorkommt, näher zu untersuchen. Gutmann (1985) meint, daß aufgrund der phylogenetischen Kontinuität der Elternschaft ihre Verhinderung als Verdrängung verstanden werden müsse. Er vermutet, daß die psychischen Konsequenzen – ähnlich wie die gesellschaftlichen – erst mit einer gewissen Zeitverschiebung spürbar werden. Die Forschungslage zu diesem Problem läßt eine klare Beantwortung nicht zu. Klinische Studien mit projektiven Verfahren in Illinois, Großbritannien und Skandinavien legen einen Zusammenhang zwischen Kinderlosigkeit und späteren psychischen Problemen nahe. Bei nicht-projektiven Befragungen differenzierte die Variable Elternschaft vs. Kinderlosigkeit als solche nicht; jedoch zeigten diejenigen älteren Menschen eine größere Zufriedenheit, die aufgrund ihrer Kinder in ein soziales Netzwerk eingebunden waren (Beckman & Houser 1982).

Biographische Interviews in verschiedenen Kulturen ergaben trotz zahlreicher gesellschaftsspezifischer Ausgestaltungen auch einige allgemeingültige Konsequenzen der Elternrolle. Zu den gewichtigsten Faktoren gehörte die *Transformation des Narzißmus.* Zukunftsbezogene Gedanken, Wünsche und Träume zentrieren sich im jüngeren Erwachsenenalter noch vorwiegend um die eigene Person. In projektiven Tests waren sie verbunden mit unterschwelligen Phantasien von Omnipotenz und Unsterblichkeit. Die Geburt des Kindes vermittelt dagegen die Erfahrung, daß jemand anders wichtiger wird als man selbst. Aufgrund dieser Erfahrung wird das eigene Leben neu organisiert. Es werden realistischere Ziele angestrebt, der eigene Lebenszyklus wird als begrenzt und in eine Generationenabfolge eingebunden erlebt. Narzißtische Phantasien werden stärker auf das Kind projiziert. Der Wunsch nach Unsterblichkeit wird stärker an das Kind als an die eigene Person gebunden. Der eigene Tod erschien den Interviewten weniger schockierend als der des Kindes.

Ein zweiter universaler Faktor war die *Verschärfung der Geschlechtsrollenunterschiede* und der Trend zur Umgewichtung der Rollen in der postreproduktiven Lebenszeit. In der Geschlechtsdifferenzierung drückt sich das arbeitsteilige Versorgungssystem aus, das zur Befriedigung der kindlichen Bedürfnisse organisiert wird. Für die Persönlichkeit bedeuten die Geschlechtsrollen aber offensichtlich eine einseitige Beanspruchung, so daß die volle Entfaltung als Verlaufssystem innerhalb des Lebenszyklus gesehen werden muß.

Man kann nun fragen, ob die beschriebenen Lebenszyklus-Effekte bei alternativen Lebensstilen nicht völlig anders gestaltet werden. In Kapitel 4.2.4 wurde dargelegt, daß es eine geringe Anzahl von nicht-traditionellen Paaren gibt, die einen Rollentausch vornehmen. Die Betreuung der Kinder wird dann vorwiegend von den Männern wahrgenommen. Auch hierbei handelt es sich um eine zeitlich begrenzte Phase, die häufig mit besonderen Bedingungen wie z. B. Arbeitslosigkeit oder Studium des Mannes einhergeht. In vielen Fällen änderte sich die Rollenverteilung zwischen den Partnern danach wieder.

Von besonderem Interesse sind die Untersuchungen über die sogenannten *Zwei-Karrieren-Familien* (dual-career families), weil in diesen die Ehepartner sowohl einen völlig gleichberechtigten als auch einen lebenslang kontinuierlichen Lebensstil befürworten. Eine Zwei-Karrieren-Familie wird definiert als eine Kernfamilie, in der beide Partner *ununterbrochen* und *lebenslang* berufstätig sind und dennoch ein *Familienleben* gestalten und in der Regel *Kinder* haben. Dabei ist unter Berufstätigkeit nicht nur irgendeine Beschäftigung zu verstehen, die ohne subjektives Engagement betrieben wird, sondern eine für die Persönlichkeit wichtige Rolle, die einer Lebensaufgabe gleichkommt. Dieser Lebensstil scheint nicht besonders häufig zu sein; jedenfalls gelang es nie, eine repräsentative Stichprobe zu bilden. Meistens wurden Personen mit höherer Schulbildung untersucht.

Viele Autoren gehen davon aus, daß dieses Rollensystem sehr großen intrafamiliären Streß produziert, sehr krisenanfällig ist und daß sich die Ehepartner in ihrer Entwicklung gegenseitig behindern. Ferber und Huber (1979) fanden z. B., daß Wissenschaftler, die promovierte Frauen geheiratet hatten, weniger publizierten als ihre männliche Konkurrenz mit Frauen ohne Doktortitel und dementsprechend beruflich stagnierten. Hunt und Hunt (1982) – selbst ein Wissenschaftlerehepaar – meinen aufgrund ihrer Daten sogar, daß die Zahl der Zwei-Karrieren-Familien wieder zurückgehen werde. Ihre Verbreitung sei auf eine soziale Bewegung gegen die Geschlechtsrollendifferenzierung zurückzuführen; die Lebensqualität sei aber wegen des Stresses und zahlreicher Entbehrungen (außer dem finanziellen Aspekt) gering.

Wie eine neuere Untersuchung von Gilbert (1985) zeigt, sind diese Aussagen zu global. Die Autorin interviewte allerdings nur die Männer, weil sie davon ausging, daß diese aufgrund ihrer traditionellen Privilegierung in der Berufsrolle in einer Zwei-Karrieren-Familie die größeren Opfer zu bringen hätten. Die Aussagen variierten sehr stark. Zwar beklagte man eine Behinderung in der eigenen beruflichen Entwicklung, insbesondere in der Mobilität, hob jedoch auch positive Aspekte hervor, wie eine Entlastung bei der materiellen Absicherung der Familie und eine geistige Stimulierung durch die Frau. Viele Männer verneinten, daß zusätzliche Verpflichtungen in der Vater- und Ehegattenrolle einen übergroßen Streß für sie bedeuteten. Damit hatten sie recht; denn wie die Untersuchungsergebnisse zeigten, zeichneten sich zwar alle Paare durch ein bewußtes Konzept von Fairness und Gleichheit in der Aufgabenbelastung aus, jedoch betraf die Gleichverteilung nicht alle Rollenaspekte. Auch die meisten „Karrierefrauen" maßen der beruflichen Laufbahn ihres Mannes große Bedeutung bei. Sie akzeptierten und unterstützten seine Karriereanstrengungen und kompensierten diese Belastungen durch einen eigenen höheren Anteil an den häuslichen Verpflichtungen. Beziehungen, in denen dies nicht der Fall war, erwiesen sich als sehr konfliktreich.

Der *Familienzyklus* beeinflußt somit in den meisten Fällen auch die Rollengewichtung der Karrierefrau stärker als die des Mannes. Der vielleicht bedeutsamste Faktor für den Erfolg dieses Lebenssystems war jedoch der *Karrierezyklus*. Gemeint ist die relative Position, in der sich die Ehepartner auf ihrer Karriereleiter befinden. Als günstig erschien hier ein gewisser Abstand, so daß nicht beide Partner gleichzeitig unter starkem Druck standen und sich keine Wettbewerbssituation ergab. Am entspanntesten wurde das Zwei-Karrieren-System erlebt, wenn der um einige Jahre ältere Mann (häufig in zweiter Ehe) bereits eine gewisse berufliche Position erreicht hatte. Er unterstützte die Ambitionen der jüngeren Frau oder empfand sie zumindest nicht als bedrohlich. Am konfliktreichsten erlebten jüngere Paare die Situation, die am Anfang der Berufstätigkeit standen und dieser eine große Bedeutung beimaßen. Beide Partner konnten sich wenig wechselseitige Unterstützung geben, sahen sich oft gegenseitig als Hindernis und rivalisierten miteinander. Unerläßlich für das Funktionieren aller Zwei-Karrieren-Familien war die Fähigkeit beider Partner, sich gegenseitig zu unterstützen, ständig an der Beziehung zu arbeiten, nur realistische Erwartungen an den anderen zu stellen und Kompromisse zu akzeptieren. Neben diesen Charakteristika des Beziehungssystems war das Gelingen auch von exogenen Bedingungen abhängig wie flexiblen Arbeitszeiten, Teilzeitbeschäftigungen sowie familiärer oder institutioneller Betreuung der Kinder.

Insgesamt gesehen entsprechen nach Gilbert (1985) die Vorurteile der amerikanischen Öffentlichkeit gegenüber doppelten Karrieren nicht der Wirklichkeit. Man vermute im allgemeinen egozentrische Personen, die alles haben und auf nichts verzichten wollen. In Wirklichkeit handle es sich um ein Leben reich an Streß und Kompromissen, mit der Bereitschaft zu ständigen Korrekturen und Neufestsetzungen der Rollenbalance.

7.4 Entwicklungsaufgaben und soziale Übergänge

Das Konzept der *Entwicklungsaufgaben* überwindet einige Einschränkungen sowohl des Krisen- als auch des Rollenmodells und berücksichtigt einen breiteren Bereich von Faktoren, die soziale Veränderungen im Erwachsenenalter bedingen. Nach Havighurst (1963) stellen sich dem Individuum im Laufe seines Lebens bestimmte „developmental tasks". Die Entwicklung kommt dadurch in Gang und wird dadurch gefördert, daß sich der Erwachsene in einem bestimmten Alter mit spezifischen Anforderungen auseinandersetzen muß. Die Entwicklungsaufgaben resultieren aus drei verschiedenen Bereichen:

1. aus der körperlichen Situation oder physiologisch-biologischen Veränderungen,
2. aus kulturellen Normen und Erwartungen der Gesellschaft sowie
3. aus individuellen Erwartungen und Wertvorstellungen.

Für das frühe Erwachsenenalter stellen sich z. B. folgende Aufgaben: einen Ehepartner finden; lernen, mit ihm zusammenzuleben; eine Familie gründen; Auseinandersetzung mit der Mutter- bzw. Vaterrolle; das Großziehen der Kinder; der Start ins Berufsleben; einen Freundeskreis aufbauen.

Die 30- bis 60jährigen sehen sich Anforderungen gegenüber wie z. B.: den heranwachsenden Kindern zu helfen, glückliche Erwachsene zu werden; Übernahme von Verantwortung in einem größeren sozialen, politischen Rahmen; Erreichen und Erhalten einer befriedigenden Position im Berufsleben; Entwicklung und Pflege von Freizeitaktivitäten; Beziehung der Ehepartner festigen.

Ähnlich wie Erikson (1950/76) geht Havighurst (1963) davon aus, daß die gelungene Bewältigung früherer Aufgaben die Lösung späterer Probleme erleichtert. Die erfolgreiche Lösung von Entwicklungsaufgaben trägt zur subjektiven Zufriedenheit des Individuums und zur Anerkennung durch die Gesellschaft bei.

Das Konzept der *sozialen Übergänge* im Lebenslauf bezieht sich auf Wendepunkte oder Anforderungen, die sozial geschaffen, sozial anerkannt und gesellschaftlich aufrechterhalten werden (Kohli, 1980; Neugarten & Datan, 1973). Soziale Übergänge (life transitions) können inhaltlich mit bestimmten Entwicklungsaufgaben oder Rollenerwartungen identisch sein; sie sind als Modellvorstellungen jedoch weniger statisch und klassifizierend angelegt. Statt dessen steht der Prozeßcharakter im Vordergrund, die zeitliche Erstreckung der Veränderungen. Die Abfolge der sozialen Übergänge, die im Laufe des Lebens zu bestimmten Zeiten erwartet werden kann, wird als *sozialer Lebensfahrplan* bezeichnet („social timetable", nach Atchley, 1975). Die Bewältigung der Übergänge gelingt im allgemeinen leichter, wenn diese in einem „normalen", d. h. allgemein erwarteten chronologischen Alter stattfinden.

Der soziale Übergang ist keine punktuelle Veränderung, sondern vollzieht sich in einer Reihe von Mikroschritten. So durchschreitet z. B. der *Übergang zur Elternschaft* nach Gloger-Tippelt (1985) eine Sequenz von acht qualitativ verschiedenen Abschnitten:

1. Nach der Schwangerschaftsdiagnose stellt sich häufig zunächst eine *Phase der Verunsicherung* ein, die bis zur 12. Schwangerschaftswoche (post menstruationem) angesetzt wird. Das Ausmaß der erlebten Verunsicherung ist jedoch von mehreren Faktoren abhängig. Hierzu gehören die Antizipation und Erwünschtheit des Ereignisses. Auch Persönlichkeitseigenschaften der Frau und ihres Partners erwiesen sich als bedeutsam. Eine günstige Verarbeitung des Übergangs kann erwartet werden bei allgemeiner seelischer Gesundheit, hoher Kontrollüberzeugung, ausgeprägten Kompetenzgefühlen, der Selbstdefinition als Frau und einem positiven Elternbild. Als besonders wichtig erwies sich die soziale Unterstützung während der Schwangerschaft, insbesondere die Anteilnahme des Partners.
2. Es folgt eine *ruhigere Anpassungsphase* bis etwa zur 20. Schwangerschaftswoche. Körperliche Beschwerden und psychische Probleme nehmen ab. Die kognitive und emotionale Umorientierung äußerst sich im Akzeptieren und in der positiven Bewertung der Schwangerschaft.
3. In der *Konkretisierungsphase* (20.–32. Woche) setzt sich der Verarbeitungsprozeß fort. Hinweise auf das Kind verfestigen die Identität der schwangeren Frau und tragen zur Entwicklung eines neuen Selbstkonzepts als Mutter bzw. Vater bei. Vor allem die Wahrnehmung der ersten kindlichen Bewegungen wird als markanter Meilenstein erlebt und mit Erleichterung und Freude aufgenommen. Die Rückmeldungen durch das Kind und somit die Anfänge eines Dialogs zwischen Mutter und Kind gehen mit weiteren emotionalen und kognitiven Veränderungen einher. Die Mutterschaft wird zunehmend positiv antizipiert, Ängste verringern sich, und das Selbstvertrauen in bezug auf die zukünftige

Elternrolle steigt. In dieser Phase beginnt auch eine subjektive Umgewichtung der zukünftigen Rollenstruktur zugunsten der Mutter- bzw. Vaterrolle (vgl. Kap. 7.3).

4. In der *Phase der Antizipation und Vorbereitung auf die Geburt und das Kind* (32. Woche bis Geburt) kommt es zu einem Wechsel der Zeitperspektive. Die Schwangerschaft wird nun unter dem Gesichtspunkt der noch verbleibenden Zeit bis zur Niederkunft erlebt. Dies fördert einerseits die innere Bereitschaft für die Geburt und die freudige Erwartung, ist aber andererseits insbesondere bei Erstgebärenden mit erneuten Gefühlen der Unsicherheit und mit emotionalen Spannungen verbunden (Lukesch, 1981). Die kognitive und emotionale Antizipation der Geburt wird durch praktische Vorbereitungen ergänzt (z. B. Teilnahme an Geburtsvorbereitungs- und Säuglingspflegekursen, Einrichten eines Kinderzimmers).
5. Das Erleben der *Geburtsphase* ergibt sich als Wechselwirkung zwischen dem physiologischen Vorgang und der psycho-sozialen Situation. Um die Qualität des Geburtserlebens für die Mutter zu verbessern, dem Kind einen „sanften Weg" ins Leben zu bahnen und günstige Bedingungen für die Entwicklung der Eltern-Kind-Bindung zu schaffen, ist gerade die psycho-soziale Entwicklung der perinatalen Zeit während der letzten Jahre stark reformiert worden. So ist häufig der Vater bei der Geburt anwesend, unmittelbar nach der Entbindung besteht die Möglichkeit zu Körperkontakt und zärtlichem Austausch zwischen Mutter und Kind, und die Unterbringung des Neugeborenen erfolgt nicht mehr in einer separaten Säuglingsstation, sondern im Zimmer der Mutter (rooming-in).
6. Bis etwa zum zweiten postnatalen Lebensmonat läßt sich von einer *Erschöpfungsphase trotz erstem Glück über das Kind* sprechen. Diese Zeit ist gekennzeichnet durch die körperliche Erholung vom Geburtsstreß sowie durch die Anpassung an physiologische Umstellungen (z. B. infolge des Stillens) und an die Bedürfnisse des Neugeborenen. Insbesondere die Veränderung des Tagesrhythmus durch die noch kurzphasigen Schlaf-Wach-Zeiten des Kindes tragen bei vielen Eltern zur Erschöpfung bei. Die für diese Anpassungsleistungen notwendigen Kräfte schöpfen die Eltern aus intensiven Glückgefühlen über das Kind. Des weiteren wird die Bewältigung der Probleme erleichtert durch die Ehezufriedenheit sowie die soziale Unterstützung durch den Partner und andere Familienangehörige, wie z. B. die Großeltern des Kindes.
7. Die *Phase der Herausforderung und Umstellung* bis zum sechsten Monat ist gekennzeichnet durch die Gestaltung der Elternrolle und die Reorganisation der Partnerschaft. Es festigt sich das Gefühl, Mutter bzw. Vater zu sein, und es werden entsprechende Bewältigungsstrategien entwickelt. Der Aufbau einer Beziehung zum Kind (wie sie die Attachment-Theorie beschreibt, vgl. Kap. 4.1) und die Verteilung der Betreuungsfunktionen zwischen den Partnern stehen im Mittelpunkt (vgl. Kap. 3.4). Durch diese Belastungsfaktoren ändert sich auch als indirekter Effekt die Qualität der ehelichen Beziehung (vgl. Kap. 3.5). Nach Belsky, Spanier und Rovine (1983) wird die Partnerschaft nun eher instrumentell erlebt, der Aspekt der Liebesbeziehung tritt demgegenüber zurück. Mütter

nennen als ihre häufigsten Probleme die Gebundenheit durch das Kind, die Anpassung an seinen Rhythmus und soziale Isolierung. Die Väter beschäftigen daneben finanzielle Probleme; sie beklagen auch die „Vernachlässigung" durch ihre Frau und den Rückgang sexueller Aktivitäten (Dyer, 1976; Entwisle & Doering, 1981; Schmidt-Denter, 1984).

8. Die erhöhte Anspannung weicht ab dem sechsten Monat einer *Gewöhnungsphase*. In der Betreuung des Kindes stellen sich Regelmäßigkeit und Routine ein. Die soziale Bindung wird nicht nur durch die Einstellung der Eltern auf das Kind, sondern auch durch dessen Anpassungsleistungen sicherer, so daß eine kongruente Beziehung, eine Passung entsteht. Zwischen den Partnern gewinnt die emotionale Beziehung wieder an Gewicht. Die Sozialkontakte ordnen sich neu, ein Teil der alten Bekanntschaften wird aufgegeben und neue kommen zu einem vergleichbaren Anteil hinzu (ca. jeweils 50 Prozent nach Schmidt-Denter, 1984). Man kann somit sagen, daß die Geburt des (ersten) Kindes zu einer Umstrukturierung des gesamten inner- und außerfamiliären Beziehungsgeflechts führt und daß sich diesbezüglich nach ca. einem Jahr eine neue Stabilität hergestellt hat.

7.5 Erlebte Wendepunkte in der Entwicklung

Die Analyse individueller Lebensläufe zeigt, daß nicht nur normative Übergänge, sondern die unterschiedlichsten Ereignisse als Markierungspunkt für neue Entwicklungen fungieren können. Angaben hierzu liegen aus der umfangreichen Bonner Gerontologischen Längsschnittstudie vor. Lehr und Thomae (1958, 1965) befragten über 1300 Personen der Geburtsjahrgänge 1895 bis 1939. Fast alle Probanden gliederten spontan ihren Lebenslauf. Sie nannten durchschnittlich 17,5 entwicklungsrelevante Ereignisse bzw. Wendepunkte in ihrer Biographie.

- Davon bestand die größte Gruppe (38,5 Prozent) in ganz persönlichen Erlebnissen und Erfahrungen, die nach außen hin kaum sichtbar werden. Begegnungen mit einem bestimmten Menschen, Freundschaften, erschütternde Erlebnisse oder manchmal auch nur ein einziges intensives Gespräch können als innere Wende erlebt werden und zu einer Neuorientierung führen.
- Die zweite Gruppe mit nur 36,4 Prozent bildeten dann Ereignisse, die man allgemein zu bestimmten Zeiten des Lebenslaufs erwarten würde. Hierzu gehören z. B. Heirat, Geburt eigener Kinder, Stellen- und Berufswechsel.
- Der drittgrößte Anteil (17,8 Prozent) entfiel auf zeitgeschichtliche Ereignisse, wie z. B. die Wirtschaftskrise, den Kriegsbeginn oder die Kriegsgefangenschaft.
- An 4. Stelle (7,5 Prozent) wurden schließlich biologisch bzw. körperlich bedingte Ereignisse genannt, wie z. B. schwere Krankheiten oder somatische Alterserscheinungen.

Insgesamt wurde immerhin ein Drittel dieser entwicklungsrelevanten Wendepunkte eher als positiv erlebt, zwei Drittel dagegen eher als negativ, auf einem Erlebnisspektrum angesiedelt zwischen „belastend" und „krisenhaft".

Die Erforschung der Biographien zeigte, daß viele Stereotypien, die über bestimmte Altersstufen existieren, nicht zutreffen. So wurde das frühe Erwachsenenalter keineswegs durchgängig als positiv erlebt, im Sinne der „goldenen Jugend", und die höheren Lebensabschnitte nicht als das „graue Alter". In ähnlicher Weise erwies sich die Lebensmitte nicht prinzipiell als krisengeschüttelt, und in den übrigen Phasen des Erwachsenenalters herrschte nicht generell Stabilität vor. Daraus folgt, daß ein bestimmter Lebensabschnitt nicht gesetzmäßig als positiv oder negativ, als kontinuierlich oder diskontinuierlich erlebt wird. Dies ist vielmehr abhängig von den Lebensbedingungen, die mit einer ganz bestimmten Persönlichkeit in Wechselwirkung treten. Ein und dieselbe Grundsituation kann von verschiedenen Individuen positiv oder negativ empfunden werden und die weitere Entwicklung in unterschiedlicher Weise beeinflussen.

7.6 Kritische Lebensereignisse

Ein Erklärungskonzept, das sich zum Ziel gesetzt hat, die individuellen Bewältigungsstrategien und die verschiedenartigsten Bedingungen für intraindividuellen Wandel zu integrieren, wird mit „critical life events" betitelt. Als „kritische Lebensereignisse" gelten nach Filipp (1982, S. 772) „solche im Leben einer Person eintretenden Ereignisse, die eine mehr oder minder abrupte Veränderung in der Lebenssituation der Person mit sich bringen."

Sie lassen sich charakterisieren durch eine raumzeitlich punktuelle Verdichtung eines Geschehensablaufs, der sich sowohl innerhalb der Person als auch in ihrer Umwelt vollziehen kann. Das Beziehungssystem zwischen Individuum und Umwelt wird dadurch aus dem Gleichgewicht gebracht und muß neu balanciert werden.

Kritische Lebensereignisse sind bivalent. Sie bergen für den Betroffenen Gefahren in sich, aber zugleich auch Chancen für die individuelle Weiterentwicklung. Das Konzept stammt ursprünglich aus der Streßforschung; dabei stand der Aspekt der psycho-somatischen Belastung durch Lebenskrisen im Vordergrund (Katschnig, 1980). Die Entwicklungspsychologen nutzten das Modell dagegen eher, um Entwicklungsimpulse im Erwachsenenalter zu erklären (Riegel, 1975). Es erschien ihnen als vorteilhaft, daß das Modell sehr offen und breit angelegt ist. Es kann somit die verschiedensten Faktoren für intraindividuellen Wandel im Laufe der gesamten Lebensspanne einbeziehen. Dies gilt für verschiedene Umwelteinflüsse auf die Entwicklung, für historische Entwicklungskontexte (Krieg, Wirtschaftskrise) einzelner Kohorten sowie die „Eigenproduktion" von Ereignissen durch das Individuum, das als aktiv an seiner Entwicklung beteiligt gesehen wird.

Ein wesentlicher Unterschied zur traditionellen Krisentheorie (vgl. Kap. 7.2) besteht darin, daß es nicht nur um normative und universelle Abfolgen geht. Die Vielfalt der relevanten Ereignisse bedeutet jedoch gleichzeitig ein Problem, wenn man zu Gliederungen und Systematisierungen kommen will. Welche Ordnung läßt sich in so unterschiedliche kritische Einschnitte bringen wie z. B. Geburt des ersten Kindes, Verlust des Arbeitsplatzes, Verkehrsunfall, Wahrnehmung des ersten

grauen Haares oder Tod nahestehender Personen? Die entwicklungspsychologische Lebensereignisforschung hat somit nach Filipp (1982) die Aufgabe, zu spezifizieren,
- welche Lebensereignisse (Art, Thematik) bei
- welchen Personen (Formen der Ereignisbewertung, Ressourcen der Ereignisbewältigung)
- unter welchen Kontextbedingungen
- zu welchem (Alters-)Zeitpunkt
- welche Effekte besitzen

und so als Bedingungen für intraindividuellen Wandel der Person zu betrachten sind.

Diese Zielvorstellung konnte bisher nur sehr bruchstückhaft verwirklicht werden. Es bestätigten sich jedoch die Grundannahmen des Konzepts. Olbrich (1981) konnte dies am Beispiel der Menopause als einer kritischen Übergangsperiode im mittleren Erwachsenenalter nachweisen. Die Beschwerden während der Menopause wurden in der Vergangenheit häufig ausschließlich auf die hormonelle Umstellung zurückgeführt. Das Bedingungsgeflecht erwies sich jedoch in empirischen Studien als komplexer. Zum einen summierten sich in dem entsprechenden Lebensalter häufig weitere kritische Ereignisse wie der Tod der Eltern, die Neudefinition der Beziehung zum Ehepartner oder der Auszug der Kinder aus dem Elternhaus (empty nest). Zum anderen war bereits die Erwartung der Menopause oft mit Ängsten verbunden, die sich auf den Verlust der Weiblichkeit, das Nachlassen der Attraktivität und die damit verbundene Selbstabwertung bezogen. Diese vielfältigen kritischen Aspekte verlangten eine Bewältigung, und es zeigte sich, daß die Entwicklung während der Menopause durch die individuellen Bewältigungsstrategien bestimmt wurde.

Das Spektrum von Verarbeitungsformen reichte von Verdrängungstendenzen über medikamentöse Therapien bis zur intellektuellen Auseinandersetzung mit dem Problem durch Lesen oder Gespräche mit Ärzten und Frauen. Die Lösung der Probleme stellte sich nicht automatisch nach Abschluß einer „kritischen Phase“ ein, sondern mußte aktiv erarbeitet werden. Gelang dies, so entwickelten sich neue Formen des Verhaltens und neue Lebensperspektiven. Der Effekt kritischer Lebensereignisse ist also vom Ergebnis der Auseinandersetzung mit ihnen abhängig. Die Anstrengungen, die das Individuum sowohl auf die Bewältigung der äußeren Herausforderungen als auch auf die innere emotionale Restabilisierung und die Neuorganisation der Persönlichkeit richtet, werden als *Coping-Strategien* bezeichnet. In diesen Prozessen der aktiven Auseinandersetzung liegt die entwicklungsfördernde Wirkung der kritischen Lebensereignisse.

Aus der bisherigen Darstellung der Konzepte zur Entwicklung im Erwachsenenalter läßt sich folgendes zusammenfassen:
1. Die empirischen Daten lenken den Blick auf die Vielfalt der Entwicklungsphänomene im Erwachsenenalter. Als Motor der Entwicklung kommt eine große Anzahl von Ereignissen mit unterschiedlichstem thematischen Inhalt in Betracht.
2. Es gibt keine Bestätigung für eine Eingrenzung auf alterschronologisch festgelegte Krisenzeiten, denen eine universale Gesetzmäßigkeit zugeschrieben wird und deren Ursprung entweder in biologisch-reifungsbedingten Veränderungen der

Person oder in bestimmten Status- und Rollenübergängen liegt. Dennoch sind die Zeitpunkte, zu denen soziale Übergänge stattfinden, nicht bedeutungslos. Sie beeinflussen die Entwicklung, indem das Individuum bestimmte Veränderungen antizipiert, als sozial gefordert erlebt oder für den individuellen Lebenszyklus als erstrebenswert ansieht.

3. Die Entwicklung des Individuums kann nicht einfach als das voraussagbare Produkt von Reifungs- und/oder Umweltbedingungen verstanden werden. Die Wirkung dieser Bedingungen richtet sich danach, wie das Individuum sie kognitiv verarbeitet und interpretiert, welche Bedeutung es ihnen beimißt und welche Coping-Strategien ihm zur Verfügung stehen.
4. Das Individuum ist nicht darauf festgelegt, nur auf externe Ereignisse zu reagieren, sondern es kann sich auch eigendynamisch als Motor seiner Entwicklung, als sein eigener Sozialisationsagent betätigen. Es kann Erwartungen ausbilden, auf deren Hintergrund sogenannte objektive Ereignisse erst ihre individuumsspezifische Relevanz erlangen. Erst dadurch wird erklärbar, daß der Nicht-Eintritt eines bestimmten Ereignisses für jemanden genauso bedeutsam sein kann wie für jemand anderen der Eintritt dieses Ereignisses (Beispiel: ungewollte Kinderlosigkeit vs. Geburt eines Kindes).

Aus den vier genannten Gesichtspunkten resultiert, daß ein wesentliches Kennzeichen der Entwicklung im Erwachsenenalter die hohe interindividuelle Variabilität ist. Dies konnte sowohl für den kognitiven als auch für den sozialen Bereich nachgewiesen werden.

7.7 Freiheit und Kontrolle im Verbund der Generationen

Das Individuum hat im Erwachsenenalter ein hohes Maß an Kompetenzen und an Bewältigungsmöglichkeiten für Lebensprobleme erreicht. Dies ermöglicht ihm im allgemeinen eine weitgehend selbstbestimmte Kontrolle über seine soziale Entwicklung. Rodeheaver und Datan (1981) kennzeichnen diese Lebenssituation als „Freiheit mit Einschränkungen". Die Begrenzung von Freiheit und selbstbestimmter Kontrolle ergibt sich vor allem aus der untrennbaren Verzahnung mit Vergangenheit und Zukunft, die zwar für die gesamte Lebensspanne gilt, aber in den mittleren Lebensjahren eine besondere Aktualität erhält. Die dialektische Beziehung zu Vergangenheit und Zukunft äußert sich auf dem Gebiet der sozialen Beziehungen durch die Interaktionen zwischen den Generationen und, hinsichtlich der eigenen Identität, durch die Auseinandersetzung mit der eigenen Vergangenheit und Zukunftsperspektive.

In den mittleren Lebensjahren steht der Mensch normalerweise im Mittelpunkt dreier Generationen: als Vater oder Mutter von Kindern und gleichzeitig als erwachsenes Kind der eigenen Eltern. Diese Lebenssituation hat zu der Bezeichnung „Sandwich-Generation" geführt: Von zwei Seiten werden verpflichtende Erwartungen gestellt. Dies erfordert die Koordination der eigenen Entwicklung mit der zweier weiterer Generationen. Anderenfalls würde die Freiheit für das eigene Selbst auf

Kosten der Beziehung zu der vorangehenden und der nachfolgenden Generation erfolgen. Den mittleren Lebensjahren fällt somit die Funktion zu, die Verbindung innerhalb der Generationsabfolge aufrechtzuerhalten (Troll, Miller & Atchley, 1979). Dies erfordert einen „Einsatz" sowohl für die eigene Entwicklung als auch für die Entwicklung der anderen Generationen sowie eine ständige Balancierung zwischen den multiplen Entwicklungslinien. Die Lösung dieses dialektischen Prozesses ist altersspezifisch, weil die Entwicklungsaufgaben sich ändern.

Der „Generationeneinsatz" bedingt, daß die Entwicklung auch im Erwachsenenalter nicht vollständig der eigenen Kontrolle unterliegt, sondern teilweise durch andere Generationen mitkontrolliert wird. Die sozialen Kontrollprozesse verlaufen stets in Form einer Wechselwirkung. Selbst der Prozeß der kulturellen Überlieferung kann nicht als einseitig gerichteter Einfluß der Älteren auf die Jüngeren verstanden werden. Jede Überlieferung impliziert ein Feedback, also einen Einfluß der Jüngeren auf die Älteren (Bengtson & Troll, 1978). Eltern sind nicht einfach die Hüter von Werten, Überzeugung und Informationen, die sie an ihre Kinder weitergeben, sondern sie übernehmen auch umgekehrt Orientierungen und Sichtweisen. Die Entwicklung der Generationen ist somit eine dialektisch verbundene.

Dies bedeutet nicht, daß es keine Konflikte gibt. Vielmehr können gerade die Konflikte als Prozesse der Balancierung und als Entwicklungschancen verstanden werden. Dies setzt die Bereitschaft zur Wandlung auch im Erwachsenenalter voraus. So sollten Eltern Entwicklungsfortschritte des Kindes berücksichtigen und erkennen, daß sie die Beziehung ändern müssen, wenn sie weiterhin generativ wirksam sein wollen. Ein dialektisches Verständnis von Entwicklungskontrolle setzt auch die Erkenntnis von den Grenzen der Kontrollmöglichkeiten und von der Bedeutung der Autonomie und Selbstkontrolle voraus. Bringt die Erwachsenengeneration diese Wandlungsfähigkeit nicht auf, so wird es den Jüngeren unmöglich gemacht, die Bindungen aufrechtzuerhalten und gleichzeitig ihre Autonomie zu wahren.

Den Schlüssel zur Gestaltung des sozialen Austauschs zwischen den Generationen kann man als eine „altersspezifische Balance zwischen Geben und Nehmen" bezeichnen (Bengtson, 1982). Dabei wird eine Re-Balancierung weniger durch ein bestimmtes chronologisches Alter als durch Entwicklungsereignisse ausgelöst. Untersuchungen zur Entwicklung der Mutter-Tochter-Beziehung zeigten, daß Töchter zum Zeitpunkt ihrer Heirat den vollen Erwachsenenstatus gegenüber ihren Müttern beanspruchten (Fischer, 1981). Mit der Geburt eines eigenen Kindes verlangten sie Wertschätzung und Prestige, wie sie bislang die Mutter aufgrund ihrer Rolle genossen hatte. Die Mutter-Tochter-Beziehung entwickelte sich nur dann positiv, wenn die Mutter diese Umgewichtung akzeptierte.

Die Dialektik in den sozialen Beziehungen zwischen den Generationen besitzt ein intrapsychisches Äquivalent bei der Betrachtung des eigenen individuellen Lebenslaufs. Der Erwachsene wird einerseits mit seinen Wünschen und Überzeugungen aus der Vergangenheit und andererseits mit seiner Zukunftsperspektive konfrontiert. Die Entwicklung im mittleren Erwachsenenalter ist darum auch als das Ergebnis einer ständigen Auseinandersetzung zwischen dem erreichten Stand, früheren Lebensentwürfen und Zukunftsprojektionen zu verstehen. Der psychodynamische

Ansatz von Gould (1979) und Levinson, Darrow, Klein et al. (1978) definiert die individuelle Entwicklung als eine Reihe von Konfrontationen mit vergangenen Versionen des Selbst. Auch nach Sarason (1977) und Gutmann (1980) sind insbesondere die mittleren Lebensjahre durch eine Wechselwirkung zwischen aktuellen Entwicklungsrealitäten und vergangenen Selbstkonzepten gekennzeichnet (vgl. Kap. 7.2).

Man kann mit Rodeheaver und Datan (1981) somit zwei Ebenen dialektischer Beziehungen im Erwachsenenalter unterscheiden: eine intrapsychische zwischen verschiedenen Abschnitten der eigenen Entwicklung, eine interpersonelle zwischen verschiedenen sich entwickelnden Generationen. Die Spannungen, die diesen Konflikten zugrunde liegen, sind aber so miteinander verwoben, daß jedes Bemühen bezüglich des einen Konflikts auch den anderen betreffen dürfte. Im folgenden sollen nun am Bild des „leeren Nests" die Zusammenhänge dieser Konflikttypen illustriert werden.

Wenn die Kinder das Haus verlassen haben, kann das „leere Nest" für die Eltern zum Streßfaktor oder zu einer Aufforderung nach Erneuerung werden. Für die Kinder wird erstmals klar, was Erwachsensein und was Elternschaft bedeutet. Mit dem Abstand zum Elternhaus und im Bewußtsein der eigenen Reife sind sie imstande, sich in die Elternrolle hineinzudenken. Datan (1980) schlug als Komplement zum leeren Nest das „bevölkerte Nest" („crowded nest") vor. Dies bezieht sich auf den Zeitpunkt, zu dem die Kinder schon „ausgewachsen", aber noch nicht ausgezogen sind. In der Zeit des Übergangs zwischen beiden Beziehungsformen erleben die Eltern sehr deutlich die Zerbrechlichkeit ihrer Kontrolle über die Entwicklung der Kinder. Die räumliche Trennung führt ihnen dies besonders vor Augen und fordert zu einer Neudefinition der Beziehung zwischen den Generationen heraus. Den Kontrollverlust über die Kinder erleben die Eltern aber auch als Teil der Zerbrechlichkeit ihrer Kontrollkompetenz allgemein. Dadurch können die oben geschilderten intrapsychischen Konflikte ausgelöst werden. Es kann das Problem der eigenen Entwicklungskontrolle aktualisiert werden.

Die Arbeit von Lowenthal, Thurner, Chiriboga et al. (1975) belegt diesen Zusammenhang empirisch. Es zeigte sich, daß die meisten Frauen den Übergang vom bevölkerten zum leeren Nest an sich weder als frustrierend noch als Wendepunkt erlebten. Die befriedigenden Beziehungen zu ihren Kindern wurden dadurch nicht notwendigerweise unterbrochen (Lowenthal & Chiriboga, 1972). Als schwerwiegend empfanden es viele Frauen demgegenüber, daß sie die Kontrolle über diese Veränderungen nicht bei sich, sondern bei ihren Kindern sahen. Dies führte zu einer Verunsicherung der Kontrolle über ihre eigene Entwicklung. Die intrapsychische Stabilisierung gelang wiederum dadurch, daß ein neues soziales Beziehungssystem aufgebaut wurde, das die veränderten familiären Bedingungen kompensierte. Die schwindende Beziehungsintensität innerhalb der Familie wurde durch expandierende Beziehungen außerhalb der Familie ausgeglichen. Die Re-Definitionen der eigenen Entwicklung und der Beziehungen zwischen den Generationen standen in enger Wechselwirkung.

Die Problematik des leeren Nests kann somit als Beispiel für zwei Ebenen dialektischer Prozesse dienen, die Entwicklung im Erwachsenenalter bedingen. Beide Ebenen, die intrapsychische und die soziale, sind eng miteinander verwoben. Gleichzeitig wird deutlich, daß Phänomene, die auch von anderen Konzepten aufgegriffen werden (z. B. Krisenkonzept), durch einen dialektischen Ansatz eine bessere Erklärung und theoretische Fundierung erfahren.

8. Soziale Veränderungen im Alter

Zu den am intensivsten bearbeiteten Forschungsthemen gehört das Problem der sozialen Isolierung im Alter. Im Lichte empirischer Befunde mußten diesbezüglich einige „soziale Mythen“ revidiert werden (Kap. 8.1 und 8.2). Die außerfamiliäre Kontaktstruktur verändert sich in Abhängigkeit von personbezogenen und ökologischen Merkmalen (Kap. 8.3). Die Funktionen der sozialen Beziehungen im Alter werden zum Teil spezifisch von bestimmten Personen erfüllt; es gibt jedoch auch Kompensationsmöglichkeiten (Kap. 8.4). Die wichtigsten sozialen Rollenveränderungen im Alter werden durch die Pensionierung ausgelöst (Kap. 8.5 und 8.6). Auf der Basis zweier unterschiedlicher theoretischer Orientierungen wird als erfolgreiche Bewältigung dieser Problematik entweder neue Aktivität oder Disengagement postuliert (Kap. 8.7). Beide Ansätze können jedoch keine generelle Gültigkeit beanspruchen. Vielmehr stellt die soziale Entwicklung im Alter einen Adaptationsprozeß dar, in dem bestimmte Lebensbedingungen und ihre Veränderungen in personen- und kohortenspezifischer Weise bewältigt werden (vgl. Kap. 8.8).

8.1 Die These von der sozialen Isolierung im Alter durch den Wandel der Familienstruktur

In den 40er Jahren formulierte Parsons (1943/64) die These vom Wandel der Familienstruktur in industriellen Gesellschaften. Sie besagt, daß die ehemals vorherrschende Drei-Generationen-Familie zu einer „Kernfamilie“ zusammenschrumpft, die Vater, Mutter und alle abhängigen Kinder umfaßt. Werden die Kinder selbst berufstätig, nutzen sie diese „Unabhängigkeit“, verlassen das Elternhaus und gründen eine eigene Kernfamilie. Auf diese Weise werden die Alten aus dem Familienverband ausgegliedert und bleiben allein zurück. Den Grund für diesen Wandel der Familienstruktur sah Parsons in der Industrialisierung. Die industrialisierte Gesellschaft forderte Leistungsfähigkeit und Mobilität von ihren Mitgliedern. Der Beruf gewann eine andere Bedeutung und erlangte einen Stellenwert, den er vorher nicht hatte. Es galt, im Konkurrenzkampf bestehen zu können.

Durch diese Entwicklung wurde das Leben komplexer und stellte höhere Anforderungen an die Individuen. Die einzelnen Mitglieder, wie auch der Familienverband selbst, wurden stärker belastet. Die Folge war, daß für die Betreuung der alten Familienmitglieder die Zeit nicht mehr genügte; vor allem jedoch fehlte es den Jungen an der Motivation, sich den Generationskonflikten zu stellen. Dieser Mehrbelastung wollte man aus dem Weg gehen. Die Alten wurden ausgegliedert, isoliert und teilweise hospitalisiert. Parsons These klingt zunächst plausibel. Es stellt sich jedoch die Frage, ob es empirische Belege für sie gibt.

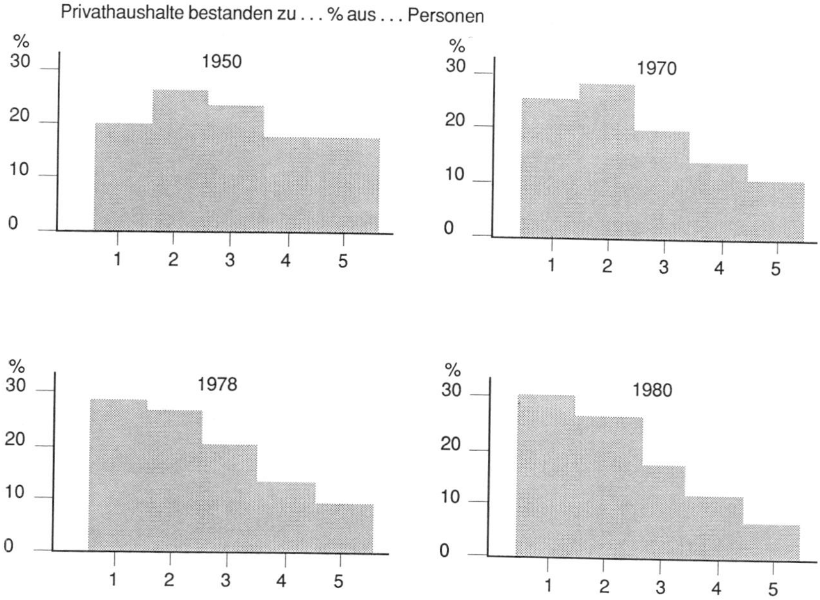

Abb. 10: Privathaushalte und ihre Zusammensetzung (aus: Deutsches Zentrum für Altersfragen, 1984, S. 90)

Entscheidendes Kriterium für Parsons war zum einen das *Zusammenleben der Generationen in einem Haushalt.* Abbildung 10 zeigt, daß die Zahl der Einpersonenhaushalte im Zeitraum von 1950 bis 1980 in der Tat gewachsen ist: von 19,4 auf 30,2 Prozent. Im selben Zeitraum sank die Zahl der Mehrpersonenhaushalte entsprechend von 80,6 auf 69,8 Prozent. Differenziert ergibt sich folgendes Bild: Die Zahl der Zweipersonenhaushalte ist leicht gestiegen um 3,2 Prozent. Die Zahl der Drei- bzw. Vierpersonenhaushalte hat jedoch abgenommen: um 5 bzw. 1,4 Prozent. Deutlich gesunken ist vor allem die Zahl der Haushalte, die mehr als vier Personen umfassen (6,6 Prozent). Als Ursachen dieser Entwicklung kommen für das Deutsche Zentrum für Altersfragen (1984) folgende Gründe in Betracht:

a) Eine Ursache der Expansion der Einpersonenhaushalte ist die zunehmende Tendenz junger Menschen, sich frühzeitig aus dem elterlichen Haushalt zu lösen.
b) Parallel dazu hat die Heiratsneigung junger Menschen und der Wunsch nach Kindern abgenommen. Vor 100 Jahren betrug die durchschnittliche Kinderanzahl einer Familie 6,8; heute dagegen nur 1,5. Ihr letztes Kind gebar die Frau vor 100 Jahren im Alter von knapp 40 Jahren; heute ist sie demgegenüber durchschnittlich 30 Jahre alt.
c) Schließlich bildet auch die wachsende Tendenz zur Vereinzelung älterer Menschen einen ausschlaggebenden Grund für das Zustandekommen dieser Entwicklung.

Eine differenzierte Betrachtung der Zusammensetzung der Einpersonenhaushalte ergibt folgendes Bild (vgl. Tab. 12):

Tabelle 12: Privathaushalte nach Alter und Familienstand des Haushaltsvorstandes im April 1980 (aus: Deutsches Zentrum für Altersfragen, 1984, S. 98)

Haushaltsvorstand nach Alter und Geschlecht	Insgesamt	Davon Haushaltsvorstand: ledig	verheiratet	verwitwet	geschieden
	1.000	1.000	1.000	1.000	1.000
			Einpersonenhaushalte		
Einpersonenhaushalte zusammen	7.493	2.680	376	3.668	770
davon: Männer	2.298	1.241	255	485	317
Frauen	5.195	1.439	121	3.183	453
darunter 65 oder älter	3.609	407	51	2.960	190
Männer	544	66	25	410	44
Frauen	3.065	342	26	2.550	147
			Mehrpersonenhaushalte		
Mehrpersonenhaushalte zusammen	17.318	672	15.216	893	536
davon: Männer	15.705	385	15.032	162	126
Frauen	1.613	287	184	731	410
darunter 65 oder älter	3.135	69	2.686	358	24
Männer	2.782	19	2.675	77	10
Frauen	353	49	11	281	13

Die 7,4 Millionen in Einpersonenhaushalten Lebenden setzen sich zu über zwei Dritteln (= 69,3 Prozent) aus alleinstehenden Frauen zusammen. Fast die Hälfte aller Alleinlebenden (= 48,2 Prozent) ist 65 Jahre alt oder älter. Die größte Gruppe stellen mit 85 Prozent die älteren alleinstehenden Frauen. Soweit es um das Zusammenleben mehrerer Generationen in einem Haushalt geht, hat Parsons recht. Die Tendenz zur Kernfamilie und zur Vereinzelung ist unbestreitbar.

Jedoch muß geklärt werden, ob die älteren Familienmitglieder tatsächlich isoliert werden, weil die jüngeren unabhängig und selbständig sein wollen. Sind es also die Jungen, die für diese Tendenz allein verantwortlich sind? Blume (1970) ging dieser Frage nach. Während die verheirateten älteren Menschen unabhängig davon, ob sie allein oder bei einer Kinderfamilie lebten, das Alleinleben vorzogen, waren die Meinungen der verwitweten Männer und Frauen von deren Erfahrungen abhängig. Wer allein wohnte, wünschte eine Fortdauer dieses Zustandes, während Personen, die im Haushalt der Kinder lebten, mit diesem Zustand sehr zufrieden waren (vgl. Abb. 11).

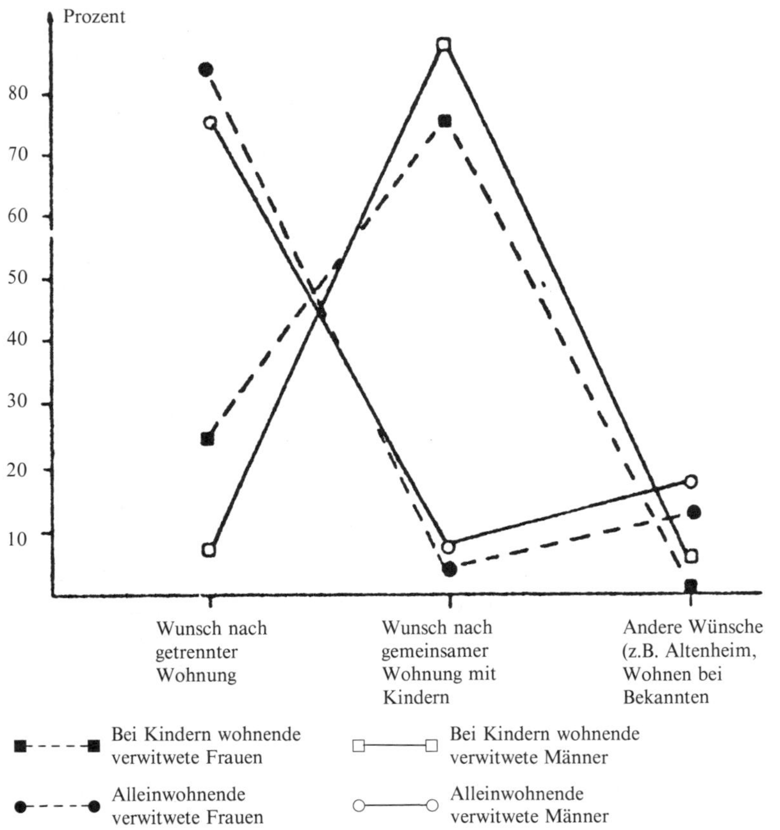

Abb. 11: Zufriedenheit mit der Wohnsituation in Abhängigkeit vom Familienstand und von der Erfahrung (nach Blume, 1970)

Blume weist darauf hin, daß die älteren Menschen vor allem dann bei den Kindern wohnen und auch dort bleiben wollen, wenn sie sehr alt, pflegebedürftig oder finanziell abhängig sind.

Allgemein sind es nach Bungard (1975, S. 151) folgende Gründe, die ältere Menschen gegen einen gemeinsamen Haushalt mit den Kindern anführen:
- Alte und Junge sollten nicht zusammenleben (39%).
- Die Kinder möchten ihr eigenes Leben führen (22%).
- Das Zusammenleben würde zu Konflikten führen (19%).
- Ich möchte meine eigene Freiheit haben (17%).

Ein gemeinsamer Haushalt mit den erwachsenen Kindern wird von älteren Menschen keineswegs für erstrebenswert gehalten – er wird nur dort gewünscht, wo bestimmte äußere Notwendigkeiten (z. B. Pflegebedürftigkeit) gegeben sind. Den Rückgang der Drei-Generationen-Familie kann man also gerechterweise der jungen Generation nicht allein anlasten (Lehr, 1984, S. 235). Die Aufgabe dieses Familientyps entspricht auch dem Wunsch älterer Menschen, die „neue Freiheit", Unabhängigkeit und Selbständigkeit nutzen zu wollen.

Im Rahmen einer historischen Betrachtung wendet sich Cherlin (1983) gegen die weitverbreitete Neigung, das Altern in der vorindustriellen Gesellschaft zu glorifizieren. Zwar wurden früher ältere Menschen stärker verehrt als heute – vor allem, weil Altwerden eine Seltenheit war und insbesondere ältere Männer viel Macht und Kontrolle ausübten –, es gab daneben jedoch auch eine Erkaltung der intergenerationalen Beziehungen. Cherlin (1983) vertritt die These, daß die Beziehung zwischen älteren Menschen und ihren erwachsenen Kindern sich emotional befriedigender entwickelt, wenn beide Generationen ein gewisses Maß an Selbständigkeit behalten und nicht direkt wirtschaftlich abhängig voneinander sind.

Heißt dies aber, daß die familiären Bande zerbrochen sind und der ältere Mensch von der Kernfamilie isoliert ist? Eine Antwort hierauf geben die Ergebnisse von Rosenmayr und Köckeis (1968, S. 422), die ältere Menschen in Wien befragten, die teils im Altenheim wohnten, teils allein, teils mit ihren Kindern. Die meisten befragten Personen lehnten zwar einen gemeinsamen Haushalt mit ihren erwachsenen Kindern ab, viele wünschten jedoch, in deren Nähe zu wohnen (vgl. Abb. 12).

Daraus schloß Rosenmayr, daß die bestehenden Wohnverhältnisse zu einem großen Teil den Wünschen der Alten entgegenkommen. Die industrielle Gesellschaft habe die „Mehrgenerationsfamilie bestehen lassen ...". Es bestehe eine neue „Sozialform mit bewußteren und geteilten Emotionen und Verpflichtungen" (Rosenmayr, 1976, S. 338). Er prägte dafür den Begriff „Intimität auf Abstand". Tartler (1961) bezeichnete die Bedürfnisse alter Menschen mit der Formel „innere Nähe durch äußere Distanz".

Die Wohnverhältnisse und die Kontakthäufigkeiten scheinen diesem Lebensgefühl zu entsprechen. Nach Blume (1970) pflegten ca. 66 Prozent der älteren Menschen häufigen Kontakt zu ihren erwachsenen Kindern. Nach Renner (1969) hatten ca. 66 Prozent Kontakt innerhalb der letzten Woche, 17 Prozent im letzten

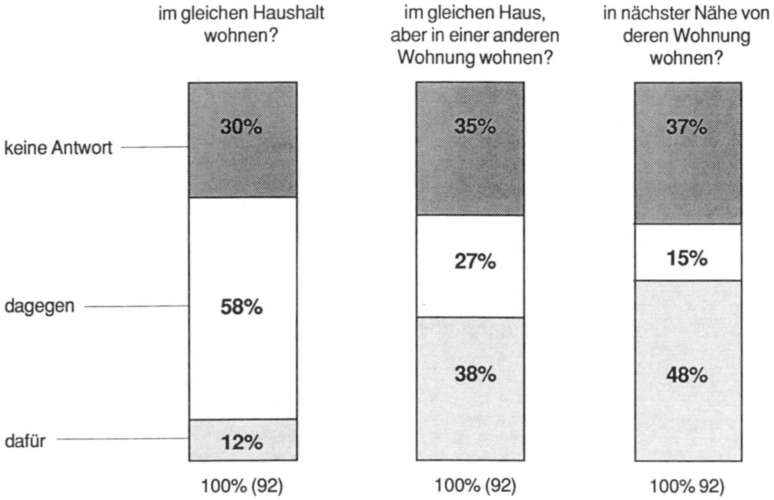

Abb. 12: Würden Sie gerne mit Ihren erwachsenen Kindern und deren Familien ... (aus: Rosenmayer & Köckeis, 1968, S. 422)

Monat, 15 Prozent vor mehr als einem Monat, 2 Prozent nicht im letzten Jahr. Berücksichtigt man die Großelternschaft, ergibt sich aus der Renner-Studie eine Kontakthäufigkeit von einmal die Woche bei 70 Prozent. Kontakte mit der übrigen Verwandtschaft haben ca. 50 Prozent der Senioren einmal wöchentlich oder öfter.

Nach Bungard (1975) bestehen bei einem Drittel der älteren Menschen Familienkontakte, wobei der Kontakt mit den Geschwistern und der weiteren Verwandtschaft dann in den Vordergrund tritt, wenn es keine Kinder und Ehepartner gibt oder mit diesen wenig Kontakt gepflegt wird. Bei sieben Prozent der Befragten in der Kölner Studie von Bungard (1975) existierten keine Verwandten. Nach Lehr (1984) ist das Ausmaß der erwarteten und meist auch stattfindenden Familienkontakte größer bei Personen,

- die in einer unharmonischen Partnerbeziehung leben (wobei dieses Muster nur für Frauen gilt; Männer wenden sich eher ab),
- die nur wenig Kontakt zu Personen außerhalb des Familienverbandes unterhalten (wobei strittig ist, ob die Familienkontakte Notlösung für mangelnde Sozialkontakte sind oder letztere abnehmen, sofern mehr innerfamiliäre Kontakte bestehen),
- die während ihres ganzen Lebens bereits in relativ enge Familienbindungen einbezogen waren,
- die den unteren sozialen Schichten angehören,
- die in ländlichen, stärker traditionsbestimmten Gebieten leben,
- die keinen guten Gesundheitszustand haben.

Die Möglichkeit für Interaktionen ist also in vielen Fällen gegeben und wird auch genutzt, wenngleich über die Qualität der Kontakte und somit über die Art und Weise der Beziehungen zwischen älteren Menschen und ihren Kindern sowie Enkeln hierdurch noch nichts gesagt wird. Ein anderer, oft unberücksichtigt gebliebener Grund für die Zunahme des potentiellen Einflusses der Großeltern in den letzten 100 Jahren liegt in der wachsenden „Lebensüberlappung" zwischen Eltern und Kindern. Wer heute Großmutter oder -vater wird, kann mit einer 20–30 Jahre dauernden Großelternschaft rechnen, d. h., heute können wesentlich mehr Großeltern als früher überhaupt eine Beziehung zu ihren Enkeln entwickeln. Zusammenfassend läßt sich wohl sagen, daß Familienbeziehungen der älteren Generation auch über eine gewisse räumliche Trennung hinweg bestehen können.

Shanas (1964, 1978) bezeichnete dementsprechend die These von der Entfremdung und Isolierung des älteren Menschen von der Familie als einen „sozialen Mythos", der von Leuten geschaffen und am Leben gehalten würde, die berufsmäßig mit Altersproblemen zu tun hätten. Dabei stellte sie fest, daß gerade Alleinstehende, die nie Kinder gehabt haben, sich am meisten über die Vernachlässigung alter Menschen durch Kinder beklagten, während jene über 65jährigen, die selbst Kinder hatten, sich kaum in dieser Weise äußerten.

Die empirischen Daten stützen im allgemeinen das von Litwak (1965) entworfene Konzept der „Modified extended family". Diese besteht aus einer Koalition von Kernfamilien im Zustand partieller Abhängigkeit (relative Autonomie bei wechselseitiger Befriedigung von Bedürfnissen).

8.2 Die empirische Untersuchung von Isolation und Einsamkeit im Alter

Der Begriff „Einsamkeit" stellt oft ein Sammelsurium unterschiedlichster Konnotationen dar. Einsamkeit wird häufig gleichgesetzt mit Isolation, Alleinsein, Ausgestoßensein oder Entfremdung.

Während „Isolation" die „objektiven Gegebenheiten im Bereich sozialer Kontakte in den Vordergrund stellt, zielt der Begriff Einsamkeit jedoch mehr auf das subjektive Erleben des sozialen Interaktionsgefüges" (Lehr, 1984, S. 244 ff.). Einsamkeit mag in diesem Sinne als eine psychische Reaktion auf den Zustand der Isolation verstanden werden, wobei dieser Zusammenhang jedoch nicht zwingend sein muß.

Isolation und Einsamkeit, folgt man den gängigen Vorstellungen über das Alter, werden als Hauptprobleme im letzten Lebensabschnitt gesehen (vgl. Kap. 8.1). Im Bundessozialhilfegesetz wird unter § 75 die Einsamkeit ohne nähere Qualifikation als eine der wichtigsten spezifischen Begleiterscheinungen des Alters aufgeführt. Bevor genauer auf die Ursachen und Ausmaße von Isolation und Einsamkeit im Alter eingegangen wird, soll kurz auf die unterschiedlichen Schwierigkeiten hingewiesen werden, denen man begegnet, will man zuverlässige Daten über diese Problematik erheben.

Die häufigste Operationalisierung für Isolation ist, daß ein bestimmtes Minimum an Kontakten unterschritten wird. Dabei ist mit „Kontakt" „ein Treffen mit einer anderen Person, gewöhnlich vorher arrangiert und gewöhnlich zu Hause oder außerhalb des Hauses, gemeint, das mehr als einen gelegentlichen Austausch von Grüßen, beispielsweise von zwei Nachbarn auf der Straße, umfaßt" (Townsend, 1957, S. 167). Diese Kontakte werden nach ihrer Häufigkeit ausgezählt. Es entsteht jedoch die Frage, auf welchen Zeitraum der Kontakthäufigkeit man sich festlegen will, ob als Kriterium ein Tag, eine Woche oder ein Monat gilt.

Nun fällt die Operationalisierung von Kontakthäufigkeiten nach Kriterien wie z. B. „oft", „selten" oder „nie" noch leicht. Die Beurteilung dieser Häufigkeiten und die Feststellung des Minimums ist hingegen sehr problematisch.

Des weiteren muß bedacht werden, daß Kontakt psychologisch gesehen nicht gleich Kontakt ist. Es gilt, qualitative Gewichtungen bei den Kontakten vorzunehmen, ebenso beim Ausbleiben von Kontakten. Die „Tiefe" eines Kontaktes sollte demnach, neben der Häufigkeit, ebenfalls berücksichtigt werden. Doch ist auch diese offensichtliche Notwendigkeit methodisch nur schwierig umzusetzen.

Letztlich muß natürlich auch das „Potential" von Kontaktpersonen eines jeden Befragten berücksichtigt werden, die personelle Struktur seines sozialen Netzwerks. Die Kontakthäufigkeiten zu Bekannten oder Freunden haben bei Kinderlosen sicher eine ganz andere Bedeutung als bei Personen mit Kindern.

Die Variable „Einsamkeit" für eine Untersuchung zu operationalisieren, fällt im Vergleich zur „Isolation" noch relativ leicht: Als einsam gilt, wer angibt, es zu sein. Nach Tews (1974, S. 292 ff.) gibt es keine andere sinnvolle Möglichkeit, dies festzustellen. Vorausgesetzt werden muß „nur" noch, daß die Befragten korrekt antworten. Diese Unterstellung ist jedoch problematisch. Denn selten nur werden Einsamkeitsgefühle offen zugegeben, ist die Einsamkeit doch ein sozial wenig erwünschter Zustand. Andererseits mag es Gründe geben, Einsamkeitsgefühle im Übermaß zu äußern, z. B. um einen Appell an die Umwelt zu richten.

Bungard (1975) untersuchte in Köln ältere Personen im Hinblick auf Isolation und Einsamkeit. Von den 406 Befragten lebten 34 Prozent allein, 42 Prozent gemeinsam mit einem Ehepartner und zehn Prozent bei ihren Kindern.

Interessant war vor allem die Betrachtung der Kontakthäufigkeiten bei den alleinlebenden Personen. Bei den übrigen konnte man davon ausgehen, daß mehr oder weniger jeden Tag Kontakte stattfanden. Von den Alleinstehenden hatten 44 Prozent in der Woche vor der Untersuchung keinen Besuch von Verwandten oder Bekannten. 15 Prozent hatten einmal Kontakt. Aus den stattgefundenen Kontakten berechnete Bungard einen „Isolationsindex", bei dem „maximale Isolation" durch einen maximalen Punktwert von „5" bezeichnet wurde. „Nichtisoliert" entsprach demgegenüber einem Punktwert „0". Dabei hatten die Alleinstehenden einen durchschnittlichen Index von 2,8. 15,7 Prozent wiesen ein maximales Ausmaß an Isolation auf. Für 6,7 Prozent wurde ein Isolationsindex von „Null" errechnet. Insgesamt erschien nur eine Minorität der über 65jährigen als extrem isoliert. Weit häufiger war ein Zustand der „Semi-Isolation", wie es Bungard ausdrückte, anzutreffen.

Neben dem Aspekt der Häufigkeit der sozialen Kontakte sollte durch eine Reihe weiterer Fragen vor allem die *Qualität der Kontakte* erfaßt werden. Alle Befragten, die beispielsweise selten oder nie Möglichkeit hatten, mit jemandem über persönliche Probleme zu sprechen, wurden als „qualitativ isoliert" bezeichnet. Auch bezüglich der Qualität der sozialen Kontakte konnte von genereller Isolation der älteren Menschen nicht die Rede sein. Von 406 Befragten erwiesen sich laut Fragestellung 90 Personen als „qualitativ isoliert". Selbst die meisten Alleinlebenden gaben an, sich nie einsam zu fühlen.

Dieses Ergebnis stimmt ziemlich genau mit jenen anderer, auch internationaler Untersuchungen überein, denen zufolge 5–10 Prozent der alten Menschen häufig bzw. sehr stark unter Einsamkeitsgefühlen leiden; weitere 10–20 Prozent fühlen sich gelegentlich oder manchmal einsam. Zusammenfassend läßt sich sagen, daß die in der Öffentlichkeit immer wieder vertretene Meinung über das hohe Ausmaß dieser Problematik revidiert werden muß. Nur eine Minorität der alten Menschen kann nach eigenem Bekunden zu den extrem Vereinsamten wie auch zu den extrem Isolierten gerechnet werden.

Einsamkeit wurde als kognitiv-emotionale Variable aufgefaßt, die man als Reaktion auf die Isolation verstehen kann. Die Frage ist, ob dieser Zusammenhang zwingend ist, ob also in jedem Fall Isolation mit Einsamkeit einhergeht. Dies ist keineswegs der Fall. Die Isolation stellte sich dar als eine notwendige, aber keineswegs zwingende Bedingung für das Auftreten von Einsamkeitsgefühlen. Nur etwa jeder Zweite der isolierten älteren Menschen berichtete gleichzeitig über Einsamkeitsgefühle. In den Fällen, in denen Isolation und Einsamkeit zusammenhängen, lassen sich Abhängigkeiten zu anderen Variablen nachweisen:

Familienstand

Es sind vor allem verwitwete Personen, die sich einsam fühlen, und weniger ledige. Verwitwete wie ledige Personen sind alleinstehend. Die Ledigen sind jedoch mit dieser Situation besser vertraut. Für sie setzt sich im Alter ein sozial distanzierter Lebensstil fort, den sie schon immer geführt haben (Gubrium, 1976). Den Verwitweten dagegen fällt die Umstellung auf die neue Situation schwer – um so mehr, je kürzer der Zeitabstand zum Partnerverlust ist.

Geschlecht

In fast allen Untersuchungen korreliert das Einsamkeitsgefühl mit dem Geschlecht der Befragten. Rein numerisch gesehen leiden etwa doppelt so viele Frauen wie Männer unter Einsamkeitsgefühlen. Dieser Befund läßt sich jedoch allein auf die Tatsache zurückführen, daß es mehr ältere Frauen als Männer gibt. Ausschlaggebend ist also die höhere Lebenserwartung der Frauen, die heute im Durchschnitt bei 76 Jahren liegt, gegenüber 68 Jahren bei Männern. Berücksichtigt man diese Bedingungen, so ergibt sich ein ganz anderes Bild: Gerade die älteren Männer, ob nun verwitwet, geschieden oder getrennt lebend, sind von der Problematik der Einsamkeit und Isolation betroffen.

Gesundheitszustand
Vereinsamte leiden unter einem schlechteren Gesundheitszustand, der z. B. ihre Mobilität stark einschränkt und sie so an die Wohnung bindet.

Schichtzugehörigkeit
Eine weitere Bedingung stellt die Schichtzugehörigkeit dar: Je niedriger die Schicht (festgemacht an Indikatoren wie Beruf, Einkommen, Schulbildung), desto größer der Prozentsatz der Vereinsamten. Unter ehemaligen Volksschülern befinden sich viermal soviel Einsame wie unter Akademikern.

Pensionierung
Eine signifikante Korrelation besteht ebenfalls zwischen Einsamkeit und Pensionierung. Diese Beziehung ist besonders dann stark, wenn die Betroffenen gegenüber der Pensionierung negativ eingestellt waren (vgl. Kap. 8.6).

Suizid
Einsamkeitsgefühle korrelieren schließlich auffallend hoch mit verschiedenen Formen suizidalen Verhaltens. Sieben von 10.000 Männern im Alter von 80 Jahren wählen den Freitod, während es bei den 70jährigen nur vier von 10.000 sind. Bei Frauen liegt die Zahl der Selbsttötungen ab dem 45. Lebensjahr konstant bei zwei von 10.000. Bemerkenswert ist, daß ältere Menschen, wenn sie im Freitod den einzigen Ausweg aus ihrer Situation sehen, bei Vorbereitung und Durchführung möglichst „auf Nummer sicher" gehen. Der Anteil vollendeter Selbsttötungen ist bei älteren Menschen höher als die Rate der Suizidversuche, während dieses Verhältnis bei jüngeren Menschen umgekehrt ist.

Isolation und Einsamkeit bei Altenheimbewohnern
Eine spezifische Population älterer Menschen, nämlich die der Altenheimbewohner, scheint von vornherein vielen Bedingungen unterworfen, die Isolation und Einsamkeit auslösen. So weisen sie allgemein einen schlechteren Gesundheitszustand auf, sind überdurchschnittlich alt und in der Überzahl alleinstehend. Dennoch fand sich auch hier in einer Studie von Roetger (1980) Überraschendes: Von 40 befragten Bewohnern eines Altenheims (die einer „Grundpflege" bedurften) im Alter von durchschnittlich 78 Jahren gaben nur zwei an, oft einsam zu sein; zwölf Bewohner fühlten sich gelegentlich einsam; die Mehrzahl (N = 25) gab an, sich nie einsam zu fühlen.

Fehlende (bzw. nicht den Erwartungen entsprechende) familiäre Kontakte, insbesondere zu eigenen Kindern, waren ausschlaggebend für das Auftreten von Einsamkeitsgefühlen. Andererseits mag allein die überraschend geringe Zahl der sich einsam fühlenden Altenheimbewohner belegen, daß familiäre Kontakte auch in Altenheimen stattfinden. Von einem generellen „Abgeschobenwerden" durch die Familie kann auch hier nicht gesprochen werden.

Generell unterscheiden sich Familien, die ihre betagten Angehörigen selbst pflegen, hinsichtlich der Schichtzugehörigkeit kaum von den Familien, die einen stationären Aufenthalt bevorzugen. Auch die Berufstätigkeit der Frau spielt keine wesentliche Rolle. Als entscheidend erwies sich vielmehr die Haushaltsgröße, und das heißt: die Belastung durch andere Aufgaben. Am geringsten ist die Bereitschaft zur Pflege ausgeprägt bei Alleinstehenden mit mehreren ledigen Kindern – am höchsten bei Ehepaaren mit einem Kind (Balluseck, 1984). Prinzipiell ist die Pflege alter Menschen nur schwer mit der eigenen Berufstätigkeit zu vereinbaren. Von daher finden sich Frauen nach wie vor am ehesten zur Pflege bereit. Doch handelt es sich bei den Frauen, die die Pflege eines Angehörigen übernehmen, vornehmlich um solche, die ohnehin ein gutes Verhältnis zu ihrem alten Angehörigen haben und zur Hintanstellung eigener Bedürfnisse bereit sind.

Die häufigsten Tätigkeiten bei der Pflege alter Menschen in der Familie entsprechen zum großen Teil dem, was in der Krankenpflege als „Grundpflege" bezeichnet wird: Es sind Hilfen beim Baden, bei der Fußpflege, beim An- und Auskleiden, beim Waschen, bei der Einnahme von Medikamenten, bei der Bewegung innerhalb der Wohnung und beim Verrichten der Notdurft.

Schwerstpflegebedürftige werden nur selten in der Familie gepflegt, sondern meist an Institutionen überwiesen. Die Pflege alter Menschen in der Familie ist nicht unproblematisch. Fast ein Viertel aller Pflegepersonen fühlt sich durch die Pflege körperlich belastet, fast 70 Prozent fühlen sich seelisch belastet (Balluseck, 1984).

8.3 Außerfamiliäre Kontakte

Die Anzahl der Kontakte zu *Freunden* und *Bekannten* nimmt, als Durchschnittswert gesehen, im hohen Alter ab. Dafür gibt es mehr oder weniger banale Gründe (nach Schneider, 1974, S. 101):

- Tod Gleichaltriger,
- Pensionierung,
- Einschränkung des Aktionsradius (Gesundheit, Finanzen) etc.

Aus den Ergebnissen verschiedener Untersuchungen kann man jedoch schließen, daß es vollständig isolierte Personen kaum gibt. Nach Renner (1969) haben 98 Prozent der befragten Personen wenigstens zu den Nachbarn Kontakt. Andererseits unterhalten nach derselben Studie nicht einmal die Hälfte der Probanden gute Beziehungen zu Freunden, immerhin 28 Prozent überhaupt keine. Nach Blume (1962) haben 25 Prozent der Befragten überhaupt keinen Kontakt zu Freunden oder Bekannten. Blaschke und Franke (1982) fanden bei 66- bis 75jährigen Probanden im Raum Erlangen-Nürnberg, daß 14,6 Prozent nie Besuche machten und 32,5 Prozent nie Gäste einluden. 85 Prozent gingen in der Woche abends nie weg. Bei ihnen ersetzte vor allem das Fernsehen die personale Kommunikation. Am Wochenende gab es mehr soziale Kontakte.

Die Daten der einzelnen Untersuchungen differieren sehr stark, so daß sich grob nur folgendes sagen läßt: Etwa die Hälfte der Älteren pflegt häufig und regelmäßig

Kontakt mit Personen außerhalb der Familie, ein Drittel gelegentlich, ein Viertel selten oder nie. Das Ausmaß scheint über dem der Kontakte mit der weiteren Verwandtschaft zu liegen. Nach Becker (1975) trafen 75 Prozent der Älteren monatlich mindestens einmal mit Freunden, aber nur 60 Prozent mit Verwandten zusammen. Dabei spielen jedoch Schichtzugehörigkeit, Geschlecht, Lebensalter und Gesundheitszustand eine Rolle. 88 Prozent der älteren Menschen aus höheren Schichten, im Vergleich zu 62 Prozent aus niedrigeren Schichten, trafen mindestens einmal im Monat mit Freunden und Bekannten zusammen. Ebenso haben zehn Prozent mehr Frauen als Männer außerfamiliäre Kontakte.

Eine Möglichkeit, außerfamiliäre Kontakte im Alter aufrechtzuerhalten, stellen die *Altenclubs* dar. Sie bieten vor allem Geselligkeit und Teilnahme an gemeinsamen Aktivitäten wie Ausflügen, Filmvorführungen, Vorträgen, Handarbeiten oder Kartenspielen. Die meisten älteren Menschen kommen in der Erwartung, daß ihnen etwas geboten wird. Ein Programm, das mehr Engagement abverlangt, stößt häufig auf Desinteresse (Schmitz-Scherzer, 1975; Tews 1979).

Die Teilnehmerzahl liegt in der Regel zwischen 30 und über 100 Personen. Allerdings sitzen ca. 80 Prozent immer mit denselben Leuten zusammen, so daß man von Cliquenbildungen sprechen kann. Nur 25 Prozent gaben an, neue Freunde in den Clubs gefunden zu haben. Der Eintritt in den Club erfolgte häufig schon vor dem 65. Lebensjahr. Die Mitgliedschaft scheint somit zu den vorbeugenden Maßnahmen gegen die Einsamkeit im Alter zu gehören. Bei den über 65jährigen ist eine Mobilisierung schwieriger. Am leichtesten lassen sich die ohnehin sehr aktiven älteren Menschen ansprechen. Blaschke und Franke (1982) schlagen vor, diese als Mitarbeiter der Gruppenleitung zu gewinnen und in Fortbildungsveranstaltungen für die Seniorenarbeit zu qualifizieren. Dadurch könne das vorhandene Potential an Selbsthilfemöglichkeiten aktiviert und die Grundlage für ein wünschenswertes Senioren-Selbsthilfewerk geschaffen werden.

Die Möglichkeiten, Freunde in der *Nachbarschaft* zu finden, verbessern sich, wenn das Individuum in den wichtigsten sozialen Eigenschaften mit seiner Umgebung übereinstimmt (Schneider, 1974, S. 110 ff.). Rosenberg (1968) fand, daß ärmere ältere Arbeiter um so isolierter lebten, je wohlhabender die Nachbarschaft war, ebenso weiße Arbeiter, je mehr Farbige in der Nachbarschaft wohnten. Solche Ergebnisse überraschen nicht, ist doch eine allgemeine Tendenz zu sozialen Beziehungen mit statusähnlichen Personen bekannt, die hier für die Gruppe der älteren Menschen nochmals nachgewiesen wurde.

Eine Befragung von 1200 älteren Personen in Cleveland ergab, daß in der Regel von mehr sozialen Aktivitäten berichtet wurde, wenn die Nachbarschaft der Person statusähnlich war. Den Status definierte Rosow (1967) nach Alter, Geschlecht, Familienstand, Rasse, Schichtzugehörigkeit und Weltanschauung.

Aufgrund der Daten lassen sich fünf verschiedene „Kontakt-Typen" unterscheiden. Die Einteilung beruht im wesentlichen auf einer Kombination von tatsächlichen Kontakthäufigkeiten und den Wünschen der älteren Menschen. Die größte Gruppe (32 Prozent) bilden nach Rosow (1967) die „Kosmopoliten". Sie haben wenig Kontakte zu Nachbarn, aber sind aktiv im gesellschaftlichen Leben. 23

Prozent der Stichprobe stellen die „Geselligen" dar. Sie haben viele Kontakte zu Nachbarn und sind damit zufrieden. Die „Isolierten" machen 19 Prozent aus. Sie haben nur wenig Kontakte und wünschen sich mehr Freunde. Die zehn Prozent umfassende Gruppe der „Unersättlichen" hat zwar viel Kontakt, wünscht sich aber noch mehr. Vier Prozent schließlich gehören zum Typ der „Phlegmatiker". Sie sind nicht unzufrieden mit ihren wenigen Kontakten und verhalten sich passiv. Die restlichen zwölf Prozent ließen sich den fünf Typen nicht zuordnen.

Rosow (1967) und Gubrium (1973) gehören zu den wenigen Autoren, die der ansonsten generell akzeptierten Antithese zu Parsons, daß es keine generelle Isolation im Alter gebe, kritisch gegenüberstehen und sie für Schönfärberei halten. In Wirklichkeit gebe es sowohl eine allgemeine negative Stereotypisierung („die alten Trottel, mit denen man nichts mehr anfangen kann") als auch eine wachsende soziale Desintegration der Alten. Dabei stützen sie sich auf Forschungen, die zeigen, daß der von Parsons angenommene Zusammenhang zwischen industrieller Entwicklung und Isolierung der Alten wohl doch nicht von der Hand zu weisen ist. So fanden z. B. Palmore und Manton (1973, nach Schulz, 1979, S. 102) einen negativen Zusammenhang zwischen dem Modernisierungsgrad einer Gesellschaft und dem relativen Status der Älteren (wenngleich das auf besonders hoch industrialisierte Gesellschaften nicht mehr zutraf).

Sozialer Wandel und Verschärfung der Generationsdifferenzen sind nach Rosow (1967) auch dafür verantwortlich, daß bei Älteren eine wachsende Tendenz zur Kontaktaufnahme mit *Gleichaltrigen* zu verzeichnen sei. Interessanterweise fordert Rosow aber nicht als Konsequenz, daß die Alten verstärkt in die Gesamtgesellschaft zu integrieren seien. Er meint vielmehr, daß durch ein reines Integrationskonzept die sozialen Probleme nicht zu lösen sind. Vielmehr müßten ältere Leute in die Lage versetzt werden, Altersrollen zu entwickeln, die – unabhängig von den Jungen – ihre „Sozialisation zum Alter" ermöglichen. Dafür sei es gerade notwendig, den Kontakt zu den Jüngeren vorübergehend einzuschränken (Insulation). Quasi in einem Schutzraum (geschützt vor den negativen Stereotypen der Gesamtgesellschaft) könne die Peergroup den Senioren wieder zu neuen Selbstbildern verhelfen. Wenn dieser Prozeß abgeschlossen wäre, könnten die Alten selbst für ihre gesellschaftliche Integration sorgen bzw. das Problem stellte sich eigentlich nicht mehr. Die aus diesen Überlegungen abgeleiteten praktischen Forderungen lauten, den älteren Menschen Gelegenheit zu geben, ein Gruppenbewußtsein zu entwickeln, sie zusammen wohnen zu lassen und sie nicht durch fremdbestimmte Integrationsversuche zu behindern.

Gubrium (1973) vertritt einen interaktionistisch orientierten Ansatz. Seine „Socio-environmental theory of aging" sieht den Menschen in ständiger Auseinandersetzung mit seiner Umwelt (vgl. Abb. 13).

Sein Verhalten ist bestimmt durch die Normen, die im jeweiligen sozialen Kontext bestehen, und durch seine Aktivitätsressourcen. Als letztere gelten nicht nur Gesundheitszustand, Finanzen usw., sondern auch die soziale Unterstützung, z. B. durch einen Ehepartner. Die Selbsteinschätzung eines Individuums („morale") ist als Handlung konzipiert. Sie ist in starkem Maße abhängig von Vergleichsprozessen

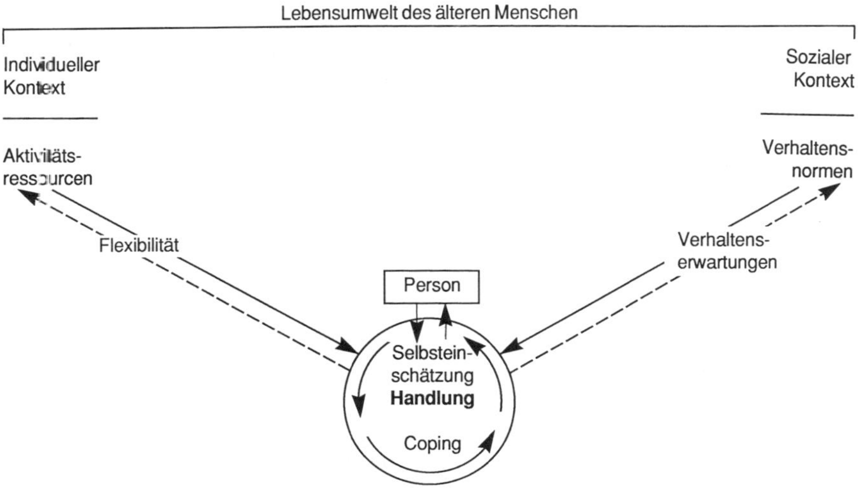

Abb. 13: Schema des sozio-ökologischen Ansatzes (nach Gubrium, 1973, S. 31)

und auch von Fremdeinschätzungen, die sich für das Individuum z. B. in den Erwartungen anderer manifestieren. Werden die Erwartungen als höher wahrgenommen als die eigenen Ressourcen, entsteht eine negative Selbsteinschätzung, die zu Unzufriedenheit führt. In Tabelle 13 ist dieser Fall in Kasten C wiederzufinden. In eben dieser Situation befindet sich nach Gubrium (1973) ein Großteil der Alten in der derzeitigen Gesellschaft.

		Sozialer Kontext	
		Altersheterogenität (Erwartungen aktiver Erwachsener)	Alterskonzentration (altersbezogene Erwartungen)
Individueller Kontext	starke Ressourcen	A Zufriedenheit	B Unzufriedenheit
	schwache Ressourcen	C Unzufriedenheit	D Zufriedenheit

Tab. 13: Typen der Erwartungskongruenz (nach Gubrium, 1973, S. 132)

Legt man diese schematische Sichtweise zugrunde, so ergeben sich zwei Auswege aus dem Dilemma. Der eine ist durch Kasten A gekennzeichnet. Dafür müßten die betroffenen Personen ihre eigenen Ressourcen als größer wahrnehmen, um den

Erwartungen zu entsprechen. Das wäre aber wohl ein utopisches Ziel, denn Selbsteinschätzungen lassen sich nicht willkürlich ändern, wenn sich im Umfeld nichts ändert. Der andere Ausweg (Kasten D) wird in Gubriums Konzept angestrebt. Eine Insulation im Rosowschen Sinne würde das Umfeld der alten Menschen dahingehend ändern, daß die herangetragenen Erwartungen altersbezogen sind. Über die Entwicklung eines Gruppenbewußtseins, das die Alten als Minorität dann in einen bewußten Konflikt mit dem Rest der Gesellschaft treten ließe, sollte sich ein fruchtbarer Dialog ergeben.

8.4 Die funktionale Spezifität in den sozialen Netzwerken älterer Menschen

Die vorherrschende Forschungsstrategie zu den sozialen Beziehungen im Alter wird durch quantitative Aspekte, durch Fragen nach dem „wieviel" und „wie oft" bestimmt. Connor, Powers und Bultena (1979) betonen demgegenüber die Notwendigkeit einer Hinwendung zu qualitativen Problemstellungen, zur Erforschung der Funktion und Bedeutung von Sozialkontakten.

Weiss (1969) kritisiert, daß den Untersuchungen bislang implizit die Annahme des „Geselligkeitsfundus" zugrunde lag („fund of sociability"-Hypothese). Sie besagt, daß ein Individuum ein bestimmtes Maß an Interaktionen notwendig braucht und darunter leidet, wenn die Summe der Beziehungen zu anderen dieses Maß unter- oder überschreitet. Doch gibt es Daten, die dieser Annahme, so plausibel sie auch klingen mag, widersprechen. Geschiedene Personen fühlen sich oft einsam trotz zahlreicher Bekanntschaften, oder Hausfrauen sind häufig gelangweilt und unzufrieden trotz einer guten Beziehung zum Ehemann, wenn sie den Wohnort gewechselt haben (Weiss, 1969, 1974). Hierdurch wird deutlich, daß verschiedene Arten sozialer Beziehungen funktional spezifisch, also nicht einfach durch andere auszugleichen sind. Bei Verlust kann Qualität nicht ohne weiteres durch Quantität (d. h. vermehrte Kontakte) oder Quantität durch Qualität (Intensivierung weniger Kontakte) ersetzt werden. Weiss schloß daraus, daß die sozialen Beziehungen eines Individuums weitgehend auf bestimmte Funktionen spezialisiert sind. Dies sei zwar nicht vollständig und ausschließlich, jedoch gebe es eine bestimmte Resistenz gegen Umfunktionierungen. Hinsichtlich der Substituierbarkeit können verlorene Beziehungen nur durch funktionale Äquivalente kompensiert werden, was im Alter möglicherweise schwierig sei.

Auch Lowenthal, Thurner und Chiriboga (1975) widersprechen der Annahme des Geselligkeitsfundus. Die Probanden aus verschiedenen Altersgruppen sollten ihre engsten Freunde beschreiben; ihre Antworten wurden nach sechs Kategorien kodiert. Drei Viertel aller Kategorien galten nur für den engsten Freund, ein Fünftel wurde zwei Freunden zugeschrieben, und nur mit einem Zwanzigstel wurden drei Freunde charakterisiert. Die Autoren folgerten, daß bereits die drei engsten Freunde unterschiedliche Bedürfnisse ansprechen.

Die Alternative, die Weiss (1969) anbietet, ist das „Modell der funktionalen

Spezifität von Beziehungen" („theory of functional specifity of relationships"). Dieses Modell geht davon aus, daß das Individuum Bedürfnisse hat, die nur in sozialen Beziehungen befriedigt werden können. Da eine Beziehung dazu tendiert, nur jeweils spezielle Bedürfnisse anzusprechen, braucht das Individuum mehrere Beziehungen, um sich wohl zu fühlen. Daraus folgt das Problem, die Funktionen von Beziehungen im Alter zu spezifizieren.

Eine empirische Überprüfung der Spezifitätstheorie unternahm Simons (1984). Er ging von drei Grundbedürfnissen aus:

1. Wunsch nach Unterstützung und Sicherheit (Konsequenz bei Nichtbefriedigung: Unsicherheit und Angst),
2. Wunsch nach Intimität, Vertrautheit (bei Nichtbefriedigung: Isolation und Einsamkeit),
3. Wunsch nach positiver Selbsteinschätzung und Selbstwertbestätigung (bei Nichtbefriedigung: Gefühle von Wertlosigkeit und mangelnder Erfüllung).

Die Problemstellung der Untersuchung bezog sich zum einen darauf, inwieweit diese Grundbedürfnisse durch verschiedene Beziehungen befriedigt werden und dadurch zu höherer Zufriedenheit und Ausgeglichenheit führen. Zum anderen wurde gefragt, welche Funktionen auch durch qualitativ unterschiedliche Beziehungen befriedigend ersetzt werden können (Substitution). Die Ergebnisse zu den einzelnen Hypothesen lassen sich wie folgt zusammenfassen:

1. Ältere Menschen verlassen sich mit höherer Wahrscheinlichkeit auf ihren Ehepartner oder ihre erwachsenen Kinder als auf ihre Geschwister oder Freunde, um den Wunsch nach Unterstützung und Sicherheit zu befriedigen. Weil die Hilfe durch den Ehepartner in der westlichen Kultur offenbar völlig selbstverständlich ist, wurde dieses Phänomen bisher nicht untersucht. Die Unterstützung und Hilfe der erwachsenen Kinder wird von den Eltern häufig in Anspruch genommen (Cantor, 1975; Shanas, 1962). Das gilt sowohl im Krankheitsfall als auch bei alltäglichen Verrichtungen wie Haushaltsführung, Einkauf usw. (Bultena, Powers, Galkman et al., 1971). Gebrechliche Witwen haben z. B. mehr Kontakt zu ihren Kindern als gesunde Witwen (Lopata, 1973). Diese Hilfe durch die Kinder wird der von Nachbarn oder Freunden vorgezogen (Rosow, 1967). Die Untersuchungsergebnisse zeigten, daß Probanden, die verheiratet sind und/oder häufigen Kontakt mit ihren Kindern haben, seltener Gefühle der Unsicherheit empfinden. Fehlen Ehepartner oder Kinder, so stellt eine enge Freundschaftsbeziehung oder häufiger Kontakt zu den Geschwistern am ehesten eine Kompensation dar. Der weitere Freundeskreis oder Gruppenkontakte bieten dagegen keine Ausgleichsmöglichkeit.
2. Ältere Menschen verlassen sich mit größerer Wahrscheinlichkeit auf ihren Ehepartner und mit etwas geringerer Wahrscheinlichkeit auf ihre Freunde als entweder auf ihre erwachsenen Kinder oder ihre Geschwister, um den Wunsch nach Vertrautheit zu befriedigen.

   Sehr selten werden die Kinder als Vertrauenspersonen ausgewählt (Babchuk, 1978). Für die Erfüllung des Wunsches nach Vertrautheit kommen die eigenen Kinder offenbar nicht in Betracht. Die Ehepartner scheinen diese Funktion

hingegen zu erfüllen. Sie wählen sich häufig als gegenseitige Vertraute. Stirbt ein Ehepartner, ist die Wahrscheinlichkeit für Gefühle der Einsamkeit hoch (Lopata, 1969; Montgomery, 1965). Bei den Unverheirateten ist der Prozentsatz der sich einsam fühlenden Menschen mehr als doppelt so hoch als bei Verheirateten (Männer: 23% : 6%; Frauen 27% : 10%; Weiss, 1974). Aber auch Freunde werden häufig als Personen des Vertrauens gewählt (Cantor, 1975).
In der Studie von Simons (1984) gaben 65 Prozent der Pbn an, einen Vertrauten zu haben. Dazu zählten Ehepartner (36 Prozent), Freunde (41 Prozent), Geschwister (12 Prozent) und das Kind (20 Prozent). Um diese Werte interpretieren zu können, wurden sie zu den Prozentwerten des Vorhandenseins jeder Personenkategorie im sozialen Netzwerk in Beziehung gesetzt. Danach betrug die Wahrscheinlichkeit, einen Ehepartner oder Freund als Vertrauten zu haben, .61 bzw. .44 (Geschwister: .27; Kind: .35). Die Mitgliedschaft in Organisationen erwies sich dagegen als völlig ungeeignet, um das Bedürfnis nach Intimität und Vertrautheit zu befriedigen. Die Teilnahme an Gruppenaktivitäten konnte bei Fehlen eines Partners das Gefühl der Einsamkeit sogar noch erhöhen.

3. Ältere Menschen verlassen sich mit höherer Wahrscheinlichkeit auf die Teilnahme in Gruppen und Organisationen und mit einer geringeren Wahrscheinlichkeit auf die Interaktion mit Freunden als auf Beziehungen mit Kindern, Geschwistern, einem Ehepartner oder einer Vertrauensperson, um den Wunsch nach Selbstwertschätzung zu befriedigen.
   Simons (1984) geht davon aus, daß Aktivitäten in einer Organisation oder Gruppe besonders wichtig sind, um Bestätigung zu erfahren. Diese Bestätigung betrifft Fähigkeiten oder Verhaltensmerkmale, die das Individuum als wichtig oder nützlich betrachtet. Freunde kämen dafür weniger in Betracht. Weil die Beziehung zu Verwandten, zu den Kindern und Geschwistern einen Verpflichtungscharakter besitzt, könne sie nur wenig zur Stärkung des Selbstwertgefühls beitragen. Die Vertrauensperson, die „einen so nimmt, wie man ist", biete aus eben diesem Grund auch keine Basis für eine leistungsbezogene Selbstwertbestätigung. Dementsprechend erwies sich der Kontakt zu Gruppen und Organisationen am ehesten als geeignet, um dem Gefühl der Nutzlosigkeit zu begegnen. Entgegen der Erwartung zeigte sich jedoch, daß auch Freunde und die erwachsenen Kinder eine Quelle der Selbstbestätigung sein können, wenn ein Mangel an Teilnahme an Gruppen und Organisationen vorliegt.

Weitere wesentliche Forschungsarbeiten zum Problem der funktionalen Spezifität in den sozialen Netzwerken älterer Menschen stammen von Litwak (1985). Er weist darauf hin, daß Freundschaften aufgrund ihrer Dauer unterschiedliche Bedeutungen haben können. Langdauernde Freundschaften (40 Jahre und mehr) sind am besten geeignet, um zentrale Anpassungsprobleme an die Altersrollen zu meistern, indem man sich trifft, Probleme bespricht und Erfahrungen austauscht. Die Kontakte werden gepflegt, auch wenn keine unmittelbare räumliche Nähe besteht. Allerdings ist der Wert solcher alten Freundschaften davon abhängig, daß noch ein gemeinsamer Lebensstil existiert. Dies ist nach so langer Zeit nur selten der Fall. Kurzzeitige Bekanntschaften (bis drei Jahre) sind dagegen von räumlicher Nähe abhängig (derselbe Wohnblock, Nachbarschaft). Die Bekannten sind meistens jünger und leistungsfähiger. Die Beziehungen sind durch einen geringen Verpflichtungsgrad gekennzeichnet. Sie erweisen sich als wertvoll für den älteren Menschen, wenn kleinere Problemfälle, z. B. im Haushalt, auftreten. Die meisten Funktionen werden durch Beziehungen mittlerer Dauer abgedeckt (3 bis 20 Jahre). Dies erklärt sich daraus, daß zum einen die Zeit lang genug war, um Bindungen aufzubauen, daß sie jedoch zum anderen noch kurz genug ist, daß keine abweichenden Entwicklungen hinsichtlich der Interessen oder des Sozialstatus stattgefunden haben (wie häufig bei den alten Freunden). Meistens besteht Altershomogenität und ein gemeinsamer Lebensstil. Anders als bei den alten Freunden gibt es eine größere räumliche Nähe und die Möglichkeit zu häufigen Kontakten, so daß bei Herausforderungen des Alltags leichter eine wechselseitige Unterstützung möglich ist. Freundschaften dieser Art sind für den älteren Menschen besonders wertvoll, am günstigsten ist es jedoch, wenn er über ein differenziertes System aller drei Freundschaftstypen verfügt.

Dasselbe gilt für eine Mischung aus gleich- und getrenntgeschlechtlichen Freundschaften. Getrenntgeschlechtliche Beziehungen sind z. B. bereichernd, wenn gemeinsame Erfahrungsbereiche (Beruf, Beziehung zu den Kindern) durch Austausch verschiedener Sichtweisen neu gesehen und verarbeitet werden können. Andere Probleme lassen sich dagegen besser in einer geschlechtshomogenen Konstellation bewältigen (z. B. wie man mit der Verwitwung fertig wird).

Ob das soziale Netzwerk als ausreichendes Unterstützungssystem im Alter fungiert, hängt somit wesentlich von der Art seiner Strukturierung ab. Es ist nach Litwak (1985) dementsprechend auch eine falsche Alternative, ob der Mensch im hohen Alter besser durch Primärgruppen (Familie, Nachbarn, Freunde) oder durch Institutionen (Altenheime, karitative Organisationen) betreut werden kann. Die polarisierte Diskussion darüber, welche dieser beiden Formen für die moderne Industriegesellschaft am angemessensten erscheint, ist irreführend. Es kommt vielmehr darauf an, die Aufgaben zu spezifizieren und die Funktionen so zu verteilen, daß sie mit den Besonderheiten der verschiedenen sozialen Gruppen vereinbar sind. So kann eine dauernde Pflegebedürftigkeit durchaus die Leistungsfähigkeit vieler Kleinfamilien überfordern. Die entsprechenden Aufgaben können besser institutionell bewältigt werden. Andererseits neigt jedes professionelle Pflegepersonal dazu, möglichst viel Standardisierung und Routine einzuführen. „Sonderwünsche" und individuelle Bedürfnisse stören den reibungslosen Ablauf des Pflegebetriebs. Auch wenn ein engagiertes Personal vorhanden ist, handelt es sich hier um einen Funktionsbereich, der durch Familienangehörige und Freunde kompensiert werden muß. Diese können emotionale Zuwendung bieten, aber auch durch persönliche Geschenke, die Zubereitung von Lieblingsspeisen und gemeinsame Aktivitäten hilfreich sein. Es kommt somit darauf an, die individuelle Bedürfnisstruktur und die Struktur des sozialen Netzwerks kompatibel zu gestalten.

8.5 Rollenveränderungen im Alter

Rollenerwartungen sind Veränderungen unterworfen. Eine Ursache hierfür ist das Erreichen eines bestimmten Lebensalters. „Altersstufen haben eindeutig normativen Charakter, nicht im Sinne detaillierter Rollenerwartungen, sondern mehr als ‚allgemeine und grundlegende Rollendispositionen', mit denen sich aber Erwartungen für künftige Verhaltensweisen und für die Beziehungen zu anderen Menschen auf der gleichen oder auch auf anderen Altersstufen verbinden" (Pieper, 1978, S. 34). Das Lebensalter wird somit häufig zum Kriterium für die Übernahme neuer bzw. Aufgabe alter Rollen. Mit beiden Formen werden auch ältere Menschen konfrontiert.

Nach Atchley (1972) ist der wichtigste Aspekt jeder Rolle der Status, d. h. Prestige, Reichtum und Einfluß. Er konstatiert, daß sich in der amerikanischen Gesellschaft ältere Menschen nicht desselben Status erfreuen wie jüngere. Das heißt nicht, daß es keinen älteren Menschen gibt, auf den diese Merkmale zutreffen (z. B. Präsident Reagan oder Rockefeller), aber in der Regel ist mit der Übernahme altersbezogener Rollen ein Statusverlust verbunden.

Der niedrige Status alter Menschen hat viele Ursachen. Atchley (1972) nennt als wichtigsten Grund den Wertverlust der Person im Alter. Der Wertverlust ist zum einen durch die Pensionierung bedingt, die für viele Menschen einen wichtigen Einschnitt bedeutet, der mit grundlegenden Rollenveränderungen verknüpft ist (vgl. Kap. 8.6). Es kommen jedoch noch weitere wichtige Faktoren hinzu, die insbesondere beim Wertverlust der älteren Frau zu Buche schlagen. Als Attribute der „idealen Frau" gelten hübsch, nett, attraktiv, jugendlich und liebevoll-mütterlich. Diese Attribute sind an das Alter gebunden. „Das Image der vollgültigen Frau erfaßt kaum mehr die über 40–45jährige, die aus dem gebärfähigen Alter hinaus ist und damit eine ihrer wesentlichen Aufgaben erfüllt hat ... Unsere Gesellschaft ... gruppiert sie 10–15 Jahre früher in die Gruppe der Alten ein ..." als den Mann (Lehr, 1978c, S. 10).

Ältere Männer werden als weniger hilfsbedürftig eingestuft als Frauen gleichen Alters. Die Attribute, mit denen sie belegt werden, sind insgesamt positiver, z. B. „Ein stattlicher Mann", „Ein interessanter Mann mit grauen Schläfen", „Ein guter Mittfünfziger", „Ein Mann in den besten Jahren". Alt-Sein und zugleich Frau-Sein erscheint somit als eine Doppelbelastung (Lehr, 1978c, S. 11).

Eine amerikanische Untersuchung auf nationaler Ebene an Personen über 60 hat ergeben, daß die Mehrheit derer, die mit dem Leben zufrieden sind, aus Männern besteht, die Mehrheit derer, die mit schweren Problemen konfrontiert sind, dagegen aus Frauen (Aging in America, 1981; zit. nach Livson, 1983). Frauen erleben in der Regel eine höhere Diskontinuität bei den Rollenveränderungen des Alters als die Männer.

Für beide Geschlechter gilt, daß das Beibehalten einer einseitigen Geschlechtsrollenorientierung die Bewältigung der sozialen Probleme des Alters eher ungünstig beeinflußt. Die traditionelle Geschlechtsrolle des Mannes mit ihrer starken Betonung von instrumenteller Kompetenz entspricht ebensowenig der Situation im

Alter wie die der Frau mit ihrer einseitigen expressiven Orientierung. Eine hohe Flexibilität in den Geschlechtsrollen – die Fähigkeit, Qualitäten, die per Konvention dem je anderen Geschlecht zugeschrieben werden, an der eigenen Person zum Leben zu erwecken und in die Persönlichkeit zu integrieren – scheint für beide Geschlechter eine günstige Anpassungsstrategie an das Alter darzustellen (vgl. Kap. 7.2).

Diese Ansicht wird durch eine Reihe von Untersuchungen gestützt. So ermittelten Sinnot, Block, Grambs et al. (1980) bei ihrer Untersuchung von über 300 Personen im Alter von 52 bis 90 Jahren mittels eines Geschlechtsrollen-Fragebogens, daß diejenigen, die einen hohen Grad an psychischer Androgynität – also hohe Werte sowohl auf der männlichen wie auf der weiblichen Skala – aufwiesen, am erfolgreichsten an das Alter angepaßt waren. Der im Alter aufkommende Trend zur Androgynität kann als universales Phänomen gelten. Er läßt sich sowohl im interkulturellen als auch im historischen Vergleich nachweisen (Gutmann, 1985). Selbst in sehr patriarchalischen Gesellschaftsformen äußert er sich z. B. im Machtzugewinn der älteren Frau im Großfamilienverband. Heute erleichtert er in der Industriegesellschaft vor allem bei der sich ausdehnenden Gruppe alleinstehender älterer Frauen die Anpassung an das Alter. Was die Männer angeht, so trägt die soziale Billigung emotionaler und weicherer Seiten ebenfalls zur Entwicklung eines den veränderten Bedingungen angepaßten Lebensstils bei. Die Entwicklung eines neuen Persönlichkeitspotentials stellt eine wesentliche Voraussetzung dafür dar, daß Altern nicht nur Rollenabbau und Verlust darstellt, sondern auch gleichzeitig Wachstum und Zugewinn.

8.6 Die Problematik der Pensionierung

In der psychologischen Forschung wird das Ausscheiden aus dem Beruf und die Übernahme der Rolle des Pensionärs als typische Krisensituation des älteren Menschen hervorgehoben und als der eigentliche Beginn des Alters gesehen. Das Ausscheiden aus dem Beruf ist mit zahlreichen Veränderungen verbunden (Lehr, 1984):

1. Aufgabe einer Tätigkeit, die man mehr oder minder schätzte,
2. Umstrukturierung des Tagesablaufes,
3. Umstrukturierung des sozialen Feldes einschließlich familiärer Kontakte,
4. finanzielle Veränderungen,
5. Verlagerung der Interessen (von Arbeit auf Freizeit).

Das Ausscheiden aus dem Beruf bedeutet mehr als die Beendigung einer bestimmten Beschäftigung; es bewirkt die Veränderung der gesamten Lebenssituation eines Menschen und erfordert vom einzelnen innerhalb einer relativ kurzen Zeitspanne eine Anpassung an die neue Situation. Von dem Gelingen dieses Anpassungsprozesses hängt in hohem Maße die allgemeine Zufriedenheit und Ausgeglichenheit im höheren Alter ab.

Die empirische Forschung hat sich mehr mit der Problematik der Berufsaufgabe des Mannes als der Frau beschäftigt, vor allem, weil bei den bislang untersuchten

Kohorten der Anteil der weiblichen beschäftigten Personen dieser Altersgruppe gering war und man den Frauen eine tiefere Bindung an den Beruf absprach.

Die Auffassung von einer generellen Krisensituation für den Mann und die des konfliktlosen Ausscheidens der Frau aus dem Beruf müssen aufgrund der empirischen Forschung jedoch differenzierter betrachtet werden.

In einer Studie mit angelernten Arbeitern, die kurz vor der Pensionierung standen, fand Jacobsen (1974), daß Frauen sich stärker gegen den Ruhestand sträubten als Männer. Die sozialen Bindungen am Arbeitsplatz waren für sie wichtiger, und sie sahen im Beruf eine stärkere Absicherung gegen die Einsamkeit als ihre männlichen Kollegen. Nach Streib und Schneider (1971) fühlten sich Frauen im Ruhestand nutzloser als Männer. Im Gegensatz zu älteren Befunden läßt sich somit sagen, daß die Pensionierung gerade für berufstätige Frauen ein kritisches Lebensereignis sein kann. Mit zunehmender Karriereorientierung wird sich dieses Problem in den zukünftigen Kohorten wahrscheinlich noch verschärfen.

Auch in Untersuchungen, die sich nur auf männliche Probanden bezogen, zeigte sich, daß viele differenzierende Bedingungen darüber entscheiden, ob und in welcher Härte die Pensionierung zur Krisensituation wird. So erlebten viele Wissenschaftler die Pensionierung als eine Möglichkeit, sich endlich in Ruhe ihren Forschungsinteressen widmen zu können (Rowe, 1976). Die Einstellung zur Pensionierung erwies sich als abhängig von einer Vielzahl von Faktoren, wie z. B. dem Lebensalter, der spezifischen Berufssituation, finanziellen Aspekten, den Zukunftsperspektiven und dem Gesundheitszustand.

Wan (1982) faßt die vorliegenden Untersuchungsergebnisse dahingehend zusammen, daß weniger das Ende der Erwerbstätigkeit als solches, sondern die gesamte Lebenssituation entscheidend ist. Zu einer Krise kommt es vor allem dann, wenn der Rollenwechsel im Kontext einer Streßkumulation steht, wie z. B. bei gleichzeitigem Tod des Ehepartners, finanziellen Sorgen oder familiären Konflikten. Gemindert werden diese Probleme insbesondere bei Personen, die über ein sicheres soziales Unterstützungssystem verfügen.

8.7 Neue Aktivität oder Disengagement?

Zur Bewältigung der Pensionierungsproblematik und zum allgemeinen Verständnis vom angemessenen Altern gibt es zwei unterschiedliche Ansätze, die Aktivitäts- und die Disengagement-Theorie.

Die Aktivitätstheorie

Die Vertreter der Aktivitätstheorie gehen von der Annahme aus, daß nur der Mensch glücklich und zufrieden ist, der aktiv am sozialen Leben teilnimmt und von anderen gebraucht wird (Tartler, 1961). Es handelt sich hierbei um Normen des mittleren Erwachsenenalters, die auch für „erfolgreiches Altern" herangezogen werden; der alte Mensch versucht, jene Vorteile und jene Basis zu sichern, die er sich in der Mitte des Lebens erworben hat. Dadurch kann der mit der Pensionierung verbundene Funktionsverlust ausgeglichen werden, was als Voraussetzung für die Zufriedenheit im Alter angesehen wird. An dieser Theorie orientierte Altenarbeit bemüht sich dementsprechend um Aktivierung und Reaktivierung nach dem Ende der Erwerbstätigkeit. Das Modell geht davon aus, daß der Pensionär nach einer Kompensation verlorener Aufgaben sucht, um weiter als nützliches Mitglied der Gesellschaft zu gelten; nur Zwang, wie gesundheitliche Verschlechterung oder Geldmangel, dürfte ihn daran hindern.

Anzunehmen wäre weiter, daß der Pensionär gerne solche Arbeit aufgibt, die ihn nicht befriedigte, weil dies Kraft für neue Aktivitäten freisetzt. Danach würde man erwarten, daß Menschen, die sich im Beruf unbefriedigt fühlen, diesen relativ gern aufgeben. Dies wurde aber durch empirische Befunde nicht bestätigt. In einer Untersuchung von Lehr und Dreher (1969) zeigte sich sogar bei Männern, die kurz vor der Pensionierung standen, daß diese einer Berufsaufgabe um so negativer gegenüberstanden, je unzufriedener sie mit ihrem beruflichen Werdegang waren. Die Einstellung zur Berufsaufgabe hängt somit von der Übereinstimmung zwischen beruflich erreichten und erstrebten Zielen ab. Das Gefühl des Unerreichten und Unvollendeten (Zeigarnik-Effekt) erschwert die Anpassung an das Pensionärsdasein. Schon dieser einzelne Befund zeigt, daß sich das Problem des erfolgreichen Alterns kaum auf den einfachen Nenner Aktivität oder Passivität bringen läßt (vgl. Kap. 8.8).

Die Disengagement-Theorie

Cumming und Henry (1961) veröffentlichten eine empirische Studie, die sich mit dem Rückzug älterer Menschen aus den Rollen und Aktivitäten der mittleren Jahre beschäftigte. Sie entwickelten die Theorie des Disengagements, die bis heute einen großen Einfluß ausübt. Disengagement bedeutet ein wechselseitiges Sich-Loslösen von Gesellschaft und Individuum:

1. Das Individuum wird von der Gesellschaft aus seinen Rollen, seinen gesellschaftlichen Bezügen entlassen; dies bewirkt eine Verringerung der Kontaktpersonen und der Interaktionen.
2. Die alternde Person löst sich auch selbst erlebnismäßig mehr und mehr aus den Verpflichtungen des mittleren Erwachsenenalters, sie zentriert sich stärker auf sich selbst (z. B. Beschäftigung mit dem Tod), und die Interaktionen werden weniger verbindlich (z. B. Rolle des Chefs vs. Rolle des Skatbruders).

Beides – sozialer und psychischer Rückzug – sind miteinander verbunden, weil die externe Situation, in der die Individuen sich befinden, diese zu Reaktionen auffordert. Es können bei diesem Prozeß große individuelle Unterschiede bestehen, prinzipiell werden jedoch alle Personen von diesem Prozeß erfaßt.

Die Disengagement-Theorie geht davon aus, daß der Rückzug älterer Menschen aus den Rollen und Aktivitäten der mittleren Jahre unvermeidbar, notwendig und erwünscht sei. Nach Abschluß des Rückzugsprozesses habe sich zwischen der Gesellschaft und den Älteren ein neues Gleichgewicht eingestellt, das vor allem durch größere Distanz gekennzeichnet ist.

Besonders diese drei zentralen Annahmen trugen der Disengagement-Theorie Kritik ein:

1. *Unvermeidbarkeit*
Diese Annahme besagt, daß der Disengagement-Prozeß in allen Gesellschaften anzutreffen sei, wenn auch Beginn und Verlauf variieren könnten. Disengagement sei darum unvermeidbar, weil der Tod unvermeidbar sei (Rose, 1964). Ältere Menschen, die zur Aktivität angehalten werden, müssen in einen inneren Konflikt geraten, da der Wunsch nach Ausdehnung des Lebensraumes zu der Auseinandersetzung mit dem Tod in Widerspruch stehe.
Diese Allgemeingültigkeit konnte in kulturvergleichenden Studien nicht bestätigt werden. So wird berichtet, daß unter anderem bei den Ibos in Afrika die Erscheinung des Disengagement nicht zu finden ist. Von den älteren Menschen werden andere Aufgaben übernommen als in den mittleren Jahren, z. B. Aufrechterhaltung von Recht und Ordnung. Dadurch werden sie für die Gesellschaft noch bedeutsamer als zuvor.

2. *Notwendigkeit* für das Funktionieren der Gesellschaft
Hierbei wird von einem Gleichgewicht in der Gesellschaft ausgegangen, das durch die Abgabe von Rollen und Positionen der Alten an die Jungen aufrechterhalten wird; durch rechtzeitige Rollenübergabe wird gewährleistet, daß der Tod eines alten Menschen nicht die Funktionsfähigkeit der Gesellschaft beeinträchtigt. Der Tod einer Person im mittleren Erwachsenenalter, die noch wichtige Rollen erfüllt, wirkt demgegenüber disfunktional. An dieser These wurde kritisiert, daß sie die Ansprüche der Gesellschaft über die des Individuums stelle, das sich dem Grundprinzip der Existenzsicherung lediglich anpasse. Die individuelle Komponente werde hierbei vernachlässigt.

3. *Erwünschtheit* des Disengagements
Die Freisetzung von den Verpflichtungen der Berufstätigkeit werde von den meisten alternden Personen gewünscht. Sie komme den nachlassenden Kräften des alten Menschen entgegen und ermögliche erfolgreiches Altern. Die Reduzierung sozialer Kontakte bedeute für den älteren Menschen ebenfalls zunehmende Freiheit, da der Umgang mit anderen Menschen zur Beachtung von Normen zwinge. Nimmt man allerdings Maße der subjektiven Zufriedenheit als Kriterium, so zeigt sich, daß diese eher mit Aktivität korrelieren als mit Disengagement, z. B. in der Duke-Längsschnittstudie (Palmore, 1970, 1974, 1981).

Modifikationen und Differenzierungen der Disengagement-Theorie

Das Modell wurde heftig kontrovers diskutiert und vielfachen Wandlungen unterworfen. Olbrich und Lehr (1976) unterscheiden sieben Modifikationen und Differenzierungen.

1. Die ursprüngliche Fassung postuliert einen generellen Zusammenhang zwischen verringerter Rollenaktivität und größerer Zufriedenheit als Indikator für erfolgreiches Altern (Cumming & Henry, 1961).
2. Das Konzept des intrinsischen Disengagements von Henry (1964) erläutert und

differenziert die erste Fassung. Das Disengagement betrifft die Bezüge zur Umwelt, gleichzeitig erhöht sich das Engagement gegenüber dem eigenen Selbst, insbesondere durch die Auseinandersetzung mit der Todesproblematik.

3. Eine wichtige Änderung bedeutet das Modell des qualitativen Wandels (Neugarten, Havighurst & Tobin, 1968). Danach erfolgt nicht notwendigerweise eine generelle Verringerung der Aktivitäten im Alter, sondern eine Umstrukturierung der sozialen Bezüge. Beispielsweise verschiebt sich das Verhältnis von beruflichen zu privaten Kontakten, so daß sich im Alter die sozialen Netzwerke von Männern und Frauen ähnlicher werden (Palmore, 1981). In der Duke-Längsschnittstudie blieb die Anzahl der Personen in den sozialen Netzwerken konstant; es änderten sich aber die Personentypen.
4. Inhaltlich ähnlich mit dem Modell des qualitativen Wandels ist das Konzept des kompensatorischen Engagements bzw. des selektiven Disengagements und Engagements. Es betont, daß sich zwar einige Aktivitätsbereiche verringern, daß aber die Funktionen, die diese erfüllten, durch andere Kontaktformen ausgeglichen werden. Bei letzteren kann es dann sogar zu einer Intensivierung der sozialen Bezüge im Alter kommen.
5. Daß der ältere Mensch nicht in allen, aber doch in einigen Bereichen weiterhin körperliche, geistige und soziale Aktivität für erfolgreiches Altern benötigt, belegen Maddox (1964) und Palmore (1968) aufgrund empirischer Befunde. In der Duke-Längsschnittstudie konnten verschiedene Formen sozialer Aktivitäten als gute Prädiktoren für Gesundheit, Glück und Langlebigkeit dienen. Hierzu gehörten Mußeaktivitäten, Sekundärgruppenkontakte, Besuchsstunden und Häufigkeiten von Treffen. Daneben erwies sich bei Männern die Arbeitszufriedenheit vor der Pensionierung als zusätzliche Bedingung der Langlebigkeit. Dieser Befund deutet auf den Zusammenhang zwischen dem Alternsprozeß und den früheren Lebensphasen hin.
6. Aus Befunden von Lehr und Dreher (1969) ergeben sich Hinweise auf ein vorübergehendes Disengagement, das als Anpassungs- und Umorientierungsprozeß an die Zeit nach der Pensionierung verstanden werden muß.
   Untersucht wurden drei Gruppen von Männern:
   1. Gruppe: 10 Jahre vor der Pensionierung.
   2. Gruppe: etwa 65 Jahre alt (Pensionierungszeit).
   3. Gruppe: etwa 75 Jahre alt.

   Man fand bei Gruppe 1 Engagement, bei der Gruppe 2 Disengagement und bei der Gruppe 3 Re-Engagement. Diese Sequenz läßt das Disengagement als einen vorübergehenden Zustand erscheinen, der Belastungssituationen begleitet. Ist jedoch der Prozeß der Auseinandersetzung mit der neuen Lebenssituation erfolgreich abgeschlossen, so kann erneut soziales Engagement festgestellt werden. Der zeitweilige Rückzug als Teil eines Coping-Prozesses zeigt sich am Beispiel der Pensionierungsproblematik, ist aber nicht für diese spezifisch. Er gilt genauso für andere außerordentliche Belastungssituationen im Laufe des menschlichen Lebens, die eine Umorientierung erzwingen.
7. Die Bedeutung der individuellen Persönlichkeit, die einen Anpassungsprozeß zu

leisten hat, betonten bereits Havighurst, Neugarten und Tobin (1968). Im Laufe weiterer Forschungen stellten sich individuelle Coping-Prozesse zunehmend als entscheidende Bedingung für die soziale Entwicklung im Alter heraus. Dadurch wird gleichzeitig belegt, daß das Alter nicht als isolierter Abschnitt betrachtet werden darf, sondern mit dem bisherigen Lebenslauf in einem engen Zusammenhang steht. Die Forschungen sollten somit auf den Denkmodellen der Entwicklungspsychologie der Lebensspanne aufbauen.

Die Berücksichtigung der individuellen Entwicklungsgeschichte und des individuellen Lebenskontextes führt von allgemeingültigen Aussagen über angemessene oder gelungene Formen des Alters zu dem Ansatz einer *differentiellen Gerontologie.* So bemühten sich schon Neugarten, Havighurst und Tobin (1968) sowie später die Bonner Gerontologische Längsschnittstudie (BGLS), verschiedene Verlaufsstile der sozialen Entwicklung im Alter zu unterscheiden (Thomae, 1983).

8.8 Soziale Entwicklung im Alter als personen- und kohortenspezifischer Adaptationsprozeß an veränderte Bedingungen

Neugarten, Havighurst und Tobin (1968) ermittelten faktorenanalytisch vier Persönlichkeitstypen und ordneten sie acht „patterns of aging" zu, die sich durch Rollenaktivität und Grad der Lebenszufriedenheit definierten. Die Autoren unterschieden zwischen „integrierten", „kämpfenden", „passiv-abhängigen" und „nicht integrierten" Persönlichkeiten. Die „Integrierten" zeigten z. B. durchgängig hohe Zufriedenheit bei individuell unterschiedlichem Aktivitätsniveau. Sowohl Substitution früherer Rollen als auch Reduktion der Rollenzahl bzw. freiwilliger Rückzug aus den sozialen Rollen war in bezug auf bestimmte Individuen mit erfolgreichem Altern vereinbar.

Auch in der Längsschnittstudie von Maddox und Eisdorfer (1963) ergab sich ein differentielles Bild. Bezüglich des Zusammenhangs zwischen sozialer Aktivität und Zufriedenheit verhielten sich 26–30 Prozent der älteren Menschen im Sinne der Disengagement-Theorie: geringe soziale Aktivität und positive Stimmung 11–15 Prozent, hohe soziale Aktivität und negative Stimmung 15 Prozent. Auf 70–74 Prozent traf die Aktivitäts-Theorie zu: hohe Aktivität und positive Stimmung 45 Prozent, geringe Aktivität und negative Stimmung bei 26 Prozent.

In der Längsschnittstudie der Duke-Universität unterschied man vier Gruppen, die alle möglichen Kombinationen hinsichtlich Engagement und Zufriedenheit erfaßten (Palmore, 1981):

				Anteil
I.	hohe Aktivität	--	Zufriedenheit	(38%)
II.	hohe Aktivität	--	Unzufriedenheit	(14%)
III.	niedrige Aktivität	--	Zufriedenheit	(13%)
IV.	niedrige Aktivität	--	Unzufriedenheit	(35%)

27 Prozent (Gruppe II und III) würden sich danach im Sinne der Disengagement-Theorie verhalten, 74 Prozent (Gruppe I und IV) im Sinne der Aktivitäts-Theorie. Zufriedenheit mit dem Disengagement könnte z. B. vorliegen, wenn die Person damit ihren bisherigen Lebensstil aufrechterhält. In der Längsschnittstudie wurde sichtbar, daß die Aufrechterhaltung eines individuellen Lebensstils angestrebt wird.

Die hohe interindividuelle Variabilität gerontologischer Daten veranlaßte auch die Autoren der Bonner Gerontologischen Längsschnittstudie, verschiedene Formen des Alterns zu unterscheiden und die Bedingungen anzugeben, unter denen sie entstehen. Als Ordnungssysteme für eine differentielle Betrachtung zog Thomae (1983) vier Kriterien heran: Zufriedenheit, erlebte Belastung, Aktivität und soziale Kompetenz.

Die Ordnungskriterien wurden von Thomae (1983) des weiteren danach differenziert, ob sie eher Alternsstildimensionen oder Dimensionen von Altersschicksalen darstellen.

„Alternsstile" werden von ihm als Resultate von unter Umständen lebenslangen Stilisierungsprozessen aufgefaßt, an denen die Person aktiv teilnimmt, indem sie bestimmte Lebensstile präferiert (z. B. geringere oder höhere Rollenaktivität, bestimmte Arten der Bewältigung von Schwierigkeiten). Andererseits können die unterschiedlichen Altersformen aber auch als Ergebnis einer genetischen Vorprogrammierung oder als Folge von im Alter akkumulierten kurz- und langfristigen Sozialisationsprozessen aufgefaßt werden, die quasi „schicksalhaft" in das Leben einbrechen; in diesem Fall spricht Thomae (1983) dann von „Altersschicksalen". Er unterscheidet

- 2 Alternsstildimensionen: Aktivität und soziale Kompetenz
- 2 Altersschicksalsdimensionen: Belastungsgrad und Zufriedenheit.

Zusammenfassend lauten die Untersuchungs-Hypothesen wie folgt:

- eine Klassifizierung der Altersformen ist möglich nach zwei Aspekten des Altersschicksals (hohe/geringe Belastung, hohe/geringe Zufriedenheit) und nach zwei Aspekten des Alternsstils (hohe/geringe Aktivität, hohe/geringe Kompetenz);
- die beiden Alternsstildimensionen wie auch die beiden Altersschicksalsdimensionen stehen jeweils in einem Abhängigkeitsverhältnis zueinander;
- zwischen Alternsstildimensionen einerseits und Altersschicksalsdimensionen andererseits bestehen sowohl Abhängigkeit (zwischen Belastung und Aktivität/Kompetenz) als auch Unabhängigkeit (zwischen Zufriedenheit und Aktivität/Kompetenz).

Es zeigte sich ein enger Zusammenhang zwischen der Aktivität und der Erhaltung geistiger und psychomotorischer Kompetenzen, der Anregbarkeit und Flexibilität des Denkens und Handelns sowie der Offenheit des Interessenhorizontes und der sozialen Kontakte. Dagegen differenzierte keines der Zufriedenheitsmaße zwischen den Aktivitäts-Gruppen. Dieser Befund kann als Beleg für Unabhängigkeit zwischen den beiden Dimensionen „Aktivität" und „Zufriedenheit" gewertet werden. Aufgrund der Schwierigkeit bei der präzisen Erfassung sozialer Kompetenz, die von den verschiedenartigsten Gesichtspunkten aus betrachtet und beurteilt werden kann (z. B. als „effektiver Vollzug sozialer Rollen" oder als „Fähigkeit, mit Schwierigkeiten fertig zu werden"), wählte Thomae ein weit gestreutes Netz möglicher Indikatoren, die auf dem Hintergrund theoretischer Überlegungen als geeignete Maße für „Soziale Kompetenz" angenommen wurden. Hierzu zählten kognitive Maße, Persönlichkeits-Ratings, Maße für außerfamiliäre Rollen sowie die aktive Auseinandersetzung mit Belastungen.

Der Zusammenhang zwischen der sozialen Kompetenz und den übrigen Kriterien ergab folgendes Bild:

– *Generelle Zufriedenheit und Kompetenz*

Bei allen Kompetenzgruppen ergab sich eine annähernd gleiche Verteilung von Individuen mit hoher und geringer genereller Zufriedenheit. Eine Ausnahme bildete lediglich die Gruppe mit überwiegend hohen Kompetenzwerten (zehn Fälle bei den „Hochzufriedenen" vs. kein Fall bei den „Unzufriedenen"). Insgesamt konnte jedoch die angenommene Abhängigkeit dieser beiden Dimensionen nicht bestätigt werden. Bei „Kompetenz" und „Zufriedenheit" handelt es sich offensichtlich um unabhängige Dimensionen von Altersformen.

– *Mehrfachbelastung und Kompetenz*

Der angenommene Zusammenhang zwischen Mehrfachbelastung und sozialer Kompetenz konnte ebenfalls nicht bestätigt werden. Mehrfachbelastung hatte keine funktionsmindernden Auswirkungen. Der Vergleich der Kompetenz- mit den Aktivitätsgruppen bestätigt, daß ein Zusammenhang zwischen diesen beiden Dimensionen besteht. Jedoch handelt es sich hierbei um einen statistischen Durchschnittswert, der nicht für jeden individuellen Fall Gültigkeit besitzt.

Die Untersuchung erbrachte somit Befunde, die den Ausgangs-Hypothesen teilweise erheblich widersprachen. Vor allem mußte aufgrund der Ergebnisse von einer weitgehenden Unabhängigkeit der verschiedenen Altersformen ausgegangen werden. Daraus folgt, daß die Alterssituationen und die Prozesse der Anpassung an sie durch verschiedene Kombinationen von Altersschicksals- und Alternsstildimensionen klassifiziert werden können.

Gemäß den Ausprägungen in den weniger personenabhängigen Variablen „erlebte Belastung" und „Zufriedenheit" könnte man vier Altersschicksalsdimensionen unterscheiden:

A: Hohe Belastung/hohe, z. T. mittlere Zufriedenheit;
B: Hohe Belastung/geringe Zufriedenheit;
C: Geringe Belastung/hohe, z. T. mittlere Zufriedenheit;
D: Geringe Belastung/geringe Zufriedenheit.

Das Zustandekommen der Altersformen A und D könnte damit erklärt werden, daß bei diesen im Gegensatz zu den beiden anderen Altersschicksalen spezifische Personenmerkmale in höherem Ausmaß intervenieren.

Ähnliche Kombinationen können dann auch bei den beiden Alternsstildimensionen vorgenommen und dann den Altersschicksalen zugeordnet werden. Bei den 81

Probanden der BGLS differenzierte Thomae zwölf Alternsstile, die – zugeordnet zu den vier Altersschicksalen – in der Tabelle 14 dargestellt sind. Die Ziffern geben jeweils die Anzahl der Probanden an, die einem der Alternsstile zugeordnet werden konnten.

Tabelle 14: Altersschicksal und Alternsstil (aus: Thomae, 1983, S. 177)

		n
Altersschicksal A	„Hohe Belastung, große Zufriedenheit"	(14)
Alternsstil A[1]	hoch aktiv – hohe Kompetenz	4
Alternsstil A[2]	hoch aktiv – mittlere Kompetenz	6
Alternsstil A[3]	wenig aktiv – geringe Kompetenz	4
Altersschicksal B	„hohe Belastung, geringe (mittlere) Zufriedenheit"	(26)
Alternsstil B[1]	hohe/mittlere Aktivität, hohe Kompetenz	6
Alternsstil B[2]	hohe Aktivität, mittlere Kompetenz	4
Alternsstil B[3]	mittlere/niedrige Aktivität, mittlere Kompetenz	6
Alternsstil B[4]	niedrige Aktivität, geringe Kompetenz	10
Altersschicksal C	„geringe Belastung, mittlere /hohe Zufriedenheit"	(31)
Alternsstil C[1]	hohe/mittlere Aktivität, hohe Kompetenz	11
Alternsstil C[2]	niedrige/mittlere Aktivität, mittlere Kompetenz	16
Alternsstil C[3]	niedrige Aktivität, niedrige Kompetenz	4
Altersschicksal D	„geringe Belastung, geringe Zufriedenheit"	(26)
Alternsstil D[1]	hohe/mittlere Aktivität, hohe Kompetenz	6
Alternsstil D[2]	hohe/mittlere Aktivität, mittlere Kompetenz	4

Allerdings zeigten sich bei einem Vergleich der Biographien der Personen in der BGLS, die sich hinsichtlich eines Alternsstils ähnlich waren, trotz dieser Ähnlichkeiten doch wieder starke interindividuelle Unterschiede. Dies macht einmal mehr deutlich, daß die Zusammenhänge zwischen den Grunddimensionen „Lebenszufriedenheit", „Aktivität", „erlebte Belastung" und „soziale Kompetenz" und ihre Verteilungen keineswegs so eindeutig und übersichtlich sind, wie von manchen Theorien angenommen und postuliert wird (z. B. Aktivitäts-Theorie, Disengagement-Theorie). Andererseits sind diese Zusammenhänge und Verteilungen der genannten Dimensionen aber auch nicht gänzlich zufällig, sondern abhängig von spezifischen *Person-Situation-Interaktionen,* vor allem aber von der Art und Weise, wie der einzelne seine eigene Lebens- bzw. Alterssituation gestaltet und bewältigt.

Die Anpassung an das Alter beinhaltet auch eine *kohortenspezifische Problemsituation.* Die sozialen Bedingungen ändern sich im Laufe der Zeit. So beeinflussen die von Kohorte zu Kohorte schwankenden Geburtenzahlen die sozialen Beziehungsmuster im Alter. Beispielsweise hängt davon die Zahl der noch lebenden Kinder ab, die nach wie vor zu den wichtigsten Unterstützungspersonen gehören.

Die Lebenserwartung ist ein weiterer kohortenspezifischer Faktor, der sich auf die soziale Situation des älteren Menschen auswirkt. Die Menschen im Alter von über 75 Jahren bilden den am schnellsten wachsenden Bevölkerungsanteil überhaupt. Dabei bleibt die Lebenserwartung der Frauen höher als die der Männer, so daß sich die Forschung auch zukünftig über die von den Kriegsfolgen betroffenen Jahrgänge hinaus mit einer großen Zahl alleinstehender Frauen befassen muß.

Die vielleicht interessanteste Konsequenz der allgemein höheren Lebenserwartung für die familiären Beziehungen ist die Zunahme der Vier-Generationen-Familie. Nach amerikanischen Erhebungen hat die Hälfte aller über 65jährigen bereits Urenkel (Shanas, 1980). In diesen Familien kommt es häufig vor, daß die Kinder der ältesten Generation selbst schon im fortgeschrittenen Alter sind – etwa zehn Prozent der älteren Menschen haben über 65jährige Kinder (Troll, Miller & Atchley, 1979).

In diesem Falle hat die Großeltern-Generation dann möglicherweise nicht nur Verpflichtungen ihren Kindern und Enkelkindern, sondern auch ihren Eltern gegenüber. Nach Beobachtungen von Shanas (1980) kann aus diesen multiplen Anforderungen heraus erheblicher Streß erwachsen. Nimmt man die möglicherweise auftretenden Probleme der Pensionierung und der sich verschlechternden Gesundheit hinzu, so kann man die Gesamtsituation dieser „jungen Alten" als Generationenmühle (generational crunch) bezeichnen (Hagestad, 1979).

Eine weitere Bedeutung als kohortenspezifischer Faktor gewinnt die zunehmende Zahl an Ehescheidungen. Nach Schätzungen von Cherlin (1981) wird der prozentuale Anteil der amerikanischen Bevölkerung, der je im Leben eine Scheidung vollzogen hat, für die 1910–14er Kohorte bei 15 für die 1930-34er Kohorte bei 25 und für die 1950-54er Kohorte bei 45 liegen. Über die Auswirkungen auf die Familiensituation älterer Menschen kann man im Moment nur spekulieren. Ob die Scheidung und Wiederverheiratung eines erwachsenen Kindes eine Inflation von Verwandtschaftsbeziehungen mit sich bringt oder aber die intergenerationalen Bande schwächt, läßt sich nicht klar vorhersagen.

Man kann zusammenfassen, daß viele Aspekte des Alters keine universale Erfahrung darstellen und daß jede Alterstheorie, die die verschiedenen Formen von individuums- und kohortenspezifischen Mensch-Umwelt-Wechselwirkungen unberücksichtigt läßt, deshalb sehr skeptisch betrachtet werden muß.

Teil III
Entwicklung verschiedener sozialer Verhaltens- und Kompetenzbereiche

Im dritten Teil des Buches stehen nicht einzelne Altersabschnitte, sondern bestimmte Funktionsbereiche im Vordergrund. Es handelt sich dabei um solche Bereiche, die bei der Querschnittbetrachtung weitgehend ausgespart wurden, aber mit dem Forschungsfeld „soziale Entwicklung" eng verknüpft sind. Dabei kann die Aggression geradezu als klassisches Thema gelten, das auf eine lange und kontinuierliche Forschungstradition zurückblickt (vgl. Kap. 9). Das kooperative und altruistische Verhalten fand dagegen erst in jüngerer Zeit die verdiente starke Beachtung (vgl. Kap. 10). Beide Verhaltensaspekte werden häufig als Gegenpole verstanden, als das negative vs. positive Ende auf der Skala des Sozialverhaltens. Wie jedoch zu zeigen sein wird, bilden beide Aspekte notwendige Bestandteile eines kompetenten Verhaltensrepertoires. Statt einer pauschalen Bewertung kommt es vielmehr darauf an, die jeweiligen Funktionen zu bestimmen und die sozialen Konsequenzen zu kontrollieren.

Sowohl über das aggressive als auch über das prosoziale Verhalten ließen sich mühelos eigene Monographien erstellen. Da es entsprechende Lehrbücher auch bereits gibt, soll die folgende Darstellung streng perspektivisch erfolgen. Allgemein- und sozialpsychologische Gesichtspunkte finden nur knappe Erwähnung. Statt dessen werden Befunde vorgestellt, die zum einen etwas über Entwicklungsverläufe und alterstypische Phänomene aussagen, zum anderen einen Beitrag zur Betrachtungsperspektive des Buches liefern, indem sie die funktionale Verflechtung mit sozialen Beziehungssystemen hervorheben (vgl. Kap. 3).

Im Zusammenhang mit dem aggressiven und prosozialen Verhalten wird – wie auch bereits in einigen früheren Kapiteln, z. B. über die Freundschaft – deutlich, daß eine Bezugnahme auf die sozial-kognitiven Voraussetzungen notwendig ist. Darum soll eine Vertiefung dieses Aspekts erfolgen (vgl. Kap. 11). Sie konzentriert sich auf das Moralische Urteil, Egozentrismus vs. Perspektivenübernahme, Bereiche des sozialen Wissens und die Bedeutung der affektiven Entwicklung.

Andere inhaltliche Bereiche werden dagegen in diesem Teil des Buches nicht gesondert abgehandelt, um nicht den vorgegebenen Rahmen zu sprengen. Ihre Darstellung erfolgte exemplarisch im Kontext der Querschnittbetrachtung.

9. Aggressives Verhalten

Während den Ursachen und auslösenden Bedingungen bei der Erforschung der Aggression bisher die meiste Aufmerksamkeit gewidmet wurde, existieren nur wenige Untersuchungsergebnisse zu deren altersabhängigen Verlaufsformen. Im folgenden werden Begriffsbestimmungen vorgenommen sowie die verschiedenen theoretischen Ansätze zur Entstehung der Aggression kurz vorgestellt (Kap. 9.1). Entwicklungsspezifische Veränderungen der Aggression konnten vor allem im Hinblick auf die Häufigkeit und einige qualitative Aspekte nachgewiesen werden (Kap. 9.2). Die Untersuchungsergebnisse zur interindividuellen Stabilität aggressiven Verhaltens sind uneinheitlich, da die entsprechenden Werte neben einer Reihe von person- und situationsspezifischen Variablen auch von meßtechnischen Einflußfaktoren bestimmt werden (Kap. 9.3). Ebenso wie die Stabilität oder Instabilität hängt auch die Ausprägung der Aggression von den vor allem in Familie und Peergroup wirksamen Regulationsmechanismen ab (Kap. 9.4). Schließlich sollte nicht vernachlässigt werden, daß aggressivem Verhalten z. B. bei der Strukturierung der Peergroup auch eine soziale Bedeutung zukommt (Kap. 9.5).

9.1 Begriffsbestimmungen und theoretische Ansätze

Es gibt wohl kaum einen Bereich des sozialen Verhaltens, der mehr Aufmerksamkeit und Interesse auf sich gezogen hat als die Aggression. Dementsprechend existiert eine nahezu unübersehbare Fülle an Literatur zu diesem Thema, das schon seit den ersten Beobachtungsstudien zum Sozialverhalten von Kindern in den 20er und 30er Jahren eine bevorzugte Rolle spielte (vgl. Kap. 2.1). Des weiteren zählt die Aggression zu den wenigen Inhalten, mit denen sich ausnahmslos alle theoretischen Orientierungen beschäftigt haben.

Auf der Ebene des *beobachtbaren Verhaltens* läßt sich Aggression als ein Verhalten definieren, das einem anderen Organismus Schaden zufügt (Buss, 1961). Bei dieser Definition wird zwischen bewußten Schädigungen und unbeabsichtigten, versehentlichen Beeinträchtigungen nicht unterschieden. Viele Autoren fügen daher die *Intention* und die *Motivation* der Handlung als wichtige Definitionskriterien hinzu. Den *emotionalen Zustand,* der dem aggressiven Verhalten zugrunde liegt bzw. zu dessen Auslösern gehört, bezeichnet Berkowitz (1962) als „anger". Der Begriff läßt sich am besten mit „Wut" oder „Ärger" übersetzen. Er legt nahe, daß aggressive Impulse oder Gefühle eine entscheidende Bedingung für aggressives Verhalten darstellen. Demgegenüber betont der Terminus „instrumentelle" Aggression, daß Schädigungen anderer als Mittel eingesetzt werden können, bestimmte Ziele zu erreichen. Aggression als reines Mittel zum Zweck ist sogar ohne jedes Gefühl der Feindseligkeit des Handelnden gegenüber seinem Opfer denkbar. Es ist daher terminologisch sinnvoll, zwischen *expressiver Aggression* als Gefühlsausdruck und der *instrumentellen Aggression* zur Zielerreichung zu unterscheiden, wobei natürlich auch beide Aspekte gleichzeitig eine Rolle spielen können.

Der Begriff „Aggressivität" bezeichnet entweder lediglich das beobachtbare Maß an aggressivem Verhalten, das eine Person zeigt, oder darüber hinaus eine *psychische Disposition* zur Ausübung aggressiven Verhaltens. Im letzteren Falle wird von den Beobachtungen auf ein Konstrukt geschlossen, z. B. auf die Persönlichkeitseigenschaft „Aggressivität".

An zusammenfassenden Abhandlungen über Aggressionstheorien besteht kein Mangel.*) Es genügt daher an dieser Stelle, den Zusammenhang zwischen verschiedenen theoretischen Orientierungen und den unterschiedlichen Erklärungen über Entstehung und Veränderung des Phänomens Aggression nur kurz aufzuzeigen.

Aus *lerntheoretischer* Sicht gelten für aggressives Verhalten dieselben Erklärungsprinzipien wie für alle anderen Verhaltensbereiche auch. Insbesondere die Prinzipien des operanten Konditionierens und des Modellernens wurden häufig zur Erklärung des aggressiven Verhaltens herangezogen. Nach dem Gesetz des Erfolgs („law of effect" nach Thorndike, 1932) und dem Prinzip der Verstärkung („reinforcement" nach Skinner, 1938) ist aggressives Verhalten so häufig zu beobachten, weil es leicht und schnell Erfolg bringt. Es ist ein einfaches Mittel, um Bedürfnisse zu befriedigen und Effekte zu erzielen. Die sozialen Konsequenzen sind häufig geeignet, den Aggressor zu verstärken.

So ergaben z. B. Beobachtungen in Kindergartengruppen, daß die Opfer aggressiver Attacken überwiegend nachgaben und sich die Angreifer durchsetzten (Hartup, 1970; Patterson, Littman & Bricker, 1967; Schmidt-Denter, 1977).

Die *Imitation aggressiver Modelle* wurde besonders von Bandura und Walters (1959) als Erklärungsprinzip herangezogen. Neben Modellen in Alltagssituationen wie z. B. Schulkameraden, aber auch strafenden Eltern, bezieht sich dieser Ansatz vor allem auf den Einfluß aggressiver Modelle in Medien, insbesondere im Fernsehen (Bandura, Ross & Ross, 1963).

Die Lerntheorien betrachten die Aggression als reaktiv, quasi als Folge fehlerhafter Sozialisationseinflüsse. Der Abbau aggressiven Verhaltens ist dementsprechend nur eine Frage des Umlernens, d. h. des Aufbaus eines nichtaggressiven Verhaltensmusters.

Im Gegensatz dazu stehen diejenigen Theorien, die der Aggression eine *Trieb- oder Instinktbasis* zusprechen. Lorenz (1963) vertritt die Auffassung, daß die Aggression im Dienst der Arterhaltung steht und vier wichtige Funktionen erfüllt: (a) territoriale Verteidigung, (b) Auslese für Weiterzucht, (c) Verteidigung der Brut sowie (d) Festlegen einer Rangordnung, die weitere Kämpfe reduziert. Der Übertragung der Tierbeobachtungen auf den Menschen liegt die Annahme zugrunde, daß es sich bei der Aggression um ein phylogenetisches Erbe handelt,

---

*) (Vgl. die Arbeiten von Feshbach, 1970; Kornadt, 1982; Parke & Slaby 1983; Schmidt-Mummendey & Schmidt, 1972; Selg, 1971)

wobei ein bereits vorhandener Energievorrat durch angeborene auslösende Reize aktiviert wird. Zur Gegensteuerung existieren ebenfalls angeborene Hemmungsmechanismen. Die Aggression wird für den Menschen zum sozialen Problem, da diese Hemmungsmechanismen schwach ausgeprägt sind und unter zivilisierten Lebensbedingungen ein unzweckmäßiger Aggressionsüberschuß entsteht. Kontrollmöglichkeiten sieht Lorenz (1963) im Umlenken der Energie auf Ersatzobjekte und Eibl-Eibesfeldt (1970) vor allem in der Stärkung der „bindenden Mechanismen". Bindung und Altruismus sind genauso tief verankert wie die Aggression; sie können dazu dienen, diese zu hemmen und sozial unschädlich zu machen.

Psychoanalytische Erklärungsmodelle enthalten einige verwandte Gedankengänge. Sigmund Freud (1915) erklärte aggressives Verhalten zunächst mit der Frustration der Libido. Später (1920) postulierte er mit dem Thanatos (Todestrieb) eine eigene Triebgrundlage für die Aggression. Möglichkeiten der Aggressionsbewältigung bestehen auch hier darin, die Triebenergie in sozial unschädliche Bahnen zu lenken (Hartmann, Kris & Loewenstein, 1949).

Die empirische Forschung hat sich insbesondere mit dem Prinzip der *Katharsis*, der Abreaktion von Affekten, auseinandergesetzt. Aggressive Impulse könnten z. B. beim Betrachten von Filmen mit gewalttätigen Handlungen abgebaut werden. Die Wahrscheinlichkeit des Auftretens aggressiven Verhaltens würde durch eine solche Abreaktion verringert. In diesem Punkt besteht ein Widerspruch zu den theoretischen Annahmen des Modellernens, die einen Lerneffekt prognostizieren, der die Wahrscheinlichkeit für aggressives Verhalten erhöht. Die empirischen Befunde hierzu sind widersprüchlich, da beide Positionen sich auf entsprechende Untersuchungsergebnisse stützen können. Ein vorsichtiges Fazit kann dahingehend gezogen werden, daß ein Katharsiseffekt nach Frustration oder nach großem Wutstau eintritt. *Imitationseffekte* zeigen sich dagegen eher, wenn die Personen vor Beginn des Films eine emotional neutrale Grundhaltung aufweisen. Des weiteren läßt sich ein Katharsiseffekt leichter bei kurzfristiger Messung nach dem Film nachweisen. Langfristig kann das Medienereignis dennoch im Sinne eines Lerneffekts wirken. Das Verhaltensrepertoire wird durch die beobachteten aggressiven Techniken erweitert und kann in späteren Situationen entsprechend aktualisiert werden.

Diese und noch eine große Zahl weiterer Widersprüche in der empirischen Aggressionsforschung haben einige Autoren dazu veranlaßt, verschiedene Formen der Aggression zu unterscheiden. Hierzu zählen z. B. die *Neopsychoanalytiker* Fromm (1974) und Hacker (1971). Eine zentrale Leitlinie bei diesen Bemühungen besteht darin, zwischen impulsivem Gefühlsausdruck und geplanter bzw. organisierter „kalter" Destruktivität zu differenzieren. In ähnlicher Weise vertritt Michaelis (1976) die Auffassung, daß man zwischen einer expressiven und einer instrumentellen Prozeßkette unterscheiden müsse, um aggressive Handlungsabläufe angemessen erklären zu können.

Die Notwendigkeit, komplexe Erklärungsansätze zu verwenden, hat einige einfache Modellvorstellungen in den Hintergrund treten lassen, die lange Zeit sehr große Popularität genossen. Hierzu gehörte vor allem die *Frustrations-Aggressions-Hypothese* in ihrer ursprünglichen Form sowie in ihren vielfachen Modifikationen und Erweiterungen.*) Eine zunehmende Bedeutung gewinnen dagegen kognitions- und handlungstheoretische Ansätze.

Kognitiv orientierte Modellvorstellungen wie z. B. von Feshbach (1974) betonen, daß die Übernahme und die Identifikation mit moralischen Standards das aggressive Verhalten regulieren. Teilweise wird dies im Zusammenhang mit der Entwicklung des moralischen Urteils nach Piaget und Kohlberg gesehen (vgl. Kap. 11). So ist z. B. die Vergeltungsaggression charakteristisch für die Stufe der heteronomen Moral. Die von den Erwachsenen vermittelten Normen sind für das Kind unantastbar. Ein Verstoß gegen sie muß mit gleicher Münze heimgezahlt werden, damit die Gerechtigkeit wiederhergestellt wird. Das Kind handelt also aufgrund seines kognitiven Entwicklungsstandes nach dem Prinzip: Auge um Auge – Zahn um Zahn. Die weitere Entwicklung läßt sich nun nicht einfach dadurch kennzeichnen, daß den moralischen Normen entsprechend zunehmend nicht-aggressive Verhaltensweisen zu beobachten sind. Dies liegt wesentlich auch daran, daß die moralischen „Sollwerte" der Gesellschaft gar keine völlige Aggressionslosigkeit vorschreiben. Vielmehr ist es das Ziel der Sozialisation, daß sich das Kind mit den jeweils herrschenden Aggressionsnormen identifiziert. Einige Formen der Aggression werden toleriert oder sogar gefordert, andere dagegen bestraft. Dabei sind die Regeln keineswegs leicht durchschaubar oder widerspruchsfrei, da sie in Abhängigkeit von Personen und Situationen stehen. Art und Dosis optimalen aggressiven Verhaltens zu wählen, stellt ein schwieriges Problem dar, z. B. für ein Schulkind gegenüber Lehrern und Gleichaltrigen in der Klasse, auf dem Schulhof oder während eines sportlichen Wettkampfs.

Die *Handlungstheorie* konzipiert die Aggression als Spezialfall einer Handlung (Werbik, 1974; Werbik & Munzert, 1978). Aggressives Verhalten wird in engem Zusammenhang mit Konfliktsituationen gesehen, in denen die Handlungen zweier Parteien (Personen, Gruppen, Institutionen) unvereinbare Ziele verfolgen. Da die Aggression wie jede andere Handlung auch auf der Grundlage eines Menschenbildes verstanden wird, in dem die Ratio eine wesentliche Rolle spielt, leitet sich daraus die Annahme ab, daß Konflikte auch mit den Mitteln der Vernunft gelöst werden können. Aggressionskontrolle und Konfliktbeseitigung lassen sich durch die Beachtung von Regeln erreichen.

9.2 Altersabhängige Veränderungen im aggressiven Verhalten

Obwohl die Aggression ein intensiv bearbeitetes Forschungsfeld darstellt, gibt es erstaunlich wenig Informationen über entwicklungsspezifische Veränderungen, die sich in den altersabhängigen Unterschieden aggressiver Verhaltensformen, den auslösenden Bedingungen, den beteiligten kognitiven Prozessen und den Funktionen äußern können.

Um den frühesten *Merkmalen aggressiven Verhaltens* auf die Spur zu kommen,

*) (Berkowitz, 1962; Dollard, Doob, Miller et al., 1939; Miller, Sears, Mowrer et al., 1941)

wurden schon im Zuge des ersten Forschungsbooms zum Sozialverhalten von Kindern in den 20er und 30er Jahren Konflikte zwischen Klein- und Vorschulkindern beobachtet (vgl. Schmidt-Denter, 1980). Die Konflikte waren in der Regel kurz, aber heftig. Streit um Besitz, physische Gewalt und Störungen anderer erschienen als die häufigsten Auslöser, die entweder aggressive Gegenwehr oder aber das Nachgeben und den Rückzug eines Kindes zur Folge hatten.*) Die wichtigsten Befunde dieser frühen Studien stimmen mit den Ergebnissen neuerer Untersuchungen weitgehend überein (Holmberg, 1977; Hay & Ross, 1982; Nickel & Schmidt-Denter, 1980):

Konflikte verlaufen in den ersten Lebensjahren in Form aggressiver Auseinandersetzungen. Der Ausgang ist dementsprechend eine Frage von Sieg oder Niederlage einer der beiden Konfliktparteien. Eines der beiden beteiligten Kinder setzt sich aggressiv durch, während das andere nachgibt oder sich zurückzieht. Das angreifende Kind ist häufiger der Gewinner des Konflikts als das angegriffene. Kompromißlösungen lassen sich nur selten beobachten. Selbst im Vorschulalter liegt ihr Anteil nur etwa bei fünf Prozent aller Konflikte. Auch erzieherische Bemühungen, die bewußt eine „niederlagelose" Konfliktbewältigung anstreben, vermochten hieran nur wenig zu ändern. Nickel und Schmidt-Denter (1980) fanden keine prinzipiellen Unterschiede im Konfliktverhalten von Kindern aus traditionellen Kindergärten und Eltern-Initiativ-Gruppen („Kinderläden"), obwohl letztere die Förderung der Konfliktkompetenz als eines ihrer zentralen Erziehungsziele ansahen.

Überhaupt werden Konflikte zwischen Kindern selten durch das Eingreifen von Erwachsenen gelöst. In einer nach heutigen Maßstäben streng beaufsichtigten Gruppe von Kindern zwischen zwei und fünf Jahren, die Dawe (1934) beobachtete, verliefen 65 Prozent der Konflikte ohne die Beteiligung der Erzieher. In einer Laborsituation mit 21 Monate alten Kindern griffen die anwesenden Mütter in 79 Prozent der Konflikte nicht ein (Hay & Ross, 1982). In deutschen Kindergärten lag der Anteil der Erzieher-Intervention bei 7,4 Prozent, in Eltern-Initiativ-Gruppen bei 14,1 Prozent (Schmidt-Denter, 1977). Konflikte verlaufen somit hauptsächlich nach den Gesetzen der Peer-Interaktion. Die Kürze der Konflikte läßt sich nicht durch das Eingreifen von Erwachsenen erklären, sondern kann als charakteristisches Merkmal von aggressiven Auseinandersetzungen zwischen Kindern dieses Alters gelten. Als durchschnittliche Dauer werden erstaunlich übereinstimmend in älteren und jüngeren Untersuchungen ca. 23 Sekunden angegeben, wobei jedoch die Streuung beachtlich sein kann.

Nach Schmidt-Denter (1977) umfaßt die Hälfte aller Konfliktketten von Vorschulkindern lediglich zwei Glieder, das konfliktauslösende Verhalten und ein Reaktionsmerkmal. In nur ca. zehn Prozent aller Konflikte ließen sich mehr als fünf Aktionen und Reaktionen in der Interaktionsabfolge feststellen. Die Konflikte haben selten langandauernde emotionale Nachwirkungen, die weitere Interaktionen

---

*) (Vgl. hierzu die Arbeiten von Bühler, 1935; Dawe, 1934; Gesell & Lord, 1927; Goodenough, 1931; Green, 1933; Levy, 1925; Maudry & Nekula, 1939; Shirley, 1933)

beeinträchtigen. Sie sind sogar häufig in Kooperation eingebettet oder münden in ein Zusammenspiel.

Über altersbedingte Veränderungen in der *Häufigkeit* aggressiver Auseinandersetzungen liegen uneinheitliche Befunde vor. Bei Kleinkindern im Kinderhort zeigten sich vorwiegend abnehmende Tendenzen (Holmberg, 1977; Maudry & Nekula, 1939). Dies wird meistens dadurch erklärt, daß die Kinder durch verbesserte kommunikative Kompetenzen potentielle Konfliktquellen vermeiden können. Nach dem Eintritt in einen Kindergarten beobachtete man dagegen häufig zunächst einen Anstieg und dann eine Verringerung der Konfliktzahl. Diese Trends können in Zusammenhang mit der Strukturierung der Peergroup und der Bildung von Hierarchien interpretiert werden (vgl. Kap. 5.3). Die Aggressionshäufigkeit läßt sich somit nicht als reine Altersfunktion verstehen. Sie steht vielmehr in starker Abhängigkeit zu den Settings und sozialen Bezugssystemen, in denen das Individuum sich bewegt, und zu den sozialen Funktionen aggressiver Handlungen.

Einige *qualitative Aspekte* aggressiven Verhaltens weisen dagegen eindeutigere Entwicklungstrends auf. Goodenough (1931) sammelte die täglichen Berichte von Eltern über aggressive Ausbrüche von Kindern zwischen dem ersten und achten Lebensjahr. Mit zunehmendem Alter zeigten Kinder a) ein geringeres Ausmaß an ziellosen, diffusen Aggressionen, wie z. B. bei Wutanfällen; b) eine Zunahme vergeltender aggressiver Reaktionen im Rahmen einer Revanche; c) eine Zunahme der Sprachbenutzung bei Aggressionsausbrüchen; d) bis zum Alter von drei Jahren eine Zunahme körperlicher Aggression, die danach zugunsten verbaler Formen zurückging; e) eine Zunahme der Häufigkeit und Dauer der Folgeeffekte von Aggression wie Schmollen oder Quengeln. Die auslösenden Bedingungen für Aggressionen änderten sich mit dem Alter: Einjährige Kinder zeigten Aggressionen bei leichtem körperlichem Unwohlsein und bei dem Wunsch nach Aufmerksamkeit. Für zwei- bis dreijährige Kinder waren hauptsächlich Autoritätskonflikte mit Erwachsenen die äußere Ursache. Vier- bis achtjährige Kinder wurden am häufigsten durch soziale Konflikte mit Spielkameraden gereizt.

Hartup (1974) unterscheidet zwischen *feindseliger Aggression* (person-orientiert) und *instrumenteller Aggression* (Wiedererlangen von Objekten, Gebieten oder Privilegien). In einer Beobachtungsstudie an Kindern im Alter von vier bis sieben Jahren untersuchte er die entwicklungsabhängigen Veränderungen dieser beiden Formen aggressiver Aktivität. Zwar waren die vier- bis sechsjährigen Kinder aggressiver als die älteren, jedoch ergab sich dieser Unterschied aus der höheren Rate instrumenteller Aggression der jüngeren Kinder. Die sechs- bis siebenjährigen hingegen zeigten mehr person-orientierte Aggression. Teilweise waren diese Altersunterschiede abhängig vom Typ der auslösenden Bedingungen. Bei den älteren Kindern lösten Herabsetzungen (negativer sozialer Vergleich, Lästern, Kritik, Lächerlichmachen) mit hoher Wahrscheinlichkeit (78 Prozent) Beleidigungen und wechselseitige Selbstwertbedrohungen aus, relativ selten (22 Prozent) hingegen Schlagen. Im Gegensatz dazu reagierten die jüngeren Kinder zu 48 Prozent körperlich aggressiv.

9.3 Entwicklungstrends in der Attribution aggressiver Motive

Man kann davon ausgehen, daß die Verschiebung von instrumenteller zu feindseliger Aggression das Ergebnis der Fähigkeit des älteren Kindes ist, Absichten und *Motive des Angreifers* zu erschließen. Wenn Kinder erkennen, daß eine Person sie verletzen will, richtet sich ihre Vergeltungsattacke mit größerer Wahrscheinlichkeit direkt gegen den Angreifer als indirekt gegen seinen Besitz. Die altersabhängige Zunahme von personengerichteten Aggressionen ist konsistent mit der Hypothese, nach der dieser Aggressionstyp Urteile über die Motive des Provokateurs erfordert (Hartup & de Wit, 1974). Die Entwicklungsgewinne in den sozial-kognitiven Funktionen befähigen das Kind zu differenzierteren Beurteilungen der Motivation aggressiver Handlungen und zu einer darauf abgestimmten Rechtfertigung einer aggressiven Vergeltung (vgl. Kap. 9.3).

Shantz und Voydanoff (1973) fragten Schüler der 1., 3. und 6. Klasse nach ihrer Reaktion auf einen hypothetischen aggressiven Akt, der entweder absichtlich oder versehentlich geschehen war. Im Gegensatz zu den Schülern der 1. Klasse reduzierten die älteren Schüler das Ausmaß der Vergeltung, wenn die Provokation versehentlich geschah. Ferguson und Rule (1980) kamen bei Schülern der 2. und 8. Klasse zu ähnlichen Ergebnissen. Die älteren Schüler empfanden beabsichtigt verletzende Aggressionen als verwerflicher als vorhersehbare, aber unbeabsichtigte Schädigungen. Desgleichen beurteilten sie vorhersehbare Schädigungen als schlimmer als gerechtfertigte Aggression. Bei eindeutiger Information über die Absichten können aber auch schon Kinder im Vorschulalter ihre Urteile in diesem Sinne variieren (Rotenberg, 1980; Rule, Nesdale & McAra, 1974).

Nach Feshbach (1971) sollte man zwischen verschiedenen Typen absichtlicher Aggression unterscheiden. Seiner Ansicht nach wird Aggression, die sozial motiviert ist (Einsatz für andere) anders bewertet als Aggression, die rein persönlichen Absichten dient, und anders als feindselige Aggression, die nur die Schädigung anderer Personen zum Ziel hat. Rule, Nesdale und McAra (1974) untersuchten, ob Kinder verschiedenen Alters unterschiedlich auf die verschiedenen Intentionen reagierten, die den Aggressionen zugrunde lagen. Kinder sollten die „Gemeinheit" bewerten, mit der Gleichaltrige entweder aus persönlichen oder sozialen Motiven aggressiv handelten. Jungen im Alter von sechs, neun und zwölf Jahren und Mädchen im Alter von fünf, sieben und zehn Jahren bewerteten die Aggression aufgrund sozialer Motive als weniger „schlimm" als Aggression aus persönlichen Gründen.

Nicht nur das Ausmaß, in dem Kinder Schlüsse über die Absichten ziehen, steigt mit dem Alter. Sie entwickeln auch zunehmend die Tendenz, bei anderen stabile Dispositionen zu attributieren (Rotenberg, 1980).

9.4 Stabilität und Instabilität aggressiven Verhaltens in Langzeitstudien

Häufiger als mit intraindividuellen Veränderungen beschäftigte sich die empirische Aggressionsforschung mit der interindividuellen Stabilität bzw. Instabilität aggressiven Verhaltens im Laufe der Zeit. In Langzeituntersuchungen wurden die Rangreihen der Probanden hinsichtlich der Häufigkeitswerte zu verschiedenen Meßzeitpunkten miteinander korreliert.

Olweus (1979b) stellte bei einer Analyse von 16 Langzeitstudien fest, daß sich bei Jungen spätestens ab dem dritten Lebensjahr klar interindividuelle Unterschiede im habituellen Aggressionsverhalten zeigten. Gleichzeitig fand er beeindruckende Nachweise für die *Stabilität* des individuellen Aggressionsniveaus und identifizierte Faktoren, die den Grad der Stabilität verringern. Zwar zeigten sich keine deutlichen Entwicklungsmuster, jedoch fielen die Stabilitätskoeffizienten um so kleiner aus, je größer die Zeitintervalle zwischen den Meßzeitpunkten waren.

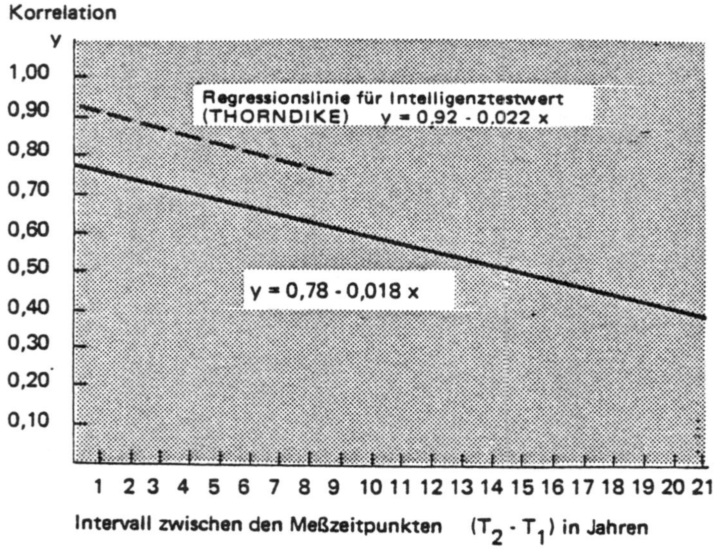

Abb. 14: Regressionslinie für aggressive Verhaltensweisen (nach Olweus, 1979a; aus: Schmidt-Denter, 1979, S. 29)

Wie die Abbildung 14 zeigt, ähneln sich die Regressionsgeraden von Aggression und Intelligenz. Auf der Ordinatenachse sind die Korrelationskoeffizienten zwischen den zu verschiedenen Meßzeitpunkten erhobenen Werten angegeben. Auf der Abszissenachse befinden sich die Intervalle zwischen den Meßzeitpunkten in Jahren. Die Korrelationen sinken zwar bei zunehmender Intervallgröße, sie weisen aber dennoch darauf hin, daß Aggression möglicherweise ähnlich stabil ist wie der IQ (Thorndike, 1933). Dieses Ergebnis beeindruckt besonders angesichts der Tatsache, daß in den Studien sowohl mit Ratings als auch mit direkter Beobachtung gearbeitet wurde. Entgegen sonstiger Befunde, denen zufolge die Stabilität individuellen Verhaltens bei der Benutzung von Ratings wahrscheinlicher ist als bei direkter Beobachtung, stellte Olweus fest, daß die durchschnittliche Stabilitätskorrelation von .81 bei den Studien mit direkter Beobachtung (Jersild & Markey, 1935; Martin, 1964; Patterson, Littman & Bricker, 1967) mit dem Wert von .79 bei drei Studien mit Lehrerratings vergleichbar ist (Block, Block & Harrington, 1974; Emmerich, 1966; Kohn & Rosman, 1973). Zwei Faktoren sind möglicherweise für die hohen Stabilitätswerte in den Beobachtungsstudien verantwortlich: Erstens wurde eine große Anzahl von Beobachtungen benutzt, um den Aggressionsgrad der einzelnen Kinder zu schätzen, und zweitens waren die Kontexte, in denen die Beobachtungen gemacht wurden, sehr ähnlich. Außerdem könnte der Grad der Verhaltensspezifikation die Höhe der Korrelation beeinflußt haben. Molekulare Maße, wie z. B. sehr spezifische Aggressionstypen, oder selten auftretendes Verhalten können im Gegensatz zu molaren Maßen zu geringerer Stabilität führen.*)

Zwei Untersuchungen zum Problem der Stabilität verdienen besondere Beachtung. Olweus (1977) führte zwei Längsschnittuntersuchungen an männlichen Jugendlichen in Schweden durch. In beiden Fällen benutzte er eine Peer-Ratingskala. In der ersten Studie wurden 13jährige Jungen von ihren Klassenkameraden eingeschätzt. Beim Re-Test nach einem Jahr betrugen die Stabilitätskoeffizenten .81 für „beginnt Kämpfe" und .79 für „verbaler Protest". Die korrigierten Werte, die den Stichprobenschwund berücksichtigten, lagen sogar noch höher. In einer zweiten Studie wurden 201 Jungen zunächst mit 13 und dann im Alter von 16 Jahren erneut eingeschätzt. Hier betrugen die Korrelationen .65 und .70. Wenigstens für mittlere Zeitabschnitte weisen diese Daten eine grundlegende Stabilität aggressiven Verhaltens nach. Lefkowitz, Eron, Walder et al. (1977) bestätigten die hohe Stabilität männlicher Aggression über eine Periode von zehn Jahren. Ein weiterer Beleg für die Langzeitstabilität der Aggression stammt von Farrington (1978). Er gibt eine signifikante Beziehung zwischen Lehrereinschätzungen der Aggression bei Achtjährigen und der selbstberichteten Aggression dieser Probanden mit 18 Jahren an.

Unter der Annahme, daß aggressives Verhalten als Teilaspekt eines allgemeinen antisozialen Reaktionsmusters betrachtet werden muß, analysierte Olweus (1982) Studien zur Stabilität von Verhaltensauffälligkeiten. So gehörten z. B. 60 Prozent der Kinder der Isle of Wight-Studie, die im Alter von zehn Jahren als undiszipliniert galten, vier Jahre später zu der Gruppe, in der Führungsprobleme beobachtet wurden (Rutter, Tizard & Whitmore, 1970). Robins (1966, 1978) stellte fest, daß ein beträchtlicher Anteil der jugendlichen Insassen einer Anstalt für Schwererziehbare, die dort wegen antisozialen Verhaltens wie Prügeln, Diebstahl, Alkoholmißbrauch und Schulschwänzen behandelt wurden, auch dreißig Jahre später ähnlich

*) (Zur weiteren Diskussion vgl. Cairns & Green, 1979)

antisoziale Verhaltensweisen zeigten.*) Olweus (1979b) kommt zu dem Schluß, daß die verschiedensten Arten aggressiven Verhaltens bei Männern einen hohen Stabilitätsgrad über lange Zeitabschnitte aufweisen. Der Grad der Stabilität scheint umgekehrt proportional mit der Länge des Intervalls und dem Alter der Probanden bei der ersten Messung zu variieren.

Sowohl theoretische Annahmen als auch empirische Untersuchungen legen die Vermutung nahe, daß bei Männern die Stabilität aggressiven Verhaltens höher ist als bei Frauen. Den empirischen Grundstein für den Einfluß des Geschlechts legten Kagan und Moss (1962), die bei Frauen von der frühen Kindheit bis zum Erwachsenenalter nur geringe Stabilitätswerte feststellten, während die Männer hohe Werte zeigten. Theoretisch wurde argumentiert, daß die *Geschlechtsrollenstandards* Männern im Gegensatz zu Frauen Aggression vorschreiben. Daher sind Ermutigungen zu aggressivem Verhalten und Gelegenheiten, dieses auch zu zeigen, bei Männern häufiger.

In einer weiteren Sekundäranalyse von Arbeiten zur Stabilität der Aggression mit vergleichbaren Stichproben von männlichen und weiblichen Probanden konnte Olweus (1981) die von Kagan und Moss (1962) gefundenen Ergebnisse widerlegen. Bei den bis zu 19jährigen Versuchspersonen lagen bei Männern und Frauen ähnliche Stabilitätswerte vor. Die durchschnittliche Korrelation betrug bei Männern .497 und bei Frauen .439. Die etwas niedrigeren Stabilitätswerte für Frauen reflektieren zum Teil die Tatsache, daß es weitaus weniger hochaggressive Mädchen als Jungen gibt. Die daraus resultierende geringere Verhaltensvarianz verringert den Betrag des Korrelationskoeffizienten (Olweus, 1981). Der Grad der Stabilität bei Frauen kann aber auch das Ergebnis einer Stichprobenverzerrung in Richtung jüngerer Mädchen gewesen sein, denn auch Kagan und Moss (1962) fanden eine bemerkenswerte Stabilität bei Mädchen zwischen der Kindheit und der Adoleszenz. Lediglich im Erwachsenenalter stand der Grad der weiblichen Aggression nicht mehr in Beziehung zum Aggressionsniveau der Kindheit und der Adoleszenz.

Neben den Belegen für Stabilität gibt es ebenso empirische Hinweise für eine beträchtliche *Instabilität* und den Wandel der Aggression über die Zeit. Auch wenn eine Korrelation von .40 oder .50 recht beeindruckend erscheint, muß bedacht werden, daß 75 Prozent der Varianz ungeklärt bleibt. Die Angaben zur Stabilität der Aggression implizieren außerdem nicht, daß individuelle Verhaltensmuster vorhergesagt werden können. Weil Aggression in unserer Gesellschaft vielfältige Ursachen hat, ist die Vorhersage interpersonaler Gewalt bei Erwachsenen aufgrund von Daten aus frühen Lebensjahren schwierig. Dies illustriert eine Studie von Farrington (1978), in der 400 englische Jungen mit 10 und mit 21 Jahren getestet wurden. Die meisten der als aggressiv eingestuften Kinder wurden nicht zu gewalttätigen Erwachsenen.

Nach einer sorgfältigen Durchsicht der Studien zur Vorhersage von Gewalt kam Monahan (1973) zu dem Schluß, daß die Fehlklassifikation in die Gruppe der als

*) (Eine Zusammenstellung von Langzeitstudien über schwerwiegende Aggressionsformen gibt Farrington, 1982.)

gefährlich beschriebenen Personen zwischen 65 und 99 Prozent lag. Die Vorhersagbarkeit von Gewalt wird also weit überschätzt.

Die Fragen, die an die *individuelle Stabilität von Aggressionsmustern bei Kindern* anknüpfen, betreffen die Beziehungen zwischen einzelnen Sozialisationssystemen und die Wirkung kurzfristiger und langfristiger Regulationsverfahren innerhalb jedes Systems.

Eine mögliche Ursache für die Stabilität kindlicher Aggressionen ist die *Prädisposition* zu aggressivem Verhalten, die anhand der Variablen Temperament und Aktivitätsniveau gemessen wurde. So zeigten Kinder, deren Temperament von Müttern und Lehrern mit hohen Aktivitäts- oder Intensitätswerten eingeschätzt wurde, in der Vorschule aggressiveres Verhalten als andere Kinder (Billman & McDevitt, 1980). Doch auch diese aggressionsfördernden Prädispositionen werden stark beeinflußt durch die Reaktionen im *sozialen Umfeld* des Kindes. Die Langzeitstabilität beruht zum Teil auf der Tatsache, daß die sozialen Welten des Kindes relativ übereinstimmende, überlappende oder sich wechselseitig unterstützende soziale Einflüsse liefern (Hartup, 1979; Slaby & Roedel, 1982).

Das Kind internalisiert relativ dauerhafte und generalisierte Aggressionsmediatoren wie z. B. aggressionsbezogene kognitive Standards (z. B. Feshbach, 1974) oder habituelle Reaktionsmuster (z. B. Eron, Walder, Huesmann et al., 1974). Wahrscheinlich entsteht in Interaktion mit den Temperamentsmerkmalen des Kindes relativ früh sowohl ein stimmiges Muster von Sozialisationseinflüssen als auch ein individuelles System internalisierter Mediatoren. Mit zunehmendem Alter werden diese Muster änderungsresistenter.

Einige sozial-kognitive Faktoren haben sich als gute Aggressionsprädiktoren erwiesen. Eron, Walder, Huesmann et al. (1974) erhoben in ihrer Langzeitstudie bei Achtjährigen sozial-kognitive Funktionen und Aggressionsschätzungen durch Gleichaltrige. Zehn Jahre später wurden die Aggressionswerte erneut geschätzt. Der Grad der wahrgenommenen Ähnlichkeit der Kinder mit ihren Eltern (z. B. Art zu gehen, zu reden) erwies sich als Prädiktor: je stärker die Identifikation Achtjähriger mit ihren Eltern, desto geringer der Grad der Aggressivität mit 18 Jahren. Der *Grad der Identifikation* beschreibt das Ausmaß, mit dem die Kinder den Einfluß ihrer Eltern in bezug auf die Aggressionskontrolle akzeptieren. Ebenfalls mit niedrigen Aggressionswerten verknüpft war die Neigung der Achtjährigen, ihren Eltern Fehlverhalten zu beichten. Dieses Schuldbekenntnis setzt ebenfalls bestimmte internalisierte Werte voraus. Zusammengefaßt legen diese Ergebnisse nahe, daß der dauerhafte und allgemeine Charakter von Aggression bei Kindern in großem Ausmaß von internalisierten Werten und sozial-kognitiven Aspekten beeinflußt wird (vgl. auch Kap. 11). Umgekehrt dienen diese internalen Mediatoren als Leitfaden bei der Selektion von Kontexten, Aktivitäten und *Situationen*, die wiederum vereinbar mit den vorher etablierten Mustern sind. Eine Konzeption, nach der individuelle und situative Faktoren als Kodeterminanten des Verhaltens betrachtet werden, gewinnt zunehmend an Unterstützung (Bowers, 1973; Wachtel, 1973). Danach wählen und schaffen hochaggressive Individuen selbst jene Situationen, die aggressionsauslösend wirken. Die Untersuchungsbefunde über hohe

Stabilitätswerte bedeuten daher nicht, daß das Aggressionsniveau unverwandelbar ist. Individuen, die ihre Verhaltensmuster ändern wollen, können Settings aufsuchen, die ihren neuen Verhaltenswünschen entsprechen. Ein Delinquent kann z. B. eine neue Bezugsgruppe suchen, um den Wunsch nach einer Veränderung in Richtung gesetzestreuen Lebensstils zu erleichtern.

9.5 Aggressionsregulation in sozialen Kontexten

Die Ausprägung sowie die Stabilität oder Veränderung der Aggression hängen wesentlich von den Mechanismen ab, die in den verschiedenen sozialen Systemen, in denen das Individuum sich bewegt, zur Verhaltensregulation wirksam werden. Untersuchungen, die sich mit diesem Problem beschäftigen, gehen traditionellerweise von lerntheoretischen Konzepten aus, indem sie die Bedeutung von Verstärkungskontingenzen und Modelleffekten nachweisen. Neuere Ansätze heben dagegen stärker die Interdependenz in der sozialen Interaktion hervor.

Entwicklung von Aggression in der Familie
Für das Ausmaß kindlicher Aggression scheint eine strenge, bestrafende Erziehung und *körperliche Züchtigung* durch die Eltern der verläßlichste Prädiktor zu sein. Elterliche Bestrafung korrelierte mit der Aggression der Kinder in mehr als 25 Studien positiv (vgl. Martin, 1975). Die Ergebnisse stützen relativ breit die Verbindung zwischen elterlicher Strafe und aggressivem Verhalten des Kindes. Die Erklärung dieser Verknüpfung ist hingegen weder klar noch einfach. Die Studien, die eine Korrelation angeben, spezifizieren weder die Richtung des Effekts noch den Kausalmechanismus für die Verknüpfung beider Faktoren.

Einige Erklärungen lokalisieren die Ursache aggressiven Verhaltens der Kinder im bestrafenden Verhalten der Eltern: 1. Bestrafende Eltern ermutigen oder verstärken unter Umständen aggressives Verhalten ihrer Kinder gegenüber Personen außerhalb der Familie. 2. Strenge Bestrafung wirkt möglicherweise als Frustration und somit als Anreiz für aggressives Verhalten der Kinder. 3. Bestrafende Eltern können als Verhaltensmodelle dienen, die einerseits aggressives Verhalten demonstrieren, dieses aber gleichzeitig bestrafen, wenn es als Reaktion auf interpersonale Konflikte entsteht (Becker, 1964).

Diese Erklärungen sind aber weder erschöpfend noch schließen sie einander aus. Monokausale Erklärungsmodelle, die auf einer globalen Schätzung des elterlichen Erziehungsstils basieren, bieten kein vollständiges Bild der maßgeblichen Sozialisationseinflüsse. Es scheint eher so zu sein, daß Bestrafung ein wichtiger Aspekt eines allgemeinen interkorrelierenden Verhaltensmusters der Eltern ist, das die kindliche Aggression beeinflußt. Sears, Maccoby und Levin (1957) befragten die Mütter von Vorschulkindern nach deren aggressivem Verhalten. Der Grad dieses Verhaltens stand in Beziehung zum Gebrauch körperlicher Strafe, zur Nachgiebigkeit bei Aggression und zu fehlender Wärme der Mütter. Die Mütter gaben auch an, daß die

Aggressionen ihrer Kinder bei Bestrafung noch zunahmen. Ähnliche Ergebnisse erbrachte auch eine neuere Untersuchung von Olweus (1979a). Er erhob retrospektive Daten von Eltern zu den früheren Erziehungsbedingungen ihrer Söhne. Vier additive Faktoren begünstigten die Entstehung von Aggression bei den erwachsenen Söhnen: a) körperliche Bestrafung und Gewaltausbrüche beider Elternteile; b) Nachgiebigkeit der Mütter bei aggressivem Verhalten; c) Ablehnung durch die Mutter; d) Temperament des Jungen. Dies bestätigte sich auch in der Untersuchung von McCord, McCord und Howard (1961), die sehr aggressive neunjährige Jungen und ihre Eltern über fünf Jahre beobachteten. Danach lebte der typisch aggressive Junge in einer Familie, in der beide Elternteile häufig sehr nachgiebig waren und Bestrafungen immer nur von einem vorgenommen wurden.

Eine bekannte Hypothese besagt, daß *aus mißhandelten Kindern mißhandelnde Eltern werden,* entsprechende Langzeituntersuchungen fehlen jedoch. Gestützt wird die Annahme z. B. von Angaben mißhandelnder Eltern zu ihrer eigenen Kindheit, in der sie geschlagen wurden oder bei gewalttätigen Auseinandersetzungen ihrer Eltern anwesend waren (Straus, Gelles & Steinmetz, 1979). Andererseits gibt es aber auch mißhandelnde Eltern ohne vergleichbaren familiären Hintergrund (Flynn, 1970). Retrospektive Daten sind außerdem mit Vorsicht zu behandeln, da man davon ausgehen muß, daß deviante Eltern ihr Verhalten durch „akzeptable" Gründe zu rechtfertigen versuchen.

Eine direkte Unterstützung der Hypothese „Gewalt erzeugt Gewalt" bietet das in einer Reihe von Untersuchungen gefundene Ergebnis, demzufolge mißhandelte Kinder außerhalb der Familie neben emotionalen Problemen ein hohes Ausmaß an Aggression zeigten (z. B. Kinard, 1979). Dies bestätigte sich auch in einer Beobachtungsstudie an ein- bis dreijährigen mißhandelten und nichtmißhandelten Kindern in einer Kindertagesstätte. Die mißhandelten Kinder verhielten sich aggressiver gegenüber Peers und waren die einzigen, die die Aufsichtspersonen angriffen. Ihre Verhaltensmuster hatten frappierende Ähnlichkeit mit denen ihrer Eltern; beide hatten zeitweilig Aggressionsausbrüche und verhielten sich sozial abweisend. Ungeklärt bleibt nach wie vor, ob aus diesen mißhandelten Kindern ebenfalls mißhandelnde Eltern werden.

Obwohl es naheliegt, den Eltern die Schuld für das aggressive Verhalten der Kinder zuzuweisen, sollte der *Beitrag des Kindes* in der Eltern-Kind-Interaktion nicht vernachlässigt werden. In Fällen von Kindesmißhandlung werden selten alle Kinder einer Familie mißhandelt, sondern meistens ein spezielles Kind. Auch gibt es Hinweise darauf, daß ein Kind hintereinander in mehreren Pflegefamilien mißhandelt wurde (Parke & Collmer, 1975). Das Kind muß folglich irgendwelche Merkmale besitzen, die es zum Opfer von Mißhandlungen machen. Der Teufelskreis, der entsteht, wenn mißhandelte Kinder verhaltensauffällig werden und dadurch erneut Mißhandlungen auf sich ziehen, spielt hierbei eine Rolle. Aggressive und auffällige Kinder stellen die Eltern vor Disziplinierungsschwierigkeiten, die sie zu Mißhandlungen provozieren.

Patterson untersuchte die Wirkungsweise dieses wechselseitigen Effekts in der Familie. Nach Beobachtungen in aggressiven und nichtaggressiven Familien konnten bestimmte Verhaltensmuster identifiziert werden, die Aggressionen erzeugen, aufrechterhalten und steigern (z. B. Patterson, 1979; Patterson & Cobb, 1971; Patterson, Cobb & Ray, 1973). Ein solches Muster in der Interaktion tritt dann auf, wenn ein Familienmitglied ein aversives Verhalten zeigt und ein anderes Familienmitglied versucht, dies mit einem weiteren aversiven Verhalten zu ändern. Dies geht so weiter und eskaliert, bis ein Mitglied aufgibt. Den Ursprung kann ein solches Verhaltensmuster z. B. in Geschwisterstreitigkeiten nehmen. Die kleine Schwester quält ihren Bruder, er schlägt sie und wird negativ verstärkt, denn sein Schlagen hat erfolgreich das aversive Verhalten der Schwester beendet. Die Mutter, die nicht duldet, daß der Sohn die Tochter schlägt, bestraft den Sohn, und indem sie ihn schlägt, wird auch sie negativ verstärkt, denn ihr Verhalten beendete das aversive Verhalten des Sohnes. Durch diesen Mechanismus werden viele Frauen zu schlagenden Müttern, ohne selbst eine entsprechende Vergangenheit gehabt zu haben (Patterson & Cobb, 1971). Obwohl sich zwangsausübende Interaktionen in allen Familien feststellen lassen, sind sie doch in Familien, die sich wegen des aggressiven Verhaltens eines Kindes einer psychotherapeutischen Behandlung unterziehen, besonders stark ausgeprägt. Bei diesen Kindern ist die Wahrscheinlichkeit, daß sie bei einer Bestrafung durch die Eltern ihr aversives Verhalten fortsetzen oder noch verstärken, doppelt so hoch wie bei nichtaggressiven Kindern (Patterson, 1976). Der Grund für das resistente aversive Verhalten mag in der intermittierenden Verstärkung liegen, die es erfährt: Zunächst bestrafen die Eltern, weil sie hoffen, das Verhalten zu stoppen, später geben sie dem fortdauernden Fehlverhalten nach, weil sie resignieren. Mütter geraten dabei häufig in die Rolle des Verlierers oder des Opfers (Patterson, 1980).

Eine Untersuchung von Schneewind, Beckmann und Engfer (1983) zeigt, daß der ökopsychologische Ansatz geeignet ist, um die verschiedenen Determinanten elterlichen Bestrafungsverhaltens zu erkennen. Das Bedingungsgefüge weist mehrere Faktoren auf. Ein Faktor ist die Qualität der Sozialisationserfahrungen, die die Eltern selbst gemacht haben. Ungünstige Voraussetzungen dieser Art standen mit psychischer Labilität der Eltern und mit innerfamiliärer Konfliktanfälligkeit in Beziehung. Hinzu kommt ein zweiter Faktor, der harte Strafen begünstigt: aktuelle einschränkende soziale bzw. ökonomische Lebensumstände. Diese führen zu einem stark anpassungsfordernden Erzieherverhalten. Einen dritten Faktor stellen akute Streßbedingungen im familiären Alltag dar, und viertens schließlich müssen auch Verhaltensauffälligkeiten beim Kind selbst als zusätzlicher Belastungsfaktor gesehen werden.

Es ist nicht überraschend, daß elterliche Wärme, konsistente Disziplinierung, hohe Erwartungen bezüglich guten Verhaltens und seltenes Darbieten aggressiver Verhaltensmodelle mit geringer Aggression bei Kindern verknüpft sind. In Interviews mit Eltern von aggressiven und nichtaggressiven Jungen identifizierten Bandura und Walters (1959) häufig benutzte Erziehungsmaßnahmen bei Eltern nichtaggressiver Jungen. Diese Eltern ermutigten ihre Söhne direkt dazu, die Perspektive anderer Menschen zu verstehen und ihre Ansprüche auf sozial akzeptierte Weise geltend zu machen sowie aggressives Verhalten als Zeichen von

Schwäche anzusehen. Die Verwendung von Erklärungen und Begründungen als Disziplinierungstechnik fördert die Entwicklung moralischer Standards. Das Betonen der Konsequenzen für andere führt beim Kind möglicherweise zu einer Moralorientierung, die vor antisozialem Verhalten schützt (Hoffman, 1970; Hoffman & Saltzstein, 1967). Derartige Argumentationen können selbst bei Kindern unter drei Jahren effektiv sein. Wenn die Mütter dieser kleinen Kinder die beschriebene Argumentation einsetzten, zeigten die Kinder mehr Versuche der Hilfe, wenn andere Kinder Kummer hatten, und boten eher Wiedergutmachung an, wenn ein Kind durch ihre Aktionen verletzt worden war (Zahn-Waxler, Radke-Yarrow & King, 1979). Besonders einflußreich war diese Argumentation dann, wenn sie sowohl die emotionale Betroffenheit der Mutter als auch Verhaltensbeurteilungen und Maßstäbe für „richtig" und „falsch" vermittelte.

Entwicklung der Aggression in Peergroups
Aggressives Verhalten von Kindern außerhalb der Familie wird nicht nur durch die Erziehung der Eltern und von den Medien, sondern auch durch Peers und beaufsichtigende Erwachsene in Spielgruppen oder der Schule beeinflußt.

Der *Effekt von Verstärkung und Modellernen* läßt sich an den aggressiven Interaktionen von Vorschulkindern zeigen. In zwei Vorschulen wurden 80 Prozent des aggressiven Verhaltens von Kindern direkt durch die Reaktionen der Opfer (Nachgeben, Weinen, Rückzug) verstärkt. Andernfalls suchten die Aggressoren entweder andere Opfer oder änderten ihre aggressive Taktik. Untersuchungen an jugendlichen Schlägern („adolescent bullies") ergaben, daß gewisse Jungen regelmäßig und mit Billigung und Verstärkung durch die Peers dazu neigten, andere Jungen zu quälen. Die Opfer waren weicher und weniger selbstbewußt als die Angreifer (Olweus, 1978).

Die Erfahrungen des Erfolgs oder Mißerfolgs von Aggressionen gegen Peers formen auf die Dauer sowohl das Verhalten als auch das innere Selbstbelohnungssystem der Kinder. Erfolg in aggressiven Interaktionen kann als Quelle für persönlichen Stolz, Befriedigung und das Selbstwertgefühl dienen.

Häufig wird geraten, aggressive Kinder dazu zu motivieren, ihre Aggressionen statt an Kindern an Objekten oder Puppen auszulassen (z. B. Dodson, 1970). Es gibt jedoch keine empirischen Belege dafür, daß aggressives Verhalten durch das *Ausleben aggressiver Energie* allein reduziert wird. Im Gegenteil spricht einiges dafür, daß die Ermutigung jeder Form von Aggression die Wahrscheinlichkeit für ihr Auftreten ansteigen läßt (Bandura, 1973; Berkowitz, 1973; Feshbach, 1970). In einer Studie von Walters und Brown (1963) wurden Jungen im Grundschulalter dazu ermutigt, einen Gummiclown zu schlagen. Zwei Tage später wurde ihr Sozialverhalten in Wettbewerbs- und freien Spielsituationen beobachtet. Die Jungen, die intermittierend für das Schlagen des Clowns verstärkt wurden, zeigten mehr aggressive Verhaltensweisen gegen andere Kinder als die Jungen der Vergleichsgruppe, die nicht belohnt wurden.

Auch das Nichteingreifen des Erwachsenen, der eine aggressive Handlung sieht, kann vom Kind als stillschweigende Billigung interpretiert werden (Berkowitz,

1973). So zeigten Vorschulkinder in Gegenwart eines passiven Erwachsenen mehr Aggressionen als in einer Spielsituation, in der kein Erwachsener zugegen war (Siegel & Kohn, 1959).

Nichtbeachtung aggressiven Schülerverhaltens durch den Lehrer ist auch deswegen nicht die effektivste Technik, weil Aggressionen durch Peers belohnt werden (Patterson, Littman & Bricker, 1967). Tadel oder Ermahnungen können ebenfalls die Wahrscheinlichkeit erhöhen, mit der eine aggressive Handlung erneut auftritt (Risley & Baer, 1973). Nach lerntheoretischen Prinzipien wirkt die Aufmerksamkeit, die dem unerwünschten Verhalten auf diese Weise gewidmet wird, als soziale Verstärkung. Eine effektivere Technik ist dagegen das Eingreifen des Lehrers in einen Streit zwischen Kindern, wobei er den Aggressor ignoriert und das Opfer beachtet.*) Die Beachtung, die dem Opfer zukommt, kann verschiedene Formen annehmen; z. B. kann der Lehrer dem Opfer bestimmte Selbstbehauptungssätze nahelegen wie „Ich habe recht, daß ich nicht schlage!“ oder „Ich spiele jetzt etwas anderes“. Die Vorteile bestehen darin, daß z. B. das angreifende Kind weder durch die Beachtung des Lehrers noch durch die Unterwerfung des Opfers belohnt wird. Für die anderen Kinder wird gleichzeitig deutlich, daß Aggression kein erfolgreiches Mittel sozialer Interaktion ist.

In einem von Feshbach (1978) entwickelten Empathie-Trainingsprogramm für Grundschulkinder wird davon ausgegangen, daß *Empathie* Verhalten fördert, das unvereinbar mit Aggression ist. Es geht hierbei um den Aufbau von Fähigkeiten wie das Erkennen des emotionalen Zustandes von anderen, Situationsverständnis aus der Sicht des anderen und das Nachvollziehen der Emotionen anderer. Im Rahmen des Programms lernen die Kinder anhand von Video- und Fotoaufnahmen, Emotionen zu identifizieren. Des weiteren gehören Rollenspiele zu dem Programm sowie Geschichten, die aus verschiedenen Perspektiven nacherzählt werden sollen.

Zwar ergab eine Pilotuntersuchung eine Verminderung von Aggressionen bei den teilnehmenden Kindern, die Beziehung zwischen Empathie und Aggression konnte jedoch nicht völlig geklärt werden (z. B. Feshbach & Feshbach, 1969; Iannotti, 1978). Als pädagogisch wünschenswert erscheint es daher, neben den empathischen Fähigkeiten auch Verhaltensweisen zu fördern, die an die Stelle aggressiver Reaktionen in Konfliktsituationen treten können.

*) (Vgl. hierzu die Untersuchungen von Allen, Turner und Everett, 1970; Pinkston, Reese, LeBlanc et al., 1973)

Erwachsene können außerdem einen erheblichen Beitrag zur Aggressionskontrolle leisten, indem sie die Umwelt von Kindern aggressionsmindernd gestalten. Beispielsweise verhindern ausreichender Platz und die geeignete Gestaltung des Schulhofs das Auftreten zufälliger Rempeleien und die folgenden Vergeltungsaggressionen (Gump, 1975). Gleiches gilt für das Bereitstellen von kooperativem, konstruktivem Spielzeug (Feshbach, 1956; Turner & Goldsmith, 1976).

9.6 Aggression und räumliche Bedingungen

Von den nicht-sozialen Kontextbedingungen wurde bislang die Auswirkung der „Dichte" auf die Aggressionshäufigkeit am eingehendsten untersucht. Die Dichte gibt das Verhältnis der Individuenzahl zum verfügbaren Raum an (Stokols, 1972). Aggressionen erscheinen in einigen Studien als Funktion der Dichte. Hutt und Vaizey (1966) ließen eine Spielfläche von Kindergruppen mit unterschiedlicher Größe benutzen. Sie beobachteten vermehrte Aggressionen und Konflikte um Spielzeug bei steigender Dichte; das Ergebnis war jedoch nur unter der extremsten Bedingung signifikant. Mit einem ähnlichen Design beobachtete Kälin (1972) eine zunehmende Konflikthäufigkeit bei einer von fünf auf elf und schließlich auf 17 Kinder erweiterten Vorschulgruppe.

Zusammenhänge dieser Art ergaben sich jedoch nur dann, wenn man andere Bedingungen (z. B. die Verfügbarkeit von Spielmaterial) konstant hielt. Dabei hatte bereits Johnson (1935) festgestellt, daß Aggressionen auch bei einem Mangel an Spielzeug zunahmen. Rohe und Patterson (1974) variierten dementsprechend räumliche Dichtebedingungen und Beschäftigungsmaterial unabhängig voneinander. Sie fanden, daß hohe Dichte eher mit destruktivem, reichhaltiges Spielmaterial dagegen eher mit kooperativem Verhalten einherging. Erhöhte man aber die Dichte und die Ressourcen, so ergab sich ein starker Anstieg des konstruktiven Spielverhaltens, aber nur eine geringe Zunahme der Konflikte. Zu einem ähnlichen Ergebnis kamen Smith und Connolly (1980). Aggressionen nahmen nur dann bei größerer Dichte zu, wenn die materiellen Ressourcen nicht an die steigende Gruppengröße angepaßt wurden.

Die physikalische Umwelt muß somit als multidimensionales Wirkungssystem aufgefaßt werden. Es kommt nicht auf die Dichte allein an, sondern auf die „Qualität der Umwelt, die zur Dichtesituation wird" (Kruse, 1975, S. 8). Hinzu kommt, daß eine Wechselwirkung zwischen physikalischen und sozialen Dimensionen des Umweltsystems besteht. Allen (1973) versuchte diese Zusammenhänge durch ein experimentelles Design näher zu klären. Sie stellte zwei unterschiedliche soziale Situationen her, eine Kooperations- und eine Wettbewerbssituation, sowie zwei Dichtebedingungen (hoch, niedrig). Das Sozialverhalten der Kinder wurde nach den Kategorien „antisozial", „prosozial" und „Aktivität" beurteilt. Das destruktivste Verhalten zeigte sich in der Wettbewerbssituation unter hoher Dichte, das konstruktivste in der Kooperationssituation, ebenfalls bei hoher Dichte. Die Dichte allein ist somit ein ungeeigneter Prädiktor. Ihre psychologische Bedeutung hängt mit der Qualität der sozialen Beziehungen in der jeweiligen Situation zusammen.

9.7 Soziale Funktionen der Aggression

Einige der in Abschnitt 9.5 zitierten Untersuchungen konnten nachweisen, daß Häufigkeiten und Formen aggressiven Verhaltens teilweise aus den Interaktionen verstanden werden können, die für bestimmte Settings charakteristisch sind. Diese tragen auch zur Stabilität oder Veränderung des Verhaltens bei. In fast allen Studien wird die jeweilige soziale Bedeutung aggressiven Verhaltens vernachlässigt. Implizit wird es als Teilaspekt eines allgemeinen antisozialen Verhaltensmusters betrachtet, als ein destruktives Element sozialer Beziehungen. Insbesondere die Forschungsarbeiten mit lern- und persönlichkeitstheoretischer Orientierung lassen diese Sichtweise erkennen, wobei erstere die Veränderungsmöglichkeiten und letztere die Stabilität aggressiven Verhaltens betonen. Es fällt auf, daß sich diese Untersuchungen von vornherein auf extreme Aggressionsformen, auf hyperaggressives Verhalten oder gar Delinquenz beziehen. Daraus erwächst dann die Problemstellung, diese Formen der Gewalt abzubauen und die Aggression zu vermindern. Andererseits stellen aber auch ein zu niedriges Aggressionsniveau oder ineffiziente Formen des Durchsetzungsverhaltens offensichtlich ein psychologisches Problem dar. In einigen Beobachtungsstudien schien die soziale Auffälligkeit von Kindern gerade dadurch bedingt zu sein, daß sie nicht in der Lage waren, sich auch einmal aggressiv durchzusetzen, so daß ein Training zur Stärkung des Durchsetzungsverhaltens geraten schien (z. B. schon Jack, 1934). Die Fähigkeit zur Selbstbehauptung und auch Gegenwehr scheint für die soziale Regulation unerläßlich zu sein, da anderenfalls das Kind in die Rolle des Opfers gerät und mit großer Wahrscheinlichkeit weitere Attacken des Aggressors auf sich zieht (Patterson, Littman & Bricker, 1967).

Auch die ethologischen Untersuchungen von Vorschulkindern billigen der Aggression eine soziale Funktion zu, die im Zusammenhang mit der Strukturierung und Hierarchisierung der Peergroup steht (vgl. Kap. 5.3.2). Im Jugendalter scheinen aggressive Handlungen zwischen Gleichaltrigen eine explorative Funktion zu haben, ein soziales Übungsfeld darzustellen, das letztlich der Sozialisation der Aggression dient (vgl. Kap. 5.7). Das eigentliche entwicklungspsychologische Forschungsinteresse müßte nun darin bestehen, die altersspezifischen Formen des Umgangs mit der Aggression und den Funktionswandel zu erfassen. Diese Problematik wurde jedoch noch nicht systematisch angegangen.

10. Kooperation und prosoziales Verhalten

Die Fähigkeit zur Kooperation nimmt im Laufe des Kindesalters zu; die Realisierung kooperativen Verhaltens hängt jedoch wesentlich von normativen und erzieherischen Bedingungen des sozialen Kontextes ab (Kap. 10.1). Auch das Auftreten prosozialen Verhaltens läßt sich nur auf dem Hintergrund wichtiger Bedingungsfaktoren verstehen (Kap. 10.2.1). Erklärungsversuche liegen von nahezu allen wichtigen Theorien vor (Kap. 10.2.2). Die Untersuchungen über die Entwicklung prosozialen Verhaltens weisen nach, daß dessen Wurzeln bis in das Säuglingsalter zurückreichen (Kap. 10.2.3). Das Verhaltensrepertoire differenziert sich zunehmend; altersspezifische Häufigkeitsmaße sind wenig konsistent, jedoch lassen sich qualitative Entwicklungstrends nachweisen (Kap. 10.2.4–10.2.5). Das prosoziale Verhalten wurde bisher in seiner Beziehung zu kognitiven Prozessen, zur Empathie und zur Schuld erforscht (Kap. 10.2.6–10.2.8). Aber auch Bedingungen des sozialen Netzwerks und dessen epochale Veränderungen spielen eine bislang vernachlässigte Rolle (Kap. 10.2.9).

10.1 Entwicklung der Kooperation

Die Bedeutung erster Anzeichen kooperativen Verhaltens wurde bereits im Zusammenhang mit der frühen Peer-Interaktion dargestellt (vgl. Kap. 5.2.3). Die weitaus meisten Untersuchungen beziehen sich jedoch auf das Vorschul- und Schulkindalter. In dieser Zeit zeigen sich die größten Entwicklungsgewinne. Definiert wird Kooperation im allgemeinen als die Koordination von Tätigkeiten zur Erreichung eines gemeinsamen Ziels oder zur Bewältigung einer bestimmten Aufgabe. Es handelt sich also um eine Interaktionsform, bei der sich die Verhaltensweisen der Kinder gegenseitig ergänzen.

Im Laufe des Vorschulalters nimmt die Häufigkeit der Kooperation absolut sowie ihr relativer Anteil am Sozialverhalten insgesamt ständig zu (Nickel & Schmidt-Denter, 1980). Die Häufigkeit verschiedener Interaktionsformen vom 3. bis 5. Lebensjahr erhoben Parten und Newhall (1943). Nach ihren Daten dominiert im Alter bis zu drei Jahren das Allein- und Parallelspiel sowie das bloße Zuschauen bei den Tätigkeiten anderer. Beim Parallelspiel ist zwar eine soziale Beziehung dadurch gegeben, daß gleiche Tätigkeiten bzw. gleiche Spielmaterialien gewählt werden, es besteht jedoch noch keine gegenseitige Beeinflussung und Koordination. Bei den Drei- und Vierjährigen überwiegt dann das assoziierte und das kooperative Spiel (vgl. Abb. 15). Beim assoziierten Spiel lassen sich Interaktionen zwischen den Kindern beobachten, diese sind jedoch noch nicht so organisiert, daß die Handlungen auf ein gemeinsames Ziel hinauslaufen und eine Aufgabenteilung aufweisen. Diese Merkmale sind erst für das kooperative Spiel kennzeichnend.

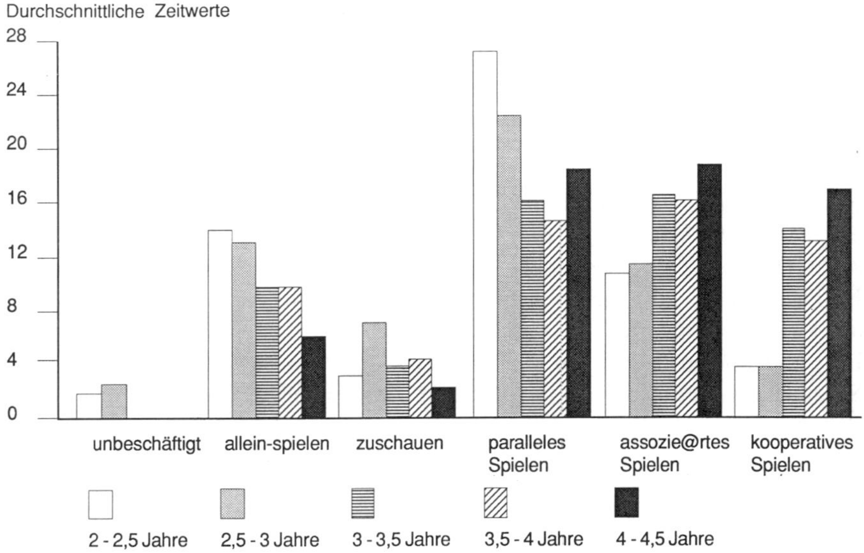

Abb. 15: Häufigkeit verschiedener Formen der Spieltätigkeit in Gemeinschaft mit anderen Kindern im dritten bis fünften Lebensjahr (nach Parten & Newhall, 1943; aus: Nickel, 1972, S. 288)

Die Zunahme der Kooperation in den ersten Lebensjahren läßt sich auf Entwicklungsgewinne in einigen wichtigen Bereichen zurückführen. Zu diesen gehören vor allem die Motorik, die Sprache und die kognitiven Voraussetzungen. Eine gewichtige Bedingung bildet die zunehmende Fähigkeit, das Verhalten, Erleben und die Erwartungen anderer wahrzunehmen und zu verstehen, d. h. die Fähigkeit, zeitweise die Perspektive des Interaktionspartners einzunehmen und für das eigene Handeln zu berücksichtigen. Diese Fähigkeit wird als „Rollenübernahme" (role taking) bezeichnet. Die Sichtweise des Interaktionspartners zu übernehmen, bedeutet für jüngere Kinder eine große Schwierigkeit, die nach Piaget (1973) auf den Egozentrismus des Kleinkindes zurückzuführen ist (vgl. Kap. 11.3). Das Kind lebt im Mittelpunkt seiner eigenen Welt und vermag sich noch nicht von dieser kognitiven Zentrierung zu lösen. Dies bedeutet jedoch nicht, daß kein Eingehen auf andere möglich wäre (vgl. Kap. 11.5.4). Aufgrund empirischer Untersuchungen kann man davon ausgehen, daß sich Ansätze zu einer Rollenübernahme-Kompetenz schon vom zweiten Lebensjahr an entwickeln.

Allerdings führen diese Entwicklungsgewinne nicht zwangsläufig zur Kooperation unter Kindern. Sie bilden ebenso die Voraussetzungen für das Wettbewerbsverhalten. Auch für das Wettbewerbsverhalten ist es notwendig, zwischen sich und anderen zu unterscheiden und die Strategien des Gegners zu erkennen. Die Absicht ist es hier nicht, gemeinsam etwas zu gestalten, sondern besser abzuschneiden und das Ziel gegebenenfalls auf Kosten des anderen zu erreichen. Auch Wettbewerbsstreben und Rivalität nehmen mit dem Alter zu (Greenberg, 1932; Leuba, 1933; McClintock & Nuttin, 1969).

In der Regel wurden beide Aspekte des Sozialverhaltens, *Kooperation und Wettbewerb,* getrennt untersucht. Eine Versuchsanordnung, die eine Wahlmöglichkeit zwischen kooperativem und Wettbewerbsverhalten beinhaltet, stammt von Madsen (1971). Sein Kooperationsbrett (Cooperation-Board) besteht aus einem Quadrat von 48 cm Seitenlänge, an dessen Ecken je eine Öse befestigt ist. Durch diese Ösen laufen Fäden zu einem in der Mitte befindlichen Behälter, an dem sie festgebunden sind. Der Behälter ist unten geöffnet, so daß ein Filzschreiber hindurchgeschoben werden kann. Zieht man nun an den Fäden, so malt der Stift Linien. Auf das Brett wird ein Bogen Papier geklebt. In der Mitte der Seiten, ungefähr drei Zentimeter vom Rand entfernt, sind Kreise auf das Papier gemalt. Die Aufgabenstellung besteht darin, die Kreise mit dem Stift zu durchziehen. Da jedes Kind den Schreiber nur zu sich heranziehen kann, läßt sich das Problem nur durch Kooperation bewältigen. Rivalisierendes Verhalten bedeutet in diesem Falle eine irrationale Form des Wettbewerbs. Dennoch nimmt sie mit steigendem Alter auf Kosten kooperativer Lösungsversuche zu.

Diese Entwicklung findet vor allem während des Schulkindalters statt, wie eine von Bryan (1975) erstellte Übersicht zeigt. Kagan und Madsen (1971) fanden, daß vier- bis fünfjährige amerikanische Kinder sich kooperativer verhielten als sieben- bis neunjährige. Diese Befunde lassen sich als Effekt unterschiedlicher Sozialisationsbedingungen auf die Interaktionspartner interpretieren. Während im Kindergarten die Förderung kooperativer Beziehungen zwischen den Kindern als eines der wichtigsten erzieherischen Anliegen gilt, ändern sich mit dem Eintritt in die Schule die primären Erziehungsziele, und es ändert sich der Sozialisationsdruck zugunsten individueller Leistungen. Vergleichende Untersuchungen zwischen Normalbegabten und geistig retardierten Kindern gleicher Altersstufen ergaben, daß letztere sich kooperativer und hilfsbereiter verhielten (Madsen & Conner, 1973; Severy & Davis, 1971). Der Zugewinn an kognitiver Potenz führt also nicht zwangsläufig zu verstärkten Kooperationsleistungen; er hat eher zur Folge, daß sich die Interaktionspartner in einer bestimmten sozialen Situation zunehmend differenzierter die Frage stellen, welche Strategie unter den gegebenen Bedingungen die angemessene ist und welche Verhaltensnorm gefordert wird.

Diese Frage beinhaltet eine schwierige diskriminative Leistung, denn unsere Gesellschaft vermittelt keine allgemeingültigen, situationsunabhängigen und widerspruchsfreien Normvorstellungen. Dem Ideal des barmherzigen Samariters steht die Forderung gegenüber, im Konkurrenzkampf mit anderen Sieger zu bleiben. Die realisierten Verhaltensstrategien erweisen sich somit in bedeutendem Maße als eine Funktion der jeweils gegebenen Umweltbedingungen und den ihnen impliziten Normanforderungen. Beinhaltet also eine Versuchsanordnung einen Leistungsaspekt, wie er auch in der Schule angesprochen wird, so zeigt sich im Zusammenhang mit dem Lebensalter zunehmend Konkurrenz- und Wettbewerbsverhalten. Bedingungen, die die Leistungsmotivation fördern, können sich auch auf das Rivalitätsverhalten auswirken.

Diese *sozialisationstheoretische bzw. ökologische Interpretation* wird durch kulturvergleichende Studien gestützt. Kagan und Madsen (1972) ermittelten sowohl bei amerikanischen als auch bei mexikanischen Kindern eine Zunahme des Wettbewerbsverhaltens im Laufe des Grundschulalters, jedoch war diese bei ersteren stärker ausgeprägt. Analoge Unterschiede ergaben sich bei Graves und Graves (1978) zwischen Kindern aus Neuseeland und aus dem polynesischen Kulturkreis. Dabei korrelierte die Identifikation mit dem westlich ausgerichteten Schulsystem auch innerhalb der polynesischen Gruppe mit der Rivalitätsorientierung.

Das Verhalten wird also durch Umweltfaktoren gesteuert, die bestimmte Normen repräsentieren. Diese Faktoren müssen keineswegs alle gleichsinnig wirken; sie können auch durchaus dergestalt sein, daß Kooperation und Rivalität parallel auftreten oder aber schnell ineinander übergehen.

In einem bekannten Feldexperiment von Sherif, Harvey, White et al. (1961) initiierten die Leiter eines Jugendlagers zunächst Wettkampfspiele und spalteten die Teilnehmer so in zwei Gruppen, die einerseits gegeneinander rivalisierten und sich anfeindeten, andererseits aber innerhalb der Gruppen kooperierten. Durch manipulative Änderung der äußeren Bedingungen – es trat eine Notsituation ein, die alle gemeinsam bedrohte – kooperierten die Gruppen wieder miteinander und halfen sich gegenseitig. Dadurch gelang es ihnen, das gemeinsame Problem zu meistern.

Die Untersuchung verdeutlicht zwei weitere wichtige Aspekte. Zum einen weist sie nach, daß Kooperation nicht gleichbedeutend mit Leistungseinbuße ist (im Gegensatz zum leistungssteigernden Wettbewerb), sondern daß sie vielmehr die effizienteste Strategie der Problembewältigung sein kann. Zum anderen zeigten sich unübersehbare Zusammenhänge mit der Gruppenatmosphäre, die auch in anderen Untersuchungen ermittelt wurden. Die Kooperation verbesserte die zwischenmenschlichen Beziehungen, andere Kinder wurden freundlicher wahrgenommen und beurteilt, es entstanden Freundschaften, und die allgemeine Zufriedenheit nahm zu (Altman, 1971; Blau & Rafferty, 1970).

Eine Möglichkeit, durch direktes erzieherisches Eingreifen die kooperative Interaktion zu beeinflussen, läßt sich aus den Prinzipien des *Verstärkungs- und Imitationslernens* ableiten. Ein beispielgebendes Experiment hierzu stammt von Azrin und Lindsley (1956). Die Autoren konnten nachweisen, daß die Bekräftigung durch Erwachsene das Kooperationsverhalten sieben- bis zwölfjähriger Kinder förderte. In den nachfolgenden, durch diese Ergebnisse stimulierten Untersuchungen erwies sich sowohl die individuelle als auch die Gruppenbelohnung als effektiv. Erstere beinhaltet, daß jedes einzelne Kind für die durch die Kooperation erreichte Leistung bekräftigt wird, während unter der zweiten Bedingung alle Kinder einer Gruppe bei Erreichen des gemeinsamen Ziels Verstärkung erhalten. Dabei zeigte sich durchgängig, daß die Gruppenbelohnung die Kooperation stärker förderte als das individuelle Reinforcement, und zwar auch dann, wenn dadurch rein numerisch das einzelne Kind seltener berücksichtigt wurde (Madsen, 1971; Richmond & Weiner, 1973). Fraser, Kelem, Diener et al. (1973) konnten diesen Befund auch in Untersuchungen mit Studenten bestätigen. Sie verglichen Arbeitsgruppen, die wie üblich individuell benotet wurden, mit solchen, die eine Gruppenbewertung erhielten. Letztere zeigten im Durchschnitt die besseren Leistungen; sie wiesen mehr Kooperation auf und teilten bereitwilliger Arbeitsmaterialien und Ideen mit den anderen. Die sozialen Beziehungen gestalteten sich freundschaftlicher und waren durch eine schwächer ausgeprägte Dominanzhierarchie gekennzeichnet.

Als weitere wirkungsvolle Maßnahme zur Förderung der Kooperation gilt das *Modellverhalten* (Bryan, 1975). Dabei zeigte sich, daß nicht alle Modelle gleich stark imitiert werden. Vorbilder, die als bedeutsam und mächtig erlebt werden, scheinen einen besonders großen Einfluß auszuüben. Dies konnte nicht nur für erwachsene, sondern auch für gleichaltrige Modelle nachgewiesen werden. Die Kinder imitierten solche Klassenkameraden häufiger, die als beliebt galten und einen hohen Status einnahmen (Hartup & Coates, 1967).

Über Zusammenhänge zwischen dem *Erziehungsstil* und dem kooperativen Verhalten von Kindern liegen nur wenige Untersuchungen vor. Staub (1971a) vertritt die Ansicht, daß Eltern allgemein zu viel Aufmerksamkeit auf die Verhinderung antisozialen Verhaltens richten und daß diese Praxis nicht ausreicht, um die Entwicklung sozial erwünschten Verhaltens zu fördern. Als günstig erwies sich ein aktiv-anregender Erziehungsstil, der Impulse, angemessene Verhaltensmodelle und Orientierungen bietet. Untersuchungen in Eltern-Initiativ-Gruppen und Kindergärten von Nickel und Schmidt-Denter (1980) bestätigten, daß ein bedeutsamer positiver Zusammenhang zwischen einem freundlich-anregenden Erziehungsstil und dem kooperativen Verhalten von Kindern besteht. Weder eine autoritäre noch eine Laissez-faire-Erziehung, sondern eher eine emotional warme, kindzentrierte, aber auch Verhaltensstandards setzende Sozialisation scheint die Entwicklung wünschenswerter Formen des Sozialverhaltens zu fördern.

10.2 Prosoziales Verhalten

10.2.1 Bedingungsfaktoren der Hilfeleistung

Kooperation erfordert in der Regel keine Opfer, weil sie einen gleichgewichtigen Austausch impliziert. Anders ist es beim prosozialen Verhalten. Unter diesem Begriff subsummieren sich die verschiedensten Formen hilfreichen Verhaltens gegenüber anderen Menschen: vor allem materielle oder soziale Unterstützung in Notsituationen, Teilen von Eigentum, Spenden für wohltätige Zwecke, mitmenschliche Anteilnahme, Eintreten für soziale Gerechtigkeit und Altruismus (Staub, 1982). Altruismus bedeutet selbstloses Handeln zugunsten eines anderen Menschen, das ohne die Erwartung sozialer oder materieller Belohnung erfolgt (Krebs, 1970). Oft ist es sogar mit hohen Kosten verbunden und wird dementsprechend vielfach als prototypisch für prosoziales Verhalten im weiteren Sinne herausgestellt (Walster & Piliavin, 1972).

Die gegenwärtig rege Forschungstätigkeit auf diesem Gebiet wurde ausgelöst durch spektakuläre Fälle unterlassener Hilfeleistung, die in den USA die Öffentlichkeit aufschreckten (Darley & Latané, 1968). Daraufhin setzten zahlreiche Untersuchungen ein mit dem Ziel, diese beunruhigenden Vorfälle psychologisch zu erklären. Die vorwiegend sozialpsychologisch orientierten Forschungsarbeiten bezogen sich zunächst auf Erwachsene, fragten aber auch bald nach den entwicklungspsychologischen Wurzeln und Bedingungen prosozialen Verhaltens. Eine Zusammenstellung der deutschsprachigen Studien im Vergleich zu amerikanischen Untersuchungen geben Schmidt-Denter und Lück (1983).

Eine traurige Berühmtheit erlangte der Fall Kitty Genovese. Die junge Frau wurde in New York in der Nähe ihrer Wohnung auf einem Parkplatzgelände ermordet. Das Tatgeschehen zog sich über eine halbe Stunde hin und wurde von mindestens 38 Nachbarn beobachtet, von denen niemand eingriff oder auch nur die Polizei benachrichtigte.

Ein vergleichbarer Fall trug sich in Köln zu. Ulrich Nacken wurde in der Nacht vom 1. auf den 2. Januar 1971 ausgeraubt und entkleidet an einen Baum gefesselt. Er konnte sich soweit befreien, daß es ihm gelang, durch den Schnee zu einer 100 m entfernten, stark befahrenen Straße zu hüpfen. Viele Autofahrer bemerkten ihn nachweislich, jedoch hielt keiner an, so daß der junge Mann neben der Straße erfror. Ein Zeuge, der zunächst eine Strafe wegen unterlassener Hilfeleistung erhielt, wurde in zweiter Instanz freigesprochen, da er versicherte, das ganze für einen verspäteten Neujahrsscherz gehalten zu haben.

Als erste Erklärung für diese erschütternden Vorkommnisse mußte vielfach der „allgemeine Kulturverfall" herhalten. Jedoch gibt es ebenso viele Beispiele für Opferbereitschaft und selbstlosen Einsatz (Bierhoff, 1980). Hierzu gehören etwa die von London (1970) interviewten Personen, die während der Nazizeit unter Einsatz ihres Lebens Juden vor der Deportation in ein Konzentrationslager retteten. Es handelte sich bei diesen nicht um ausgefallen heroische oder mutige Menschen oder um solche, die man allgemein als sehr „hilfsbereit" bezeichnen würde. Vielmehr erwies sich die *Identifikation mit moralischen Werten* als einer der gewichtigsten Faktoren.

In anderen Untersuchungen zeigte sich der Einfluß *situativer Bedingungen.* Wenn jemand verunglückt, hängt es z. B. von der Anzahl der anwesenden Personen ab, ob und wie schnell ihm geholfen wird. Dabei korreliert die Wahrscheinlichkeit für eine Hilfeleistung aber nicht positiv, wie man erwarten könnte, sondern negativ mit der Zahl der Zeugen. Je mehr Menschen zugegen sind, die eingreifen könnten, um so weniger fühlt sich der einzelne verantwortlich. Man nennt diesen Effekt „Diffusion der Verantwortlichkeit" (diffusion of responsibility, vgl. Latané & Darley, 1969; Schwartz & Gottlieb, 1976).

Dem Unterlassen der Hilfeleistung können unterschiedliche *Motive* zugrunde liegen; es handelt sich somit nicht um eine qualitativ einheitliche Kategorie. Am häufigsten geben die betreffenden Personen bei Befragungen an, daß

- sie sich nicht verantwortlich gefühlt haben,
- sie nicht wußten, wie sie hätten helfen können (Mangel an Techniken),
- sie sich nicht einmischen wollten,
- sie die Situation als angsterregend und gefährlich empfanden.

Diese Begründungen sind nicht in jedem Fall reine Schutzbehauptungen und nicht völlig aus der Luft gegriffen. Wie eine Reihe von Kriminalfällen zeigt, wird die Hilfsbereitschaft von Menschen des öfteren für Betrügereien und Verbrechen ausgenutzt. So erschien im Kölner Stadt-Anzeiger am 9. März 1981 folgende Meldung: „Hilfsbereiter junger Mann brutal beraubt. In einem Personenwagen wurde ein zwanzigjähriger Mann von drei Männern zusammengeschlagen und ausgeraubt. Die drei Täter, von der Polizei als Ausländer geschildert, hatten an der Haltestelle Richard-Wagner-Straße/Moltkestraße angehalten und den jungen Mann nach dem genauen Weg nach Weiden gefragt. Dann hatten sie dem Zwanzigjährigen angeboten, ihn ein Stück mitzunehmen. Der junge Mann nahm das Angebot an. Am Albrecht-Dürer-Platz hielten die Täter das Fahrzeug jedoch an und überfielen ihr Opfer. Dann stießen sie es aus dem Auto und fuhren davon."

Als weitere wichtige Bedingungsvariable erwies sich der *emotionale Zustand* des Helfenden. Schuldgefühle wecken häufig ein Bedürfnis nach Wiedergutmachung und können so zu prosozialem Handeln führen (Bierhoff & Osselmann, 1975). Aber auch einfach angenehme Gefühle nach Erfolgserlebnissen oder gute Laune erleichtern die Hilfeleistung (Berkowitz & Connor, 1966).

Die Liste der Einflußfaktoren ließe sich beliebig fortsetzen. Einige Autoren bemühen sich, prosoziales Verhalten auf Persönlichkeitsmerkmale zurückzuführen (Rushton, 1980) oder die Bedeutung anderer personaler und demographischer Charakteristika zu belegen, wie z. B. Geschlecht, Alter, soziale Schichtzugehörigkeit oder Nationalität. Es handelt sich hier um ein sehr weites sozialpsychologisch orientiertes Forschungsfeld.*)

Eine gewisse Systematisierung der relevanten Variablen bietet die Klassifikation von Krebs (1970, S. 263; vgl. Tab. 15).

Das Schema unterscheidet zum einen zwischen Geber und Empfänger der Hilfeleistung. Zum anderen sind die Bedingungsfaktoren nach dem Gesichtspunkt ihrer Generalität gruppiert. Diese umfaßt sowohl die zeitliche Dauer als auch die Verbreitung. Von diesen Kriterien ausgehend ergibt sich eine Zunahme der Generalität über die Kategorien „Situationale Zustände", „Eigenschaften", „Soziale Rollen und demographische Merkmale" sowie schließlich „Soziale Normen". Die Klassifikation ist nicht ganz widerspruchsfrei (vgl. Bierhoff, 1980, S. 20 ff.), ermöglicht aber einen guten Überblick. Als besonders nachteilig erscheint, daß die vielfältigen Wechselwirkungen zwischen Merkmalen des Helfenden und des Hilfeempfängers nicht zum Ausdruck kommen.

10.2.2 Theoretische Erklärungsansätze

Das prosoziale Verhalten gehört – ähnlich wie das aggressive – zu denjenigen Themenbereichen, die auf der Grundlage nahezu aller theoretischen Orientierungen bearbeitet worden sind. Der *lerntheoretische Ansatz* gerät dabei in eine besondere Schwierigkeit. Soll das prosoziale Verhalten als Folge direkter Verstärkung erklärt werden, etwa durch das Lob der Eltern oder durch materielle Belohnung, so wird

*) (Vgl. Köhler, 1977; Lück, 1975, 1977; Mussen & Eisenberg-Berg, 1977/79; Staub, 1982)

Tabelle 15: Klassifikation von Einflußfaktoren auf prosoziales Verhalten (nach Krebs, 1970, S. 26; aus: Bierhoff, 1980, S. 21)

Kategorien der unabhängigen Merkmale	Quelle der Variation	
	Charakteristika des Gebers	Charakteristika des Empfängers
Situationale Zustände	Positive und negative affektive Zustände	Abhängigkeit
	Zustände, die durch Modelle hervorgerufen sind	Attraktivität
Eigenschaften	Altruismus, erfaßt durch Rating-Skalen, Fragebogen und Verhaltensmaße	Ursache der Abhängigkeit
		Andere Eigenschaften
Soziale Rollen und demographische Merkmale	Geschlecht	Freundschaft
	Alter	Gruppenzugehörigkeit
	Geschwisterfolge	Gruppenzugehörigkeit und soziale Klasse
	Soziale Klasse und Gruppenzugehörigkeit	
	Nationalität	
Soziale Normen	Norm sozialer Verantwortung	Norm der Reziprozität

dadurch das Kriterium des uneigennützigen und mit Opfern verbundenen Handelns verletzt. Einige Autoren versuchen dieser Paradoxie dadurch zu entgehen, daß sie das Reinforcement-Prinzip nur für den Erwerb des prosozialen Verhaltensmusters heranziehen. Danach finde eine Internalisierung statt, die weitere externe Verstärkungen überflüssig mache. Da die Theorie vorsieht, daß ein Fehlen von Bekräftigungen zur Löschung des Verhaltens führt, muß statt der äußeren eine intrinsische Belohnung, eine Selbstverstärkung für die Ausführung prosozialen Verhaltens angenommen werden (Aronfreed, 1968, 1969). Es findet im Laufe der Entwicklung also eine allmähliche Verschiebung der Kontrollinstanz (locus of control) von außen nach innen statt.

Dieser Prozeß gilt auch für das Modellernen. Das Kind imitiert zunächst ein prosoziales Verhaltensmodell und identifiziert sich dann zunehmend mit ihm (Midlarsky & Bryan, 1967, 1972; Rosenhan, 1972).

Die Identifikation als Erklärungsprinzip übernahmen die Lerntheoretiker von der Psychoanalyse. Sie nimmt im *psychoanalytischen Ansatz* eine zentrale Stellung ein, da dieser keine intrinsischen, altruistischen Motive kennt. Die Triebbasis ist als egoistisch, selbstsüchtig und aggressiv konzipiert. Ihre Kontrolle kann nur durch Werte und Verhaltensstandards erfolgen, die von außen kommen und durch Identifikation Teil des Über-Ichs werden. Die psychoanalytische Theorie unterscheidet zwischen anaklitischer Identifikation und Identifikation als Abwehrmechanismus. Die *anaklitische Identifikation* entsteht dann, wenn die Person, die das Kind betreut und an die es eine Bindung entwickelt hat, Zuwendungen zurückhält, die sie vorher bedingungslos gewährt hat. Um sich die Liebe der Bezugsperson auch weiterhin zu erhalten, übernimmt das Kind unbewußt die Werte und Handlungsweisen der Eltern. *Identifikation als Abwehr* tritt typischerweise während der phallischen Phase der psychosexuellen Entwicklung auf und steht im Zusammenhang mit der ödipalen Problematik. Durch die sexuellen Wünsche gegenüber dem andersgeschlechtlichen Elternteil (beim Knaben also der Mutter) fürchtet das Kind die Rache des gleichgeschlechtlichen Elternteils (des Vaters) und identifiziert sich mit diesem, um seine Angst zu bewältigen. Anna Freud (1946) spricht darum auch von der „Identifizierung mit dem Angreifer". Das Kind kann sich dadurch der Situation des Bedrohten entziehen und wird quasi eins mit dem Bedroher.

In der entwicklungspsychologisch orientierten Forschung zum prosozialen Verhalten spielt fast nur das Konzept der anaklitischen Identifikation eine Rolle. Die Basis für altruistisches Handeln wird demnach in den ersten Lebensjahren gelegt. Die wichtigste Voraussetzung ist die enge Bindung an einen Elternteil, der als emotional zugewandt erlebt wird. Zu Verunsicherungen, die den Anstoß zur Identifikation geben, kommt es fast zwangsläufig dadurch, daß der Betreuer nicht ständig zugegen sein kann und daß er emotionale Zuwendung als Disziplinierungstechnik verwendet. In einer Untersuchung von Rutherford und Mussen (1968) erwiesen sich Jungen im Vorschulalter als besonders hilfsbereit, wenn sie ihren Vater als warmherzig und fürsorglich erlebten. Das Ergebnis zeigt, daß man das Prinzip der anaklitischen Identifikation nicht auf diejenige Person beschränken kann, zu der die stärkste Bindung besteht. Die hauptsächliche Betreuungsperson war bei diesen Kindern nämlich die Mutter.

Die *evolutionstheoretischen Ansätze* beschäftigen sich mit der Erklärung prosozialen Verhaltens erst seit jüngster Zeit. Das Darwinsche Prinzip vom „Kampf ums Dasein" lenkte ihre Aufmerksamkeit zunächst auf das aggressive Verhalten. Dagegen scheint ein biologisch angelegtes Potential für Altruismus in vielen Beispielen zum Ausdruck zu kommen (Dawkins, 1978; Wilson, 1975). So leisten die verschiedensten Tierarten wie Afrikanische Stachelmäuse oder Elefanten aktive Hilfe bei der Entbindung und beim Schutz des Neugeborenen. Ameisen und Wespen opfern sich bei der Verteidigung des Baus bzw. Stocks. Bei Schimpansen wurde beobachtet, daß sie ihre Beute mit Artgenossen teilen. Die Weibchen einiger Vogelarten versuchen ihre Jungen vor Raubtieren zu schützen, indem sie am Boden flatternd und hüpfend einen gebrochenen Flügel vortäuschen, um dadurch die Aufmerksamkeit auf sich zu lenken.

Die moderne Schule der *Soziobiologie* erklärt diese Formen selbstlosen Einsatzes mit dem Prinzip der „Verwandtschafts-Selektion (kin selection)". Es besagt, daß sich Hilfs- und Opferbereitschaft bei einer Spezies nur dann durchsetzen, wenn die

Erbsubstanz des sich Aufopfernden in den Geretteten (den Kindern oder sonstigen nahen Verwandten) weiterlebt. Das Tier verhält sich so, daß die Wahrscheinlichkeit für das Überleben der Gene erhöht wird. So opfern sich z. B. Vogel-Mütter nur dann, wenn die Jungen in der Lage sind, ohne Mutter weiterzuleben, und wenn die Anzahl der geretteten Kinder größer ist als die Anzahl der Nachkommen, die im späteren Leben der Mutter noch zu erwarten sind. Dies ist vor allem bei kurzlebigen Tieren mit großen Zahlen pro Wurf der Fall. Die langlebigen Menschenaffen mit nur jeweils einem Jungen verteidigen dieses zwar auch, überschreiten aber nie die Grenze des Selbstmörderischen. Die Aufopferung für dieses eine Junge würde bedeuten, daß viele weitere Jahrgänge nicht geboren würden.

Das Prinzip der Selbsterhaltung der Gene ist nach Dawkins (1978) dem Prinzip der Selbsterhaltung des Individuums übergeordnet. Altruistisch anmutende Verhaltensweisen bei Tieren stellen keinen Widerspruch zum „Kampf ums Dasein" dar, sondern lassen sich in dieses Konzept einordnen. Zweifellos kann die Fähigkeit einer Spezies zum prosozialen Verhalten einen Evolutionsvorteil bedeuten, aber selbst im Tierreich lassen sich nicht alle Phänomene durch dieses eine Prinzip allein erklären. Es gibt auch Hilfeleistung in Fällen, in denen keine Gen-Verwandtschaft existiert. Verschiedene Arten von Säugetieren adoptieren Waisenkinder und versorgen sie mit Milch; Delphine retten bekanntlich nicht nur Artgenossen vor dem Ertrinken, sondern manchmal sogar Menschen.

Die Extrapolation des Prinzips der Verwandtschafts-Selektion auf das menschliche Verhalten durch Wilson (1975) ist häufig kritisiert worden, da von der Ähnlichkeit der Formen auf die Gleichheit der Ursachen geschlossen wird (Gould, 1976). Ein klassisches Beispiel bilden die Berichte von den Eskimos, die auf schwimmenden Eisfeldern leben. Wenn keine ausreichende Nahrung mehr vorhanden ist, muß die Familie weiterziehen, um zu überleben. Die Großeltern, die sich für die Wanderung zu schwach fühlen, bleiben freiwillig zurück, was ihren Tod bedeutet, bevor sie die Familie behindern und damit deren Überleben gefährden. Nach Wilson (1975) konnten unter diesen harten Bedingungen durch natürliche Auslese nur Gruppen mit altruistischen Genen überleben. Gould (1976) argumentiert, daß eine nicht-genetische Erklärung genauso plausibel ist: Nur Gruppen mit der Tradition der Selbstaufopferung konnten überleben. Hierfür spricht, daß das Opfer der Alten und Kranken in den Liedern und Geschichten der Eskimos verherrlicht wird, die Zurückgebliebenen werden als Helden dargestellt und die Kinder somit in diesem Sinne sozialisiert.

Welchen Erklärungsansatz man aber auch vertritt, es läßt sich zeigen, daß prosoziales Verhalten einen adaptiven Wert besitzen kann. Für eine direkte genetische Steuerung gibt es kaum ausreichende Beweise, man kann jedoch ein biologisches Potential für Altruismus annehmen, denn sonst könnten sich Menschen gar nicht so verhalten und die phylogenetische Kontinuität sowie die universale Verbreitung ließen sich kaum plausibel machen.

Von allen Ansätzen bearbeitet die *kognitive Theorie* am intensivsten den Aspekt der Entwicklungsveränderungen beim prosozialen Verhalten. Sie hebt die Bedeutung der kognitiven Prozesse, insbesondere des moralischen Denkens, Begründens und Urteilens für das Handeln hervor. Die Altruismusforschung aus kognitionstheoretischer Sicht ist somit zu einem Teil deckungsgleich mit den Untersuchungen zum Moralischen Urteil, die auf den Konzepten Piagets und Kohlbergs beruhen (vgl. Kap. 11.1 und 11.2). Es geht dabei um die altersspezifischen, vom kognitiven Entwicklungsstand abhängigen Begründungen für das Handeln in moralischen Problemsituationen. Die weitergehende Fragestellung nach dem Zusammenhang zwischen moralischem Urteilen und prosozialem Verhalten wurde nur recht selten angegangen.

Neben dem Moralischen Urteil wurden die Konzepte „Rollenübernahme" und „Empathie" zur Erklärung prosozialen Verhaltens aus kognitiver Sicht herangezogen. Eine fundamentale Voraussetzung für hilfreiches Handeln besteht darin, daß die Notlage des anderen überhaupt erkannt bzw. nachempfunden werden kann. Nach Feshbach (1977) sind drei Komponenten von Bedeutung:

- die Fähigkeit, affektive Zustände anderer zu unterscheiden und zu benennen,
- die Fähigkeit, den Standpunkt und die Rolle eines anderen Menschen einzunehmen, sowie
- die emotionale Empfänglichkeit, die Gefühle des anderen in der beobachteten Situation zu teilen.

Ein Modell der Empathie-Entwicklung, das sowohl die kognitiven als auch die affektiven Aspekte berücksichtigt, wurde von Hoffman (1975, 1976) vorgestellt (vgl. Kap. 11.5.4). Die Grundlage der altruistischen Motivation bilden empathische Reaktionen: der Schmerz des anderen wird nacherlebt. Erste Anzeichen hierfür lassen sich schon im reaktiven Weinen des Säuglings erkennen, wie der folgende Abschnitt zeigt.

10.2.3 Entwicklung bis zum 2. Lebensjahr

In den Untersuchungen zu diesem frühen Lebensabschnitt geht es vor allem um die Frage, ob es bereits eine Sensitivität für die Gefühle und Nöte einer anderen Person gibt und ob bereits erste prosoziale Reaktionen zu beobachten sind (Radke-Yarrow, Zahn-Waxler & Chapman, 1983).

Vor über 70 Jahren kam Stern (1914) aufgrund von Beobachtungen zu der Schlußfolgerung, daß bereits das zweijährige Kind in der Lage ist, die Gefühle, Sorgen oder Ängste eines anderen mitzuempfinden und sich um Abhilfe zu bemühen. Humphrey (1923) und Arlitt (1930) berichteten, daß vier Monate alte Säuglinge weinten, wenn sie miterlebten, wie andere Säuglinge litten.

Bühler und Hetzer (1928) fanden, daß über 80 Prozent der zwei Wochen alten Säuglinge mit Weinen auf das Weinen eines anderen Babies reagierten. Sie räumten ein, daß dies auch als Reaktion auf ein lautes, aversives Geräusch zu verstehen sein könnte. Bei zwei Monate alten Säuglingen reagierten nur noch 10 Prozent auf gehörtes Weinen, 32 Prozent hingegen reagierten dann mit Weinen, wenn sie das andere weinende Kind auch sehen konnten. Blanton (1917) spielte zwei Säuglingen eine Schallplatte mit dem Weinen anderer Babies vor, ohne jedoch einen Effekt feststellen zu können. Erst Simner (1971) untersuchte das reflexive Weinen von Neugeborenen unter verschiedenen standardisierten Bedingungen. Zwei Tage alte Säuglinge schrien intensiv, wenn sie andere Kinder weinen hörten. Ihre Reaktion fiel deutlich schwächer aus, wenn sie andersartige Laute mit gleicher Phonstärke vernahmen, dies galt selbst für das durch Computer nachgeahmte Weinen kleiner Kinder.

Sagi und Hoffman (1976) konnten diese Ergebnisse an 34 Stunden alten Säuglingen im wesentlichen bestätigen. Es liegen also ausreichend Belege vor, daß Neugeborene für das Weinen anderer empfänglich sind.

Mit der zweiten Hälfte des ersten Lebensjahres befaßte sich Bridges (1932): Die von ihr untersuchten zehn Monate alten Säuglinge antworteten dann mit Weinen auf ein weinendes Baby, wenn sie sich selbst unwohl fühlten. Waren sie aber in guter Stimmung, reagierten sie eher mit Rufen oder Brabbeln in einer ähnlichen Tonlage wie das weinende Baby. In einer jüngeren Laboruntersuchung zeigten Säuglinge im Alter von sechs Monaten kaum empathische Reaktionen wie reflexives Weinen (Hay, Nash & Pederson, 1981), während Beobachtungsaufzeichnungen von Müttern in der familiären Situation darauf hinweisen, daß Weinen bei ca. einjährigen Kindern eine übliche Reaktion auf Signale des Unwohlseins oder Schmerzes bei anderen ist (Radke-Yarrow & Zahn-Waxler, 1984). In ähnlicher Weise berichteten Weston und Main (1980), daß eine große Anzahl zweijähriger Kinder mit Betroffenheit auf einen weinenden Erwachsenen reagierte.

All diese Studien weisen nicht nur auf eine frühe Sensibilität für emotionale Signale, sondern auch auf individuelle Unterschiede hinsichtlich affektiver Erregung hin. Diesem Aspekt wurde bislang wenig Aufmerksamkeit gewidmet. Man kann vermuten, daß diese anfänglichen Unterschiede auch der späteren interindividuellen Variabilität in der Entwicklung von Empathie und Altruismus zugrunde liegen (Murphy, 1937).

Eine zweite Gruppe von Untersuchungen prüft die Fähigkeit, die Emotionen anderer Personen zu erkennen und zu unterscheiden. So konnten Bühler und Hetzer (1928) nachweisen, daß sechs bis sieben Monate alte Kinder lächelnde und zornige Gesichter unterscheiden können. Lewin (1942) fand bereits bei drei Monate alten Säuglingen unterschiedliche Reaktionen auf freundliche und unfreundliche Erwachsene. Diese Ergebnisse konnten in Laboruntersuchungen bestätigt werden (Kreutzer & Charlesworth, 1973; LaBarbera, Izard, Vietze et al., 1976; Wilcox & Clayton, 1968). Schon sehr bald, nachdem Kinder begonnen haben zu sprechen, lassen ihre Äußerungen erkennen, daß sie die Wünsche, Absichten und Gefühle anderer Personen nicht nur verstehen können, sondern daraus auch Schlußfolgerungen ziehen (Bretherton, McNew & Beeghly-Smith, 1981).

Es kann mithin als gesicherte Erkenntnis gelten, daß Kleinkinder eine wichtige Voraussetzung prosozialen Verhaltens aufweisen: die Fähigkeit, Gefühle und Nöte einer anderen Person zu erleben. Wie steht es nun mit dem tatsächlichen Hilfehandeln?

Zu diesem Thema unternahmen Zahn-Waxler und Radke-Yarrow (1982) eine neunmonatige Langzeituntersuchung an drei Alterskohorten von 10, 15 und 20 Monate alten Kindern. Die Mütter waren trainiert worden, detallierte Beobachtungsaufzeichnungen von Notäußerungen in der unmittelbaren Umgebung des

Kindes anzufertigen. Teilweise wurde von den Müttern und den Untersuchungsleitern auch leichte emotionale Not simuliert. Im Alter zwischen zehn und zwölf Monaten führte ein emotionales Notsignal in einem Drittel der Fälle zu keiner feststellbaren Reaktion oder Aufmerksamkeit. Bei der Hälfte der Gelegenheiten bestand die Reaktion aus Stirnrunzeln, einer traurigen Miene, Weinen oder Blickkontakt mit der Betreuungsperson. In den folgenden sechs bis acht Monaten änderte sich das Verhalten. Generelle Unruhe nahm ab, betroffene Aufmerksamkeit blieb vorherrschend, und es zeigten sich erste positive Initiativen. Dazu zählte Tätscheln oder Berühren der anderen Person, was man als Hinweis darauf deuten kann, daß das Kind den emotionalen Zustand als Teil der anderen Person begreift. Diese Kontakte werden bei 18 bis 24 Monate alten Kindern häufiger und differenzierter. Das Fortschreiten vom frühen „unfreiwilligen" empathischen Mitleiden zu differenzierten Unterscheidungen und Ausdrucksformen paßt gut zu den Übergangsstadien, die in Hoffmans Entwicklungsmodell (1975) beschrieben werden (vgl. Kap. 11.5.4).

Mit zwei Jahren bringen Kinder der leidenden Person Objekte, überlegen, was zu tun ist, verbalisieren Sympathie, holen Hilfe, verteidigen aggressiv das Opfer und versuchen, die Gefühlslage der leidenden Person zu verändern. Wenn ein Versuch mißlingt, suchen Kinder nach Alternativen. Dieses Ziel-Mittel-Verhalten impliziert, daß Kinder das Leid der anderen Person als ein zu lösendes Problem ansehen. Kleinkinder reagieren nicht immer angemessen oder positiv auf die Leidensäußerungen von anderen. Manchmal führen solche Hinweise zu Flucht, Vermeidung oder Angriff. Im Vergleich zu den positiven Reaktionen ist so etwas jedoch selten. Zahn-Waxler (1980) konnte dies anhand von Videoaufzeichnungen kindlicher Reaktionen auf das simulierte Leid der Mütter im wesentlichen bestätigen. Ähnliche Daten zum frühen Auftreten von tröstenden Reaktionen konnten Dunn und Kendrick (1979) erheben. Bereits 14 Monate alte Kinder sind in der Lage, ihren älteren Geschwistern Trost zu spenden.

In einer klinischen, psychoanalytisch orientierten Studie wurden fünf Kinder vom 5. Monat bis zum 3. Lebensjahr beobachtet (Mahler, Pine & Bergman, 1975). Auch diese Autoren konnten eine frühe Empfänglichkeit für das Leiden anderer feststellen, beobachteten jedoch auch, daß noch keine einheitlichen Verhaltenskonsequenzen vorlagen. So gab dasselbe Kind einem weinenden Baby einmal die Flasche und reagierte ein anderes Mal aggressiv.

Nach Rheingold (1979) sind viele Verhaltensweisen kleiner Kinder, die als Äußerungen von Abhängigkeit und als das Suchen von Bestätigung oder Aufmerksamkeit betrachtet wurden, in Wirklichkeit Anzeichen der frühen Fähigkeit von Kindern, anderen etwas zu *geben* und mit anderen zu *teilen*. So gehört das Zeigen und Geben von Objekten im ersten Lebensjahr zu den allgemeinen Aktivitäten von Kindern, wie bereits Beobachtungen von Tiedemann aus dem Jahr 1787 belegen.

Rheingold, Hay und West (1976) beobachteten 15 bis 18 Monate alte Kinder bei Interaktionen mit ihren Eltern in einer familiären Laborumgebung. Als „teilendes Verhalten" wurden drei Aktivitäten definiert: das Zeigen sowie das Geben von Objekten und die Versuche, eine andere Person zum Spiel zu animieren. Fast alle

Kinder zeigten ein derartiges Verhalten sowohl bei Eltern als auch bei relativ unbekannten Erwachsenen, wobei die älteren Kinder ihr Verhalten stärker variierten: sieben von zwölf Kindern zeigten alle drei Typen, bei den jüngeren betrug das Verhältnis 1:11.

Mit dem gleichen Untersuchungsansatz erforschte Rheingold (1979) das helfende Verhalten. Im Labor wurde eine Haushaltsszene gestellt, die zum Helfen aufforderte: Ein Tisch sollte gedeckt werden, Wäsche sollte gefaltet werden etc. In dem Versuch (Dauer 25 Minuten) erhielten alle Mütter (die ihre Kinder nicht explizit auffordern sollten) Hilfe von ihren zweijährigen Kindern. 18 von 20 Kindern halfen auch einer relativ unbekannten Frau. Das helfende Verhalten war zum Teil imitierend, aber zum Teil auch neuartig oder komplementär zur Aktivität des Erwachsenen.

Offensichtlich ist also bereits in diesem frühen Alter prosoziales, nichtegozentrisches Verhalten möglich. Auch deutsche Beobachtungsstudien widersprechen der Annahme, Kinder unter zwei Jahren könnten sich lediglich egozentrisch mit Spielsachen beschäftigen: Im Wartezimmer oder in einem Spielzimmer teilten Kinder ganz spontan Spielzeug mit anderen Kindern oder unbekannten Erwachsenen (Stanjek, 1978). Das spontane Geben von Geschenken (besonders bei Zwei- und Dreijährigen) wird von den jüngsten Kindern als Mittel für den Beginn von Sozialkontakten genutzt; dabei ist der Wert des Geschenks weniger wichtig als seine symbolische Bedeutung.

Wie ist nun die Entwicklung des prosozialen Verhaltens in diesem Alter denkbar? Hay und Rheingold (1979) vermuten, daß die wichtigste Bedingung prosoziale Erfahrungen sind, so z. B. wenn Kleinkinder von ihren Betreuern die Befriedigung von Bedürfnissen erfahren, getröstet werden, Geschenke oder Hilfe bei Problemlösungen erhalten.

In der Langzeitstudie von Radke-Yarrow und Zahn-Waxler (1984) ließen sich Hinweise auf verschiedene Prozesse finden, durch die Kinder lernen, die Gefühle anderer zu verstehen und ihnen Hilfe anzubieten. So ahmten einige Kinder den Gesichtsausdruck anderer reflexiv nach, manche Kinder schienen aber den Ausdruck der anderen Person sorgfältig zu studieren und probierten aus, ,,wie es sich anfühlt". Dieses bewußt imitierende Vorgehen war dann selten, wenn die Reaktion von emotionaler Erregung begleitet wurde. Ein zwölf Monate altes Kind z. B. weinte, suchte den Kontakt zur Mutter und wollte gestreichelt werden, wenn es ein anderes Baby weinen hörte. Einige Wochen später, als sich die Mutter verletzt hatte, weinte das Kind, schmiegte sich an die Mutter, streichelte sie aber auch. Es ließ sich also trösten, versuchte aber auch, Trost zu geben. Mit 17 Monaten war der Gesichtsausdruck des Kindes angesichts eines weinenden Babys zwar betroffen und weinerlich, aber es streichelte dem Baby den Kopf, tätschelte es, brachte Spielsachen und holte zuletzt die Mutter hinzu. Das Kind hatte zunehmend gelernt, den inneren Zustand anderer zu verstehen und passende Hilfen anzubieten.

Die kognitiven und affektiven Komponenten sind bei den verschiedenen Kindern unterschiedlich gewichtet. Ihre Bedeutung für späteres prosoziales Verhalten ist relativ unerforscht geblieben. Nach Hunt (1979) scheinen die ersten drei Lebensjahre von größter Bedeutung für die spätere Entwicklung von Initiative (als Gegensatz zur Hilflosigkeit), von Vertrauen (Hilfe anderer auslösen) und von Mitgefühl (anderen helfen) zu sein. Die Gültigkeit dieser Voraussagen muß aber noch geprüft werden.

10.2.4 Untersuchungen zum 2. bis 6. Lebensjahr

Die Informationen zum prosozialen Verhalten in diesem Lebensabschnitt wurden hauptsächlich in Kindergärten gewonnen, in günstiger kindzentrierter Umgebung, mit Gleichaltrigen, reichlichem Spielmaterial und aufmerksamen Erwachsenen. Man weiß hingegen wenig über Kinder, die hauptsächlich mit Erwachsenen oder älteren Kindern, in einer weniger geschützten Umgebung oder auf der Straße ihre Erfahrungen sammeln. Die Bandbreite kindlichen Verhaltens ist also nicht völlig bekannt. Insbesondere fehlen Informationen über die Bedingungen, die zum *Fehlen* prosozialen Verhaltens führen. Die Ergebnisse der Kindergartenstudien sind aber dennoch recht lehrreich. Boeck untersuchte bereits 1909 (vgl. Stern, 1914, S. 432 ff.) per Fragebogen Mitleid und Altruismus bei deutschen Kindern im Alter zwischen zwei und sechs Jahren. Die Eltern berichteten durchgängig von prosozialen Verhaltensweisen ihrer Kinder. Von den N = 408 Elternpaaren gaben 16 Prozent solches Verhalten bereits für ihre zweijährigen Kinder an.

Zwischen dieser und den ersten Kindergartenstudien liegen viele Jahre (Murphy, 1937). Murphys Untersuchung ist hinsichtlich der Konzeption und Durchführung ein Klassiker. Als typische Beobachtungsstudie der 30er Jahre war sie durch äußerst umfangreiche Verhaltensstichproben gekennzeichnet. Ihre Daten basieren auf über 100 Beobachtungstagen in natürlichen Situationen und einer Vielzahl gestellter Situationen im natürlichen Kontext. Ihre Definition von „Sympathie" enthält eine Palette positiver Verhaltensmerkmale, die heute prosozial genannt werden. Besonders beeindruckend an den Ergebnissen von Murphy ist die Kontinuität des Verhaltens: Vieles, was sich zwischen Peers im Kindergarten abspielte, war in den ersten zwei Lebensjahren bereits in den Familien aufgetreten. Die Spannweite und Komplexität der prosozialen Handlungen wird in Murphys Kodierschema deutlich: Kinder helfen als Assistenten, helfen einander bei Kummer, trösten, bestrafen die Ursache für den Kummer, beschützen und verteidigen, warnen vor Gefahr, rufen Erwachsene zur Hilfe, erkundigen sich nach Kindern, die Schwierigkeiten haben, geben etwas ab, werden sichtbar ängstlich (es gab aber auch Fälle, in denen Kinder über das Leid eines anderen lachten, aggressiv wurden oder sich passiv verhielten). Murphy berichtete über beträchtliche individuelle Variationen im prosozialen Verhalten. So zeigten 18 der 70 Kinder der Studie überhaupt kein Mitgefühl.

Einige Kinder erhielten häufig Zuwendung, wenn sie Kummer hatten, andere wurden ignoriert. Das Verhältnis von abgegebenen und erhaltenen Sympathien war ungefähr gleich. Wie Hay und Rheingold (1979) sowie Zahn-Waxler und Radke-Yarrow (1982) für das zweijährige Kind, folgerte auch Murphy für das vierjährige Kind, daß es nicht als selbstbezogen und egozentrisch bezeichnet werden könne.

Sawin (1980) beobachtete die Reaktionen von drei- bis siebenjährigen Kindern eines Kinderheims (child care center) auf die Notsignale anderer Kinder. Beobachtungssituation war der Spielplatz, auf dem die Kinder aller Altersgruppen spielten und wenige Erwachsene Aufsicht führten. Sawin erhob nur die Reaktionen, die auf das laute Weinen eines Kindes folgten, und zwar von jenen Kindern, die sich in unmittelbarer Nähe befanden. Nur sieben Prozent dieser Kinder reagierten gar nicht. Etwa bei der Hälfte der Kinder konnte man Betroffenheitsreaktionen im Gesichtsausdruck feststellen, 17 Prozent versuchten, das weinende Kind zu trösten, was meistens das Weinen reduzierte. Zehn Prozent riefen Erwachsene zu Hilfe, fünf Prozent bedrohten das Kind, welches das andere zum Weinen gebracht hatte. Zwölf Prozent zogen sich zurück und zwei Prozent reagierten explizit unfreundlich. Im ganzen ähneln Sawins Beschreibungen den Daten von Murphy (1937).

Nach drei Beobachtungsstunden pro Kind stellte Murphy (1937) durchschnittlich etwas weniger als eine mitfühlende Handlung in der Stunde bei zwei- bis vierjährigen Kindern fest. Zum Vergleich dienten die Daten der Studie von Jersild und Markey (1935), die im gleichen Kindergarten aggressives Verhalten beobachteten. Pro Stunde ergaben sich durchschnittlich acht aggressive oder konfliktreiche Interaktionen. Eisenberg-Berg und Hand (1979) registrierten bei vier- bis fünfjährigen Kindern 0,09 prosoziale Ereignisse pro zwei Minuten. Durchschnittlich zwei Akte des Teilens oder Tröstens in 40 Minuten, die für jedes Kind in Spielsituationen über mehrere Tage hinweg erhoben wurden, konnten Yarrow und Waxler (1976) bei drei- bis fünfjährigen Kindern feststellen. Im gleichen Zeitraum wurden für Jungen 5,1 körperliche und 4,0 verbale Aggressionen ermittelt, bei Mädchen 2,1 bzw. 2,7. Fast alle Kinder (87 Prozent) richteten also im gleichen Zeitraum wenigstens eine prosoziale *und* eine aggressive Handlung an einen Peer.

Bei einem großen Spektrum positiver Verhaltensweisen gaben Strayer, Warcing und Rushton (1979) nach 30 Beobachtungsstunden einen Durchschnitt von 15,5 prosozialer Akte pro Stunde bei Vorschulkindern an. Aus den unterschiedlichen Befunden wird deutlich, daß Verallgemeinerungen bezüglich prosozialer und antisozialer Handlungen von Vorschulkindern willkürlich sind, wenn man nicht die Kriterien der beiden Handlungsklassen und die Umstände spezifiziert.

Aus den zitierten Studien erhält man wenig Informationen über die Motive kleiner Kinder, sich prosozial zu verhalten oder auch nicht. Die Belege hierfür stammen entweder von direkten Befragungen der Kinder nach ihren prosozialen Handlungen, von Schlußfolgerungen aus nonverbalem Verhalten oder von den Argumentationen von Kindern in Situationen mit vorgegebenen Geschichten. Zwölf Wochen lang beobachteten Eisenberg-Berg und Neal (1979) spontanes Teilen, Helfen und Trösten in einem Kindergarten. Wenn eine prosoziale Handlung auftrat, fragte man das Kind z. B. „Warum hast Du das gemacht?" oder „Wieso gibst Du das John?" Die Kinder erklärten ihr Verhalten entweder mit Bezug auf die Bedürfnisse des anderen („Er hat Hunger") oder mit ihrem eigenen Wunsch, es zu tun. Als weitere Gründe kamen Freundschaft, Erhalten von Zustimmung und gegenseitige Vorteile in Betracht. Kein Kind bezog sich auf Forderungen seitens einer Autorität oder auf Bestrafung.

In der weiter oben zitierten Studie zum spontanen Geben und Schenken von ein- bis sechsjährigen Kindern machte Stanjek (1978) einige Bemerkungen zu den Motiven der Kinder. Schenken hat bei älteren Kindern manchmal eine kontrollierende, selbstdienliche Qualität, um eine dominante Position zu gewinnen. Helfen hat weder ausschließlich altruistische Motive, noch hat das Nicht-Helfen eine einzige Bedeutung (Bar-Tal, Raviv & Shavit, 1980; Bryant & Crockenberg, 1980). Staub (1970) und Yarrow und Waxler (1976) sammelten Gelegenheitsinformationen zu den Gründen für eine unterlassene Hilfe bei Kindern. Sie stützten sich dabei auf die Verbalisationen und Aktionen, wenn Kinder nicht intervenierten. Folgende Gründe wurden genannt: Furcht vor Mißfallensäußerungen eines Erwachsenen, Angst, aufdringlich zu wirken, und die Befürchtung, es könne einem selbst etwas passieren.

Insgesamt belegen die Arbeiten zur Entwicklung des prosozialen Verhaltens vom 2. bis zum 6. Lebensjahr die komplexe Empfänglichkeit der Kinder für die Bedürfnisse und Nöte anderer und ihre individuelle Art, mit solchen Situationen umzugehen. Die Entwicklungsveränderungen hinsichtlich der Art der affektiven Erregung, der prosozialen Reaktionen und der beteiligten Motive sind noch nicht vollständig beschrieben worden.

10.2.5 Entwicklung vom 6. bis zum 16. Lebensjahr

Zu diesem Altersabschnitt gibt es nur sehr wenige Daten, die sich als Grundlage für Aussagen über die Entwicklung des prosozialen Verhaltens eignen. Die meisten Angaben über ältere Kinder stammen aus Laboruntersuchungen. Nicht selten wird prosoziales Verhalten nur in einer Dimension – der Häufigkeit – erfaßt und die Frage nach der entwicklungsmäßigen Veränderung auf die Quantität verengt. Die häufig aufgestellte Behauptung, prosoziales Verhalten steige mit dem Alter an, ist in dieser verallgemeinerten Form falsch und irreführend: Erstens gibt es unterschiedliches prosoziales Verhalten und auch jeweils unterschiedliche Motivationen, zweitens wird nicht jeder Typus prosozialen Verhaltens gleichmäßig häufiger.

Weil viele Untersuchungen über Schulkinder verschiedene Altersgruppen umfassen, liegen ausreichend Daten vor, mit deren Hilfe die Häufigkeit bestimmter prosozialer Handlungen in Relation zum Alter gesetzt werden kann.

Radke-Yarrow, Zahn-Waxler und Chapman (1983, S. 485 ff.) haben die vorliegenden Untersuchungsergebnisse tabellarisch aufgeführt. Dabei zeigte sich, daß die meisten Studien zum tröstenden, fürsorglichen und mitfühlenden Verhalten von Kindern unter Bedingungen durchgeführt wurden, die Interaktionen mit realen Personen oder Tieren ermöglichen. Bei diesen Studien sind Alterstrends keineswegs konsistent. Gottman und Parkhurst (1980) beobachteten zwei- bis neunjährige Freundschaftspaare beim Spiel und stellten nur bei den jüngsten Kindern eine signifikante Zunahme der Zuwendung fest, wenn das andere Kind sich in Nöten befand. Yarrow und Waxler (1976) stellten bei drei- bis siebenjährigen Kindern fest, daß ältere Kinder signifikant weniger tröstendes Verhalten gegenüber einem verletzten Erwachsenen zeigten. In Staubs (1970) Laboruntersuchung zu den Reaktionen von Kindern auf ein weinendes Baby im Nebenzimmer war die Beziehung zum Alter kurvilinear. Die ältesten Kinder (6. Klasse) zeigten signifikant weniger prosoziales Verhalten als die Gruppe mittleren Alters, sie verhielten sich wie Kindergartenkinder und Erstkläßler. In einer Experimentalstudie von Berman, Sloan und Goodman (1979) nahmen die fürsorglichen Handlungen gegenüber jüngeren Kindern bei Mädchen im Vorschulalter bis in die Grundschulzeit zu, bei Jungen bestand eine, allerdings nicht signifikante, Tendenz zu Abnahme. Feldman und Nash (1979) untersuchten das Interaktions- und Betreuungsverhalten Erwachsener gegenüber Säuglingen. Mädchen zeigten vom High-School-Alter bis zum College keine Veränderung, während bei Jungen Interaktion und Betreuung zunahmen.

Das teilende Verhalten bei einer Aufgabe im Labor ist der prosoziale Index, der für Alters-Häufigkeits-Vergleiche am meisten benutzt wurde. In mehr als der Hälfte der angeführten Arbeiten gab es Veränderungen in der mittleren Kindheit, und zwar immer in Richtung des häufigeren Teilens bei älteren Kindern. Bei der Beurteilung dieses Ergebnisses ist jedoch Vorsicht angebracht. In der Mehrzahl dieser Laboruntersuchungen fanden keine direkten Interaktionen mit bedürftigen Personen statt, es sollte lediglich mit einer hypothetischen Gruppe geteilt werden. Dieser positive Alterstrend ist also an eine besondere experimentelle Situation gebunden.

Untersuchungen zum teilenden Verhalten im Schulkindalter mit realen Peers zeigten weniger konsistente Alterstrends. In einer Studie über Teilen von Nahrungsmitteln in einem Camp fanden Dyson-Hudson und Van Dusen (1972) bei fünf- bis achtjährigen Kindern ähnliche Ausmaße des Teilens. Zum gleichen Thema stellte Ugurel-Semin (1952) fest, daß Kinder vom 4. bis zum 6. Lebensjahr zwar egalitärer und weniger egozentrisch, aber nicht konsistent großzügig werden. Handlon und Gross (1959), die ein ähnliches Design benutzten, berichteten von einer Verschiebung von selbstsüchtigem Verhalten hin zu uneigennützigem Teilen zwischen dem Vorschul- und dem Grundschulalter. Ein entgegengesetztes Ergebnis ermittelte Stanjek (1978). Das Teilen von Gegenständen war bei jüngeren Kindern wahrscheinlicher. Bei anderen Untersuchungen trat eine Zunahme des Teilens mit steigendem Alter nur unter Trainingsbedingungen (Midlarsky & Bryan, 1967; Skarin & Moely, 1976), nur bei bestimmten Maßen (Rushton, 1975) oder nur für ein Geschlecht auf (Skarin & Moely, 1976). Im Grunde läßt sich also keine allgemeingültige Aussage über die quantitative Zu- oder Abnahme prosozialen Verhaltens machen.

Innerhalb qualitativer Dimensionen lassen sich allerdings einige Nachweise für Alterstrends erbringen. Es geht hierbei um die Hinweisreize, auf die Kinder reagieren, und das Repertoire ihres helfenden Verhaltens bis zu den mittleren Schuljahren. Pearl (1979) untersuchte den Grad der Direktheit von Notsignalen mittels einer Reihe von Bildern, die solche Hinweise in unterschiedlicher Deutlichkeit enthielten. Vier- und achtjährige Kinder nahmen dann mit gleicher Wahrscheinlichkeit Notsituationen wahr, wenn die Hinweisreize explizit waren. Auf einer Linie mit den Ergebnissen von Pearl (1979) lagen jene von Radke-Yarrow, Zahn-Waxler, Cummings et al. (1981). Die Kinder ihrer Stichprobe wurden im Alter von zwei und sieben Jahren untersucht. Die Häufigkeiten und Arten prosozialer Handlungen waren in etwa gleich. Die Siebenjährigen waren jedoch fähiger im Umgang mit abstrakteren Arten der Not und subtilen Hinweisreizen. Sie bezogen zum Teil andere Gefühle mit ein als nur die explizit ausgedrückten.

Eine indirekte Schätzung der Spannweite prosozialen Verhaltens von Kindern unternahmen Ladd und Oden (1979). Acht- bis zehnjährige Kinder sollten mögliche Hilfsmaßnahmen vorschlagen, die sich auf eine Serie von Cartoons bezogen, in denen ein Kind in Schwierigkeiten dargestellt war. Es bestanden fast keine Altersunterschiede bei den vorgeschlagenen Hilfsmaßnahmen wie trösten, ablenken, informieren, interpretieren, vermitteln, die Ursache beseitigen und Erwachsene zur Hilfe rufen. Entwicklungsrelevante Befunde ließen sich also kaum ermitteln. Von einer eigenen Theorie der Entwicklung prosozialen Verhaltens sind wir denn auch weit entfernt. Dies äußert sich unter anderem darin, daß zwischen den verschiedenen Merkmalen prosozialen Verhaltens nicht sinnvoll differenziert wird: Das Teilen von Süßigkeiten, die Hilfe beim Sortieren von Karten, das Aufheben von Papier, das der Untersuchungsleiter fallen ließ, sowie Blutspenden oder Rettungsmaßnahmen unter dem Einsatz des eigenen Lebens werden oft behandelt, als wären sie gleichgewichtig und gehörten zu einer Verhaltensklasse. Offenbar fehlt hier doch eine gewisse Grundlagenforschung.

Die folgenden Abschnitte beschäftigen sich nun mit Studien, die prosoziales Verhalten auf unterschiedliche Entwicklungsprozesse zurückzuführen suchen.

10.2.6 Die Beziehung zwischen kognitiven Prozessen und prosozialem Verhalten

Als eine wesentliche kognitive Determinante prosozialen Handelns wird die Fähigkeit zur Perspektiven- bzw. Rollenübernahme angesehen (vgl. Kap. 11.3). Es erscheint plausibel, daß eine Hilfeleistung das Erkennen der Notsituation des anderen voraussetzt. Der Zusammenhang zwischen beiden Aspekten wurde in vielen empirischen Untersuchungen jedoch sehr verkürzt, indem die Fähigkeit zur Rollenübernahme als unabhängige und das prosoziale Verhalten als abhängige Variable betrachtet wurden. Korrelationsstudien auf dieser Basis erbrachten widersprüchliche Ergebnisse. Die Zusammenhänge waren teilweise nicht signifikant. Falls signifikante Beziehungen auftraten, waren diese jedoch positiv.

In der Arbeit von Staub (1971b) an Kindergartenkindern reagierten beispielsweise Mädchen, die ein Rollenübernahme-Training erhalten hatten, mit größerer Wahrscheinlichkeit auf das Weinen eines Kindes als die Kontrollgruppe. Jungen, die ein Training erhielten, zeigten sich öfter als die Kontrollgruppe zum Teilen ihrer Süßigkeiten bereit. Auf das Hilfeverhalten gegenüber Erwachsenen hatte das Training keinen Einfluß. In der Studie von Iannotti (1978) bewirkte das Training höhere Raten des Gebens bei sechs-, nicht hingegen bei neunjährigen Jungen.

In keiner der zitierten Studien findet sich ein Erklärungsansatz für die Tatsache, daß manche Forscher positive Korrelationen erhielten und andere nicht. Nach Kurdek (1978), der einen vergleichenden Überblick durchführte, sind sowohl konzeptionelle wie auch methodologische Probleme hierfür verantwortlich. Eines seiner Hauptargumente betrifft das Fehlen einer rationalen Entscheidungsgrundlage für die Selektion bestimmter Aufgaben der Perspektivenübernahme im Verhältnis zu bestimmten prosozialen Verhaltensaspekten. Für Kurdek scheinen hier beinahe willkürliche Aspekte eine Rolle zu spielen. Die Beziehung der Perspektivenübernahme zum prosozialen Verhalten von Kindern bleibt ein theoretisch nicht durchdachtes Forschungsgebiet. Es ist nötig, angemessener mit der Komplexität der Beziehungen zwischen Dimensionen auf der kognitiven und der Verhaltens-Ebene umzugehen. Zu ähnlichen Schlußfolgerungen kamen z. B. auch Krebs und Russel (1981) sowie Radke-Yarrow, Zahn-Waxler und Chapman (1983).

Eine zweite Gruppe von kognitiven Prozessen betrifft das Moralische Denken (vgl. Kap. 11.2.1 und 11.3). Die Fragestellungen sind ähnlich wie in bezug auf die Perspektivenübernahme: In welcher Beziehung steht das moralische Denken zum prosozialen Verhalten? Wie verändern sich die Beziehungen im Verlauf der Entwicklung? In einem verbreiteten Untersuchungstyp wird den Kindern ein moralisches Dilemma in Form einer Geschichte dargeboten, und ihre Argumente werden in Beziehung zu ihrem prosozialen Verhalten gesetzt. Oft wurden positive Zusammenhänge gefunden, so z. B. bei Seegmiller und Suter (1977), und zwar für Kinder aller Altersstufen vom Kindergarten bis zur 6. Klasse zwischen dem „Baldwin Kindness Picture Story Instrument" (1970) und Kooperationstests. Es bestand aber keine Beziehung zum Hilfeverhalten. Damon (1977) erhob bei vier- bis zehnjährigen Kindern Gerechtigkeitsargumente sowohl zu einer Geschichte als auch in einer Realsituation. Es sollten jeweils in einer kleinen Gruppe Süßigkeiten verteilt werden. Nur die Argumentationen in der Realsituation standen in positivem Zusammenhang mit den Ratings von Lehrern zum prosozialen Verhalten der Kinder.

Die Untersuchung von Levin und Bekerman-Greenberg (1980) wies nach, daß die Korrelation zwischen Maßen des Moralischen Urteils durch Dilemma-Geschichten und beobachtbarem prosozialen Verhalten deswegen häufig gering ist, weil das Moralische Urteil keine globale und einheitliche Dimension darstellt, sondern dilemmaspezifisch ist. Urteile aus verschiedenen projektiven Tests zeigen nur schwache Zusammenhänge auf. Die Korrelation zwischen Moralischem Urteil und prosozialem Verhalten hängt somit davon ab, ob übereinstimmende Ebenen in beiden Bereichen gewählt werden. Rubin und Schneider (1973) fanden signifikante, positive Beziehungen zwischen der Argumentation von Siebenjährigen zu prosozialen Dilemma-Geschichten und dem Hilfeverhalten gegenüber „armen Kindern" und jüngeren Kindern, die eine Aufgabe zu beenden hatten. Eisenberg-Berg und Hand (1979) stellten eine signifikante, positive Beziehung fest zwischen dem teilenden Verhalten von Vorschulkindern und einer an den Bedürfnissen anderer orientierten Argumentation sowie einen negativen Zusammenhang mit hedonistischer Argumentation. Helfen und Trösten standen in ihrer Stichprobe in keiner Beziehung zum moralischen Denken.

In einem weiteren Untersuchungstyp wurden die moralischen Argumente zu Geschichten über gerechtes Verteilen in Beziehung gesetzt zu den Gaben an „bedürftige" Kinder. Die Ergebnisse sind nicht einheitlich. Emler und Rushton (1974) fanden, daß 7- bis 13jährige Kinder mit hohem moralischen Urteilsniveau signifikant mehr Geschenke austeilten als Kinder auf einem niedrigen Niveau. Der Zusammenhang zeigte sich unmittelbar im Anschluß an eine Trainingsphase. Acht Wochen später lag dieser Zusammenhang nicht mehr vor. In zwei ähnlichen

Untersuchungen konnten keine signifikanten Beziehungen zwischen moralischem Denken und Geben festgestellt werden (Grant, Wiener & Rushton, 1976; Santrock, 1975).

Insgesamt gesehen ergaben sich signifikante Zusammenhänge am ehesten, wenn der Inhalt der Geschichten der Realsituation, in der das Verhalten beobachtet wurde, ähnelte. Dieses Untersuchungsgebiet leidet offenbar an denselben konzeptionellen und methodischen Problemen, die schon im Zusammenhang mit der Perspektivenübernahme diskutiert wurden. Es müßten erst einmal grundsätzlich die Wechselwirkungsprozesse zwischen Denken und Verhalten erforscht werden (vgl. Kap. 11.5).

10.2.7 Empathie und prosoziales Verhalten

Man kann sich beim Konzept der Empathie einerseits fragen, wie der Gefühlszustand einer anderen Person erkannt wird (kognitiver Aspekt), und andererseits die Gefühle des Mitleidens und Miterlebens selbst untersuchen (affektiver Aspekt). Obwohl Forscher wie Iannotti (1979) immer wieder darauf verweisen, daß diese Aspekte sich nicht ausschließen und sich im Gegenteil sogar gegenseitig beeinflussen, ist die Forschung doch relativ deutlich dichotomisiert.

Die Zusammenhänge zwischen Empathie und prosozialem Verhalten stellen sich – wieder einmal – in der Forschungsliteratur nicht einheitlich, sondern teilweise sogar widersprüchlich dar.

Die Korrelationen zwischen Empathie und Großzügigkeit waren nicht signifikant bei fünfjährigen (Strayer, 1980), bei sechs- bis achtjährigen (Fay, 1971) und bei neun- bis zehnjährigen Jungen (Miller, 1977). Positive Korrelationen gab es bei neun- bis zehnjährigen Mädchen (Miller, 1977) und bei Erstkläßlern auf einer Empathiesubskala (Traurigkeit) (Sawin, 1979). Negative Korrelationen ergaben sich bei Drittkläßlern (Sawin, 1979) und bei Vorschulkindern (Eisenberg-Berg & Lennon, 1980).

Eisenberg-Berg und Mussen (1978) prüften die Hypothese, ob die Empathie eine bedeutsame Voraussetzung für hilfreiches Verhalten darstellt. Sie erhoben dafür zwei Meßreihen: zum einen die erklärte Bereitschaft zur Hilfestellung bei einem anderen Forschungsprojekt, zum anderen die Antworten auf Dilemma-Geschichten, in denen die eigenen Bedürfnisse mit denen anderer kollidierten. Durch Fragebögen wurden väterliche und mütterliche Erziehungspraktiken erfaßt. Die Ergebnisse wiesen einen signifikanten Zusammenhang zwischen der Hilfsbereitschaft der Jungen und den Werten aus dem Empathie-Fragebogen von Mehrabian und Epstein (1972) auf. Das Moralische Urteil in den Dilemma-Geschichten und die Empathie-Werte korrelierten bei beiden Geschlechtern hoch. Die Mädchen zeigten sich durchweg empathischer als die Jungen.

Alle bis hierhin referierten Untersuchungen fanden keine konsistente Beziehung zwischen Empathie und Alter. Dies ist jedoch auch kein durchgängiger Befund: Fay (1971) sowie Marcus, Telleen und Roke (1979) fanden positive Beziehungen, Iannotti (1978) stellte einen negativen Zusammenhang fest. Keine signifikanten

Altersunterschiede fanden Feshbach und Feshbach (1969) bei Vier- bis Siebenjährigen, ebenso Adams, Schvaneveld und Jenson (1979) bei Schülern der 7. und 9. Klassen und Eisenberg-Berg und Mussen (1979) bei Schülern der 9. bis 12. Klasse.

Einige Forscher haben sich nonverbalen Empathie-Indizes zugewandt wie z. B. dem mimischen und sprachlichen Ausdruck als Reaktion auf den Gefühlszustand anderer Personen. Leiman (1978) zeigte Kindergartenkindern und Erstkläßlern einen Videofilm mit einem Kind, das traurig war, weil seine Lieblingssammlung von Murmeln gestohlen wurde. Die Gesichtsausdrücke der Zuschauer während des Films wurden eingeschätzt. Danach hatten die Kinder die Gelegenheit, die Kurbel einer Maschine zu betätigen, die Murmeln in einen Behälter fallen ließ, von dem man sagte, daß er dem traurigen Kind gehörte. Diejenigen Kinder, deren Gesichtsausdruck hoch empathisch eingeschätzt wurde, versorgten das Kind signifikant mit mehr Murmeln. Diese Ergebnisse konnte Sawin (1979) nicht replizieren. Er schätzte den mimischen und stimmlichen Ausdruck von Kindern ein, die den Empathietest von Feshbach und Roe (1968) beantworteten. Es gab eine bescheidene Korrelation zwischen Erregung und Testwert (+.31), aber kein Maß wies konsistente Korrelationen mit prosozialem Verhalten auf. Auch in einer Untersuchung unter natürlichen Bedingungen auf einem Spielplatz fand Sawin (1980) heraus, daß die Kinder, deren Gesichtsausdruck Betroffenheit zeigte, ein weinendes Kind nicht mit größerer Wahrscheinlichkeit trösteten als die Kinder, deren Gesichter keine Anzeichen empathischer Erregung zeigten.

Die inkonsistenten Ergebnisse über das Verhältnis von Empathie und prosozialen Reaktionen führten zu erneuten Überprüfungen von Konzept und Meßmethoden (Emler & Rushton, 1974; Feshbach & Kuchenbecker, 1974; Marcus & Roke, 1980; Sawin, 1979). Erstens wurde die Nützlichkeit eines einheitlichen Empathiekonzepts in Frage gestellt. Zweitens ist die Annahme, daß ein zur Situation passender Affekt wirkliche Gefühle für die andere Person zum Ausdruck bringt, absolut unbewiesen. Obwohl hier Empathie vorliegen kann, sind auch andere Erklärungen denkbar, z. B. soziale Erwünschtheit. Drittens eignen sich Kurzgeschichten nicht genug dafür, affektive Empathie beim Kind auszulösen. Viertens wurde selten darauf geachtet, ob die prosozialen Reaktionen überhaupt etwas mit der experimentell ausgelösten Empathie zu tun hatten. Sie könnten z. B. auch durch den sozialen Druck in der Laborsituation hervorgerufen sein.

Die wenigen Untersuchungen zur Empathie als Mittler prosozialen Verhaltens sind im allgemeinen nicht entwicklungsbezogen und handeln systematisch entweder von Kognition *oder* von Affekt. Eine integrative Theorie und eine Entwicklungstheorie der Empathie könnten die Forschung stimulieren. Anfänge in diese Richtung sind schon gemacht: Feshbach und Kuchenbecker (1974) haben drei Komponenten der Empathie unterschieden: die kognitive Fähigkeit zur Unterscheidung von Gefühlen, die Fähigkeit der Perspektivenübernahme, wodurch die Erfahrungen der anderen Person verstanden werden können, und die Empfindungen oder Gefühle, die im Subjekt selbst entstehen.

Hoffman (1975, 1976, 1977, 1981) hat Affekt und Kognition theoretisch integriert und ein Entwicklungsmodell für die Ursprünge und Veränderungen der Empathie formuliert (vgl. Kap. 11.5.4). Sein Modell beschreibt verschiedene Mechanismen, die der empathischen Erregung zugrunde liegen können. Es versucht, den Aspekt der Differenzierung zwischen dem Selbst und anderen in den ersten Lebensjahren in Beziehung zu setzen zu der Art der Empathie, der Kognition und insbesondere auch zu den Handlungen, wie sie bei Kindern in diesem Alter auftreten. Der Nachweis affektiver Erregung, wie er z. B. von Stern (1914) erbracht wurde, paßt in das Erklärungsmodell von Hoffman. Das gleiche gilt für die Langzeitdaten über diesen Lebensabschnitt von Zahn-Waxler und Radke-Yarrow (1982) sowie die Laborbeobachtungen von Weston und Main (1980).

10.2.8 Schuld und prosoziales Verhalten

Diesem Thema wurde nicht die Aufmerksamkeit der Forschung zuteil, die man erwarten könnte, wenn man von der auch außerhalb der Psychoanalyse verbreiteten Ansicht ausgeht, daß Schuldgefühle die Basis für Altruismus darstellen können.

In der experimentellen Forschung sind Untersuchungen zum Schuldgefühl bei Kindern selten. Die Abneigung der Entwicklungspsychologen, Schuldgefühle bei Kindern zu untersuchen, entstammt zum einen der theoretischen Komplexität des Schuldproblems und zum anderen den methodischen Problemen, auf die man bei der systematischen Messung von Schuldgefühlen stößt. In den sozialisationstheoretischen Studien der 50er Jahre (vgl. Kap. 2.2) war die Gewissensbildung bei Kindern im Vorschulalter ein Hauptthema, und in diesem Zusammenhang wurden auch die Schuldgefühle der Kinder untersucht (Sears, Maccoby & Levin, 1957). Verschiedene Verhaltensindikatoren der Schuld wurden operationalisiert (Beichte des Kindes; Verstecken; schuldbewußter, schüchterner Blick), doch die Entwicklung und das Wesen der Schuld an sich wurden nicht untersucht. In den folgenden Jahrzehnten brachten dann Untersuchungen über elterliche Disziplinierungstechniken das Thema Schuld erneut in die Diskussion. Es gibt einige Belege dafür, daß strenges Tadeln und moralisierende Disziplinierung Schuldgefühle beim Kind hervorrufen und es zu wiedergutmachendem oder altruistischem Verhalten veranlassen können (Hoffman, 1981; Zahn-Waxler, Radke-Yarrow & King, 1979). Man weiß jedoch sehr wenig über das Verhältnis von Schuld zu Altruismus bei normalen Kindern und Problemkindern.

Hoffman (1975, 1976, 1981; Thompson & Hoffman, 1980) hat in seinen Schriften zur Entwicklung von Empathie und prosozialem Verhalten auch die mögliche Rolle der Schuld bedacht und einige Spekulationen angestellt: 1. Grundzüge von Schuldgefühlen können früh auftreten. Weil ein sehr kleines Kind nicht klar zwischen sich und anderen unterscheiden kann, wird es unsicher in bezug auf die Ursache sein, wenn es eine leidende Person wahrnimmt. Schon durch die Nähe der leidenden Person kann das Kind sich als mögliche Ursache für das Leiden erleben und schuldähnliche Gefühle entwickeln. 2. Wenn das Kind später in der Lage ist, zwischen sich und anderen zu unterscheiden, können Kausalattributionen leichter vorgenommen werden. Wenn das Kind die Perspektive der anderen Person übernehmen kann und seine eigenen Handlungen als die Ursache für den Zustand der anderen Person erkennt, können daraus Schuldgefühle resultieren. 3. Zu einem noch späteren Zeitpunkt, mit der Entwicklung des abstrakten Denkens und der Ausweitung der Empathie auf Gruppen, kann das ältere Kind erkennen, daß seine verletzenden Handlungen über die unmittelbare Situation hinausreichen. Dies kann Schuldgefühle über antizipierte Verletzungen, über unausgeführte prosoziale Handlungen oder über die eigene vorteilhafte Position angesichts vieler Benachteiligter hervorrufen. Diese Überlegungen können zumindest einen Ausgangspunkt für Untersuchungen über den möglichen Beitrag der Empathie zur Schuld und zur Rolle der Schuld für altruistisches Handeln darstellen.

10.2.9 Das soziale Beziehungsgeflecht und die Entwicklung prosozialen Verhaltens

Bei den Mechanismen, die dem prosozialen Verhalten zugrunde liegen, stehen in der gegenwärtigen Forschung intrapsychische Prozesse im Vordergrund: Kognition, Empathie, Schuldgefühle. Es gibt jedoch auch Hinweise, daß soziale Faktoren aus der Umgebung des Kindes in Erklärungsmodelle zur prosozialen Entwicklung einbezogen werden müssen. Soziale Faktoren können auf verschiedenen Ebenen einwirken: Es gibt Einflüsse durch direkte Interaktion des Kindes, z. B. mit Eltern oder Peers, Einflüsse durch die jeweilige Umwelt, in der das Verhalten stattfindet und die sozialen Aktionen erleichtert oder beeinträchtigt, sowie Einflüsse der Gesellschaft auf Denkweisen, Verhaltensnormen und Lebensbedingungen (vgl. Kap. 3.5–3.6). Wie eng diese Einflüsse mit der Entwicklung zusammenhängen und auch, wie sie aufeinander folgen, kommt gut in einer Formulierung von Murphy, Murphy und Newcomb zum Ausdruck: ,,To be at a given age level is to be in a certain social situation" (1937, S. 325).

Die Erwachsenen und die Peers, mit denen ein Kind auf verschiedenen Altersstufen umgeht und die unterschiedliche Funktionen und Verantwortlichkeiten übernehmen, sowie das Zuhause, die Schule oder, allgemeiner, das soziale Netzwerk liefern vorhersagbar unterschiedliche entwicklungsbezogene Zwänge und Gelegenheiten für prosoziales Verhalten. So vermutet Staub (1982, S. 118), daß sich das Einfühlungsvermögen in einem sozialen Kontext, in dem die Interaktion mit Säuglingen relativ frei und nicht durch Rituale eingeengt ist (wie. z. B. durch feste Zeiten für Füttern oder Auf-den-Arm-Nehmen), schneller entwickelt. Vielleicht haben Faktoren dieser Art die Unterschiede zwischen Piagets früheren Ergebnissen und neueren Befunden mitbedingt (vgl. Kap. 11). Schneewind, Beckmann und Engfer (1983) fanden ebenfalls, daß die Entwicklung prosozialen Verhaltens durch Qualitäten des familiären Netzwerkes bedingt ist. Insbesondere bildete ein warmherziges, unterstützendes und akzeptierendes Verhältnis der Eltern zum Kind eine wichtige Voraussetzung. Günstig wirkte sich auch eine entsprechende Vorbildhaltung der Eltern aus sowie eine Erziehung zu Selbständigkeit und Selbstverantwortung.

Das Bild der miteinander in Wechselwirkung stehenden sozialen Einflüsse wird dadurch kompliziert, daß viele soziale Bedingungen epochalen Veränderungen unterliegen. Veränderungen in den Familienstrukturen und der Gesellschaft im weiteren Sinne halten somit die Forschungsergebnisse im Fluß (vgl. Kap. 4.2.4). So sind z. B. in den traditionellen Mittelklassefamilien westlicher Gesellschaften die Mütter die Haupteinflußquelle für zweijährige Kinder. Daher kann die Forschung, die ihren Schwerpunkt auf die Mutter-Kind-Beziehung legt, wahrscheinlich einen Großteil zu unserem Verständnis des prosozialen Verhaltens von Zweijährigen beitragen. Sozialer Wandel hat jedoch diesen Umstand für viele Zweijährige beträchtlich verändert. Kindertagesstätten und Kinderhorte sind ins Bild gerückt, und die zunehmende außerfamiliäre Berufstätigkeit von Frauen hat möglicherweise eine neue Generation entstehen lassen – mit vielfältigen Bindungen an Erwachsene und ausgeweiteten Peer-Beziehungen (vgl. Kap. 5). Dies dürfte auch Konsequenzen für das Lernen von prosozialem Verhalten haben. Es ist wahrscheinlich, daß andere als mütterliche Faktoren zunehmenden Einfluß auf die Ausformung der positiven Interaktionen des Kindes mit anderen gewinnen.

Traditionell ist die Entwicklungspsychologie auf das Individuum ausgerichtet, Konzepte und Untersuchungsvariablen sind entsprechend auf das Individuum zugeschnitten. Die Forschungsorientierung muß aber dahingehend modifiziert werden, daß sie größere Einheiten an Stelle des Individuums betrachtet, wenn es um Themen wie prosoziale oder antisoziale Handlungen von Kindern geht. Es ist ganz offensichtlich, daß man sich damit auseinandersetzen muß, wie Individualfaktoren und Bedingungen des sozialen Netzwerks und der Gesellschaft bei der Entwicklung prosozialen und nicht-prosozialen Handelns bei Kindern, Jugendlichen und Erwachsenen interagieren.

11. Sozial-kognitive Prozesse

Mit seiner genetischen Epistemologie und seinen frühen Untersuchungen zum Moralischen Urteil schuf Piaget die Grundlagen für die gegenwärtig einflußreiche sozial-kognitive Forschungsrichtung (Kap. 11.1.1–11.1.2). In kritischen Untersuchungen konnten die von ihm postulierten Effekte des Erwachsenen- und Gleichaltrigen-Einflusses auf die Entwicklung des Moralischen Urteils jedoch nicht bestätigt werden (Kap. 11.1.3). Das Modell von Kohlberg berücksichtigt kaum soziale Faktoren, sondern läßt sich auf die kognitive Strukturentwicklung zurückführen, insbesondere auf die soziale Perspektivenübernahme (Kap. 11.2). Der frühkindliche Egozentrismus und seine Überwindung bilden das Thema zahlreicher Untersuchungen, wobei einige Laborexperimente das ursprüngliche Konzept bestätigten. Kritische Experimente sowie insbesondere Untersuchungen unter naturalistischen Bedingungen legen jedoch ein revidiertes Modell zur Entwicklung der sozialen Perspektivenübernahme nahe (Kap. 11.3). Im Unterschied zu den Ansätzen, die sich aus dem kognitiven Strukturmodell Piagets ableiten, gehen einige Untersuchungen von bestimmten Bereichen sozialen Wissens aus und konstruieren inhaltsspezifische Entwicklungssequenzen (Kap. 11.4). Das Problem, ob das Denken global nach dem Piagetschen Stufenmodell oder spezifisch nach Bereichen des Denkens konzipiert werden sollte, nimmt in der neueren Diskussion eine zentrale Stellung ein (Kap. 11.5.1). Die Forschungslage spricht dafür, daß zumindest die soziale gegenüber der „objektiven" Erkenntnis Eigengesetzlichkeiten aufweist und nicht aus jener abgeleitet werden kann. Der transaktionale Ansatz und das Empathie-Konzept versuchen, dem Rechnung zu tragen (Kap. 11.5.2–11.5.4). In der Position von Doise wird das „traditionelle kognitive Primat" durch ein „soziales Primat" der symmetrischen Interaktion ersetzt. Jedoch scheint die soziale Fundierung des Denkens eher asymmetrisch bedingt zu sein (Kap. 11.5.5).

11.1 Die Grundlegung des Forschungsansatzes durch Piaget

11.1.1 Die genetische Epistemologie Piagets

Die Entwicklungspsychologie der sozial-kognitiven Prozesse basiert auf der Theorie von Jean Piaget (vgl. Kap. 2.3). Das Anliegen seiner genetischen Epistemologie („Erkenntnislehre") besteht zum einen darin, die psychologischen Prozesse und Strukturen zu erforschen, die dem Erkenntnisvorgang zugrunde liegen. Die Theorie verfolgt also die zentrale Fragestellung, wie der Mensch zu Wissen und Erkenntnis gelangt. Dabei wird das abstrakt-logische Denken des Erwachsenen als die vollkommenste Stufe menschlicher Erkenntnismöglichkeiten angesehen.

Ein zweites Anliegen Piagets ist es nun, die Entwicklungsstufen zu beschreiben, die der höchsten Form der Erkenntnis vorausgehen. Die Entwicklung erfolgt über mehrere Stufen; die Prozesse des Erkenntnisgewinns sind auf jeder Stufe qualitativ verschieden. Die Stufen sind jedoch andererseits durch folgende funktionale Gemeinsamkeit miteinander verbunden: Auf jeder Stufe wird ein bestimmtes Niveau des Gleichgewichts (Äquilibration) zwischen den kognitiven Schemata und dem Objekt der Erkenntnis hergestellt. Am Äquilibrationsprozeß sind zwei Aspekte beteiligt: „Assimilation" und „Akkommodation". Assimilation bedeutet die Aufnahme des Gegenstandes in ein geistiges Schema. Unter einem Schema sind grundlegende kognitive Strukturen zu verstehen, mit deren Hilfe Gegenstände, Ereignisse, Menschen und deren Beziehungen zueinander organisiert werden. Der entgegengesetzte Aspekt des Äquilibrationsprozesses, die Akkommodation, beinhaltet eine Anpassung der Schemata an die Objekte. Die Schemata werden verändert, um neuen Erfahrungen gerecht werden zu können. Piaget (1972) unterscheidet in diesem Sinne vier Hauptstadien der kognitiven Entwicklung:

1. Die *sensu-motorische Intelligenz* (0–1; 6 Jahre) bezeichnet frühe Formen der intelligenten Auseinandersetzung mit der Umwelt, bevor der Umgang mit sprachlichen Symbolen möglich ist. In den ersten Handlungen in bezug auf die Umwelt (z. B. Greifen nach einem Glöckchen) liegen nach Piaget die Wurzeln des Denkens. Im Laufe der sensumotorischen Phase, die nochmals in sechs Stufen unterteilt wird, erfolgt eine zunehmende Verinnerlichung des Handelns. Es entwickeln sich Vorstellungen von Gegenständen und Geschehensabläufen. Ein solcher Entwicklungsfortschritt zeigt sich, wenn das Kind bewußt Effekte hervorruft, denn dies setzt voraus, daß ein bestimmter Zusammenhang von Ursache und Wirkung erkannt wurde; er zeigt sich auch im Nachahmungsverhalten, denn dieses setzt voraus, daß das Modell innerlich repräsentiert ist.
   In bezug auf die soziale Entwicklung gibt es ein Ereignis, das besonders intensiv untersucht wurde: die Objektpermanenz bzw. Personpermanenz. Etwa ab dem 6.–8. Lebensmonat entwickelt das Kind eine feste Vorstellung davon, daß Objekte und Personen auch dann weiterexistieren, wenn es sie nicht mehr sieht. Dieser Entwicklungsfortschritt besitzt eine große Bedeutung für das Bindungsverhalten und für die Differenzierung des sozialen Verhaltensrepertoires (vgl. Kap. 3.2).
2. Auf der Stufe des *voroperativen, anschaulichen Denkens* (1; 6–8 Jahre) gibt es schon durchgängig eine Verinnerlichung des Handelns. Das Denken ist aber noch an die Anschauung gebunden, und daraus resultieren im Vergleich zur höchsten Stufe des abstrakt-logischen Denkens charakteristische Fehler.
   Das Paradebeispiel für derartige Fehler liefert das Konservationsproblem. In seinem berühmten Gläser-Perlen-Versuch schüttete Piaget eine bestimmte Menge Perlen (oder Flüssigkeit) von einem breiteren Gefäß in ein schmaleres und höheres, so daß das Niveau der Perlen bzw. des Flüssigkeitsspiegels höher lag. Die Kinder auf der Stufe des anschaulichen Denkens gaben nun an, daß sich mehr Perlen bzw. Flüssigkeit in dem zweiten schmaleren Gefäß befanden. Ihr Denken war auf den hervorstechendsten Wahrnehmungsaspekt, die Höhe der Perlen- bzw. Flüssigkeitssäule zentriert.
   Ebenso wie das Denken des Kindes noch stark von der (eigenen!) Anschauung

bestimmt ist, vermag es gleichfalls noch nicht, die Sichtweise anderer zu übernehmen, sondern sieht die eigene Perspektive als absolut an. Diese Form der Zentrierung nennt Piaget den „Egozentrismus" des Kindes. Dieses Konzept hatte einen starken Einfluß auf die sozial-kognitive Forschung (vgl. Kap. 11.3).

3. *Das konkret-operatorische Denken* (8–12 Jahre) ist nicht mehr durch Zentrierungen verfälscht und zeichnet sich durch eine größere Beweglichkeit aus. Das Kind gruppiert Dinge in Klassen und Serien, lernt mit Zahlen umzugehen und ist nicht mehr von der Anschauung abhängig. Hier kann erstmals von logischen Prozessen gesprochen werden. Allerdings sind nur solche Operationen möglich, die im Prinzip auch als Handlungen ausgeführt werden können (Addieren/Subtrahieren entspricht Hinzufügen/Wegnehmen von Gegenständen).
4. Auf der Stufe des *formal-operatorischen Denkens* kann der Gegenstand des Denkens abstrakt sein. Im Alter zwischen elf und zwölf Jahren entsteht die Fähigkeit zu bewußtem, hypothetisch-deduktivem Denken, das unabhängig von konkreten Inhalten ist. Das Kind kann nun formale Schlüsse ziehen, die nicht in Beziehung zur Erfahrung stehen und die nicht als Handlung ausgeführt werden können.

Die Entwicklung ist also nach Piaget durch zunehmende Beweglichkeit, Strukturiertheit, Reversibilität und Dezentration der Denkprozesse gekennzeichnet.

11.1.2 Das Moralische Urteil im frühen Werk Piagets

Piagets Hauptwerk besteht in der Entwicklung seiner genetischen Epistemologie, die sich primär auf die physikalische Umwelt bezieht. In einer seiner frühen Veröffentlichungen widmete er sich jedoch auch dem sozialen Bereich, wenn auch einem sehr eingeengten Ausschnitt: dem Moralischen Urteil. Die Urteile, die Piaget (1932, dt. 1954) erfragte, richteten sich vor allem auf die Verletzung von Regeln, auf die Bestrafung hierfür, auf Intentionalität, Lügen, Stehlen und Verteilungsgerechtigkeit.

Piaget verwendete in seinen Untersuchungen die „méthode clinique". Es handelt sich hierbei um einen flexiblen Interviewansatz, in dem die Antworten des Probanden den weiteren Befragungsprozeß beeinflussen. Gewertet wird schließlich diejenige Antwort, die von allen Äußerungen das höchste Niveau signalisiert. Dem Kind wird zunächst ein Geschichtenpaar vorgelegt. Um das Verständnis für die Geschichten zu überprüfen, wird das Kind gebeten, den Inhalt wiederzugeben. Danach folgen Fragen, die sich auf den Vergleich der Geschichten beziehen. Ein zentraler Gesichtspunkt ist, daß das Kind dazu Stellung nehmen soll, wer sich in den beiden Geschichten schlimmer verhalten hat.

Als Beispiel mögen die Tintenklecksgeschichten dienen:

A. Es war einmal ein kleiner Junge, der hieß Julius. Sein Papa war fortgegangen. Da hatte Julius den Einfall, mit dem Tintenfaß seines Vaters zu spielen. Er spielte einen Augenblick mit der Feder und machte dann einen kleinen Klecks auf die Tischdecke.

B. Ein kleiner Junge namens August sah, daß das Tintenfaß seines Vaters leer war. Eines Tages war sein Vater fort, da hatte er den Einfall, um ihm einen Gefallen zu tun, das Tintenfaß zu füllen, damit sein Vater, wenn er zurückkäme, darin Tinte fände. Nur macht er beim Öffnen der Tintenflasche einen großen Klecks auf die Tischdecke.

Die Probanden sollen nun nicht nur einfach angeben, ob die Tat von Julius oder August schlimmer zu bewerten ist, sondern die klinische Methode soll vor allem ermitteln, an welchen Gesichtspunkten sich die Kinder orientieren und wie sie ihr Urteil begründen.

Aufgrund einer solchen qualitativen Auswertung der Antworten gelangte Piaget zu einem Stufenmodell der moralischen Entwicklung. Die Theorie unterscheidet zwei Stufen, die als *heteronome* und *autonome Moral* bezeichnet werden. Sie sind durch Bindung an bzw. Lösung von Autoritäten im Moralischen Urteil gekennzeichnet. Auf der Stufe der heteronomen Moral (bis ca. 8 Jahre) werden Regeln als Sollsetzungen von äußeren Instanzen verstanden. Insbesondere die elterliche Autorität begründet, was als richtig und als falsch anzusehen ist. Regeln werden befolgt, weil die Autoritäten dies belohnen und die Macht haben, Abweichungen zu bestrafen. Autonome Moral bedeutet dagegen, daß das vernünftige und mündige Individuum aus Einsicht in die Notwendigkeit von Regeln handelt.

Die heteronome Moral beruht auf der „einseitigen Achtung" oder der Wirkung des Zwangs der Erwachsenen, also auf dem ungleichen Verhältnis zwischen Erwachsenen und Kindern. Die Kinder achten die Erwachsenen und übernehmen deren Regeln und Werte, ohne diese zu hinterfragen. Die Urteile auf der Stufe der heteronomen Moral entsprechen nach Piaget einem „moralischen Realismus". Er definiert diesen Begriff als die Neigung der Kinder, die Pflichten und Werte als unabhängig von ihrem Bewußtsein existierend wahrzunehmen. Diese Regeln und Werte zwingen sich von außen auf, und das Kind urteilt danach, unabhängig von den Umständen, in denen sich das zu beurteilende Individuum befindet.

Daraus ergibt sich, daß Kinder im heteronomen Stadium Handlungen vorwiegend nach ihrem Ausgang und nicht nach der dahinterstehenden Absicht beurteilen.

Die Antwort eines siebenjährigen Mädchens auf die Tintenklecksgeschichten mag dies verdeutlichen:

Interviewer:	„Sind beide gleich schlimm oder nicht?"
Kind:	„Nein."
Interviewer:	„Welcher ist schlimmer?"
Kind:	„Der den großen Klecks gemacht hat."
Interviewer:	„Warum?"
Kind:	„Weil er groß war."
Interviewer:	„Warum hat er einen großen Klecks gemacht?"
Kind:	„Um einen Gefallen zu tun."
Interviewer:	„Und der zweite? Warum hat er einen Klecks gemacht?"
Kind:	„Weil er alles angerührt hat. Er hat einen kleinen Klecks gemacht."
Interviewer:	„Welcher ist also der Schlimmere?"
Kind:	„Der den großen Klecks gemacht hat."

Es ist ersichtlich, daß sich das Kind bei der Beurteilung nur am objektiven Handlungsausgang orientiert, obwohl es auch die Absichten verstanden hat. Es urteilt also rein „realistisch".

Die Berücksichtigung der Intention einer Handlung markiert einen entscheidenden Entwicklungsfortschritt. Diejenigen Probanden Piagets, die im Sinne einer objektiven Verantwortlichkeit urteilten, hatten ein Durchschnittsalter von sieben Jahren; Kinder, die von einer subjektiven Verantwortlichkeit ausgingen, waren durchschnittlich neun Jahre alt. Kinder unter sechs Jahren konnten nicht befragt werden, da sie die Geschichten nicht ausreichend verstanden.

Analoge Gesetzmäßigkeiten konnte Piaget auch für das kindliche Urteil über die

Lüge ermitteln. Auf der Stufe der *heteronomen Moral* ist der Zwang der Erwachsenen maßgebend, daß man nichts sagen darf, was nicht der Wahrheit entspricht. Bei der Beurteilung von Geschichten, die jeweils eine Lüge beinhalten, orientieren sich die Kinder nur am Grad der Falschheit der Lüge (objektive Verantwortlichkeit).

Eine wesentliche Grundlage des Urteils auf der Stufe der *autonomen Moral* bildet die „gegenseitige Achtung". Sie entsteht durch die wechselseitige und gleichwertige Interaktion zwischen Gleichaltrigen, im Gegensatz zur ungleichgewichtigen Eltern-Kind-Beziehung, die die soziale Basis der heteronomen Moral darstellt. Die Moral der Autonomie entwickelt sich parallel zu Fortschritten in der sozialen Kooperation *unter Kindern.* Die gegenseitige Achtung läßt eine Autonomie in Erscheinung treten, bei der das Kind den anderen so behandelt, wie es selbst behandelt werden möchte.

Um diese Entwicklung nachzuweisen, bediente sich Piaget des Gerechtigkeitsbegriffes. Die Entwicklung des Verständnisses von Gerechtigkeit entsteht nach Piaget weitgehend unabhängig von den Einflüssen der Erwachsenen. Es entwickelt sich sogar eine gewisse Solidarität der Kinder untereinander dadurch, daß Zweifel gegenüber der Autorität der Erwachsenen aufkommen und daß Regeln nicht einfach als gegeben hingenommen werden. Piaget erfaßte – wieder auf der Grundlage von Geschichten – Urteile der Kinder über vier Aspekte:

1. Urteile hinsichtlich der Gerechtigkeit von Strafen
   Jüngere Kinder (ca. sechs bis neun Jahre) sehen in der Sühne eine gerechte Strafe. Durch Vergeltung und natürliche Wiedergutmachung werden Autorität und Gehorsam wiederhergestellt. Mit zunehmendem Alter findet dagegen eine allmähliche Ausschaltung des Sühnegedankens statt. Als gerecht wird zunehmend eine Strafe empfunden, die auf Gegenseitigkeit und Gleichbehandlung beruht.
   Andere sollen nur so behandelt werden, wie man es sich für sich selbst vorstellen kann („Was du nicht willst, daß man dir tu', das füg' auch keinem andern zu!"). Eine Gerechtigkeit, die auf dieser Gegenseitigkeit beruht, kam zum Ausdruck in den Urteilen von 28 Prozent der Sechs- bis Siebenjährigen, 49 Prozent der Acht- bis Zehnjährigen und 82 Prozent der Elf- bis Zwölfjährigen.
2. Urteile hinsichtlich immanenter Gerechtigkeit
   Piaget stellte fest, daß jüngere Kinder glauben, ein Vergehen habe automatisch eine Strafe zur Folge. Der Sühne wird somit ein universeller Charakter zugesprochen, da dies auch von Dingen ausgehen kann. Beispiel: Ein Kind war ungehorsam und geht später über eine Brücke, die anschließend zusammenbricht.
   Jüngere Kinder glauben, daß dies eine automatische Strafe für den Ungehorsam gewesen sei. Es hat eine Gewöhnung an die durch den Zwang der Erwachsenen hervorgerufenen Strafen stattgefunden. Das Kind überträgt seine Gefühle jedoch auch auf Dinge, der Natur wird die gleiche Macht zugesprochen wie den Erwachsenen. Etwa im Alter von sieben bis acht Jahren entdeckt das Kind die moralische Unvollkommenheit der Erwachsenen. Es bemerkt, daß auch sie Fehler und Irrtümer begehen. Der Glaube an die den Dingen immanente

Gerechtigkeit läßt nach. Die Kinder treffen Überlegungen zum Kausalmechanismus („Die Brücke war morsch.“).

3. Urteile hinsichtlich der Verteilungs-Gerechtigkeit
Aus der Kooperation zwischen Gleichaltrigen und der gegenseitigen Achtung der Kinder entwickelt sich nach Piaget eine Idee der Gleichheit und ein dementsprechendes Konzept über die gerechte Verteilung von Ressourcen, Belohnungen usw. Es entwickelt sich eine Verteilungs-Gerechtigkeit auf der Basis der Gleichberechtigung durch gegenseitige Achtung.
4. Urteile hinsichtlich der Regelbeachtung unter Kindern
Hierzu stellte Piaget den Kindern z. B. die Frage, wie sie über das Mogeln anderer Kinder urteilten. 70 Prozent der Kinder im Alter zwischen sechs und neun Jahren fanden dieses Verhalten häßlich oder verboten. Dagegen schlossen sich nur noch 32 Prozent der Zehn- bis Zwölfjährigen diesem Urteil an. Die Mehrzahl argumentierte: „Das macht die Zusammenarbeit unmöglich“ oder „Es ist gegen die Gleichheit“! (Piaget, 1954, S. 346).

Nach Piaget treffen kognitive und soziale Faktoren bei der Entwicklung von der heteronomen zur autonomen Moral zusammen. Besondere Bedeutung besitzt die Überwindung des „Realismus“ und „Egozentrismus“ des Kindes sowie der Abbau des einseitigen Respekts gegenüber den Eltern zugunsten der gleichberechtigten Interaktion zwischen Gleichaltrigen.

11.1.3 Empirische Untersuchungen zu den Annahmen Piagets: Der Einfluß von Erwachsenen und Peers auf die moralische Entwicklung

Der Einfluß sozialer Faktoren wird von Piaget sehr zugespitzt formuliert: Erwachsenen- und Gleichaltrigeneinfluß wirken komplementär zueinander. Piaget engt die Übermittlung sozialer Regeln durch Erwachsene im wesentlichen auf das Kleinkind- und Vorschulalter ein. Die Gleichaltrigen fügen den durch die Erwachsenen vermittelten Normen qualitativ neue Dimensionen hinzu, die im Schulkindalter zum bestimmenden Faktor werden. Piaget stellt als zentralen Aspekt heraus, daß Gleichaltrigenkontakte und die zunehmende Solidarität unter den Kindern den einseitigen Respekt gegenüber den Erwachsenen unterminieren. Die Kinder erkennen zunehmend, daß auch Erwachsene fehlbar sind, und erfahren untereinander die Möglichkeit der Kooperation auf der Basis der Gleichberechtigung und des gegenseitigen Respekts. Dieser Prozeß verlaufe zwangsläufig und irreversibel: „Je mehr das Kind heranwächst, desto weniger erscheint ihm die Unterwerfung seines Bewußtseins unter dasjenige des Erwachsenen als berechtigt, (die) einseitige Achtung (strebt) von selbst zur gegenseitigen und zur Beziehung der Zusammenarbeit hin, welche das normale Gleichgewicht bildet“ (Piaget, 1954, S. 368).

Die sehr bescheidene und auch wenig positive Rolle, die Piaget den Eltern bei der Moralentwicklung zumißt, widerspricht allen anderen Theorien und wird durch eine Reihe empirischer Studien nicht bestätigt.*) Die Beurteilung einer Handlung aufgrund der Konsequenzen bzw. der Intentionen erwies sich in Untersuchungen auf verschiedenen Altersstufen als abhängig vom Verhalten der Eltern. So achten auch viele Erwachsene weniger auf Intentionen als auf den angerichteten Schaden. Sie könnten das Kind unabhängig von seinen Handlungsabsichten bei 15 zerbrochenen Tassen härter bestrafen als bei einer (Constanzo, Grumet & Brehm, 1974; Cowan, Langer, Haevenrich et al., 1969). Auch Piaget hat diesen Aspekt gesehen, behauptet aber, daß die ungerechte Strafe das Kind befähigt, sich von der einseitigen Achtung gegenüber Erwachsenen zu lösen und reife intentional-moralische Urteile zu treffen. Viele Forschungsergebnisse legen jedoch den Schluß nahe, daß das Kind lernt, wie wichtig Konsequenzen gegenüber Intentionen sind.

So zeigten Untersuchungen, daß Sechsjährige die Intention beim moralischen Urteil berücksichtigen können, dies aber erst tun, wenn sie von anderen dazu aufgefordert werden (Bearison & Isaacs, 1975). Es ist sogar unklar, ob Erwachsene selbst durchgängig intentionale moralische Urteile fällen (Fishbein & Ajzen, 1973). Zumindest in einigen Fällen sind die Konsequenzen der hauptsächliche Gesichtspunkt (Lane & Anderson, 1976). Wenn zwei gleich nachlässige Fahrer jeweils einen schweren und einen leichten Unfall verursachen, so wird ersterer schlechter beurteilt (Walster, 1966). Das Vorbild der Eltern beeinflußt die Urteile der Kinder. Richten sich die Eltern bei ihren Bestrafungen nach der Größe des Schadens, so sind auch die Urteile der Kinder stärker konsequenzorientiert. Hält man dagegen in den Geschichten-Paaren die Größe des Schadens konstant, so daß von dieser Variablen kein Einfluß ausgehen kann, dann berücksichtigen durchgängig schon Sechsjährige die Handlungsintentionen bei ihrer moralischen Argumentation (Armsby, 1971; Berg-Cross, 1975; Gutkin, 1972; Hebble, 1971; McKechnie, 1971; Rule & Duker, 1973).

Die Bedeutung des sozialen Einflusses wird experimentell in der Regel dadurch nachgewiesen, daß man das Kind veranlaßt, abweichend von dem erreichten Stadium der Moralentwicklung zu urteilen. Ein Experiment von Bandura und McDonald (1963) weist nach, daß Verstärkung und Modellverhalten von Erwachsenen Einfluß auf das moralische Urteil von Kindern besitzen.

Die Versuchspersonen waren Kinder zwischen fünf und elf Jahren. Der Vortest bestand aus zwölf Geschichten-Paaren. In jedem Paar wurde eine Geschichte, die gute Intentionen mit schwerwiegenden Konsequenzen kombiniert, gegenübergestellt mit einer Geschichte, die schlechte Intentionen mit geringen Konsequenzen kombiniert. Aufgrund der Vortest-Ergebnisse wurden die Kinder in zwei Gruppen eingeteilt: eine Gruppe mit klar intentionalen Antworten und eine, die von den Konsequenzen ausging. Das Experiment konfrontierte nun jede Gruppe mit dem entgegengesetzten Niveau. Die Experimentalsituation bestand aus 24 weiteren Geschichten-Paaren. Die intentionale Gruppe wurde nach „unten" trainiert, die Konsequenz-Gruppe nach „oben". Jede Gruppe wurde noch einmal dreifach untergliedert. Jeweils eine Untergruppe beobachtete ein Erwachsenen-Modell, das die im Sinne des

*) (Siegal (1982) vermutet, daß Piagets Theoriebildung von Rousseau beeinflußt ist, der das Kind als ursprünglich gut ansieht, die Gesellschaft und ihre Institutionen dagegen als korrumpiert.)

Versuchs „richtige“ Antwort gab. Dann wurden sie selbst um ihre Antwort gebeten. In der 1. Untergruppe wurden das Modell und die Kinder vom Versuchsleiter verbal für die „richtige“ Antwort belohnt. In der 2. Untergruppe wurde nur das Modell, aber nicht die Kinder belohnt und in der 3. nur die Kinder, ohne daß ein Modell anwesend war. In der Posttest-Phase wurden alle Kinder von einem neuen Versuchsleiter noch einmal mit anderen zwölf Geschichten-Paaren konfrontiert.

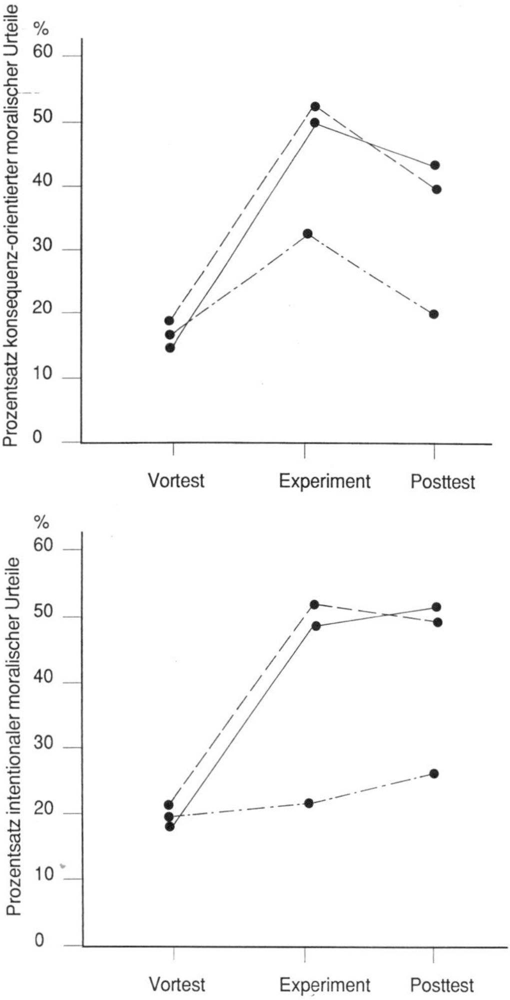

Abb. 16: Der Einfluß von Verstärkung auf die moralischen Urteile von Kindern (nach Bandura & McDonald, 1963)

Wie Abbildung 16 zeigt, konnten die Kinder sowohl nach unten als auch nach oben mit der gleichen Effektivität trainiert werden. Ca. 50 Prozent der Antworten gingen in die konditionierte Richtung. Die Bekräftigung ohne Modell erwies sich jedoch als ineffektiv. Diese Ergebnisse konnten auch von Forschern repliziert werden, die sich bemühten, Piagets Theorie zu stützen (Cowan, Langer, Haevenrich et al., 1969). Es ließ sich jedoch auch zeigen, daß die Trainingseffekte nach einigen Monaten nachließen (Sternlieb & Youniss, 1975). In naturalistischen Situationen entwickelten sich die Kinder wieder in Richtung intentionaler Beurteilung. Nach Siegal (1982) sollten der verhaltens- und der kognitionstheoretische Ansatz einander ergänzen, um der Komplexität des Phänomens „Moralisches Urteil" gerecht zu werden.

Für Piaget hatte die Imitation lediglich die Funktion, Ähnlichkeiten zwischen uns und anderen zu entdecken. Er nahm an, daß ein eigenständiges Bewußtsein vom Selbst, das einen wichtigen Bestandteil der moralischen Entwicklung darstellt, nur durch Opposition und Diskussion entstehen kann. Baldwin (1899) glaubte dagegen, daß Imitation der Schlüssel zur moralischen Entwicklung sei. Er vermutete des weiteren, daß Erwachsene und Gleichaltrige fundamental verschiedene Rollen in der moralischen Entwicklung spielen: Im allgemeinen lernen die Kinder von Erwachsenen und praktizieren mit Gleichaltrigen. Die Gleichaltrigen-Erfahrungen zersetzen nicht die Erwachsenenautorität, sondern ergänzen sie. Die Anweisungen der Erwachsenen werden zunächst blind befolgt und nur abstrakt verstanden. Erst die Erfahrung mit Peers läßt sie dem Kind klarer werden.

An einer Untersuchung von Siegal und Francis (1982) nahmen 18 Kinder zwischen fünf und sieben Jahren teil. Die Kinder mußten angeben, wen sie bewunderten, wem sie als Erwachsener ähneln möchten und wem sie jetzt am meisten ähnelten. Zur Messung des Peer-Kontakts wurde jedes Kind befragt, mit welchem Klassenkameraden es am liebsten spielen würde.

Im Experiment selbst wurden die Kinder unter anderem dahingehend beobachtet, ob sie Regeln auch dann einhielten, wenn andere Kinder sie zu deren Verletzung „anstifteten" (Einhaltung der Mittagsruhe). Es zeigte sich nun, daß die Anzahl der Störungen signifikant mit der Mutter-Identifikation korrelierte; je höher diese war, desto geringer war das Ausmaß der Störungen. Die Autoren konnten also nachweisen, daß die Einhaltung von Regeln stark von emotionalen bzw. affektiven Faktoren abhängt und nicht allein vom kognitiven Entwicklungsniveau.

Es gab allerdings keine Beziehungen zur Identifikation mit dem Vater! Ähnliche Ergebnisse zeigten sich bei der Untersuchung von Hoffman und Saltzstein (1967): Es gab signifikante Beziehungen zwischen der Mutter-Identifikation und der kindlichen Perzeption der Mutter. Die Identifikation war stärker, wenn die Mutter als warm und herzlich wahrgenommen wurde und wenn sie Argumentieren und Begründen als Disziplinierungstechnik verwendete. Die Mutter, mit der sich das Kind in starkem Maße identifiziert, versucht, dem Kind die Konsequenzen seiner Handlungen klarzumachen und fördert dadurch die Empathie und die Wahrnehmung der Bedürfnisse anderer. Die Bedeutung des Vaters war in dieser Untersuchung nur indirekt, indem er die Qualität der Mutter-Kind-Beziehung beeinflußte.

Piagets Theorie impliziert, daß ältere Kinder dem Einfluß von Erwachsenenmodellen weniger unterliegen als jüngere und daß Erwachsenenmodelle weniger effektiv als Peermodelle sind, wenn experimentell trainiert wird, die Intentionen von Handlungen zu berücksichtigen. Im Gegensatz dazu haben neuere Studien gezeigt, daß Erwachsene generell effektivere Modelle sind als Peers. Dorr und Fey (1974) untersuchten fünf- bis elfjährige Kinder mit dem Design von Bandura und McDonald (1963). Die Versuchspersonen wurden in zwei Gruppen unterteilt: die intentional Urteilenden und die Konsequenz-Orientierten. Das Modell gab in der ersten Gruppe objektive und in der zweiten Gruppe intentionale Antworten. Unter beiden Bedingungen erwies sich das Erwachsenenmodell als einflußreicher als das Peermodell und dieses als einflußreicher als kein Modell. Ähnliche Ergebnisse fanden Brody und Henderson (1977).

Lickona (1973, 1976) untersuchte bei Erst- und Zweitkläßlern den Einfluß verschiedener Trainingsmethoden auf die Förderung intentionaler Urteile: Eine erste Gruppe wurde „dezentriert", d.h. den Versuchspersonen wurden Bildergeschichten vorgelegt, in denen Intentionen und Konsequenzen bildlich dargestellt waren. Die Versuchspersonen der zweiten Gruppe wurden von einem Gleichaltrigen, der selbst intentional urteilte, in eine Debatte verwickelt. Die dritte Gruppe folgte einer Diskussion zwischen Erwachsenen, während die vierte Gruppe von einem Erwachsenen direkt darüber belehrt wurde, daß intentionales Urteilen das richtige Urteilen sei und warum dies so sei. Die letzte Methode erwies sich als die wirksamste (vgl. Abb. 17).

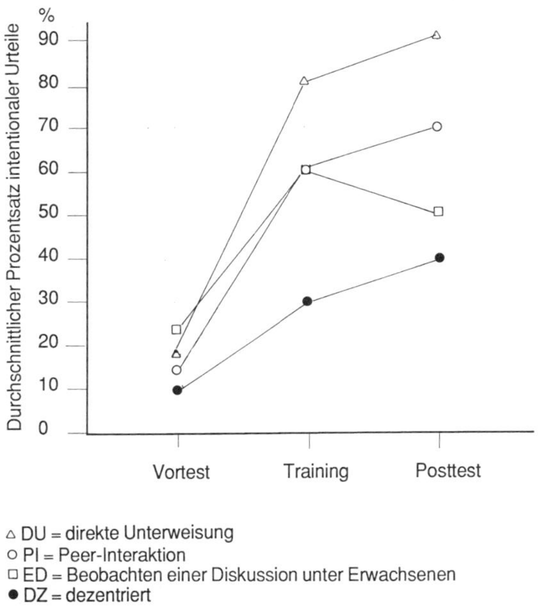

Abb. 17: Trainingsmethoden zur Förderung intentional-moralischer Urteile bei Kindern (nach Lickona, 1976, S. 239)

Aus den vorliegenden Untersuchungen läßt sich als Schlußfolgerung ableiten, daß es kaum empirische Beweise für Piagets Annahme gibt, die Peer-Interaktion untergrabe den Erwachseneneinfluß auf die moralische Entwicklung. Erwachsenen-Modelle erwiesen sich durchgängig als effektiver bei der Förderung des Moralischen Urteils als Peer-Modelle. Mit zunehmendem Alter erkennt das Kind, daß die Erwachsenenregeln meistens aus gutem Grund konstruiert werden. Wenn das Kind diese rationale Qualität begreift, fällt es ihm sogar leichter als auf früheren Altersstufen, sich mit den Regeln der Erwachsenen zu identifizieren.

Der direkte Erwachseneneinfluß ist in der späten Kindheit und im Jugendalter genauso bedeutsam wie im Vorschulalter. Hinzu kommt, daß die Erwachsenen indirekt einen Einfluß durch die Strukturierung der Gleichaltrigen-Interaktion ausüben. Sie beeinflussen die Peergroup auf verschiedene Weise, insbesondere auch durch ihr Verständnis von Gerechtigkeit und Fairness. Die Befunde stützen somit durchaus die Ansicht Baldwins (1899, S. 73), daß in der Peergroup praktiziert wird, was von den Erwachsenen gelernt wurde.

Andererseits ist es natürlich keine Frage, daß mit dem Alter der tägliche Anteil der Erwachsenen-Kind-Kontakte ab- und der Gleichaltrigen-Kind-Kontakte zunimmt und dadurch der Peer-Einfluß ein anderes Gewicht bekommen kann. So konnten Bixenstine, Decorte und Bixenstine (1976) mit einem von Bronfenbrenner entwickelten Fragebogen bei Grundschulkindern feststellen, daß ihre Bereitschaft, Fehlverhaltensweisen zu begehen, signifikant mit einem Verlust der Bindung an Erwachsene korrelierte. Im Gegensatz dazu hing diese Bereitschaft nicht mit den Haltungen gegenüber Gleichaltrigen zusammen.

Peer-Gruppendebatten in Schulklassen wurden oft erfolgreich eingesetzt, um das Moralische Urteil von Kindern zu fördern (Blatt & Kohlberg, 1975; Jensen & Murray, 1978; Power & Reimer, 1978). Es gibt auch Hinweise darauf, daß der altersgemischte Peerkontakt besonders förderlich für die Entwicklung von Fairness ist (vgl. Kap. 5.2.4). Es handelt sich um eine Beziehung, in der das jüngere Kind abhängig von dem älteren ist und das ältere gezwungen ist, sich um die Bedürfnisse des jüngeren zu kümmern. In einer Untersuchung von Bizman, Yinon, Mivtzari et al. (1978) verhielten sich israelische Kinder aus altersgemischten Kindergartengruppen gerechter als diejenigen aus altershomogenen Gruppen. Aber letztlich war es hauptsächlich die Funktion der Erwachsenen, durch direkte Intervention und indirekte Einflußnahme das Verständnis der Kinder für Recht und Unrecht zu schärfen. Dies galt für alle Altersgruppen.

Piaget hat sich nach seiner 1932 erschienenen Untersuchung „Das Moralische Urteil beim Kinde" nur noch sporadisch mit der sozialen bzw. sozial-kognitiven Entwicklung auseinandergesetzt. Es blieb anderen Forschern vorbehalten, den sozial-kognitiven Ansatz weiter zu verfolgen. Die eigentliche Forschungstradition zur sozial-kognitiven Entwicklung wurde um 1960 begründet. Amerikanische Psychologen entdeckten die frühen Ansätze von Piaget wieder, während dieser selbst in der Zwischenzeit seine genetische Epistemologie in bezug auf das Verständnis der physikalischen Welt weiterentwickelt hatte. Im Rahmen der sozial-kognitiven Forschungspraxis treten zwei Themenbereiche besonders hervor: das Moralische Urteil und die Rollenübernahme.

11.2 Das Moralische Urteil nach Kohlberg

Lawence Kohlberg stellte ein eigenes Modell zur Entwicklung des Moralischen Urteils vor, das auf Piagets Konzept aufbaut. Als Methode verwandte er ebenfalls einen flexiblen Interviewansatz. Die Geschichten, die er 10- bis 16jährigen Jungen vortrug, enthielten ein moralisches Dilemma. Kohlberg (1963) interessierte sich für die Kriterien und Orientierungen, nach denen die Probanden den Konflikt beurteilten.

Das bekannteste Beispiel ist folgende Geschichte:
Eine Frau lag im Sterben, sie hatte Krebs. Es gab ein Medikament, von dem die Ärzte annahmen, daß es helfen könnte. Es war eine Art von Radium, das von einem Apotheker derselben Stadt, in der die Frau lebte, vor kurzem entdeckt worden war. Das Mittel war teuer in der Herstellung, aber der Apotheker verlangte zehnmal mehr, als ihn die Herstellung des Mittels kostete. Er selbst mußte 200 Dollar für das Radium bezahlen, verlangte aber 2000 Dollar für eine kleine Dosis des Mittels. Heinz, der Ehemann der kranken Frau, ging zu jedem, den er kannte,um sich das Geld zu borgen. Er kam jedoch nur auf 1000 Dollar, die Hälfte des Preises. Er erzählte dem Apotheker, daß seine Frau im Sterben läge, und bat ihn, das Medikament billiger abzugeben oder ihn den Rest später bezahlen zu lassen. Aber der Apotheker sagte: ,,Nein, ich habe das Mittel entdeckt und will damit Geld verdienen.“ Heinz war verzweifelt und brach in die Apotheke ein, um das Mittel für seine Frau zu stehlen.
Einige der nachfolgenden Fragen lauteten sinngemäß:

Durfte Heinz das Medikament stehlen?

Hat der Ehemann die Pflicht, das Mittel für seine Frau zu stehlen, wenn er es auf andere Weise nicht bekommen kann?

Hatte der Apotheker das Recht, soviel zu verlangen, wenn es kein Gesetz gibt, das die Höhe des Preises festsetzt?

Wäre der Diebstahl ebenso gerechtfertigt, wenn die Kranke eine Fremde wäre und nicht die eigene Frau?

Heinz wird für den Diebstahl des Medikaments verhaftet. Soll der Richter ihn verurteilen oder freisprechen?

Von den Argumentationen der Probanden ausgehend konstruierte Kohlberg (1969/74) sechs Stadien der moralischen Entwicklung, die auf drei unterschiedlichen Niveaustufen angeordnet sind:

Niveau I. Präkonventionell:
Stadium 1. Heteronome Moralität
Stadium 2. Instrumenteller Individualismus und Austausch
Niveau II. Konventionell:
Stadium 3. Interpersonelle Übereinstimmung
Stadium 4. Sozialsystem
Niveau III. Postkonventionell:
Stadium 5. Sozialer Vertrag und individuelle Rechte
Stadium 6. Universale ethische Prinzipien

Das *präkonventionelle Niveau* kennzeichnet die Moralischen Urteile von Kindern unter neun Jahren. Auf diesem Niveau gibt es zwar eine Vorstellung von „gut“ und „schlecht“, aber die Regeln werden vor allem zur Vermeidung von Strafe und zur Befriedigung eigener Bedürfnisse befolgt. Die Orientierung an sozialen Normen charakterisiert dagegen das Urteilen auf dem *konventionellen Niveau,* gesellschaftliche Regeln werden verstanden und als solche gebilligt. Mit ca. 20 Jahren kann ein *postkonventionelles Niveau* erreicht werden, hier werden gesellschaftliche Regeln zwar auch akzeptiert und verteidigt, aber nur, wenn sie mit übergeordneten moralischen Prinzipien in Einklang stehen. Sie müssen so beschaffen sein, daß sie eine gute und gerechte Gesellschaft intendieren. Ein Beispiel für eine moralische Argumentation auf dem postkonventionellen Niveau ist folgende Antwort auf den Medikamenten-Diebstahl (Colby & Kohlberg, 1978, S. 362):

„Es ist zwar ein Verstoß gegen das Gesetz, aber ein moralisch gerechtfertigter. Gesetze gelten nur insoweit, als sie das Sittengesetz widerspiegeln, das alle vernünftigen Menschen akzeptieren können. Hier kommt die personale Gerechtigkeit ins Spiel: sie gilt es zu beachten. Sie bildet den Kern des Gesellschaftsvertrages. Eine Gesellschaft wird gegründet, um individuelle Gerechtigkeit zu schaffen, damit gewährleistet ist, daß die Ansprüche einer jeden Person in jeder Situation gleichwertig berücksichtigt werden, und zwar nicht nur diejenigen Ansprüche, die sich im Gesetz kodifizieren lassen. Personale Gerechtigkeit bedeutet: Behandle jeden Menschen als einen Zweck, nicht als ein Mittel."

Von den zwei Stadien, die auf jedem Niveau unterschieden werden, repräsentiert das zweite die fortgeschrittene Form des Niveaus (vgl. Tab. 16).

Tabelle 16: Die sechs Stadien des moralischen Urteils (nach Colby & Kohlberg, 1978)

Niveau und Stadium	Inhalt des Stadiums was Rechtens ist	Gründe, das Rechte zu tun	Soziale Perspektive des Stadiums
Niveau I – Präkonventionell *Stadium 1 – Heteronome Moralität*	Regeln einzuhalten, deren Übertretung mit Strafe bedroht ist: Gehorsam als Selbstwert, Personen oder Sachen keinen physischen Schaden zuzufügen.	Vermeiden von Bestrafung und die überlegene Macht der Autoritäten.	*Egozentrischer Gesichtspunkt.* Der Handelnde berücksichtigt die Interessen anderer nicht oder erkennt nicht, daß sie von den seinen verschieden sind, oder er setzt zwei verschiedene Gesichtspunkte nicht miteinander in Beziehung. Handlungen werden rein nach dem äußeren Erscheinungsbild beurteilt und nicht nach den dahinter stehenden Intentionen. Die eigene und die Perspektive der Autorität werden miteinander verwechselt.

Stadium 2 – Individualismus, Zielbewußtsein und Austausch	Regeln zu befolgen, aber nur dann, wenn es irgend jemandes unmittelbaren Interessen dient; die eigenen Interessen und Bedürfnisse zu befriedigen und andere dasselbe tun zu lassen. Gerecht ist auch, was fair ist, was ein gleichwertiger Austausch, ein Handel oder ein Übereinkommen ist.	Um die eigenen Bedürfnisse und Interessen zu befriedigen, wobei anerkannt wird, daß auch andere Menschen bestimmte Interessen haben.	*Konkret individualistische Perspektive.* Einsicht, daß die verschiedenen individuellen Interessen miteinander im Konflikt liegen, so daß Gerechtigkeit (im konkret-individualistischen Sinne) relativ ist.
Niveau II – Konventionell *Stadium 3 – Wechselseitige Erwartungen, Beziehungen und interpersonelle Konformität*	Den Erwartungen zu entsprechen, die nahestehende Menschen oder Menschen überhaupt an mich als den Träger einer bestimmten Rolle (Sohn, Bruder, Freund usw.) richten. „Gut zu sein" ist wichtig und bedeutet, ehrenwerte Absichten zu haben und sich um andere zu sorgen. Es bedeutet auch, daß man Beziehungen pflegt und Vertrauen, Loyalität, Wertschätzung und Dankbarkeit empfindet.	1. Das Verlangen, in den eigenen Augen und in denen anderer Menschen als „guter Kerl" zu erscheinen; 2. die Zuneigung zu anderen; 3. der Glaube an die goldene Regel; 4. der Wunsch, die Regeln und die Autorität zu erhalten, die ein stereotypes „gutes" Verhalten rechtfertigen.	*Perspektive des Individuums, das in Beziehung zu anderen Individuen steht.* Der Handelnde ist sich gemeinsamer Gefühle, Übereinkünfte und Erwartungen bewußt, die den Vorrang vor individuellen Interessen erhalten. Mittels der „konkreten goldenen Regel" bringt er unterschiedliche Standpunkte miteinander in Beziehung, indem er sich in die Lage des jeweils anderen versetzt. Die verallgemeinerte „System"-Perspektive bleibt noch außer Betracht.
Stadium 4 – Soziales System und Gewissen	Die Pflichten zu erfüllen, die man übernommen hat. Gesetze sind zu befolgen, ausgenommen in jenen extremen Fällen, in denen sie anderen festgelegten sozialen Verpflichtungen widersprechen. Das Recht steht auch im Dienste der Gesellschaft, der Gruppe oder der Institution.	Um das Funktionieren der Institution zu gewährleisten, um einen Zusammenbruch des Systems zu vermeiden, „wenn jeder es täte", oder um dem Gewissen Genüge zu tun, das an die selbstübernommenen Verpflichtungen mahnt (leicht zu verwechseln mit dem für das Stadium 3 charakteristischen Glauben an Regeln und Autoritäten; s. Text).	*Macht einen Unterschied zwischen dem gesellschaftlichen Standpunkt und der interpersonalen Übereinkunft bzw. den auf einzelne Individuen gerichteten Motiven.* Übernimmt den Standpunkt des Systems, das Rollen und Regeln festigt. Betrachtet individuelle Beziehungen als Relationen zwischen Systemteilen.

Niveau III – Postkonventionell oder Prinzipiengeleitet *Stadium 5 – Das Stadium des sozialen Kontrakts bzw. der gesellschaftlichen Nützlichkeit, zugleich das Stadium individueller Rechte*	Der Tatsache bewußt, daß unter den Menschen eine Vielzahl von Werten und Meinungen vertreten wird und daß die meisten Werte und Normen gruppenspezifisch sind. Diese „relativen" Regeln sollten im allgemeinen befolgt werden, jedoch im Interesse der Gerechtigkeit und weil sie den sozialen Kontrakt ausmachen. Doch gewisse absolute Werte und Rechte, wie *Leben* und *Freiheit,* müssen in jeder Gesellschaft und unabhängig von der Meinung der Mehrheit respektiert werden.	1. Ein Gefühl der Verpflichtung gegenüber dem Gesetz aufgrund der im Gesellschaftsvertrag niedergelegten Vereinbarung, zum Wohle und zum Schutze der Rechte aller Menschen Gesetze zu schaffen und sich an sie zu halten; 2. ein Gefühl der freiwilligen vertraglichen Bindung an Familie, Freundschaft, Vertrauen und Arbeitsverpflichtungen; 3. Interesse daran, daß Rechte und Pflichten gemäß der rationalen Kalkulation eines Gesamtnutzens verteilt werden, nach der Devise: „Der größtmögliche Nutzen für die größtmögliche Zahl".	*Der Gesellschaft vorgeordnete Perspektive.* Perspektive eines rationalen Individuums, das sich der Existenz von Werten und Rechten bewußt ist, die sozialen Bindungen und Verträgen vorgeordnet sind. Integriert unterschiedliche Perspektiven durch die formalen Mechanismen der Übereinkunft, des Vertrags, der Vorurteilslosigkeit und der angemessenen Veränderung. Zieht sowohl moralische wie legale Gesichtspunkte in Betracht, anerkennt, daß sie gelegentlich in Widerspruch geraten, und ist imstande, sie zu integrieren.
Stadium 6 – Das Stadium der universalen ethischen Prinzipien	Selbstgewählten ethischen Prinzipien zu folgen. Spezielle Gesetze oder gesellschaftliche Übereinkünfte sind im allgemeinen deshalb gültig, weil sie auf diesen Prinzipien beruhen. Wenn Gesetze gegen diese Prinzipien verstoßen, dann handelt man in Übereinstimmung mit dem Prinzip. Bei den erwähnten Prinzipien handelt es sich um universale Prinzipien der Gerechtigkeit: alle Menschen haben gleiche Rechte, und die Würde des Einzelwesens ist zu achten.	Der Glaube einer rationalen Person an die Gültigkeit universaler moralischer Prinzipien und ein Gefühl persönlicher Verpflichtung ihnen gegenüber.	*Perspektive eines „moralischen Standpunktes",* von dem sich gesellschaftliche Ordnungen herleiten. Es ist dies die Perspektive eines jeden rationalen Individuums, das das Wesen der Moralität anerkennt bzw. anerkennt, daß jeder Mensch seinen (End-) Zweck in sich selbst trägt und entsprechend behandelt werden muß.

Während das Stadium 1 auf dem präkonventionellen Niveau nur die eigenen Interessen berücksichtigt, wird im Stadium 2 auch der Standpunkt eines anderen verstanden. Im Stadium 3 wird auf der Grundlage wechselseitiger Beziehungen zwischen zwei oder mehreren Menschen geurteilt, dabei handelt es sich um Beziehungen der Fürsorge, des Vertrauens, der Wertschätzung usw. Das Stadium 4 berücksichtigt dagegen institutionelle Ganzheiten, es ist eine System-Perspektive, die Orientierung eines Menschen, der sich als Mitglied der Gesellschaft sieht. Typisch für Stadium 5 ist zwar, daß zwischen einem moralischen und einem legalistischen Standpunkt unterschieden wird. Diese stehen jedoch noch im Widerstreit, und erst auf Stufe 6 wird dem moralischen Standpunkt klar ein höheres Gewicht beigemessen.

Bezüglich der Entwicklung des Moralischen Urteils vertrat Kohlberg (1969/74) drei Überzeugungen:
1. Richtung: Die Entwicklung kann nur von Stufe 1 nach Stufe 6 verlaufen, wobei jedoch nicht zwingend ist, daß alle Personen die höheren Stufen erreichen.
2. Universalität: Sozialisationseinflüsse und kulturelle Bedingungen verändern die Sequenz nicht.
3. Irreversibilität: Der Entwicklungsfortschritt ist nicht rückgängig zu machen, es sei denn, in Form einer Regression.

Diese Überzeugungen gründen sich darauf, daß das Modell eng an das Stufenkonzept zur kognitiven Entwicklung von Piaget angelehnt ist (vgl. Kap. 11.1.1).

„Da moralisches Denken natürlich auch logisches Denken ist, hängt fortgeschrittenes moralisches Denken von fortgeschrittenem logischen Denken ab. Es scheint eine Parallelität zu bestehen zwischen dem moralischen Stadium eines Individuums und dem Stadium seines logischen Denkens. Ein Mensch, dessen logisches Denken sich im konkret-operatorischen Stadium befindet, kann über die präkonventionellen moralischen Stadien (1 und 2) nicht hinausgelangen. Ist sein logisches Denken nur teilweise formal-operatorisch, so bleibt er auf die konventionellen moralischen Stadien (3 und 4) beschränkt. Die Entwicklung des logischen Denkens ist eine notwendige, aber keine hinreichende Bedingung für die Entwicklung der Moralität. Bei vielen Individuen ist das logische Denken höher entwickelt als die Moralität, aber kaum jemand befindet sich in einem höheren moralischen als logischen Stadium" (Colby & Kohlberg, 1978, S. 355).

Als tragendes Strukturmerkmal für die Entwicklung des Moralischen Urteils sieht Kohlberg (1971, 1976) die soziale Perspektive, die jeweils auf einer bestimmten Stufe eingenommen wird (vgl. Kap. 11.3). Die Entwicklungssequenz der sozialen Perspektivenübernahme kennzeichnet das Niveau, auf dem ein Individuum andere Menschen wahrnimmt, deren Gedanken und Gefühle interpretiert und deren Rolle oder Stellung in der Gesellschaft beurteilt.

In der sozialen Perspektivenübernahme kommt nach Kohlberg nun wiederum das allgemeine kognitive Strukturniveau zum Ausdruck. Mehrere Autoren versuchen dementsprechend, Ableitungen zwischen den verschiedenen Bereichen des Denkens vorzunehmen und Parallelen aufzuzeigen (Kuhn, Langner, Kohlberg et al., 1977; Selman, 1974). Selman und Byrne haben explizit die Egozentrismus- vs. Rollenübernahme-Dimension mit dem Stufenkonzept Piagets verbunden. Sie unterstellen, daß

„soziale Rollenübernahme konzeptionell definiert werden kann auf der Grundlage des Strukturbegriffs" (1974, S. 806f.). Sie schlagen eine fünfstufige Sequenz vor:

1. Egozentrisches Stadium (4–6 Jahre): Das Kind kann den Standpunkt anderer nicht vom eigenen unterscheiden.
2. Stadium der sozial-informellen Rollenübernahme (6–8 Jahre): Das Kind kennt unterschiedliche Perspektiven, besitzt jedoch nicht die Fähigkeit, diese simultan zu koordinieren. Handlungen werden nach ihrer Intentionalität beurteilt.
3. Stadium der selbst-reflexiven Rollenübernahme (8–10 Jahre): Es gibt ein Bewußtsein darüber, daß andere die eigene Perspektive kennen.
4. Stadium der wechselseitigen Rollenübernahme: Das Kind gelangt zu der Überzeugung, daß es selbst und sein Interaktionspartner die Perspektive des anderen übernehmen können. Es besteht ein Verständnis für die Wechselseitigkeit sozialer Perspektiven.
5. Stadium der relativistischen Perspektive: Es besteht die Fähigkeit, die Perspektive eines generalisierten anderen oder eines sozialen Systems einzunehmen. Eine vollständige Reversibilität im Verständnis des sozialen Bezugssystems ist erreicht.

Die Stufen der Rollenübernahme und des Moralischen Urteils werden also als *voneinander abhängig* verstanden (Kohlberg, 1971; Selman, 1971; Selman & Damon, 1975).

Tabelle 17 stellt auf der Grundlage dieser Auffassung die Entwicklung des logischen Denkens, der Rollenübernahme und des Moralischen Urteils einander gegenüber. Die Stufenabfolgen erscheinen parallel. Hierin drückt sich jedoch mehr eine theoretische Überzeugung als ein empirisches Faktum aus. Eine voll parallelisierte Beziehung läßt sich durch empirische Studien nicht nachweisen. Die Kohlberg-Gruppe sieht sich somit gezwungen, die Art des strukturellen Zusammenhangs wie folgt zu kennzeichnen:

- Das logische Denken ist eine notwendige, aber nicht hinreichende Bedingung für die soziale Perspektive, und
- diese ist eine notwendige, aber nicht hinreichende Bedindung für das Moralische Urteil.

Welche Bedingungen zu den kognitiven Voraussetzungen noch hinzukommen müssen, wird nicht klar gesagt. Untersucht wurden vor allem kulturelle oder subkulturelle Anregungsbedingungen.

Kohlberg unterscheidet folgende Gruppen von Anregungsbedingungen für die Entwicklung des Moralischen Urteils:

„Rein kognitive" Stimulierungen: Bedingungen, die die allgemeine intellektuelle Entwicklung fördern, schaffen die notwendigen Voraussetzungen für eine den höheren Stufen entsprechende moralische Argumentation. In einigen isolierten Dörfern konnte nur selten formal-operatorisches Denken nachgewiesen werden und dementsprechend auch selten ein Urteil auf dem postkonventionellen Niveau.

Möglichkeiten zur Rollenübernahme: Moralisches Urteilen erfordert die Fähigkeit, andere Perspektiven einzunehmen. Das Niveau der sozialen Perspekti-

Tabelle 17: Beziehung zwischen den Stufen des logischen Denkens, der Rollenübernahme und des Moralischen Urteils (aus: Eckensberger & Reinshagen, 1980, S. 93)

	Bereiche des Denkens	
Logisches Denken	Rollenübernahme	Moralisches Urteil
Symbolisch-vorbegriffliches Denken	Egozentrische Perspektive	Vormoralische Stufe
Konkrete Operationen 1 Kategoriale Klassifikation	Soziale, informelle Rollenübernahme	*Stufe 1:* Strafe/Gehorsamsorientierung
Konkrete Operationen 2 reversibles konkretes Denken	Selbstreflexive Rollenübernahme	*Stufe 2:* Instrumenteller Hedonismus, konkrete Reziprozität
Formale Operationen 1 Relationen, die das Inverse des Reziproken beinhalten	Gegenseitige (mutuelle) Rollenübernahme	*Stufe 3:* Orientierung an interpersonellen Beziehungen und Gegenseitigkeit
Formale Operation 2	Rollenübernahme mit (konventionellen) Systemen	*Stufe 4:* Erhaltung der sozialen Ordnung, feste Regeln, Autoritäten
Formale Operationen 3	Relativistische Perspektive	*Stufe 5a:* Soziale Kontrakte, Nützlichkeitserwägungen bei der Festlegung von Gesetzen
		Stufe 5b: Orientierung an höheren Gesetzen und am Gewissen
		Stufe 6: Orientierung an universellen ethischen Prinzipien

venübernahme bildet ein entscheidendes Strukturmerkmal dieser Entwicklungssequenz. Dementsprechend sind soziale Erfahrungen, die Gelegenheit zur Perspektivenübernahme bieten, förderlich für die Entwicklung des Moralischen Urteils. So erklärt Kohlberg (1976) den positiven Zusammenhang zwischen sozialer Schichtzugehörigkeit und Moralischem Urteil unter anderem damit, daß Mittelschichtangehörige mehr Gelegenheit haben, den Standpunkt von unpersönlichen Instanzen in Recht, Wirtschaft und Verwaltung etc. einzunehmen und zu verstehen.

Die moralische Atmosphäre bzw. das in einer Gruppe oder Institution wahrgenommene moralische Niveau: Ein Individuum kann in seinem sozialen Urteil dadurch gefördert werden, daß es sich in einem Milieu befindet, das einen höheren moralischen Entwicklungsstand hat als es selbst. Kohlberg, Scharf und Hickey (1972) konnten dies am Beispiel der moralischen Atmosphäre verschiedener Gefängnisse nachweisen. In einem Frauengefängnis verbesserten sie das institutionelle Niveau in Richtung auf eine „gerechte Gesellschaft". Es gab unter anderem eine demokratische Selbstverwaltung durch Gemeinschaftsentscheidungen und Diskussionen über moralische Probleme. Das Programm führte zu einer Förderung des Moralischen Urteils und später auch zu Verhaltensänderungen.

Kognitiv-moralischer Konflikt: Die genetische Epistemologie von Piaget postuliert, daß der kognitive Strukturwandel begleitet wird von wahrgenommenen Widersprüchen und kognitiven Konflikten. Diese zwingen den Menschen zur Reorganisation des Denkens auf einer höheren Stufe. Denselben Mechanismus nimmt Kohlberg für die Entwicklung des moralischen Denkens in Anspruch. Der kognitiv-moralische Konflikt kann erlebt werden, wenn die eigenen Urteile in Inhalt und Form vom Denken bedeutsamer Bezugspersonen abweichen. Auf dieser Basis wurden Programme zur Diskussion moralischer Fragen in Schulen entwickelt (Blatt & Kohlberg, 1975; Colby, Kohlberg, Fenton et al., 1977).

Die Bedeutung der Anregungsbedingungen besteht nicht darin, daß sie die Stufensequenz des Moralischen Urteils als solche konstituieren oder verändern könnten; denn diese folgt einer universellen Entwicklungslogik. Sie können jedoch die Entwicklung fördern und somit das erreichte Niveau mitbestimmen. So urteilten in den kulturvergleichenden Forschungen auch ältere Probanden (über 20 Jahre) am häufigsten auf der Stufe 3, wenn sie aus abgeschlossenen kulturellen Gruppen (Edwards, 1974) oder familienzentrierten Kulturen (Parikh, 1975) stammten. Urteile auf höheren Stufen fand man vor allem in der amerikanischen Mittel- und Oberschicht.*)

Obwohl Kohlberg (1969/74) den Übergang zwischen Stufe 3 und 4 innerhalb eines Niveaus, dem Konventionellen Stadium, lokalisiert, scheint hier eine Zäsur von prinzipieller Bedeutung zu liegen. So bezieht sich das Denken in den ersten drei Stufen auf konkrete Individuen und konkrete interpersonale Beziehungen. Die höheren Stufen implizieren dagegen eine Orientierung am sozialen System und

*) Oft zitiert werden in diesem Zusammenhang die Untersuchungen mit politisch aktiven Studenten in den USA zum Thema Vietnam-Krieg und Bürgerrechtsbewegung (Haan, Smith & Block, 1968).

dessen Regulationsprinzipien. Man kommt so zu einer Differenzierung zwischen einer „interpersonalen" und „formalen" moralischen Argumentation.

Aufgrund von Sozialisationseinflüssen scheinen Frauen eher auf einer interpersonalen und Männer eher auf einer formalen Grundlage zu urteilen. Erfahrungen mit dem außerfamiliären sozialen System („der Gesellschaft") und insbesondere Anregungsbedingungen der Arbeitswelt scheinen eine formale Moral zu begünstigen, bei der Gerechtigkeit und Gleichheit die einzige Basis zur Lösung von Konflikten darstellt. Bei der interpersonalen Moral ist dagegen auch die affektive Beziehung zwischen konkreten Individuen wichtig. Frauen berücksichtigen dementsprechend häufiger auch eine empathische Orientierung (Holstein, 1976).

Man kann somit die Vermutung aussprechen, daß die höheren Stufen im Gegensatz zu Kohlberg nicht unbedingt als hierarchisch anzusehen sind, sondern alternative Orientierungen darstellen, bei denen soziale Erfahrungen von ausschlaggebender Bedeutung sind (Edwards, 1974).

11.3 Egozentrismus und Perspektivenübernahme

11.3.1 Die Konzepte

Der Egozentrismus ist in der Theorie Piagets ein Spezialfall der intellektuellen Zentrierung des Kindes; er wird in einem ausschließlich kognitiven Sinn verstanden. Er bezeichnet die Unfähigkeit, die Perspektive eines anderen einzunehmen und die eigene Sichtweise als eine von mehreren möglichen zu begreifen. Der ihm entgegengesetzte Begriff, der eine entsprechende Dezentrierung ausdrückt, ist die Perspektivenübernahme. Als synonyme Bezeichnung findet man häufig den Begriff Rollenübernahme (role-taking).

Dieser Terminus geht auf George Herbert Mead (1934) zurück, der jedoch ein anderes Erkenntnisinteresse verfolgte als Piaget. In der von ihm entwickelten Theorie des symbolischen Interaktionismus geht er der Frage nach, wie der Mensch durch Kommunikation zu einem System von intersubjektiven Bedeutungen (shared meanings) gelangt. Er erklärt dies damit, daß man als Sprecher seine eigenen Äußerungen auch akustisch wahrnimmt, also gleichzeitig die Position des Hörers einnimmt. Bei der Interaktion hegt man immer Erwartungen an das Verhalten des anderen und antizipiert dessen Sichtweisen und Erwartungen. Gleichzeitig gehen wir davon aus, daß der andere unsere Sicht und Erwartungen antizipiert – also ebenfalls Rollenübernahme betreibt. Rollenübernahme in diesem Sinne umfaßt kognitive und affektive Aspekte.

Piaget selbst hatte den kindlichen Egozentrismus empirisch vor allem in zwei Bereichen nachgewiesen: im Wahrnehmungsbereich und in der Sprachentwicklung.

Das bekannteste Beispiel aus dem Wahrnehmungsbereich ist wohl der „Drei-Berge-Versuch" (Piaget & Inhelder, 1975). Abbildung 18 zeigt das Versuchsarrangement.

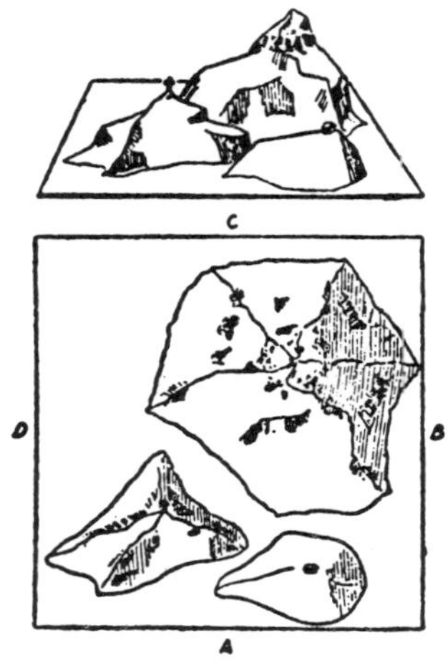

Abb. 18: Das Drei-Berge-Modell von Piaget und Inhelder (nach Piaget & Inhelder, 1975)

Es handelt sich um ein Modell aus Pappmaché mit einer Standfläche von 1 m^2. Es stellt drei Berge dar, die eine Höhe zwischen 12 und 30 cm haben. Das Kind sieht das Modell vom Standort A aus – also aus einer Perspektive, wie sie etwa dem oberen Teil der Abbildung entspricht. Der Versuchsperson werden dann zehn verschiedene Bilder gezeigt, die das Gebirgsmassiv aus verschiedenen Blickwinkeln darstellen. Zum Versuchsmaterial gehört dann noch eine Holzpuppe, die an die Standorte B, C oder D gebracht wird. Das Kind soll entscheiden, welcher Standort zu welcher Perspektive auf den Bildern gehört. Auf der Stufe des anschaulichen Denkens wird nun die eigene Perspektive auch der Puppe zugeschrieben. Das Kind betrachtet die eigene Ansicht als absolut. Erst auf der Stufe der konkreten Operationen kommt es zu einer wachsenden Differenzierung und Koordinierung der Perspektiven.

Den Egozentrismus in der kindlichen Sprache behandelte Piaget bereits 1923 in seinem frühen Werk „Le language et la pensée chez l'enfant". Piaget klassifizierte die Kindersprache in zwei Gruppen, die er egozentrische und sozialisierte Sprache nannte. „Wenn das Kind Sätze der ersten Gruppe spricht, kümmert es sich nicht darum, mit wem es spricht und ob man ihm zuhört. Es spricht entweder mit sich selbst oder des Vergnügens willen, irgendjemanden an seiner unmittelbaren Handlung teilnehmen zu lassen. Diese Sprache ist egozentrisch zunächst einmal, weil das Kind nur von sich erzählt, vor allem aber, weil es nicht versucht, auf den Standpunkt des Zuhörers einzugehen. Sein Gesprächspartner ist der erstbeste. Das Kind erwartet von ihm nur scheinbares Interesse ..." (Piaget, 1982, S. 21). Im Gegensatz zur egozentrischen Sprache ist die sozialisierte Sprache dadurch gekennzeichnet, daß sich das Kind an verschiedene und ganz bestimmte Gesprächspartner wendet und daß es spricht, damit sein Gegenüber ihm zuhört und es versteht. Die sozialisierte Sprache hat also die Funktion des Mitteilens und Austauschens von Gedanken. Diese Funktion kann die Sprache nach Piaget erst auf der Stufe der konkreten Operationen erhalten, weil dies die Fähigkeit zur Differenzierung und Koordination der Perspektiven voraussetzt.

Aus den Defiziten in den kommunikativen Fähigkeiten von Kindern bis zum Alter von sieben bis acht Jahren ergeben sich nach Piaget unmittelbare Auswirkungen auf die Entwicklung der sozialen Interaktion zwischen Kindern. So schließt er aus den Beobachtungen, „daß die Kinder bis zu einer bestimmten Altersstufe – die Grenze liegt bei 5 bis 7 1/2 Jahren – im allgemeinen lieber einzeln und allein als in Gruppen, selbst zu zweit, arbeiten" (Piaget, 1982, S. 19). Als Piaget sein Konzept des Egozentrismus in den 20er Jahren erläuterte, stieß es vorwiegend auf Ablehnung. Die auf ihm beruhenden Untersuchungsergebnisse wurden als Artefakte der Untersuchungssituation und als ökologisch invalide angesehen.

Durch die grundlegende theoretische Arbeit von Flavell, Botkin, Frey et al. (1968) wurde das Konzept des Egozentrismus wiederentdeckt und unmittelbar auf den Bereich des Sozialen übertragen. Der sozial-psychologische Aspekt bekam ein stärkeres Gewicht als dies in der Tradition der Genfer Schule der Fall war, die primär an der Intelligenzentwicklung und erst in zweiter Linie an den Implikationen für andere Entwicklungsbereiche interessiert war.

Die Fähigkeit, den sozialen Egozentrismus zu überwinden, also die Fähigkeit zur Perspektivenübernahme, wurde mit dem Begriff „role-taking" gleichgesetzt, woraus in der deutschen Übersetzung von Flavell, Botkin, Fry et al. (1975) der Terminus „Rollenübernahme" geschaffen wurde. Zu diesem Thema entstand eine eigene umfangreiche Forschungsrichtung.*

11.3.2 *Empirische Forschungen und ihre Folgerungen*

Empirische Untersuchungen mit sogenannten „role-taking-tasks" (RTT) liegen in größerer Anzahl vor. Die Ergebnisse stützen im großen und ganzen die These, daß sich Egozentrismus bei Kindern altersabhängig nachweisen läßt und die soziale Perspektivenübernahme erschwert bzw. bei jüngeren Kindern unmöglich macht. Steiner sieht es dementsprechend als erwiesen an, „daß kognitive Fähigkeiten eine notwendige Voraussetzung für den Erwerb sozialer Fähigkeiten sind. Die für ein bestimmtes Entwicklungsniveau charakteristischen kognitiven Verhaltensweisen

*) Zu diesem Thema existieren Übersichten von Chandler 1977; Geulen, 1982; Hoffman, 1970; Keller, 1980; Shantz, 1975; Waller, 1978)

sind die notwendige, wenn auch nicht die hinreichende Voraussetzung für die sozialen Verhaltensweisen auf entsprechender Entwicklungsstufe" (1978, S. 325).

Flavell, Botkin, Fry et al. (1968) erdachten z. B. folgende Versuchsanordnungen, die sich an dem Drei-Berge-Versuch nach Piaget und Inhelder (1975) orientierten:

1. Auf einem Tisch werden verschiedene Objekte aufgebaut. Das Kind soll angeben, wie der Versuchsleiter, der am anderen Ende des Tisches sitzt, die Objektanordnung sieht.
2. Kinder sollen ein Spielzeug beschreiben, und zwar einmal für eine Person, die das Spielzeug selbst sieht, und zum anderen für eine, die es nicht sehen kann. Mit zunehmendem Alter können die Kinder die Situation des Zuhörers besser mitberücksichtigen.
3. Die Kinder sollen geometrische Figuren beschreiben, so daß ein Erwachsener sie nachzeichnen kann. Der Versuch wird wiederholt mit der Begründung, der Erwachsene sei nicht zurechtgekommen. Erst Kinder ab etwa sechs Jahren verbessern mit dem Alter zunehmend ihre Leistungen, weil sie die Perspektive des Zuhörers nach der negativen Rückmeldung besser berücksichtigen.

Ähnliche Ergebnisse zeigten sich bei Untersuchungen mit Cartoons und Bildergeschichten. Mit steigendem Alter waren die Kinder eher in der Lage, sich in die Situation eines Versuchspartners zu versetzen, der die Bilder nur unvollständig gesehen hatte. Wenn der eigene Informationsvorsprung auch in die Beschreibung aus der Sicht der weniger gut informierten Person einfloß, so wurde dies als egozentrischer Fehler in der sozialen Perspektivenübernahme gewertet (Chandler, 1973; Miller, Kessel & Flavell, 1970; Rubin, 1978).

Es gab bei den Untersuchungen mit role-taking-tasks jedoch auch abweichende Befunde, die dem tradierten Verständnis von Egozentrismus widersprachen. Fishbein, Lewis und Keiffer (1972) fanden, daß die räumliche Perspektivenübernahme bei Drei- bis Neunjährigen eine Funktion zweier Faktoren war: Stimuluskomplexität des Versuchsmaterials und Art der Antwortvorgabe (Manipulieren mit dem Material war leichter als Fotografien aussuchen). Huttenlocher und Presson (1973) fanden gar keine Beziehung zum Alter, sondern nur zur Aufgabenart. Sie folgerten, daß die egozentrische Lösung nicht auf die frühe Kindheit beschränkt sei. Hoy (1974) fand bei Sechs-, Acht- und Zehnjährigen eine Abhängigkeit von der Art und Anzahl der Dimensionen der Aufgabenanordnung, die gleichzeitig berücksichtigt werden mußten (z. B. vorne – hinten, links – rechts, Variationen in der Form) sowie der Art der geforderten Lösung (z. B. die Perspektive des anderen mit Blöcken nachbauen oder das richtige Foto auswählen).

In einer Serie von Untersuchungen präsentierte Borke (1971, 1972, 1975) Drei- bis Sechsjährigen einfache, altersangemessene role-taking-Aufgaben. Den Kindern wurden kurze Geschichten erzählt und dann wurde gefragt, wie sich ein anderes Kind in verschiedenen Situationen fühlen würde. Ein Set von Aufgaben enthielt Geschichten, die ein Kind im allgemeinen glücklich, ängstlich, traurig oder wütend machen. Ein zweiter Set enthielt Geschichten, in denen sich das Kind so verhielt, daß ein anderes glücklich usw. gemacht wurde. Zuvor hatten die Kinder diese Grund-Emotionen auf gezeichneten Gesichtern identifiziert. Die Zeichnungen dienten dann dazu, die Gefühle der Kinder in der Geschichte anzugeben. Die Ergebnisse zeigten, daß Dreijährige mit sehr unterschiedlichem kulturellen und sozio-ökonomischen Hintergrund „glücklich" und „unglücklich" bei den Gefühlen anderer unterscheiden konnten.

Schließlich verwendete Borke (1975) den Drei-Berge-Versuch, um dessen Altersunangemessenheit nachzuweisen. Es wurden zwei wesentliche Veränderungen vorgenommen. Zum einen wurden als Stimulusmaterial bekannte Objekte benutzt, und zum anderen konnten die Kinder das dreidimensionale Modell drehen und so die wirkliche Perspektive eines anderen mit ihrer Überzeugung vergleichen (Abb. 18, S. 276). Bei dieser Anordnung sagten 80 Prozent aller Versuchspersonen die Wahrnehmung eines anderen richtig voraus. Nach der Anordnung von Piaget und Inhelder (1975) waren es nur 42 Prozent der Drei- und 67 Prozent der Vierjährigen. Die Versuchsanordnung ist somit eine entscheidende Variable. Einfach differenzierbare Objekte sind das richtige Stimulusmaterial, um Kindern Erkennen und Erinnern zu ermöglichen. Aber selbst mit dem Drei-Berge-Aufbau waren Vierjährige erfolgreich, wenn sie das Modell rotieren konnten. Die Auswahl eines zweidimensionalen Bildes ist erst für Sieben- bis Achtjährige altersangemessen. Bei altersangemessenen Aufgaben können schon Drei- bis Vierjährige die Perspektive einer anderen Person einnehmen. Der frühkindliche Egozentrismus ist somit abhängig von der Aufgabenart und -präsentation. Häufig läßt er sich auf Überforderung zurückführen und nicht auf eine originäre Orientierung, die für diese Altersstufe charakteristisch ist.

Dementsprechend folgert Donaldson (1982), daß Kinder schon früher, als von Piaget angenommen, den Standpunkt eines anderen einnehmen können, wenn die Aufgaben aus der kindlichen Erfahrungswelt stammen und einfach strukturiert sind. Die Perspektivenübernahme darf somit nicht als eindimensionale und globale Fähigkeit betrachtet werden.

Selbst zwischen Aufgaben, die spezifische Aspekte des Egozentrismus messen sollen, sind die Korrelationen häufig sehr niedrig. Mit den verschiedenen Aufgabentypen wurden auch verschiedene Fähigkeitsaspekte gemessen. Es ergab sich aber keine Konstellation, der man den globalen Namen Egozentrismus geben könnte (Ford, 1979; Kurdek, 1978; Rubin, 1978). Hinzu kommt, daß die Testergebnisse keine eindeutigen Zusammenhänge mit offenem Verhalten wie Teilen oder Helfen aufwiesen (Kurdek, 1978; Strayer, 1980).

Durch Forschungen, die nicht zur Gruppe der role-taking-tasks gehören, wurde das Postulat von einem generellen Egozentrismus des Kindes in den ersten sieben bis acht Lebensjahren noch eindeutiger widerlegt:

Eine Reihe von Untersuchungen weist nach, daß die Interaktionen zwischen Klein- und Vorschulkindern keinesfalls egozentrisch sind, sondern statt dessen kontingent und responsiv. Asher (1978, S. 101) gesteht zwar zu, daß es gelegentlich kollektive Monologe geben mag, meint aber, daß dies nicht typisch für die Peer-Kommunikation ist. Nach Garvey und Hogan (1973) sowie Mueller (1972) unterhalten sich Drei- bis Fünfjährige in 60 Prozent der Dialoge über eine längere Zeit über ein gemeinsames Thema. Sie zeigen sich auch sensibel dafür, welche speziellen Informationen der Zuhörer aufgrund seiner Vorkenntnisse benötigt. Shatz und Gelman (1973) berichten, daß Vierjährige Gegenstände abhängig davon beschreiben, ob der Zuhörer ein zwei- oder ein dreijähriges Kind ist. Das Besondere an diesen Studien ist, daß es sich nicht um experimentelle Designs, sondern um Felduntersuchungen handelt. Ihre ökologische Validität ist darum hoch einzuschätzen.

Eine weitere Gruppe von Untersuchungen bezieht sich auf das prosoziale und altruistische Verhalten von Kindern (Bryan, 1975). Bereits Kleinkinder vermögen den seelischen Schmerz eines Altersgenossen nachzuempfinden. Vorschulkinder bemühen sich, die innere und äußere Notsituation zu lindern. Sie versuchen zu trösten und dem Betreffenden in seiner bedrängten Lage zu helfen. Dies bedeutet, daß sie sich in dessen Notsituation hineinversetzen können (vgl. Kap. 10.2.3 und 11.5.4). Beobachtungsstudien weisen nach, daß schon Ein- bis Zweijährige zur Perspektivenübernahme fähig sind. Borke (1972) berichtete über einen 15 Monate alten Jungen, der unachtsamerweise ein kleineres Kind umwarf. Er umarmte den schreienden Jüngeren zunächst und versuchte, ihm aufzuhelfen. Als dies den Spielkameraden nicht beschwichtigen konnte, blickte der Junge im Raum umher, fand die Saugflasche und reichte sie ihm.

Schließlich gibt es neuere Forschungen, die sich mit besonders engen Beziehungen zwischen Kindern beschäftigen. Kinder unterhalten bereits vor dem Schuleintritt enge Freundschaften. Diese sind durch ein hohes Maß an Reziprozität gekennzeichnet. Die Kinder differenzieren in ihrem Verhalten sehr genau danach, in welcher Beziehung sie zu ihrem Interaktionspartner stehen (vgl. Kap. 5.4).

Die genannten Widersprüche sind natürlich auch den zeitgenössischen Vertretern der Genfer Schule nicht verborgen geblieben. So vermutet Steiner (1978, S. 324), daß die role-taking-Aufgaben „komplexer" und „anspruchsvoller" seien als die stärker an Alltagssituationen orientierten Studien.

Die eingehende Analyse der zu diesem Themenbereich durchgeführten Untersuchungen legt die Vermutung nahe, daß es nicht an der Komplexität der Aufgaben liegt, denn die Experimente stellen gegenüber realen sozialen Situationen eine Reduktion von Bedingungsvariablen dar. Sehr wohl aber liegt ein Aspekt zur Lösung des Problems in der Wahl der Aufgaben – allerdings in dem Sinne, daß in sie implizite Annahmen über die soziale Schemabildung eingegangen sind, die nicht zutreffen.

Erstens wird angenommen, daß der sozialen und der physikalischen Schemabildung dieselben assimilatorischen und akkommodatorischen Prozesse zugrunde liegen. Dadurch konnte die Drei-Berge-Aufgabe von Piaget eine derart paradigmatische Bedeutung erhalten und als Prototyp nicht nur für den räumlichen, sondern auch für den sozialen Egozentrismus dienen. Das einzige, was verändert werden mußte, um nicht mehr vom räumlichen, sondern vom sozialen Egozentrismus zu sprechen, war das Objekt des Denkens. Das Attribut „sozial" wurde den Aufgaben lediglich deswegen zugesprochen, weil es sich um das Denken über das Denken einer anderen Person handelte. Die soziale Beziehung wurde also auf kognitive Urteilsprozesse über andere eingeschränkt.

Zweitens sind nun aber Austauschprozesse zwischen der materiellen und der sozialen Umwelt qualitativ unterschiedlich (Lee, 1975). Die materielle Umwelt ist im engeren Sinne des Wortes manipulierbar. Die Information, die man dadurch über das Objekt erhält, ist relativ stabil über Zeit und Raum. Das Objekt verändert sich wenig durch situative Bedingungen. Das Kind kann daher mit zunehmender Intelligenz relativ leicht Merkmale abstrahieren. Diese zunehmende Abstraktion kann – wie Piaget es tut – als gleichbedeutend mit intellektueller Kompetenz angesehen werden. Soziale Kompetenz äußert sich demgegenüber ganz anders. Die Welt des Sozialen ist viel variabler als die Welt der Objekte. Menschen verhalten sich unterschiedlich je nach Stimmung, Situation, Alter, Geschlecht, Intimitätsgrad usw. (vgl. Kap. 3.2).

Wie kommt das Kind nun zu angemessenen sozialen Verhaltensweisen? Es wird in soziale Bezugssysteme hineingeboren und übernimmt die Interaktionsstrategien, die dort gültig sind. Es stellt keine Urteilsprozesse über andere an und erwirbt auch kein Konzept über das Verhalten eines bestimmten Menschen als solchem. Vielmehr geht es von der konkreten Beziehungsform aus, in der es zu jemand anderem steht. Sein Wissen stammt nicht aus Reflexionen über andere, sondern aus Interaktionen mit ihnen. Es entwickelt ein Konzept über das Verhalten in spezifisch definierten Beziehungen (Youniss, 1980, 1983).

Das Denken des Kindes bezieht sich also auf die Regeln der Interaktion und nicht auf die Rekonstruktion der Gedanken des Interaktionspartners. Die Kinder entwickeln Vorstellungen von bestimmten Beziehungsebenen und von den Gesetzen, die sie prägen. Im Umgang mit anderen besitzen sie z. B. sehr früh unterschiedliche Konzepte von Freundschafts- und von Autoritätsbeziehungen (Damon, 1977). Wenn sich das Denken des Kindes also auf Interaktionsstrategien und nicht auf Urteile über andere bezieht, dann können die sozialen Fähigkeiten des Kindes auch nur in solchen Untersuchungen zur Geltung kommen, die die Interaktion zum Gegenstand haben, und nicht in solchen, die die Interaktion bewußt ausblenden. Die Reduktion der role-taking-tasks auf reine Urteilsprozesse bedeutet, daß auch die wesentlichste Qualität der sozialen Welt, die in der Interaktion zum Ausdruck kommt, nicht berücksichtigt wird.

Beim Urteilen über das Denken einer anderen Person handelt es sich um einen Teilaspekt im sozialen Austausch. Man kann zugestehen, daß diese Fähigkeit verstärkt vom Schulkindalter an die sozialen Handlungsmöglichkeiten bereichert (etwa bei strategischen Überlegungen). Man kann jedoch daraus nicht schließen, daß das Kind vorher noch nicht zur sozialen Interaktion fähig ist. Diese unzulässige Schlußfolgerung hat ihre Wurzel darin, daß man von einem „kognitiven Primat" (Cairns, 1979) ausging. Piaget hielt die Entwicklung der Erkenntnisleistungen für die Grundlage und Voraussetzung aller menschlichen Fähigkeiten. Dabei unterschied er nicht zwischen Erkenntnisleistungen im sozialen und im materiellen Bereich (vgl. Kap. 11.5).

11.3.3 Entwicklung der sozialen Perspektivenübernahme

Nicht nur die neuere Forschung widerspricht dem Konzept des frühkindlichen Egozentrismus, sondern auch die Logik von Piagets eigener Theorie, die vorsieht, daß Entwicklung in einer Sequenz erfolgt. Piagets eigene Beobachtungen liefern

Anhaltspunkte dafür, daß dies nicht nur für das kognitive Strukturniveau, sondern auch für die Perspektivenübernahme gilt. Er bezeichnete die Objektpermanenz als den ersten Schritt in der Entwicklung zum abstrakten Denken. Sie bedeutet auch einen Fortschritt für die interpersonalen Beziehungen. Mit dem Übergang zum präoperativen Denken, den Piaget bei ca. 18 Monaten festlegt, erwirbt das Kind die intellektuelle Kapazität zur geistigen Repräsentation des anderen; es wächst also das Bewußtsein der getrennten Individualitäten des Selbst und des anderen (Borke, 1978).

Empathische Reaktionen von Kindern dieser Altersstufe beobachteten sowohl Piaget (1967) als auch Mead (1934). Während Piaget dem geringe Bedeutung beimaß, erkannte Mead jedoch, daß Mitgefühl die Übernahme der Einstellung oder Rolle des anderen einschließt. Mead sah die Anfänge des sozialen Selbst schon im imaginativen Spiel des Zwei- bis Dreijährigen. Die einfachste Form der Rollenübernahme sei, „jemand anders gegenüber seinem Selbst sein" (1934, S. 151).

Die Rollenübernahme-Fähigkeiten sind beim präoperativen Kind durch die kognitiven Fähigkeiten begrenzt. Die Perspektivenübernahme ist beschränkt auf unmittelbare, einfache Situationen, die im Bereich der eigenen Lebenserfahrung liegen. Das Entscheidende ist jedoch, daß es im Gegensatz zu Piaget kein Fehlen einer Differenzierung zwischen der eigenen und der Perspektive eines anderen gibt. Schon Kinder im zweiten Lebensjahr sind zur Perspektivenübernahme fähig. Ebenso wie in bezug auf die kognitive Entwicklung liegen hier die Anfänge der Rollenübernahme-Fähigkeiten, die sich mit zunehmendem Alter verbessern und differenzieren.

Die Rollenübernahme muß analytisch von konzeptionellen Systemen getrennt werden, ist jedoch inhaltlich mit diesen verbunden. Zum einen ist die Rollenübernahme eine Methode, um Informationen zu sammeln, die zur Bildung von Konzepten herangezogen werden können. Zum anderen setzt Rollenübernahme manchmal das Verständnis von Konzepten voraus. Wenn ein Vierjähriger das Verhalten eines Zehnjährigen bei einer Konservationsaufgabe voraussagen soll, wird er wahrscheinlich scheitern, weil er das Erhaltungskonzept nicht kennt, von dem sich der Ältere leiten läßt. Diese Konfundierung beider Aspekte findet bei allen role-taking-Untersuchungen statt. Die Untersuchungssituation erfordert immer beides: Rollenübernahme-Fähigkeit und ein Verständnis für die Aufgabe.

11.4 Weitere Forschungen zur sozial-kognitiven Entwicklung: Bereiche sozialen Wissens

Turiel (1983, S. 62f.) bemühte sich – über die beiden dominierenden Themen „Moralisches Urteil" und „Egozentrismus vs. Perspektivenübernahme" hinaus – um eine *Klassifikation* der gesamten Forschung zur sozial-kognitiven Entwicklung (vgl. Tab. 18). Er unterscheidet zwei grundlegende Forschungsstrategien:

Erstens gibt es Untersuchungen, in denen ein bestimmter sozialer Bereich durch die Anwendung des Stufenmodells analysiert wird. Ein Beispiel hierfür ist die Annahme Kohlbergs (1966), daß die Geschlechtsrollenkonzepte durch die Stufen der kognitiven Entwicklung bestimmt werden. Das Konzept der Konservation (von Mengen, Substanzen oder Gewicht) wurde dahingehend übertragen, daß auch eine invariante Geschlechtsidentität erst auf der Stufe der konkreten Operationen möglich sei. Des weiteren wurden einige soziale Bereiche auf der Grundlage von Konzepten aus anderen sozialen Bereichen erforscht. So wurden Fragen zur Sexualität an Adoleszenten einfach auf der Basis der Stufen zum Moralischen Urteil interpretiert.

Tabelle 18: Untersuchte Themengebiete des sozialen Urteils bis 1979 (nach Turiel, 1983, S. 62f)

I. Untersuchungen, in denen bestehende (ältere) entwicklungspsychologische Analysen direkt auf den sozialen Bereich angewandt wurden

A) Anwendung der Stufen-Formulierungen Piagets (logisch-mathematische und physikalische Konzepte)

Thema	*Literatur*
Geschlechtsrolle	Kohlberg (1966) Emmerich, Goldman, Kirch & Sharabany (1977) Marcus & Overton (1978)
Geschlechtsidentität	DeVries (1969)
Altruismus	Bar-Tal, Raviv & Sharabany (1977)
Tod	White, Elson & Prawat (1978)

B) Anwendung von Werners orthogenetischem Prinzip

Thema	*Literatur*
Beschreibung von Personen: Gleichaltrige	Scarlett, Press & Crockett (1971)
Beschreibung von Personen: Geschwister	Bigner (1974)
Selbst	Montemayor & Eisen (1977)

C) Anwendung von Kohlbergs Stufen des moralischen Urteils

Thema	*Literatur*
Sexualität	Gilligan, Kohlberg, Lerner & Belenky (1970) Stein (1973)
Politik	Lockwood (1976)
Altruismus	Krebs (1978)

Fortsetzung Seite 284

Fortsetzung Tabelle 18

II. Direkte Analyse des Bereichs	
Thema	*Literatur*
Moralisches Urteil	Kohlberg (1963)[a]
Rollen-(Perspektiven-)Übernahme	Feffer & Gourevitch (1960) Flavell (1968) Selman & Byrne (1974)[a] Selman (1976a)[a]
austeilende Gerechtigkeit (Moral)	Damon (1977)
soziale Übereinkunft (soziale Organisation)	Turiel (1978a)
Gruppen	Neiderman (1978)
soziale Institutionen	Furth (1978)[a]
Autorität	Damon (1977)
Geschlechtsrolle	Ullian (1976)
soziale Rollen	Watson (1979)
Freundschaft (zwischenmenschliche Beziehungen)	Bigelow (1977) Selman & Cooney (1978)[a] Youniss & Volpe (1978)
Freundlichkeit (zwischenmenschliche Beziehungen)	Youniss (1975)
Bewußtsein	Broughton (1978)[a]
Selbst/Identität	Broughton (1978)[a] Lemke (1973) Nucci (1977) Wolfson (1972)[b]
Persönlichkeit	Barenboim (1977) Pratt (1975)
abweichendes Verhalten (Devianz) und Aufruhr	Coie & Pennington (1976)
Herkunft von Babys	Bernstein & Cowan (1975)[b]

[a] Untersuchungen die davon ausgehen, daß die Entwicklung in dem gegebenen sozialen Bereich zum Teil von Fortschritten in nicht-sozialen kognitiven Bereichen abhängt.

[b] Untersuchungen, die eine teilweise Anwendung der Piagetschen Stufen-Formulierungen mit sich bringen und z.T. eine direkte Analyse des Bereichs.

Eine zweite Gruppe von Untersuchungen geht von einer direkten Analyse der empirisch erfaßten Inhaltsbereiche aus und nicht von einer a-priori-Klassifikation. Die inhaltlichen Bereiche werden aufgrund ihrer Bedeutung für das soziale Leben ausgewählt und die Daten zu verschiedenen Altersgruppen dann zueinander in Beziehung gesetzt.

Die Funktion sozialer Konzepte ist es, die Vielfalt sozialer Beziehungen und Regulationen zu organisieren. In der wissenschaftlichen Erfassung der verschiedenen Organisationsformen spielt der Begriff „Reziprozität" eine gewichtige Rolle; er bezeichnet einen Zustand oder ein Ideal, auf das die Regulation hinstrebt. Was damit gemeint ist, läßt sich an den Untersuchungen Damons (1977/84) zu den Themen Autorität/Freundschaft und Gerechtigkeit/Regelhaftigkeit zeigen:

1. Beim *Konzept der Autorität* ist der zentrale Inhalt der Austausch des Gehorsams der einen Partei gegen anerkannte Führungsqualitäten der anderen. Die Forderung nach Gehorsam ohne respektierte Führungsqualitäten als Gegenwert bei der dominanten Partei schafft den konfliktreichen Zustand der Unbalanciertheit, die hier „Illegitimität" genannt wird. Die Fortdauer dieses Zustandes würde die Autoritätsbeziehung zusammenbrechen lassen. Dies gilt sowohl für eine formelle (Kapitän und Mannschaft) als auch für eine informelle Beziehung (Eltern und Kind).

Einige Aspekte dieses Austauschs werden schon von vier- bis fünfjährigen Kindern verstanden. Im Laufe der Entwicklung verbessert sich dieses Verständnis (Tab. 19). Dabei nimmt die Entwicklung des Reziprozitäts-Begriffs eine zentrale Stellung ein. Auf der frühesten Stufe wird Gehorsam auf den Wunsch der geliebten Person hin gegeben. In dieser primitiven und subjektiven Konzeption ist es die Bindung des Untergeordneten an den Führer, die als solche schon den Führer mit legitimierenden Qualitäten versieht und den Untergeordneten zu Gehorsam verpflichtet. Auch die nächste Stufe wird noch durch die subjektive Beziehung bestimmt. Gehorsam wird im Austausch gegen die Möglichkeit der Autoritätsperson gewährt, zu belohnen oder zu bestrafen. Auf den Stufen 1-A, 1-B und 2-A werden die Eigenschaften des Führenden jeweils in veränderter Weise beurteilt: Zunächst geht es um körperliche Tapferkeit, dann um Wissens- und Könnensvorsprung, schließlich „verlangt" der Geführte im Austausch für seinen Gehorsam auch organisatorisches Talent seitens des Führenden.

Beginnend auf 2-A und verstärkt auf 2-B erscheint eine neue Dimension im Austausch von Befehl und Gehorsam. Es ist nicht mehr länger die Person als Ganze, der der Respekt gezollt wird, sondern mehr die Führungsrolle, die die Person bei bestimmten Gelegenheiten einnimmt, wenn sie dafür geeignet ist. Auf 2-A nimmt sich der Untergeordnete neue Rechte; Fürsorge und Respektierung durch den Führer werden wichtige Aspekte legitimierter Führungsqualitäten. Auf 2-B sind die Rollen von Führer und Untergeordnetem nur noch zeitlich begrenzt und werden freiwillig für spezifische Zwecke gewährt. Die Autoritätsbeziehung selbst wird flexibler, beruht auf Konsens und Gleichheit und besitzt mobilere Mittel, eine reziproke Balance zwischen Gehorsam und respektierten Führungsqualitäten herzustellen und zu erhalten.

2. In einer *Freundschaftsbeziehung* ist der zentrale Gesichtspunkt der Austausch von Gesellschaft und Zuneigung zwischen den Parteien. Die Medien bzw. Mittel

Tabelle 19: Kurze Beschreibung früher Autoritätsniveaus (nach Damon, 1977/84)

Niveau O-A
Befehlsgewalt (Autorität) wird durch Eigenschaften gerechtfertigt, die die Autoritätsperson mit dem Selbst verbinden, entweder durch das Herstellen gefühlsmäßiger Bande zwischen Autoritätsperson und Selbst oder durch das Herstellen von Identifikation zwischen Autoritätsperson und Selbst. Die Basis für Gehorsam ist eine primitive Assoziation zwischen den Befehlen der Autorität und den Wünschen des Selbst.

Niveau O-B
Befehlsgewalt (Autorität) wird durch körperliche (physische) Eigenschaften von Personen gerechtfertigt, insbesondere durch solche, die für die Person mit der Befehlsgewalt kennzeichnend sind. Diese legitimierenden Eigenschaften werden möglicherweise fluktuierend herangezogen, da sie keinen logischen Bezug zur Ausübung von Autorität haben (da sie nicht logisch an das Ausüben von Autorität gebunden sind). Das Subjekt erkennt den potentiellen Konflikt zwischen den Befehlen der Autorität und den Wünschen des Selbst; Befehle werden befolgt, um auf diese Weise Wünsche durchzusetzen, oder um Handlungen zu vermeiden, die Wünschen entgegengesetzt sind.

Niveau 1–A
Befehlsgewalt (Autorität) wird durch Eigenschaften gerechtfertigt, die es der Autoritätsperson ermöglichen, Befehle durchzusetzen (soziale oder körperliche Macht). Gehorsam basiert auf dem Respekt des Subjekts vor der sozialen oder körperlichen Macht der Autoritätsperson, die von einer Aura der Allmacht und Allwissenheit umgeben ist.

Niveau 1–B
Befehlsgewalt wird durch Eigenschaften gerechtfertigt, die ein besonderes Talent oder eine besondere Begabung widerspiegeln, und die die Autoritätsperson in den Augen des Subjekts als eine überdurchschnittliche (aus der Masse herausragende) Person erscheinen lassen. Gehorsam basiert auf gegenseitigem Austausch; man gehorcht, weil die Autoritätsperson hilft, geholfen hat oder unseren Gehorsam aus irgendeinem anderen Grund „verdient“.

Niveau 2-A
Befehlsgewalt (Autorität) wird gerechtfertigt durch eine vorhergehende Ausbildung oder durch Erfahrungen insbesondere hinsichtlich dem Vorgang des Befehligens. Die Autoritätsperson wird als zur Führung geeigneter betrachtet als die Untergebenen. Gehorsam basiert auf dem Respekt des Subjekts vor diesen besonderen Führungsqualitäten (dieser besonderen Befähigung zur Führung) oder auf dem Glauben, daß Führerschaft ein Sorgen für das Wohlergehen und die Rechte der Untergebenen einschließt.

Niveau 2-B
Befehlsgewalt wird gerechtfertigt durch die Koordination einer Vielfalt von Eigenschaften mit besonderen situativen Umständen. Das Subjekt glaubt, daß eine Person Eigenschaften besitzen kann, die es ihr ermöglichen, in einer Situation gut zu befehligen, in einer anderen hingegen nicht. Befehlsgewalt wird betrachtet als eine miteinander geteilte, auf Übereinstimmung beruhende Beziehung zwischen Gruppen, die zum Nutzen aller vorübergehend von einer Person übernommen wird. Gehorsam wird betrachtet als ein gemeinschaftliches Bemühen, das eher situationsspezifisch ist als eine allgemeine Reaktion auf eine hervorragende Person.

---

dieses Austausches reichen von konkreten Objekten zu abstrakt ausgedrückten Gefühlen. Auch hier sind bestimmte Formen der Reziprozität notwendig, damit die Beziehung nicht scheitert (vgl. Kap. 5.4.3).

Ähnlich wie bei der Autoritätsbeziehung verwenden schon ca. vier- bis fünfjährige Kinder einen Reziprozitätsbegriff, um Freundschaft zu erklären. Dieser verändert sich im Laufe der Entwicklung (vgl. Tab. 20). Die Jüngsten sehen in der Freundschaft einen Austausch von begünstigten Handlungen, wie zusammen spielen, oder den Austausch von Objekten, wie Süßigkeiten und Spielzeug. Auf der nächsten Stufe liegt der zentrale Austausch im gegenseitigen Vertrauen. Als Freunde werden nur noch die bezeichnet, denen man zutraut, daß sie Bedürfnisse erfüllen und Interessen nicht verletzen.

Auf der dritten Stufe wird Freundschaft mehr psychologisch verstanden und exklusiver begrenzt auf die Mitglieder eines bestimmten Freundschaftskreises. Der Austausch von geheimen Gedanken und Gefühlen wird nun zum wesentlichen Merkmal der Freundschaft. Die Funktion der Reziprozität bleibt jedoch bei jeder Form von Interaktion gleich; wenn eine Partei ihren Beitrag zurückhält, wird die Interaktion unbalanciert und damit die Beziehung gefährdet.

3. Beim *Konzept der Gerechtigkeit* bedeutet Reziprozität eine Balance zwischen den Ansprüchen des Individuums und Belohnung bzw. Bestrafung. Bei der Verteilungsgerechtigkeit können sich die Ansprüche der Individuen auf ihre Taten, Talente,

Tabelle 20: Kurze Beschreibung früher Freundschaftsniveaus (nach Damon, 1977/84)

Niveau 1 Freundschaft wird über materielle Handlungen des Wohlwollens, wie z.B. das Geben oder Teilen von Nahrung, Spielzeug oder anderen geschätzten Hilfsmitteln (Ressourcen), geschlossen. Eine Freundschaft kann durch negative materielle oder physische Handlungen, wie z.B. das Stehlen eines Spielzeugs, Schlagen, die Weigerung zu teilen, beendet werden.
Niveau 2 Als Freunde betrachtet werden Menschen, die einander beistehen, entweder spontan oder nachdem einer von ihnen seine Hilfsbedürftigkeit ausgedrückt hat. Dementsprechend wird Freundschaft betrachtet als eine Beziehung, an der die beiden beteiligten Parteien ein gegenseitiges Interesse haben. Freundschaft wird durch den Beweis begründet, daß man zuverlässig zur Hilfe eilt: gegenseitiges Vertrauen ist ein grundlegendes Element der Beziehung. Freundschaft kann durch die Verweigerung von Hilfe oder durch das Ausführen einer Handlung, die als Vertrauensbruch gilt, beendet werden.
Niveau 3 Freunde sind Menschen, die einander verstehen, die ihre innersten Gedanken, Gefühle und andere Geheimnisse miteinander teilen. Freundschaft wird nun als eine ausschließende und langfristige Beziehung betrachtet, die mit der Zeit zu besonderen Menschen aufgebaut wird, und die über das gemeinsame Teilen von persönlichen Interessen, privaten Gedanken und psychologischem Wohlbehagen aufrecht erhalten wird. Da Freunde dazu fähig sind, einander zu verstehen und zu verzeihen, gilt nur die wiederholte Demonstration von Unaufrichtigkeit oder Abneigung als Anlaß für das Beenden einer echten Freundschaft.

ihren Bedürfnisgrad, körperliche Attribute, ihre Beziehung zu dem, der die Ressourcen kontrolliert, oder einfach auf ihre Anwesenheit in der Verteilungssituation beziehen; die Qualität des Konzepts verändert sich jedoch auch hier (vgl. Tab. 21). Auf jeder Stufe formuliert das Kind sowohl die Art des Anspruchs als auch die Verteilungsbeziehung zwischen Anspruch und Art der Belohnung anders. Auf der frühesten Stufe ist der Wunsch der einzige Anspruch, der wahrgenommen wird. Der eigene Wunsch, der einer beteiligten Person, wird als hinreichend angenommen, um einen Anteil an den Ressourcen zu fordern. Die Größe des Anteils ist dabei proportional der Größe des ausgedrückten Wunsches („Ich sollte sehr viel bekommen, weil ich Eiskrem sehr gerne mag.“). Auf der nächsten Stufe sind die Ansprüche „objektiver“. Sie beziehen sich z. B. auf die Körpergröße oder andere körperliche Attribute. Allerdings werden diese häufig danach ausgesucht, daß man selbst entsprechend seinem Wunsch gut abschneidet. Es wird eine Balance hergestellt zwischen der Menge der körperlichen Attribute und der Menge der Belohnung („Je größer einer ist, um so mehr sollte er bekommen.“).

Auf der 1-A Stufe beginnt eine Ausweitung des Balance-Systems. Die Beteiligung der Person in der Situation bestimmt ihren Anteil. Auf 1-B wird ein Kompensationsbegriff eingeführt und die Belohnung als Rückzahlung für investierte Taten oder Talente angesehen. Anteile werden durch Verdienste erworben. Auf der 2-A Stufe wird ein Kompromiß zwischen den verschiedenen Arten des Anspruchs angestrebt: ein Ausgleich zwischen Bedürfnis, vorheriger Entbehrung oder Behinderung wird eingeschlossen. Die Balancesysteme sind komplex und multidimensional, die einzelnen Aspekte und Gründe werden gewichtet. Schließlich erscheint auf Stufe 2-B eine Koordination von verschiedenen Ansprüchen und Belohnungen, die die Anforderungen spezifischer Situationen berücksichtigen (Kooperation vs. Wettbewerb). Die Balance wird hier hergestellt, indem man die Funktion der Belohnung mitbedenkt.

Tabelle 21: Kurze Beschreibung früher positiver Gereichtigkeitsniveaus (distributive Gerechtigkeit) (nach Damon, 1977/84)

Niveau 0-A (ca. 4 Jahre) Positive Gerechtigkeits-Wahlen entstammen dem Wunsch, daß eine (bestimmte) Handlung geschehen möge. In Begründungen wird nur die Wahl als solche herausgestrichen und verteidigt, aber es wird nicht versucht, sie zu rechtfertigen („Ich sollte es bekommen, weil ich es haben möchte“).
Niveau 0-B (ca. 5 Jahre) Die Wahlen spiegeln immer noch den Wunsch wider, werden nun aber auf der Grundlage von äußeren, beobachtbaren Realitäten wie z.B. Größe, Geschlecht oder anderen körperlichen Charakteristika von Personen gerechtfertigt (z.B.: wir sollten das meiste bekommen, weil wir Mädchen sind). Solche Rechtfertigungen werden aber in flukturierender, sich nach den jeweiligen Tatsachen richtender Weise den vollendeten Handlungen nachgeschoben und dienen eigentlich dem Eigeninteresse.

Fortsetzung Tabelle 21

Niveau 1-A (ca. 5–6 Jahre) Gerechte Verteilungen entstammen dem Wunsch nach strenger Gleichheit in der Behandlung (d.h., alle sollten das gleiche bekommen). Gleichheit soll Beschwerden, Kämpfe, Meckern oder andere Arten von Konflikten verhindern.
Niveau 1-B (ca. 6–7 Jahre) Positive Gerechtigkeits-Wahlen entstammen einem Wunsch nach Gegenseitigkeit im Handeln: d.h., Menschen sollte ihr gutes oder schlechtes Tun vergolten werden. Vorstellungen von Verdienst und Anspruch entstehen.
Niveau 2-A (ca. 8 Jahre) Aus der Einsicht, daß verschiedene Personen zwar unterschiedliche, aber ebenso stichhaltige Rechtfertigungen für ihre Gerechtigkeitsansprüche haben können, entwickelt sich eine moralische Relativität. Die Ansprüche von Personen mit besonderen Bedürfnissen (z.B. die Armen) werden stark berücksichtigt. In Wahlen bemüht man sich um quantitative Kompromisse zwischen miteinander konkurrierenden Ansprüchen.
Niveau 2-B (ca. 9–10 Jahre) Die Gesichtspunkte Gleichheit und Gegenseitigkeit werden aufeinander abgestimmt, so daß Wahlen die Ansprüche mehrerer Personen und die Anforderungen der speziellen Situation berücksichtigen. Wahlen sind endgültig und eindeutig, trotzdem spiegeln Rechtfertigungen die Erkenntnis wider, daß alle Menschen bekommen sollten, was ihnen zusteht (wenn dies in vielen Situationen auch nicht gleichbedeutend ist mit gleicher Behandlung).

4. Auch die Vorstellungen der Kinder über *soziale Regelhaftigkeit* unterliegen altersspezifischen Veränderungen (Tab. 22). Auf der ersten Stufe werden Regulationen situationsspezifisch aufgefaßt, in Abhängigkeit von den Launen und Wünschen des Augenblicks. Auf der nächsten Stufe ist das Einhalten von Regeln bedingt durch die Angst des Kindes vor den pragmatischen Konsequenzen des Ungehorsams bzw. durch seinen Wunsch, bestimmte Ziele zu erreichen. Eine ähnliche Balance wird auf Stufe 2 hergestellt. Hier werden jedoch verschiedene Arten der sozialen Regulation unterschieden, auf der Basis der Ernsthaftigkeit der Konsequenzen, die aus ihrem Bruch resultieren. Schließlich werden auf Stufe 3 die Regeln respektiert wegen ihres intrinsischen Wertes, um die soziale Ordnung aufrechtzuerhalten. Die Befolgung von Regeln wird ausgetauscht gegen diesen generalisierten Respekt.

Zwei Punkte lassen sich also festhalten: daß eine gewisse Form der Reziprozität Bestandteil jeder sozialen Interaktion ist und daß die Konzepte dieser Reziprozität sich im Kindesalter in bestimmter Weise entwickeln. Neben dieser von der Entwicklung bestimmten Variation spielen auch situative Bedingungen eine Rolle, das konkrete Verhalten ist also nicht nur vom Entwicklungsstand des Kindes, sondern auch von Zweck und Funktion der Interaktion her bestimmt.

Tabelle 22: Kurze Beschreibung der Niveaus früher sozialer Regulierung (nach Damon, 1977/84)

Niveau 0:
Alle Typen sozialer Regulierung werden als situationsspezifische Modi des Verhaltens betrachtet, allein veranlaßt durch den Wunsch des Selbst, ein solches Verhalten auszuführen. Beobachtete soziale Konventionen und Regeln sind beim Kind idiosynkratisch repräsentiert, oft in verzerrter (entstellter) Form, um den kindlichen Wünschen zu entsprechen. Weder Konventionen noch soziale Regeln steuern das Verhalten im Sinne irgendeiner dauerhaften, zwingenden Einflußnahme. Sie werden vielmehr als persönlichen Gepflogenheiten oder Gewohnheiten ähnlich gesehen wie momentane Regelmäßigkeiten, denen man willkürlich folgen oder die man ignorieren kann.

Niveau 1:
Der latente Konflikt zwischen sozialer Regulierung und internen Wünschen tritt zutage. Sowohl soziale Konventionen als auch andere soziale Regeln werden als zwingend gesehen (persönlichen Gepflogenheiten und Gewohnheiten unähnlich). Soziale Konventionen und Regeln werden als dauerhafte verhaltensmäßige Uniformitäten betrachtet, denen beständig Anerkennung verschafft wird durch die Anforderungen eine Autoritätsfigur oder durch den Druck einer maßgeblichen sozialen Gruppe (wie etwa die Mißbilligung durch Gleichaltrige). Man unterwirft sich sozialer Regulierung aus sehr ähnlichen Gründen, aus denen heraus man auch Autoritäten gehorcht: um pragmatische Konsequenzen zu vermeiden, die für das Selbst unangenehm wären, oder um einem Wunsch des Selbst nachzukommen. Es wird kein genereller Unterschied zwischen Konventionen und anderen Arten sozialer Regulierung gemacht. Jegliche soziale Regulierung wird als verbindlich betrachtet aufgrund der Annahme, daß das, was einheitlich existiert, regelmäßig (ordnungsgemäß) durchgesetzt wird.

Niveau 2:
Bestimmte soziale Regulierungen (wie z.B. moralische) werden von den meisten sozialen Konventionen unterschieden auf der Grundlage, daß erstere konsequenter befolgt werden als letztere. Folglich werden soziale Konventionen häufig als willkürlich abgelehnt, oder sie gelten als relativ unwichtig, da sie oft nicht befolgt werden. Z.B. gilt Stehlen möglicherweise als schlechter als unsauberes Essen, weil man nach Diebstahl im Gefängnis landet, während man für unsauberes Essen nur ausgeschimpft wird. Eine solche Basis zur Unterscheidung von Typen sozialer Regulierung trennt nicht konsequent zwischen konventioneller und moralischer Regulierung, da Verstöße gegen Konventionen manchmal ungewöhnlicher sein können als Verstöße gegen bestimmte moralische Regulierungen, oder – ähnlich – diese rigoroser durchgesetzt werden als bestimmte moralische Regulierungen.

Niveau 3:
Auf der Basis einer Einsicht in die sozial-regulative Funktion, die Regeln erfüllen, entwickelt sich Respekt für alle sozialen Regeln. Z.B. wird es möglicherweise als falsch angesehen, einer Regel nicht zu gehorchen, da Chaos resultiert, wenn Regeln nicht beachtet werden. Oder eine Regel mag als verbindlich gelten, da sie einen notwendigen sozialen Zweck erfüllt wie z.B. den Schutz von jedermans Eigentum. Da Regeln als ein wesentlicher Teil der sozialen Ordnung betrachtet werden, werden sie als unveränderlich erlebt und als für jeden gleichermaßen verbindlich. Nur jene Konventionen, die durch Regeln bestimmt sind, werden respektiert. Nicht durch Regeln bestimmte Konventionen gelten als unverbindlich (freiwillig). Außerdem

Fortsetzung Tabelle 22

wird unterschieden zwischen „weniger wichtigen" Regeln (wie z.B. Kleidungsvorschriften) und „wirklichen Regeln" (wie z.B. Diebstahls-Gesetze). Aber es wird allgemein angenommen, daß jeder in der Gesellschaft gleichermaßen dafür verantwortlich ist, alle sozialen Regeln zu befolgen, unabhängig vom Wesen der Angelegenheit, die durch die Regel geordnet wird.

Angeregt durch die Untersuchungen von Doise und seinen Kollegen (vgl. Kap. 11.5.5) fragte Damon (1983) nun nach dem Einfluß der Peer-Interaktion auf die Entwicklung der Reziprozität. Mit dem Alter nahm allgemein die Fähigkeit zu, eine Übereinkunft in der Peergroup zu erreichen. Bei der Verteilungsgleichheit zeigten sich zwei Trends zwischen der jüngsten (4 Jahre) und ältesten Gruppe (8–10 Jahre). Der Anteil der Gleichverteilungen nahm zu. Aber unabhängig vom Alter nahmen Kinder um so häufiger Gleichverteilungen vor, je länger sie in der Gruppe waren. Die zwei Trends zur Gleichverteilung unterstützten sich gegenseitig. Gleichheit ist ein fundamentales Prinzip der Gerechtigkeit, obwohl es nicht die höchste Form darstellt. Die Älteren fanden daher auch Lösungen auf einem höheren Niveau. Trotz ihrer „höheren" Möglichkeiten erkannten die Älteren jedoch häufig, daß Gleichheit das einzige Prinzip sei, das innerhalb der Peergroup konsensfähig war und somit durchgesetzt werden konnte. Diesen „kognitiven" Vorsprung machten die Jüngeren jedoch dadurch wett, daß sie aus den Interaktionen lernten und zu derselben Einsicht gelangten.

Der soziale Einfluß auf die Entwicklung der Verteilungsgerechtigkeit war in Peergroup-Diskussionen am stärksten. 56 Prozent zeigten progressive Veränderungen. Bei der Diskussion mit Erwachsenen waren es nur 34 Prozent. Bei der Kontrollgruppe waren die Veränderungen am geringsten.

Damon und Killen (1982) fragten sich dann, welche Kinder vom Peertraining profitierten und welche nicht. Keine Fortschritte machten Kinder, die sich konflikthaft und zurückweisend verhielten. Bei den Jüngeren machten diejenigen Fortschritte, die durch Zusammenarbeit oder Kompromiß die Argumente der Gleichaltrigen akzeptierten oder übernahmen. Die Älteren veränderten ihr Verhalten am meisten, wenn sie mit neuartigen Strategien konfrontiert wurden.

Damon führt den Erwerb sozialer Konzepte sowohl auf universale kognitive Prozesse als auch auf inhaltsspezifisches Wissen zurück. Dieser Untersuchungsansatz sagt etwas über die Entwicklung sozialen Wissens aus und gleichzeitig etwas über die Prozesse, durch die alles Wissen erworben wird.

Damon weicht in zwei Punkten von Piaget ab:

1. Die Äquilibration ist für Piaget das zentrale organisierende Prinzip, dies gilt für soziale wie auch physikalische Beziehungen. Nach Damon besitzt die soziale Interaktion jedoch auch noch eigene Organisationsstrukturen, das Prinzip der Äquilibration allein hält er zur Erklärung nicht für ausreichend. Die soziale

Fundierung kognitiver Entwicklung wird seiner Auffassung zufolge durch die Anwendung der traditionellen Piaget-Aufgaben verdeckt (vgl. Kap. 11.3). Soziale Einflüsse treten beim Denken über soziale Beziehungen noch deutlicher hervor als beim Denken über physikalische Gegebenheiten.

2. Damon vertritt eine andere Art Stufenkonzept als Piaget. Die Stufen bei Piaget sind strukturell, d. h., sie drücken grundlegende kognitive Organisationsformen aus. Damons Stufen sind kontextspezifisch und aus empirischen Daten deduziert. Es sind mehr stufenähnliche Beschreibungen des Erwerbs von spezifischen Konzepten. Piaget definiert im Unterschied dazu Stufen nach den Strukturen logisch-mathematischer Transformationen. Nur ihr *Ausdruck* in Form von Leistung gilt als kontextuell und kulturell beeinflußt. Bei Damon sind die Stufen selbst kontext- und kulturspezifisch. Murray (1983) kritisiert Damons Ansatz entsprechend als eine kontextuelle Analyse, die eine Formalisierung der zugrundeliegenden Strukturen unberücksichtigt lasse. Das Denken über kontextuelle Bereiche sei nicht mehr notwendigerweise durch Piagets Strukturprinzip organisiert. Wenn man vom logischen Formalismus zum sozialen Kontextualismus übergehe, bestehe die Gefahr, daß man den Entwicklungsaspekt verliere, da es nicht mehr möglich sei, universale, unidirektionale und nicht-reversible Entwicklungssequenzen zu finden.

11.5 Die Beziehung zwischen sozialer und kognitiver Entwicklung: Problemfelder und neuere Ansätze

11.5.1 Das Problem der Bereiche des Denkens

Es ist kennzeichend für den sozial-kognitiven Forschungsbereich seit Beginn der 60er Jahre, daß Piagets Werk selektiv aufgegriffen wurde. Bestimmte Aspekte wurden besonders beachtet und stärker verabsolutiert, als Piaget selbst und seine Mitarbeiter es taten. Dies äußert sich nicht nur im Hervorheben der Konzepte „Egozentrismus" und „Moralisches Urteil", sondern auch in der globalen Verwendung des Strukturbegriffs. Es wurde angenommen, daß die Formen des Denkens über die verschiedenen sozialen und nicht-sozialen Inhaltsbereiche eng miteinander verbunden seien. Auf dieser Grundlage erschien es gerechtfertigt, das Stufenmodell auf alle Bereiche des Denkens anzuwenden: Diese wären dann alle durch dieselben strukturellen Merkmale gekennzeichnet. So ging Kohlberg (1969, 1971) davon aus, daß die Stufen des Moralischen Urteils mit der grundlegenden (nicht-sozialen) Entwicklung übereinstimmen.

Turiel (1983) sieht den sozial-kognitiven Forschungsbereich derzeit durch vier vorherrschende Züge gekennzeichnet:

1. Bezug zu frühen Studien
Der Rückgriff auf die frühen Arbeiten Piagets (vgl. Kap. 11.2) brachte neue Forschungsimpulse und ein Aufgreifen bereits vorhandener Kenntnisse. Nachteilig war es jedoch nach Turiel (1983), daß dies keine Weiterführung beinhaltete, sondern daß Piagets Ansatz, der teilweise durch ein ganz anderes Erkenntnisinteresse begründet war, einfach wiederholt wurde. Man blieb bei *globalen* Analysen und versäumte es, die *Wissensbereiche,* die Gegenstände des Denkens, in ihrer Eigenart zu berücksichtigen.

2. Direkte Übertragung von einem Bereich auf den anderen
Es wurden sowohl die Stufen des logisch-mathematischen Denkens auf den sozialen Bereich als auch Konzepte von einem sozialen Bereich auf den anderen übertragen (vgl. Kap. 11.4, Tab. 15). So wurde beispielsweise ein direkter Zusammenhang zwischen Geschlechtskonstanz und dem Verständnis für die Erhaltung einer Menge trotz äußerer Verformung (Konservation im physikalischen Bereich) hergestellt (vgl. Kap. 11.1).

Kohlbergs Verdienst besteht darin, daß er die wahrgenommenen Unterschiede und Gemeinsamkeiten zwischen den Geschlechtern als Basis der Geschlechtsrollen-identität herausgestellt hat. Inadäquat ist es jedoch, die Stufen der nicht-sozialen Erkenntnisse unmittelbar auf diesen Bereich zu übertragen. Das Konzept der Konservation und der Identität wurden so direkt miteinander verbunden. In der Tat besteht eine Gemeinsamkeit: nämlich in der Erkenntnis der Invarianz. Es gibt jedoch auch einen großen Unterschied. Konservation ist ein quantitativer Begriff, während Geschlechtskonstanz auf der Kenntnis über soziale Identitäten beruht. Das Wissen um die Invarianz des Geschlechts ist eine qualitative Entität, die keine quantitativen Begriffe erfordert und damit vom Konservationskonzept nicht abgeleitet werden kann. Geschlechtsrollenkonzepte beinhalten ein System der sozialen Kategorisierung, das sowohl eine Klassifikation von Personentypen (Männer, Frauen) als auch ein Konzept über die Bedeutung von „maskulin" und „feminin" einschließt, wobei die Kinder sich zunächst nach biologischen Merkmalen richten, später aber auch psychologische Attribute einbringen.

Die Verwendung psychologischer und sozialer Attribute bei der Bildung der Geschlechtsrollenidentität schließt nicht ein, daß ein Verständnis der Invarianz gegeben ist. Eine Untersuchung von Marcus und Overton (1978) mit vier- bis fünfjährigen Kindern zeigte, daß sie keinen Begriff von Geschlechtskonstanz besaßen, aber gleichgeschlechtliche Präferenzen ausgebildet hatten. Kinder entwickeln somit Geschlechtsrollenkonzepte aufgrund von Verhaltensmerkmalen, auch wenn sie die Biologie der Geschlechtsidentität noch nicht verstanden haben. Die Konzepte von Maskulinität und Femininität durchlaufen von der Kindheit bis zur Adoleszenz altersspezifische Transformationen, die sich nicht mit den Piagetschen Stufen decken.

3. Die Hypothese „notwendig, aber nicht hinreichend"
Diesem Forschungsansatz liegt die Annahme zugrunde, daß die kognitive Struktur eine notwendige Voraussetzung für sozial-kognitive Konzepte darstellt, daß sie diese

jedoch nicht ausschließlich erklärt. Diese Annahme entspricht dem Prinzip des kognitiven Primats (vgl. Kap. 11.5.2).

4. Ad-hoc-empirischer Ansatz
Hiermit ist gemeint, daß zunächst Daten erhoben werden und dann nach einem Erklärungsmodell gesucht wird. Der Vorteil ist, daß häufig Neues aufgedeckt wird. Der Ansatz scheitert jedoch, wenn keine anschließende theoretische Fundierung erfolgt. Ein Beispiel für einen empirischen Ausgangspunkt sind die inhaltsorientierten Freundschaftskonzepte (vgl. Kap. 5.4.3.2).

Die Forschungslage spricht nach Turiel (1983) gegen eine globale Verwendung des Piagetschen Stufenkonzepts. Angemessener scheint es zu sein, verschiedene Typen sozial-kognitiven Funktionierens zu unterscheiden, also von unterschiedlichen Inhaltsbereichen auszugehen. Schließlich ist es auch meßtechnisch schwer zu erfassen, was Konsistenz innerhalb einer Stufe bedeutet. So beobachtete Piaget (1954), daß dieselben Kinder, die Regeln als unverletzlich ansahen, oft gegen diese verstießen. Er erklärt diesen Widerspruch dadurch, daß es sich um zwei Aspekte derselben Struktur handele: der egozentrischen Art der heteronomen Moral und schließlich des frühkindlichen Egozentrismus an sich. Auf einem gewissen Abstraktionsniveau findet man also immer Uniformitäten. Der Nutzen von hochformalistischen Strukturen, die das Alltagsverhalten von Kindern erklären sollen, bleibt fraglich. Ihr Erklärungswert würde erhöht, wenn man Differenzierungen zwischen Bereichen vornähme.

Die „méthode clinique" beinhaltet darüber hinaus eine spezifische Selektion, insbesondere, wenn sie mit einer Scoring-Technik verbunden wird, die jeweils nur das höchste Niveau, das sich herausschälen läßt, festhält. Dieses Vorgehen impliziert eine Beschränkung auf die Reflexion, auf das abstrahierende Denken des Kindes in einem verbalen und oft hypothetischen Kontext. Es werden somit ideale Bedingungen geschaffen, um Konsistenzen zu finden. Aber selbst unter diesen Bedingungen sind die Korrelationen zwischen verschiedenen Dilemma-Aufgaben nur mäßig.

Die Fähigkeit des Kindes, sein Denken auf einer bestimmten Stufe zu organisieren, hat somit nur einen partiellen Einfluß auf sein tatsächliches Urteil unter normalen Umständen.

Die hohe Variabilität im Verhalten der Kinder wird auch deutlich, wenn man hypothetisches moralisches Urteilen mit dem Handeln in Alltagssituationen vergleicht (Damon, 1977; Gerson & Damon, 1978). Hier gibt es eine große Anzahl von intervenierenden Variablen, die mit den sozialen Konzepten in Interaktion treten.

Zum Problem des Stufenkonzepts in der Entwicklungspsychologie kann man also festhalten: Es drückt aus, wie das Kind das Denken über einen bestimmten Gegenstand organisieren könnte; in Abhängigkeit vom Gegenstand existieren mehrere solcher Organisationssysteme gleichzeitig; die Variation wird erhöht, wenn man sich den natürlichen Bedingungen annähert. Es gibt aber auch Integrität und Uniformität im sozialen Wissen des Kindes. Diese Konsistenz wird besonders herausgestellt unter den Bedingungen des klinischen Interviews; unter anderen

Laborbedingungen oder im Alltagsleben hat sie einen partiellen und abgeschwächten Einfluß.

Nach Damon (1983) ist dennoch das Stufenmodell nicht ohne Bedeutung. Es formuliert Aussagen über Organisationsprinzipien von Kognitionen und ihre Entwicklungsabfolge. Nur müsse man situative Bedingungen, soziale Einflüsse und individuelle Erfahrungen in Forschung und Anwendung mitbedenken.

11.5.2 Formaler Parallelismus und kognitiver Primat

In seiner „Psychologie der Intelligenz" konzipierte Piaget (1947/72) die Beziehung zwischen kognitiver und sozialer Entwicklung als formalen Parallelismus. Neben „motorischen" und „intellektuellen" Strukturen sprach er von „affektiven" Strukturen. Er betrachtete die kognitive und affektive bzw. soziale Entwicklung als untrennbar, wobei er davon ausging, daß Stufe für Stufe Parallelen zwischen kognitiven Strukturen und dem Niveau der affektiven Entwicklung zu finden seien. Während Piaget in seinen späteren Schriften die Existenz dieses Parallelismus unterstrich, hatte er in seinen früheren Schriften die Interaktion zwischen logischer und sozialer Entwicklung betont. Diese beiden Positionen stehen sich jedoch nicht antithetisch gegenüber. Es sind nur zwei verschiedene Forschungsstrategien (Serafica, 1982b). Die sozial-kognitive Forschungsära verschob, wie bereits dargestellt, den Akzent auf den kognitiven Bereich.

Viele Untersuchungen gehen dabei von der Hypothese des „kognitiven Primats" im Sinne von Cairns (1979) aus. Danach werden die Kognitionen als die primären Determinanten des Verhaltens angesehen. Cairns (1979) betont, daß es mittlerweile genügend Rechtfertigungen für die Zurückweisung dieser Hypothese in ihrer einfachen Form gibt, wonach das Verhalten eine Widerspiegelung der Kognitionen ist. Die kognitiven Theorien betrachten zwar prinzipiell Entwicklung als Ergebnis einer Interaktion zwischen Organismus und Umwelt. Die meisten Vertreter dieser Richtung haben sich in der Forschungspraxis dem Kontext jedoch nur in sehr allgemeiner Form gewidmet. Es ist also schon berechtigt, Kuhn (1978) zu folgen, wenn sie der kognitiven Entwicklungstheorie vorwirft, sie konzeptualisiere die Umwelt als passiv. Bei den typischen moralischen Dilemmageschichten werden beispielsweise immer dieselben Aufgaben verwendet, mit denen dann die Versuchspersonen die verschiedenen Niveaustufen der moralischen Reife produzieren. In der Tatsache, daß man den Stimulus gleichläßt, kommt die Überzeugung zum Ausdruck, die Variabilität in den Antworten sei nur auf das Subjekt zurückzuführen. Obwohl sie bisher wenig beachtet wurden, spielen jedoch Umweltbedingungen eine große Rolle.

Der Einfluß des Umweltsystems und der sozialen Interaktionen auf die Entwicklung der logischen Operationen und der Perspektivenübernahme wurde von Hollos und Cowan (1973) mit sieben-, acht- und neunjährigen Kindern aus drei verschiedenen norwegischen Gemeinden untersucht.

Die Kinder kamen aus einer Stadt, einem Dorf und versprengten Einzelhöfen. Die Alterseffekte zeigten sich vor allem in den logischen Operationen, während die ökologischen Effekte vor allem bei der Rollenübernahme nachweisbar waren. Die Kinder von den Einzelgehöften, die sozial am meisten isoliert waren, erzielten relativ geringe Werte bei den Rollenübernahmeaufgaben, lösten aber die Aufgaben zu den logischen Operationen genauso gut oder besser als die Kinder aus dem Dorf oder der Stadt. Eine Wiederholung dieser Untersuchung zeigte ähnliche Ergebnisse (Hollos, 1975).

11.5.3 Transaktionaler Ansatz

Etwa seit Mitte der 70er Jahre stellte man sich zunehmend die Frage: Was ist sozial an den sozialen Kognitionen? Auch in diesem Zusammenhang wurden Bedenken darüber geäußert, daß soziale Kognitionen so untersucht wurden, als beruhten sie ausschließlich auf kognitiven Strukturen.

Das angesprochene Problem läßt sich nach Chandler (1982) nur lösen, wenn man bedenkt, daß im Bereich der sozialen Kognitionen das Objekt der Erkenntnis gleichzeitig das Subjekt ist. Introspektion und Projektion vermitteln eine besondere Erkenntnismöglichkeit über uns selbst und andere, die in bezug auf physikalische Objekte nicht möglich ist. Soziale Objekte tragen somit die Strukturmerkmale einer eigenständigen Entwicklung, und sie funktionieren nach spezifischen Gesetzen, die verstanden werden müssen. Die Erforschung der sozialen Kognitionen erfordert ein zweigleisiges Vorgehen: eine Betonung sowohl der strukturellen Charakteristika des Subjekts als auch der strukturellen Merkmale der sozialen Ereignisse. Die sozial-kognitive Forschung muß einem „transaktionalen" Ansatz folgen, der das organisierte Individuum in Interaktion mit einer ebenfalls strukturierten oder organisierten sozialen Umwelt untersucht. Die transaktionale Analyse der Subjekt-Objekt-Interaktion bedeutet z. B., daß die veränderte Komplexität der kognitiven Fähigkeiten von Kindern koordiniert werden muß mit der entsprechenden Komplexität der Objekte ihrer Erkenntnis, die ebenfalls den Gegenstand der Untersuchung ausmachen. Dieser Gesichtspunkt muß z. B. bei Untersuchungen zur Rollenübernahme bei Kindern berücksichtigt werden.

In einer exemplarischen Untersuchung von Chandler, Siegal und Boyes (1980) konnte nachgewiesen werden, daß das Moralische Urteil tatsächlich ein Produkt des Zusammenhangs zwischen kognitivem Strukturniveau und der Art des moralischen Dilemmas ist. Die Art des Urteils war einerseits abhängig vom kognitiven Strukturniveau (präoperativ, konkret-operativ, formal-operativ). Andererseits variierte das Urteil bei verschiedenen Typen des Dilemmas (alltägliche Regeln, weitreichendere Vorschriften und allgemeine Prinzipien waren paarweise zu sechs Arten des Dilemmas gruppiert worden). Es ergaben sich so 18 verschiedene Kombinationen von kognitivem Strukturniveau und Dilemma-Typ. Die Argumentation der Kinder erwies sich als gut vorhersagbar, wenn man beide Quellen heranzog.

11.5.4 Kognitiv-affektive Wechselwirkungen

Hoffman (1983) hebt die Bedeutung des Interaktionszusammenhangs zwischen Subjekt und Objekt der Erkenntnis noch stärker hervor. Er betont, daß Personen nicht nur behandelt werden, sondern auch selbst handeln. Ihre Handlungen sind keine einfachen Reaktionen, sondern sie werden durch internale Prozesse vermittelt, die nicht direkt beobachtbar sind. Hierzu gehören ihre Interpretation des Verhaltens anderer sowie ihre eigene Handlungsintention. Die Art des Verhaltens und die Bedeutung der Handlung variiert in Abhängigkeit von der Beziehung zwischen den Interaktionspartnern. Soziale Interaktionen werden emotional stärker beeinflußt als der Umgang mit leblosem Material. Die beteiligten Emotionen sind in der Regel intensiver und können sogar die kognitiven Prozesse beeinträchtigen. Aus diesen Gründen erscheinen die Beziehungen zu Personen komplexer und die Reaktionen weniger vorhersagbar. Man könnte somit folgern, daß die Entwicklung sozialer Kognitionen hinter den physikalischen Kognitionen hinterherhinkt. Bisherige Untersuchungsergebnisse deuten jedoch eher in die entgegengesetzte Richtung.

Als eine Ursache hierfür wird diskutiert, daß Kinder ihren Bezugspersonen stärker emotional verbunden sind und vor allem positive Emotionen die Schemabildung erleichtern (Isen, Shalker, Clark et al., 1978). Es wäre somit reizvoll, nachzuprüfen, ob die Permanenz von Schmusetieren, in die viele Emotionen investiert werden und die dem Kind helfen, sich bei Abwesenheit der Eltern zu trösten, der Permanenz anderer Objekte vorangeht.

In einer Untersuchung von Fein (1973) sollten Kinder verschiedener Altersstufen die Kausalität von Bilderserien mit sozialem und nichtsozialem Inhalt beurteilen. Es zeigte sich, daß soziale Regeln früher erkannt werden als physikalische Kausalzusammenhänge. Das Kind ist Verletzungen sozialer Regeln selbst ausgesetzt und damit stärker emotional beteiligt. Die Diskrimination im sozialen Bereich wird durch die affektive Beteiligung erleichtert.

Man kann aufgrund der bisherigen Untersuchungsergebnisse nicht mit letzter Sicherheit nachweisen, daß die sozial-kognitive Entwicklung der Entwicklung nichtsozialer Kognitionen vorausgeht, weil in keiner Untersuchung die Aufgaben völlig vergleichbar sind. Jedoch läßt sich umgekehrt festhalten, daß die allgemeine kognitive Entwicklung den sozial-kognitiven Fähigkeiten nicht vorangeht. Hierfür muß es ein nicht-kognitives Erklärungsprinzip geben, da die soziale Welt komplexer und weniger vorhersagbar ist als die materielle (vgl. Kap. 3.2). Ein solches Prinzip stellt die Empathie dar. Sie versetzt das Kind in die Lage, Informationen über diejenige Quelle zu erhalten, die für die Unvorhersagbarkeit des Verhaltens besonders verantwortlich ist: die Gefühle. Empathische Fähigkeiten können sozial-kognitive Prozesse unterstützen und fördern, indem sie Mehrdeutigkeiten im Verhalten entschlüsseln. Andererseits können soziale Kognitionen den empathisch gewonnenen Eindruck verfeinern. Die Entwicklung besteht in einer ständigen Wechselwirkung zwischen affektiven und kognitiven Prozessen. Beide Prozesse korrigieren und fördern sich gegenseitig.

Piaget (1947/72) hat die Bedeutung des Affekts früh erkannt, jedoch lediglich als motivierende Kraft für Kognitionen. Er meinte, daß kognitive Prozesse, die einmal in Gang gekommen sind, ohne Bezug auf den Affekt untersucht werden können. Dies ist bestenfalls im physikalischen, aber keinesfalls im sozialen Bereich möglich, wo der Affekt nicht nur einen Antrieb darstellt, sondern auch eine Erkenntnismöglichkeit. Diesem Aspekt hat Hoffman (1975, 1977, 1983) in seinen theoretischen Überlegungen Rechnung getragen.

Hoffmans Modell der Empathie bezieht sich vor allem auf zwei soziale Affekte: die Wahrnehmung von Not und Elend einer anderen Person sowie Schuldgefühle. Es konnte empirisch nachgewiesen werden, daß diese beiden Affekte prosoziales Verhalten auslösen können (vgl. Kap. 10.2). Im Folgenden wird die neueste Version seiner Theorie der empathischen Entwicklung dargestellt, in der die Verbindung von affektiven und kognitiven Prozessen besonderes Gewicht hat.

Es lassen sich sechs Konzepte für empathische Erregung anführen, die in der Ontogenese etwa in folgender Reihenfolge auftreten:

1. Das reaktive Weinen

Daß Neugeborene auf das Weinen eines anderen Kindes reagieren, ist seit langem bekannt (vgl. Kap. 10.2.3). Es ließ sich nachweisen, daß es sich nicht nur um bloße Imitation handelt, sondern daß die Kinder dieselbe Erregung zeigten, als wenn sie sich selbst in Not befänden.

Für das reaktive Weinen lassen sich drei mögliche Erklärungen anführen: 1. Es ist angeboren. 2. Es ist eine primäre zirkuläre Reaktion: Weil das Kind nicht zwischen dem eigenen und dem fremden Schreien unterscheiden kann, löst auch das fremde Weinen eine Reaktion aus. 3. Das Weinen des Kindes wird mit einer früher selbst erlebten Bedrängnis in Verbindung gebracht. Das wahrgenommene Schreien wirkt so als Stimulus für die eigene Wein-Reaktion. Ungeachtet konkurrierender Erklärungen bleibt das Faktum, daß das wahrgenommene Weinen als „Auslöser für selbst erlebte Not" wirkt. Es handelt sich allerdings um keine vollwertige empathische Reaktion, weil das Bewußtsein über das, was vor sich geht, fehlt.

2. Klassisches Konditionieren

Die negativen Streßempfindungen (distress) anderer Personen werden zu konditionierten Stimuli, die Gefühle der Not im Selbst auslösen. Zunächst gibt es das Phänomen, daß der affektive Zustand einer Bezugsperson dem Kind durch physischen Kontakt vermittelt werden kann (Hoffman, 1978). Sullivan (1940) definiert die Empathie als eine Form der „nichtverbalen Ansteckung und Kommunikation". Wenn die Mutter z. B. ängstlich oder verkrampft ist, während sie das Kind hält, kann sich ihr psychischer Zustand auf das Kind übertragen. Der mimische und verbale Ausdruck der Mutter ist damit zum konditionierten Stimulus geworden, der „Distreß" beim Kind auslöst, auch wenn kein Körperkontakt mehr besteht. Nach dem Prinzip der Stimulusgeneralisation kann sich dies auf den mimischen und verbalen Ausdruck anderer Personen ausweiten.

3. Direkte Assoziation
Diese Erklärung wurde schon von Humphrey (1923) formuliert. Wenn wir Merkmale des Gefühlsausdrucks einer anderen Person wahrnehmen, die uns an frühere Situationen erinnern, dann können sie bei uns auch ähnliche Reaktionen wie damals auslösen. Dies kann z. B. eintreten, wenn ein Kind ein anderes hinfallen und weinen sieht. Die einzige Voraussetzung, die diese Theorie macht, ist somit die eigene Erfahrung.

4. Mimikri
Für Lipps (1906) ist Empathie eine angeborene, isomorphe Reaktion zum Gefühlsausdruck einer anderen Person. Sie erfolgt in zwei Schritten: Zunächst imitiert der Beobachter den anderen automatisch mit leichten Bewegungen in der Mimik und Körperhaltung (motor mimicry), dies führt dann zu inneren kinästhetischen Auslösern im Beobachter, was durch afferente Nervenreaktionen zum Verstehen und Nachfühlen derselben Emotionen führt. Dieses Konzept wurde lange Zeit vernachlässigt, wahrscheinlich weil es zu sehr an eine instinkttheoretische Erklärung erinnert. Es gibt jedoch neuere Forschungen, die seine Plausibilität unterstreichen (vgl. Übersicht von Hoffman, 1978).

5. Symbolische Assoziation
Dieser Ansatz basiert auf einer Assoziation zwischen den Streßsignalen des Opfers und dem früher erlebten Distreß des Beobachters. Anders als bei der direkten Assoziation sind die Auslöser nicht physikalische oder expressive Merkmale als solche, sondern diese wirken, weil sie den Gefühlszustand symbolisch indizieren. Dieses Modell erfordert die Fähigkeit, Symbole und Prozeßinformationen semantisch zu interpretieren.

6. Rollenübernahme
Auf diesem höchsten Entwicklungsniveau stellt sich die Person vor, daß sie an der Stelle einer anderen Person wäre. In einer Untersuchung von Stotland (1969) wurden Versuchspersonen angewiesen, sich die Gefühle und Empfindungen vorzustellen, die sie hätten, wenn sie derselben schmerzlichen Behandlung ausgesetzt würden wie eine andere Person. Diese Versuchspersonen zeigten heftige physische und verbale Streßreaktionen. Die anderen Gruppen, die sich nur vorstellen sollten, wie das Modell sich während des treatments fühlte bzw. die nur auf seine Reaktionen achten sollten, zeigten entsprechend weniger Distreß.

Diese sechs Erklärungsgesetze für empathische Reaktionen bilden kein Stufenmodell im engeren Sinne. Man kann jedoch sagen, daß der erste Ansatz nach dem Säuglingsalter seine Bedeutung verliert, wenn das Weinen kontrolliert werden kann. Allerdings geben selbst noch Erwachsene an, daß sie eine Tendenz zu reaktivem Weinen spüren, wenn sie selbst eine traurige Grundhaltung haben. Das sechste Modell, das ein Nachdenken über andere impliziert, dürfte z.B. dann zutreffen, wenn Eltern oder Therapeuten sich einem besonderen Problem ihres Kindes bzw.

Klienten widmen. Die vier anderen Mechanismen jedoch treten zu verschiedenen Zeiten im Entwicklungsverlauf auf und bleiben dann während der gesamten Lebensspanne wirksam. Dies bedeutet, daß Empathie eine überdeterminierte Reaktion sein kann.

Wichtig ist weiterhin, daß die meisten Mechanismen nur ein niedriges Niveau kognitiver Prozesse voraussetzen und weitgehend unwillentlich ablaufen. Gleich mehrere Mechanismen sind affektiv verankert. Kognitive Komponenten spielen unter verschiedenen Gesichtspunkten eine Rolle. Bei der Rollenübernahme wird durch Kognitionen der empathische Effekt regelrecht verursacht. Aber auch bei den anderen Mechanismen haben kognitive Prozesse eine vermittelnde Funktion, z. B. bei den beteiligten Wahrnehmungsprozessen oder bei der symbolischen Assoziation. Die subjektive Erfahrung von Empathie ist im Gegensatz zu den auslösenden Mechanismen komplex und steht mit kognitiven Prozessen in Wechselwirkung.

11.5.5 Soziale Erfahrungen als Voraussetzungen der kognitiven Entwicklung

Der Ansatz von Doise und seinen Kollegen geht davon aus, daß jede Art von Wissen von Anfang an durch soziale Interaktion motiviert, organisiert und vermittelt wird (Doise & Mugny, 1979, 1984). Diese Piaget-Schüler gehen über den Standpunkt eines „formalen Parallelismus" (vgl. Kap. 11.5.2) noch weit hinaus und postulieren, daß die soziale Interaktion einen kausalen Effekt auf die kognitive Entwicklung ausübt. Dieser Ansatz wird „soziogenetischer Konstruktivismus" genannt (Steiner, 1978, S. 322). Er betrifft nicht mehr nur die sozialen Kognitionen als einen besonderen Gegenstandsbereich, sondern die intellektuelle Entwicklung überhaupt.

In ihren Untersuchungen bemühen sich die Neo-Piagetianer nachzuweisen, daß ein Konflikt zwischen kognitiven Zentrierungen, der in einer sozialen Situation stattfindet, einen wirksameren Faktor in der kognitiven Entwicklung darstellt als ein Konflikt zwischen intrapsychischen Zentrierungen allein. Die soziale Interaktion stellt sich als intrinsischer Faktor kognitiver Entwicklung und nicht als äußere Einflußvariable dar. Die Zentrierungen der einzelnen Kinder werden durch Interaktionen in der Gruppe koordiniert (Smedslund, 1966). Doise zeigt, daß der Entwicklungsfortschritt durch Koordination der Perspektiven und Handlungen erfolgt und nicht durch bloße Informationsmitteilung und Imitation. Wichtig ist, daß der anfängliche Konflikt in einen Kontext der sozialen Kooperation eingebettet ist. Die Untersuchungen sind ein erster Schritt zu einem experimentellen Paradigma, das dem sozialen Fundament der kognitiven Entwicklung Rechnung trägt.

In ihren Untersuchungen prüften Doise, Mugny und Perret-Clermont (1975) die Hypothese, daß die Koordination der Handlungen zwischen Kindern die individuelle kognitive Koordinationsfähigkeit fördert. In einem ersten Experiment zeigten sie, daß dieses Abstimmen der Handlungen zu kognitiven Leistungen führt, die besser strukturiert sind als individuelle Lösungsansätze. Ein zweites Experiment belegte, daß die kognitiven strukturellen Änderungen internalisiert werden und bei späteren Problemlösungen reaktiviert werden können. Am ersten Experiment nahmen 60

Kinder aus Genf im Alter zwischen 5;9 und 6;8 Jahren teil. Die experimentelle Anordnung bestand aus einem Tisch, auf dem ein 60 x 40 cm großes Stück Millimeterpapier lag. An einer Stelle war eine Einbuchtung als Orientierungsmöglichkeit eingezeichnet. Auf dem Papier wurden drei Häuser aus Lego-Steinen angeordnet. Sie trugen die Bezeichnungen: Ranch (R), kleines Haus (S) und großes Haus (B). Die Aufgabe der Versuchsperson bestand nun darin, dieses kleine Dorf nachzubauen, und zwar auf einem anderen Tisch, der sich im Winkel von 90° zum Modell befand. Den Kindern war es gestattet, um das Modell herumzugehen und es unter verschiedenen Perspektiven anzusehen. Die Kinder arbeiteten in der kollektiven Situation in Gruppen zu zweit, jeweils gleichen Geschlechts und aus derselben Klasse. Sie erhielten die Anweisung, zusammenzuarbeiten und zu einer Einigung zu kommen. Es wurde ein Index der Abweichung der nachgebauten Häuser vom Original bestimmt sowie ein struktureller Index, der nur die korrekte Position der Häuser zueinander berücksichtigte.

In der individuellen Situation bearbeitete ein Kind alleine die Aufgabe. Die Leistungsindizes zeigten keinen Zusammenhang mit dem Lebensalter. Es bestätigte sich durchgängig, daß die Dyade dem einzelnen Kind überlegen war. Die Gruppensituation brachte insbesondere einen Vorteil bei komplexen Aufgabenstellungen. Der Leistungsvorsprung der Gruppe äußerte sich nicht in der Präzision der Ausführung, sondern im System der räumlichen Transformationen.

Dieser Erfolg kann nicht allein durch die höhere Wahrscheinlichkeit erklärt werden, daß bei zwei Kindern eines eher in der Lage ist, das Problem zu lösen als in der individuellen Situation. Es ist vielmehr so, daß die Dyade wesentlich häufiger, als statistisch erwartet, genaue Lösungen erarbeitete. Damit ist nachgewiesen, daß die soziale Interaktion den Effekt produziert.

Das zweite Experiment widmete sich der Frage, ob über die bloße Erinnerung hinaus eine Veränderung der kognitiven Strukturen eingetreten ist. Dies läßt sich dadurch nachweisen, daß das Kind Erklärungen verwendet, die es nicht schon zuvor gehört hat. Die Versuchsanordnung entsprach der klassischen Erhaltungsaufgabe Piagets mit Flüssigkeiten.

Es wurden drei verschiedene Gläser verwendet, die Saft enthielten. In einem Vortest wurde das operative Niveau der Kinder ermittelt. Es erfolgte eine Einteilung in drei Gruppen:
1. diejenigen, die das Prinzip der Erhaltung der Flüssigkeit beherrschten,
2. Kinder mit instabilen Lösungen,
3. Kinder, die nicht zur Konservierung fähig waren.

Es folgte eine soziale Situation 15 Tage nach dem Vortest. Gruppen zu drei Kindern wurden zusammengestellt, jeweils mit zweien von der Niveaustufe 1 und einem von der Stufe 2 oder 3. Die Kinder mußten so lange den Saft unter sich verteilen und umschütten, bis alle die Lösung als gerecht akzeptierten. Der Posttest 1, identisch mit dem Vortest, fand nach einer Woche statt, Posttest 2 nach einem Monat. Eine Kontrollgruppe von zwölf Kindern absolvierte nur den Vortest und den Posttest 1.

Der geringe Entwicklungsfortschritt der Kontrollgruppe zeigte, daß die Reifung nur einen kleinen Anteil an den Veränderungen ausmachte. Bei der Experimentalgruppe zeigten sich stabile überdauernde Effekte. Die Kinder verwendeten im Posttest viele neuartige Argumente für ihre Problemlösung. Die Ergebnisse stützten somit die Hypothese, daß die Interaktion die Erarbeitung einer operativen kognitiven Struktur fördert. Es bleibt jedoch weiteren Untersuchungen vorbehalten, zu klären, welche Charakteristika der sozialen Situation im einzelnen für den Effekt verantwortlich sind. Eine Analyse der Diskussionen der Kinder gab diesbezüglich erste Anhaltspunkte. Eine notwendige Voraussetzung scheint zu sein, daß die zur Konservierung fähigen Kinder ihren Standpunkt konsistent behaupten und verteidigen. Zeigen sie auch nur gelegentlich Unsicherheiten, wird die Gruppenkonstellation weniger erfolgreich (um 50 Prozent). Genau an diesem Punkt setzen die Überlegungen kritischer Untersuchungen ein.

Russell (1981) gilt als einer der schärfsten Kritiker dieses neo-piagetschen Ansatzes. Er glaubt weder an die Überlegenheit der Dyade noch an eine kollektive Koordination der Perspektiven. In seinen Untersuchungen werden insbesondere zwei Thesen getestet:

- die Überlegenheit der Dyade und
- die Vermutung, daß der wichtigste Faktor bei der kollektiven Lösung eher die Nachgiebigkeit eines Partners als die kognitive Strukturveränderung ist.

Die experimentelle Anordnung entspricht dem Klasseninklusionsproblem nach Piaget (1947/72). Den Kindern wird die Anforderung gestellt, bestimmte Objekte sowohl als Teil einer Klasse als auch einer Subklasse zu verstehen.

Zunächst wurde ein Vortest durchgeführt. In der kollektiven Situation saßen sich die Kinder gegenüber, in der individuellen Version saßen sie allein am Tisch. Sie blickten auf 16 rote und vier blaue Bauklötze. Die Frage lautete: „Gibt es mehr Bauklötze oder mehr rote Bauklötze?" Nur diejenigen Kinder, die beim Klasseninklusionsproblem in diesem Vortest versagten, nahmen an der Hauptuntersuchung teil.

Die Dyade erhielt folgende Problemstellung: Es wurden drei grüne und drei gelbe Bleistifte auf den Tisch gelegt. Die Aufgabe hieß, ein Kind solle mehr Bleistifte insgesamt und das andere Kind mehr gelbe Bleistifte nehmen. Die Kinder mußten somit zwei Perspektiven miteinander koordinieren: daß eine der geforderten Subklassen größer ist als die andere und daß die Gesamtklasse größer ist als die größte Subklasse. In der individuellen Version des Versuchs mußte das Kind ebenfalls eine Aufteilung vornehmen, es mußte die Bleistifte zwei Puppen zuordnen. Die Lösung liegt darin, daß ein Kind/eine Puppe drei grüne und einen gelben Bleistift erhält und die zweite Partei zwei gelbe.

Das Verhalten der Kinder wurde auf Video-Band aufgenommen und analysiert. Die Interaktionen wurden als „konflikthaft" bezeichnet, wenn verbal Gegensätze ausgetragen wurden oder sich die Kinder an der Ausführung bestimmter Lösungen hinderten. Einvernehmliche Lösungen galten als „kooperativ".

Bei Zusammenfassung aller Altersgruppen waren 39 Prozent der Dyaden und 27 Prozent der einzelnen Kinder erfolgreich. In bezug auf die einzelnen Altersgruppen gab es jedoch keinen einzigen signifikanten Unterschied. 28 Prozent der dyadischen Interaktionen wurden als konflikthaft eingeschätzt. Dies waren in absoluten Zahlen 14 Paare, von denen zwölf zu der richtigen Lösung kamen.

Bei einem Konflikt zwischen richtiger und falscher Lösung setzte sich also das Kind mit der korrekten Antwort durch, und das andere folgte ihm. Von den 35 kooperativen Dyaden hatten dagegen nur sieben Erfolg und 28 Mißerfolg. Auch hier wußte eines der beiden Kinder die richtige Lösung; das andere widersprach ihm nicht, so daß kein Konflikt entstand. Die Lösung des Kindes, das die richtige Antwort kannte, wurde also bevorzugt. Die Überlegenheit der Gruppe rührt, so Russell, daher, daß das Kind mit der falschen Lösung nachgab. Dies bedeute nicht kollektive Koordination der Perspektiven, sondern „social facilitation" im klassischen Sinne.

Es konnte nicht die Ansicht von Doise und seinen Kollegen bestätigt werden, daß eine Kooperation zwischen Gleichen mit verschiedenen Perspektiven zum Erfolg führte. Nach Russell handelte es sich um den Konflikt zwischen einem richtigen und einem falschen Urteil, bei dem das richtige sich durchsetzt. Man könne nicht einmal davon ausgehen, daß das nachgebende Kind von der richtigen Lösung des anderen überzeugt sei.

Was mag das Kind dann veranlassen, sich einer bestimmten Lösung anzuschließen? Taal (1983) verfolgte in ihren Experimenten das Ziel, eine Entscheidung zwischen den Positionen der Genfer Schule und Russells herbeizuführen. Eine zentrale Versuchsanordnung sah vor, daß die Kinder alleine oder zu zweit einen Parkplatz bauen sollten. Das Material bestand aus rechteckigen Blöcken. Ein Kind erhielt die Anweisung, auf die Länge des Platzes zu achten, ein anderes auf die Breite. Der Platz sollte so lang bzw. so breit wie möglich sein. Die Lösung verlangte eine Koordination beider Aspekte. Das Experiment sollte den Konfliktlösungsmechanismus deutlicher als bisher erkennbar machen.

Die Ergebnisse lenkten den Blick auf ein Phänomen, das auch in den eben referierten Untersuchungen von Doise et al. und Russell zutage getreten war. Es gab eine große Gruppe mit instabilen Lösungen. Viele Kinder produzierten mehrere Alternativlösungen. Diese berücksichtigten teilweise Länge und Breite, dezentrierten also von der ihnen vorgegebenen Dimension; teilweise aber kamen auch Lösungen zustande, in denen sich jedes Kind nur auf die eigene Perspektive bezog. Das Entscheidende ist, daß die verschiedenen Lösungen von den Kindern als gleichberechtigt angesehen wurden.

Das Kriterium für die Priorität der dezentrierten Lösung läßt sich nicht allein auf einen kognitiven Strukturwandel zurückführen. Auch wenn die Kinder zu Dezentrierungen in der Lage sind, sehen sie noch nicht unbedingt die Notwendigkeit ein, so zu denken und entsprechend zu handeln. Die Notwendigkeit ergibt sich erst durch ein soziales Kriterium, durch die Sozialisation des Denkens. Ein wesentlicher Entwicklungstrend besteht somit nach Russell (1982) im Übergang von möglichen zu notwendigen Koordinationen. Die Notwendigkeit ergibt sich durch ein externes soziales Kriterium, den Sozialisationsdruck der Erwachsenen. Taal (1983) konnte diesen experimentell dadurch verstärken, daß sie die Kinder unter Wettbewerbsdruck setzte. Es wurden dann mehr Lösungen produziert, die Erwachsene für richtig halten.

Die intellektuelle Entwicklung ist mit einem sozialen Anpassungsprozeß eng verwoben. Piaget (1960, S. 279) weist darauf hin, daß die Natur als solche dem Kind kaum unmittelbaren Anlaß für die Annahme logischer Beziehungen gibt. Deren Bevorzugung hat ihre Wurzel im Bedürfnis des Kindes, seine Meinung zu verifizieren und zu beweisen, wenn sie mit den Meinungen anderer konfrontiert wird. Der logische Beweis ist auch ein Effekt sozialer Argumentation, seine Quelle liegt in der sozialen Interaktion. Es spielen aber offensichtlich hierbei das Vorbild, die Imitation und somit die asymmetrische Interaktion eine größere Rolle, als es der Denktradition der Genfer Schule entspricht. Der Effekt der Interaktion zwischen Gleichen wurde schon von Piaget (1932/54) in bezug auf das Moralische Urteil überschätzt (vgl. Kap. 11.1.3). In ähnlicher Weise scheint eine Strukturentwicklung durch kollektive Koordination der Perspektiven von Doise und seinen Kollegen zumindest überschätzt zu werden. Zwar sind die vorliegenden Untersuchungen schwer vergleichbar, weil unterschiedliche Aufgabenstellungen verwendet wurden, die Altersgruppen nicht ganz gleich waren und durch Vortests unterschiedliche Selektionen der Stichproben vorgenommen wurden, jedoch scheint ein Konflikt mit bestehenden Überzeugungen und Urteilen sowie ein Anreiz zur Weiterentwicklung eher durch eine asymmetrische Interaktion hervorgerufen zu werden. Die Interaktion repräsentiert die Auseinandersetzung des Kindes mit bestehenden Überzeugungen und die Anpassung an ein System, das seine Umwelt darstellt.

Teil IV:
Integrative Gesichtspunkte und Schlußfolgerungen

12. Soziale Interaktionen, soziale Beziehungen und ihre Entwicklung

In den vorangegangenen Kapiteln wurde deutlich, daß der Themenbereich soziale Entwicklung inhaltlich sehr vielfältig ist und von verschiedenen theoretischen Positionen aus bearbeitet wurde. Abschließend sollen nun einige übergreifende Aspekte herausgestellt werden, indem auf einige Grundbegriffe Bezug genommen wird. Dabei stellt sich nochmals die Frage, die bereits am Anfang dieses Buches aufgeworfen wurde, nämlich was unter sozialer Entwicklung zu verstehen ist.

In dem Buch ging es um *soziale Interaktionen* und um *soziale Beziehungen.* Soziale Interaktionen sind die wechselseitigen Beeinflussungen zwischen Individuen. Solche Austauschprozesse kennzeichnen den gesamten Lebenslauf. Die Richtung, die dieser Prozeß nimmt, hängt vom Zusammenspiel der Interaktionspartner ab. Wichtig sind vor allem die jeweiligen Handlungen, die sie ausführen, ihr Entwicklungsstand, ihr Verständnis von sozialen Gegebenheiten, ihre Rollen und der Kontext, in dem die Interaktion stattfindet.

Die Geschichte der Interaktionen zwischen bestimmten Partnern schlägt sich in bestimmten Beziehungsstrukturen nieder. Beziehungen sind somit einerseits das Ergebnis von Interaktionen; andererseits sind sie aber auch deren Voraussetzung. Soziale Interaktionen erfolgen im Kontext von Beziehungsstrukturen. Sie werden durch diese geformt. Beide Aspekte können nur in Wechselwirkung zueinander verstanden werden.

Bei der Erforschung der sozialen Entwicklung geht es also sowohl um die Analyse der Bildung von Interaktionsmustern innerhalb von Beziehungsstrukturen als auch um die Bildung bzw. Änderung von Beziehungsmustern durch Interaktion.

Betrachtet man den Forschungsbereich unter wissenschaftshistorischer Perspektive, so ergibt sich folgende Richtung in den Fragestellungen: Zunächst standen individuelle Verhaltensmerkmale und Kompetenzen im Vordergrund. Die *individuumszentrierte Sichtweise* interessierte sich z. B. für die Auftretenshäufigkeit aggressiver Verhaltensmerkmale oder die Entwicklung von „social skills". Die *Dyade* wurde zur bevorzugten Analyseeinheit, als nachgewiesen werden konnte, daß diese individuellen Merkmale zwar in die soziale Interaktion eingehen, das eine jedoch nicht aus dem anderen abgeleitet werden kann. Die Struktur einer sozialen Interaktion oder Beziehung setzt sich nicht additiv aus den Charakteristika der beteiligten Personen zusammen, sondern muß als ein eigener Gegenstand gesehen werden. Die Partner bilden ein soziales System, das eine eigene Qualität besitzt. Daneben gibt es einige soziale Phänomene, die sich überhaupt nur im dyadischen Kontext charakterisieren lassen, wie z. B. die Freundschaft. Ein dritter Gesichtspunkt ist, daß es die besonderen Charakteristika des sozialen Systems (und nicht nur der Individuen) sind, die die Entwicklungskonsequenzen bestimmen (z. B. bei der Mutter-Kind-Bindung).

Dieselben drei Argumente waren schließlich auch dafür ausschlaggebend, daß neuere Forschung sich auf noch umfassendere *soziale Systeme* bezieht. Auch für das soziale Netzwerk gilt, daß es erstens eine eigene Qualität besitzt, die mehr ist als die Summe der in ihm enthaltenen Dyaden. Dies läßt sich am Beispiel der indirekten Effekte (second order effects) zeigen. Zweitens lassen sich bestimmte soziale Beziehungsmuster nur durch die Netzwerk-Struktur wiedergeben, wie z. B. die Dialektik der intergenerativen Zusammenhänge. Drittens erklärt sich der Entwicklungseffekt aus dem System als Ganzem (z. B. beeinflußt die Funktionsstruktur die Entwicklung des Kindes).

Die Forschungen haben sich somit in Richtung auf eine komplexere Analyseebene bewegt und sich den ökopsychologischen Modellvorstellungen angenähert. Die soziale Entwicklung konstituiert sich aus den sozialen Interaktionen des Individuums in einem sozialen System. Die Entwicklung des Individuums und die Veränderung des Systems bedingen sich gegenseitig, indem sie durch ständige Wechselwirkungsprozesse miteinander verbunden sind.

Zur Entwicklung der Beziehung über interaktive Prozesse gehen *Impulse und Strukturierungen* sowohl von der Person als auch vom sozialen Kontext aus. Auf der Personseite zeigt sich, daß bereits das Neugeborene eine Prädisposition für Sozialkontakte aufweist und darüber hinaus fähig ist, seine Betreuungspersonen zu beeinflussen und zu sozialisieren. Es gibt keine vorgeschaltete Phase des Egozentrismus, nach der erst die eigentliche soziale Entwicklung im Sinne eines sozialen Austauschs beginnt. Der individuelle Entwicklungsstand bleibt während des ganzen Lebens eine wesentliche Determinante bei der Gestaltung sozialer Beziehungen. Individuelle Entwicklungsfortschritte ermöglichen, daß sich das soziale Netzwerk erweitert, Beziehung zu Gleichaltrigen bedeutsamer und die Interaktionen komplexer und koordinierter werden. Neue Beziehungsqualitäten entwickeln sich, wie z. B. die Freundschaft oder die Intimität. Es ist zum einen die kognitive Entwicklung, die soziale Beziehungen neu strukturiert. Es trägt aber auch die körperliche Reifung dazu bei, wie z. B. hormonelle Veränderungen im Jugendalter oder während des Klimakteriums. Auch diese Veränderungen geschehen jedoch nicht nach Art von Reifungskrisen im klassischen Sinne. Auch für die sogenannten Konflikt- und Krisenzeiten gilt, daß die wechselseitige Adaptation und Synchronisation die bedeutsameren Aspekte sind und im Vordergrund stehen. Ob es überhaupt zu krisenhaften Erscheinungen kommt, hängt wesentlich von den Coping-Strategien ab, die das Individuum zur Verfügung hat.

Der Veränderungsdruck kann somit primär vom Individuum ausgehen oder aber auch von der sozialen Umwelt bzw. einzelnen Interaktionspartnern. Während der gesamten Lebensspanne gibt es Umstrukturierungen des sozialen Netzwerkes, und soziale Übergänge zwingen zu neuen Anpassungsleistungen.

Die soziale Umwelt besitzt verschiedene Charakteristika, durch die sich die Veränderungen ausdrücken lassen. Sie hat zum einen *strukturelle Eigenschaften.* Sie umfaßt zwischenmenschliche Beziehungssysteme (soziales Netzwerk, Mikrosystem) und umfassendere Dimensionen des sozialen Kontextes, in die diese Beziehungssysteme integriert sind.

Zweitens läßt sich die soziale Umwelt durch die *Funktionen* kennzeichnen, die sie für die Entwicklung des Individuums besitzt. Einige dieser Funktionen bleiben dauerhaft für die gesamte Lebensspanne kennzeichnend. So bildet die soziale Umwelt den Rahmen, in dem soziale Interaktion stattfindet, aber darüber hinaus auch den Rahmen, in dem Entwicklung überhaupt stattfindet. Sie strukturiert nicht nur die soziale Entwicklung, sondern auch die Entwicklung allgemein. Auch die kognitiven Funktionen entwickeln sich nicht im Vakuum und dürfen nicht als a-soziale Epigenese verstanden werden. Vielmehr sind die frühen Bindungssysteme die Grundlage der ersten explorativen Tätigkeiten. Die späteren Eltern-Kind- und Peer-Interaktionen bilden günstige Bedingungen für instrumentelle Lernerfahrungen. Über Kindheit und Jugend hinaus fungiert der soziale Kontext als Träger von Informationen und als Quelle für Stimulation. Ihm kommt die Bedeutung zu, die individuelle Entwicklung zu optimieren. Eine weitere wichtige Funktion ist schließlich die soziale Unterstützung. Untersuchungen zur Mutter-Kind-Interaktion bis hin zur Problematik des Alters weisen darauf hin, daß soziale Unterstützungsfaktoren eine notwendige Ressource für die Bewältigung von Entwicklungsaufgaben bzw. für die psychische Belastbarkeit allgemein darstellen.

Neben diesen permanent lebenswichtigen Funktionen des sozialen Kontextes gibt es noch speziellere in bezug auf bestimmte Altersabschnitte und auf bestimmte Beziehungssysteme. Diesbezüglich erlaubt es die Forschung noch nicht, ein lückenloses Bild für die gesamte menschliche Entwicklung zu entwerfen. Die Untersuchungen konzentrieren sich auf die Funktionen der Betreuungspersonen in den ersten Lebensjahren, die Funktionen des Peer-Kontaktes sowie der Freundschaft und der sozialen Beziehung im Alter.

Zu den strukturellen und funktionalen Merkmalen der sozialen Umwelt kommen drittens die *qualitativen Aspekte* hinzu. Hierzu gehört die Art der interaktiven Prozesse und der indirekten Effekte. Qualitative Kennzeichnungen wie Responsivität, Variabilität, Komplexität und Spezifität entscheiden unter anderem darüber, ob der Kontext seine Funktionen wie Unterstützung oder Stimulation optimal erfüllt. Zu den qualitativen Merkmalen gehören des weiteren die Art der Entwicklungsaufgaben, die sich stellen, sowie die sozialen Regeln, Rollen und Normen.

Die sozialen Handlungen der Person und das soziale Netzwerk reflektieren die Ergebnisse fortlaufender interaktiver Prozesse. Soziale Beziehungen sind somit dynamischer Natur. Diese Dynamik jedoch über den menschlichen Lebenslauf zu systematisieren und die Mechanismen des Entwicklungsprozesses zu konkretisieren, gehört zu den schwierigsten Problemen der Psychologie überhaupt. Es wird kontrovers diskutiert, hinsichtlich welcher Dimensionen *Stabilität* bzw. *Veränderung* vorherrscht, nach welchen Prinzipien frühere Muster in spätere übergehen oder inwieweit frühere Adaptationen durch entwicklungsbedingte Veränderungen gelöscht werden.

Die Ansicht, daß zeitlich früher gelegene Ereignisse in der sozialen Entwicklung zugleich auch die wichtigeren sind, ist nach wie vor am verbreitetsten. Diese sogenannte Primacy-Hypothese geht auf das Prägungs-Modell zurück, das seine eindruckvollste Bestätigung bei der Ausbildung und Organisation sozialer Präferenzen von Tierjungen fand. Überträgt man dieses Modell auf das Bindungssystem des

Säuglings, so hat man es neben den biologischen Determinanten noch mit psychologischen Lernprozessen und dem Einfluß eines variablen sozialen Kontextes zu tun. Diese Bedingungen erhöhen die Plastizität des Verhaltens, und die empirischen Belege für frühere Festlegungen fallen dementsprechend dürftiger aus.

Starke Stabilität bzw. Dominanz des Früheren über das Spätere zeigte sich in empirischen Untersuchungen vor allem unter zwei Voraussetzungen. Zum einen haben sehr schwere Störungen der primären Bindungen langdauernde Auswirkungen und beeinträchtigen spätere Beziehungssysteme. Betrachtet man jedoch die Variabilität innerhalb des „Normalbereichs" unter Ausklammerung von Extremen, so erscheint die Bindungsqualität als ein Teilaspekt in der Plastizität des sozialen Netzwerks wie jedes andere Merkmal auch. Es spiegelt die sich ändernde Adaptation zwischen dem Individuum und seiner sozialen Umwelt wider. Dabei werden Veränderungen nicht nur durch die Umstrukturierung des sozialen Netzwerkes erzwungen (wie z. B. bei der Wiederaufnahme der Berufstätigkeit durch die Mutter). Auch Entwicklungsfortschritte im Individuum lassen bestimmte Verhaltensweisen als überflüssig oder sogar als hinderlich erscheinen. Sie könnten Anpassungsleistungen in späteren Entwicklungsstadien behindern. Es ist somit entwicklungsnotwendig, daß frühe Adaptationen flexibel und zum Teil auch flüchtig sind.

Stabilität dominiert zum zweiten unter der Voraussetzung, daß ein gleichbleibender Kontext frühe Muster stützt und konserviert. Dieser Effekt zeigte sich z. B. bei den Längsschnittstudien zum aggressiven Verhalten. Die Determinante liegt bei dieser Gruppe von Untersuchungen weniger im Individuum als im sozialen Netzwerk.

Nach den vorliegenden Befunden ist allgemein die Plastizität sozialer Verhaltens- und Beziehungsmuster hoch einzuschätzen. Ereignisse, die über die gesamte Lebensspanne auftreten und zum Teil sehr individuell, gruppen- oder kohortenspezifisch sind, bedingen den Entwicklungsverlauf. Dies bedeutet jedoch nicht, daß die bisherige Entwicklungsgeschichte ohne Einfluß bliebe. Veränderungsimpulse im Laufe des Lebens treffen jeweils auf ein bereits geformtes Verhaltens- und Beziehungssystem, das sich dann umbildet, jedoch nicht völlig neu entsteht. Die Frage, was an früheren Festlegungen beibehalten wird und was sich unter späteren Einflüssen verändert, ist unter ökopsychologischer Betrachtungsperspektive schwerer zu beantworten als unter der Primacy-Hypothese, die von der prinzipiellen Dominanz des Früheren ausgeht. Eine neue Regulation enthält jeweils beides, wobei die Richtung und die Strukturierung des Entwicklungsprozesses in hohem Maße von Zusammenspiel und Gewicht der verschiedenen beteiligten Determinanten abhängt. Dies erschwert eine aus der Theorie abgeleitete Prognose und fordert dazu heraus, soziale Übergänge unter verschiedenen Konstellationen und auf verschiedenen Altersstufen empirisch zu erforschen.

Allgemein läßt sich sagen, daß sowohl im Individuum als auch im sozialen Kontext Voraussetzungen für die Stabilität und Veränderung sozialer Muster existieren. Zur intraindividuellen Kontinuität trägt bei, daß adaptive Muster und Coping-Strategien durch Wiederholungen veränderungsresistenter werden, daß die Person durch die Bildung von Identität und Selbstkonzept die Vorhersagbarkeit ihres eigenen Verhaltens erhöht oder daß sie auch unter veränderten Bedingungen versucht, wiederkehrende soziale Netzwerke zu schaffen, die bestimmte zentrale soziale Funktionen erfüllen. Intraindividuelle Veränderungen gehen zurück auf biologische Mechanismen, auf kognitive Entwicklungsfortschritte und die Bewältigung unterschiedlicher Lebenssituationen auf verschiedenen Altersstufen, die veränderte Zukunftsentwürfe einschließen.

Der soziale Kontext produziert Stabilität durch die Vorgabe sozialer Strukturen, Rollen und Normen; er gibt Veränderungsimpulse durch sozial normierte Übergänge, altersspezifische Entwicklungsaufgaben, aber auch durch die intraindividuellen Veränderungen der Bezugspersonen im sozialen Netzwerk. Es sind schließlich Individuen, die die soziale Umwelt für andere Individuen bilden. So müssen z. B. die Muster der sozialen Entwicklung im Erwachsenenalter als Kontext der sozialen Entwicklung der nachfolgenden Generation und der älteren Menschen verstanden werden. Ebenso strukturiert die Entwicklung des Kindes und Jugendlichen das Leben der Eltern, oder die Großeltern können durch das Gewähren oder Verweigern von sozialer Unterstützung die sozialen und erzieherischen Kompetenzen der Eltern-Generation optimieren oder beeinträchtigen.

Die Wechselwirkungen zwischen verschiedenen Determinanten bzw. Subsystemen, die selbst jeweils sowohl veränderungsresistente als auch -intensive Züge beinhalten, bedingen, daß es vielfältige Entwicklungslinien gibt. Dennoch sind gewisse Generalisierungen möglich in dem Sinne, daß man *typische Regulationen für bestimmte Lebensabschnitte* angeben kann. Bestimmte individuelle Entwicklungsfortschritte fordern zu bestimmten sozialen Antworten und Lösungen heraus, ebenso wie bestimmte sozial normierte Erwartungen und Übergänge das Individuum zu bestimmten Bewältigungsformen veranlassen. Einige dieser charakteristischen Strukturbildungen sind Gegenstand dieses Buches gewesen. Sie lassen trotz vieler Forschungslücken einige wichtige Etappen der sozialen Entwicklung im Laufe des menschlichen Lebens deutlich werden.

Literatur

Abernathy, V.: Social network and response to the maternal role. International Journal of Sociology of the Family 3 (1973), 86–92.

Abramovitch, R., Pepler, D. & Corter, C.: Patterns of sibling interaction among preschool-age children. In: Lamb, M.E. & Sutton-Smith, B. (Eds.): Sibling relationships: Their nature and significance across the life-span. Hillsdale: Lawrence Erlbaum 1982, 61–86.

Adams, B.N.: Kinship in an urban setting. Chicago: Markham Publishing 1968.

Adams, B.N.: Birth order: A critical review. Sociometry 34 (1972), 411–439.

Adams, G.R., Schvaneveldt, J.D. & Jenson, G.O.: Sex, age and perceived competency as correlates of empathic ability in adolescence. Adolescence 14 (1979), 811–818.

Adler, A.: Menschenkenntnis. Kap. VIII: Geschwister. Leipzig: Hirzel 1926, 117–124.

Adler, A.: Der Sinn des Lebens. Wien: Passer 1933.

Ahammer, J.M. & Baltes, P.B.: Objektive versus perceived age differences in personality: How do adolescents, adults and other people view themselves and each other? Journal of Gerontology 27 (1972), 46–51.

Aiello, J.R. & Jones, S.E.: Field study of the proxemic behavior of young school children in three subcultural groups. Journal of Personality and Social Psychology 19 (1971), 351–356.

Ainsworth, M.D.S.: Object relations, dependency, and attachment: A theoretical review of the infant-mother relationship. Child Development 40 (1969), 969–1027.

Ainsworth, M.D.S., Attachment and dependency: A comparison. In: Gewirtz, J.L. (Ed.): Attachment and dependency. New York: Wiley 1972, 97–137.

Ainsworth, M.D.S., Bell, S.M. & Stayton, D.J.: Individual differences in strange-situation behavior of one-year-olds. In: Schaffer, H.R. (Ed.): The origins of human social relations. London: Academic Press 1971, 17–57.

Ainsworth, M.D.S., Blehar, M.C., Waters, E. & Wall, S.: Patterns of attachment. A psychological study of the strange situation. Hillsdale: Lawrence Erlbaum 1978.

Albrecht, R.: Relationships of older parents with their children. Marriage and Family Living 16 (1954), 32–35.

Allan, G.: Sibling solidarity. Journal of Marriage and the Family 39 (1977), 177–184.

Allen, K.W., Turner, K.D. & Everett, P.A.: A behavior modification classroom for head start children with problem behaviors. Exceptional Children 37 (1970), 119–127.

Allen, P.S.: Effects of spatial density on social behavior of preschool children. Dissertation Abstracts International 1973, Mar. Vol. 33 (9-A), Y 926.

Allerbeck, K.: Beziehungen zwischen Jugendlichen und Eltern (-generation). In: Pross, H. (Hg.): Familie – wohin? Reinbek: Rowohlt 1979, 133–167.

Allerbeck, K. & Hoag, W.J.: 16–18jährige: 1962 und 1983. Unveröffentlichter Tabellenband zum Projekt: Integrationsbereitschaft der Jugend im sozialen Wandel. Universität Frankfurt: o.J.

Allerbeck, K. & Hoag, W.J.: Jugend ohne Zukunft? München: Piper 1985.

Altmann, K.: Effects of cooperative response acquisition on social behavior during free play. Journal of Experimental Child Psychology 12 (1971), 387–395.

Ambrose, A.: Human social development: An evolutionar-biological perspective. In: McGurk, H. (Ed.): Issues in childhood social development. London: Methuen 1978, 1–54.

Anderson, H.H.: Domination and integration in the social behavior of young children in an experimental play situation. Genetic Psychology Monographs 19 (1937), 341–408.

Anderson, H.H.: Domination and social integration in the behavior of kindergarten children and teachers. Genetic Psychology Monographs 21 (1939), 287–385.

Antonucci, T.: Attachment: A life-span concept. Human Development 19 (1976), 135–142.

Arend, R.A., Gove, F. & Sroufe, L.A.: Continuity of individual adaptation from infancy to kindergarten: A predictive study of ego-resiliency and curiosity in preschoolers. Child Development 50 (1979), 950–959.
Arlitt, A.H.: Psychology of infancy and early childhood. New York: McGraw-Hill 1930.
Armsby, R.E.: A reexamination of the development of moral judgements in children. Child Development 42 (1971), 1241–1248.
Aronfreed, J.: Conduct and conscience. New York: Academic Press 1968.
Aronfreed, J.: The concept of internalization. In: Goslin, D.A. (Ed.): Handbook of socialization theory and research. Chicago: Rand-McNally 1969, 263–323.
Asher, S.R.: Children's peer relations. In: Lamb, M.E. (Ed.): Social and personality development. New York: Holt, Rinehart and Winston 1978, 91–113.
Atchley, R.C.: The social forces in later life. Belmont: Wadsworth 1972.
Atchley, R.C.: The life course, age grading and age-linked demands for decision making. In: Datan, N. & Ginsberg, L.H. (Eds.): Life-span developmental psychology. Normative life crises. New York: Academic Press 1975, 305–322.
Azrin, N. & Lindsey, O.: The reinforcement of cooperation between children. Journal of Abnormal and Social Psychology 52 (1956), 100–102.

Babchuk, N.: Aging and primary relations. International Journal of Aging and Human Development 9 (1978), 2, 137–151.
Baldwin, C.P. & Baldwin, A.L.: Children's judgements of kindness. Child Development 41 (1970), 29–47.
Baldwin, J.M.: Social and ethical interpretations in mental development. London: Macmillan 1899, 2. Aufl.
Balluseck, H.V.: Die Pflege alter Menschen. Berlin: Deutsches Zentrum für Altersfragen 1984.
Baltes, P.B.: Life-span developmental psychology: Some converging observations on history and theory. In: Baltes, P.B. & Brim, O.G. (Eds.): Life-span development and behavior. New York: Academic Press 1979. Vol. 2, 255–279.
Baltes, P.B. & Schaie, K.W. (Eds.): Life-span developmental psychology: Personality and socialisation. New York: Academic Press 1973.
Bandura, A.: Aggression: A social learning analysis. Englewood Cliffs, N.J.: Prentice-Hall 1973.
Bandura, A. & McDonald, F.J.: Influence of social reinforcement and the behavior of models in shaping children's moral judgements. Journal of Abnormal and Social Psychology 67 (1963), 274–281.
Bandura, A., Ross, D. & Ross, S.A.: Imitation of film-mediated aggressive models. Journal of Abnormal and Social Psychology 66 (1963), 3–11.
Bandura, A. & Walters, R.H.: Adolescent aggression. New York: Ronald Press 1959.
Bank, S. & Kahn, M.: Sisterhood-brotherhood is powerful: Sibling subsystems and family therapy. Family Process 14 (1975), 311–337.
Barenboim, C.: Developmenal changes in the interpersonal cognitive system from middle childhood to adolescence. Child Development 48 (1977), 1467–1474.
Barker, R.G.: On the nature of the environment. Journal of Social Issues 19 (1963), 17–38.
Barker, R.G. & Gump, P.V.: Big school, small school: High school size and student behavior. Stanford, Calif.: Stanford University Press 1964.
Barker, R.G. & Wright, H.: Psychological ecology and the problem of social develoment. Child Development 20 (1949), 131–143.
Barnett, W.K.: An ethnographic description of Sanlei Ts'un, Taiwan, with emphasis on women's roles. Overcoming research problems caused by the presence of great tradition. Doctoral dissertation, Michigan State University. Ann Arbor: University Microfilms (No. 71-2026) 1970. (zit.n.: Fine, 1980).

Barocas, H., Reichman, W. & Schwebel, A.I.: Personal adjustment and growth. A life-span approach. New York: St. Martin's Press 1983.

Bar-Tal, D., Raviv, A. & Shavit, N.: Motives for helping behavior expressed by kindergarten and school children in kibbutz and city. Developmental Psychology 17 (1981), 766–772.

Bar-Tal, D., Raviv, A. & Sharabany, R.: Cognitive basis of the development of altruistic behavior. Paper presented at the biennial conference of the International Society for the Study of Behavioral Development. Pavia, Italy: 1977.

Bartoszyk, J.: Vorbereitung auf die Elternschaft und die ersten drei Lebensmonate des Kindes. Düsseldorf: Dissertation 1984.

Baumrind, D.: Authoritarian vs. authoritative parental control. Adolescence 14 (1968), 3, 255–272.

Bearison, D.J. & Isaacs, L.: Production deficiency in children's moral judgements. Developmental Psychology 11 (1975), 732–737.

Becker, J.: A learning analysis of the development of peer-oriented behavior in nine-month-old infants. Developmental Psychology 13 (1977), 481–491.

Becker, K.F.: Emanzipation des Alters. Ein Ratgeber für die kirchliche Arbeit. Gütersloh: Bertelsmann 1975.

Becker, W.C.: Consequences of different kinds of parental discipline. In: Hoffman, M.L. & Hoffman, L.W. (Eds.): Review of child development research. New York: Russel Sage Foundation 1964, Vol. 1, 169–208.

Beckman, L.J. & Houser, B.B.: The consequences of childlessness for the social-psychological well-being of older women. Journal of Gerontology 37 (1982), 243–250.

Bell, R.Q., Weller, G.M. & Waldrop, M.F.: Newborn and preschooler: Organization of behavior and relations between periods. Monographs of the Society for Research in Child Development 36 (1971), Serial No. 142, 1–2.

Belsky, J., Robins, E. & Gamble, W.: The determinants of parental competence: Toward a contextual theory. In: Lewis, M. (Ed.): Beyond the dyad. New York: Plenum 1984, 251–274.

Belsky, J., Spanier, G.B. & Rovine, M.: Stability and change in marriage across the transition to parenthood. Journal of Marriage and the Family 45 (1983), 567–578.

Bem, S.L.: The measurement of psychological androgyny. Journal of Consulting and Clinical Psychology 42 (1974), 155–162.

Bengtson, V.L.: A generation gap? Research perspective on ways interact. In: Rosenfeld, J.P. (Ed.): Relationships: Marriage and family reader. Chicago: Scott Foresman 1982.

Bengtson, V.L. & Troll, L.E.: Youth and their parents: Feedback and intergenerational influence in socialization. In: Lerner, R.M. & Spanier, G.B. (Eds.): Child influences on marital and family interaction: A life-span perspective. New York: Academic Press 1978, 215–240.

Bentler, P.M. & Newcomb, M.D.: Longitudinal study of marital success and failure. Journal of Consulting and Clinical Psychology 46 (1978), 5, 1053–1070.

Benton, A.A.: Productivity, distributive justice and bargaining among children. Journal of Personality and Social Psychology 18 (1971), 68–78.

Berezin, M.A.: Partial grief for the aged and their families. In: Pattison, E. (Ed.): The experience of dying. Englewood Cliffs, N.J.: Prentice-Hall 1977.

Berg, M. & Medrich, E.A.: Children in four neighbourhoods: The physical environment and its effect on play patterns. Environment and Behavior 12 (1980), 320–348.

Berg-Cross, L.G.: Intentionality, degree of damage and moral judgment. Child Development 46 (1975), 970–974.

Berkowitz, L.: Aggression. New York: McGraw-Hill 1962.

Berkowitz, L.: Control of aggression. In: Caldwell, B.M. & Ricciuti, H.N. (Eds.): Review of child development research. Chicago: University of Chicago Press 1973, Vol. 3, 95–140.

Berkowitz, L. & Connor, W.H.: Success, failure, and social responsibility. Journal of Personality and Social Psychology 4 (1966), 664–669.

Berman, P.W., Sloan, V.L. & Goodman, V.: Development of sex differences in response to an infant and to the caretaker role. Paper presented at the meeting of the Society for Research in Child Development. San Francisco: 1979.
Bernstein, A. & Cowan, P.: Children's concept of how people get babies. Child Development 45 (1975), 77–91.
Bierhoff, H.W.: Hilfreiches Verhalten. Soziale Einflüsse und pädagogische Implikationen. Darmstadt: Steinkopff 1980.
Bierhoff, H.W. & Osselmann, J.: Illegitime Verwendung von Vorinformation. Effekte auf Altruismus und Selbstbestrafung in bezug zu Externalisierung/Internalisierung, Versuchsleiter und Sequenz der Messung. Zeitschrift für Sozialpsychologie 6 (1975), 333–347.
Bigelow, B.J.: Children's friendship expectations: A cognitive-developmental study. Child Development 48 (1977), 246–253.
Bigelow, B.J. & La Gaipa, J.J.: Children's written descriptions of friendship: A multidimensional analysis. Developmental Psychology 11 (1975), 857–858.
Bigner, J.J.: Second born's discrimination of sibling role concepts. Developmental Psychology 10 (1974a), 564–573.
Bigner, J.J.: Wernerian developmental analysis of children's descriptions of siblings. Child Development 45 (1974b), 317–323.
Bild, B.R. & Havighurst, R.J.: Family and social support. Gerontologist 16 (1976), 63–69.
Biller, H.B.: Father absence, maternal encouragement, and sex-role development in kindergarten-age boys. Developmental Psychology 1 (1969), 87–94.
Biller, H.B.: Paternal deprivation. Lexington, Mass.: Heath 1974.
Biller, H.B.: The father and personality development: Paternal deprivation and sex-role development. In: Lamb, M.E. (Ed.): The role of the father in child development. New York: Wiley 1981a, 2. Aufl., 89–156.
Biller, H.B.: Father absence, divorce, and personality development. In: Lamb, M.E. (Ed.): The role of the father in child development. New York: Wiley 1981b, 2. Aufl., 489–552.
Biller, H.B. & Bahm, R.M.: Father absence, perceived maternal behavior and masculinity of self-concept among Junior High School boys. Developmental Psychology 4 (1971), 178–181.
Billman, J. & McDevitt, S.C.: Convergence of parent and observer ratings of temperament with observations of peer interaction in nursery school. Child Development 51 (1980), 395–400.
Birren, J.E.: The psychology of aging in relation to development. In: Birren, J.E. (Ed.): Relations of development and aging. Springfield: Thomas 1964, 99–120.
Bixenstine, V.E., DeCorte, M.S. & Bixenstine, B.A.: Conformity to peer-sponsored misconduct at four grade levels. Developmental Psychology 12 (1976), 226–236.
Bizman, A., Yinon, Y., Mivtzari, E. & Shavit, R.: Effect of the age structure of the kindergarten on altruistic behaviour. Journal of School Psychology 16 (1978), 154–160.
Blake, J.: The only child in America: Prejudice versus performance. Population and Development Review 1 (1981), 43–54.
Blanton, M.G.: The behavior of the human infant during the first thirty days of life. Psychological Review 24 (1917), 456–483.
Blaschke, D. & Franke, J. (Hg.): Freizeitverhalten älterer Menschen. Stuttgart: Enke 1982.
Blatt, M.M. & Kohlberg, L.: The effects of classroom discussion upon children's level of moral judgement. Journal of Moral Education 2 (1975), 129–161.
Blau, B. & Rafferty, J.: Changes in friendship status as a function of reinforcement. Child Development 41 (1970), 115–121.
Blehar, M.C., Lieberman, A.F. & Ainsworth, M.D.S.: Early face-to-face interaction and its relation to later infant-mother attachment. Child Development 48 (1977), 182–194.
Block, J.: Lives through time. Berkeley: Bancroft Books 1971.
Block, J., Block, J.H. & Harrington, D.M.: Some misgivings about the Matching Familiar

Figures Test as a measure of reflections-impulsivity. Developmental Psychology 10 (1974), 611–632.
Blood, R.O.: The family. New York: Free Press 1972.
Blume, O.: Alte Menschen in einer Großstadt. Göttingen: Schwarz 1962.
Blume, O.: Über die soziologische Situation der Mehrgenerationenfamilie. In: Störmer, A. (Hg.): Geroprophylaxe, Infektions- und Herzkrankheiten, Rehabilitation und Sozialstatus im Alter. Kongreß d. Deutschen Gesellschaft für Gerontologie 1969. Darmstadt: Steinkopff 1970, 101–106.
Blurton Jones, N. (Ed.): Ethological studies of child behavior. London: Cambridge University Press 1972.
Blyth, D.A.: Mapping the social world of adolescents: Issues, techniques, and problems. In: Serafica, F.C. (Ed.): Social cognitive development in context. New York: Guilford 1982, 240–271.
Blyth, D.A., Hill, J.P. & Smith Thiel, K.: Early adolescents' significant others: Grade and gender differences in perceived relationship with familial and non familial adults and young people. Journal of Youth and Adolescence 11 (1982), 6, 425–450.
Boeck, W.: Das Mitleid bei Kindern. Ergebnisse einer Umfrage. Gießen: v. Münchow 1909. (zit. nach Stern, 1914).
Borke, H.: Interpersonal perception of young children: Egocentrism or empathy? Developmental Psychology 5 (1971), 263–269.
Borke, H.: Chandler and Greenspan's „ersatz egocentrism"; a rejoinder. Developmental Psychology 7 (1972), 107–109.
Borke, H.: Piaget's mountains revisited: Changes in the egocentric landscape. Developmental Psychology 11 (1975), 240–243.
Borke, H.: Piaget's view of social interaction and the theoretical construct of empathy. In: Siegel, L.S. & Brainerd, Ch.J. (Eds.): Alternatives to Piaget. New York: Academic Press 1978, 29–41.
Bossard, J.H. & Boll, E.S.: The sociology of child development. New York: Harper & Row 1960.
Bott, H.: Observations of play activities in a nursery school. Genetic Psychology Monographs 4 (1928), 44–88.
Bower, T.: A primer of infant development. San Francisco: Freeman 1977.
Bowers, K.S.: Situationism in psychology: An analysis and critique. Psychological Review 80 (1973), 307–336.
Bowlby, J.: Maternal care and mental health. Geneva: World Health Organisation 1951.
Bowlby, J.: The nature of a child's tie to his mother. International Journal of Psychoanalysis 39 (1958), 350–373.
Bowlby, J.: Attachment and loss: I. Attachment. London: Hogarth 1969.
Bowlby, J.: Attachment and loss: II. Separation, anxiety and anger. London: Hogarth 1973.
Bowlby, J.: Attachment and loss. III. Loss: Stress and depression. New York: Basic Books 1980.
Brady-Smith, J.E., Newcomb, A.F. & Hartup, W.W.: Friendship and incentive condition as determinants of children's social problem-solving. Paper presented at APA Convention, 1978.
Braham, M.: Peer group deterrence to intellectual development during adolescence. Educational Theory 15 (1965), 251–258.
Brazelton, T.B., Koslowski, B. & Main, M.: The origins of reciprocity: The early mother-infant interaction. In: Lewis, M. & Rosenblum, L.A. (Eds.): The effect of the infant on its caregiver. New York: Wiley 1974, 49–76.
Brenner, J.& Mueller, E.: Shared meaning in boy toddlers' peer relations. Child Development 53 (1982), 380–391.
Brent, S.B.: Individual specialization, collective adaptation and rate of environment change. Human Development 21 (1978a), 21–33.

Brent, S.B.: Prigogine's model for self-organization in non equilibrium systems: Its relevance for developmental psychology. Human Development 21 (1978b), 374–397.
Bretherton, I. & Ainsworth, M.D.S.: Responses of one-year-olds to a stranger in a strange situation. In: Lewis, M. & Rosenblum, L.A. (Eds.): The origins of fear. New York: Wiley 1974, 131–164.
Bretherton, I., McNew, S. & Breeghly-Smith, M.: Early person knowledge as expressed in gestural and verbal communications: When do infants acquire a „Theory of mind"? In: Lamb, M.E. & Sherrod, L.R. (Eds.): Infant social cognition. New York: Erlbaum 1981, 333–373.
Bridges, K.M.B.: Emotional development in early infancy. Child Development 3 (1932), 324–341.
Bridges, K.M.B.: A study of social development in early infancy. Child Development 4 (1933), 36–49.
Brim, O.G.: Family structure and sex role learning by children: A further analysis of Helen Koch's data. Sociometry 21 (1958), 1–16.
Brim, O.G.: Socialization through the life cycle. In: Brim, O.G. & Wheeler, St. (Eds.): Socialization after childhood. New York: Wiley 1966, 1–50.
Brim, O.G.: Krisentheorien des mittleren Alters. In: Rosenmayr, L. (Hg.): Die menschlichen Lebensalter – Konflikte und Krisen. München: Piper 1978, 410–427.
Brody, G.H. & Henderson, R.W.: Effects of multiple model variations and rational provision on the moral judgments and explanations of young children. Child Development 48 (1977), 1117–1120.
Brody, S.J., Poulshock, W. & Masciocchi, C.F.: The family caring unit: A major consideration in the long-term support system. Gerontologist 18 (1978), 6, 556–561.
Bronfenbrenner, U.: The ecology of human development in retrospect and prospect. In: McGurk, H. (Ed.): Ecological factors in human development. Amsterdam: North Holland 1977, 275–286.
Bronfenbrenner, U.: Ansätze zu einer experimentellen Ökologie menschlicher Entwicklung. In: Oerter, R. (Hg.): Entwicklung als lebenslanger Prozeß. Hamburg: Hoffmann und Campe 1978, 33–65.
Bronson, W.: Developments in behavior with age-mates during the second year of life. In: Lewis, M. & Rosenblum, L.A. (Eds.): Friendship and peer relations. New York: Wiley 1975, 131–152.
Brooks, J. & Lewis, M.: Infant's response to strangers: Midget, adult, and child. Child Development 47 (1976), 323–332.
Broughton, J.: Development of concepts of self, mind, reality and knowledge. In: Damon, W. (Ed.): New directions for child development. Vol. 1: Social cognition. San Francisco: Jossey-Bass 1978.
Bruner, J.S.: Early social interaction and language acquisition. In: Schaffer, H.R. (Ed.): Studies in mother-infant interaction. London: Academic Press 1977.
Bruner, J.S., Jolly, A. & Sylva, K.: Play. New York: Basic Books 1977.
Brunswik, E.: Wahrnehmung und Gegenstandswelt. Leipzig: Barth 1934.
Brunswik, E.: Scape and aspects of the cognitive problem. In: Gruber, H., Jesson, R. & Hammond, K. (Eds.): Cognition: The Colorado Symposium. Cambridge: Harvard University Press 1957.
Bryan, J.: Children's cooperation and helping behavior. In: Hetherington, E.M. (Ed.): Review of child development research. Chicago: University of Chicago Press 1975, Vol. 5.
Bryant, B.K.: Siblings as caretakers. Paper presented at the annual meeting of the American Psychological Association. New York: September 1979.
Bryant, B.K.: Sibling relationships in middle childhood. In: Lamb, M.E. & Sutton-Smith, B. (Eds.): Sibling relationships. Their nature and significance across the life-span. Hillsdale, N.J.: Erlbaum 1982, 87–121.
Bryant, B.K. & Crockenberg, S.B.: Correlates and dimensions of prosocial behavior: A study of female siblings with their mothers. Child Development 51 (1980), 529–544.

Bühler, C.: Die ersten sozialen Verhaltungsweisen des Kindes. In: Bühler, C., Hetzer, H. & Tudor-Hart, B. (Hg.): Soziologische und Psychologische Studien über das erste Lebensjahr. Jena: Gustav Fischer 1927, 1–102.
Bühler, C.: Der menschliche Lebenslauf als psychologisches Problem. Göttingen: Hogrefe 1933, 2. Aufl. 1959.
Bühler, C.: From birth to maturity. London: Routledge & Kegan Paul 1935.
Bühler, C. & Hetzer, H.: Das erste Verständnis für Ausdruck im ersten Lebensjahr. Zeitschrift für Psychologie 1928, 107, 50–61.
Bultena, G.L., Powers, E.A., Galkman, P. & Frederick, D.: Life after 70 in Iowa. Sociology Report 95. Ames, Iowa 1971.
Bundesminister für Bildung und Wissenschaft (Hg.): Das soziale Bild der Studentenschaft in der Bundesrepublik Deutschland. 9. Sozialerhebung des Deutschen Studentenwerks. Bonn: 1980.
Bundesminister für Jugend, Familie und Gesundheit (Hg.): Zweiter Familienbericht. Bonn-Bad Godesberg: 1975.
Bungard, W.: Isolation und Einsamkeit im Alter. Eine sozialpsychologische Studie. Köln: Hanstein 1975.
Buss, A.H.: The psychology of aggression. New York: Wiley 1961.

Cabral, G., Volpe, J., Youniss, J. & Gellert, B.: Resolving a problem in friendship and other relationships. Catholic University of America: Unpublished manuscript 1977.
Cain, L.: The young and the old. Coalition or conflict ahead? American Behavioral Scientist 19 (1975), 2, 166–175.
Cairns, R.B.: Social development: The origins and plasticity of interchanges. San Francisco: Freeman 1979.
Cairns, R.B. & Green, J.A.: How to assess personality and social patterns: Observations or ratings? In: Cairns, R.B. (Ed.): The analysis of social interactions. Hillsdale, N.J.: Erlbaum 1979.
Campbell, A.C.: Friendship as a factor in male and female delinquency. In: Foot, H.C., Chapman, A.J. & Smith, J.R. (Eds.): Friendship and social relations in children. Chichester, New York: Wiley 1980, 365–390.
Campbell, S.B.G., Gluck, D.S., Lamparski, D.M., Romano, J.M. & Schultz, H.T.: A developmental study of children's ideas about friendship. University of Pittsburgh 1979 (zit. n. Serafica, F.C., 1982).
Cantor, M.H.: Life space and the social support system of the inner city elderly of New York. Gerontologist 15 (1975), 23–27.
Caplow, T.: Two against one: Coalition in triads. Englewood-Cliffs, N.J.: Prentice Hall 1968.
Carus, F.A.: Psychologie. Zweiter Theil: Specialpsychologie. Leipzig: Barth u. Kummer 1808.
Challman, R.C.: Factors influencing friendship among preschool children. Child Development 3 (1932), 146-158.
Chance, M.: Attention-structure as the basis of primate rank orders. Man 2 (1967), 503–518.
Chandler, M.J.: Egocentrism and anti-social behavior: The assessment and training of social perspective-taking skills. Developmental Psychology 9 (1973), 326–332.
Chandler, M.J.: Social cognition: A selective review of current research. In: Overton, W.F. & Gallagher, J.M. (Eds.): Knowledge and development: Advances in theory and research. New York: Plenum 1977, Vol. 1.
Chandler, M.J.: Social cognition and social structure. In: Serafica, F.C. (Ed.): Social-cognitive development in context. New York: Guilford Press 1982, 222–239.
Chandler, M.J., Siegal, M. & Boyes, M.C.: The development of moral behavior. Continuities and discontinuities. International Journal of Behavioral Development 3 (1980), 323-332.
Chapman, A.J., Smith, J.R. & Foot, H.C.: Humor, laughter and social interaction. In: McGhee, P.E. & Chapman, A.J. (Eds.): Children's humour. London: Wiley 1980.

Charlesworth, R. & Hartup, W.W.: Positive social reinforcement in the nursery school peer group. Child Development 38 (1967), 933–1003.
Cherlin, A.: Marriage, divorce, remarriage: Changing patterns in the postwar United States. Cambridge: Harvard University Press 1981.
Cherlin, A.: A sense of history: Recent research on aging and the family. In: Riley, M.W., Hess, B.B. & Bond, K. (Eds.): Aging in society. Hillsdale, New Jersey: Erlbaum 1983, 5–24.
Cicirelli, V.G.: The effect of sibling relationship on concept learning of young children taught by child teachers. Child Development 43 (1972), 282–287.
Cicirelli, V.G.: Effects of sibling structure and interaction on children's categorization style. Developmental Psychology 9 (1973), 132–139.
Cicirelli, V.G.: Effects of mother and older sibling on the problem solving behavior of the younger child. Developmental Psychology 11 (1975), 749–756.
Cicirelli, V.G.: Mother-child and sibling-sibling interactions on a problem-solving task. Child Development 47 (1976), 588-596.
Cicirelli, V.G.: Social services for elderly in relation to the kin-network. Report to the NRTA-AARP Andrus Foundation. May 1979.
Cicirelli, V.G.: A comparison of college women's feelings toward their siblings and parents. Journal of Marriage and the Family 42 (1980a), 95–102.
Cicirelli, V.G.: Adult children's views on providing services for elderly parents. Report to the NRTA-AARP Andrus Foundation. December 1980b.
Cicirelli, V.G.: Interpersonal relationships of siblings in the middle part of the life-span. Paper presented at the biennial meeting of the Society for Research in Child Development. Boston: April 1981.
Cicirelli, V.G.: Sibling influence throughout the life-span. In: Lamb, M.E. & Sutton-Smith, B. (Eds.): Sibling relationships: Their nature and significance across the life-span. Hillsdale: Lawrence Erlbaum Associates 1982, 267–284.
Clark, M. & Anderson, B.: Culture and aging. Springfield, Ill.: C.C. Thomas 1967.
Clarke-Stewart, K.A.: Interactions between mothers and their young children: Characteristics and consequences. Monographs of the Society for Research in Child Development 38 (1973), 6-7, Serial No. 153.
Clarke-Stewart, K.A.: And daddy makes three: The father's impact on mother and young child. Child Development 49 (1978), 466–478.
Clarke-Stewart, K.A.: The father's contribution to children's cognitive and social development in early childhood. In: Pedersen, F.A. (Ed.): The father-infant-relationship. Observational studies in the family setting. New York: Praeger 1980, 111–146.
Claudy, J.G., Farrell, W.S. & Dayton, C.W.: The consequences of being an only child: An analysis of project talent data. Final Report (No. NO1-HD-82854). Center for Population Research. National Institutes of Health: December 1979.
Clausen, J. (Ed.): Socialization and society. Boston: Little Brown & Co. 1968.
Coates, D.L. & Lewis, M.: Relationships between cognitive behavior at six years and mother-infant interaction at three months. Paper presented at the International Conference on Infant Studies. New Haven, Connecticut: April 1980.
Cohen, A.K. & Short, J.F.: Research in delinquent subcultures. Journal of Social Issues 14 (1958), 20–37.
Cohen, J.M.: The impact of the leading crowd on high school change: A reassessment. Adolescence 11 (1976), 373–381.
Cohen, J.M.: Sources of peer group homogeneity. Sociology of Education 50 (1977), 227–241.
Cohen, L.J. & Campos, J.J.: Father, mother and stranger as elicitors of attachment behavior in infancy. Developmental Psychology 10 (1974), 146–154.
Cohen, S.: Mods, rockers, and the rest. In: Mays, J.B. (Ed.): Juvenile delinquency, the family and the social group. London: Longman 1972.

Cohler, B.J. & Grunebaum, H.V.: Mothers, grandmothers, and daughters: Personality and childcare in three-generation families. New York: Wiley 1981.
Coie, J. & Pennington, B.: Children's perceptions of deviance and disorder. Child Development 47 (1976), 407–414.
Colby, A. & Kohlberg, L.: Das moralische Urteil: Der kognitionszentrierte entwicklungspsychologische Ansatz. In: Steiner, G. (Hg.): Die Psychologie des 20. Jahrhunderts. Bd. VII: Piaget und die Folgen. Zürich: Kindler 1978, 348–366.
Colby, A., Kohlberg, L. & Fenton, E. & Speicher-Dubin, B.: Secondary school moral discussion programs led by social studies teachers. Journal of Moral Education 6 (1977), 90–110.
Coleman, J.S.: The adolescent society. New York: Free Press 1961.
Collins, G.M. & Schaffer, H.R.: Synchronization of visual attention in mother-infant pairs. Journal of Child Psychology and Psychiatry 16 (1975), 315–320.
Collins, H.C.: Street gangs of New York: A prototype of organized youth crime. New York: New York City Police Department 1977.
Conger, J.J.: Adolescence and youth – Psychological development in a changing world. London: Harper & Row 1977.
Conners, C.K.: Birth order and needs for affiliation. Journal of Personality 31 (1963), 409–416.
Connor, K.A., Powers, E.A. & Bultena, G.L.: Social interaction and life satisfaction: An empirical assessment of late-life patterns. Journal of Gerontology 34 (1979), 116–121.
Constanzo, P.R., Grumet, J.F. & Brehm, S.S.: The effects of choice and source of constraint on children's attribution of preference. Journal of Experimental Social Psychology 10 (1974), 352–364.
Cornoldi, C. & Fattori, L.: Age spacing in firstborns and symbiotic dependence. Journal of Personality and Psychology 33 (1976), 431–434.
Corrigan, P.: Doing nothing. In: Jefferson, T. (Ed.): Resistance through rituals. Birmingham: Centre for Contemporary Cultural Studies 1975.
Coser, R.L.: The complexity of roles as a seedbed of individual autonomy. In: Coser, L.A. (Ed.): The idea of social structure. New York: Harcourt Brace Jovanovich 1975, 237–263.
Cowan, P.A., Langer, J., Heavenrich, J. & Nathanson, M.: Social learning and Piaget's cognitive theory of moral development. Journal of Personality and Social Psychology 11 (1969), 261–274.
Crane, A.R.: Pre-adolescent gangs: A topological interpretation. Journal of Genetic Psychology 81 (1942), 113–123.
Crawley, S.B., Rogers, P.P., Friedman, S., Criticos, A., Richardson, L. & Thompson, M.A.: Developmental changes in the structure of mother-infant play. Developmental Psychology 14 (1978), 30–36.
Crockenberg, S.B.: Infant irritability, mother responsiveness, and social support influences on the security of infant-mother attachment. Child Development 52 (1981), 857–865.
Crook, J.H.: Social organization and environmental aspects of contemporary social ethology. Animal Behaviour 18 (1970), 197–209.
Cumming, E. & Henry, W.E.: Growing old. The process of disengagement. New York: Basic Books 1961.
Cumming, E. & Schneider, D.: Sibling solidarity: A property of American kinship. American Anthropologist 63 (1961), 498–507.

Damico, S.B.: The relation of clique membership to achievement self-concept, social acceptance, and school attitude. Adolescence 10 (1975), 93–100.
Damon, W.: The social world of the child. San Francisco: Jossey-Bass 1977 (dt.: Die soziale Welt des Kindes. Frankfurt: Suhrkamp 1984).
Damon, W.: The nature of social-cognitive change in the developing child. In: Overton, W.F. (Ed.): The relationship between social and cognitive development. Hillsdale, N.J.: Erlbaum 1983, 103–141.

Damon, W. & Killen, M.: Peer interaction and the process of change in children's moral reasoning. Merril-Palmer Quarterly 28 (1982), 247–367.
Daniel, S. & McGuire, P. (Eds.): The paint house. Harmondsworth: Penguin 1972.
Daniels, P. & Weingarten, K.: Sooner or later: The timing of parenthood in adult lives. New York: Norton 1982.
Darley, J.M. & Latane, B.: Bystander intervention in emergencies: Diffusion of responsibility. Journal of Personality and Social Psychology 8 (1968), 377–383.
Datan, N.: Midas and other midlife crises. In: Norman, W.H. & Scaramella, T.J. (Eds.): Midlife: Developmental and clinical issues. New York: Brunner/Mazel 1980.
Datan, N. & Ginsberg, L.H. (Eds.): Life-span developmental psychology: Normative life-crises. New York: Academic Press 1975.
Datan, N. & Reese, H.W. (Eds.): Life-span developmental psychology: Dialectical perspectives on experimental research. New York: Academic Press 1977.
Dawe, H.C.: Analysis of two hundred quarrels of preschool children. Child Development 5 (1934), 139–157.
Dawkins, R.: The selfish gene. Oxford: Oxford University Press 1976. (dt.: Das egoistische Gen. Berlin: Springer 1978).
DeFrain, J.: Androgynous parents tell, who they are and what they need. The Family Coordinator 28 (1979), 237–243.
DeStefano, C.: Environmental determinants of peer social behavior and interaction in a toddler playgroup. Boston University: Unpublished doctoral dissertation 1976.
Deutsches Zentrum für Altersfragen (Hg.): Basisdaten über ältere Menschen in der Statistik der Bundesrepublik Deutschland. Berlin: 1984.
Devereaux, E.C., Bronfenbrenner, U. & Rodgers, R.B.: Child-rearing in England and the United States: A cross-national comparison. Journal of Marriage and Family 31 (1969), 257–270.
DeVries, R.: Constancy of generic identity in the years three to six. Monographs of the Society for Research in Child Development 34 (1969), 3.
DiBona, L.: A correlation of birth order and peer directed high power tactics. Boston University: Unpublished paper 1974.
Dodson, F.: How to parent. New York: Signet 1970.
Doise, W. & Mugny, G.: Individual and collective conflicts of centrations in cognitive development. European Journal of Social Psychology 9 (1979), 105–108.
Doise, W. & Mugny, G.: The social development of the intellect. Oxford: Pergamon Press 1984.
Doise, W., Mugny, G. & Perret-Clermont, A.N.: Social interaction and the development of cognitive operations. European Journal of Social Psychology 5 (1975), 367–383.
Dollard, J., Doob, L.W., Miller, N.E., Mowrer, O.H. & Sears, R.R.: Frustration and aggression. New Haven: 1939.
Dollase, R.: Sozial-emotionale Erziehung in Kindergarten und Vorklasse. Hannover: Schroedel 1979.
Donaldson, M.: Wie Kinder denken. Bern: Huber 1982.
Dorr, D. & Fey, S.: Relative power of symbolic adult and peer models in the modification of children's moral choice behavior. Journal of Personality and Social Psychology 29 (1974), 335–341.
Downes, D.M.: The delinquent solution: A study in subcultural theory. London: Routledge and Kegan Paul 1966.
Dunn, J.F.: Die Mutter-Kind-Interaktion und die Entwicklung des Kindes. In: Waller, M. (Hg.): Jahrbuch für Entwicklungspsychologie 2. Stuttgart: Klett 1980, 9–39.
Dunn, J.F.: Consistency and change in styles of mothering, In: CIBA Foundation (Ed.): Parent-infant interaction. CIBA Foundation Symposium 33. Amsterdam: Elsevier 1975.
Dunn, J.F. & Kendrick, C.: Interaction between young siblings in the context of family

relationships. In: Lewis, M. & Rosenblum, L.A. (Eds.): The child and its family. New York: Plenum 1979, 143–168.
Dunphy, D.C.: The social structure of urban adolescent peer groups. Sociometry 63 (1963), 230–246.
Durfee, J.T. & Lee, L.C.: Infant-infant interaction in a daycare setting. Presented at the annual meeting of the American Psychological Association. Montreal: August 1973.
Dweck, C.: Social-cognitive process in children's friendships. In: Asher, S.R. & Gottman, J.M. (Eds.): The development of children's friendships. New York: Cambridge University Press 1981.
Dyer, E.D.: Parenthood as crisis: A restudy. Marriage and Family Living 25 (1963), 196–201.
Dyson-Hudson, R. & Van Dusen, R.: Food sharing among young children. Ecology of Food and Nutrition 1 (1972), 319–324.

Easterbrooks, M.A. & Lamb, M.E.: The relationship between quality of infant-mother attachment and infant competence in initial encounters with peers. Child Development 50 (1979), 380–387.
Eckensberger, L.H. & Reinshagen, H.: Kohlbergs Stufentheorie der Entwicklung des moralischen Urteils: Ein Versuch ihrer Reinterpretation im Bezugsrahmen handlungstheoretischer Konzepte. In: Eckensberger, L.H. & Silbereisen, R.K. (Hg.): Entwicklung sozialer Kognitionen: Modelle, Theorien, Anwendung. Stuttgart: Klett-Cotta 1980, 65–131.
Eckerman, C.O. & Stein, M.R.: The toddler's emerging interactive skills. In: Rubin, K.H. & Ross, H.S. (Eds.): Peer relations and social skills in childhood. New York: Springer 1982, 41–73.
Eckerman, C.O. & Whatley, J.L.: Toys and social interaction between infant peers. Child Development 48 (1977), 1645–1656.
Eckerman, C.O., Whatley, J.L. & Kutz, S.L.: Growth of social play with peers during the second year of life. Developmental Psychology 11 (1975), 42–49.
Eder, D. & Hallinan, M.T.: Sex differences in children's friendships. American Sociological Review 43 (1978), 237–258.
Edwards, C.N.: The effect of experience on moral development: Results from Kenya. Cambridge, Mass.: Unpublished doctoral dissertation, Harvard University 1974. (zit. n.: Eckensberger & Silbereisen 1980.).
Edwards, C.P. & Lewis, M.: Young children's concepts of social relations: Social functions and social objects. In: Lewis, M. & Rosenblum, L.A. (Eds.): The child and its family. New York: Plenum 1979, 245–266.
Eibl-Eibesfeldt, J.: Liebe und Haß. Zur Naturgeschichte elementarer Verhaltensweisen. München: Piper 1970.
Eisenberg-Berg, N. & Hand, M.: The relationship of preschooler's reasoning about prosocial moral conflicts to prosocial behavior. Child Development 50 (1979), 356–363.
Eisenberg-Berg, N. & Lennon, R.: Altruism and the assessment of empathy in the preschool years. Child Development 51 (1980), 552–557.
Eisenberg-Berg, N. & Mussen, P.H.: Empathy and moral development in adolescence. Developmental Psychology 14 (1978), 185–186.
Eisenberg-Berg, N. & Neal, C.: Children's moral reasoning about their own spontaneous prosocial behavior. Developmental Psychology 15 (1979), 228–229.
Eisenstadt, S.N.: From generation to generation. Age groups and social structures. New York: Free Press 1956. (dt.: Von Generation zu Generation. Altersgruppen und Sozialstruktur. München: Juventa 1966).
Elder, G.H.: Children of the great depression. New York: Markham 1974.
Emler, N.P. & Rushton, J.P.: Cognitive-developmental factors in children's generosity. British Journal of Sociology and Clinical Psychology 13 (1974), 227–281.
Emmerich, H.: The influence of parents and peers on choices made by adolescents. Journal of Youth and Adolescence 7 (1978), 175–180.

Emmerich, W.: Continuity and stability in early social development. II: Teacher ratings. Child Development 37 (1966), 17–27.
Emmerich, W., Goldman, K., Kirsch, B. & Sharabany, R.: Evidence for a transitional phase in the development of gender constancy. Child Development 48 (1977), 930–936.
Entwisle, D.R. & Doering, S.G.: The first birth. A family turning point. Baltimore: The John's Hopkins University Press 1981.
Epperson, D.C.: A reassessment of indices of parental influence in „the adolescent society". American Sociological Review 29 (1964), 93–96.
Epstein, J.L.: School environment and student friendships: Issues, implications and interventions. In: Epstein, J.L. & Karweit, N. (Eds.): Friends in school. Patterns of selection and influence in secondary schools. New York: Academic Press 1983.
Erikson, E.H.: Childhood and society. New York: Norton 1950. (dt.: Kindheit und Gesellschaft. Stuttgart: Klett 1976, 2. Aufl.).
Erikson, E.H.: Identität und Lebenszyklus. Frankfurt: Suhrkamp 1966.
Erikson, E.H.: Reflections on the dissent of contemporary youth. International Journal of Psychoanalysis 51 (1970), 11–22.
Erikson, E.H.: On the generational cycle: An address. International Journal of Psychoanalysis 61 (1980), 213–233.
Erler, G., Jaeckel, M. & Sass, J.: Mütter zwischen Beruf und Familie. München: Juventa Verlag 1983.
Eron, L.D., Walder, L.O., Huesmann, L.R. & Lefkowitz, M.M.: The convergence of laboratory and field studies of the development of aggression. In: DeWit, J. & Hartup, W.W. (Eds.): Determinants and origins af aggressive behavior. The Hague: Mouton 1974, 347–380.

Falbo, T.: Reasons for having an only child. Journal of Population 1 (1978a), 181–184.
Falbo, T.: Only children and interpersonal behavior: An experimental and survey study. Journal of Applied Social Psychology 8 (1978b), 244–253.
Falbo, T.: Only children in America. In: Lamb, M.E. & Sutton-Smith, B. (Eds.): Sibling relationships: Their nature and significance across the life-span. Hillsdale: Lawrence Erlbaum 1982.
Farrington, D.P.: The family backgrounds of aggressive youth. In: Hersov, L., Berger, M. & Schaffer, D. (Eds.): Aggression and antisocial behavior in childhood and adolescence. Oxford: Pergamon 1978.
Farrington, D.P.: Longitudinal analysis of criminal violence. In: Wolfgang, M.E. & Weiner, N.A. (Eds.): Criminal violence. Beverly Hills, Calif.: Sage 1982.
Fay, B.M.: The relationship of cognitive moral judgment, generosity, and empathic behavior in six- and eight-year-old children. Dissertation Abstracts International 31 (1971), 3951 A.
Feffer, M. & Gourevitch, V.: Cognitive aspects of role-taking in children. Journal of Personality 28 (1960), 383–396.
Fein, D.A.: Judgment of causality to physical and social picture sequences. Developmental Psychology 8 (1973), 147.
Feinman, S. & Lewis, M.: Is there social life beyond the dyad? A social psychological view of social connections in infancy. In: Lewis, M. (Ed.): Beyond the dyad. New York: Plenum 1984, 13–56.
Feiring, C. & Lewis, M.: Early mother-child interaction: Families with only and firstborn children. In: Fox, G.L. (Ed.): The childbearing decision. Beverly Hills, Calif.: Sage 1982.
Feldman S.S. & Nash, S.C.: Changes in responsiveness to babies during adolescence. Child Development 50 (1979), 942–949.
Fend, H.: Sozialisationseffekte der Schule. Weinheim: Beltz 1976.
Ferber, M. & Huber, J.: Husbands, wives, and careers. Journal of Marriage and Family 41 (1979), 315–325.

Ferguson, T.J. & Rule, B.G.: Effects of inferential set, outcome severity and basis of responsibility on children's evaluations of aggressive acts. Developmental Psychology 16 (1980), 141–146.

Feshbach, N.D.: The relationship of child-rearing factors to children's aggression, empathy, and related positive and negative social behaviors. In: DeWit, J. & Hartup, W.W. (Eds.): Determinants and origins of aggressive behavior. The Hague: Mouton 1974, 427–436.

Feshbach, N.D.: Studies on the empathic behavior of children. In: Mahler, B.A. (Ed.): Progress in experimental personality research. New York: Academic Press 1977, Vol. 8

Feshbach, N.D.: Empathy training: A field study in affective education. Paper presented at the annual meeting of the American Educational Research Association. Toronto, Canada: March 1978.

Feshbach, N.D. & Kuchenbecker, S.: A three-component model of empathy. Symposium presented at the meeting of the American Psychological Associations. New Orleans: September 1974.

Feshbach, N.D. & Feshbach, S.: The relationship between empathy and aggression in two age groups. Developmental Psychology 1 (1969), 102–107.

Feshbach, N.D. & Roe, K.: Empathy in six- and seven-years-olds. Child Development 39 (1968), 133–145.

Feshbach, S.: The catharsis hypothesis and some consequences of interaction with aggressive and neutral play objects. Journal of Personality 24 (1956), 449–462.

Feshbach, S.: Aggression. In: Mussen, P.H. (Ed.): Carmichael's manual of child psychology. New York: Wiley 1970, Vol. II, 159–259.

Feshbach, S.: The dynamics and morality of violence and aggression: Some psychological considerations. American Psychologist 26 (1971), 281–292.

Feshbach, S.: The development and regulation of aggression: Some research gaps and a proposed cognitive approach. In: DeWit, J. & Hartup, W.W. (Eds.): Determinants and origins of aggressive behavior. The Hague: Mouton 1974, 167–192.

Field, T.: Interaction behavior of primary vs. secondary caretaker fathers. Developmental Psychology 14 (1978), 183–194.

Field, T.: Infant behaviors directed towards peers and adults in the presence and absence of mother. Infant Behavior and Development 2 (1979), 47–54.

Filipp, S.H.: Kritische Lebensereignisse als Brennpunkte einer angewandten Entwicklungspsychologie des mittleren und höheren Erwachsenenalters. In: Oerter, R., Montada, L. et al.: Entwicklungspsychologie. München: Urban & Schwarzenberg 1982, 769–788.

Fine, G.A.: Small groups and culture creation: The ideoculture of little league baseball teams. American Sociological Review 44 (1979), 733–745.

Fine, G.A.: The natural history of preadolescent male friendship groups. In: Foot, H.C., Chapman, A.J. & Smith, J.R. (Eds.): Friendship and social relations in children. New York: Wiley 1980, 293–320.

Fischer, L.R.: Transitions in the mother-daughter-relationship. Journal of Marriage 43 (1981), 613–622.

Fishbein, H.D., Lewis, S. & Keiffer, K.: Children's understanding of spatial relations: Coordination of perspectives. Developmental Psychology 7 (1972), 21–33.

Fishbein, M. & Ajzen, I.: Attribution of responsibility: A theoretical note. Journal of Experimental Social Psychology 9 (1973), 148–153.

Fite, M.: Aggressive behavior in young children and children's attitudes toward aggression. Genetic Psychology Monographs 22 (1940), 151–319.

Flavell, J.H.: The developmental psychology of Jean Piaget. New York: Van Nostrand 1963.

Flavell, J.H., Botkin, P.T., Fry, C.L.Jr. Wright, J.W. & Jarris, P.E.: The development of role-taking and communication skills in young children. New York: Wiley 1968. (dt.: Rollenübernahme und Kommunikation bei Kindern. Weinheim: Beltz 1975.)

Flynn, W.R.: Frontier justice: A contribution to the theory of child battery. American Journal of Psychiatry 170 (1970), 375–379.
Foot, H.C., Chapman, A.J. & Smith, J.R.: Introduction. In: Foot, H.C., Chapman, A.J. & Smith, J.R. (Eds.): Friendship and social relations in children. New York: Wiley 1980a, 1–14.
Foot, H.C., Chapman, A.J. & Smith, J.R.: Patterns of interaction in children's friendship. In: Foot, H.C. Chapman, A.J. & Smith, J.R. (Eds.): Friendship and social relations in children. New York: Wiley 1980b, 267–289.
Foot, H.C., Smith, J.R. & Chapman, A.J.: Individual differences in children's social responsiveness in humour situations. In: Chapman, A.J. & Foot, H.C. (Eds.): It's a funny thing, humour. Oxford: Pergamon Press 1977.
Ford, M.E.: The construct of egocentrism. Psychological Bulletin 86 (1979), 1169–1188.
Form, W.H. & Geschwender, J.A.: Social reference basis of job satisfaction: The case of manual workers. American Sociological Review 27 (1962), 232–233.
Fraser, S.C., Kelem, R.T., Diener, E. & Breamon, A.L.: Two, three or four heads are better than one: Modification of college performance by peer monitoring. Unpublished manuscript. University of Southern California: 1973.
Freedman, D.G.: Human sociobiology. New York: The Free Press 1979.
Freud, A.: Das Ich und die Abwehrmechanismen. London: Imago 1976.
Freud, A. & Dann, S.: An experiment in group upbringing. In: Eissler, R., Freud, A., Hartmann, H. & Kris, E. (Eds.): The psychoanalytic study of the child. New York: International Universities Press 1951, Vol. 6, 127–168.
Freud, S.: Zeitgemäßes über Krieg und Tod. London: Imago 1940–52 (Erstausgabe 1915).
Freud, S.: Drei Abhandlungen zur Sexualtheorie. Gesammelte Werke, Bd. 5, London: Imago, 1940–52 Frankfurt: Fischer 1961 (Erstausgabe 1905).
Freud, S.: Warum Krieg? Gesammelte Werke, Bd. XVI. London: Imago 1955 (Erstausgabe 1933).
Freud, S.: Jenseits des Lustprinzips. Gesammelte Werke, Bd. XIII. Frankfurt: Fischer 1972 (Erstausgabe 1920).
Friedeburg, L.v. (Hg.): Jugend in der modernen Gesellschaft. Köln: Kiepenheuer & Witsch 1965.
Frodi, A., Lamb, M.E., Frodi, M., Hwang, C.-P., Forsström, B. & Corvy, T.: Stability and change in parental attitudes following an infant's birth into traditional and nontraditional Swedish families. Scandinavian Journal of Psychology 23 (1982), 53–62.
Fromm, E.: Anatomie der menschlichen Destruktivität. Stuttgart: Deutsche Verlagsanstalt 1974.
Fthenakis, W.E.: Die Rolle des Vaters in der Familie. Unveröffentlichte Schrift, Staatsinstitut für Frühpädagogik. München: 1983.
Fthenakis, W.E.: Väter (2 Bd.) München: Urban & Schwarzenberg 1985.
Fthenakis, W.E., Niesel, R. & Kunze, H.-R.: Ehescheidung. Konsequenzen für Eltern und Kinder. München: Urban & Schwarzenberg 1982.
Furfey, P.H.: Some factors influencing the selection of boy's chums. Journal of Applied Social Psychology 11 (1929), 47–53.
Furman, W., Rahe, D.F. & Hartup, W.W.: Rehabilitation of socially withdrawn preschool children through mixed-age and same-age socialization. Child Development 50 (1979), 915–922.
Furth, H.: Children's societal understanding and the process of equilibration. In: Damon, W. (Ed.): New directions for child development, Vol. 1: Social cognition. San Francisco: Jossey-Bass 1978.

Galejs, I.: Social interaction of preschool children. Homo Economics Research Journal 2 (1974), 153–159.

Gallas, H.B.: Teenage parenting: Social determinants and consequences. Introduction. Journal of Social Issues 36 (1980), 1–16.
Garai, J.E. & Scheinfeld, A.: Sex differences in mental and behavioral traits. Genetic Psychology Monographs 77 (1968), 169–299.
Garbarino, J.: Entwicklung im Jugendalter: Eine ökologische Perspektive. In: Montada, L. (Hg.): Brennpunkte der Entwicklungspsychologie. Stuttgart: Kohlhammer 1979, 300–313.
Garner, E.: Children's reports of friendship criteria. Paper presented at the meeting of the Massachusetts Psychological Association. Boston: 1977.
Garvey, C.: Play. Cambridge, Mass.: Harvard University Press 1977.
Garvey, C. & Hogan, R.: Social speech and social interaction: Egocentrism revisited. Child Development 44 (1973), 562–569.
Gauda, G.: Die Rolle und der Einfluß des Vaters in den ersten fünf Lebensjahren. In: Grossmann, K.E. & Lütkenhaus, P. (Hg.): Bericht über die 6. Tagung Entwicklungspsychologie. Regensburg: 1983, 166–167.
Geest, T. van der, Heckhausen, J.: Kommunikative Anpassung zwischen Kindern verschiedenen Alters und verschiedener Muttersprache. Zeitschrift für Entwicklungspsychologie und Pädagogische Psychologie 13 (1981), 2, 83–105.
Gerson, R. & Damon, W.: Moral unterstanding and children's conduct. New Directions in Child Development 2 (1978), 41–60.
Gesell, A. & Lord, E.: A psychological comparison of nursery school children from homes of low and high economic status. Journal of Genetic Psychology 34 (1927), 339–356.
Geulen, D.: Soziales Handeln und Perspektivenübernahme. In: Geulen, D. (Hg.): Perspektivenübernahme und soziales Handeln. Frankfurt: Suhrkamp 1982, 24–72.
Gibb, C.A.: Leadership. In: Lindsey, G. & Aronson, E. (Eds.): The handbook of social psychology. Reading, Mass.: Addison-Wesley 1969, 205–282.
Gilbert, L.A.: Men in dual-career families. Hillsdale, N.J.: Lawrence Erlbaum Associates 1985.
Gilligan, C., Kohlberg, L., Lerner, J. & Belenky, M.: Moral reasoning about sexual dilemmas: The development of an interview and scoring system. Unpublished paper. Harvard University: 1970.
Gloger-Tippelt, G.: Der Übergang zur Elternschaft. Eine entwicklungspsychologische Analyse. Zeitschrift für Entwicklungspsychologie und Pädagogische Psychologie 17 (1985), 53–92.
Goldberg, S.: Social competence in infancy: A model of parent-infant interaction. Merrill-Palmer Quarterly 23 (1977), 163–177.
Goldman, B.D. & Ross, H.S.: Social skills in action: An analysis of early peer games. In: Glick, J.A. & Clarke-Stewart, K.A. (Eds.): Studies in social and cognitive development: The development of social understanding. New York: Gardner 1978, Vol. 1, 177–212.
Golinkoff, R.M. & Ames, G.J.: A comparison of father's and mother's speech with their young children. Child Development 50 (1979), 28–32.
Goodenough, F.: Anger in young children. Institute of Child Welfare, Monographs 9. Minnesota: University of Minnesota Press 1931.
Gordon, C.W.: Social system of the high school. Glencoe, Ill.: Free Press 1957.
Gottman, J.M. & Parkhurst, J.T.: A developmental theory of friendship and acquaintanceship process. In: Collins, W.A. (Ed.): Minnesota Symposia on Child Psychology. Hillsdale, N.Y.: Erlbaum 1980, Vol. 13.
Gould, R.L.: Transformations: Growth and change in adult life. New York: Simon & Schuster 1978.
Gould, S.J.: Biological potential vs. biological determinism. Natural History 85 (1976), 12–22.
Goulet, L.R. & Baltes, P.B. (Eds.): Life-span developmental psychology: Research and theory. New York: Academic Press 1970.

Grant, J.W., Wiener, A. & Rushton, J.P.: Moral judgment and generosity in children. Psychological Reports 39 (1976), 451–454.
Graumann, C.F.: Die ökologische Fragestellung – 50 Jahre nach Hellpachs „Psychologie der Umwelt". In: Kaminski, G. (Hg.): Umweltpsychologie. Stuttgart: Klett 1976, 21–25.
Graves, N.B. & Graves, T.D.: The cultural context of altruism: Development of rivalry in a cooperative society. Unpublished manuscript 1978. (zit. n.: Staub, E., 1982).
Green, E.: Friendships and quarrels among preschool children. Child Development 4 (1933), 237–252.
Greenbaum, M.: Joint sibling interview as a diagnostic. Journal of Child Psychology and Psychiatry 6 (1965), 227–232.
Greenberg, M.S.: Role playing: An alternative to deception? Journal of Personality and Social Psychology 7 (1967), 152–157.
Greenberg, M.S., Siegel, J. & Leitch, C.: The nature and importance of attachment relationships to parents and peers during adolescence. Journal of Youth and Adolescence 12 (1983), 5, 373–386.
Greenberg, P.J.: Competition in children: An experimental study. American Journal of Psychology 44 (1932), 221–248.
Groat, H.T., Wicks, J.W. & Neal, A.G.: Differential consequences of having been an only child versus a sibling child. Final Report (No. NIH-N01-HD-92806). Center for Population Research: April 1980.
Groffmann, K.J.: Zur Frage der Orientierung der entwicklungspsychologischen Forschung an Entwicklungstheorien. Archiv für Psychologie 130 (1978), 97–106.
Grossmann, K.E. (Hg.): Entwicklung der Lernfähigkeit in der sozialen Umwelt. München: Kindler 1977.
Grossmann, K.E., Großmann, K., Huber, F. & Wartner, U.: German children's behavior towards their mothers at 12 months and their fathers at 18 months in Ainsworth's Strange Situation. International Journal of Behavior Development 4 (1981), 157–181.
Gubrium, J.F.: The myth of the golden years. A socio-environmental theory of aging. Springfield, Ill.: C.C. Thomas 1973.
Gubrium, J.F.: Being single in old age. In: Gubrium, J.F. (Ed.): Time, roles, and self in old age. New York: Human Sciences Press 1976.
Gump, P.V.: Ecological psychology and children. In: Hetherington, E.M. (Ed.): Review of child development research. Chicago: University of Chicago Press 1975, Vol. 5, 75–126.
Gutkin, D.C.: The effect of systematic story changes on intentionality in children's moral judgments. Child Development 43 (1972), 187–195.
Gutmann, D.L.: Parenthood: A key to the comparative psychology of the life cycle. In: Datan, N. & Ginsberg, L.H. (Eds.): Life-span developmental psychology. New York: Academic Press 1975, 167–184.
Gutmann, D.L.: The postparental years: Clinical problems and developmental possibilities. In: Norman, W.H. & Scaramella, T.J. (Eds.): Midlife: Developmental and clinical issues. New York: Brunner/Mazel 1980.
Gutmann, D.L.: The parental imperative revisited: Towards a developmental psychology of adulthood and later life. In: Meacham, J.A. (Ed.): Family and individual psychology. Basel: Karger 1985, 31–60.

Haan, N., Smith, M.B. & Block, J.: Moral reasoning of young adults: Political-social behavior, family background, and personality correlates. Journal of Personality and Social Psychology 10 (1968), 183–201.
Haas, L.: Role-sharing couples: A study of egalitarian marriages. Family Relations 29 (1980), 289–296.
Hacker, F.: Aggression – Die Brutalisierung der modernen Welt. Wien: Molden 1971.
Haefele, B. & Wolf-Filsinger, M.: Aller Kindergarten-Anfang ist schwer. Hilfen für Eltern und Erzieher. München: Don Bosco 1985.

Haefele, B. & Wolf-Filsinger, M.: Der Kindergarten-Eintritt und seine Folgen – eine Pilotstudie. Psychologie in Erziehung und Unterricht 33 (1986), 99–107.
Hagestad. G.O.: Problems and promises in the social psychology of intergenerational relations. Paper presented at the Workshop on Stability and Change in the Family. National Academy of Sciences. Annapolis: 1979.
Hagman, E.P.: The companionship of preschool children. University of Iowa Studies in Child Welfare 7 (1933), 4.
Hall, G.S.: Senescence: The last half of life. New York: Appleton 1922.
Handlon, B.J. & Gross, P.: The development of sharing behavior. Journal of Abnormal and Social Psychology 59 (1959), 425–428.
Hanson, K.: Rebels in the streets: The story of New York's girl gangs. Englewood Cliffs: Prentice-Hall 1984.
Harlow, H.F.: The nature of love. American Psychologist 13 (1958), 673–685.
Harlow, H.F.: Age-mate or peer affectional system. In: Lehrmann, D.S., Hinde, R.A. & Shaw, E. (Eds.): Advances in the study of behavior. New York: Academic Press 1969, Vol. 2.
Harlow, H.F. & Harlow, M.D.: The affectionate systems. In: Schrier, A.M., Harlow, H.F. & Stollnitz, F. (Eds.): Behavior of nonhuman primates. New York: Academic Press 1965, Vol. 2.
Hartmann, H., Kris, E. & Loewenstein, R.: Notes on the theory of aggression. Psychoanalytic Study of the Child 1949, III/IV, 9–36.
Hartup, W.W.: Peer interaction and social organization. In: Mussen, P.H. (Ed.): Carmichael's manual of child psychology. New York: Wiley 1970, Vol. 1, 361–456.
Hartup, W.W.: Aggression in childhood: Developmental perspectives. American Psychologist 29 (1974), 336–341.
Hartup, W.W.: The origins of friendship. In: Lewis, M. & Rosenblum, L.A. (Eds.): Friendship and peer relations. New York: Wiley 1975.
Hartup, W.W.: Adolescent peer relations: A look at the future. In: Hill, J.P. & Mönks, F.J. (Eds.): Adolescence and youth in the year 2000. Guilford: IPC Science and Technology Press 1976.
Hartup, W.W.: Peer relations: Developmental implications and interaction in same- and mixed-aged situations. Young Children 32 (1977), 4–13.
Hartup, W.W.: Children and their friends. In: McGurk, H. (Ed.): Issues in childhood social development. London: Methuen 1978, 130–170.
Hartup, W.W.: The social worlds of childhood. American Psychologist 34 (1979), 944–950.
Hartup, W.W.: Peer relations. In: Hetherington, E.M. (Ed.): Socialization, personality, and social development. Handbook of child psychology, Vol. IV. New York: Wiley 1983, 103–196.
Hartup, W.W. & Coates, B.: Imitation of a peer as a function of reinforcement from the peer group and rewardingness of the model. Child Development 38 (1967), 1003–1016.
Hartup, W.W. & DeWit, J.: The development of aggression: Problems and perspectives. In: DeWit, J. & Hartup, W.W. (Eds.): Determinants and origins of aggressive behavior. The Hague: Mouton 1974, 595–620.
Havighurst, R.J.: Dominant concerns in the life. In: Schenk-Danzinger, L. & Thomae, H. (Hg.): Gegenwartsprobleme der Entwicklungspsychologie. Göttingen: Hogrefe 1963, 27–37.
Havighurst, R.J.: Developmental task and education. New York: Davis McKay, 3. Aufl., 1972.
Havighurst, R.J.: History of developmental psychology: Socialization and personality development through the life-span. In: Baltes, P.B. & Schaie, K.W. (Eds.): Life-span developmental psychology. New York: Academic Press 1973.
Havighurst, R.J., Neugarten, B.L. & Tobin, S.S.: Disengagement and patterns of aging. In: Neugarten, B.L. (Ed.): Middle age and aging. A reader in social psychology. Chicago: University of Chicago Press 1968, 161–172.

Hay, D.F.: Cooperative interactions and sharing between very young children and their parents. Developmental Psychology 15 (1979), 647–653.
Hay, D.F., Nash, A. & Pedersen, J.: Responses of six-month-olds to the distress of their peers. Child Development 52 (1981), 1071–1075.
Hay, D.F. & Rheingold, H.L.: The early appearance of some valued social behaviors. Unpublished manuscript. State University of New York at Stoney Brook: 1979.
Hay, D.F. & Ross, H.S.: The social nature of early conflict. Child Development 53 (1982), 105–113.
Hebble, P.W.: The development of elementary school children's judgment of intent. Child Development 42 (1971), 1203–1215.
Hegel, G.: Phänomenologie des Geistes. Sämtliche Werke, Bd. 2. Stuttgart: Frommanns 1949.
Henry, W.E.: The theory of intrinsic disengagement. In: From Hansen, P. (Ed.): Age with a future. Kopenhagen: Munksgaard 1964, 419–424.
Hetherington, E.M.: Effects of paternal absence on sex-typed behaviour in negro and white preadolescent males. In: Bee, H. (Ed.): Social issues in developmental psychology. New York: Harper & Row 1974, 378–386.
Hill, R., Foote, N., Aldous, J., Carlson, R. & MacDonald, R.: Family development in three generations: A longitudinal study of changing family patterns of planning and achievement. Cambridge, Mass.: Schenkman 1970.
Hinde, R.A.: Biological basis of human social behavior. New York: McGraw-Hill 1974.
Hoffman, M.L.: Moral development. In: Mussen, P.H. (Ed.): Carmichael's manual of child psychology. New York: Wiley 1970, Vol. 2, 261–359.
Hoffman, M.L.: Identification and conscience development. Child Development 42 (1971), 1071–1082.
Hoffman, M.L.: Developmental synthesis of affect and cognition and its implications for altruistic motivation. Developmental Psychology 11 (1975), 607–622.
Hoffman, M.L.: Empathy, role-taking, guilt, and development of altruistic motives. In: Lickona, T. (Ed.): Moral development and behavior: Theory, research, and social issues. New York: Holt, Rinehart & Winston 1976.
Hoffman, M.L.: Personality and social development. Annual Review of Psychology 28 (1977), 295–321.
Hoffman, M.L.: Empathy, its development and prosocial implications. In: Keasy, C.B. (Ed.): Nebraska Symposium on Motivation. Lincoln: University of Nebraska Press 1978, Vol. 25.
Hoffman, M.L.: The role of the father in moral internalization. In: Lamb, M.E. (Ed.): The role of the father in child development. New York: Wiley 1981, 359–378.
Hoffman, M.L.: Empathy, guilt, and social cognition. In: Overton, W.F. (Ed.): The relationship between social and cognitive development. Hillsdale, N.J.: Erlbaum 1983, 1–51.
Hoffman, M.L. & Saltzstein, H.D.: Parent discipline and the child's moral development. Journal of Personality and Social Psychology 5 (1967), 45–57.
Hold, B.: Rank and behavior. Homo 28 (1977), 158–188.
Hold-Cavell, B., Borsatzky, D. & Schneider, J.: Über die Bedeutung „auf sich weisenden Verhaltens" für das Ansehen von Kindern im Kindergarten. In: Grossmann, K.E. & Lütkenhaus, P. (Hg): Bericht über die 6. Tagung Entwicklungspsychologie. Regensburg: 1983, 182–184.
Hollingshead, A.B.: Elmtown's youth: The impact of social classes on youth. New York: Wiley 1949.
Hollingworth, H.L.: Mental growth and decline: A survey of developmental psychology. New York: Appleton 1927.
Hollos, M. & Cowan, P.: Social isolation and cognitive development. Logical operations and role-taking abilities in three Norwegian social settings. Child Development 44 (1973), 630–641.

Hollos, M.: Logical operations and role-taking abilities in two cultures: Norway and Hungary. Child Development 46 (1975), 638–649.
Holmberg, M.S.: The development of social interchange patterns from 12 to 42 months: Cross-sectional and short-term longitudinal analyses. University of North Carolina at Chapel Hill: Doctoral dissertation 1977.
Holstein, C.B.: Irreversible, stepwise sequence in the development of moral judgment. A longitudinal study of males and females. Child Development 47 (1976), 51–61.
Horrocks, J.E. & Buker, M.E.: A study of the friendship fluctuations of preadolescents. Journal of Genetic Psychology 78 (1951), 131–144.
Horrocks, J.E.: The psychology of adolescence. Boston: Houghton Mifflin 1976, 4. Aufl.
Howes, C.: Patterns of friendship. Child Development 54 (1983), 1041–1053.
Hoy, F.A.: Predicting another's visual perspective: A unitary skill? Developmental Psychology 10 (1974), 462.
Hoyt, M.P. & Raven, B.H.: Birth order and the 1971 Los Angeles earth-quake. Journal of Personality and Social Psychology 28 (1973), 123–128.
Humphrey, G.: The conditioned reflex and the elementary social reaction. Journal of Abnormal and Social Psychology 17 (1923), 113–119.
Hunt, J.: Psychological development: Early experience. In: Rosenzweig, M.R. & Porter, L.W. (Eds.): Annual Review of Psychology. Palo Alto, Calif.: Annual Reviews 1979, Vol. 30, 103–143.
Hunt, J.G. & Hunt, L.L.: Dual-career families: Vanguard of the future or residue of the past. In: Aldous, J. (Ed.): Two paychecks: Life in dual-earner families. Beverly Hills, Calif.: Sage 1982, 41–60.
Hutt, C. & Vaizey, M.J.: Differential effects of group density on social behavior. Nature 209 (1966), 1371–1372.
Hutt, S.J. & Hutt, C.: Direct observation and measurement of behavior. Springfield, Ill.: Thomas 1970.
Huttenlocher, J. & Presson, C.: Mental rotation and the perspective problem. Cognitive Psychology 4 (1973), 277–299.

Iannotti, R.J.: Effect of role-taking experiences on role-taking, empathy, altruism, and aggression. Developmental Psychology 14 (1978), 119–124.
Iannotti, R.J.: The elements of empathy: A reconceptualization of content and process. Paper presented at the meeting of the Society for Research in Child Development. San Francisco: March 1979.
Institut für Demoskopie: Allensbacher Berichte, Nr. 17: Thema „Hausmann". Allensbach: 1981.
Irish, D.P.: Sibling interaction. A neglected aspect in family life research. Social Forces 42 (1964), 279–288.
Isen, A.M., Shalker, T.E., Clark, M. & Karp, L.: Affect, accessibility of material in memory, and behavior: A cognitive loop? Journal of Personality and Social Psychology 36 (1978), 1–12.

Jack, L.M.: An experimental study of ascendant behavior in preschool children. University of Iowa Studies in Child Welfare 9 (1934), 7–65.
Jacklin, C.N. & Maccoby, E.E.: Social behavior at thirty-three months in same-sex and mixed-sex dyads. Child Development 49 (1978), 557–569.
Jacobs, B.S. & Moss, H.A.: Birth order and sex of siblings as determinants of mother-infant interaction. Child Development 47 (1976), 315–322.
Jacobson, D.: Rejection of the retired role: A study of female industrial workers in their future. Human Relations 27 (1974), 477–492.

Jennings, H.H.: Leadership and isolation. New York: Longmans Green 1950, 2. Aufl.
Jensen, L.C. & Murray, M.: Facilitating development of four moral concepts among kindergarten and first grade children. Journal of Educational Psychology 70 (1978), 936–944.
Jersild, A. & Markey, F.: Conflicts between preschool children. Teachers College. Columbia University: Child Development Monographs 1935, 21.
Johnson, M.W.: The effect on behavior of variations in amount of play equipment. Child Development 6 (1935), 56–68.
Jolly, A.: The evolution of primate behavior. New York: Macmillan 1972.
Jones, S.E.: A comparative proxemics analysis of dyadic interaction in selected subcultures of New York City. Journal of Social Psychology 84 (1971), 35–44.
Jones, S.E. & Aiello, J.R.: Proxemics behavior of black and white first-, third-, and fourth-grade children. Journal of Personality and Social Psychology 25 (1973), 21–27.
Jordan, V.B.: Conserving kinship concepts: A developmental study in social cognition. Child Development 51 (1980), 146–155.
Jugendwerk der Deutschen Shell: Jugend '81. Lebensentwürfe – Alltagskulturen – Zukunftsbilder, Bd. 1–3. Hamburg: 1981.
Jugendwerk der Deutschen Shell: Jugend '81. Opladen: Leske und Budrich 1982.
Jugendwerk der Deutschen Shell: Jugendliche und Erwachsene '85: Generationen im Vergleich. Bd. 1–5. Opladen: Leske und Budrich 1985.
Jung, C.G.: Die Beziehung zwischen dem Ich und dem Unbewußten. Zürich: Rascher 1936, 4. Aufl.

Kälin, K.: Populationsdichte und soziales Verhalten. Frankfurt/M.: Lang 1972.
Kagan, J.: Perspectives of continuity. In: Brim, O.G. & Kagan, J. (Eds.): Constancy and change in human development. Cambridge, Mass.: Harvard University Press 1980, 26–74.
Kagan, J. & Moss, H.A.: Birth to maturity. New York: Wiley 1962.
Kagan, S. & Madsen, M.C.: Cooperation and competition of Mexican, Mexican-American, and Anglo-American children of two ages under four instructional sets. Developmental Psychology 5 (1971), 32–39.
Kagan, S. & Madsen, M.C.: Rivalry in Anglo-American and Mexican children of two ages. Journal of Personality and Social Psychology 24 (1972), 214–220.
Kahana, B. & Kahana, E.: Grandparenthood from the perspective of the developing grandchild. Developmental Psychology 3 (1970), 98–105.
Kalish, R.A. & Knudtson, F.W.: Human Development 19 (1976), 171–181.
Kaminski, G. (Hg.): Umweltpsychologie. Stuttgart: Klett 1976.
Kammeyer, U.: Birth order as a research variable. Social Forces 46 (1967), 71–80.
Kandel, D. & Lesser, G.S.: Youth in two worlds. San Francisco: Jossey-Bass 1972.
Katschnig, H. (Hg.): Sozialer Streß und psychische Erkrankung. München: Urban & Schwarzenberg 1970.
Kaye, K.: Toward the origin of dialogue. In: Schaffer, H.R. (Ed.): Studies in mother-infant interaction. London: Academic Press 1977.
Kellam, S.G., Ensminger, M.E. & Turner, J.: Family structure and the mental health of children. Archives of General Psychiatry 34 (1977), 1012–1022.
Keller, H. & Keller, W.: Verbales und vokales Verhalten von Vätern und Müttern gegenüber ihren weiblichen und männlichen Säuglingen in einem dreieinhalbmonatigen Längsschnitt. Zeitschrift für Entwicklungspsychologie und Pädagogische Psychologie 13 (1981), 116–126.
Keller, H. & Werner-Bonus, E.: Vater-Kind-Interaktion bei 3 Monate alten Säuglingen. Zeitschrift für Entwicklungspsychologie und Pädagogische Psychologie 10 (1978), 279–285.
Keller, M.: Entwicklungspsychologie sozial-kognitiver Prozesse. In: Waller, M. (Hg.): Jahrbuch für Entwicklungspsychologie 2. Stuttgart: Klett-Cotta 1980, 89–126.

Kelly, K.R.: The effects of peer and sibling exposure on social development in young children. Boston University: Unpublished paper 1976.
Kendrick, C. & Dunn, J.F.: Caring for a second baby: Effects on interaction between mother and first born. Developmental Psychology 16 (1980), 303–311.
Keniston, K.: Young radicals. New York: Harcourt 1968.
Kinard, E.M.: The psychological consequences of abuse for the child. Journal of Social Issues 35 (1979), 82–100.
Kivnick, H.Q.: Intergenerational relations: Personal meaning in the life cycle. In: Meacham, J.A. (Ed.): Family and individual development. Basel: Karger 1985, 93–102.
Klaus, M. & Kennell, J.: Mother-infant bonding. St. Louis: C.V. Mosby 1976.
Knoke, D. & Kuklinski, J.H.: Network analysis. London: Sage 1982.
Koch, H.L.: The relation of primary mental abilities in five- and six-year-olds to sex of child and characteristics of his sibling. Child Development 25 (1954), 209–223.
Koch, H.L.: Sissiness and tomboyishness in relation to sibling characteristics. Journal of Genetic Psychology 88 (1956), 231–244.
Koch, H.L.: The relation of certain formal attributes of siblings to attitudes held toward each other and toward their parents. Monographs of the Society for Research in Child Development 25 (1960), Serial No. 78
Köcher, M.T. & Nickel, H.: Die Berücksichtigung des Vaters in der gegenwärtigen Forschungspraxis. Ergebnisse einer Umfrage im deutschsprachigen Raum. Psychologie in Erziehung und Unterricht 32 (1985), 288–292.
Köhler, B.: Prosoziales Verhalten: Forschungsschwerpunkte und Forschungsthemen. Zeitschrift für Sozialpsychologie 8 (1977), 23–49.
Kohlberg, L.: The development of children's orientations toward a moral order: 1. Sequence in the development of thought. Vita Humana 6 (1963), 11–33.
Kohlberg, L.: A cognitive-developmental analysis of children's sex role concepts and attitudes. In: Maccoby, E.E. (Ed.): The development of sex differences. Stanford: Stanford University Press 1966.
Kohlberg, L.: Stage and sequence: The cognitive developmental approach to socialization. In: Goslin, D.A. (Ed.): Handbook of socialization theory and research. Chicago: Rand-McNally 1969, 347–480. (dt.: Stufe und Sequenz. In: Kohlberg, L.: Zur kognitiven Entwicklung des Kindes. Frankfurt: Suhrkamp 1974, 7–255).
Kohlberg, L.: From is to ought: How to commit the naturalistic fallacy and get away with it in the study of moral development. In: Mischel, T. (Ed.): Psychology and genetic epistemology. New York: Academic Press 1971.
Kohlberg, L.: Moral stages and moralization: The cognitive-developmental approach. In: Lickona, T. (Ed.): Moral development and behavior. New York: Holt, Rinehart & Winston 1976, 31–35.
Kohlberg, L., Scharf, P. & Hickey, J.: The justice structure of the prison – a theory and an intervention. The Prison Journal, Autumn/Winter 2 (1972), 52.
Kohli, M.: Lebenslauftheoretische Ansätze in der Sozialisationsforschung. In: Hurrelmann, K. & Ulich, D. (Hg.): Handbuch der Sozialisationsforschung. Weinheim: Beltz 1980, 299–317.
Kohn, M. & Rosman, B.L.: Cross-situational and longitudinal stability of social-emotional functioning in young children. Child Development 44 (1973), 721–727.
Konner, M.: Relations among infants and juveniles in comparative perspective. In: Lewis, M. & Rosenblum, L.A. (Eds.): Friendship and peer relations. New York: Wiley 1975.
Kornadt, H.J.: Aggressionsmotiv und Aggressionshemmung. Bern: Huber 1982 (Bd. 1 u. 2).
Kornhaber, A. & Woodward, K.L.: Grandparents/grandchild: The vital connection. Garden City, N.Y.: Anchor Press 1981.
Kotelchuck, M.: The infant's relationship to the father: Experimental evidence. In: Lamb, M.E. (Ed.): The role of the father in child development. New York: Wiley 1981, 2. Aufl., 329-344.

Krappmann, L. & Oswald, H.: Beziehungsgeflechte und Gruppen von gleichaltrigen Kindern in der Schule. Kölner Zeitschrift für Soziologie und Sozialpsychologie 1983, Sonderheft 25, 420–450.
Krebs, D.L.: Altruism – An examination of the concept and a review of the literature. Psychological Bulletin 73 (1970), 258–302.
Krebs, D.L. & Russell, C.: Role-taking and altruism. In: Rushton, J.P. & Sorrentino, R.M. (Eds.): Altruism and helping behavior, social personality, and developmental perspectives. Hillsdale, New York: Erlbaum 1981.
Krebs, D.L.: A cognitive-developmental approach to altruism. In: Wispé, L. (Ed.): Altruism, sympathy and helping: Psychological and sociological principles. New York: Academic Press 1978.
Kreppner, K., Paulsen, S. & Schütze, Y.: Familiale Dynamik und sozialisatorische Interaktion nach der Geburt des zweiten Kindes. Zeitschrift für Sozialisationsforschung und Erziehungssoziologie 1 (1981), 291–297.
Kreppner, K., Paulsen, S. & Schütze, Y.: Infant and family development: From triads to tetrads. Human Development 25 (1982), 373–391.
Kreutzer, M.A. & Charlesworth, W.R.: Infants' reactions to different expressions of emotions. Paper presented at the meeting of the Society for Research in Child Development. Philadelphia: March 1973.
Kruse, L.: Räumliche Umwelt. Die Phänomenologie des räumlichen Verhaltens als Beitrag zu einer psychologischen Umwelttheorie. Phänomenologisch-psychologische Forschungen Band 15. Berlin: Walter de Gruyter & Co. 1974.
Kruse, L.: Crowding – Dichte und Enge aus sozialpsychologischer Sicht. Zeitschrift für Sozialpsychologie 6 (1975), 2–30.
Kuhlen, R.G. & Johnson, G.H. Changes in goals with increasing adult age. Journal of Consulting 16 (1952), 1–4.
Kuhn, D.: Mechanisms of cognitive and social development: One psychology or two? Human Development 21 (1978), 92–118.
Kuhn, D., Langer, J. & Kohlberg, L. & Haan, N.S.: The development of formal operations in logical and moral judgement. Genetic Psychology Monographs 95 (1977), 97–188.
Kulka, R.A. & Weingarten, H.: The long-term effects of parental divorce in childhood on adult adjustment. Journal of Social Issues 35 (1979), 50–78.
Kummer, H.: Social organization of Hamadrvas Baboons. Chicago: University of Chicago Press 1968.
Kummer, H.: Primate societies: Groups techniques of ecological adaptation. Chicago: Aldine 1971.
Kurdek, L.A.: Perspective taking as the cognitive basis of children's moral development: A review of the literature. Merrill-Palmer Quarterly 24 (1978), 3–28.

LaBarbera, J.D., Izard, C.E., Vietze, P. & Parisi, S.A.: Four- and six-month-old infants' visual responses to joy, anger, and neutral expressions. Child Development 47 (1976), 535–538.
Ladd, G.W. & Oden, S.L.: The relationship between children's ideas about helpfulness and peer acceptance. Child Development 50 (1979), 402–408.
Lamb, M.E.: Interactions between 18-months-olds and their preschool-aged siblings. Child Development 49 (1978a), 51–59.
Lamb, M.E.: The development of sibling relationships in infancy: A short-term longitudinal study. Child Development 49 (1978b), 1189–1196.
Lamb, M.E. (Ed.): Social and personality development. New York: Holt, Rinehart and Winston 1978c.
Lamb, M.E.: The development of parent-infant-attachments in the first two years of life. In: Pedersen, F.A. (Ed.): The father-infant-relationship. Observational studies in the family setting. New York: Praeger 1980, 21–43.

Lamb, M.E.: Fathers and child development: An integrative overview. In: Lamb, M.E. (Ed.): The role of the father in child development. New York: Wiley, 1981a, 2. Aufl., 1–70.
Lamb, M.E.: Interaction between eight-month-old children and their fathers and mothers. In: Lamb, M.E. (Ed.): The role of the father in child development. New York: Wiley 1981b, 2. Aufl., 307–327.
Lamb, M.E.: The development of father-infant-relationship. In: Lamb, M.E. (Ed.): The role of the father in child development. New York: Wiley, 1981c, 2. Aufl., 459–488.
Lamb, M.E.: Nontraditional families. Hillsdale, New York: Erlbaum 1982.
Lamb, M.E., Frodi, A., Hwang, C.-P. & Frodi, M.: Characteristics of maternal and paternal behavior in traditional and nontraditional Swedish families. International Journal of Behavioral Development 5 (1982a), 131–141.
Lamb, M.E., Frodi, M., Hwang, C.-P. & Frodi, A.: Varying degrees of paternal involvement in infant care: Attitudinal and behavioral correlates. In: Lamb, M.E. (Ed.): Nontraditional families. Hillsdale, New York: Erlbaum 1982b, 117–138.
Lamb, M.E., Frodi, A., Hwang, C.-P., Frodi, M. & Steinberg, J.: Mother- and father-infant interaction involving play and holding in traditional and nontraditional Swedish families. Developmental Psychology 18 (1982), 215–221.
Lamb, M.E., Frodi, M. & Hwang, C.-P. & Frodi, A.: Effects of paternal involvement on infant preferences for mothers and fathers. Child Development 54 (1983), 450–458.
Lamb, M.E. & Sutton-Smith, B. (Eds.): Sibling relationships: Their nature and significance across the life-span. London: Erlbaum 1982.
Lamb, M.E., Thompson, R.A., Gardner, W. & Charnov, E.L.: Infant-mother attachment. Hillsdale: Erlbaum 1985.
Lane, J. & Anderson, N.H.: Integration of intention and outcome in moral judgement. Memory and Cognition 4 (1976), 1–5.
Langlois, J.H., Gottfried, N.W. & Seay, B.: The influence of sex of peer on the social behavior of preschool children. Developmental Psychology 8 (1973), 93–98.
Larson, L.E.: The influence of parents and peers during adolescence: The situation hypothesis revisited. Journal of Marriage and the Family 34 (1972), 67–74.
Lasko, J.K.: Parent behavior toward first and second children. Genetic Psychology Monographs 49 (1954), 99–137.
Latané, B. & Darley, J.M.: Bystander „apathy“. American Scientist 57 (1969), 244–268.
Latts, S.M.: The four-child, equi-sexes, intact family: Its organization and interactional patterns. University of Minnesota: Ph.D. Dissertation 1966.
Laverty, R.: Reactivation of sibling rivalry in older people. Social Work 7 (1962), 23–30.
Lee, G.R.: Kinship in the seventies: A decade of research and theory. Journal of Marriage and the Family 42 (1980), 923–934.
Lee, L.C.: Toward a cognitive theory of interpersonal development: Importance of peers. In: Lewis, M. & Rosenblum, L.A. (Eds.): Friendship and peer relations. New York: Wiley 1975, 207–222.
Lefkowitz, M.M., Eron, L.D., Walder, L.O. & Huesmann, L.R.: Growing up to be violent: A longitudinal study of the development of aggression. New York: Pergamon Press 1977.
Lehr, U.: Die Rolle der Mutter in der Sozialisation des Kindes. Darmstadt: Steinkopf 1974.
Lehr, U.: Die Bedeutung von Vater und Mutter für die Persönlichkeitsentwicklung des Kleinkindes. In: Dollase, R. (Hg.): Handbuch der Früh- und Vorschulpädagogik. Düsseldorf: Schwann 1978a, Bd. 1, 119–142.
Lehr, U.: Eltern-Kind-Beziehung in der ersten Lebenszeit. Zeitschrift für Geburtshilfe und Perinatologie 182 (1978b), 317–330.
Lehr, U.: Die Situation der älteren Frau – psychologische und soziale Aspekte. In: Lehr, U. (Hg.): Seniorinnen. Zur Situation der älteren Frau. Darmstadt: Steinkopff 1978c, 6–26.
Lehr, U.: Das mittlere Erwachsenenalter – ein vernachlässigtes Gebiet der Entwicklungspsychologie. In: Oerter, R. (Hg.): Entwicklung als lebenslanger Prozeß, Aspekte und Perspektiven. Hamburg: Hoffmann & Campe 1978d, 147–177.

Lehr, U.: Psychologie des Alterns. Heidelberg: Quelle & Mayer 1984, 5. Aufl.
Lehr, U. & Dreher, G.: Determinants of attitudes toward retirement. In: Havighurst, R.J., Munnichs, J.M.A., Neugarten, B.L. & Thomae, H. (Eds.): Adjustment to retirement – a cross-national study. Assen: Gorcum 1969, 116–137.
Lehr, U. & Thomae, H.: Eine Längsschnittuntersuchung bei männlichen Angestellten. Vita Humana 1 (1958), 100–110.
Lehr, U. & Thomae, H.: Konflikt, seelische Belastung und Lebensalter. Köln: Westdeutscher Verlag 1965.
Leiman, B.: Affective empathy and subsequent altruism in kindergartners and first graders. Paper presented at the meeting of the American Psychological Association. Toronto: August 1978.
Lemke, S.: Identity and conservation: The child's developing conceptions of social and physical transformations. University of California, Berkeley: Unpublished dissertation 1973.
Lerner, R.M.: Jugendliche als Produzenten ihrer eigenen Entwicklung. In: Olbrich, E. & Todt, E. (Hg.): Probleme des Jugendalters. Neuere Sichtweisen. Berlin: Springer 1984, 69–87.
Lerner, R.M. & Hultsch, D.F.: Human development. A life-span approach. New York: McGraw-Hill 1984.
Leuba, C.: An experimental study of rivalry in young children. Journal of Comparative Psychology 16 (1933), 367–378.
Lever, J.: Sex differences in the games children play. Social Problems 23 (1976), 478–487.
Levin, I. & Bekermann-Greenberg, R.: Moral judgement and moral behavior in sharing: A developmental analysis. Genetic Psychology Monographs 101 (1980), 215–230.
Levine, J.A.: Who will raise the children? New York: Bantam Books 1976.
Levinson, D.J., Darrow, C.M., Klein, E.B., Levinson, M.H. & McKee, P.: The seasons of a man's life. New York: Knopf 1978.
Levinson, D.J., Darrow, C.M., Klein, E.B., Levinson, M.H. & McKee, B.: Das Leben des Mannes. Werdenskrisen, Wendepunkte, Entwicklungschancen. Köln: Kiepenheuer & Witsch 1979.
Levy, D.M.: Resistant behavior of children. American Journal of Psychiatry 4 (1925), 503–508.
Lewin, K.: A dynamic theory of personality: Selected papers. New York: McGraw-Hill 1935.
Lewin, K.: Changes in social sensitivity in child and adult. Childhood Education 19 (1942), 53–57.
Lewin, K.: Field theory in social science. New York: Harper 1951. (dt.: Feldtheorie in den Sozialwissenschaften. Bern: Huber 1963).
Lewin, K., Lippitt, R. & White, R.K.: Patterns of aggressive behavior in experimentally created „social climates". Journal of Social Psychology 10 (1939), 271–279.
Lewis, C., Newson, E. & Newson, J.: Father participation through childhood and its relationship with career aspirations and delinquency. In: Beail, N. & McGuire, J. (Eds.): Fathers. London: Junction Books 1982, 174–193.
Lewis, M. & Brooks, J.: Self, other, and fear: Infants' reactions to people. In: Lewis, M. & Rosenblum, L.A. (Eds.): The origins of fear. New York: Wiley 1974.
Lewis, M. & Coates, D.L.: Mother-infant interactions and cognitive development in twelve-week-old infants. Infant Behavior and Development 3 (1980), 95–105.
Lewis, M. & Feiring, C.: The child's social network: Social objects, social functions and their relationship. In: Lewis, M. & Rosenblum, L.A. (Eds.): The child and its family. New York: Plenum 1979a, 9–27.
Lewis, M. & Feiring, C.: Some American families at dinner. Paper presented at a conference on the family as a learning environment, Educational Testing Service. Princeton, N.J.: November 1979b.

Lewis, M., Feiring, C. & Weinraub, M.: The father as a member of the child's social network. In: Lamb, M.E. (Ed.): The role of the father in child development. New York: Wiley 1981, 2. Aufl. 259–294.

Lewis, M. & Kreitzberg, V.S.: Effects of birth order and spacing on mother-infant interaction. Developmental Psychology 15 (1979), 617–625.

Lewis, M. & Rosenblum, L.A.: Friendship and peer relations. New York: Wiley 1975.

Lewis, M. & Schaefer, S.: Peer behavior and mother-infant interaction in maltreated children. In: Lewis, M. & Rosenblum, L.A. (Eds.): The uncommon child: the genesis of behavior. New York: Plenum 1981, Vol. 3.

Lewis, M. & Weinraub, M.: Sex of Parent x sex of child: Socio-emotional development. In: Friedman, R.C., Richart, R.M. & van de Wiele, R.L. (Eds.): Sex differences in behavior. New York: Wiley 1974, 165–189.

Lewis, M., Young, G., Brooks, J. & Michalson, L.: The beginning of friendship. In: Lewis, M. & Rosenblum, L.A. (Eds.): Friendship and peer relations. New York: Wiley 1975, 27–66

Lichtenberger, W.: Mitmenschliches Verhalten eines Zwillingspaares in seinen ersten Lebensjahren. München: Reinhardt 1965.

Lickona, T.: An experimental text of Piaget's theory of moral development. Paper presented at the Society for Research in Child Development. Philadelphia: 1973.

Lickona, T.: Research on Piaget's theory of moral development. In: Lickona, T. (Ed.): Moral development and behavior. New York: Holt, Rinehart & Winston 1976, 219–240.

Lieberman, A.F.: Preschoolers' competence with a peer: Relations with attachment and peer experience. Child Development 48 (1977), 1277–1287.

Lieberman, A.F. & Garvey, C.: Interpersonal pauses in preschoolers' verbal exchanges. Paper presented at the bieniall meeting of the Society for Research in Child Development. New Orleans: March 1977.

Lippitt, R.: Popularity among preschool children. Child Development 12 (1941), 305–332.

Lippitt, R.: Improving the socialization process. In: Clausen, J. (Ed.): Socialization and society. Boston: Little, Brown 1968.

Lipps, T.: Das Wissen von fremden Ichen. Psychologische Untersuchungen 1 (1906), 694–722.

Litwak, E.: Extended kin relations in an industrial democratic society. In: Shanas, E. & Streib, G.F. (Eds.): Social structure and the family. Generational relations. Englewood Cliffs: Prentice Hall 1965, 290–325.

Litwak, E.: Helping the Elderly. New York, London: Guilford Press 1985.

Livesley, W.J. & Bromley, D.B.: Person perception in childhood and adolescence. New York: Wiley 1973.

Livson, F.B.: Changing sex roles in the social environment of later life. In: Rowles, G.D. & Ohta, R.J. (Eds.): Aging and milieu. New York: Academic Press 1983, 131–152.

Lockwood, A.L.: Moral reasoning and public debate. In: Lickona, T. (Ed.): Moral development and behavior: Theory research and social issues. New York: Holt, Rinehart & Winston 1976.

London, P.: The Rescuers: Motivational hypotheses about Christians who saved Jews from the Nazis. In: Macaulay, J. & Berkowitz, L. (Eds.): Altruism and helping behavior. New York: Academic Press 1970.

Longstreth, L.E., Longstreth, G.V. & Ramirez, C. & Fernandez, G.: The ubiquity of big brother. Child Development 46 (1975), 769–772.

Lopata, H.Z.: Forms and components. Social Problems 17 (1969), 2, 248–261.

Lopata, H.Z.: Widowhood in an American city. Cambridge, Mass.: Schenkman 1973.

Lopata, H.Z. & Barnewolt, D.: The middle years: Changes and variations in social-role commitments. In: Baruch, G. & Brooks-Gunn, J. (Eds.): Women in midlife. New York: Plenum Press 1984, 83–108.

Lorenz, K.: Das sogenannte Böse. Wien: Borotha-Schoeler 1963.

Lowenthal, M.F. & Chiriboga, D.: Transition to the empty nest: Crisis, challenge or relief. Archives of General Psychiatry 26 (1972), 8–14.
Lowenthal, M.F., Thurner, M., Chiriboga, D., Beeson, D., Gigy, L., Lurie, E., Pierce, R., Spence, D. & Weiss, L.: Four stages of life. San Francisco: Jossey-Bass 1975.
Lück, H.E.: Prosoziales Verhalten. Köln: Kiepenheuer & Witsch 1975.
Lück, H.E.: Mitleid – Vertrauen – Verantwortung. Ergebnisse der Erforschung prosozialen Verhaltens. Stuttgart: Klett 1977.
Lukesch, H.: Schwangerschafts- und Geburtsängste. Stuttgart: Enke 1981.
Lynn, D.B. & Sawrey, W.L.: The effects of father-absence on Norwegian boys and girls. Journal of Abnormal and Social Psychology 59 (1959), 258–262.
Lytton, H.: Disciplinary encounters between young boys and their mothers and fathers: Is there a contingency system? Developmental Psychology 15 (1979), 256–268.

Maccoby, E.E. & Jacklin, C.N.: The psychology of sex differences, Stanford: Stanford University Press 1975.
Maddox, G.L.: Disengagement theory: A critical evaluation. Gerontologist 4 (1964), 80–82.
Maddox, G.L. & Eisdorfer, C.: Zusammenhänge zwischen Aktivität und Stimmung bei älteren Menschen. In: Thomae, H. & Lehr, U. (Hg.): Altern. Probleme und Tatsachen. Frankfurt: Akademische Verlagsgesellschaft 1968, 235–252.
Madsen, M.C.: Development and cross-cultural differences in the cooperative and competitive behavior of young children. Psychological Reports 20 (1971), 1307–1320.
Madsen, M.C. & Conner, C.: Cooperative and competitive behavior of retarded and nonretarded children at two ages. Child Development 4 (1973), 175–178.
Mahler, M.S., Pine, F. & Bergman, A.: The psychological birth of the human infant. New York: Basic Books 1975.
Mangione, P.: Merkmale der Interaktionen zwischen gleichaltrigen und nicht-gleichaltrigen Kindern. Zeitschrift für Entwicklungspsychologie und Pädagogische Psychologie 14 (1982), 110–124.
Manion, J.: A study of fathers and infant caretaking. Birth and the Family Journal 4 (1977), 174–179.
Mannarino, A.P.: Friendship patterns and altruistic behavior in preadolescent males. Ohio State University: Unpublished manuscript 1975.
Manney, J.D.: Aging. Office of Human Development, HEW: 1975.
Mannheim, K.: Das Problem der Generationen. Kölner Vierteljahreshefte für Soziologie 7 (1928), 157–185, 309–330. In: Wolf, K.H. (Hg.): Karl Mannheim, Wissensoziologie. Berlin und Neuwied: Luchterhand 1964, 509–565.
Marcus, D. & Overton, W.F.: The development of cognitive gender constancy and sexrole preferences. Child Development 49 (1978), 434–444.
Marcus, R.F. & Roke, E.J.: The specifity of empathic responses in young children. Paper presented at the meeting of the American Psychological Association. Montreal: September 1980. (zit.n.: Radke-Yarrow, Zahn-Waxler & Chapman, 1983).
Marcus, R.F., Telleen, S. & Roke, E.J.: Relation between cooperation and empathy in young children. Developmental Psychology 15 (1979), 346–347.
Marshall, H.R. & McCandless, B.R.: Relationships between dependence on adults and social acceptance by peers. Child Development 28 (1957), 413–419.
Martin, B.: Parent-child relations. In: Horowitz, F.D. (Ed.): Review of child development research. Chicago: University of Chicago Press 1975, Vol. 4, 463–540.
Martin, W.E.: Singularity and stability of profiles of social behavior. In: Stendler, C.B. (Ed.): Readings in child behavior and development. New York: Harcourt, Brace & World 1964.
Matas, L., Arend, R.A. & Sroufe, L.A.: Continuity of adaptation in the second year: Therelationship between quality of attachment and later competence. Child Development 49 (1978), 547–556.

Maudry, M. & Nekula, M.: Social relations between children of the same age during the first two years of life. Journal of Genetic Psychology 54 (1939), 193–215.
McCandless, H.R., Bilous, C.B. & Bennett, H.L.: Peer popularity and dependence on adults in preschool-age socialization. Child Development 32 (1961), 511–518.
McCandless, B.R. & Marshall, H.R.: A picture sociometric technique for preschool children and its relation to teacher judgements of friendship. Child Development 28 (1957), 139–147.
McClintock, C.G. & Nuttin, J.: Development of competitive game behavior in children across two cultures. Journal of Experimental Social Psychology 5 (1969), 203–218.
McCord, W., McCord, J. & Howard, A.: Familial correlates of aggression in nondelinquent male children. Journal of Abnormal and Social Psychology 62 (1961), 79–93.
McDougall, W.: An introduction to social psychology. London: Methuen 1908.
McGrew, W.C.: Aspects of social development in nursery school children, with emphasis on introduction to the group. In: Hones, N.B. (Ed.): Ethological studies of children behavior. New York: Cambridge University Press 1972, 129–156.
McGurk, H. (Ed.): Issues in childhood social development. London: Methuen 1978.
McKechnie, R.J.: Between Piaget's stages: A study in moral development. British Journal of Educational Psychology 41 (1971), 213–217.
Mead, G.H.: Mind, self and society. Chicago: University of Chicago Press 1934.
Mead, M.: Culture and commitment. A study of the generation-gap. London: Bodley Head 1970.
Mead, M.: Konflikt der Generationen. Freiburg: Olten 1971.
Mehrabian, A. & Epstein, N.: A measure of emotional empathy. Journal of Personality 40 (1972), 525–543.
Mendelsohn, P., Linden, W.L., Gruen, T.S. & Curran, J.: Heterosexual pairing and sibling configuration. Journal of Individual Psychology 30 (1974), 202–210.
Mendes, H.A.: Single fatherhood. Social Work 21 (1976), 308–312.
Merei, F.: Group leadership and institutionalization. Human Relations 2 (1949), 23–39.
Michaelis, W.: Verhalten ohne Aggression? Versuch zur Integration der Theorien. Köln: Kiepenheuer & Witsch 1976.
Midlarsky, E. & Bryan, J.H.: Training charity in children. Journal of Personality and Social Psychology 5 (1967), 408–415.
Midlarsky, E. & Bryan, J.H.: Affect expression and children's initiative altruism. Journal of Experimental Research in Personality 6 (1972), 195–203.
Millar, S.: The psychology of play. Harmondsworth, Middlesex: Penguin Books 1968.
Miller, N. & Maruyama, G.: Ordinal position and peer popularity. Journal of Personality and Social Psychology 33 (1976), 123–131.
Miller, N.E., Sears, R.R., Mowrer, O.H., Doob, L.W. & Dollard, S.: The frustration-aggression hypothesis. Psychological Review 48 (1941), 337–342.
Miller, P.H., Kessel, F.S. & Flavell, J.H.: Thinking about people thinking about . . .: A study of social cognitive development. Child Development 41 (1970), 613–623.
Miller, S.M.: Dependency, empathy and altruism. Paper presented at the meeting of the Society for Research in Child Development. New Orleans: March 1977.
Miller, W.B.: Violence by youth gangs and youth groups as a crime problem in major American cities. Washington: United States Gouvernment Printing Office 1975.
Minister für Arbeit, Gesundheit und Soziales des Landes NRW (Hg.): Landes-Kinderbericht. Bericht der Landesregierung über die Stituation des Kindes in Nordrhein-Westfalen. Düsseldorf 1980.
Minturn, L. & Lamberg, W.: Mothers of six cultures: Antecedents of childrearing. New York: Wiley 1964.
Mitscherlich, A.: Die Unfähigkeit, erwachsen zu werden.: Psychoanalytiker Alexander Mitscherlich über die Krise in der Lebensmitte. Der Spiegel 30 (1976), 31, 40–46.

Monahan, J.: The predicition and prevention of violence. Proceedings of the Pacific Northwest Conference on Violence and Criminal Justice. Washington: Issaquah 1973.
Montemayor, N. & Eisen, M.: The development of self-conceptions from childhood to adolescence. Developmental Psychology 13 (1977), 314–319.
Montgomery, J.: Social characteristics of the aged in a small Pennsylvania community. College of Home Economics Research Publication 233. Pennsylvania: University Park 1965.
Moreno, J.L.: Who shall survive? A new approach to the problems of human interrelations. Washington: Nervous and Mental Disease Publishing Company 1934.
Moss, H.A. & Robson, K.S.: Maternal influences in early social visual behavior. Child Development 62 (1968), 504–513.
Mueller, E.: The maintenance of verbal exchanges in young children. Child Development 43 (1972), 930–938.
Mueller, E.: Toddlers + toys. An autonomous social system. In: Lewis, M. & Rosenblum, L.A. (Eds.): The child and its family. New York: Plenum 1979, 169–194.
Mueller, E. & Brenner, J.: The origins of social skill and interaction among play-group toddlers. Child Development 48 (1977), 854–861.
Mueller, E. & DeStefano, C.: Sources of toddler's peer interaction in a playgroup setting. Boston University: Unpublished paper 1973.
Mueller, E. & Rich, A.: Clustering and socially directed behaviours in a playgroup of 1-year-old boys. Journal of Child Psychology and Psychiatry 17 (1976), 315–322.
Mueller, E. & Vandell, D.L.: Infant-infant interaction. In: Osofsky, J.D. (Ed.): Handbook of infant development. New York: Wiley Interscience 1979.
Murphy, G., Murphy, L.B. & Newcomb, T.M.: Experimental social psychology. New York: Harper & Brothers 1937.
Murphy, L.B.: Social behavior and child psychology: An exploratory study of some roots of sympathy. New York: Columbia University Press 1937.
Murray, F.B.: Cognition of physical and social events. In: Overton, W.F. (Ed.): The relationship between social and cognitive development. Hillsdale, N.J.: Erlbaum 1983, 91–101.
Mussen, P.H. & Eisenberg-Berg, N.: Roots of caring, sharing and helping. San Francisco: Freeman, W.H. 1977. (dt.: Helfen, Schenken, Anteilnehmen. Stuttgart: Klett-Cotta 1979).

Naudascher, B.: Jugend und Peergroup: Die pädagogische Bedeutung der Gleichaltrigen im Alter von 12–16 Jahren. Bad Heilbrunn/Obb.: Klinkhardt 1978.
Neiderman, R.D.: Development of the social group in childhood and adolescence. University of California, Berkeley Unpublished dissertation: 1978.
Nesselroade, J.R. & Reese, H.W. (Eds.): Life-span developmental psychology: Methodological issues. New York: Academic Press 1973.
Neugarten, B.L.: The awareness of middle age. In: Neugarten, B.L. (Ed.): Middle age and aging. A reader in social psychology. Chicago: University of Chicago Press 1968.
Neugarten, B.L. & Datan, N.: Sociological perspectives on the life cycle. In: Baltes, P.B. & Schaie, K.W. (Eds.): Life-span developmental psychology. Personality and socialization. Vol. 3. New York: Academic Press 1973, 53–69.
Neugarten, B.L., Havighurst, R.J. & Tobin, S.S.: Personality and patterns of aging. In: Neugarten, B.L. (Ed.): Middle age and aging. A reader in social psychology. Chicago: University of Chicago Press 1968.
Neugarten, B.L. & Weinstein, K.K.: The changing American grandparents. Journal of Marriage and the Family 26 (1964), 199–204.
Newcomb, A.F., Brady, J. & Hartup, W.W.: Friendship and incentive condition as determinants of children's task-oriented social behavior. Child Development 50 (1979), 878–881.

Newland, K.: Women, men and the division of labour. Worldwatch Paper 37, May 1980.
Newman, B.M. & Newman, P.R.: Development through life. A psychological approach. Homewood, Ill.: Dorsey 1975.
Newman, D.: Ownership and permission among nursery school children. In: Glick, J.A. & Clarke-Stewart, K.A. (Eds.): The development of social understanding. New York: Gardner 1978.
Nickel, H.: Zur Bedeutung der Entwicklungspsychologie für Erziehung und Unterricht. Kritische Betrachtungen einiger theoretischer Annahmen im Lichte neuerer Forschungsergebnisse. Psychologie in Erziehung und Unterricht 20 (1973), 209–222.
Nickel, H.: Entwicklungspsychologie des Kindes- und Jugendalters, Bd. I. Bern: Huber, 3. Auflage, 1975.
Nickel, H.: Child Psychology. A review of 30 years of research in the Federal Republic of Germany. German Journal of Psychology 4 (1980), 313–334.
Nickel, H., Arora, I., Thilmann, A. & Vetter, J.: Zusammenhänge zwischen Mütterverhalten und Verhaltensmerkmalen von Kleinkindern. Ergebnisse einer Längsschnittstudie zur Mutter-Kind-Interaktion im ersten und vierten Lebensjahr. Psychologie in Erziehung und Unterricht 28 (1981), 193–203.
Nickel, H., Bartoszyk, J. & Wenzel, H.: Eltern-Kind-Beziehung im ersten Lebensjahr. Einfluß von Vorbereitungskursen auf das Verhalten des Vaters und seine Bedeutung für die Entwicklung des Kindes. Universität Düsseldorf: Forschungsbericht 1985.
Nickel, H., Schenk, M. & Ungelenk, B.: Erzieher- und Elternverhalten im Vorschulbereich. Empirische Untersuchungen in Kindergärten und Eltern-Initiativ-Gruppen. München: Reinhardt 1980.
Nickel, H. & Schmidt-Denter, U.: Sozialverhalten von Vorschulkindern. Empirische Untersuchungen in Kindergärten und Eltern-Initiativ-Gruppen. München: Reinhardt 1980.
Nickel, H., Schmidt-Denter, U. & Ungelenk, B.: Erzieher, Eltern und Kinder im Vorschulbereich. Psychologie in Erziehung und Unterricht 27 (1980), 154–169.
Nordio, S., Piazza, G. & Stefani, P.: Diventar padri. Milano: Angeli 1983.
Nucci, L.: Social development: Personal, conventional, and moral concepts. University of California, Santa Cruz: Unpublished dissertation. 1977.

Oberlander, M. & Jenkins, N.: Birth order and academic achievement. Journal of Individual Psychology 23 (1967), 103–109.
O'Donnell, L. & Stueve, C.A.: Mothers as social agents: Structuring the community activities of school-age children. In: Lopata, H.Z. & Pleck, J.H. (Eds.): Research in the interweave of social roles: Families and jobs. Greenwich, Conn.: JAI Press 1983, Vol. 3.
Olbrich, E.: Normative Übergänge im menschlichen Lebenslauf. Entwicklungskrisen oder Herausforderungen. In: Filipp, S.H. (Hg.): Kritische Lebensereignisse. München: Urban & Schwarzenberg 1981, 123–138.
Olbrich, E.: Die Entwicklung der Persönlichkeit im menschlichen Lebenslauf. In Oerter, R., Montada, L. u.a.: Entwicklungspsychologie. München: Urban & Schwarzenberg 1982, 91–123.
Olbrich, E.: Jugendalter – Zeit der Krise oder der produktiven Anpassung? In: Olbrich, E. & Todt, E. (Hg.): Probleme des Jugendalters. Neuere Sichtweisen. Berlin: Springer 1984, 1–47.
Olbrich, E. & Brüderl, L.: Frühes Erwachsenenalter: Partnerwahl, Partnerschaft und Übergang zur Elternschaft. Zeitschrift für Entwicklungspsychologie und Pädagogische Psychologie 18 (1986), 189–213.
Olbrich, E. & Lehr, U.: Social roles and contacts in old age: Consistency and patterns of change. In: Thomae, H. (Ed.): Patterns of aging. Basel: Karger 1976, 113–126.

Olweus, D.: Aggression and peer acceptance in adolescent boys: Two short-term longitudinal studies of rating. Child Development 48 (1977), 1301–1313.
Olweus, D.: Aggression in the schools. New York: Wiley 1978.
Olweus, D.: Stability and aggressive reaction patterns in males: A review. Psychological Bulletin 86 (1979a), 852–875.
Olweus, D.: Familial and temperamental determinants of aggressive behavior in adolescent boys: A causal analysis. Developmental Psychology 16 (1979b), 644–660.
Olweus, D.: Continuity in aggressive and inhibited withdrawn behavior patterns. Psychiatry and Social Science 1, 1981, 141–159.
Olweus, D.: Development of stable aggressive reaction patterns in males. In: Blanchard, R. & Blanchard, C. (Eds.): Advances in the study of aggression. New York: Academic Press 1982, Vol. 2.
Orthner, D.K., Brown, T. & Ferguson, D.: Single parent fatherhood: An emerging lifestyle. Family Coordinator 25 (1976), 429–437.
Oswald, H.: Abdankung der Eltern? Eine empirische Untersuchung über den Einfluß von Eltern auf Gymnasiasten. Weinheim/Basel: Beltz 1980.

Page, M.L.: The modification of ascendant behavior in preschool children. University of Iowa: Studies in Child Welfare 12 (1936), 7–69.
Palmore, E.: The effects of aging on activities and attitudes. Gerontologist 8 (1968), 259–263.
Palmore, E. (Ed.): Normal Aging II. Durham, N.C.: Duke University Press 1974.
Palmore, E. (Ed.): Normal Aging I. Durham, N.C.: Duke University Press 1970.
Palmore, E.: Social patterns in normal aging: Findings from the Duke Study. Durham N.C.: Duke University Press 1981.
Papoušek, H. & Papoušek, M.: Die ersten sozialen Beziehungen: Entwicklungschance oder pathogene Situation? Praxis der Psychotherapie 22 (1977), 97–108.
Parikh, B.S.: Moral judgement development and its relation to family environmental factors in Indian and American urban upper middle class families. Boston College: Unpublished dissertation 1975. (zit.n.: Eckensberger & Reinshagen 1980).
Parke, R.D.: Perspectives on father-infant-interaction. In: Osofsky, J.D. (Ed.): Handbook of infant development. New York: Wiley 1979, 549–590.
Parke, R.D. & Collmer, C.W.: Child abuse: An interdisciplinary analysis. In: Hetherington, E.M. (Ed.): Review of child development research. Chicago: University of Chicago Press: 1975, Vol. 5, 509–590.
Parke, R.D. & Lewis, N.G.: The family in context: A multilevel interactional analysis of child abuse. In: Henderson, R.W. (Ed.): Parent-child interaction: Theory, research and prospect. New York: Academic Press 1981, 169–204.
Parke, R.D. & O'Leary, S.E.: Father-mother-infant-interaction in the newborn period. In: Riegel, K.F. & Meacham, J.A. (Eds.): The developing individual in a changing world. The Hague: Mouton 1976, Vol. II, 653–663.
Parke, R.D. & Sawin, D.B.: The father's role in infancy: Social, interactional, and attitudinal analyses. In: Pedersen, F.A. (Ed.): The father-infant-relationship. New York: Praeger 1980, 44–70.
Parke, R.D. & Slaby, R.G.: The development of aggression. In: Mussen, P.H. (Ed.): Handbook of child psychology, Vol. IV. New York: Wiley 1983, 547–641.
Parke, R.D. & Tinsley, B.R.: The early environment of the at-risk infant: Expanding the social context. In: Bricker, D. (Ed.): Intervention with at-risk and handicapped infants: From research to application. Baltimore: University Park Press 1982.
Parker, H.J.: View from the boys. Plymouth: Latimer Trend 1974.
Parsons, T.: Age and sex in the social structure of the United States. American Sociological Review 7 (1942), 604–616.
Parsons, T.: The kinship system of the contemporary United States. American Anthropo-

logist 45 (1943), 22–38 (dt.: Das Verwandtschaftssystem in den Vereinigten Staaten. In: Parsons, T.: Beiträge zur soziologischen Theorie. Neuwied: Luchterhand 1964, 84–108).

Parsons, T.: Youth in the context of American society. Cambridge, Mass.: Daedalus 1962 (dt.: Jugend im Gefüge der amerikanischen Gesellschaft. In: Friedeburg, L.v. (Hg.): Jugend in der modernen Gesellschaft. Köln: Kiepenheuer & Witsch 1965, 131–155).

Parsons, T. & Bales, R.F. (Eds.): Family socialization and interaction processes. Glencoe, Ill.: Free Press 1955.

Parten, M.B.: Social participation among preschool children. Journal of Abnormal and Social Psychology 27 (1932), 243–269.

Parten, M.B. & Newhall, S.M.: Social behavior of preschool children. In: Barker, R.G., Kounin, S.J. & Wright, H.F. (Eds.): Child behavior and development. New York: McGraw-Hill 1943.

Pascoe, J.M., Loda, F.A., Jeffries, V. & Earp, J.A.: The association between mothers' social support and provision of stimulation to their children. Developmental and Behavioral Pediatrics 2 (1981), 15–19.

Pastor, D.L.: The quality of mother-infant attachment and its relationship with toddlers' initial sociability with peers. Developmental Psychology 17 (1981), 326–335.

Patterson, G.R.: The aggressive child: Victim and architect of a coercive system. In: Mash, E.J., Hamerlynck, L.A. & Handy, L.C. (Eds.): Behavior modification and families. New York: Bruner/Mazel 1976, 267–316.

Patterson, G.R.: A performance theory for coercive family interaction. In: Cairns, R.B. (Ed.): The analysis of social interactions: Methods, issues and illustrations. Hillsdale, N.J.: Erlbaum 1979, 119–162.

Patterson, G.R.: Mothers: The unacknowledged victims. Monographs of the Society for Research in Child Development 45 (1980), 5, Serial No. 186.

Patterson, G.R. & Cobb, J.A.: A dyadic analysis of „aggressive" behavior. In: Hill, J.P. (Ed.): Minnesota Symposia on Child Psychology. Minneapolis: University of Minnesota Press 1971, Vol. 5, 72–129.

Patterson, G.R., Cobb, J.A. & Ray, R.S.: A social engineering technology for retraining the families of aggressive boys. In: Adams, H.E. & Unikel, I.P. (Eds.): Issues and trends in behavior therapy. Springfield, Ill.: C.C. Thomas, 1973, 139–210.

Patterson, G.R., Littman, R.A. & Bricker, W.: Assertive behavior in children: A step towards a theory of aggression. Monographs of the Society for Research in Child Development 32 (1967), 5, Serial No. 113.

Pawlow, J.P.: Sämtliche Werke. Berlin/DDR: Akademie Verlag 1953/54.

Pearl, R.A.: Developmental and situational influences on children's understanding of prosocial behavior. Paper presented at the meeting of the Society for Research in Child Development. San Francisco: March 1979.

Pedersen, F.A.: Mother, father and infant as an interactive system. Paper presented at the annual convention of the American Psychological Association. Chicago: 1975.

Pedersen, F.A.: Research issues related to fathers and infants. In: Pedersen, F.A. (Ed.): The father-infant-relationship. Observational studies in the family setting. New York: Praeger 1980a, 1–20.

Pedersen, F.A.: Overview: Answers and reformulated questions. In: Pedersen, F.A. (Ed.): The father-infant-relationship. Observational studies in the family setting. New York: Praeger 1980b, 147–163.

Pedersen, F.A., Anderson, B.J. & Cain, R.L.Jr.: Parent-infant and husband-wife interaction at age five months. In: Pedersen, F.A. (Ed.): The father-infant relationship. Observational studies in the family setting. New York: Praeger 1980.

Pedersen, F.S. & Robson, K.S.: Father participation in infancy. American Journal of Orthopsychiatry 39 (1969), 466–472.

Pedersen, F.S., Yarrow, L.J., Anderson, B.J. & Cain, R.L. Jr.: Conceptualiziaton of father

influences in the infancy period. In: Lewis, M. & Rosenblum, L.A. (Eds.): The child and its family. New York: Plenum 1979, 45–66.
Peevers, B.H. & Secord, P.F.: Developmental changes in attribution of descriptive concepts to persons. Journal of Personality and Social Psychology 27 (1973), 120–128.
Pfouts, J.H.: The sibling relationship: A forgotten dimension. Social Work 21 (1976), 200–204.
Phillip, A.J.: Strangers and friends as competitors and co-operators. Journal of Genetic Psychology 57 (1940), 249–258.
Phillipps, J.R.: Syntax and vocabulary of mothers' speech to young children: Age and sex comparisons. Child Development 44 (1973), 182–185.
Piaget, J.: Le language et la pensée chez l'enfant. Neuchâtel: Delachaux & Niestlé 1923. (dt.: Sprechen und Denken des Kindes. Düsseldorf: Schwann, 5. Aufl., 1982).
Piaget, J.: Le jugement moral chez l'enfant. Paris: Presses Universitaires de France 1932. (dt.: Das moralische Urteil beim Kinde. Zürich: Rascher 1954).
Piaget, J.: La psychologie de l'intelligence. Paris: Collin 1947 (dt.: Psychologie der Intelligenz. Olten: Walter 1972, 5. Aufl.).
Piaget, J.: The general problems of psychobiological development of the child. In: Tanner, J.M. & Inhelder, B. (Eds.): Discussion on child development: Proceedings of the World Health Organization Study group on the psychobiological development of the child. New York: International Universities Press 1960, Vol. IV.
Piaget, J.: Play, dreams and imitation in childhood. New York: Norton 1962 (dt.: Nachahmung, Spiel und Traum. Stuttgart: Klett 1969).
Piaget, J.: Six psychological studies. New York: Random House 1967.
Piaget, J.: Urteil und Denkprozesse des Kindes. Düsseldorf: Schwann 1972.
Piaget, J.: Einführung in die genetische Erkenntnistheorie. Frankfurt: Suhrkamp 1973.
Piaget, J. & Inhelder, B.: La représentation de l'espace chez l'enfant. Paris: Presses Universitaires de France 1947 (dt.: Die Entwicklung des räumlichen Denkens beim Kinde. Stuttgart: Klett 1975).
Pieper, M.: Erwachsenenalter und Lebenslauf. Zur Soziologie der Altersstufen. München: Kösel 1978.
Pinkston, E.M., Reese, N.M., LeBlanc, J.J. & Baer, D.M.: Independent control of a preschool child's aggression and peer interaction by contingent teacher attention. Journal of Applied Behavior Analysis 6 (1973), 115–124.
Pope, H. & Mueller C.W.: The intergenerational transmission of marital instability: Comparisons by race and sex. Journal of Social Issues 32 (1976), 49–66.
Potashin, R.: A sociometric study of children's friendships. Sociometry 9 (1946), 48–70.
Power, C. & Reimer, J.: Moral atmosphere: An educational bridge between judgement and action. In: Damon, W. (Ed.): Moral development: New directions for child development, Number 2. San Francisco: Jossey-Bass 1978.
Pratt, M.: A developmental study of person perception and attributions of social causality: Learning the what and why of others. Harvard University: Unpublished dissertation 1975.
Pressey, S.L., Janney, J.E. & Kuhlen, R.G.: Life: A psychological survey. New York: Harper 1939.

Quetelet, A.: Sur l'homme et le développement de ses facultés. Paris: Bachelier 1835. (dt.: Über den Menschen und die Entwicklung seiner Fähigkeiten. Stuttgart: Schweizerbarthsche Verlagshandlung 1838).

Radin, N.: The role of the father in cognitive, academic and intellectual development. In: Lamb, M.E. (Ed.): The role of the father in child development. New York: Wiley 1981, 2. Aufl., 379–428.

Radin, N.: Primary caregiving and rolesharing fathers. In: Lamb, M.E. (Ed.): Nontraditional families. Hillsdale, N.J.: Erlbaum 1982, 173–204.
Radtke-Yarrow, M. & Zahn-Waxler, C.: Roots, motives and patterns in children's prosocial behavior. In: Staub, E., Bar-Tal, D., Karylowski, J. & Reykowski, J. (Eds.): Development and maintenance of prosocial behavior. New York: Plenum 1984, 81–99.
Radtke-Yarrow, M., Zahn-Waxler, C. & Chapman, M.: Children's prosocial dispositions and behavior. In: Hetherington, E.M. (Ed.): Socialization, personality and social development. (Handbook of Child Psychology, Vol. IV.) New York: Wiley 1983, 496–545.
Radtke-Yarrow, M., Zahn-Waxler, C., Cummings, M., Strope, B. & Serbis, S.H.: Continuities and change in the prosocial and aggressive behavior of young children. Paper presented at the meeting of the Society for Research in Child Development. Boston: April 1981. (zit. n. Radtke-Yarrow, M., Zahn-Waxler, C. & Chapman, M. 1983).
Ratner, N. & Bruner, J.: Games, social exchange and the acquisition of language. Journal of Child Language 5 (1978), 391–401.
Rauh, H.: Frühe Kindheit. In: Oerter, R., Montada, L. et al.: Entwicklungspsychologie. München: Urban & Schwarzenberg 1982, 124–194.
Rauh, H.: Soziale Interaktion und Gruppenstruktur bei Krabbelkindern. In: Eggers, Ch. (Hg.): Bindungen und Besitzdenken beim Kleinkind. München: Urban & Schwarzenberg 1984, 204–232.
Rebelsky, F. & Hanks, C.: Father's verbal interaction with infants in the first three months of life. Child Development 42 (1971), 63–68.
Reisman, J. & Shorr, H.: Friendship claims and expectations among children and adults. Child Development 49 (1978), 913–916.
Rendina, J. & Dickerscheid, D.: Father involvement with first-born infants. Family Coordinator 25 (1976), 373–375.
Renner, M.: Strukturen sozialer Teilhabe im höheren Lebensalter mit besonderer Berücksichtigung der sozialen Beziehungen zwischen Mitgliedern der erweiterten Kernfamilie. Bonn: Dissertation 1969.
Renshaw, P.D.: The roots of peer interaction research: A historical analysis of the 1930's. In: Asher, S.R. & Gottman, J.M. (Eds.): The development of children's friendships. New York: Cambridge University Press 1981, 1–25.
Reyer, J.: Die Beziehungen zwischen 0- bis 3jährigen Kindern. Ein vernachlässigter Gegenstandsbereich der Erforschung primärer Sozialisationsprozesse. Psychologie in Erziehung und Unterricht 25 (1978), 168–181.
Reynolds, V.: The biology of human action. Reading: Freeman 1976.
Rheingold, H.L.: Helping by two-year-old children. Paper presented at the meeting of the Society for Research in Child Development. San Francisco: March 1979.
Rheingold, H.L., Hay, D.F. & West, M.J.: Sharing in the second year of life. Child Development 47 (1976), 1148–1158.
Richmond, B.O. & Weiner, G.P.: Cooperation and competition among young children as a function of ethnic grouping, grade, sex and reward condition. Journal of Educational Psychology 64 (1973), 329–334.
Riegel, K.F.: Adult life-crises: A dialectic interpretation of development. In: Datan, N. & Ginsberg, L.H. (Eds.): Life-span developmental psychology. Normative life-crises. New York: Academic Press 1975, 99–128.
Risley, T.R. & Baer, D.M.: Operant behavior modification: The deliberate development of behavior. In: Caldwell, B.M. & Ricciuti, H.M. (Eds.): Review of child development research. Chicago: University of Chicago Press 1973, Vol. 3, 283–329.
Rivenbark, W.H.: Self-disclosure among adolescents. Psychological Reports 28 (1971), 35–42.
Robertson, J.: Grandmotherhood: A study of role conceptions. Journal of Marriage and the Family 39 (1977), 165–174.
Robins, L.N.: Deviant children grown up. Baltimore: Williams & Wilkins 1966.

Robins, L.N.: Aetiological implications in studies of childhood histories relating to antisocial personality. In: Hare, R.D. & Schalling, D. (Eds.): Psychopathic behavior. New York: Wiley 1978.
Rodeheaver, D. & Datan, N.: Making it: The dialectics of middle age. In: Lerner, R.M. & Busch-Rossnagel, N.A. (Eds.): Individuals as producers of their development. A life-span perspective. New York: Academic Press 1981, 183–196.
Roetger, A.: Isolation und Einsamkeit bei Altersheimbewohnern. Bochum: univ. Ex.-Praktikumsarbeit 1980.
Rohe, W. & Patterson, A.: The effects of varied levels of resources and density on behavior in a day care centre. Paper presented at EDRA V Conference: Milwaukee 1974.
Rohner, R.: They love me, they love me not: A world-wide study of the effect of parental acceptance and rejection. New Haven, Conn.: HRAF Press 1975.
Rose, A.M.: A current theoretical issue in social gerontology. Gerontologist 4 (1964), 46–50.
Rose, S. & Serafica, F.C.: Maintenance and function of friendship in early adulthood. Paper presented at the meeting of the Eastern Psychological Association. New York: 1979a.
Rose, S. & Serafica, F.C.: Young adults' close and casual friendships: Attributes, functions and means. Paper presented at the annual meeting of the American Psychological Association. New York: 1979b.
Rosenberg, B.G. & Sutton-Smith, B.: Ordinal position and sex-role identification. Genetic Psychology Monographs 70 (1964), 297–328.
Rosenberg, G.S.: Age, poverty, and isolation from friends in the urban working class. Journal of Gerontology 23 (1968), 533–538.
Rosenberg, G.S. & Anspach, D.F.: Sibling solidarity in the working class. Journal of Marriage and the Family 35 (1973), 108–113.
Rosenhan, D.L.: Learning theory and prosocial behavior. Journal of Social Issues 28 (1972), 151–163.
Rosenmayr, L.: Schwerpunkte der Soziologie des Alters (Gerosoziologie). In: König, R. (Hg.): Handbuch der empirischen Sozialforschung. Bd. 7: Familie, Alter. Stuttgart: Enke 1976, 2. Aufl.
Rosenmayr, L. & Köckeis, E.: Sozialbeziehungen im höheren Erwachsenenalter. In: Thomae, H. & Lehr, U.: Altern. Probleme und Tatsachen. Frankfurt: Akademische Verlagsanstalt 1968.
Rosow, I.: Social integration of the aged. New York: The Free Press 1967.
Ross, H.G., Dalton, M.J. & Milgram, J.I.: Older adults' perceptions of closeness in sibling relationships. Paper presented at the 33rd annual scientific meeting of the Gerontological Society. San Diego, California: November 1980.
Ross, H.G. & Milgram, J.I.: Rivalry in adult sibling relationships: It's antecedents and dynamics. Paper presented at the annual meeting of the American Psychological Association. Montreal, Canada: September 1980.
Ross, H.S.: Establishment of social games among toddlers. Developmental Psychology 18 (1982), 509–518.
Ross, H.S. & Goldman, B.D.: Establishing new social relations in infancy. In: Alloway, T., Pliner, P. & Krames, L.: Advances in the study of communication and affect: Attachment behavior. New York: Plenum 1976, Vol. 3, 61–79.
Ross, H.S. & Goldman, B.D.: Infants' sociability towards strangers. Child Development 48 (1977), 638–642.
Ross, H.S. & Kay, D.A.: The origins of social games. In: Rubin, K.H. (Ed.): Children's play. New directions for child development. San Francisco: Jossey-Bass 1980, Vol. 9.
Rotenberg, K.J.: Children's use of intentionality in judgment of character and disposition. Child Development 51 (1980), 282–284.
Rothbart, M.K.: Birth order and mother-child interaction in an achievement situation. Journal of Personality and Social Psychology 17 (1971), 113–120.

Rowe, A.R.: The retired scientist: The myth of the aging individual. In: Gubrium, J.F. (Ed.): Time, roles, and self in old age. New York: Human Sciences Press 1976, 209–219.
Rubenstein, J. & Howes, C.: The effects of peers on toddler interaction with mother and toys. Child Development 47 (1976), 597–605.
Rubin, K.H.: Role-taking in childhood: Some methodological considerations. Child Development 49 (1978), 428–433.
Rubin, K.H. & Schneider, F.W.: The relationship between moral judgement, egocentrism, and altruistic behavior. Child Development 44 (1973), 661–665.
Rubin, Z. & Sloman, J.: How parents influence their children's friendships. In: Lewis, M. (Ed.): Beyond the dyad. New York: Plenum 1984, 223–250.
Rule, B.G. & Duker, P.: Effects of intentions and consequences on children's evaluations of aggressors. Journal of Personality and Social Psychology 27 (1973), 184–189.
Rule, B.G., Nesdale, A.R. & McAra, M.J.: Children's reactions to information about the intentions underlying an aggressive act. Child Development 45 (1974), 794–798.
Rushton, J.P.: Generosity in children: Immediate and long-term effects of modeling, preaching, and moral judgment. Journal of Personality and Social Psychology 31 (1975), 459–466.
Rushton, J.P.: Altruism, socialization and society. Englewood Cliffs: Prentice-Hall 1980.
Russel, G.: The father-role and its relation to masculinity, femininity and androgyny. Child Development 49 (1978), 1174–1181.
Russel, G.: Shared caregiving families: An Australian study. In: Lamb, M.E. (Ed.): Nontraditional families. Hillsdale, N.J.: Erlbaum 1982, 139–172.
Russel, J.: Dyadic interaction in a logical reasoning problem requiring inclusion ability. Child Development 52 (1981), 1322–1325.
Russel, J.: Propositional attitudes. In: Beveridge, M. (Ed.): Children thinking through language. London: Arnold 1982.
Rutherford, E. & Mussen, P.H.: Generosity in nursery school boys. Child Development 39 (1968), 755–756.
Rutter, M., Tizard, J. & Whitmore, K.: Education, health and behavior. London: Longman 1970.

Sagi, A. & Hoffman, M.L.: Empathic distress in newborns. Developmental Psychology 12 (1976), 175–176.
Samuels, H.R.: The effect of an older sibling on infant locomotor exploration of a new environment. Child Development 51 (1980), 607–609.
Sanford, E.C.: Mental growth and decay. American Journal of Psychology 13 (1902), 426–449.
Santrock, J.W.: Family structure, maternal behavior and moral development in boys. Dissertation Abstracts International 34 (1974), 7-B, 3474–3475.
Santrock, J.W.: Moral structure: The interrelations of moral behavior, moral judgement and moral affect. Journal of Genetic Psychology 127 (1975), 201–213.
Santrock, J.W.: Effects of father absence on sex-typed behavior in male children: Reason for the absence and age of onset of the absence. Journal of Genetic Psychology 130 (1977), 3–10.
Santrock, J.W., Warshak, R.A. & Elliott, G.L.: Social development and parent-child-interaction in father-custody and stepmother families. In: Lamb, M.E. (Ed.): Nontraditional families. Hillsdale, N.Y.: Erlbaum 1982, 289–314.
Sarason, S.B.: Work, aging, and social change: Professionals and the one life-one career imperative. New York: The Free Press 1977.
Savin-Williams, R.C.: Social interactions of adolescent females in natural groups. In: Foot, H.C., Chapman, A.J. & Smith, J.R.: Friendships and social relations in children. New York: Wiley 1980, 343–364.

Sawin, D.B.: Assessing empathy in children: A search for an elusive construct. In: Sawin, D.B.: Empathy in children: Conceptual and methodological issues in current research. Symposium presented at the meeting of the Society for Research in Child Development. San Francisco: March 1979.
Sawin, D.B.: A field study of children's reactions to distress in their peers. University of Texas at Austin: Unpublished manuscript 1980.
Scarlett, H.H., Press, A.N. & Crockett, W.H.: Children's description of peers: A Wernerian developmental analysis. Child Development 42 (1971), 439–453.
Schachter, F.F., Gilutz, G., Shore, E. & Adler, M.: Sibling deidentification judged by mothers: Cross-validation and developmental studies. Child Development 49 (1978), 543–546.
Schachter, S.: The psychology of affiliation. Stanford: Stanford University Press 1959.
Schaffer, H.R.: Early interactive development. In: Schaffer, H.R. (Ed.): Studies in mother-infant interaction. London: Academic Press 1977.
Schaffer, H.R.: The child's entry into a social world. London: Academic Press 1984.
Schaffer, H.R., Collins, G.M. & Parsons, G.: Vocal interchange and visual regard in verbal and pre-verbal children. In: Schaffer, H.R. (Ed.): Studies in mother-infant interaction. London: Academic Press 1977.
Schaffer, H.R. & Crook, Ch.K.: The role of the mother in early social development. In: McGurk, H. (Ed.): Issues in childhood social development. London: Methuen, 1978, 55–78.
Schaie, K.W.: The primary mental abilities in adulthood: An exploration in the development of psychometric intelligence. In: Baltes, P.B. & Brim, O.G. (Eds.): Life-span development and behavior, Bd. 2. New York: Academic Press 1979, 68–117.
Schlecty, P.C.: Teaching and social behavior. Boston: Allyn & Bacon 1976.
Schmidt-Denter, U.: Analyse des Konfliktverhaltens von Kindern aus unterschiedlichen vorschulischen Erziehungseinrichtungen (Elterninitiativ-Gruppen und Kindergärten). Düsseldorf: Dissertation 1977.
Schmidt-Denter, U.: Erziehung zur sozialen Kompetenz. In: Dollase, R. (Hg.): Handbuch der Früh- und Vorschulpädagogik, Bd. II. Düsseldorf: Schwann 1978, 391–406.
Schmidt-Denter, U.: Entwicklung des Sozialverhaltens. Versuch für das Fernstudium im Medienverbund (FIM), Kap. 12. Tübingen: Deutsches Institut für Fernstudien 1979.
Schmidt-Denter, U.: Soziale Konflikte im Kindesalter – Eine Übersicht über empirische Forschungsergebnisse und theoretische Konzepte. In: Klauer, K.J. & Kornadt, H.J. (Hg.): Jahrbuch für Empirische Erziehungswissenschaft 1980, 173–207.
Schmidt-Denter, U.: Ökopsychologie der sozialen Entwicklung. Empirische Untersuchungen zum Beziehungsgeflecht in den ersten fünf Lebensjahren. Düsseldorf: Habil.-Schrift 1982.
Schmidt-Denter, U.: Die soziale Umwelt des Kindes. Eine Ökopsychologische Analyse. Berlin: Springer 1984.
Schmidt-Denter, U.: Kontaktinitiativen von Vorschulkindern und ihre soziale Bedeutung. In: Nickel, H. (Hg.): Sozialisation im Vorschulalter. Weinheim: VCH edition psychologie 1985a, 47–68.
Schmidt-Denter, U.: Kurz- und langfristige Anpassungsprozesse in vorschulischen Einrichtungen und ihre Konsequenzen für die erzieherische Praxis. In: Nickel, H. (Hg.): Sozialisation im Vorschulalter. Weinheim: VCH Edition Psychologie 1985b, 151–162.
Schmidt-Denter, U. & Lück, H.E.: Dokumentation deutschsprachiger Arbeiten zum prosozialen Verhalten. Berichte aus dem Arbeitsbereich Psychologie (Nr. 14) der Fernuniversität – Gesamthochschule. Hagen: 1983, 2. Aufl.
Schmidt-Mummendey, A. & Schmidt, H.D. (Hg.): Aggressives Verhalten. Neuere Ergebnisse der psychologischen Forschung. München: Juventa 1972, 2. Aufl.
Schmitz, P.G.: Trends in der entwicklungspsychologischen Forschung: Analyse der Psychological Abstracts 1963–1976 unter besonderer Berücksichtigung der Jahrgänge 1965, 1970, 1975. Zeitschrift für Entwicklungspsychologie und Pädagogische Psychologie 11 (1979), 16–30.

Schmitz-Scherzer, R.: Alter und Freizeit. Stuttgart: Kohlhammer 1975.
Schneewind, K.A., Beckmann, M. & Engfer, A.: Eltern und Kinder. Stuttgart: Kohlhammer 1983.
Schneider, H.-D.: Aspekte des Alterns. Ergebnisse sozialpsychologischer Forschung. Frankfurt: Campus 1974.
Schooler, C.: Birth order effects. Not here, not now! Psychobiological Bulletin 78 (1972), 161–175.
Schreiber, H.: „Das kann doch nicht alles gewesen sein." Über die Krise in der Lebensmitte. Der Spiegel 30 (1976), 30, 36–49.
Schreiber, M.: „Ich bin unsichtbar geworden". Spiegelredakteurin Marion Schreiber über die Frau um vierzig. Der Spiegel 38 (1984), 48, 52–75.
Schulz, H.: Soziale Beziehungen im Alter. Frankfurt: Campus 1979.
Schvanefeldt, J.D. & Ihinger, M.: Sibling relationships in the family. In: Burr, W.R., Hill, R., Nye, F.I. & Reiss, I.L. (Eds.): Contemporary theories about the family: Research-based theories. New York: Free Press 1979, Vol. I, 453–467.
Schwartz, J.C.: Effects of peer familiarity on the behavior of preschoolers in a novel situation. Journal of Personality and Social Psychology 24 (1972), 276–284.
Schwartz, S.H. & Gottlieb, A.: Bystander reactions to a violent theft: Crime in Jerusalem. Journal of Personality and Social Psychology 34 (1976), 1188–1199.
Scott, P.: Gangs and delinquent groups in London. British Journal of Delinquency 7 (1956), 4–24.
Sears, R.R.: Sources of life satisfactions of the Terman gifted man. American Psychologist 32 (1977), 119–128.
Sears, R.R., Maccoby, E.E. & Levin, H.: Patterns of child rearing. New York: Harper & Row 1957.
Sears, R.R., Whiting, J.W.M., Nowlis, V. & Sears, P.L.: Some child-rearing antecedents of aggression and dependency in young children. Genetic Psychology Monographs 47 (1953), 135–234.
Seegmiller, B.R. & Suter, B.: Relations between cognitive and behavioral measures of prosocial development in children. Journal of Genetic Psychology 131 (1977), 161–162.
Selg, H. (Hg.): Zur Aggression verdammt? Stuttgart: Kohlhammer 1971.
Selman, R.L.: The relation of role-taking to the development of moral judgment in children. Child Development 42 (1971), 79–91.
Selman, R.L.: The relation of stages of social role-taking to moral development. A theoretical and empirical analysis. Harvard University: Unpublished manuscript 1974.
Selman, R.L.: Towards a structural analysis of developing interpersonal relation concepts: Research with normal and disturbed preadolescent boys. In: Pick, A. (Ed.): Minnesota Symposium on Child Psychology. Minnesota: University of Minnesota Press 1976a, Vol. 10.
Selman, R.L.: Social-cognitive understanding: A guide to educational and clinical practice. In: Lickona, T. (Ed.): Moral development and behavior: Theory, research, and social issues. New York: Holt, Rinehart and Winston 1976b.
Selman, R.L.: The child as a friendship philosopher. In: Asher, S.R. & Gottman, J.M. (Eds.): The development of children's friendships. New York: Cambridge University Press 1981.
Selman, R.L. & Byrne, D.F.: A structural-developmental analysis of role-taking in middle childhood. Child Development 45 (1974), 803–806.
Selman, R.L. & Cooney, E.W.: Children's use of social conceptions: Toward a dynamic model of social cognition. In: Damon, W. (Ed.): New directions for child development, Vol. 1: Social cognition. San Francisco: Jossey-Bass 1978.
Selman, R.L. & Damon, W.: The necessity (but insufficiency) of social perspective taking for conceptions of justice at three early levels. In: DePalma, D.J. & Foley, J.M. (Eds.): Moral development: Current theory and research. Hillsdale, N.J.: Erlbaum 1975.
Serafica, F.C.: Conceptions of friendship and interaction between friends: An organismic-

developmental perspective. In: Serafica, F.C. (Ed.): Social-cognitive development in context. New York: Guilford 1982a, 100–132.
Serafica, F.C.: Introduction. In: Serafica, F.C. (Ed.): Social-cognitive development in context. New York: Guilford Press 1982b, 1–26.
Serafica, F.C. & DeStefano, C.: Children's interactions with friends versus strangers. The Ohio State University: Unpublished manuscript 1978.
Serbin, L., Tonick, I. & Sternglanz, S.: Shaping cooperative cross-sex play. Child Development 48 (1977), 924–929.
Severy, L. & Davis, K.: Helping behavior among normal and retarded children. Child Development 42 (1971), 1017–1031.
Shanas, E.: The health of older people; a social survey. Cambridge, Mass.: Cambridge University Press 1962.
Shanas, E.: Family and household characteristics of older people in the United States. In: From Hansen, P. (Ed.): Age with a future. Kopenhagen: Munksgaard 1964, 449–454.
Shanas, E.: A national survey of the aged. In: Final Report to the Administration of Aging. Washington: U.S. Department of Health, Education, and Welfare 1978.
Shanas, E.: Social myth as hypothesis: The case of the family relations of old people. Gerontologist 19 (1979), 3–9.
Shanas, E.: Old people and their families: The new pioneers. Journal of Marriage and the Family 42 (1980), 9–15.
Shanas, E., Townsend, P., Wedderburn, D., Friis, H., Milhoj, P. & Stehouwer, J. (Eds.): Old people in three industrial societies. New York: Atherton Press 1968.
Shantz, C.V.: The development of social cognition. In: Hetherington, E.M. (Ed.): Review of child development research. Chicago: University of Chicago Press 1975, 257–323.
Shantz, C.V.: Social cognition. In: Mussen, P.H. (Ed.): Handbook of child psychology, Vol. III. New York: Wiley 1983, 495–555.
Shantz, D.W. & Voydanoff, D.A.: Situational effects on retaliatory aggression at three age levels. Child Development 44 (1973), 149–153.
Shapiro, B.Z.: Dissolution of friendship ties in groups of children. Dissertation Abstracts 27 (1967), 10-A, 3517–3518.
Shatz, M. & Gelman, R.: The development of communication skills: Modifications in the speech of young children as a function of listener. Monographs of the Society for Research in Child Development 38 (1973), 4, 1–37.
Sheehy, G.: Passages: Predictable crises of adult life. New York: Dutton & Co. 1976 (dt.: In der Mitte des Lebens. Die Bewältigung vorhersehbarer Krisen. München: Kindler 1976).
Sherif, M., Harvey, O.J., White, B.J., Hood, W.E. & Sherif, C.W.: Intergroup conflict and cooperation: The robber's cave experiment. Norman, Oklahoma: University of Oklahoma Press 1961.
Sherif, M. & Sherif, C.W.: Groups in harmony and tension. New York: Harper 1953.
Shirley, M.: The first two years: A study of twenty-five babies. Minneapolis: University of Minneapolis Press 1933, Vol. 2.
Short, J.F. & Strodtbeck, F.L.: Group processes and gang delinquency. Chicago: University of Chicago Press 1965.
Siegal, A. & Kohn, L.: Permissiveness, permission, and aggression: The effect of adult presence or absence on children's play. Child Development 30 (1959), 131–141.
Siegal, M.: Fairness in children. London: Academic Press 1982.
Siegal, M. & Francis, R.: Parent-child relations and cognitive approaches to moral judgment and behavior. British Journal of Psychology 73 (1982), 285–294.
Silbereisen, R.K. & Schuhler, P.: Current trends in research on behavioral development in the Federal Republic of Germany. International Journal of Behavioral Development 5 (1982), 265–297.
Simner, M.L.: Newborn's response to the cry of an other infant. Developmental Psychology 5 (1971), 136–150.

Simons, R.L.: Specifity and substitution in the social networks of the elderly. International Journal of Aging and Human Development 18 (1984), 121–139.
Sinnott, J.D., Block, M.R., Grambs, J.D., Gaddy, C.D. & Davidson, J.C.: Sex roles in mature adults. Antecedents and correlates. National Institute on Aging 1980.
Skarin, K. & Moely, B.E.: Altruistic behavior: An analysis of age and sex differences. Child Development 47 (1976), 1159–1165.
Skinner, B.F: The behavior of organism. New York: Appleton-Century-Crofts 1938.
Skinner, B.F.: Was ist Behaviorismus? Hamburg: Rowohlt 1978.
Skouholt, T., Moore, E. & Wellman, F.: Birth order and academic behavior in first grade. Psychological Reports 32 (1973), 395–398.
Slaby, R.G. & Roedel, W.C.: The development and regulation of aggression in young children. In: Worell, J. (Ed.): Psychological development in the elementary years. New York: Academic Press 1982, 97–149.
Slater, P.: The pursuit of loneliness. Boston: Beacon Press 1970.
Sloman, J.: Parents and peers: Maternal impact on toddler peer interaction. Paper presented at the biennial meeting of the Society for Research in Child Development. Boston: March 1981.
Smedslund, J.: Les origines sociales de la décentration. In: Bresson, F. & Montmolin, H. (Eds.): Psychologie et epistemologie genetiques, themes Piagetiens. Paris: Dunod 1966, 159–167.
Smith, L.S.: Sexist assumptions and female delinquency: An empirical investigation. In: Smart, S. & Smart, B. (Eds.): Women, sexuality and social control. London: Routledge and Kegan Paul 1978.
Smith, P.K. & Connolly, K.J.: The ecology of preschool behavior. New York: Cambridge University Press 1980.
Snow, C.E.: Mothers' speech to children learning language. Child Development 43 (1972), 549–565.
Soumi, S.J. & Harlow, H.F.: Social rehabilitation of isolate-reared monkeys. Developmental Psychology 6 (1972), 487–496.
Spencer, H.: Principles of sociology. New York: Appleton 1900.
Spinley, B.M.: The deprived and the privileged. London: Routledge and Kegan Paul 1953.
Spranger, E.: Psychologie des Jugendalters. Leipzig: Quelle und Meyer 1924.
Stanjek, K.: Das Überreichen von Gaben: Funktion und Entwicklung in den ersten Lebensjahren. Zeitschrift für Entwicklungspsychologie und Pädagogische Psychologie 10 (1978), 103–113.
Stapf, K.H.: Bemerkungen zur Gegenstands- und Methodendiskussion in der Umweltpsychologie. In: Kaminski, G. (Hg.): Umweltpsychologie, Stuttgart: Klett 1976, 26–39.
Staub, E.: A child in distress: The influence of age and number of witnesses on children's attempts to help. Journal of Personality and Social Psychology 14 (1970), 130–140.
Staub, E.: A child in distress: The influence of nurturance and modeling on children's attempt to help. Developmental Psychology 5 (1971a), 124–132.
Staub, E.: Helping a person in distress: The influence of implicit and explicit „rules" of conduct on children and adults. Journal of Personality and Social Psychology 17 (1971b), 137–144.
Staub, E.: Entwicklung prosozialen Verhaltens: Zur Psychologie der Mitmenschlichkeit. München: Urban & Schwarzenberg 1982.
Stayton, D.J. & Ainsworth, M.D.S.: Individual differences in infant responses to brief everyday separations as related to other infant and maternal behaviors. Developmental Psychology 9 (1973), 226–235.
Stein, J.L.: Adolescent's reasoning about moral and sexual dilemmas: A longitudinal study. Harvard University: Unpublished dissertation 1973.
Steiner, G.: Sozial-kognitive, moralische und affektive Entwicklung. Einleitung zum vierten

Teil. In: Steiner, G. (Hg.): Die Psychologie des 20. Jahrhunderts, Band VIII: Piaget und die Folgen. Zürich: Kindler 1978, 321–330.

Stern, D.N., Beebe, B., Jaffe, J. & Bennett, H.L.: The infant's stimulus world during social interaction. In: Schaffer, H.R. (Ed.): Studies in mother-infant interaction. London: Academic Press 1977.

Stern, W.: Psychologie der frühen Kindheit. Leipzig: Quelle & Meyer 1914.

Sternlieb, J.L. & Youniss, J.: Moral judgements one year after intentional or consequence modeling. Journal of Personality and Social Psychology 31 (1975), 895–897.

Stiksrud, H.A.: Gibt es einen Generationen-Dissens? Empirische Untersuchungen zu Wertrangdiskrepanzen bei Personen unterschiedlichen Alters. Zeitschrift für experimentelle und angewandte Psychologie 31 (1984), 153–174.

Stokols, D.: A social psychological model of human crowding phenomena. Journal of the American Institute of Planners 38 (1972), 72–83.

Stotland, E.: Exploratory investigations of empathy. In: Berkowitz, L. (Ed.): Advances in experimental social psychology. New York: Academic Press 1969, Vol. 4.

Strätz, R. & Schmidt, E.A.F.: Die Wahrnehmung sozialer Beziehungen von Kindergartenkindern. Stuttgart: Kohlhammer 1982.

Straus, M.A., Gelles, R.J. & Steinmetz, S.K.: Behind closed doors: Violence in the American family. Garden City, N.Y.: Doubleday/Anchor 1979.

Strayer, F.F. & Strayer, J.: An ethological analysis of social agonism and dominance relations among preschool children. Child Development 47 (1976), 980–989.

Strayer, F.F., Warcing, S. & Rushton, J.P.: Social constraints on naturally occuring preschool altruism. Ethology and Sociobiology 1 (1979), 3–11.

Strayer, J.: Empathy, emotions, and egocentrism. Presented at meetings of the International Congress of Psychology, Leipzig, Germany: July 1980.

Streib, G.F.: Family patterns in retirement. Journal of Social Issues 14 (1958), 46–60.

Streib, G.F. & Schneider, C.J.: Retirement in American society. Ithaka: Cornell University Press 1971.

Sullivan, H.S.: Conceptions of modern psychiatry. London: Tavistock Press 1940.

Sullivan, H.S.: The interpersonal theory of psychiatry. New York: Norton 1953.

Sutton-Smith, B. & Rosenberg, B.G.: Sibling consensus on power tactics. Journal of Genetic Psychology 112 (1968), 63–72.

Sutton-Smith, B. & Rosenberg, B.G.: The sibling. New York: Holt, Rinehart & Winston 1970.

Taal, M.: Individual and social problem solving strategies: Inter- versus intraindividual coordinations. International Journal of Behavioral Development 6 (1983), 205–212.

Taffel, S.: Trends in fertility in the United States. Vital and Health Statistics Series 21, Number 28. Washington, D.C.: U.S. Government Printing Office 1978.

Tartler, R.: Das Alter in der modernen Gesellschaft. Stuttgart: Enke 1961.

Tetens, J.N.: Philosophische Versuche über die menschliche Natur und ihre Entwicklung. Leipzig: Weidemanns Erben & Reich 1777.

Tews, H.P.: Alter und Altern in industrieller Gesellschaft. In: Reimann, H. & Reimann, H. (Hg.): Das Alter. München: Enke 1974, 9–33.

Tews, H.P.: Soziologie des Alterns. Heidelberg: Quelle & Meyer 1979.

Thomae, H.: Vergleichende Psychologie der Lebensalter. In: Rosenmayr, L. (Hg.): Die menschlichen Lebensalter. Kontinuität und Krisen. München: Piper 1978, 293–314.

Thomae, H.: Alternsstile und Altersschicksale. Ein Beitrag zur Differentiellen Gerontologie. Stuttgart: Huber 1983.

Thomas, J.L. & Datan, N.: Themes of stability and change in grandparenting. In: Meacham, J.A. (Ed.): Contributions to human development. Vol. 14: Family and individual development. Basel: Karger 1985, 86–92.

Thompson, G.G. & Horrocks, J.E.: A study of the friendship fluctuations of urban boys and girls. Journal of Genetic Psychology 70 (1947), 53–63.

Thompson, R.A. & Hoffman, M.L.: Empathy and the development of guilt in children. Developmental Psychology 16 (1980), 155–156.

Thompson, R.A. & Lamb, M.E.: Infants, mothers, families, and strangers. In: Lewis, M. (Ed.): Beyond the dyad. New York: Plenum 1984, 195–221.

Thompson, R.A., Lamb, M.E. & Estes, D.: Stability of infant-mother attachment and its relationship to changing life circumstances in an unselected middle-class sample. Child Development 53 (1982), 144–148.

Thompson, R.A., Lamb, M.E. & Estes, D.: Harmonizing discordant notes: A reply to Waters. Child Development 54 (1983), 521–524.

Thorndike, E.L.: The fundamentals of learning. New York: Teachers College 1932.

Thorndike, E.L.: The effect of interval between test and retest on the constancy of the IQ. Journal of Educational Psychology 24 (1933), 543–549.

Thrasher, F.M.: The gang: A study of 1.313 gangs in Chicago. Chicago: University of Chicago Press 1927.

Tiedemann, D.: Beobachtungen über die Entwicklung der Seelenfähigkeiten bei Kindern. Hessische Beiträge zur Gelehrsamkeit und Kunst 1787, Band II Stück 2 und 3.

Tinbergen, N.: Foreword. In: Blurton Jones, N. (Ed.): Ethological studies of child behavior. Cambridge: Cambridge University Press 1972.

Tinsley, B.R. & Parke, R.D.: Grandparents as support and socialization agents. In: Lewis, M. (Ed.): Beyond the dyad. New York: Plenum 1984, 161–194.

Toman, W.: Die Familienkonstellation und ihre psychologische Bedeutung. Psychologische Rundschau 10 (1959), 1–15.

Toman, W.: Familienkonstellationen. München: Beck 1974, 2. Aufl.

Toman, W. & Toman, E.: Sibling positions of a sample of distinguished persons. Perceptual and Motor Skills 32 (1970), 825–826.

Townsend, P.: The family life of old people. London: Routledge & Kegan Paul 1957.

Trevarthen, C.: Conversations with a 2 month old. New Scientist 62 (1974), 230–235.

Troll, L.E.: The family of later life. A decade review. Journal of Marriage and the Family 33 (1971), 263–290.

Troll, L.E.: Early and middle adulthood. Monterey, Calif.: Brooks/Cole 1975.

Troll, L.E.: Grandparenting. In: Poon, L.W. (Ed.): Aging in the 1980's: Psychological issues. New York: American Psychological Association 1981.

Troll, L.E., Miller, S.J. & Atchley, R.C.: Families in later life. Belmont, Calif.: Wadsworth 1979.

Troll, L.E., Neugarten, B.L. & Kraines, R.J.: Similarities in values and other personality characteristics in college students and their parents. Merrill-Palmer Quarterly 15 (1969), 323–336.

Troll, L.E. & Smith, J.: Attachment through the life span: Some questions about dyadic bonds among adults. Human Development 19 (1976), 156–170.

Troll, L.E. & Turner, B.: The effect of changing sex roles on the family of later life. Paper presented at the Ford Foundation Conference on Changing Sex Roles in the Family. Detroit: Merrill-Palmer Institute 1976.

Troll, L.E. & Turner, J.: Overcoming age-sex discrimination. In: U.S. Congress select committee on aging, women in midlife – security and fulfillment (part 1). Washington, D.C.: U.S. Government Printing Office No. 95–170 (1978).

Tuma, N.B. & Hallinan, M.T.: The effects of sex, race, and achievement in school children's friendships. Social Forces 57 (1979), 1265–1285.

Turiel, E.: The development of concepts of social structure: Social convention. In: Glick, J.A. & Clarke-Stewart, A. (Eds.): The development of social understanding. New York: Gardener Press 1978a.

Turiel, E.: Social regulations and domains of social concepts. In: Damon, W. (Ed.): New directions for child development, Vol. 1: Social cognition. San Fransisco: Jossey- Bass 1978b.

Turiel, E.: Domains and categories in social-cognitive development. In: Overton, W.F. (Ed.): The relationship between social and cognitive development. Hillsdale, N.J.: Erlbaum 1983, 53–89.
Turner, C.W. & Goldsmith, D.: Effects of toy guns and airplanes on children's antisocial play behavior. Journal of Experimental Child Psychology 21 (1976), 303–315.

Ugurel-Semin, R.: Moral behavior and moral judgment of children. Journal of Abnormal and Social Psychology 47 (1952), 463–474.
Ullian, D.Z.: The development of conceptions of masculinity and femininity. In: Lloyd, B. & Ascher, J. (Eds.): Exploring sex differences. London: Academic Press 1976.
Unger, D.: An ecological approach to the family: The role of social networks, social stress and mother-child interaction. Merrill-Palmer Institute: Unpublished master's thesis 1979.

Vaillant, G.E.: Adaptation to life. Boston: Little, Brown 1977.
Vandell, D.L.: Boy toddlers' social interaction with mothers, fathers, and peers. Boston University: Unpublished dissertation 1977.
Vandell, D.L.: Friendship and popularity during the second year of life. University of Texas at Dallas: Unpublished manuscript 1978.
Vandell, D.L.: Effects of playground experience on mother-son and father-son interaction. Developmental Psychology 15 (1979), 379–385.
Vandell, D.L. & Mueller, E.: The effects of group size on toddler social interaction with peers. Paper presented at the bienniel meeting of the Society for Research in Child Development. New Orleans: March 1977.
Vandell, D.L. & Mueller, E.: Peer play and friendships during the first two years. In: Foot, H.C., Chapman, A.G. & Smith, J.R. (Eds.): Friendship and childhood relationships. London: Wiley 1980.
Vandell, D.L. & Wilson, K.S.: Social interaction in the first year: Infant's social skills with peers versus mother. In: Rubin, K.H. & Ross, H.S. (Eds.): Peer relationships and social skills in childhood. New York: Springer 1982, 187–208.
Vaughn, B.E., Egeland, B., Sroufe, L.A. & Waters, E.: Individual differences in infant-mother attachment at twelve and eighteen months: Stability and change in families under stress. Child Development 50 (1979), 971–975.
Vaughn, B.E. & Waters, E.: Attention structure sociometric status and dominance: Interrelations, behavioral correlates and relationships to social competence. Developmental Psychology 17 (1981), 275–288.
Vincze, M.: The social contacts of infants and young children reared together. Early Child Development and Care 1 (1971), 99–109.
Vogel, E.F. & Bell, N.W.: The emotionally disturbed child as a family scapegoat. In: Bell, W. & Vogel, E.F. (Eds.): A modern introduction to the family. New York: Free Press 1960.

Wachtel, P.L.: Psychodynamics, behavior therapy and the implacable experimenter: An inquiry into the consistency of personality. Journal of Abnormal Psychology 83 (1973), 324–334.
Waldrop, M.R. & Halverson, C.F.: Intensive and extensive peer behavior: Longitudinal and cross sectional analyses. Child Development 46 (1975), 19–26.
Waller, M.: Soziales Lernen und Interaktionskompetenz. Stuttgart: Klett-Cotta 1978.
Waller, M. (Hg.): Jahrbuch für Entwicklungspsychologie. Stuttgart: Klett-Cotta 1980.
Walster, E.: Assignment of responsibility for an accident. Journal of Personality and Social Psychology 14 (1966), 101–113.
Walster, E. & Piliavin, J.A.: Equity and the innocent bystander. Journal of Social Issues 28 (1972), 165–190.
Walter, H. (Hg.): Sozialökologie – neue Wege in der Sozialisationsforschung. Stuttgart: Frommann-Holzboog 1975.
Walter, H. (Hg.): Region und Sozialisation. Stuttgart: Frommann 1981.

Walter, H. & Oerter, R. (Hg.): Ökologie und Entwicklung. Donauwörth: Auer 1979.
Walters, R.H. & Brown, M.: Studies of reinforcement of aggression: Ill. Transfer of responses to an interpersonal situation. Child Development 34 (1963), 562–571.
Wan, T.T.H.: Stressful life events, social networks, and gerontological health. Lexington, Mass.: Lexington Books 1982.
Waters, E.: The reliability and stability of individual differences in infant-mother attachment. Child Development 49 (1978), 483–494.
Watson, M.W.: The development of social role concepts in preschoolers. Paper presented at the meetings of the Society for Research in Child Development. San Fransisco: March 1979.
Weisner, T. & Gallimore, R.: My brother's keeper: Child and sibling caretaking. Current Anthropology 18 (1977), 169–190.
Weiss, R.S.: The fund of sociability. Trans-Action 6 (1969), 36–43.
Weiss, R.S.: Loneliness. Cambridge, Mass.: M.I.T. Press 1974.
Wellman, B.: The school child's choice of companions. Journal of Educational Research 14 (1926), 126–132.
Werbik, H.: Theorie der Gewalt. Eine neue Grundlage für die Aggressionsforschung. München: Fink 1974.
Werbik, H. & Munzert, R.: Kann Aggression handlungstheoretisch erklärt werden? Psychologische Rundschau 29 (1978), 195–208.
Werner, H.: The comparative psychology of mental development. New York: International University Press 1948.
Werner, H.: The concept of development from a comparative and organistic point of view. In: Harris, D.B. (Ed.): The concept of development. Minneapolis: University of Minnesota Press 1957.
Werner, H. & Kaplan, B.: Symbol formation. New York: Wiley 1963.
Weston, D. & Main, M.: Infant responses to the crying of an adult actor in the laboratory: Stability and correlates of „concerned attention". Paper presented at the meeting of the International Conference on Infant Studies. New Haven, Conn.: April 1980.
White, B.: Critical influences in the origins of competence. Merrill-Palmer Quarterly 21 (1975), 243–266.
White, B.L. & Watts, J.C.: Experience and environment. Englewood Cliffs: Prentice Hall 1973.
White, D.: Birmingsham's mobs. New Society 1971, 473, 760–763.
White, E., Elson, B. & Prawat, R.: Children's conceptions of death. Child Development 49 (1978), 307–310.
White, R.W.: Motivation reconsidered: The concept of competence. Psychological Review 66 (1959), 297–333.
White, W.F.: Street corner society. Chicago: University of Chicago Press 1943.
Whiting, B.B. & Whiting, J.W.M.: Children of six cultures: A psycho-cultural analysis. Cambridge, Mass.: Harvard University Press 1975.
Wilcox, B.M. & Clayton, F.L.: Infant visual fixation on motion pictures of the human face. Journal of Experimental Child Psychology 6 (1968), 22–32.
Willems, E.P.: Relations of models to methods in behavioral ecology. In: McGurk, H. (Ed.): Ecological factors in human development. Amsterdam: North Holland 1977, 21–35.
Willi, J.: Die Zweierbeziehung. Spannungsursachen, Störungsmuster, Klärungsprozesse, Lösungsmodelle. Analyse des unbewußten Zusammenspiels in Partnerwahl und Paarkonflikt: Das Kollisions-Konzept. Reinbek: Rowohlt 1975.
Wilson, E.O.: Sociobiology: The new synthesis. Cambridge, Mass.: Belknap Press of Harvard University Press 1975.
Wispé, L.G.: Positive forms of social behavior: An overview. Journal of Social Issues 28 (1972), 1–19.
Wohlwill, J.: The study of behavioral development. New York: Academic Press 1973.

Wolfson, A.: Aspects of the development of identity concepts. University of California, Berkeley: Unpublished dissertation 1972.
Wright, H.F.: Recording and analyzing child behavior. New York: Harper & Row 1967.
Wynne, E.: Privacy and socialization to adulthood. Paper presented at the annual meeting of the American Educational Research Association. Washington, D.C.: 1975.

Yablonsky, L.: The violent gang. New York: Macmillan 1962.
Yarrow, M.R. & Waxler, C.: Dimensions and correlates of prosocial behavior in young children. Child Development 47 (1976), 118–125.
Youniss, J.: Another perspective of social cognition. In: Pick, A. (Ed.): Minnesota Symposium on Child Psychology (Vol. 9). Minneapolis: University of Minnesota Press 1975.
Youniss, J.: Parents and peers in social development. Chicago: University of Chicago Press 1980.
Youniss, J.: Piaget and the self constituted through relations. In: Overton, W.F. (Ed.): The relationship between social and cognitive development. Hillsdale, N.Y.: Erlbaum 1983, 201–227.
Youniss, J. & Volpe, J.: A relational analysis of friendship. In: Damon, W. (Ed.): Social cognition. San Francisco: Jossey-Brass 1978.

Zahn-Waxler, C.: Workshop on infant reactions to emotional signals: 12–18 months. Young children's response to the emotions of others. Workshop presented at the meeting of the International Conference on Infant Studies. New Haven, Conn.: April 1980.
Zahn-Waxler, C. & Radtke-Yarrow, M.: The development of altruism: Alternative research strategies. In: Eisenberg-Berg, N. (Ed.): The development of prosocial behavior. New York: Academic Press 1982.
Zahn-Waxler, C., Radtke-Yarrow, M. & King, R.: Child rearing and children's prosocial initiations toward victims of distress. Child Development 50 (1979), 319–330.
Zajonc, R.B. & Markus, G.: Birth order and intellectual development. Psychological Review 82 (1975), 74–88.
Zimmermann, C.: Die Eltern-Kind-Beziehung mit drei Monate alten Säuglingen. Frankfurt: Lang 1985.

Personenverzeichnis

Stichwortverzeichnis